Preaching and Counseling for Care of the Soul

# 영혼 돌봄을 위한 설교와 상담

# 영혼 돌봄을 위한 설교와 상담

초판 1쇄 인쇄 2019년 9월 10일
초판 1쇄 발행 2019년 9월 15일

지은이  최창국
펴낸이  장대윤

펴낸곳  도서출판 대서
　등록  제22-2411호
　주소  서울시 서초구 방배동 981-56
　전화  02-583-0612 / 팩스 02-583-0543
　메일  daiseo1216@hanmail.net

디자인  참디자인

ISBN 979-11-86595-55-8 (03230)

＊ 책값은 뒤표지에 있습니다.
＊ 잘못된 책은 교환하여 드립니다.

이 책은 신 저작권법에 의하여 한국 내에서 보호받는 저작물이므로
무단 전재와 무단 복제를 금합니다.

영혼돌봄을 위한
# 설교와 상담

최창국 지음

# Preaching and Counseling
## for Care of the Soul

도서출판 대서

# Preface
# 서문

    성경 해석자와 성경 학자의 차이는 적용 여부에 있다. 성경 해석자는 성경이 주는 감동을 이해하고 성경을 통해 자기 이해와 변혁을 추구하는 사람이다. 성경 해석자는 '나는 연구하고, 너는 설교한다'와 같은 이분법을 합법화하지 않는다. 성경 해석자의 관심은 '적용'을 핵심적인 기초로 삼는다. 린더 켁(Leander Keck)이 「해석」(*Interpretation*) 창간 50주년을 기념하는 기고문에서 "지금은 성경에 대해 걱정하는 것을 멈추고 우리 자신에 대해서 걱정할 때다. 지금은 성경을 이용하려는 것을 멈추고 성경과 더불어 살아야 할 때다"라고 하였듯이,[1] 성경이 중요하다고 외치면서도 성경을 통해 변혁적 삶을 경험하지 못한다면, 성경은 우리에게 타자적 실체로 남을 뿐이다.

    설교자는 무엇보다도 성경을 사랑할 뿐 아니라 해석자가 되어야 한다. 성경 해석자는 성경을 단지 분석하거나 지배하기 위해 성경 앞에 서지 않는다. 해석자는 성경을 통해 자기 이해를 추구해야 한다. 성경을 통해 존재를 이해하고, 성경이 추구하는 새로운 존재 양식을 만나야 한다. 해석자는 성경이 열어 보여주는 새로운 존재 양식을 통해서 자신을 이해할

---

[1] Leander Keck, "The Premodern Bible in Postmodern World," *Interpretation*, 50 (1996): 135.

수 있는 힘을 받아야 한다. 성경 해석자는 성경 앞에서 모든 왜곡된 자기 이해를 버리고 새로운 자기 이해를 추구하며, 성경이 추구하는 하나님 나라 건설에 참여하도록 하는 실존적 해석의 과정에 참여해야 한다.

설교자는 성경의 문자와 내용을 숭배하는 자가 아니라 성경의 저자와 성경이 증언하는 살아계신 하나님을 경배하고 증언해야 한다. 설교자는 죽은 문자에 속한 자가 아니라 살아있는 성령의 설교자이기 때문이다. 성경을 통해 십자가에 달리신 하나님의 사랑과 은혜를 경험한 사람만이 다른 사람을 자유롭게 할 수 있으며 사람들의 고난을 함께 나눌 수 있다.

설교자란 단지 성경에 관해서 전하는 자가 아니다. 설교자들은 하나님과 믿음에 관한 사실을 알아보기 위해 성경으로 가는 것이 아니다. 설교자는 성경을 통해 하나님을 만나고 하나님의 음성을 듣고 하나님께 나아가는 자이어야 한다. 설교자는 성경을 정보의 대상으로 여기기보다는 성경 속에 드러난 하나님의 영과 성품에 따라 살아가는 자이어야 한다. 이것이 없으면 설교는 단지 정보나 문으로 남게 된다. 설교자가 만약 성경을 사유하는 사람에 불과하다면 하나님의 말씀은 지적 추구를 위한 수단이 되어 버릴 수 있기 때문이다. 설교자의 모든 증언은 하나님의 영과 성품에 충실할 때만이 순수해질 수 있다.

때로 설교자의 설교가 메마른 것은 설교자의 영적 메마름에서 기인하는 경우가 많다. 가장 좋은 대답은 어떤 기술적인 것 때문이라고 안타까워하기보다는 복음에 대한 설교자의 이해와 헌신의 방향을 새로 설정해 보는 것이다. 바울은 감옥에서도 빌립보 성도들에게 이렇게 고백한다. "내가 예수 그리스도의 심장으로 너희 무리를 어떻게 사모하는지 하나님이 내 증인이시니라"(빌 1:8). 복음의 증인이 되기를 원하는 설교자라면 바울의 이 고백을 영적 길라잡이로 삼아야 한다. 『영혼 돌봄을 위한 설교학』는 이런 고백과 길라잡이가 들어 있다. 본서는 저자가 20여 년 동안의 설교 경험과 설교학 강의 속에서 설교의 이론과 실천 사이에서 평소 갈등하며 고민했던 것에 대한 답변이기도 하다. 설교의 핵심 이론과 함께 설교의 실천을 위한 중요한 원리들도 다루었다.

어느 설교자의 고백이다. "어쩌란 말인가? 설교를 크게 하면 시끄럽다 하고, 소리를 작게 내어 조용히 하면 박력이 없다 하고, 짧게 하면 밑천이 없다 하고, 길게 하면 지루하다 하고, 성경으로 깊이 들어가면 어렵다 하고, 예화를 많이 쓰면 세상 이야기를 많이 한다 하고, 근엄하게 하면 딱딱하다 하고, 유머를 쓰면 농담을 한다 하고, 재미있게 하려고 애쓰면 유치하다 하고, 원고를 보면 거기에 메인다 하고, 원고를 안 보면 준비가 없다 하고, 열을 내어서 하면 감정에 치우친다 하고, 차분히 하면 열정이 없다 하고, 웃으면서 하면 무게가 없다 하고, 무게가 있게 하면 부드럽지 못하다 하고, 한 번쯤 들은 예화만 나와도 게으르다 하고, 좋고 교훈된 말씀은 잘도 잊어버리고, 비위에 거슬린다 싶으면 절대로 잊지 않고 이를 간다. 그리고 보면 그 힘든 설교를 20여 년 하고 있으니 나도 참 대단하구나!"

우리 주변에 보면 훌륭한 설교자들이 많다. 그러나 완벽한 설교자는 존재하지 않는다. 어느 누구나 부족한 부분이 있기 마련이다. 이것은 우리의 실존이다. 바울이 "복음이 말로만 너희에게 이른 것이 아니라 오직 능력과 성령의 큰 확신(살전 1:5)"이라고 고백한 것처럼, 바라기는 본서를 접하는 모든 이들이 여러 가지 좋은 것들에 관한 논의가 자칫 최고의 것을 배제시키는 일이 없기를 소망해 본다.

본서의 1, 4, 5, 6, 7, 14, 15장과 2장의 일부분의 내용은 저자가 수년 전에 저술한 『영성과 설교』의 내용이다. 본서에서는 『영성과 설교』에서 다루지 않았던 설교자의 영성의 중요성, 해석학적 순환과 선이해와 해석학적 성경 해석, 설교의 네 지평으로서 성경의 지평과 회중의 지평, 상황의 지평과 설교자의 지평을 다루었다. 나아가 상담설교가 설교에서 가지는 의미와 상담설교를 위한 죄의 풍경과 해석, 그리고 상담설교를 위한 7가지 죄의 성격과 해석도 다루었다.

『영혼 돌봄을 위한 설교와 상담』이 나오기까지 많은 기도와 격려와 도움을 주었던 손길을 잊을 수 없다. 개혁주의생명신학을 추구하는 백석대학교에서 가르칠 수 있도록 인도하신 하나님과 귀한 장을 마련해 주신 총장 장종현 박사님께 감사를 드린다. 또한 부족한 강의를 경청하며 격려해 준 백석대학교 신학대학원과 기독전문대학원의 원우들, 그리고 건강한 영성을 통한 영적 돌봄과 상담과 설교에 관심을 갖고 함께 기도하며 연구하는 영성상담 콜로키움(colloquium) 박사 과정의 여러 동역자들에게 감사드린다. 끝으로 이 책이 나오기까지 기도와 사랑과 격려의 수고를 아끼지 아니한 사랑하는 아내 은심과 어느덧 멋진 사회인으로 성장한 사랑하는 딸 지수와 큰 비전을 가지고 진력하고 있는 아들 은찬에게 고마움을 전한다.

2019년 7월
최 창 국

# Contents
# 목차

서문 · 5

## PART 1 설교와 영성

  Chapter 01 _ 기독교 영성 · 12
  Chapter 02 _ 설교자의 영성 · 40
  Chapter 03 _ 설교자로서 영적 지도자 · 75
  Chapter 04 _ 설교자의 우상 · 110

## PART 2 설교와 성경

  Chapter 05 _ 설교와 성경의 지평 · 134
  Chapter 06 _ 설교와 렉시오 디비나 · 158
  Chapter 07 _ 설교와 묵상 · 189

## PART 3 설교와 해석

  Chapter 08 _ 해석학의 이해와 특징 · 210
  Chapter 09 _ 해석학과 해석학적 순환 · 227
  Chapter 10 _ 해석학과 선이해 · 242
  Chapter 11 _ 해석학적 성경 해석 · 260

## PART 4 설교의 지평

  Chapter 12 _ 설교의 네 지평 · 282
  Chapter 13 _ 스펄전의 설교 지평 · 331

**PART 5 설교 준비와 실천**

Chapter 14 _ 들리는 설교를 위한 지침 · **370**
Chapter 15 _ 설교 디자인 · **406**

**PART 5 설교와 상담**

Chapter 16 _ 상담설교 · **422**
Chapter 17 _ 상담설교를 위한 죄의 풍경과 해석 · **461**
Chapter 18 _ 상담설교를 위한 7가지 죄의 성격과 해석 · **495**

참고문헌 · **528**

# PART 1
# 설교와 영성
Preaching & Spirituality

# Chapter 01

# 기독교 영성
## Christian Spirituality

## 영성의 정의

존 헐(John Hull)의 지적처럼 "영성이라는 용어는 매우 애매한 용어이다."[1] 뿐만 아니라 영성을 "간결하고 종합적으로 정리하여 정의하기는 매우 어렵다."[2] 커쯔(Ernest Kurtz)와 켓참(Katherine Ketcham)은 영성에 대한 정의의 어려움을 다음과 같이 언급하였다.

영성이란 무엇인가?…진리, 지혜, 아름다움, 장미의 향기 등 이 모든 것은 영성과 비슷하게 막연하거나 말로 표현하기 어려운 것들이다. 우리가 그것들을 알지만 결코 그 특성을 색으로 칠하거나 그 성질을 설명해 낼 수 없고; 이것들은 인치나 도수로 이해될 수 없으며; 소리를 내지 않아 데시벨(음향강도를 측정하는 단위)로 측정할 수 있는 것도 아니고; 실크나 나무나 시멘트와 같이 독특한 촉감을 가지고 있지도 않고; 향기를 내지

---

[1] John M. Hull, *Utopian Whispers: Moral, Religious, Spiritual Values in Schools* (Norwich: Religious and Moral Education Press, 1998), 63.
[2] Emmanuel Y. Lartey, *In Living Colour: An Intercultural Approach to Pastoral Care and Counselling* (London: Cassell, 1997), 112.

도 않고, 맛도 가지고 있지 않고, 공간을 차지하고 있지도 않는다. 하지만 그것들은 존재하고 있다. 사랑도 존재하고, 악한 것도 존재하고, 아름다움도 존재하고, 영성도 존재한다. 이러한 것들은 인간 존재를 정의할 때 항상 인식되는 실체들이다.³

모든 인간은 영적 존재이다. 하지만 이러한 진술이 갖는 의미는 사람마다 다를 뿐만 아니라 시대마다 다르고, 이론적 주장 또한 다양하다. 때문에 영성에 대한 이해는 대단히 중요지만 정확한 정의는 어려운 과업이 아닐 수 없다.⁴

나아가 달라스 윌라드(Dallas Willard)가 지적한 것처럼 "요즘 '영'(spirit), '영적'(spiritual), '영성'(spirituality) 등의 말은 점차 흔해지고 있다. 피할 수 없는 말이다. 그러나 대개 의미가 불확실하며, 그것은 위험할 수 있다."⁵ 때문에 우리는 이 용어 사용에 있어서 신중을 기해야 한다. 바바라 보우(Barbara Bowe)는 영성이 어떻게 이해되고 있는지를 살피기 위하여 1984-1995년 사이에 출판된 영성에 관한 책들과 글을 분석하였다. 보우는 이 분석을 통하여 영성의 의미가 23가지로 각기 다르게 이해되어지고 정의되고 있음을 밝혔다.⁶ 물론 영성이라는 말을 명확하게 정의하는 데 있어서 어려움은 그 용어가 전통적으로 너무나도 다양하게 이해되어져 왔을 뿐만 아니라 사용하는 사람들의 목적에 따라 다양하게 사용되고 있기 때

---

3 Ernest Kurtz, Katherine Ketcham, *The Spirituality of Imperfection: Storytelling and the Journey to Wholeness* (New York: Bantam Books, 1994), 15-16.
4 Chang Kug Choi, "Spirituality and the Integration of Human Life," (Ph. D. Dissertation, University of Birmingham, 2003), 20.
5 Dallas Willard, *Renovation of the Heart*, 달라스 윌라드, 윤종석 옮김, 『마음의 혁신』(서울: 복 있는 사람, 2005), 27.
6 Barbara E. Bowe, *Biblical Foundations of Spirituality* (New York: A Sheed & Ward Book, 2003), 10.

문이다.

현대 사회에서 영성이란 용어는 크게 세 가지 개념으로 사용되어지고 있다.[7] 첫째는 인간의 존재론적 차원의 한 국면으로서의 영성이다. 모든 인간은 영적 존재로서 영성을 가지고 있다는 견해다. 즉 모든 인간은 그 형태와 반응은 다르지만 영적 생활 또는 초월적 차원을 추구하는 능력을 가지고 있다는 것이다. 그러한 영적 생활 또는 초월적 차원을 추구할 수 있는 능력은 영성이 있기 때문에 가능하다고 여기는 것이다. 둘째는 영성을 경험론적 차원으로 이해하는 것이다. 영성을 영적 삶 또는 초월적 경험으로 이해하는 유형이다. 하지만 이러한 영성 이해는 엄밀한 의미에서 '영성'(spirituality)과 '영적 생활'(spiritual life) 또는 '영적 경험'(spiritual experience)을 혼동하는 유형이라 할 수 있다. 왜냐하면 인간의 존재론적 차원(existential dimension)의 한 국면인 '영성'과 경험론적 차원(experiential dimension)의 한 현상인 '영적 생활'을 혼동하고 있기 때문이다. 인간은 이성을 소유하고 있기에 이성적 삶을 경험하며 누리는 것처럼, 인간은 영성을 소유하고 있기 때문에 영적 생활이 가능한 것이다. 그러므로 영적 경험을 영성으로 이해하기보다는 존재론적 영성의 산물로 보아야 한다. 즉 영성은 행위의 개념이 아니라 존재의 개념이다. 셋째는 영성을 영적 성질이나 성향으로 보는 유형이다. 영성을 문자적으로 풀어쓰면, '신령한 성품', '영적 성질' 또는 '영적 성향'이다. 하지만 문제는 영성을 영적 성향 또는 성질로 이해하게 되면 의미 없는 개념이 되어 버릴 수 있다.

---

[7] 영성에 대한 보다 구체적인 이해를 위해서는 최창국, "영성과 하나님의 프락시스(praxis): 영적 훈련의 해석적 모델과 방향성," 「성경과 신학」 49 (2009): Sandra M. Schneider, I. H. M., "Spirituality in the Academy," in Kenneth J. Collins ed., *Exploring Christian Spirituality: An Ecumenical Reader* (Grand Rapids: Baker Books, 2000)를 참조.

왜냐하면 영성을 영적 성향으로 이해하게 되면 대부분의 기독교적 행위나 삶의 차원들이 영성이 되어 버리기 때문이다. 예를 들면, 기도, 예배, 찬송, 영적 독서 등은 모두 영적 성향이나 성질을 가지고 있기 때문이다. 그렇게 되면 영성이란 영적 삶의 행위와 구분이 모호해져 버린다. 영성이란 용어는 의미 없는 개념이 되어 버릴 뿐만 아니라 영적 생활이란 말과 동의어가 되어 버린다. 물론 영성을 영적 성질이나 성향으로 이해하는 것을 전적으로 무의미한 것으로 이해할 수 없는 측면이 있다. 성령을 따라 살아가는 삶의 성향과 육체를 따라 살아가는 삶의 성향은 구별되어져야 하기 때문이다. 보이는 세계와 감각적 삶에만 의존되어진 삶의 성향과 세상의 보이는 세계와 감각적 차원에만 메이지 않고 하나님의 은혜 아래서 자아를 초월하는 삶의 성향은 분명 영적 성향의 중요한 유형이기 때문이다. 한국교회에서는 많은 사람들이 이런 의미에서 영성을 이해하고 있는 경향이 많다.

## 영성의 신학적 논의

성경에 영성이란 용어가 없기 때문에 영성은 성경적인 개념이 아니라고 하는 견해가 있다. 하지만 이는 대단히 단순한(naive)논리이기도 하다. 예를 들어 보자. 성경에 이성과 감성이란 용어가 등장하지 않는다. 하지만 우리는 이성과 감성이란 용어를 일반적으로 쓰고 있을 뿐만 아니라 성경적 의미와 가치를 논할 때 중요하게 사용한다. 이성을 비성경적인 용어라고 말하는 사람은 없을 것이다. 단지 이성이 때로 비성경적으로 쓰이는 경우가 있을 뿐이다. 또한 신학이란 용어도 성경에 나오지 않지만 신학이란 용어는 빼놓을 수 없는 기독교적 언어요 기독교 정체성을 설명해 주는 개념이다. 게다가 윤리란 용어가 성경에 등장하지 않지만 기독교 윤리란 말은 이미 일반화되어 있을 뿐만 아니라 기독교에서 중요한 가치를 지니는 용어로 자리 잡았다. 영성이란 용어가 성경에 직접적으로 등장하지 않는다고 하여 성경적 개념이 될 수 없다는 견해는 바른 견해가 아니다. 게다가 성경에는 영성이란 용어가 직접적으로 등장하지 않지만 영성이란 개념을 근본적으로 등장시킬 수밖에 없는 개념이 등장한다. 바로 '영적'(spiritual)이란 용어이다. 앞에서 설명한 것처럼 영성이 있어야 영적 생활이 가능하다는 것은 보편적인 논리이기도 하다. 마치 감성이 있을 때 감성적 삶이 가능하듯이 말이다. 때문에 영성이란 용어가 성경에 등장하지 않는다고 하여 영성을 성경적 용어로 볼 수 없다고 말하기보다는 성경에는 영성이란 용어가 직접적으로(directly)는 등장하지 않지만 간접적으로(indirectly) 내포하고 있다고 보아야 더 타당하다.

성경에서 '영적'(spiritual)이란 용어가 처음 쓰여 진 것은 바울에 의해서다. 바울은 고린도전서 2:14-15에서 이렇게 말한다. "육에 속한 사람은 하나님의 영에 속한 것들을 받아들이지 않는다. 그것들이 그에게는 어리석은 것이며, 이해할 수도 없으니 영적으로만 분별되기 때문이다. 영적인(spiritual) 자는 모든 것을 판단하지만, 자기는 아무에게도 판단을 받지 않는다"라고 하였다. [8] 바울은 여기서 '영적인 사람'(spiritual person)을 '자

---

8 "The man without the Spirit does not accept the things that come from the Spirit of God, for they are foolishness to him, and he cannot understand them, because they are **spiritually** discerned. The **spiritual** man makes judgments about all things, but he himself is not subject to any man's judgment"(1 Corinthians 2: 14-15).

연적인 사람'(natural person)과 대조하여 사용하고 있다. 바울이 말한 영적인 사람이란 하나님의 영 안에서, 또는 성령을 따라 살아가는 사람이다. 하나님의 영 안에서 살아갈 수 있는 사람은 본질적으로 하나님의 은혜로 말미암아 구원받은 사람이다. 바울이 말한 영적인 사람이란 하나님과 하나님이 창조한 존재들과 새로운 관계적 변화를 의미하는 것이지 육체적 삶을 부정하는 것은 아니다. 왜냐하면 바울이 말한 영적인 사람이란 육체적 삶을 부정하는 사람이 아니라 통전적인 존재로서 성령의 임재와 능력을 따라 살아가는 사람을 의미하기 때문이다.

굳이 영적인 것의 반대가 무엇인가에 대한 논의가 필요하다면, 영적인 것의 반대는 몸이나 육체가 아니다. 우리가 육체적이지 않을 때 우리는 또한 영적이 될 수 없다. 왜냐하면 이 둘은 통전적인(holistic: 구분은 되지만 분리되지 않는다) 관계 안에 있기 때문이다. 인간은 통전적인 존재다. 통전적인 존재로서 인간은 분리될 수 있는 여러 부분들(parts)을 가지고 있는 것이 아니라, 인간은 본질적으로 통전적인 존재로서 여러 국면들(aspects)들을 가지고 있다. 영성, 이성, 감성, 몸 등은 인간의 중요한 국면들(aspects)이지 결코 나누어질 수 있는 부분들(parts)이 아니다. 인간은 결코 컴퓨터와 같이 기계적 존재가 아니기 때문이다. 우리의 육체는 하나님의 선물이지 죄악의 발전소가 아니다. 물론 우리가 육체적 수준에만 머무를 때는 문제가 된다. 영적인 삶의 목표는 육체적 삶으로부터 뭔가 더 고상한 것으로 도망치는 것이 아님이 확실하다. 그러므로 영적인 것의 반대는 육체적 삶이라기보다는 인간을 파괴하는 그 어떤 것이다. 인간을 도구화 하는 것, 파괴시키는 것, 하나님의 영 안에서 살아가는 삶을 방해하는 것 등이다. 영적인 것의 반대는 육체 또는 육체적 삶이 아니라 하나님의 형상인 인간을 파괴하는 사탄, 맘몬 등이다.

영성을 인간의 내면생활로 이해하는 경향에 대한 바른 이해가 필요하다. 영성은 내면의 생활과 속사람과 관련은 되지만 속사람과만 관련된 것은 아니다. 고든 웨이크필드(Gordon Wakefield)는 다음과 같이 진술하였다.

> 기독교 영성은 단순히 '내면생활'이나 속사람만을 위한 것이 아니다. 영성은 영을 위한 것인 만큼 몸을 위한 것이기도 하며, 하나님을 사랑하고 이웃을 사랑하라고 하신 그리스도의 두 가지 계명의 통전적인 이해를 지향한다. 진실로 우리의 사랑도 하나님의 사랑처럼 모든 창조물에게까지 확장되어야 한다.[9]

신약성경 에베소서 3:16에서 바울은 "속사람(inner being)을 강건하게 하시고"라고 말한다. 바울이 말한 속사람에서 '속'은 인간의 영, 마음, 이성과 의지가 활동하는 인격을 가리킨다. 성경에서 '속사람'은 그리스도 안에서 새롭게 창조된 '새로운 피조물'을 의미하기도 한다. 바울은 로마서 7:22에서 "내 속사람으로는 하나님의 법을 즐거워하되"라고 말하면서, 고린도후서 4:16에서는 "그러므로 우리가 낙심하지 아니하노니 우리의 겉사람(outwardly)은 낡아지나 우리의 속사람(inwardly)은 날로 새로워지도다"라고 하였다. 속사람은 하나님의 은혜로 거듭난 영을 가진 사람을 말한다. 물론 이런 측면에서는 영성이 속사람과 전혀 무관한 것은 아니다. 그러나 영성은 결코 속사람과만 관련된 것이 아니다. 영성은 윤리적 삶

---

9 Gordon S. Wakefield, ed., *Westminster Dictionary of Christian Spirituality* (Philadelphia: Westminster John Knox Press, 1983), v.

과 사회적 삶을 위한 원동력을 제공하기 때문이다. 영성을 속사람과만 관련시킬 때 영성은 지극히 개인적인 삶을 위한 능력으로만 한정되어 버릴 위험성이 있다. 게다가 성경이 인간의 마음에 초점을 맞추면서 '영으로서 인간'(man as spirit)을 이야기할 때는 하나님 아니면 우상의 인도하에서 인간 존재를 동기지우며 인도하는 능력을 지칭하면서 '인간 내부에서 밖으로'(from the inside out) 바라본 전인을 말한다. 성경은 때로 인간의 몸에 초점을 맞추면서 '몸으로서 인간'(man as body)에 대해서 이야기하고 있는데, 이때는 하나님의 피조물로서 인간의 가시적인 현현이며 기능으로서 '바깥에서부터 안으로' 바라본 전인을 지칭하는 것이다. 마찬가지로 '영혼으로서 인간'(man as soul)도 인간의 한 구성 부분을 이야기하는 것이 아니라, 자신의 생명과 호흡을 하나님께 의존하고 있는 살아있는 존재로서 전인을 지칭하는 것이다. 영혼이나 영은 인간 안에 있는(in man) 어떤 것, 또는 인간에게 속해 있는(of man) 어떤 것이 아니다. 인간 자신이 영혼이며(man is soul), 인간 자신이 영이며(man is spirit), 인간 자신이 몸이기 때문이다(man is body).

　개신교에서는 영성이란 용어보다 경건을 사용해야 한다는 견해들이 있다. 이러한 견해는 다양한 견해를 낳게 하고 있지만 기억해야 할 하나의 사실이 있다. 그것은 영성은 종교개혁 전통의 언어가 될 수 없다는 견해다. 이는 바른 이해가 아니라는 것을 우리는 알 수 있다. 그 증거로 칼빈의 멘토였던 부쳐(Martin Buchers)가 『참신앙을 위한 투쟁 가운데 있는 슈트라스부르크와 뮌스터 1532-1534』(Strasburg und Munster im Kampf um den Rechter Glauben 1532-1534)에서 경건과 영성을 구분해서 사용하고 있기 때문이다. 그는 1533년에 베른하르트 바커(Bernhard Waker)의 말씀의 종의 능력에 관해서 기술하면서 말씀에 대한 믿음과 신뢰를 가질 때만이 경건도 영성도 가져다준다고 하였다.[10] 부처는 영성을 내적인 세계로, 경건은 외적인 세계로 구분하였다. 이러한 그의 구분은 논란의 여지가 있지만 영성과 경건을 구분하여 사용하고 있다는 점에서는 현대 종교개혁의 후예들에게 많은 의미를 주고 있다고 할 수 있다.

## 영성의 세 유형

영성은 인간의 존재론적 요소 중 하나이다. '어떤 사람이 영적이다. 영적이지 못하다'라고 할 때, 그 의미는 단순히 영적 특성에 대한 다른 응답과 인식을 의미하는 것이다. 즉 외형적으로 나타난 결과와 특성을 가지고 하는 말이다. 하지만 모든 인간은 영적 존재이다. 영성은 크게 세 유형으로 구분하여 설명할 수 있다. 비종교적 영성, 종교적 영성, 그리고 기독교 영성이다.

첫째, 일반적 또는 비종교적인 영성은 인간의 정신 발달, 심리적 성장을 위한 자아 발달, 또는 개성화 등을 위한 능력으로 이해한다. 철학과 심리학과 교육학 등에서 주로 말하는 영성이다. 그동안 심리학은 자아(ego)의 성장에만 주로 초점을 두어 왔다. 최근에는 많은 심리학자들이 심리적 성숙과 영적 성숙의 관계에 대해 관심을 가지기 시작했다. 특별히 심리학과 종교의 통합을 주장하는 트랜스퍼스널 심리학(transpersonal

---

10 Martin Buchers Deutsche Schriften. Band 5, *Strasburg und Munster im Kampf um den Rechter Glauben 1532-1534*, Edited by Robert Stuppereh (Gutersloher: Verlagshau Gerd Mohn, 1978), 426.

psychology)이 출현되었다. 이 심리학에서는 인간에 대한 이해에 있어서 영성을 포함하지 않고는 인간을 바르게 이해할 수 없으며 성숙한 인간으로 성장할 수 있도록 안내할 수 없다는 이해를 하기에 이르렀다. 심리학자들도 인간의 성장과 발달에서 영적 차원의 중요성을 인식하게 된 것이다. 단순한 논리가 될 수도 있지만 심층심리학에서는 영성을 무의식의 산물로 여기기도 한다. 영적인 풍성함을 무의식의 토양에서 나타나는 직관적, 상징적, 감정적, 그리고 창조적 형태의 결과로 이해한다.[11] 융은 심리학 발전에 반드시 필요한 것은 영성이며 영성이 인간 삶에 필요한 것으로 보았다.[12] "융은 개성화가 영성의 가장 핵심 되는 개념이라고 밝혔으며, 모든 인생 전반에 걸친 개성화는 성격의 의식과 무의식의 전체적인 측면에서 종합적으로 전 생애에 걸쳐서 만들어지는 과정이라고 보았다. 좀 더 전문성을 갖고 설명하면 우리의 자아(self, 무의식 포함)는 의식을 초월한 가장 내면의 중심과 자기(ego) 의식의 중앙 사이에 형성된 관계라는 것이다."[13] 융은 이처럼 자아 자체를 다소 신비로운 것으로 이해하고 영적 성장이란 깊은 자아로 옮겨 가는 하나의 과정으로 이해했다. 융의 자아에 대한 관점은 깊은 이해를 요하기 때문에 그의 견해를 단순화시킬 수 있는 위험이 있지만, 그의 신 개념은 내면화된 것이고 이로 인해 자아를 신성화시키는 경향이 있다.[14] 때문에 융의 많은 공헌에도 불구하고 기독교 영성의 자아 초월적 체험을 약화시키는 경향이 있다.[15]

---

11 David G. Benner, *Care of Souls: Revisioning Christian Nurture and Counsel*, 전요섭, 김찬규 옮김, 『영혼 돌봄의 이해』 (서울: CLC, 2010), 181.
12 David G. Benner, 『영혼돌봄의 이해』, 77.
13 David G. Benner, 『영혼돌봄의 이해』, 77.
14 David G. Benner, 『영혼돌봄의 이해』, 80.
15 David G. Benner, 『영혼돌봄의 이해』, 81.

둘째, 종교적 영성은 자아 초월과 삶의 의미에 초점을 두고 초월적 존재와의 관계를 갈망하는 종교적인 특성을 갖는다. 이러한 영성의 특징은 초월적 힘이 그들의 삶을 발전시키고 승화시키는 것으로 여긴다. 종교적 영성의 특징은 초월 명상과 같은 인간의 노력을 통해 초월적 경지나 영적 세계 또는 초월자와 소통할 수 있다고 여긴다. 때문에 종교적 영성은 은혜보다는 인간의 노력을 통한 선과 공로를 강조하는 경향이 있다.[16]

셋째, 기독교 영성이다. 기독교 영성은 인간이 갖는 보편적이고 초월적인 능력으로 이해되어지기보다는 하나님의 주권 안에서 이해되어진다. 마조리 톰슨(Marjorie J. Thompson)은 기독교 영성에 대해 다음과 같이 진술한다.

> 영성이란 영적 생활을 할 수 있는 능력이라고 간단하게 정의할 수 있다. 다시 말해서 하나님의 영을 받아들이고, 그에 대해 깊이 생각하며, 그에게 응답할 수 있는 보편적인 인간의 능력이다. 그러나 이것을 좀 더 실제적인 의미에서 말하면, 영성이란 우리가 이런 영적 잠재력을 갖고 있다는 사실을 깨닫는 방법이라고 말할 수 있다. 그리고 이 방법은 우리 안에서 성령이 활동하신다는 사실을 의식적으로 자각하고 그 일에 동참하는 일까지 포함한다. 결국 영성은 우리들에게 하나의 길을 제시해 주고 있는데, 그것은 우리들에게 신앙을 선택하게 하고, 가치 있는 일에 전념하게 하며, 삶의 방식을 결정하고 신앙을 실천하게 함으로써, 우리 안에서 그리스도의 모습을 형성하는 것이다.[17]

---

16 Bruce Damarest, *Satisfy Your Soul*, 김석원 역, 『영혼을 생기나게 하는 영성』 (서울: 쉼만한 물가, 2004), 73-4.
17 Marjorie J. Thompson, *Soul Feast: An Invitation to the Christian Spiritual Life* (Louisville: Westminster

톰슨은 영성을 인간의 존재론적 차원에서 시작하고 있다는 점에서 영성 이해에 대한 바른 출발을 하고 있다. 즉 영성을 영적 생활을 할 수 있는 원천을 제공하는 능력으로 보았다는 점에서는 바른 이해를 하고 있다. 하지만 톰슨은 기독교 영성을 진술하면서 그 능력의 의미를 인간의 '보편적 능력'이라고 말함으로서 다소 오해의 여지를 남기고 있다. 왜냐하면 기독교 영성은 철학이나 심리학에서 의미하는 보편적 의미로서 인간의 영적 능력을 모두 무시하지는 않지만, 기독교 영성은 인간의 보편적 능력으로만 볼 수 없기 때문이다. 모든 인간은 하나님의 형상으로 창조된 존재로서 영적인 특성을 가진 존재이기에 영적 갈망을 가진 존재다. 하지만 기독교적 인간 이해는 창조의 원리에 의해서만 규정되지 않고 타락과 구속, 또는 회복의 삼위일체론적인 관점에서 설명되어져야 한다. 인간은 원래 풍성한 생명체로 창조되었다(창 2:7). 풍성한 생명체로 창조된 인간은 영성, 이성, 감성 등을 가진 존재였다. 타락 전의 인간에게 영성이 없었다고 말할 수 없다. 이를 부정하면 하나님의 완전성을 부정하게 되는 결과를 낳는다. 인간은 창조될 때 하나님으로부터 영성과 이성과 감성 등을 선물로 받았다. 때문에 인간은 하나님과 관계를 가지고 살아갈 수 있는 능력을 가지고 있었다. 하나님을 알 수 있는 능력을 가지고 있었다. 풍성한 영적 생활을 할 수 있는 보편적 영적 능력을 가지고 있었다. 그러나 인간은 타락으로 말미암아 하나님과의 관계가 무너지는 결과를 초래하게 된다. 영적 능력을 상실하게 되고 영적 소경이 되는 결과를 낳았다. 타락 후 인간은 하나님과의 관계에서 영적으로 죽어 있기 때문에(엡 2:1) 살림 또는 회복의 은혜가 필요한 존재가 되었다. 하나

---

John Knox Press, 1995), 7.

님은 예수 그리스도를 통하여 살림의 은혜 회복의 은혜를 통하여 인간의 영적 능력을 재형성한다. 그러므로 기독교 영성은 인간의 존재론적 차원의 한 국면(aspect)으로써 영적 생활을 할 수 있는 능력(capacity)으로 이해해야 한다. 이 능력은 인간의 보편적 또는 자연적 능력이라기보다는 예수 그리스도의 은혜로 말미암아 영적 삶을 살 수 있는 능력이다. 즉 기독교 영성은 인간의 타락으로 상실되었으나 예수 그리스도의 구속으로 말미암아 회복되고 성령의 도우심으로 알려지고 유지되며 성장하게 하는 통전적인 관계를 위한 능력(the capacity for holistic relationship)이다. 그러므로 기독교 영성이란 하나님, 자기 자신, 이웃, 자연과의 관계에서 통전적인 삶을 위한 능력이다.[18]

그리스도인이든 비그리스도인이든 모든 인간은 하나님의 형상으로 창조된 존재이다. 하지만 그리스도인과 비그리스도인이란 의미는 예수 그리스도의 구원의 은혜를 입은 자와 입지 못한 자를 구별해 준다. 비록 그리스도인과 비그리스도인 모두 지적이고 감성적 능력인 일반적 능력은 똑같다 해도, 영적인 삶은 뚜렷하게 구별되어 진다. 영성을 소유한 사람

---

[18] 최창국, 『기독교 영성신학』(서울: 대서, 2010), 26; 임마누엘 라티(Emmanuel Y. Lartey)는 영성에 대한 유용한 정의를 제공해 준다: "영성은 자기, 타자들, 세상, 하나님 그리고 감각적인 경험을 초월하고, 특수한 역사적, 공간적, 사회적 상황 속에서 표현되고, 흔히 세상에서의 특정 형태들의 행동으로 나타나는 것과의 관계를 위한 인간의 능력을 의미한다. 우리의 영성은 우리의 특정적인 관계 방식과 관련이 있고 적어도 5가지 차원을 가진다. (1) 초월과의 관계; (2) 개인내적인(자기와의 관계); (3) 대인관계적(다른 사람과의 관계); (4) 집단적인(사람들 사이에서의 관계들); (5) 공간적인(장소와 사물들과의 관계). 이런 차원들이 하나의 통합된 전체를 이루는 것으로 이해되어야 한다고 주장하는 것이 중요하다. 그것들은 여기에서 토론의 목적을 위해서 구별되지만, 실제로는 분리할 수 없다" (spirituality refers to the human capacity for relationship with self, others, world, God, and that which transcends sensory [or biological] experience, which is often expressed in the particularities of given historical, spatial and social contexts, and which often leads to specific forms of action in the world. In essence, our spirituality has to do with our characteristic style of relating and has at least five dimensions: (1) relationship with transcendence [God]; (2) intra-personal (relationship with self); (3) interpersonal (relationship with another); (4) corporate (relationships among people; (5) spatial (relationship with place and time). It is crucial to maintain that these dimensions should be understood as belonging together in an integrated whole. There are distinguished here for purpose of discussion, but in reality are inseparable, Emmanuel Y. Lartey, *In Living Colour*, 113).

은 기도, 말씀 묵상, 영적 독서, 예배의 삶을 소망하며 영적 삶을 경험하며 누린다. 영성이 있기 때문에 영적 생활을 경험하며 누릴 수 있다. 예수 그리스도의 구원의 은혜 아래 있지 못한 사람들은 영적으로 눈먼 상태에 있기 때문에(고후 4:3-4) 하나님을 바르게 알 수 없을 뿐만 아니라 하나님과의 관계 안에서 살아갈 수 있는 능력을 가지고 있지 않다. 영적으로 거듭나지 못한 사람은 이런 영적 생활에 어두워져 있기 때문에 예배와 기도 같은 영적 삶을 살지 못할 뿐만 아니라 누리지 못한다.

## 영적 인식론

근대에 들어서면서 인류는 계몽주의 사상에 의거한 '이성'을 중심으로 문화를 발달시켜 왔다. 데카르트에 의해 공식적으로 시작된 이성의 독주는 현대 사회의 모든 면에 있어서 이성이야말로 인류의 궁극적 구원임을 설파하였다.[19] 이성만이 오늘날의 모든 문화를 온전히 대표한다고 말하는 것은 잘못일 것이다. 그러나 적어도 이성이 가장 중심적인 역할을 하고 있다는 데에는 이견을 제기할 사람은 없다. 이성은 인류에게 엄청난 혜택과 편리함을 가져다주었을 뿐만 아니라 수많은 어려움과 고통들을 해결했다. 그러나 이러한 엄청난 혜택에도 불구하고 '이성주의'가 가져다준 부작용은 궁극적으로는 인류를 파멸로 이끌 것이라는 공통된 인식을 갖게 했다. 물론 이성 자체를 문제 삼는 것은 또 다른 문제를 야기시

---

[19] 데카르트가 남긴 유명한 문장, "나는 생각한다. 그러므로 존재한다" (*cogito ergo sum*)는 표현이 의미하는 것은 이성을 인간 존재의 핵심적 요소로 보고 있다는 것이다.

킨다. 다만 이성 자체가 지닌 한계를 인정하지 않음으로 인해 다른 요소들을 부인하거나, 아니면 존 헐(John Hull)의 지적과도 같이 이성주의 가운데에서도 효능과 편의를 강조하는 기술적 이성주의(technical rationality)로 축소된다거나, 이것만이 주된 기능으로 간주될 때 문제가 되는 것이다.[20] 오히려 이성은 트레이시 지적과도 같이 타당하게 사용될 경우 초월과 연결되는 중요한 역할을 감당할 수 있다.[21] 우리는 이성의 역할과 중요성을 결코 부인할 수 없다. 현재의 모든 교육적 터전과 내용은 바로 이성 중심으로 형성되어 있음을 부인할 수 없다. 그러나 기독교적 교육의 터전에서 이성을 중심으로 삼을 때는 근본적인 문제가 발생하게 된다. 존 웨스트호프(John Westerhoff)는 기독교적 교육의 터전이 신앙(faith)이 되어야 함에도 불구하고 종교(religion)가 되었다고 주장한다. 그러면 왜 신앙이 종교로 바뀌었는가? 기독교적 교육의 터전에서 신앙을 중심에 두기보다는 지나치게 이성 중심에 두려는 경향, 즉 계몽주의로 인한 이성주의의 영향이라고 할 수 있다.[22] 켄트웰 스미스(Cantwell Smith)에 따르면 16세기에 이르러서 본래적 의미의 신앙(faith)은 지적 차원의 신앙, 곧 belief로 대치되기 시작한다고 지적한다. 즉, 근본적이고 실존적 의미의 신앙(faith)이 교리나 신조 중심의 지적 신앙인 belief로 축소된다.[23]

기독교적 교육이 이성을 중심 터전으로 삼을 때 무엇보다도 신앙 이해가 협소화될 수 있고 기독교적 신비와 영적 삶을 왜곡시킬 수 있다.

---

[20] John M. Hull, *What Prevents Christian Adults from Learning*(Philadelphia: Trinity Press International, 1991), 10.
[21] David Tracy, "Can Virtue Be Taught?: Education, Character and the Soul," in Jeff Astley and others, eds. *Christian Formation: A Reader on Theology and Christian Education*,(Grand Rapids: Eerdmans, 1996), 381.
[22] John Westerhoff III, *Will Our Children Have Faith?*(Chicago: Thomas More Press, 2000)을 참조.
[23] Wilfred Cantwell Smith, *Faith and Belief* (New Jersey: Princeton University Press, 1987), 118.

신앙은 기독교 교육의 중심이다. 신앙은 그 본질상 토마스 그룸(Thomas Groome)의 지적과도 같이 인간의 전 존재와 아울러 모든 관계를 대상으로 한다. 신앙은 지적인 면 외에도, 감정적인 면, 의지적인 면, 공동체적인 면, 관계적인 면, 초월적인 면을 모두 포함한다. 그러나 이성 중심의 교육은 이성 자체의 한계로 인해 이러한 신앙의 전체적인 면들을 포함하기에는 한계가 있을 뿐만 아니라 신앙의 공동체성과 사회성, 그리고 초월성은 왜곡되거나 외면될 수 있다.[24] 때문에 객관성을 최고의 가치로 여기는 이성 중심의 교육은 신앙의 공동체성, 주관성이나 내면성, 초월성은 주변적인 가치로 여기는 현상을 초래할 수 있다. 기독교 교육에서 이성뿐만 아니라 감성, 내면성, 초월성 등도 동등하게 중요한 부분으로 다루어져야 한다.

교육의 터전이 이성 중심이 되면 기독교 교육의 터전이 되는 인식론에도 심각한 폐해를 끼친다. 이성 중심의 인식론은 논리성, 객관성을 주장함으로 객관주의를 최고 가치로 여기게 된다. 이로 인해 초월적 영역을 제거해 보려는 결과를 초래하게 된다. 팔머(Parker J. Palmer)는 현대 지식의 실패는 윤리의 실패, 즉 적용의 실패가 아니라, 인식의 실패 즉, 앎 자체의 실패라고 지적한다. 그는 "현대 지식의 실패는 일차적으로는 윤리의 실패, 즉 아는 것을 적용하는 문제에서 실패한 것이 아니다. 오히려 그것은 지식의 좀 더 깊은 원천과 열정을 추구하지 못하고, 우리의 지식이 창조하는 관계들 - 자기 자신, 이웃, 자연 세계와의 관계 - 에 대한 사랑이 거하도록 하지 못한, 앎 자체에의 실패다"라고 지적한다.[25] 팔머는 이러

---

[24] Thomas Groome, *Sharing Faith: A Comprehensive Approach to Religious Education and Pastoral Ministry* (Eugene, OR: Wipf & Stock Publishers, 1998)를 참조.
[25] Parker J. Palmer, *To Know As We Are Known*(San Francisco: HarperSanFrancisco, 1993), 9.

한 현대 지식의 이미지들은 하나님을 불신하고 배제시켰던 지식으로부터 시작되었음을 이야기한다. 즉, 하나님의 형상으로 창조된 인간은 본래 사랑의 형상대로 창조되었지만 타락으로 말미암아 서로 지배하고 통제하는 왜곡된 형상을 가지게 되었다는 것이다. 팔머는 창세기의 아담과 하와의 이야기를 통하여 인간의 지식에 대한 이미지들이 어떻게 왜곡되어 왔는지를 보여준다. 에덴동산에 아담과 하와를 두셨던 하나님은 그들의 인간적 한계를 아셨음으로 그들에게 선악을 알게 하는 지식의 나무를 먹지 말라고 명령하셨지만, 그들은 불순종함으로 말미암아 그들의 한계 너머에 있는 지식을 향해, 즉 자신들을 하나님처럼 만들어 줄 것이라는 지식을 향해 손을 뻗쳤다. 결국 그들은 하나님에 의해 에덴동산으로부터 추방당하였다. 팔머는 이 이야기를 통하여 종교 전통의 언어와 지식 전통의 언어를 이끌어 낸다. 그의 따르면, 종교 전통의 언어로 말하면 아담과 하와는 최초로 죄를 범한 것으로 말할 수 있지만, 지식 전통의 언어로 말하면 그들은 최초의 인식론적 과오를 범한 것으로 이해한다. 팔머는, "아담과 하와는 그들이 추구했던 지식의 종류로 인해 에덴동산에서 쫓겨난 것이다. 그것은 하나님을 불신하고 배제시켰던 지식이다. 알고자 하는 그들의 욕망은 순종과 사랑이 아니라 호기심과 지배욕, 오직 하나님에게만 속해 있는 힘을 자신이 소유하려는 욕망에서 비롯된 것이다. 그들은 하나님이 그들을 먼저 아셨고, 그들을 아시되 잠재성뿐만 아니라 한계 또한 알고 계신다는 사실을 존중하지 못했다"라고 지적하였다.[26] 팔머는 물론 "지식에 대한 갈망 자체가 죄나 인식론적 과오는 아니다"라는

---

[26] Parker J. Palmer, *To Know As We Are Known*, 24-26.

것을 분명히 한다.[27]

팔머의 관점은 인간은 하나님, 다른 인간, 그리고 자연과 본질적으로 연결되어 있다는 것이다. 팔머가 보여주고자 하는 것은 인간의 초월성과 관계성은 인간의 가장 깊은 존재의 터전임과 동시에 기초라는 것이다. 이 기초 위에 모든 가르침의 행위가 이루어지며 기독교적 가르침은 바로 이를 드러내 주고 경험케 하는 행위이다. 이를 등한시 할 경우 인간은 교육으로 인하여 오히려 파멸을 경험한다. 팔머는 "교육이 초월성에 중심을 두지 않을 때, 교육은 자아와 세계 사이에 진정하고 자발적인 관계성을 창조하는 데 실패한다"는 것을 지적한다.[28] 팔머는 교육의 초월성을 간과할 때 이성주의로 흐르게 됨을 지적한다. 이성 중심의 기독교 교육은 교육의 터전이 되는 인식론에도 심각한 폐해를 끼친다.

팔머의 지적에 따르면 이러한 교육은 진리를 추구함에 있어서 그 동기는 사랑이 아니라 철저하게 호기심과 통제(curiosity and control)로 대치되고, 이로 인해 이용이나 조작(manipulation)과 같은 가치들이 주된 목적이 되었다. 그는 이러한 교육 철학 안에서 지식이 인간의 변화의 수단이 아니라 이용과 착취, 이기적 목적 달성의 수단이 되었다고 지적하면서, 인간은 진리를 듣고 순종하기 위해서 지식을 갖는 것이 아니라 자신의 미리 결정된 목적을 달성하기 위하여 진리로 나아갈 수 있는 오류와 위험성을 지적한다. 하지만 그는 교육은 앎을 추구하는데, 그 앎은 반드시 사랑의 행위를 수반해야 함을 말하고 있다. 팔머의 인식론은 "안다는 것은 사랑하는 것이다." 팔머의 주장은 진리는 하나의 인격체로서 우리에게 다가

---

27 Parker J. Palmer, *To Know As We Are Known*, 25.
28 Parker J. Palmer, *To Know As We Are Known*, 12.

와야 한다는 것이다. 우리에게 필요한 것은 진리를 알고자 하는 욕구만이 아니라 진리로 올바로 다가가는 모습까지도 포함되어야 한다. 진리는 결코 호기심을 충족시키는 대상이거나 정복의 대상이 아니라 만남과 대화, 그리고 순종의 인격체이다. 그러므로 기독교적 교육은 단지 어떤 것에 대한 객관성을 증명해 보이는 것으로 만족하는 것에서 벗어나서 감성과 공동체, 그리고 초월성에로까지 이끄는 교육이 되어야 한다는 점을 강조한다.[29]

지식의 성경적인 시각은 감정, 행동과 함께 인식적 의미의 지식을 포함하는 성스러운 것이다. 지식은 알려진 사람이나 물체와 함께하려는 개인적 헌신이나 의도를 의미하는 물리적인 차원을 포함한다. 예를 들면, 하나님을 안다는 의미는 하나님에 대한 사랑, 순종, 믿음의 반응을 구체화하는 것이다. 성경적 지식은 하나님의 선포에 상관적, 경험적, 반사적인 앎의 방법과 관계된다. 팔머가 설명하는 성경적 지식은 자유롭게 하는 지식이며 사랑의 삶으로 이끄는 지식이다. 자유하게 하는 지식을 팔머는 고린도전서 8:1-3에서 찾는다. "우상의 제물에 대하여는 우리가 다 지식이 있는 줄 아나 지식은 교만하게 하며 사랑은 덕을 세우나니 만일 누구든지 무엇을 아는 줄로 생각하면 아직도 마땅히 알 것을 알지 못하는 것이요 또 누구든지 하나님을 사랑하면 이 사람은 하나님이 아시는바 되었느니라." 사랑의 관심과 관련된 것이 바로 이 지식이다. 신약은 지식이나 진리가 반드시 사랑과 연관되어 있다(엡 4:15; 요이 1장). 때문에 기독교 교육은 사람들로 하여금 하나님, 다른 사람들, 피조물들의 사랑으로

---

[29] 이 단락은 최창국, "기독교 교육학," 한국복음주의실천신학회 편, 『21세기 실천신학개론』 (서울: 기독교문서선교회, 2006), 225를 재구성한 내용이다.

어떻게 인도할 수 있는가에 목적을 두어야 한다.[30]

이러한 요구에 대한 응답으로써 마리아 헤리스(Maria Harris)는 종교의 세 가지 특질을 들어 설명한다.[31] 그 세 가지 형태는 mystery, numinous, mystical이다. 먼저 mystery란 인간이 모든 것을 알 수 없다는 인간의 한계적 상황을 의미한다. 다음으로 numinous란 인간이 신성함(divinity)의 임재를 깨닫게 될 때 발견하게 되는 경험을 말한다. 이는 거룩함(holiness), 놀라움(awe), 경의(wonders)로 특징지어진다. 마지막으로 the mystical이란 모든 인간과 존재의 본질적인 연결성을 말한다. 즉, 인간은 하나님, 다른 인간, 그리고 자연과 본질적으로 연결되어 있다는 사실이다. 헤리스가 말하는 인간의 신비, 경건, 관계성은 인간의 가장 깊은 존재의 터전임과 동시에 기초이다. 이 기초 위에 모든 가르침의 행위가 이루어지며 종교적 가르침은 바로 이를 드러내 주고 경험케 하는 행위이다. 이를 등한시할 경우 인간은 교육으로 인하여 오히려 파멸을 경험한다. 우리가 알아야 할 것은 파머의 지적과 같이 진리는 하나의 인격체로서 우리에게 다가온다는 것이다. 우리에게 필요한 것은 진리를 알고자 하는 욕구만이 아니라 진리로 올바로 다가가는 모습까지도 포함되어야 한다. 진리는 결코 호기심을 충족시키는 대상이거나 정복의 대상이 아니라 만남과 대화, 그리고 순종의 인격체이다. 그러므로 기독교적 인식론은 단지 어떤 것에 대한 객관성을 증명해 보이는 것으로 만족하는 것에서 벗어나서 감성과 공동체, 그리고 초월성에로까지 이끄는 인식론이 되어야 한다.

---

[30] Parker J. Palmer, *To Know As We Are Known*, 6-10. 이 단락은 최창국, "기독교 교육학," 한국복음주의실천신학회 편, 『21세기 실천신학개론』(서울: 기독교문서선교회, 2006), 227-29를 재구성한 내용이다.
[31] Maria Harris, *Teaching and Religious Imagination* (San Francisco: Harper and Row, 1987), 13-16.

## 영적 인식의 방식

우리 모두는 지각 구조를 가지고 있다. 이 지각 구조는 하나님에 대한 이해, 우리 자신에 대한 이해, 이웃과 세계에 대한 이해를 형성한다. 이러한 지각 구조들은 우리의 앎의 방식을 풍성하게 하기도 하지만 때로는 제한하는 도구가 될 수도 있다. 왜냐하면 우리의 지각 구조는 뿌리 깊은 이성지배적인 사고 구조에 길들여져 있기 때문이다. 파커 팔머(Parker Palmer)는 기독교적 인식 방식이 갖는 특성을 다음과 같이 심도 있게 제시하였다.

> 창조 세계의 공동체와의 언약을 깨뜨려 버리는 인식 방식과 행위와 존재의 결과들로 인해 오늘날의 인류는 더 많은 고통을 겪고 있고 더 많은 탄식을 하고 있다. 그러나 바울의 말에 따르면 이러한 탄식 자체가 바로 기도이다…깊은 기도 속으로 들어갈 때에야 비로소 우리는 '그가 나를 아시듯 아는 것'을 시작할 수 있다. 우리의 교만한 지식, 세계를 분열시키고 정복하고 파괴해 온 그 지식이 겸손히 낮추어진다. 이제 그 지식은 우리 삶의 모든 것과 충실한 관계를 맺도록 하는 지식이 된다. 기도 속에서 우리는 진리에 대한 순종을 실천할 수 있는 궁극적 공간, 즉 우리 모두와의 언약을 지키시는 성령에 의해 창조되는 공간을 발견하게 된다.[32]

설교자들은 성경연구를 비롯하여 신학을 공부하고 하나님에 대한 앎을 추구한다. 이러한 연구와 추구는 설교자들에게 중요한 부분이다. 하

---

32 Parker J. Palmer, *To Know As We Are Known*, 125.

지만 우리가 가지고 있는 지각 구조를 통하여 획득한 지식의 역할에 대한 분명한 이해가 요구된다. 지식은 실재하는 것을 상징화하고 우리 뇌가 창조해 낸 표상과 개념에 불과한 것이다. 어떤 것에 대한 우리의 생각은 결코 그것 자체가 아니다. 우리의 생각, 표상, 개념은 단지 기호나 설명에 불과하기 때문에, 그것들을 실재로 착각해서는 안 된다. 하나님에 대한 어떤 확고한 하나의 이미지에 너무 집착하게 되면 결국 우리는 하나님을 설교하는 것이 아니라 하나님에 대한 우리의 생각을 설교하게 된다. 이것이 바로 영적 신경증, 즉 우리의 정신의 우상 또는 지식의 우상이다.

또한 설교자는 지식과 지혜를 경험하는 방식들에 대해서도 알아야 한다. 우리의 앎의 방식들은 다양하고 때로는 이성적 작용 이상의 신비로운 차원이 수반되기도 한다. 우리가 경험하는 것들 중에는 우리가 이성으로 파악할 수 없는 부분이 있다. 설교자는 인간이 어떻게 이해의 단계에 도달하는지에 대한 인식의 유형과 방법에 대해서도 관심을 가져야 한다. 인간이 진리를 이해하고 경험하는 데는 이성 이상의 것이 수반되기도 한다. 설교자가 바른 이해에 도달하기 위해서는 논리적인 이성만으로는 불충분하다. 왜냐하면 인간의 앎과 경험의 형성은 이성적인 추론뿐만 아니라 관계적이고 감성적이고 영적이기 때문이다. 진리에 관한 이해와 수용은 오랜 시간을 두고 다른 사람들과의 인격적 관계 속에서 이루어지기도 한다. 잠언 13:20에서도 "지혜로운 자와 동행하면 지혜를 얻는다"고 말한다. 설교자가 예수님이 누구이며 그의 말씀이 어떻게 삶을 변화시키는가를 설교하기 위해서는 성경 본문뿐만 아니라 청중이 살아가는 삶의 방식과 그들이 어떻게 예수님과 관계를 맺고 있는지를 관찰할 기회가 필요하다.

홈즈는 그의 저서 『기독교 영성의 역사』(*A History of Christian Spirituality*)에서 그리스도인이 하나님을 경험할 수 있는 다양한 방법 중, 유념적(kataphatic)–무념적(apophatic) 차원과 사색적(speculative)–감성적(affective) 차원으로 구분했다.[33] 유념적–무념적 차원은 특별히 묵상의 두 가지 전통적 방식을 말한다. 유념적 차원은 이성의 중요한 작용인 상상 등을 적극적으로 활용하는 방법이다. 이 방법은 하나님의 긍정적인 이미지를 확인하고 이런 이미지를 묵상의 도구로 이용하는 방법이다. 반대로 무념적 방법은 이성적 작용을 활용하여 하나님의 형상을 상징하는 이미지에 초점을 두기보다는 무엇이 하나님이 아닌가를 다루는 것이다. 하나님은 단지 하늘에 계신 아버지가 아니다. 하나님은 그보다 훨씬 더 위대한 분이다. 유념적 방법에서 하는 것처럼 이미지로 하나님의 모든 것을 알 수 있는 것은 결코 아니다. 하나님에 대한 모든 이미지들은 하나님의 존재에 대한 불완전하고 제한적인 것이다. 무념적 전통에서 하나님은 신비한 존재로 인식된다. 하나님은 때로 이미지를 통해 우리에게 그 자신을 보여주셨음에도 불구하고 우리는 그 이미지를 통해 하나님에 대해 지극히 제한적 인식만을 소유하고 있을 뿐이다. 무념적 방법의 목표는 하나님과 하나 되는 체험이다. 하나님을 체험함으로 발견할 수 있는 것은 단지 사랑에 대한 지식이 아니다. 하나님은 우리의 사랑으로, 우리의 지력으로도 완전히 인식할 수 없는 존재이시기 때문이다. 정리하면, 하나님을 알고 체험하는 방법에서 유념적 방법은 이성적 작용을 긍정적으로 활용하지만, 무념적 방법은 인간의 이성으로는 하나님을 바르게 알 수 없는 신

---

33 Urban Tigner Homes, *A History of Christian Spirituality* (New York: The Seabury Press, 1980), 4.

비한 존재로 하나님의 신비한 역사를 통해 경험할 수 있다는 것이다.

유념적-무념적 영적 수련의 대표적인 방법인 묵상과 관상은 단지 영적 깊이만을 고양시키는 것이 아니라 인식의 확장까지도 가져온다는 것을 알 수 있다. 이는 인간의 지식과 지혜는 단지 책을 통한 연구를 통해서만 얻을 수 있는 것이 아니라 다양한 방식들이 있다는 것을 알 수 있다. 제랄드 메이(Gerald May)는 그 효과에 대해서 세 가지를 소개한다.[34] 첫째, 수년 동안 영적 수련을 해 온 사람들은 지각의 확장을 경험한다고 했다. 그들은 더 이상 단순히 이것 또는 저것을 인식하는 것이 아니라, 모든 것을 파노라마와 같은 인식을 경험했다. 이런 현상은 한 축구 선수가 자기 쪽으로 공이 오는 것을 볼 때, 마치 순간적으로 그의 인식 범위가 활짝 열리는 것과 같다. 이런 인식은 자신이 느낄 수 있는 느낌과 더불어, 군중의 소리까지 모두 인식하는 것과 같은 것이다. 심지어 그의 심장의 박동, 하늘의 떠 있는 구름 모양까지 느낄 수 있는 확장된 인식이다. 영적 수련의 또 다른 효과는 자기인식과 관련된 것이다. 자기인식이란 자기 주위에 있는 것뿐만 아니라 자기 안에 있는 것 또한 주목하게 되는 것을 의미한다. 그것은 자신의 고통스럽고 별로 드러내고 싶지 않은 모습을 직면하는 것이다. 그러나 자기인식은 시간이 지날수록, 자신의 장점과 단점에 대한 훨씬 더 현실적인 평가를 얻게 한다. 마지막으로 영적 수련의 효과는 향상된 반응에 대한 것이다. 향상된 반응이란 순간의 상황을 무의식적으로 예리하게 다루는 자연스럽고 유연한 반응이다. 영적 수련의 효과는 삶의 위기의 순간에도 보다 더 냉정하고 차분하며 정확한 반응이 좀 더 자연스러워지는 경험을 갖도록 해주는 것이다.

---

[34] Gerald G. May, *The Awakened Heart*, 김동규 옮김, 『사랑의 각성』 (서울: IVP, 2006), 115-16.

홈즈에 의해 제안된 두 번째 차원인 사색적-감성적 차원은 그리스도인이 하나님께 접근하는, 그리고 그의 생애 가운데 하나님을 기대하는 다양한 방법에 대한 이해이다. 감성적 방법이 마음 혹은 감성을 표현하는 것을 강조하는 반면, 사색적 방법은 마음 혹은 지성이 강조되는 방법이다. 사색적 방법은 마음 또는 지성으로 하나님을 만나는 것을 강조하고 보통 그것은 이성적이고 명제적(proposition) 신학을 동반한다. 이 방법은 성경의 자기계시를 통해 하나님을 알게 된다는 것을 중요시했던 개혁주의 전통에서 많이 보여지고 있다. 이 전통에서는 하나님은 이성으로 만날 수 있고, 하나님의 말씀인 성경공부를 통하여 알 수 있다고 여긴다. 그 결과 사색적 방법을 주로 추구했던 전통에서는 하나님에 대한 신학적 이해는 많이 발전했지만, 하나님 체험에 대한 관심은 다소 미흡했다고 할 수 있다. 감성적 방법은 체험을 통해 하나님을 직접적으로 만나는 것을 강조한다. 하나님은 머리보다는 마음으로 만나는 것을 중요하게 여긴다. 하나님에 대해 아는 것은 실제적이며 개인적으로 하나님을 알고 체험하는 것에 비해 미흡하다. 감성적 방법은 하나님을 체험하는 것에 강한 면이 있는 반면, 그의 체험을 반영하는 신학은 다소 약하다. 신학공부는 하나님을 직접 체험하는 것에 비해 이차적인 경향이 있다.

그러나 홈즈가 구분한 사색적-감성적 차원에서 말하는 머리와 가슴의 특성은 인위적이고 오도하기 쉽다는 지적을 할 필요가 있다. 개혁주의 전통에서 칼빈은 확실히 가슴과 머리를 둘 다 가진 사람이었다. 결코 사색적 성향만을 가진 사람이 아니었다. 보우스마는 칼빈의 이러한 점에 대해 다음과 같이 말했다. "영적 지식은 생각만으로 이해하고 마음에 두지 않기 때문에 그다음에 빨리 사라져 버리는 그런 종류의 직관는 종류가 다르다. 칼빈에게서 영적 지식은 언제나 감정을 움직이는 것이다. 왜냐하면 진정한 신앙은 두뇌보다는 가슴이 이해보다는 의향과 관계되기 때문이다."[35] 하나님에 대한 앎과 경험을 추구하는 과정에서 사색적-감성적 차원을 이분법적으로 구분해서는 안 된다. 이 둘은 서로 분리되지 않고 상호작용하는 것으로 보아야 한다. 홈즈는 하나님을 인식하고 체험하는 것으로서 유념적-무념적 방법과 사색적-감성적 방법이 서로 밀접하게 관련되어 있을 뿐만 아니라 균형이 필요함을 강조하고 있다.[36] 하나님을 알고 경험하는 방법이 한 가지만 있는 것은 아니다. 하나님을 인식하고 경험하는 길은 때로는 지성의 길을 통해서, 때로는 감성의 길을 통해서, 때로는 묵상의 길을 통해서도 경험할 수 있다. 로렌스 커닝험(Lawrence S. Cunningham)과 키스 이건(Keith J. Egan)은 안타깝게도 마치 지성이 하나님을 찾는 일에 개입된 유일한 능력인 듯이 이해하고 있지만 묵상도 중요한 기독교 인식의 한 방법임을 말한다.[37]

묵상은 현대의 활동주의로 인하여 배제되어 버린 인식의 오랜 방법이다. 묵상은 일상생활 속에서 성찰을 통하여 인식하는 방법이다. 우리는 이성적 작용만을 통해서 인식하는 것으로 이해한다. 오늘날 우리는 대개의 경우 사물들을 다르게 이해한다. 객관적으로 확실히 인식할 수 있는 것만을 인정하려는 현대적 인식은 모든 주관적 요소들을 배제하려는 경향이 있다. 우리는 모든 것을 파악하고자 한다. 현대 세계에 있어 자기

---

[35] W. J. 보우스마, "존 칼빈의 영성," 김성재 편, 『성령과 영성』(서울: 한국신학연구소, 1999), 474.
[36] 보다 더 구체적인 연구를 위해서는 John H. Westerhoff III, *Spiritual Life: Foundation for Preaching and Teaching*, 이금만 옮김, 『영성생활: 생명을 살리는 설교와 교육의 토대』(오산: 한신대학교출판부 2009)을 참조.
[37] Lawrence S. Cunningham and Keith J. Egan, *Christian Spirituality: Themes from the Tradition* (New York: Paulist Press, 1996), 102.

경험은 세계 경험으로부터 배제되었다. 하지만 우리는 세계를 우리가 가진 뇌로만 이해하는 것이 아니라, 우리의 감각들과 함께 이해한다. 특별히 현대인들에게 묵상은 중요한 인식 방법으로 이해될 필요가 있다. 묵상은 감각적 인지와 받아들임과 수용과 참여의 길이다. 묵상적인 인식은 인식되는 대상을 변화시키려 하지 않고 인식하는 주체를 변화시킨다. 묵상적인 인식은 사람을 지배하기 위해서 인식을 추구하는 것이 아니라 참여하기 위해서 인식한다. 그러므로 묵상적인 인식을 추구하는 사람은 인식의 대상을 사랑하고 사랑 가운데서 그것을 완전히 그 자신으로 존재하도록 할 수 있을 만큼 인식한다. 묵상은 이해와 실천 사이의 주요 연결 고리이다. 즉 묵상은 지성에서 마음으로, 그리고 매일의 생활로 나아가기 때문에 진리를 살아있게 만드는 방법이다. 묵상은 설교자의 영적인 삶에서 마음과 지성을 통합하는 데 중요한 역할을 하는 것이다.

설교자들이 성경적 지식을 인식함에 있어서도 지배하는 손을 가지고 인식을 추구한다면, 설교자들이 성경적 지식을 손 안에 넣게 되었을 때, 그러한 인식은 설교자들이 원하는 것을 지배하기 위한 수단이 되어 버릴 수 있다. 현대 기능주의 사회에서 인식의 목표는 너무도 쉽게 지배하기 위한 도구가 되어 버리기 때문이다. 우리 안에 일어나는 성령의 활동의 묵상적인 인지가 없다면, 우리를 위한 그리스도의 역사는 생동성을 잃게 될 것이다.

> 자기 이해를 심화시키지 않고 자기의 사랑의 능력을 발전시키지 않으며 자기 자신에 대한 자유를 발견하지 못한다면 다른 사람들을 위하여 행동하고자 하는 사람은, 다른 사람들에게 그가 줄 수 있는 그 아무것도 자기

안에서 발견하지 못할 것이다. 그는 −선한 의지가 전제되어 있고 아무런 악한 의도를 갖지 않는다 할지라도− 자기 추구의 해독과 그의 불안의 공격심과 그의 이데올로기의 선입관을 다른 사람들에게 전달할 것이다. 자기의 내적 공허를 다른 사람들에 대한 도움의 행위를 통하여 채우고자 하는 사람은, 자기 자신의 공허를 확신시킬 뿐이다.[38]

십자가에 달린 하나님에 대한 인식만이 설교자의 메시지에 대하여 근거와 기초를 부여할 수 있다. 이 하나님의 사랑으로 자기 안에서 자유롭게 된 사람만이 다른 사람을 자유롭게 할 수 있으며 사람들의 고난을 나눌 수 있다. 진정한 사랑의 경험들이 있는 곳에는 언제나 부활의 경험을 낳게 하기 때문이다.

---

[38] Jurgen Moltmann, 『생명의 영』, 김균진 옮김 (서울: 대한기독교서회, 1996), 270-71.

# Chapter 02

# 설교자의 영성
## Preacher's Spirituality

## 설교와 영적 갱신

20세기 중반 무렵부터 서구 기독교에서 영성이 강조되기 시작한 동기와 의미는 참으로 다양하다. 그것은 서구 이성주의에 대한 기독교적 반성에서, 물질주의적 우상에 대한 허무함에서, 초월적 가치에 대한 재인식에서, 창조원리를 회복하기 위한 원리로서, 신학의 주지주의적인 경향에 대한 반성에서, 인간 삶의 통전적인 관계에로의 회복의 힘으로서, 영적 갱신을 위한 원리와 역동성을 회복하기 위한 몸부림 등이다. 역사학자 아놀드 토인비(Arnold Toynbee)는 서구 문명은 이제 몰락의 길로 접어들었으며, 오직 영적 갱신만이 그 몰락으로부터 서구 문명을 구출할 수 있다고 했다.[1] 이것은 영적 가치를 일깨우는 말이요 도전적인 말이기도 하다. 우리는 모두 본질적인 것들을 사랑하기보다는 비본질적인 것들에 중독되어 살아가는 모순 된 존재들이다.

우리 사회는 점점 더 단편화되고 방향감각을 잃어 가고 있다. 사람들

---

[1] Harvey Cox, *Fire from Heaven*, 유지황 옮김, 『영성 음악 여성: 21세기 종교와 성령운동』(서울: 동연, 1998), 413에서 인용.

과 공동체는 황폐화되어 가고 있고, 그들의 영적 근원들로부터 뿌리 뽑히고 있다. 이러한 사회 속에서 우리를 둘러싸고 있는 야만성에도 불구하고 생존할 수 있는, 그리고 그 야만성의 희생자들을 보호할 수 있는 새로운 공동체적 삶의 형태를 제시하는 설교자가 되기 위해서는 사회에 대한 바른 조망뿐만 아니라 영적인 차원까지 깊이 있게 품어 낼 수 있어야 한다. 이 같은 궁극적인 깊이를 가지고 말씀을 해석해 낼 수 있는 것이 바로 복음의 선포이다.²

---

2 설교의 용어를 통해 설교의 정의와 역사를 간략하게 정리하면 다음과 같다. 첫째, 설교의 내용과 관련하여 신약성경에 나오는 단어로는 케리그마(kerygma)를 들 수 있다(롬 10:17; 16:25; 고전 2:4; 골 3:16). '복음'으로 번역되는 이 단어는 설교의 가장 근본적인 그리고 원형적인 개념으로 '예수의 생애, 고난, 죽음 그리고 부활로 인해 인간에게 가능하게 된 부활에의 기쁜 소식'을 말한다. 이 단어와 함께 선포의 핵심 요소로 등장하는 단어가 디다케(didacke)이다. 이 단어는 케리그마와 함께 예수의 마지막 분부를 포괄한다. 예수의 제자들에게 내리신 명령은 이중적인 것으로 "너는 가서 하나님의 나라를 전파하라"(눅 9:60)는 것과 모든 족속으로 제자를 삼아 "내가 너희에게 분부한 모든 것을 가르쳐 지키게 하라"(마 28:20)는 것이다. 회당적인 의미에서의 교육(마 4:23), 선교(행 4:2) 그리고 기독교 교리의 요약(딤후 4:3) 등의 의미로 사용되었다. 특히 이 용어는 설교가 추상적인 내용이 아니라 하나님과 교리에 대한 지식 그리고 인간의 삶과 깊은 연관을 갖는 차원이어야 함을 의미한다. 또 다른 용어로는 세례 받은 회중 가운데서 행해지는 말씀을 지칭하는 파라칼레오(parakaleo, 고후 5:20)를 들 수 있다. 이 용어는 신약에서 두 가지 의미로 사용되고 있다. 삶의 실천과 관련한 의지와 행동으로서 '권고'(롬 12:1)와 신앙의 토대로서의 확신을 근거한 '위로'의 의미(고전 1:6)이다. 이 용어들은 처음 설교가 어떤 내용들을 주된 메시지로 취급해 왔는지를 보여주는 것이다. 하지만 이 용어들은 '설교 자체'를 가리키는 명칭이라기보다는 '설교를 통해 전해지는 내용'을 가리킨다고 볼 수 있다. 따라서 이 용어들을 통해 설교의 주된 방향과 기능이 무엇이었는가를 유추해 볼 수 있다.
둘째, 설교를 지칭하는 최초의 용어는 '호밀리아'(homilia)이다. 이 단어는 '서로 서로 이야기하다'라는 뜻을 가진 '호밀리엔'(homilein)에서 파생된 명사로 2세기경 폴리캅(Polycarp)에게 보내는 이그나티우스(Ignatius)의 서신에서 처음 발견된다. '호밀리아'로서의 설교는 '예배에서 선포되는 말씀을 지칭하는 전문어'로 형식적으로는 성경 본문을 순서대로 주석하는 주석설교에 해당한다. '호밀리아'로서의 설교는 주로 교훈적 연설 혹은 훈계의 말씀이 주된 내용을 이루고 있는데 이것은 초대교회 당시 이단의 등장으로 인해 참예언자와 거짓 예언자를 구별해야 하는 필요성이 대두되었기 때문이다. 4세기에 이르러 라틴어가 예배의 공식 언어로 확정되면서 호밀리아 역시 락탄티우스(Lactantius)에 의해 '프래디카치오'(praedicatio)라는 라틴어로 번역되었는데 이 용어는 '공적으로 알린다'는 의미를 갖고 있었다. 이때부터 예배 가운데 행해지는 설교를 지칭할 때는 이 용어가 사용되었다. 오늘날 영어권에서 설교를 가리키는 단어로 쓰이는 '설교'(preaching)는 '프래디카치오'로부터 연유되었다.
셋째, 한편 중세에 이르러서는 설교가 예배에서 중요한 위치를 상실한 채 정체성의 위기를 맞게 된다. 설교가 예배에서 행해진다 하더라도 그것은 성경말씀과의 깊은 관계에서 행해지기보다는 설교자의 관심과 회중의 흥미에 초점을 맞추게 됨으로 '주제설교' 유형이 주를 이루게 되었다. 이 결과로 설교를 지칭하는 또 다른 용어가 생겨났는데 오늘날 '설교'(sermon)의 어원을 이루는 '세르모'(sermo)다.
넷째, 종교개혁에 이르러 설교를 지칭하는 용어가 종교개혁자들의 말씀 이해에 근거해 새롭게 제시되었는데 그것이 바로 '콘치오'(contio)이다. 이 용어는 '성경 본문을 바탕으로 공중 예배에서 행해지는 설교'라는 의미를 지니고 있다. 즉 하나는 중세교회에서 공 예배에서 성찬예식에 비해 그 비중이 약화되었던 말씀의 예전의 본래의 위치를 되찾으려는 것이었다. 다른 하나는 설교자들의 관심과 청중의 기호를 만

## 설교자의 영성

설교자의 영성은 설교 사역에서 매우 큰 위치를 차지한다. 설교 사역에서 설교자의 하나님과의 관계, 말씀과의 관계, 다른 사람들과의 관계뿐 아니라 자기 자신과의 관계가 중요하다는 말이다. 그 관계란 소명 의식을 포함하여 하나님과의 관계와 함께 개인이나 자라 온 심리적인 내력과 육체적인 건강과 같은 자기세계와의 관계, 그리고 다른 사람들, 특히 회중과의 관계를 의미한다. 이와 같은 다차원적인 관계에서 성실성과 통전성을 갖지 않는 설교자는 강단에서 학자처럼 논리적으로 전하고 천사처럼 말은 할 수 있을지라도 사람들의 마음속으로 들어가는 것은 어려울 수 있다.[3] 예를 들어 설교자가 성경 본문 분석 능력은 뛰어날지라도 사람을 사랑하지 못한다면 사람들에게 사랑받는 설교자가 될 수 없다. 반대로 설교자가 하늘의 뜻을 추구하지 않고 사람의 일과 땅의 일만을 추구할 때 복음의 능력은 경험할 수 없다. 설교자 자신이 먼저 복음의 능력을 이 세상에서 누리지 못했다면, 이런 설교자는 아직 하나님의 뜻 안으로 들어오지 않았다고 할 수 있다.

설교자는 하나님과의 관계뿐 아니라 사람들과의 관계도 중요하다. 설교자는 회중에게 성경의 메시지를 단지 기계적으로 전달하는 사람이 아니라, 회중에 대한 지식과 신학적 통찰과 기도를 통한 하나님 경험과 자신의 한계와 개성을 가진 인격체이다. 설교에서 설교자의 인간성과 영성은 그 자체로 진리를 구현한다. 즉, "설교자는 자신의 전달 방식을 통해

---

족시키는 방향으로 흘러갔던 설교가 성경말씀 중심으로 전환하게 되는 기초를 제공했다(정인교, "설교학," 한국복음주의실천신학회 편, 『21세기 실천신학개론』(서울: 기독교문서선교회, 2006), 99-101).

[3] Willard Jabusch, *The Person in the Pulpit: Preaching as Caring* (Nashville: Abingdon Press, 1981), 51-63.

서 회중에게 선포되는 복음을 살아 생생하게 회중 앞에 구현하는 사람이다."[4] 필립스 브룩스(Philips Brooks)는 "설교는 인격을 통한 하나님의 진리의 소통이다"라는 것을 깨달았다.[5] 이런 차원에서 회중이 강단으로부터 듣는 메시지는 단순한 설교자의 말이 아니라 그 설교자의 영성과 인격을 포함한다. 설교자의 설교에서 모든 것이 영성과 인격에 달렸다고 말할 수는 없지만, 설교자의 영성이 설교에 미치는 강력한 영향력을 과소평가해서는 안 된다. 설교에서 설교자와 성경과 회중 그리고 하나님의 음성의 통합 여부는 설교자의 영성과 인격을 통해서 그 성패가 좌우된다. 영성이 없는 설교자의 손에 들린 성경 본문은 생명력 없는 본문이 될 수 있고, 영성 있는 설교자의 손에 들린 성경 본문은 생명력 있는 본문이 될 수 있다. 하지만 설교자의 영성이 그동안 왜곡된 개혁주의 전통에서 설교학으로부터 외면되었다는 점은 부인할 수 없다.

그러나 설교자의 영성을 왜곡시키는 것을 주의해야 한다. 즉 영성을 영적인 차원과만 관련시키려는 유혹이다. 영성을 천상의 차원과만 연관시키고 인간의 심리적 차원과 윤리적 차원 등과는 분리시키는 것은 영지주의적인 것이다. 이러한 영성의 이해는 세상과 일상을 아무 관련이 없게 만든다. 이러한 영성의 이해는 결코 성경적인 관점이 아니다.

설교자가 성경을 영해된 해석(spiritualized interpretation)을 할 때 표면적으로는 매우 영적인 것처럼 보이지만 실은 성경적인 해석이 아니다. 성경은 오직 영적인 복음만을 말하거나 영적인 삶만을 위한 말씀이 아니다. 성경의 복음은 하나님과의 관계, 인간 자신과의 관계, 이웃과의 관계, 하

---

4  F. Ward, *Speaking from the Heart: Preaching with Passion* (Nashville: Abingdon Press,1992), 129.
5  Philips Brooks, *On Preaching* (New York: Seabury, 1964), 5.

나님이 창조한 피조물과의 관계를 통하여 통전적 삶을 촉진하는 메시지를 담고 있기 때문이다. 설교자가 그리스도인은 하늘의 잠재적인 거주민으로 간주되어야 한다고 주장하며 선포하는 메시지는 복음이 아니라 플라톤의 이원론적 철학이다. 설교의 목적은 회중을 천사가 아니라 진정한 인간으로 살아가도록 하는 데 있다. 설교는 복음을 통하여 사람들로 하여금 통전성을 회복하도록 촉진하는 데 그 목적이 있다. 복음을 통하여 사람들을 통전적 존재로 살아가도록 촉진하는 동력이다. 하지만 거짓된 복음은 사람들을 실재 세계로부터 소외시킨다.

설교자의 복음에 대한 영해는 정도의 차이가 있지만 영지주의적인 설교에서 쉽게 노출된다. 영지주의적인 설교에서 전형적으로 발견되는 것은 이원론이다. 영지주의적인 설교에서 빈번하게 발견되는 또 다른 약점은 설교 서론의 전개이다. 영지주의적인 설교의 서론은 회중이 당면한 이슈들이나 세상의 문제를 다루기는 하지만 설교의 메시지 전면에 영적인 복음을 배치하기 위한 일종의 무대 장식처럼 사용할 뿐이다. 설교에서 제기된 문제나 주제를 바르게 다루거나 지혜롭게 다루지도 않고, 복음의 변혁하는 능력에 대한 약속과 연결시키지 않고 단순하게(naive) 영적인 것의 반대편에 있는 문제점 정도로 비춰질 뿐이다. 이런 설교는 복음을 현재의 문제와는 아무 관련이 없는 것으로 왜곡한다. 상당히 많은 설교자들이 이와 같은 방식으로 사회의 당면한 이슈들을 다룬다. 하지만 이런 설교는 복음과 사회의 관계에 대한 미숙한 해석에서 기인하는 경우가 많다. 복음과 사회에 대한 해석적 능력이 부실한 설교자는 설교의 서론에서는 사회의 부정적인 상황들을 소개한다. 하지만 설교를 통해 사회의 이런 부정적인 상황들을 개선하는 데 복음의 능력과 희망을 불어넣어 주지 못하고, 단지 내면화된 종교로 들어가도록 하는 데 머무를 뿐이다. 영지주의적인 설교자는 복음의 사회변혁적인 힘을 외면한다.

예를 들어 설교자가 성경의 메시지를 통해 사회적 실제 문제나 상황을 "많은 사람들이 우리나라에서 모 정당이 권력을 잡으면 일종의 유토피아를 경험할 수 있을 것이라고 생각합니다. 하지만 우리가 바로 깨닫는 것은 정치가 해답일 수 없다는 것입니다. 요즈음 우리는 매일 부정적인 소식을 듣고 삽니다. 권력형 비리, 빈부 격차, 폭력, 강도, 살인 등입니다. 그렇다면 떠오르는 질문은 '그다음은 도대체 무엇입니까?'입니다. 하지만 사도 바울은 이 모든 고난에 어떻게 대처했습니까? 사도 바울은 고난 가운데서도 결코 희망을 포기하지 않았다고 말합니다. 이것이 바로 오늘 여러분이 집에 가지고 가야 할 메시지입니다. 결코 희망을 포기하지 마십시오. 하나님이 이 모든 것을 다스리고 계십니다. 고난은 순간에 불과합니다. 이 또한 지나갈 것입니다. 하나님은 우리를 위하여 영원한 복을 예비하고 계십니다"라고 설교한 후에, 희망을 잃지 않도록 회중이 실천해야 할 내용들을 이렇게 제안하기도 한다. "첫째는 사탄과의 영적인 싸움을 감당하십시오. 둘째, 기도생활, 하나님과의 관계, 그리고 성령의 전신갑주를 입고서 여러분 자신을 영적으로 강하게 하십시오. 셋째, 교회에 정기적으로 출석하여 예배의 백성이 되십시오." 이런 제안이 방법이 권력형 비리, 빈부 격차, 폭력, 강도, 살인의 문제를 해결하는 유일한 방법인가? 이런 제안이 성경에서 제안하는 것인가? 이런 방법이 과연 복음이 말하고자 하는 진정한 의미인가? 그리고 이 모든 것들을 과연 내면적으로 그리고 영적으로 해석해야만 하는 것들인가? 설교자가 사회의 문제에 대한 율법적인 내면화 또는 영적인 설교를 함에 있어 종종 동반하는 문제점은 성경 본문의 윤리적인 차원을 너무 협소하게 좁히는 것이다.

성경에 담긴 복음은 동시대에 새 생명의 삶을 위한 새로운 가능성을 사람들에게 제시한다. 성경은 오직 하나님에 관한 한 가지 진리나 해석만을 담고 있는 것이 아니다. 만일 설교자가 본문에서 한 가지 영원한 진리만을 드러내려는 의도로 성경을 읽는다면 본문의 능력을 위축시킬 수 있다. 설교자의 소명은 하나님의 새로운 모습과 하나님의 자비로운 임재에 관한 새로운 통찰을 회중에게 소개하고 중재하는 것이다.

영지주의적인 설교에서는 개혁주의의 기본적인 출발점이자 호소인 모든 인생과 이 땅의 모든 것을 거룩하게 하라는 외침이 무너지고 만다. 이런 설교는 세상을 변혁시키는 복음의 능력으로서의 복음의 온전한 범위가 철저히 위축시킨다. 영지주의적인 설교는 회중의 자연스러운 삶과 세상을 외면할 뿐만 아니라 회중의 매일 일상적인 실재를 이루는 요소들 역시 외면한다. 이런 설교는 사람들의 삶을 왜곡시키기까지 한다. 바로 전도는 주업이고 직장은 부업이라는 식의 설교이다. 기도는 영적인 것이고 직장에서의 일은 하나님과 관계가 없고 성경적 삶과는 무관하다는 것이다. 이런 설교는 복음과 영적인 삶을 심각하게 왜곡시키는 것이다.

나아가 이런 설교에서는 회중이 살아내야 하는 매일의 일상생활과 세상적인 실존이 구체적인 방식으로 다뤄지지 않는다. 영지주의적인 설교에서는 인간의 참다운 실제가 다뤄지지 않는다는 점에서 인간 정신의 내면적인 차원을 향한 설교학적인 움직임은 사실상 회중에게서 외면당하기 쉽다. 영지주의적인 설교는 교회 안의 종교적인 활동들만을 가치 있게 여기는 경향이 강하게 드러난다. 이런 설교에서는 다양한 은사나 또는 다양한 소명들은 전혀 고려의 대상이 되지 못한다. 이런 설교에서 회중은 과도한 부담을 떠맡는다. 그 이유는 설교자 자신만이 고유의 영적인 경험에서 얻은 독특한 이미지의 틀대로 회중을 빗어 내려고 하기 때문이다. 영지주의적인 설교의 근본적인 문제점은 삶을 부정적으로 보게 하거나 멸시하거나 또는 근본적으로 악하고 전혀 바뀔 가능성이 없는 악으로 보게 하는 것이다. 이러한 설교는 세상과 죄, 즉 세상과 세상 속에 있는 죄악을 혼동하게 만들고 이 둘의 관계를 왜곡한다.

하나님은 그의 은혜로 우리를 죄에서 구원하셨지, 하나님이 창조한 세계로부터 우리를 도피시키기 위해 우리를 구원하신 것이 아니다. 우리가 받은 구원은 결코 일상의 삶으로부터의 도피가 아니라 오히려 일상의 삶을 책임지게 하는 것이다. 이 세상은 하나님의 세상이다. 이 세상은 성령 하나님의 사역의 장이다. 사도 바울의 "위에 것을 생각하고 땅의 것을 생각하지 말라"(골 3:2)는 말씀은 설교자들이 종종 왜곡하기 쉬운 본문이다. 이 본문은 우리가 이 세상에서 도피해야 한다는 의미가 아니다. 바울은 이 구절 직후에 신자들이 이 세상을 살아가면서 맺게 되는 구체적인 인간관계의 목록을 말하면서 인생에서 가장 구체적인 것들에 관하여 광범위하게 설명한다. 그가 말한 목록에는 남편과 아내의 관계와 부모와 자녀의 관계, 그리고 노예와 주인과의 관계가 등장한다(골 3:18-4:1). 하나님의 복음은 단지 천상의 삶만을 위한 설계도가 아니다. 하나님의 복음은 이 세상의 교육, 사회, 정치, 경제, 윤리와 같이 우리가 매일 직면하는 아주 실제적인 것들에 관한 것이다. 복음은 참으로 이 세상과 이 세상을 살아가는 사람들의 실제적인 것을 위한 메시지이자 동인이요 설계도이다.

사도 바울이 열거한 일상의 삶과 이단적인 교사들의 관심사는 완전히 대조적으로 구분된다. 이단적인 교사들은 이 땅에 집중함으로써 하늘에 도달하고자 한다. 하지만 바울이 사랑한 복음은 하늘에 집중함으로써 다시 이 땅을 갱신한다. 설교자의 영성은 바로 이와 같은 것이다. 설교자에게 영성은 복음의 능력을 이 땅에서 드러내는 동력이다. 즉 설교자의 영성은 단지 하늘만을 바라보는 데 있지 않고 하늘의 뜻을 이 땅에서 이루기 위한 것이다. 복음은 먼저 하늘을 맛보게 하여 우리로 하여금 다시 땅으로 되돌아가게 만든다. 복음의 능력을 경험한 사람은 이 세상에서 이 세상을 위하여 하늘의 뜻을 추구한다. 복음의 본질도 영성의 본질도 여기에 있다. 설교자의 영성이 중요한 이유도 바로 여기에 있다. 즉 설교자는 하늘을 추구하는 설교자이지만 이 세상은 하나님의 세상이기 때문에 세상을 사랑하는 사람이어야 한다. 이런 의미에서 복음은 설교자에게서 세상을 등지게 하지 않고 오히려 세상에 새로운 의미를 채워준다. 설교자는 말씀과의 관계뿐 아니라 세상과의 관계에서도 성숙하고 거룩해야 한다. 이런 맥락에서 설교자는 세상 속에서 살아가는 회중의 삶의 의미와 소명을 바르게 분별하고 해석할 줄 아는 능력이 있어야 한다. 예를 들어 말씀을 전하는 설교자나 식당에서 청소를 하는 사람이나 모두 똑같이 하나님의 뜻을 실천하는 것이다. 이는 그리스도인이 식당에서 청소하면서 찬송을 부르기 때문이 아니라 하나님은 청결한 부엌을 좋아하시기 때문이다. 옷을 만드는 그리스도인이 옷에 작은 십자가를 붙여서가 아니라 좋은 옷을 만들어서 자신에게 주어진 소명을 실행하는 것이다. 왜냐하면 하나님은 좋은 솜씨를 사랑하실 뿐 아니라 좋은 솜씨를 그에게 주셨기 때문이다.

## 설교자와 기도

설교에서 기도는 성경연구와 이해보다 덜 중요한 요소가 아니다. 보편적으로 신학은 이성적 분석으로만 하는 것으로 이해되어 온 경향이 있다. 신학의 세계와 기도의 세계는 원리적으로 또는 실제상으로 서로 분리된 세계처럼 여겨 왔다. 하지만 기도와 신학은 분리될 수 없는 특징이 있다. 신학이 갖는 특성 자체가 기도의 특성을 포함하고 있다. 신학은 하나님을 알고 경험하는 것이다. 신학은 단지 책을 통해서만 배우는 것이 아니다. 신학은 책을 통해 배워야 하는 차원도 있지만 하나님으로부터 직접 배워야 하는 차원도 있다. 신학에는 하나님에 관한 배움(learning about God)의 차원과 하나님으로부터 배움(learning from God)의 차원도 있다. 하나님으로부터의 배움은 기도, 예배, 관상, 말씀 묵상 등이라고 할 수 있다.

설교자의 하나님 경험은 성경을 해석하고 설교하는 데 중요한 영향을 준다. 이런 의미에서 기도 없는 설교는 하나님에 대한 충만한 경험을 드러낼 수 없다. 설교자의 영성 형성은 하나님과의 대화로부터, 기도에 몰입한 설교자의 실존으로부터 형성된다. 설교자의 영성은 기도를 통해서 형성된다. 건강한 영성은 기도와 분리되어 형성되지 않는다. 기도는 하나님의 임재를 경험하는 핵심적인 통로이다. 기도 없는 설교는 하나님의 임재를 충분히 드러낼 수 없다. 유진 피터슨(Eugene Peterson)은 기도의 의미를 잘 알았다.

기도는 사람이 관여할 수 있는 가장 깊이 있는 행동이다. 우리 사람은 동물과 공통된 행동을 하고, 천사와 공통된 생각을 갖고 있다. 하지만 오직 사람만이 기도 중에 하나님 앞에서 주의력에 집중하며 응답할 수 있다. 이것이 바로 사람이다. 기도 가운데 우리는 청중과 공유할 빛을 받을 수 있으리라는 희망을 가지고 인간 실존에 관한 질문을 하나님께 올려 드린다.[6]

기도가 갖는 특성이 바로 설교의 비밀이라고 할 수 있다. 물론 설교자가 '만일 내가 기도만 하면 설교는 자동으로 잘될 것이다'라는 생각에 사로잡히는 것은 불성실한 설교자일 뿐 아니라 미신적이다. 설교자가 많은 기도를 했더라도 그 기도가 불성실한 주해 작업이나 성경 묵상 없는 설교나 게으른 설교에 대한 변명이 될 수는 없다. 설교자가 기도를 설교 준비의 기법으로 사용해서는 안 된다. 설교자의 기도는 그의 영성과 인격과 관련된 차원이지 설교를 위한 기법이 아니다. 설교자의 기도는 하나님의 선물로서 하나님이 성령을 통하여 설교자에게 은사를 공급해 주시는 시간이며, 그 덕분에 설교자는 그리스도의 입을 통해서 늘 새롭게 기도할 수 있다.

설교의 표층 구조와 심층 구조는 기도에 달렸다는 것이다. 에피클레시스(*ephiclesis*, 성령의 임재를 청원하는 기도)가 없는 설교는 더 이상 설교가 아니다. 키리에 엘레이손(*kyrie eleison*, 주여, 자비를 베푸소서)이라고 말할 줄 모르는 사람은 더 이상 설교할 수 없다. 설교란 불확실성과 상한 심령뿐만 아니라 하나님께서 이 시간에 자신을 계시하셔서 그분의 신비가 더욱 깊어지리라는 기대감을 가지고 하나님을 향하여 팔을 펴는 것이다. 설교

---

[6] Eugene Peterson, *Under the Unpredictable Plant: An Exploration in Vocational Holiness* (Grand Rapids: Eerdmans, 1992), 111.

란 "오소서! 창조주 성령 하나님이여"(*Veni, Creator Spiritus*)라는 외침에서 클라이맥스에 도달하는 질문과 기대감, 그리고 긴장 가득한 마음으로 주님 앞에 서는 것이다.[7]

어거스틴은 설교자의 사역에 중요한 경구를 남겼다. "먼저 기도하고 그다음에 말하라"(sit ortor antequam dictor). 기도 없는 설교는 하나님과 성경에 대해 지적 분석으로는 탁월할 수 있지만 하나님으로부터 깊은 생명력을 경험할 수 없을 뿐만 아니라 회중과 나눌 수 없다. 좋은 설교는 기도 없이 불가능하다. 어떤 의미에서 설교는 기도이기도 하다. 기도는 하나님과 소통이기 때문이다. 설교는 성경에 대한 정보를 듣는 시간이 아니라 하나님과 사람 사이의 대화를 촉진하는 시간이다. 설교는 엄밀한 의미에서 하나님과 회중과 설교자 사이의 삼자 간의 대화를 촉진하는 시간이다. 이런 관점에서 기도하지 않는 사람은 설교할 수 없다.

## 문은 죽이지만 영은 살린다

한국 개신교의 부흥과 성장은 성경 중심의 신앙생활, 영감 있는 성경적 설교의 결과였다. 그만큼 말씀의 능력은 강력하다. 말씀의 은혜는 사람의 심령을 사로잡고 창조적으로 변화시킬 만큼 풍성하다. 설교자들이 한 가지 명심해야 할 것은 "문은 죽이지만 영은 살린다"는 사도 바울의

---

[7] Johan H. Cilliers, *The Living Voice of the Gospel: Revising the Basic Principles of Preaching*, 이승진 옮김, 『설교 심포니: 살아있는 복음의 음성』, (서울: CLC, 2014), 103-04.

경고이다. 성경이 하나님의 말씀인 것은 성경의 문자 속에 증언되고 있는 진리의 능력 때문이요, 그 진리의 말씀을 들을 때 감동감화하시는 성령의 내적 조명과 내적 증언 때문이다. 설교자들이 살아 역사하시는 하나님의 영을 문자에 가두어 놓는 우를 범할 수 있음을 알아야 한다. 설교자들이 하나님의 말씀인 성경을 사랑하고 그 권위를 존경하려는 선한 의지에도 불구하고, 기독교의 영적 진리와 말씀의 능력을 파괴하고 훼손시킬 수 있다. 하나님과 성령은 성경보다 더 크시다는 사실을 기억해야 한다. 기독교는 '문의 종교'가 아니고 '영의 종교'이다. 보우스마는 칼빈의 영성을 논하면서, 영성의 실패는 천박한 지적 지식으로부터 전인격을 움직일 수 있는 정서적인 깨달음으로 나아가는 데 가장 큰 장애물로 보았다고 지적하면서, 칼빈은 당대의 학구적인 신학에 대해, 영성의 응답을 이끌어 낼 수 없는, 냉랭한 사변의 결집으로 보고 반대했다고 진술했다. 왜냐하면 영의 결핍은 사람으로부터 어떠한 성취의 능력도 빼앗아 버리기 때문이라고 했다.[8]

우리는 히브리어나 헬라어 단어를 찾아보고, 구문을 살펴보고, 주석을 들여다보는 수고를 회피할 수 없다. 그러나 그렇게 성경을 번역하고 해석하는 일이 성경을 하나님의 말씀으로 읽는 것은 아니다. 불행히도, 사람들은 거기서 멈춘다. 그러나 성경을 하나님의 말씀으로 읽기 위해서는 한 번 더 읽어야 한다. 그 때 그것은 더 이상 학문적인 작업이 아니라 하나님의 말씀이 인간의 영혼 속을 하나님의 말씀으로 뚫고 들어가는 것이다. 이때, 성령, 곧 하늘로부터 온 헤르메스(Hermes)가 성경을 이해시키

---
[8] W. J. 보우스마, "존 칼빈의 영성," 484.

는 과정 속으로 들어가게 하는 것이다.[9]

성경이 우리를 하나님의 말씀으로 관통케 하시는 것은 성령의 특별한 역사이다. 성령은 말씀의 주인공이실 뿐만 아니라 말씀보다 크신 분이다. 성령이 성경보다 더 크시다는 의미가 오해를 불러일으킬 여지가 없는 것은 아니다. 성령은 지금도 계속적으로 성경과 같은 계시를 주실 수 있다는 의미로 받아들일 수 있기 때문이다. 하지만 여기에서 성령이 성경보다 크시다는 의미는 성령의 역사는 지금도 계속된다는 의미이지 성경과 같은 계시를 우리에게 계속적으로 주신다는 의미는 아니다. 성경과 성령의 역사 관계를 바로 알기 위해서는 계시에 대한 바른 이해가 요구된다. 먼저 일반계시다. 이 계시는 자연과 경험을 통해 하나님의 존재와 능력을 보이지만(롬 1:20) 인간을 구원으로 인도할 만큼 구체적이거나 온전하지 않다. 따라서 하나님은 성경을 통해 분명하고 명백한 특별계시를 주셨다. 바로 성경이다. 특별계시는 오늘날에는 주어지지 않는다. 성경은 인간의 구원을 위한 하나님의 최종적인 계시이다. 일반적으로 성령께서 우리로 하여금 이 계시를 깨닫도록 하는 것을 조명이라고 한다. 조명은 우리로 하여금 하나님의 계시인 말씀을 깨닫도록 하는 성령의 역사다. 즉, 조명은 하나님의 계시인 성경의 진리를 성령께서 우리의 영적 생활에 적용하시는 것이다. 그러나 특별 계시의 종결을 성령의 역사의 종결과 동일시해서는 안 된다. 성령은 성경을 통해서 역사하신다는 의미를, 성령은 성경만을 통해서 역사하신다는 의미로 이해해서는 안 된다.

하나님은 인간이 하나님을 모른다고 결코 변명할 수 없게 하기 위하여

---

9  Bernard Ramm, *Questions About the Spirit* (Nashville: W Publishing Group, 1980), 84.

인간의 본성과 자연계와 섭리를 통해서 항상 계시하고 있다(롬 1:19-20; 시 19:1-6).[10] 이 일반계시는 그 자체로서는 구원에 이르는 지식을 주기에 불충분한 까닭에 하나님께서는 자기 백성을 위하여 말씀계시를 안경과 같은 방편으로 마련해 주셨다.[11] 논란의 여지가 있지만, 성경이 정경으로 완성된 이후로는 계시가 종결되었기 때문에 이제는 하나님의 조명 사역만 있고 계시 행위가 아예 없으며, 따라서 계시의 중요한 수단인 방언, 축사, 치유 등이 필요 없게 되어 이제는 중지되었다는 견해가 있다. 하지만 칼빈은 성령의 조명이란 성경의 진리성 곧, 성경이 하나님의 계시의 말씀이라는 사실에 대한 확증일 뿐 아니라,[12] 성경에 말씀으로 계시되어 있는 모든 구원의 진리들을 깨닫게 하는 사역으로 이해했다.[13] 때문에 성령의 조명 사역은 하나님의 특별계시인 성경을 가지고 하나님의 구원의 비밀들을 깨닫게 하시는 계시 행위인 것이다. 성령의 조명 사역이 계시 행위라는 사실은 첫째, 성경이 밝히 말한다. 지혜와 계시의 성령이 우리의 마음의 눈을 밝혀 하나님을 알게 하시고(엡 1:17-18), 진리의 성령이 우리 안에 영원히 계셔 예수님을 증거하여 알게 하시며 그의 말씀들을 깨닫게 하신다(요 14:16-17, 26; 15:26; 16:13).

이 시대의 설교자에게 가장 중요한 것은 바로 '문의 설교에서 영의 설교'로 전환하는 것이다. 설교는 사색적이고 묵상적일 뿐만 아니라 영적 생명력을 체험적으로 발산해 내는 설교가 되어야 하기 때문이다. 그러

---

[10] John Calvin, *Institute of the Christian Religion*, *Translated by Ford Lewis Battles* (Grand Rapids: Eerdmans, 1995), I, v, 1-3, 8.
[11] John Calvin, *Institute of the Christian Religion*, I, vi, 1, 3.
[12] Louis Berkhof, *Systematic Theology*, 권수경 외 옮김, 「조직신학」상 (일산: 크리스챤다이제스트, 1991), 196.
[13] John Calvin, *Institute of the Christian Religion*, I, vii, 4; I, ix, 3.

나 현대 과학주의 사회 안에서 말씀과 전통교리를 강조하는 설교자들은 근본주의로 나아가는 경향이 있고, 성령을 강조하는 설교자들은 체험주의로 흐르는 경향이 있다. 콕스(Harvey Cox)는 과학적 현대주의와 기존 종교가 영적 의미의 근거를 제공해 줄 수 있는 능력을 점차 잃어감에 따라, 근본주의(fundamentalism)와 체험주의(experientialism)라는 두 가지 새로운 세력이 출현하게 되었다고 주장한다.[14] 먼저 근본주의자들은 스스로 가장 본질적이고 정통적인 뿌리를 가지고 있다고 주장하지만, 그것이 실제로 드러내는 현상은 전통의 역사적 표현의 본질과는 거리가 멀다는 것이다. 콕스의 생각은 근본주의자들은 전통적 교리들의 본질을 교묘하게 벗겨내어 새롭게 포장하여 적대 세력에 대한 이념적 무기로 사용한다는 것이다. 또한 근본주의자들은 놀랍게도 인지적 개념의 신앙관에 빠져있다는 것이다. 그러므로 근본주의자들의 소리는 우리에게 잊혀진 과거의 지혜를 상기시키기보다는 현대주의의 무기를 사용하면서 현대주의를 필사적으로 공격하는 것과 같이 스스로 모순되는 시도에 불과하다고 말한다. 근본주의자들의 본질적인 문제는 종교 전통의 회복이나 고수가 아니라 그 종교 전통의 왜곡에 불과하다고 주장한다. 체험주의는 여러 가지 형태를 취하지만 체험을 회복하려는 공통의 노력에 의해 신앙의 핵심 고리로서 일치점을 갖는다는 것이다. 하지만 이들이 사용하는 체험이라는 용어는 매우 논쟁의 여지가 있고, 성령에 대한 충분한 이해가 결여되어 있는 경향이 있다고 말한다. 콕스는 체험주의자들이 성령 체험의 의미를 명확히 하지 않는다면 감정적 흥분을 자극하는 새로운 요소 추구의 경향들과 영합하게 됨으로써 성령운동 자체의 권위를 무너뜨리는 결과를 초

---

14 Harvey Cox, 『영성 음악 여성: 21세기 종교와 성령운동』, 414 ff.

래할 수도 있다고 주장한다.[15] 콕스의 견해는 현대 교회의 영적 갱신의 필요성을 일깨워주고 있다고 할 수 있다. 설교에서 중요한 것은 설교자 자신의 영적 갱신 없이 신자들의 영적 삶을 갱신할 수 없다는 진리로부터 출발해야 한다는 것이다.

예수님은 진정 생명이 들어가려면 서기관과 바리새인의 의보다 나아야 한다고 우리에게 말씀하신다. 생명이란 율법에 의해 오는 것이 아니다(갈 3:21). 율법은 글자다. "의문은 죽이는 것이요 영은 살리는 것"(고후 3:6)이다. 설교자의 영적 갱신은 바울의 고백에 기초해야 한다. 그는 "복음이 말로만 너희에게 이른 것이 아니라 오직 능력과 성령과 큰 확신" 덕분이라고 말한다(살전 1:5).

### 하나님의 신비에 눈뜨는 설교자

설교자는 이성을 초월하는 특별한 사건이나 위력적인 결과를 체험할 때 하나님의 임재를 의식할 수 있어야 한다. 하나님의 성령이 우리와 함께하는 역사를 일으킨다는 표지는, 우리 인간의 능력만으로는 그 결과를 풀이할 수 없다. 설교자는 인간의 이성으로 설명되지 않는 하나님의 초월적 역사는 성경 전반에 걸쳐 그리고 그리스도의 사역에 자주 나타나고 있음을 알아야 한다. 무디는 다년간 성공적인 사역을 한 후 자신이 한 체험에 대해 이렇게 말했다.

뭐라고 꼬집어 말하기에는 너무 성스러운 체험이다. … 하나님이 내게

---

15 Harvey Cox, 『영성 음악 여성: 21세기 종교와 성령운동』, 428.

자신을 보여주신 것으로 밖에 표현할 수 없다. 그 손을 거두시지 말아 달라고 간청해야 할 정도로 그분의 사랑을 깊이 체험했다. 다시 설교하러 갔다. 설교는 똑같았다. 새로운 진리를 제시한 것도 아니다. 그런데도 수백 명이 회심했다. 이제 나는 온 세상을 준다 해도 이 복된 체험 이전으로는 절대 돌아가지 않을 것이다.[16]

성경에서 아브라함은 자연법칙과 거슬러 사라의 몸을 통해 약속과 영의 아들인 이삭을 낳았다. 이는 아브라함과 사라를 완전히 초월하여 하나님의 능력으로 이루어진 일이다. 그러나 그 전에 아브라함과 하갈은 단순히 육체의 힘으로 이스마엘을 낳은 능력이 있었다(창 4:22-28). 자연을 초월하는 결과를 누리는 삶은 언제나 우리와 하나님 사이의 친밀한 상호 교류에 달려 있다. 신약에도 첫 번째 선교 여행에 오른 바울과 바나바는(행 13-14장) 가는 곳마다 자신들을 훨씬 능가하는 능력을 따라 움직였다. 수리아 안디옥의 본 교회에 돌아온 그들은 신자들의 공동체를 모이게 한 뒤 "하나님이 함께 행하신 모든 일과 이방인들에게 믿음의 문을 여신 것"을 사실 그대로 보고했다(행 14:27). 인간을 초월하는 힘으로 그들의 선교 활동에 능력을 주신 분이 하나님이셨기에 그분이 그들 곁에 임재 하셨다는 데는 의심의 여지가 없었다.

성령의 기적과 은사는 사도 시대의 초대교회 때에 끝났다는 견해에 대해 앤드류 머레이(Andrew Murray)는 이렇게 진술했다.

성경에 근거하여 나는 성령의 기적과 기타 은사들이 초대교회 때에만 국

---

[16] A. P. Fitt, *The Shorter Life of D. L. Moody* (Chicago: Moody Press, 1900), 67.

한된 것이 아니며, 기독교의 기초 형성이라는 소임을 다한 후 하나님이 거두어들이심으로 자취를 감춘 것도 아니라고 믿는다…이 은사들은 성령과 믿음의 분량에 따라 언제나 주어질 수 있다는 것이 성경 전체에 선포된 내용이다.[17]

그는 하나님의 특수한 임재가 기독교 초기에만 필요했다는 견해를 아주 강하게 일축한다. "절대 그럴 수 없다. 오늘날에도 복음이 침투하는 곳마다 존재하는 이교주의의 위력을 어떻게 하란 말인가! 그것은 우리가 사는 현대 사회에도 있고 심지어 기독교 국가들에 성행하는 무지와 불신 속에도 버티고 있다."[18] 현대 이성주의와 과학주의 사상에 빠져 오늘날 우리는 삶과 사역을 위해 하나님이 주신 자원을 차단하는 경우가 너무나 일반화되어 있다. 시편 103:2에 대한 스펄전의 주해는 그런 점에서 핵심을 찌른다.

적어도 우리 자신의 역사를 하나님이 충만한 것으로, 그분의 선하심과 진리가 충만한 것으로, 그분의 신실함과 진실성의 충분한 증거로 그리고 앞서간 모든 성도의 삶으로 보는 것이 마땅하지 않겠는가? 주님이 초대교회 성도들에게는 모든 능력을 행하시며 강한 자로 나타나시고 지금 이 땅을 사는 성도들에게는 손을 펴시거나 기적을 행하시지 않는다는 생각은 그분을 부당하게 대하는 처사다. 우리 자신의 삶을 한 번 돌아보자. 분명 그 속에서 자신에게 새 힘을 주고 하나님께 영광을 돌릴 벅찬 사건

---

[17] Leona Choy, *Andrew Murray: Apostle of Abiding Love* (Fort Washington, Penn: Christian Literature Crusade, 1978), 152.
[18] Leona Choy, *Andrew Murray: Apostle of Abiding Love*, 152.

들을 찾을 수 있다. 당신은 난관 중에 구원받은 적이 없는가? 하나님의 임재를 힘입어 강을 건넌 적이 없는가?…분명코 하나님의 선하심은 옛 성도들에게나 우리에게나 동일하다.[19]

설교자들이 자신이 직접 인간의 이성으로 이해할 수 없는 체험을 하거나 다른 사람들이 그런 체험을 말할 때 기본적으로 놀라거나 의심에 빠져서는 안 된다. 물론 분별을 위한 지혜는 지극히 요구된다. 교회의 존재와 역사, 그리고 기록된 성경의 존재로 인해 하나님이 인간을 다스리시는 방식의 정황이 달라지고 그 차원이 새로워진 것은 사실이다. 그러나 성경에 나오는 하나님과 인간의 소통 방법들이 교회의 존재나 정경 종료로 인해 다른 것으로 대체되었거나 폐기되었다는 암시는 성경에 없다. 정경의 종료는 하나님과 인간의 대화에서 중요한 부분이다. 기독교 신앙의 정수를 형성하는 원리와 가르침은 정경 안에서 인간의 언어로 충분히 기술되어 있어 이제 전반적으로 더 이상 말할 것이 없다. 하나님이 그 원리들을 확장하거나 번복하겠다고 말씀하시지 않으리라는 것이 성경적 그리스도인들의 믿음이다. 그러나 성경적 그리스도인들은 성경에 관한 특정한 믿음을 지키기만 하는 것이 아니라, 성경이 보여주는 삶의 실제를 실천하는 자다. 그 실천적 삶은 하나님과 교제다. 하나님이 오늘날 우리에게 구체적으로, 개인적으로, 실제적으로 대해 주시지 않는다는 견해는 우리의 신앙에서 가장 해로운 것 중의 하나이다. 이러한 견해는 하나님과 인격적 관계로 나아가려는 우리의 삶을 무의미하게 만들어 버린다. 바울은 로마서 1:19-21에서 "이는 하나님을 알 만한 것이 저희 속에 보

---

[19] Charles Haddon Spurgeon, *Morning by Morning* (London: Christian Art Publishers, 2009), 191.

임이라. 하나님께서 이를 저희에게 보이셨느니라. 창세로부터 그의 보이지 아니하는 것들 곧 그의 영원하신 능력과 신성이 그 만드신 만물에 분명히 보여 알게 되나니 그러므로 저희가 핑계치 못할지니라"고 하였다.

설교자들은 하나님의 역사를 경험할 할 때, 또는 설교할 때 하나님께로부터 온 선물보다는 선물의 공급원이신 하나님의 임재에 초점을 두어야 한다. 설교자는 주체와 대상을 분명히 구분할 줄 알아야 한다. 지혜로운 설교자는 마음을 선물에 두지 않고 모든 선물을 주시는 하나님께 초점을 둔다. 설교자는 또한 하나님이 인간에게 말씀하시는 다양한 방식이 있음을 알아야 한다. 하나님은 초월적으로만 역사하시는 분이 아니기 때문이다. 설교자가 하나님께서 말씀하시는 다양한 방식을 바르게 이해하게 될 때, 설교자는 하나님과 인간 사이의 가장 보편적이고 바른 관계에 따른 설교를 할 수 있기 때문이다. 스탠리 존스(E. Stanley Johns)는 이렇게 말했다.

분명 하나님은 우리 안에 자발성을 기르시는 방식으로 우리를 인도하심이 틀림없다. 이런저런 구체적 문제에 대한 지시보다는 성품의 개발이야말로 하늘 아버지의 기본 목표임이 분명하다. 그분은 우리를 인도하시지만 우리의 자리까지 침범하시지는 않는다. 그 사실을 알면, 연필과 빈 종이를 들고 앉아 그분이 불러 주시는 대로 하루 일과를 받아 적는 식의 태도는 삼가야 한다. 부모가 자식에게 그 날 해야 할 일을 소소하게 다 불러 준다고 생각해 보라. 아이는 그런 체제에서 제대로 발육되지 않을 것이다. 부모는 자녀 스스로 바른 결정을 내릴 수 있도록 자율성을 길러 주시는 방식으로 그 정도까지 지도해야 한다. 하나님도 이와 똑같

이 하신다.[20]

하나님께서 창조하신 자연 세계에서도 볼 수 있듯이 땅에 씨앗을 심은 후 과도한 간섭은 오히려 정상적인 성장을 방해하게 된다. 스탠리 존스는 하나님의 초월적인 역사와 우리의 성장과의 관계를 바르게 설명해 준다.

> 나는 기적을 믿지만 너무 많은 기적은 좋지 않다고 본다. 기적이 너무 많으면 우리는 약해지며, 자연의 법칙에 순응하기보다 기적을 의지하게 되기 때문이다. 기적은 그분이 계시다는 것을 알게 해 줄 정도면 충분하며 너무 많을 필요가 없다. 그래야 우리의 성장을 위해 하나님이 정해 두신 질서와 그의 주도권을 의지해야 할 때 엉뚱하게 기적에 의존하지 않을 수 있다.[21]

나아가 하나님이 우리의 삶에 개입하실 때 그 체험의 의미를 충분히 인식할 수 있으려면 먼저 우리의 이해력이 자라야 한다. 하나님의 방식에 대한 올바르고 전반적인 이해가 있어야 한다. 예수님이 부자에게 "모세와 선지자들에게 듣게 하라"고 말씀하신 것도 바로 그 때문이다. 성경과 성경 해석의 역할은 우리로 하여금 하나님에 대한 전반적인 이해력을 갖게 하고 그에 상응하는 믿음을 불러일으켜 자라게 한다. 신비를 창출하는 가장 큰 원동력은 말씀이다. 왜냐하면 그 말씀은 문이 아니라 생명이요 신비이기 때문이다.

---

20 E. Stanley Johns, "For Sunday of Week 41," *Victorious Living* (Nashville: Abingdon, 1938), 281
21 E. Stanley Johns, *A Song of Ascents* (Nashville: Abingdon, 1979), 191.

## 설교자의 영적 능력

홈즈(Urban Homes)는 영성이 갖는 특징을 다섯 가지로 설명한다. 첫째, 관계성을 위한 인간의 능력이다. 둘째, 인식 현상을 초월한다. 셋째, 이 관계성은 우리 자신의 노력에 관계없이 증폭되고 고양되어 우리에게 인식된다. 넷째, 역사적인 구조 안에서 존재한다. 다섯째, 세계 안에서의 창의적인 활동 안에 자신을 노출한다.[22] 영성에 대한 홈즈의 견해가 옳다면, 영성은 관계성을 위한 능력이기 때문에 어떤 활동을 추구한다. 영성은 고정된 에너지나 정지된 힘이 아니라 능동적이고 활동적인 힘이다. 우리는 영적인 추구나 활동을 영적 수련 또는 훈련으로 이해한다. 영성은 관계성, 초월성 그리고 고양되어진 인식과 같은 결과를 낳는다. 때문에 영성수련을 통하여 통전적인 관계, 더 큰 가치 인식, 향상된 반응을 가진 사람은 상당한 효율성을 지니게 된다. 이러한 사람에게는 보통을 능가하는 힘이 있다. 하지만 수련에 의한 이러한 힘을 들어 영성이라고 하기에는 빈약한 면이 있다. 영성은 관계성을 위한 능력이므로 그에게 사랑이 있는가를 물어야 할 것이다. 일본의 봉건 시대 닌자들은 바로 그런 힘을 지니기 위해서 명상 또는 관상수련을 했고, 이 세상에서 가장 효율적인 암살자들이 되는 데 그 능력을 사용했다.[23] 어떤 영적 수련이든지 그것이 악한 곳이 아니라 선한 곳에 사용되리라 보장해 주는 것은 본질적으로 아무것도 없다. 영적인 것들은 너무나 무정한 목적에 사용될 수도 있다.[24] 설교자들이 기억해야 할 것은 영적 수련은 수련 그 자체가 목

---

22 Urban Tigner Homes, *Spirituality for Ministry* (San Francisco: Harper & Row, 1982), 12.
23 Gerald G. May, 『사랑의 각성』, 117.
24 Gerald G. May, 『사랑의 각성』, 117.

적이 결코 아니라는 것이다. 영적 수련을 통해 얻은 능력을 가지고 서로를 공격하는 데 얼마든지 사용할 수 있다. 영적 수련의 본질적인 목적은 사랑이다.

영적 수련을 통해 받은 선물에 대한 이기적 사용은 바른 영적 힘이 될 수 없다. 대부분의 영적 이기주의는 우리가 아무리 좋은 의도를 가지더라도 일어날 수 있다. 우리는 사랑, 관계, 성숙을 추구한다. 그러나 무의식적으로 교만해지고 조종하려고 한다. 은혜의 능력은 이러한 자기기만에서 우리를 구원하는 데 필수적이다. 설교자는 자신의 지각과 경험을 왜곡하기 쉽기 때문에 혼자 힘으로 그 일을 할 수 없다. 그러므로 설교자는 통제력이 없음을 정직하게 인정하고, 의식적으로 하나님의 더 큰 능력이 주시는 은혜를 구해야 한다.[25] 메이(Gerald G. May)는 영적 생활에서 복잡하게 발생하는 동기에 대해서 다음과 같이 기술한다.

> 우리의 동기는 완전하게 순수한 경우가 좀처럼 없다. 우리는 우리의 기본적인 갈망이 어떠한 대가를 치르건 사랑 안에 머무는 것이라고 주장하고 또 진정으로 그렇게 느낄 수도 있겠지만, 매일 수없이 많은 동기들이 우선순위를 차지한다. 우리는 사랑 안에 머물기를 원하기보다는 우리 안에 놓인 문제를 해결하거나 마음의 평화를 얻는 데 더 관심이 있는 자신을 본다. 그리고는 두 마리 토끼를 다 잡기를 바랄지도 모른다. 사랑 안에 머무는 것이 동시에 우리의 문제도 해결해 주기를 바라는 것이다.[26]

---

[25] Gerald G. May, 『사랑의 각성』, 118-19.
[26] Gerald G. May, 『사랑의 각성』, 119.

하나님의 은혜와 구원의 능력을 강조하는 것은 매우 정통적이다. 그러나 그것은 사랑을 위한 것인가, 효율성을 위한 것인가? 많은 경우, 회복 자체가 우상이 된다. 중독에서의 회복이 인생의 최우선 과제가 되고 하나님은 마치 우리가 원하는 목적을 달성하기 위해 접속해야 할 우주적인 전원 콘센트인 것처럼 은혜의 공급원으로 전락한다. 이것이 바로 피난처이시기만 한 하나님, 절망 속에서만 만나는 하나님, 우리를 구원하는 것이 유일한 목적인 하나님이다. 물론 하나님을 구원자로 보는 데는 문제가 없다. 다만 문제는 하나님은 훨씬 그 이상의 존재이자 또 그러한 분이라는 것이다. 하나님은 우리의 필요를 채워주고 상처를 치유해 주고 곤경에서 구해주며 또는 우리의 효율성을 높여주는 분으로 이용하는 차원을 뛰어넘기를 원하신다. 하나님은 우리가 이러한 효율성의 가치로 하나님과 관계 맺는 것을 넘어 사랑하도록 부르신다.

설교자의 진정한 능력은 많은 지식이 아니라 사랑이다. 이것은 설교자에게 소설 같은 이야기가 아니라 진실이다. 설교자에게 사랑이 들어가면 성도에게 감동을 주는 설교가 나오고 과학자에게 사랑이 들어가면 어려운 사람에게 희망을 주는 발명품이 나온다. 영혼을 귀하게 여기며 사랑의 마음을 가진 설교자가 감동을 준다. 사랑으로 발전되지 않은 지식은 바른 성경적 지식이 아니요 무례함과 교만을 낳는 도구가 되어 버린다. 고린도전서 8장에 보면, 고린도교회 성도들이 우상의 제물을 먹는 문제로 인하여 바울에게 질문을 할 때, 바울은 그들에게 "우상의 제물 먹는 일에 대하여는 우리가 우상은 세상에 아무것도 아니며 또한 하나님은 한 분밖에 없는 줄을 아노라"(고전 8:4)고 말하며 그들이 바른 지식을 갖도록 한다. 바른 지식을 전해 준다. 하지만 곧이어 바울은 "지식이 있는 네가 우상의 집에 앉아 먹는 것을 누구든지 보면 그 약한 자들의 양심이 담력을 얻어 어찌 우상의 제물을 먹게 도지 않겠느냐 그러면 네 지식으로 그 약한 자가 멸망하나니 그는 그리스도께서 위하여 죽은 형제라 이같이 너희가 형제에게 죄를 지어 그 약한 양심을 상하게 하는 것이 곧 그리스도에게 죄를 짓는 것이니라 그러므로 만일 식물이 내 형제로 실족케 하면 나는 영원히 고기를 먹지 아니하며 내 형제를 실족치 않게 하리라"(고전 8: 10-13)고 말한다. 바울은 여기서 지식보다 더 중요한 것이 있음을 암시한다. 바로 사랑이다. 지식보다 더 중요한 것이 사랑이라고 말한다. 지식은 사랑을 위한 종이 되어야 한다고 강조한다. 이것이 지식의 성경적 원리다. 지식은 사랑의 종이다. 설교자에게 가장 위험한 것은 사랑이 없는 지식과 정보 전달의 설교이다.

14세기의 작품 『무지의 구름』(The Cloud of Unknowing)의 저자는 하나님에 관한 지식은 사고가 아닌 사랑을 통해서 획득되는 것으로 이해했다.[27] 설교자가 사랑이 아닌 다른 것에서 감정의 동력을 끌어오면, 특별히 고통당하는 자들에게 자비가 없는 재앙만을 선포하며 구원에 대한 비전이나 약속이 없이 그저 심판만을 제시하면서 예언자적인 설교이기를 바라는 설교자는 사실 선지자들에 대한 잘못된 모방에 불과하다.[28] 노리치의 줄리안(Julian of Norwich)은 서른 살에 병상에 누워 있는 중에 예수님에 대한 환상에서 "아무도 너를 이길 수 없을 것이다"라는 말을 들었다. 줄리안은 그 환상을 거의 20년 동안이나 숙고하고 묵상했다. 그녀는 자신의 이런 과정을 통해서 배운 것으로 그녀의 책을 마무리했다.

---

[27] Anonymous, *The Cloud of Unknowing* (Chester: Kessinger Publishing, 2004) 참조.
[28] Zack Eswine, *Preaching to a Post-Everything World: Crafting Biblical Sermons That Connect with Our Culture* (Grand Rapids: Baker Books, 2008), 123.

사랑이 그 의미였다.

누가 그것을 너에게 보여주었나? 사랑이.

무엇을 너에게 보여주었나? 사랑을.

왜 그것을 너에게 보여주었나? 사랑 때문에.

너 자신을 항상 그 사랑 안에 두라.

그러면 너는 더욱 사랑을 배울 것이다.

그리고 다른 것은 전혀 배우지 않을 것이다.

절대로![29]

줄리안의 고백은 우리로 하여금 예수님께서 베드로에게 하셨던 질문 속으로 인도한다. 예수님께서 베드로에게 한 "너는 나를 사랑하느냐?"라는 질문은 베드로와의 관계를 극도의 긴장 속으로 몰고 가는 질문이었다. 질문의 내용뿐만 아니라 그 방식은 베드로를 놀라게 만들었을 것이다. 왜냐하면 이때 예수님은 그에게 베드로가 아니라 시몬이라고 불렀기 때문이다. 예수님의 질문에 베드로는 "예 그러합니다. 주님"이라고 대답했다. "제가 주님을 사랑하는 줄 주께서 아십니다." 이 대답에도 불구하고 예수님께서 다시 물으셨다. "너는 나를 사랑하느냐?" 다시 물으시는 이 두 번째 질문에서는 베드로가 과거의 주님을 배신한 잘못이 떠오르며 두려움이 밀려왔을 것이다. 이 질문에 베드로는 "예, 주님 그러하외다. 내가 주를 사랑하는 줄 주께서 아시나이다"라고 대답했다. 하지만 예수님의 시선이 베드로에게 더욱 강하게 다가오면서 베드로의 과거의 아픈 상처가 활짝 드러냈다. 그런 고통에도 불구하고 예수께서는 베드로의 마

---

29 Gerald G. May, 『사랑의 각성』, 348에서 인용.

음에 고통이 계속 남아 있는 것을 원하지 않으셨다. 예수께서 집요하게 물으신 질문은 양들을 인도할 베드로의 동기를 일깨워주기 위함이었다. 베드로가 예수님의 양들을 인도하기 위해서는 주님에 대한 분명한 사랑이 필요했기 때문이다. 예수님께서는 베드로의 대답에 이어서 "내 양을 먹이라"고 말씀하셨고 베드로는 그 말씀에 순종했다(요 21: 15-19). 설교자에게 진정 필요한 것은 사랑이다. 사랑 없는 지식이 아니라 사랑을 위한 지식이다. 설교자의 진정한 영적 능력은 사랑이다. 사랑의 마음이요 사랑의 기술이다.[30]

## 설교자의 영적 자질

우리가 살아가는 사회는 경쟁하고, 우리의 삶은 뭔가를 생산하려는 부단한 압력을 받는다. 이러한 삶은 군중의 심리와 많이 다르지 않는 마음 구조를 창조했다. 우리는 우리가 행하는 것에 대해 많이 생각하지도 않고, 숙고하지도 않고 반사 행동을 할 정도로 생산과 효율성이라는 가치에 잠식되어 있다. 이러한 사회 속에서 시편기자가 "하나님이여 나를 살피사 내 마음을 아시며 나를 시험하사 내 뜻을 아옵소서. 내게 무슨 악한 행위가 있나 보시고 나를 영원한 길로 인도하소서"(시 139:23-24)라고 기도했듯이, 설교자가 하나님 앞에서 자기 자신을 점검하는 일은 무엇보다도 중요하다. 윌리엄 바클레이(William Barclay)는 "그리스도인의 삶에서 가

---

[30] 설교자의 인격의 중요성을 이해하기 위해서는 Phillips Brooks, *Lectures on Preaching*, 서문강 옮김, 『설교론 특강』(일산: 크리스챤다이제스트, 2001)을 참조.

장 무시되는 의무들 중 하나가 자기 점검이고, 이는 너무나 굴욕스러운 훈련이기 때문에 무시되는 것 같다"고 했다.[31] 설교자의 자기점검은 세상에서의 실재뿐 아니라 내적인 실재에 직면하도록 한다. 하지만 설교자의 자기점검은 설교자의 결함과 약함을 생각하는 것 이상이다. 즉 설교자의 자기점검은 항상 하나님의 말씀과 하나님의 임재 가운데 진행되어야 한다. 성인(saint)과 정신신경증 환자를 구별시켜 주는 것은 자기를 어떤 관점에서 보는가에 있다. "성인은 자신을 하나님의 계시의 관점에서 보고, 신경증 환자는 단지 자신만을 본다."[32] 설교자의 자기점검은 자기 자신의 양심과 죄에 대한 점검의 기회이기도 하지만, 하나님으로부터 받은 좋은 것들에 대한 감사의 기회이기도 하다.

설교자가 청중에게 효과적인 기교를 찾다보면 설교준비와 전달과 같은 설교학적인 쟁점들만 중요시 할 수 있다. 하지만 여러 가지 좋은 것들에 관한 논의가 자칫 최고의 것에 관한 필수불가결한 논의를 배제시킬 수 있다. 존 브로더스(John Broadus)는 설교학의 기술을 배우려는 설교자들은 하나님에 대한 필요를 잊어버릴 수도 있다고 지적했다.[33] 설교자가 알아야 할 것은 우리의 뇌와 몸속에서 일어나는 망각의 두 가지 방식이다. 하나는 인간은 어떤 활동이나 인간관계에 완전히 몰입할 때, 또는 모든 것이 너무 일상적이고 무디어져서 인간의 의식 전체가 자동 항해를 하게 되는 때 그런 일이 일어난다. 이와 정반대의 현상도 발생한다. 자각을 잃어버리는 대신 자의식이 생긴다. 이것은 인간이 자신의 행동이나 책임에

---

[31] William Barclay, *Flesh and Spirit: An Examination of Galatians* 5.19-23 (Edinburgh: St Andrew Press, 1978), 72.
[32] Simon Chan, *Spiritual Theology*, 김병오 옮김, 『영성신학』 (서울: IVP, 2002), 219.
[33] John A. Broadus, *On the Preparation and Delivery of Sermons*, (London: HarperCollins Publishers, 2001) 16.

대해서 다른 사람들이 자신을 어떻게 생각할지 또는 제대로 살고 있는지 지나치게 걱정할 때 일어나는 것이다. 인간은 자신에게 지나치게 몰두할 때 사랑의 현존을 망각하게 된다. 설교자에게도 이런 현상이 발생할 수 있다. 설교자가 설교할 때 마치 강의하는 것처럼 그 자체에 집중하다 보면 입을 열자마자 하나님을 완전히 잊게 되는 경우가 발생할 수 있다. 설교자가 청중에게 어떻게 보일지에 대해 너무 걱정한 나머지 하나님을 느낄 공간을 상실하게 되는 것이다.

예수께서 마리아와 마르다의 집에 초대받으셨을 때, 마리아가 예수님 앞에 앉아 있는 동안 마르다는 저녁 식사를 준비하느라 바빴다. 마르다는 마리아가 자신을 도와주지 않는다고 불평했고, 예수님은 마르다에게 너무나 많은 것을 걱정하고 있다고, 오직 단 한 가지가 진정 필요한 것이며 마리아가 그것을 택했다고 말했다. 우리의 상식으로는 예수님의 말을 받아들이기가 쉽지 않다. 겉으로 보면, 이 말은 마치 예수님이 저녁 대접하는 일을 준비하고 있는 마르다를 꾸중하시고, 수동적으로 듣기만 하고 있는 마리아는 칭찬하시는 것처럼 들릴 수 있기 때문이다. 하지만 자세히 보면, 예수님은 마르다가 하고 있는 일이 아니라 그녀가 하고 있는 걱정들에 도전하시는 것이다. 그리고 마리아의 유순함이 아니라 그녀가 예수님과 함께 있는 것을 칭찬하시는 것이다. 마르다의 마음 상태를 묘사하는 데 사용한 헬라어 단어는 '메림나오'(merimnaao)다. 이 용어는 수많은 일에 몰두하여 산만한 상태를 의미하며, 양쪽으로 잡아당겨 둘로 쪼개진다는 의미인 '메리스모스'(merismos)라는 어원에서 파생되었다. 문제는 마르다가 일하고 있다는 사실이 아니라 그녀가 일 자체에 집착하고 있었다는 것이다. 마르다의 문제는 일에 몰두하여 자신의 자각을 하나님의 임재로부터 빼앗아 버렸다는 것이다. 하지만 마리아는 관상의 마음을 가진 여인이었다. 하나님의 말씀을 청종하는 것을 선택했다.

많은 설교자들이 마르다처럼 설교 그 자체에 몰두하다 보면 하나님을 망각하고 말씀에 대한 정보를 전달하는 것에 빠져들 수 있다. 프란체스코 살레시오(Franciscus Salesius)는 우리에게 마치 어린아이가 사랑하는 부모를 따라 길을 걷듯이 하나님과 동행하는 삶의 감각을 길러야 한다고 했다.[34] 5세기 초 어거스틴(St. Augustine)의 기도는 야곱의 깨달음을 반영했다. "나는 너무 늦게 당신을 사랑했습니다. 오, 오랫동안 계속된 당신의 아름다움이여, 하지만 항상 새롭나니! 나는 너무 늦게 당신을 사랑했습니다. 그리고 보십시오. 당신은 내 안에 계셨고 나는 멀리 떨어져 있었습니다." 어거스틴은 거룩한 지혜에 대해 말하면서 그는 "그 속에는 과거도 미래도 아닌, 오직 현재만 있다. 왜냐하면 그것은 영원하기에"라고 했다.[35] 거룩한 지혜를 소유한 사람은 하나님을 만난 기억이 점차 희미해지는 것이 아니라 계속적으로 새로워지는 현재성이 있다.

설교자는 하나님의 임재에 대한 내적인 경험이 필요하다. 하나님의 임재는 모든 곳에 있지만 하나님은 주의력을 집중할 수 있는 어떤 활동, 생활, 사물이 아니다. 그 어떤 기억 방법, 내면의 기도, 감정, 태도, 행동방식, 관계에 대한 느낌, 경험도 하나님은 아니다. 설교자가 하나님 대신에 이런 행동과 감정에 중독되기 쉽다. 때문에 설교자에게 핵심적으로 요구되는 영적 자질은 묵상적인 자질과 관상적인 자질이다. 분명히 하나님은 설교자가 설교할 때 하나님의 임재에 대해 의식적으로 주의를 기울이

---

[34] Gerald G. May, 『사랑의 각성』, 266.
[35] Gerald G. May, 『사랑의 각성』, 113에서 인용.

거나 기울이지 않을 자유를 주셨다. 그러나 하나님이 원하시는 것은 설교자의 마음이 사랑이신 그분의 임재를 느끼며 그분과 함께 모든 설교를 하며 성도들과 호흡을 하는 것이다.

## 설교자의 영성 형성

설교자는 말씀의 세계를 잘 이해할 뿐 아니라 그 말씀이 설교자의 영적 성장에서 차지하는 역할을 알기 위해서 말씀의 능력, 영적 분별의 도구로써의 말씀과 같은 주제들을 진지하게 다룰 필요가 있다. 설교자는 말씀을 전하는 자로서 뿐만 아니라 말씀에 의해서 형성되는 자이어야 한다. 말씀에 의해서 형성되는 경험 없이 설교하는 것은 우리 시대의 설교자들이 가장 경계해야 할 사항이다. 설교자는 성경의 정보나 지식을 전하는 자가 아니라 성경에 나타난 영적 생명을 전하는 자이다. 케네스 리치(Kenneth Leech)는 영성 형성을 위해 성경을 사용하는 세 가지 접근법을 제시하였다.[36]

첫째, 씨름하기이다. 리치는 야곱이 하나님과 씨름하는 이야기로부터 이 이미지를 가져온다(창 32:24-32). 그는 야곱의 이야기로부터 두 가지 특징을 언급한다. 하나는 야곱은 하나님과 씨름하여 탈진상태에 처하게 되는 그 씨름의 말미에도 하나님의 이름을 알지 못하는 것으로 묘사한다(창 32:29). 거기에 신비와 미완성이 존재한다는 것이다. 다른 하나는 야곱은 상처를 입는다(창 32:25, 32). 이런 야곱의 모습을 통해서 리치는

---

[36] Kenneth Leech, *Spirituality and Pastoral Care* (Cambridge: Cowley Publications, 1987), 14-6.

영적 성숙이란 상처가 전혀 없는 것을 의미하지 않는다고 말한다. 리치는 진리를 향한 오르막길을 오르는 일은 깨어짐의 위험을 감수할 때에만 가능할지 모른다고 말한다. 하나님의 말씀과 우리 시대의 딜레마와 혼란들 사이의 대결에 있어서 수월한 질의응답의 과정은 존재하지 않는다. 때문에 설교자가 성도들을 바람직한 영적 삶과 길로 인도하려면 하나님의 말씀과 우리 시대의 목소리들을 함께 부여잡고 고군분투하는 과정을 통하여 말씀의 이해와 세상에 대한 응답에 있어 성숙해지기를 추구해야 한다.

둘째, 숙고하기이다. 리치는 묵상의 중요성을 제안한다. 그는 묵상(meditation)에서 파생되어 나온 헬라어 메레테(merete)는 끊임없이 숙고하는 것을 의미한다고 언급한다. 그러면서 묵상은 초기 이집트 수도원 생활에 기원을 두고 있으며, 그 당시는 기도의 형태로 성경 본문을 반복하는 것을 의미했다고 강조한다. 그는 성경 이해에 있어서 묵상의 중요성을 다음과 같이 진술한다.

> 오늘날 성경연구는 부정적인 의미에서 너무도 지나치게 학문적이다. 영적인 삶에 있어 성경의 중심적인 위치를 회복하려 한다면, 우리는 묵상의 접근법을 발전시킬 필요가 있다. 이 묵상의 접근법이란 내적으로 말씀을 소화시키는 것을 포함한다. 성경적 의식과 성경적 영성을 획득하려 한다면, 성경 본문들을 숙고하는 것은 필수적이다…묵상의 방식으로 성경을 사용하면 히브리서에 기록된 말씀, "하나님의 말씀을 맛보는 것"(히 6:5)이 의미하는 바를 어느 정도 경험할 수 있다.[37]

---

[37] Kenneth Leech, *Spirituality and Pastoral Care*, 17.

셋째, 제초하기이다. 즉 우리의 성경 이해와 해석은 왜곡될 수 있음을 인정하고 끊임없이 왜곡된 해석을 잘라내는 것이 필요하다는 것이다. 리치는 이러한 작업은 결코 쉬운 작업이 아니지만 기도, 비판적 성찰, 협동적 토론을 포함하는 정화의 과정이 필요하다고 제안한다. 이렇게 함으로써 우리는 성경의 감추어진 열매를 발견하여 맛볼 수 있게 된다고 그는 말한다.

리치는 말씀과 함께 씨름하는 자, 사려 깊게 숙고하는 자, 제초하는 자, 이 세 가지 이미지들 사이에는 하나의 공통점이 있다고 분석한다. 그는 이렇게 말한다.

> 동틀 무렵까지의 씨름. 홀로 방해받지 않은 채 행해지는 묵상적인 숙고, 지칠 줄 모르는 잡초와 장애물 제거, 하나님의 말씀을 대면할 때 우리는 이 세 가지 형태를 유지해야 한다…오직 이런 방식에 의해서만 성경은 우리 안에서 살아 역사하게 되고, 우리를 뒤흔들 수 있게 되며 우리 안에서 자랄 수 있게 되고, 우리의 비전을 통합할 수 있게 된다. 이러한 과정의 목적은 우리가 성경적 백성이 되는 것이다. 말씀에 의해 조성되고 자양분을 공급받는 사람들, 세상과 반대되고 세상과 참된 불일치를 이룬 사람들이 되는 것이다.[38]

리치의 견해를 사랑하는 설교자라면, 설교자에게 그 무엇보다도 중요한 것은 바로 설교자 자신이 먼저 성경적 백성이 되는 것이다. 말씀을 통해 영적인 통찰과 깊이를 지닌 설교자로 형성되는 것은 그 어떤 자질보

---

[38] Kenneth Leech, *Spirituality and Pastoral Care*, 15-6.

다도 더 중요하다. 설교자는 말씀을 잘 이해하고 분석해 내는 자로서만이 아니라 말씀이 설교자 자신의 심령 깊숙이 들어가는 사람, 자기 자신의 내적 사막의 황무지들을 탐험하는 사람, 자기 자신의 중심에 있는 어두움을 직면해 본 사람이어야 한다. 아무리 많은 매력이나 공부도, 혹은 능수능란한 의사소통도 이러한 것들을 대신할 수는 없다.

스탠리 에반스(Stanley Evans)는 성실하고 헌신적인 마음으로 인간의 깊은 문제들을 대면하지 않은 채 교회의 이미지를 고양시켜 보려는 교회의 시도들이 무의미하다는 것을 지적하면서, "너무 많은 사람들이 모두 교회의 현대화에 대해 생각하는 것 같다. 젊은이들은 아마도 활발한 음악을 선호할지 모른다. 그러나 그들은 그것에 의해 오랫동안 우롱당하지는 않을 것이다. 활기찬 음악, 더욱 짧아진 시편, 기초성경, 푹신한 의자들, 춤추는 목회자들, 통로에서 추는 춤, 이런 것들이 아니라 오직 성실과 진리만이 교회를 현대화할 것이다"라고 했다.[39] 이와 비슷하게 삶과 사회에 힘을 주는 설교는 현란한 말과 현대적 수사학으로 꾸며진 설교가 아니라 성실과 진리를 바르게 전하는 것에서 온다고 할 수 있다.

---

[39] Stanley G. Evans, *Junction* 8 (October, 1959), *Kenneth Leech, Spirituality and Pastoral Care*, 103에서 인용.

# Chapter 03

# 설교자로서 영적 지도자
### Spiritual Director as a Preacher

## 설교자로서 영적 지도자의 영적 정체성

설교자는 단지 성경을 지적으로 가르치는 사람이 아니라 영적 지도자로서 하나님의 말씀으로 설교하는 사람이다. 설교자는 영적 지도자(spiritual director)이다. 영적 지도자는 누구인가? 설교자로서 영적 지도자의 권위를 형성하는 요소들은 무엇인가? 이러한 질문에 초기 수도원의 사막 교모(desert mothers)였던 암마 신클레티카(Amma Syncletica)는 중요한 의미를 제공해 준다.

먼저 자신의 실제적 삶(practical life) 속에서 훈련되지 않은 사람이 남을 가르치는 것은 위험한 일이다. 이것은 마치 무너지기 쉬운 집을 지은 가진 사람이 손님을 자기 집에 초대하는 것과 같다. 그 집이 언제 무너질지 모르기에 매우 위험하다. 자기 내면을 건강하고 든든하게 세우지 못한 사람이 이와 같다. 다른 사람을 가르친다는 것은 그들을 자기 내면의 세계로 인도하는 것과 같다. 말로는 다른 사람을 감화시킬 수 있지만, 그의

행위로 인해 그들에게 상처를 줄 수 있기 때문이다.[1]

신클레티카의 진술은 설교자로서 영적 지도자는 성경의 내용을 바르게 가르치는 것뿐만 아니라 건강한 영적 삶을 훈련할 필요가 있다는 것이다. 설교자가 믿고 설교하는 것을 삶 속에서 실현하지 못하는 것을 사람들에게 설교할 수 있다고 생각하는 것은 어리석을 뿐 아니라 위험한 것이다. 설교자는 단지 성경과 교리에 대한 지적인 훈련만 필요한 것이 아니라 영적 훈련도 필요하기 때문이다. 영적으로 훈련된 삶이 가져다주는 지혜와 힘이 수반되어야 한다. 신클레티카가 가져다주는 실제적 삶은 하나님과 대화로 충만한 기도의 삶, 절제되고 온유한 삶 등을 의미한다.

설교자로서 영적 지도자의 삶은 사회적 삶과 엄격하게 구분하거나 특히 분리되는 것으로 규정해서는 안 된다. 현대 영적 지도자들은 실제적 삶이나 능동적 삶을 세상 속에서의 실천과 같은 것으로 여기는 경향이 있다. 또한 실제적 삶을 이웃을 위한 사랑과 봉사처럼 외적 행동과 같은 것으로 여기는 경향이 있다. 파커 팔머(Parker Palmer)는 이러한 외적 행동을 일, 창의성, 돌봄의 범주에 해당한다고 보았다.[2] 하지만 현대 영적 지도자들은 관상적 삶, 혹은 영성적 삶은 외적 행동과 대조적인 내적 성찰 또는 내적 삶으로 여기는 경향이 있다. 그러나 초기 사막 교부들과 교모들은 이러한 구분과 대조를 인정하지 않았다. 그들은 실제적 삶이 곧 기도와 금식을 규칙적으로 지속하며 침묵과 찬양이 동반되는 삶이라고 보았다. 실제적 삶은 곧 관상적 삶을 실천하는 수단으로 여겼다. 실제적 삶

---

1  Benedicta Ward, S. L. G. ed., *The Sayings of the Desert Fathers* (Kalamazoo: Cistercian Publications, 1975), 233.
2  Parker J. Palmer, *The Active Life* (San Francisco: HarperSanFrancisco, 1990), 17.

을 통해 내적 삶이 하나님을 향하게 되고 구체적 훈련을 할 수 있게 된다고 보았다. 사막교부들과 교모들에게 실제적 삶과 관상적 삶은 결코 서로 반대되는 개념이 아니다. 실제적 삶과 관상적 삶이 표면적으로는 반대되는 것처럼 보이지만 실제로는 대극의 쌍이라고 할 수 있다. 즉, 이 둘은 서로를 이끌어주고 강화시켜 주는 쌍이다. 이 두 가지 형태의 삶은 참된 하나님을 알기 위해 서로가 서로를 필요로 하는 상호보완적인 관계에 있다.

설교자로서 영적 지도자는 하나님으로부터 가르침을 받아야 한다. 설교자로서 영적 지도자는 책을 통해 배우는 것만이 아니라 경험을 통해 배우는 것도 중요하게 여겨야 한다. 책을 통한 배움과 경험을 통해 배운 것은 서로 다른 특징이 있다. 설교자들이 경험하듯이 교육 혜택을 받지 못했음에도 깊은 지혜가 있는 사람들이 있다. 특히 신학 교육을 받지 못했음에도 불구하고 관상적 삶과 실제적 삶이 하나가 되는 삶을 통해 하나님이 원하시는 성숙의 경지에 이른 사람들이 있다. 안토니(Antony)는 학문적 교육을 많이 받지 못했지만 신중하고 지적이고 현명한 사람이었다. 4세기의 북아프리카의 주교였던 아타나시우스(Athanasius)는 안토니에 대해 이렇게 증언했다. "안토니가 산에 올라가 기도하며 묵상할 때, 신앙적이거나 영적인 문제로 고민하며 해결하고자 애쓸 때가 종종 있었다. 아무리 생각하고 궁리해 봐도 도저히 해결의 실마리가 잡히지 않을 때 그는 하나님께 깊이 기도하며 직접 그 문제를 여쭈었다. 하나님은 그 기도를 통해 하나님의 뜻과 섭리를 깨닫게 해주시곤 했다. 그는 하나님으로부터 직접 가르침을 받는 축복 받은 사람이었다."[3] 16세기의 이그나티

---

3 Athanasius, *The Life of St. Anthony* (New Jersey: Paulist Press, 1978), 79.

우스 로욜라(Ignatius Loyola)는 안토니에 대해 이렇게 기록하고 있다.

> 하나님은 마치 안토니를 학교 선생님이 학생을 가르치는 것처럼 직접 가르치셨다. 그가 교육을 받지 못해서인지, 지식이 부족해서인지, 아무도 가르쳐주지 않아서인지, 아니면 하나님을 섬기고 싶은 거룩한 열망을 하나님이 그의 마음에 심어 주셔서인지는 잘 모르겠지만, 여하튼 안토니는 하나님이 마치 학교 선생님처럼 자기를 직접 가르쳐 주셨다고 믿었다.[4]

마르틴 루터(Martin Luther)도 그리스도인들은 "행위의 노예상태로부터 벗어나 신앙의 자유를 깨닫는 지식에 이르러야 한다. 이를 위해서는 우리가 하나님으로부터 직접 가르침을 받는 사람들, 즉 하나님의 제자들이 되게 해 달라고 기도해야 한다"고 하였다.[5] 물론 하나님으로부터 직접 가르침을 받아야 한다는 의미를 스스로 하나님으로부터 계시를 받았다고 주장하는 잘못된 영적 지도자의 오만과 일방성에 개인과 공동체가 희생당할 수 있다는 염려를 일으킬 수 있다. 하지만 이러한 위험에도 불구하고 하나님으로부터 직접 가르침을 받는 하나님의 제자들로서의 정체성이 도움이 되는 것인지, 그리고 과연 필요한 것인지를 분별하려면 먼저 그 의미가 무엇인지를 규명해야 한다.

하나님의 가르침을 받은 제자들이란 개념은 시편, 이사야 54장, 예레미야 31장, 마태복음 23장, 데살로니가전서 4장, 요한복음 6장 등에 기록

---

4 George X. Ganss, S. J. ed., *Ignatius of Loyola: Spiritual Exercises and Selected Works* (New York: Paulist Press, 1991), 79.
5 Martin Luther, *Luther's Works*, vol. 31, *Career of the Reformer*, Harold J. Grimm ed. (Philadelphia: Muhlenberg Press, 1957), 376.

되어 있다. 이 개념은 매우 독특한 용어이기 때문에 이해하기 어려운 특징이 있다. 신약성경에는 하나님의 제자들이라는 형태의 용어가 많이 나타나지 않는다. 마태복음은 예수님을 새로운 모세로, 복음을 새로운 율법으로 제시하고 있으며 하나님의 제자들과 관련된 언급이 나온다.

> 너희는 랍비라 칭함을 받지 말라 너희 선생은 하나요 너희는 다 형제니라. 땅에 있는 자를 아버지라 하지 말라 너희의 아버지는 한 분이시니 곧 하늘에 계신 이시니라. 또한 지도자라 칭함을 받지 말라 너희의 지도자는 한 분이시니 곧 그리스도시니라(마 23:8-10).

던칸 데렛(Duncan Derrett)은 이 구절이 이사야와 예레미야에 등장하는 유사한 본문에 대해 일종의 미드라쉬, 즉 율법에 대한 고대 유대인의 주석과 같은 역할을 한다고 보았다. 이 구절은 하나님과 직접 소통하고 싶은 열망을 반영하기도 하고, 인간 율법교사의 사슬에서 벗어나고 싶은 열망을 반영하기도 한다. "토라는 이스라엘의 모든 백성을 위한 것이고 하나님 지식은 자발적인 훈련을 뜻하는 것임으로 모두가 함께 공유하는 것이 동시에 누구에게나 평등한 것이다."[6] 하지만 여기에서 주의해야 할 것은 자발적인 훈련이라고 해서 반드시 비공식적이거나 비지시적인 것은 아니라는 것이다. 여기서 자발적인 훈련이란 하나님 지식은 외적인 강제에 의한 것이 아니라 내적인 자발성에 의한 것이어서 진심으로 반응할 수 있어야 한다는 의미이다. 데렛의 주장은 이 구절이 야고보서 3장처

---

[6] Duncan Derrett, "Matthew 23:8-10, a Midrash on Isaiah 54:13 and Jeremiah31:31-34," *Biblica* 62, no 3 (1981): 373-74.

럼 선생이 되고자 하는 열망에 대해 경고하는 것이다. 이러한 가르침은 마태복음 23장에 나오는 서기관과 바리새인에 대한 비판과도 연결된다. 이를 설명하면, 최후의 심판에 대한 비전과 함께 참된 영적 지식은 가난한 자들을 돌보는 것을 포함해야 한다는 말이다. 마태복음 저자가 이 구절을 통해서 궁극적으로 하고자 하는 말이 바로 이것이다. 즉 하나님으로부터 가르침을 받는다는 것은 종교적 행동으로서의 형식적 경건이 아니라 세상의 고통 속에서 일하시는 하나님의 실천에 함께 참여하는 것을 의미한다.

하나님으로부터 배움이라는 개념은 데살로니가전서 4장 9절에 명확하게 나타나 있다. 사도 바울은 "형제 사랑에 관하여는 너희에게 쓸 것이 없음은 너희들 자신이 하나님의 가르침을 받아 서로 사랑함이라"(살전 4:9)고 말하였다. 하지만 하나님의 가르치심은 다양하게 이해되고 있다. 어떤 사람들은 쾌락주의자들이 주장하는 것처럼 스스로 자신의 가르침을 받음을 비판하는 개념이라고 주장하고, 어떤 사람들은 인간적 가르침에 대한 상대적 개념이라고 주장하며, 어떤 이들은 이것은 참된 사랑이 하나님께로부터 나온다는 것을 강조하기 위한 것이라고 주장하기도 한다.[7] 데렛은 이 구절 속에 들어 있는 의미는 율법과 은혜, 심판과 사랑 그 자체이신 하나님은 우리가 서로 사랑할 것을 가르치는 동시에 우리가 그 사랑의 계명을 실천할 수 있도록 도와주신다는 의미를 담고 있다고 보았다. 즉 "바울의 시대에 '하나님의 가르치심을 받음'이란 개념은 형제 사랑과 긴밀한 연관이 있다. 형제사랑이란 곧 함께 연대하기와 계급의식의

---

7  John Kloppenbeg, "Philadelphia, Theodidaktos, and the Dioscuri: Rhetorical Engagement in 1 Thessalonians 4:9-12," *New Testament Studies* 39 (1994): 265-89.

타파와 연결되어 있다."⁸ 하나님의 가르치심을 받음의 증거는 설교자 혹은 영적 지도자의 사회적, 경제적 성공을 통해 입증되는 것이 아니라 하나님의 사랑을 삶 속에서 실천해 내는 것을 통해 입증된다. 하나님의 가르치심을 받음에 대한 설교자나 영적 지도자의 증거는 하나님께 대한 순종과 헌신을 통해 하나님의 가르침이 그들의 심비에 새겨진 모습을 통해, 하나님의 사랑과 용서를 내면화하는 삶을 통해, 이웃사랑의 모습을 통해 입증되어야 한다. 나아가 하나님의 말씀과 하나님을 대변하는 자의 말씀에 귀를 기울이는 것 없이는 하나님의 가르치심을 받는 것이 불가능하다는 것도 잊지 말아야 한다.

설교자로서 영적 지도자가 흔히 범하기 쉬운 오류는 설교자의 권위는 하나님과 말씀과의 관계에서 형성된다는 의미를 자신의 내적 인격과는 무관한 것으로 여기려는 유혹이다. 설교자의 권위는 말씀과만 관계된 것이 아니라 자신의 삶과도 관계된다. 설교자의 삶이 비윤리적일 때 말씀의 권위도 떨어진다. 설교자의 권위는 자신의 삶과 무관한 것이 아니다. 설교의 맛과 효과는 설교자의 마음 상태에 따라 다르게 나타나기 때문이다. 팔머(Parker J. Palmer)는 "우리는 우리 자신을 가르친다"고 단언하였다. 즉 "내면의 교사"(teacher within)가 곧 가르침의 내용이라는 것이다. 그는 말한다. "가르침에의 소명은 외부에서 찾아오지 않는다. 내면의 영혼이 동의하지 않는 한 외부의 가르침은 소용이 없다. 모든 참된 소명은 내면의 교사로부터 온다. 내면의 교사는 참된 지식의 본성을 드러내도록 초청하는 음성이다."⁹ 그는 내면의 가르침을 분명히 제시하고 있다.

---

8  Duncan Derrett, "Matthew 23:8-10, a Midrash on Isaiah 54:13 and Jeremiah31:31-34," 377.
9  Parker J. Palmer, *The Courage to Teach* (San Francisco: Jossey-Bass, 1998), 29.

교육은 인간의 내면으로부터 지혜의 핵(a core of wisdom)을 이끌어 내고자 하는 시도이다. 지혜의 핵은 거짓을 걷어내고 진리의 빛 속에 거하려는 힘을 지니고 있다. 이것은 외적 강제에 의한 것이기보다는 내적 자기성찰과 자기결정에 의해 이루어진다. 이러한 내적 교사는 우리 삶의 진정한 핵이다. 우리 삶의 진정한 핵은 교육에 의해 만날 수 있고 일깨워진다.[10]

팔머는 진정한 자기를 드러내는 내적 교사를 추구한다. 진정한 자기는 거짓을 걷어내고 진리의 빛 속에 거하려는 힘을 가능케 한다. 진정한 자기는 또한 우리 삶의 진정한 핵 그 자체이다. 한편 그에 의하면 내적 교사는 초자아도 아니고 양심도 아닌 자기 정체성이며 자기 통전성이라는 것이다. "내적 교사의 음성은 내가 나의 삶의 역동을 항해해 나갈 때 나의 진리를 생각나게 한다."[11] 팔머는 자아와 자아의 진정성의 권위의 중요성을 주장한다.

힘이라는 외적 도구는 결코 그 자체가 권위가 될 수는 없다. 권위는…내적 삶에서 나오기 때문이다. 권위를 뜻하는 'authority'는 저자를 뜻하는 'author'와 연관이 있다. 권위는 자신의 말, 행동, 삶이 일치되는 진정성 없이 그저 주어진 역할만 수행하는 사람에게는 나타나지 않는다. 권위는 나 자신의 진정성과 소명의식으로부터 나온다. 즉 자신의 정체성과 통전성을 필요로 한다.[12]

---

10 Parker J. Palmer, *The Courage to Teach*, 31.
11 Parker J. Palmer, *The Courage to Teach*, 31.
12 Parker J. Palmer, *The Courage to Teach*, 33.

물론 설교자로서 영적 지도자의 권위를 말할 때 주의해야 할 것이 있다. 설교자나 영적 지도자의 권위는 그들 자신으로부터 나온다고 말하기 어려운 특징이 있다. 설교자의 권위는 자신의 말이 아닌 하나님의 말씀의 능력을 자각하고 사랑하는 것과 관계되는 특징이 있기 때문이다. 설교자의 권위는 하나님으로부터 가르침을 받아야 하는 영적 소명과도 분리되지 않는 특성이 있다. 자기 스스로 설교자가 된 사람과 하나님의 가르치심을 통해 설교자가 된 사람의 차이는 우상(idol)과 성상(icon)의 차이와 같다.

> 우상은 사람들의 시선을 자기에게 고정시키지만, 성상은 그 시선들이 영원한 하나님께 향하도록 한다. 기독교 영적 교사는 우상이 아닌 성상이 되어야 한다. 사람들의 시선과 관심을 자기 자신이나 학생들이 아닌 하나님께 향하도록 해야 한다. 사막교부나 교모들이 그랬던 것처럼 실제의 구체적 삶을 통해 영, 혼, 육의 모든 차원을 하나님께로 재정향시켜야 한다.[13]

선지자와 교부와 교모들이 자신이 하나님으로부터 가르치심을 받았다고 확신하고 자신에게 하나님이 말씀하셨다고 확신할 수 있었던 근거가 있었다. 그 근거는 그들이 하나님으로부터 받은 말씀을 통해 사람들에게 다시금 하나님께로 나아가도록 하는 것과 동시에 자신의 삶이 그러한 말씀에 부합하는 일치성이었다.

설교자가 가져야 할 가장 큰 소명은 그가 전하는 말씀과 삶을 일치시

---

13 Benedicta Ward, S. L. G. ed., *The Sayings of the Desert Fathers*, xxi.

키는 것이다. 설교자는 말씀에 순복하는 순수한 마음과 삶을 살아감으로서 자신의 정체성과 통전성을 보여주어야 한다. 설교자의 권위는 그의 말뿐만 아니라 그의 삶에서도 나와야 한다. 설교자가 전하는 말의 진정성은 그의 삶을 통해 입증되어야 한다. 설교자로서 영적 지도자는 아바 실바너스의 말에 귀 기울일 필요가 있다. "자신의 삶보다 명성이 더 높아진 자는 불행한 사람이다."[14]

설교자로서 영적 지도자의 권위가 자신이 가진 하나님과 성경에 관한 지식에만 의존되는 것은 아니다. 설교자로서 영적 지도자의 권위는 설교자가 하나님과 성경에 대한 지식 이상으로 하나님을 아는 방식, 즉 하나님의 사랑에 붙들린바 되고 그 사랑을 구체화하는 방식 그리고 하나님에 대한 온전한 헌신의 방식에 의해 권위를 부여 받게 된다. 이는 "실천이 영성을 온전하게 한다"는 사막교부와 교모들의 말을 이해하는 것이야말로 권위 있는 설교자 됨의 의미라고 할 수 있다. 고백자 막시무스(Maximus the Confessor, ca 613-662)는 "부지런히 덕을 실천해 나감으로써 자연적 인지가 지성으로 고양된다. 관상을 통해 지성은 지혜로 그리고 나아가 영적 지식으로까지 고양된다고 말하였다."[15]

설교자는 성경을 단지 지적으로 가르치는 사람이 아니다. 설교자는 다른 사람들을 말씀으로 인도하기 전에 자신이 먼저 말씀 속으로 들어가는 사람이다. 설교자는 말씀과의 관계에서 영적 삶 없이 단지 다른 사람에게 말씀을 통해 영적 삶의 의미만을 전달하는 자가 아니다. '영적 지도자

---

14 Benedicta Ward, S. L. G. ed., *The Sayings of the Desert Fathers*, 224.
15 Maximus the Confessor, "Various Texts on Theology, the Divine Economy, and Virtue and vice," in *The Philokalia, vol 2*, G. E. H. Palmer, Philip Sherrad, Kallistos Ware eds. (London: Faber and Faber, 1981), 261.

로서 설교자'라고 하지 않고 '설교자로서 영적 지도자'라고 칭한 이유가 바로 여기에 있다. 즉 강조점이 설교자에 있지 않고 영적 지도자에 있다. 설교자가 영적 지도자가 되는 것이 아니라 영적 지도자가 설교자가 되어야 한다는 것이다. 이는 설교자가 먼저 갖추어야 할 것은 영적 자질임을 의미한다. 설교자가 말씀 선포자로서 서기 전에 먼저 하나님과 말씀과의 인격적인 관계가 형성되어야 한다는 것이다. 아바 포에멘은 이렇게 주장한다. "다른 사람을 가르치기 위해선 먼저 자기 자신이 온전해야 한다. 다른 사람의 집을 지어주면서 자기 자신의 집이 무너진다면 그 가르침이 무슨 소용이 있겠는가?"[16] 하나님의 가르치심을 받은 설교자의 권위에 대한 성경의 가르침을 기억해야 한다. "여호와께서 집을 세우지 아니하시면 세우는 자의 수고가 헛되며 여호와께서 성을 지키지 아니하시면 파수꾼의 깨어 있음이 헛되도다"(시 127:1).

## 설교자로서 영적 지도자의 영적 지식과 지혜

설교자로서 영적 지도자에게 영적 지식과 지혜는 성경을 잘 분석하여 이해하는 것만큼이나 중요하다. 그렇다면 영적 지식과 지혜는 무엇으로 구성되어 있을까? 이 질문은 역사적으로 오랜 기간 동안 탐구되어 왔다. 4세기의 어거스틴(Augustine)은 이러한 영적 인식의 문제와 씨름하였다. 그는 자신의 『고백록』(The Confessions)에서 처음에는 철학적 연구에서 깨달은 것과 같은 정도의 논리와 지혜를 성경 속에서 발견하고자 고군분투했

---

[16] Benedicta Ward, S. L. G. ed., *The Sayings of the Desert Fathers*, 185.

다고 고백하였다. 즉 "성경의 지식들은 키케로의 고상한 지식과 비교해 보았을 때 가치가 없어 보였다"고 술회하였다.[17] 하지만 그는 회심 경험 후에 자신이 추구하는 방향을 전환하게 된다. 그는『고백록』10권의 도입부에서 하나님께 이렇게 간구한다. "오 주여, 저를 아시는 분이시여, 이제 나도 당신을 알게 하소서. 내가 알려지는 것처럼 내가 당신을 알게 하소서."[18] 어거스틴은 하나님이 자신의 스승이라고 고백하며 성경의 의미를 자신에게 열어주기를 간구하였다. 이성과 지혜는 하나님이 자신을 계시하시는 통로다. 하나님을 계시하는 통로인 이성과 지혜를 영원한 이성과 하나님의 지혜라고 묘사하였다. 그는 영원한 이성은 우주의 법칙들을 형성하고, 하나님의 지혜는 인간을 관통하여 비추고 인간의 마음을 있는 그대로 보존하며 감동시키는 영적인 통로가 된다고 믿었다.[19] 토마스 그룸(Thomas Groome)은 "어거스틴의 목적은 실제적인 영적 지혜를 추구하는 것이었고, 그의 탐구 방식은 경험적이면서 관계적인 앎의 방식에 바탕을 두었다"고 평가하였다.[20]

14세기경에 영국의 노리치의 줄리안(Julian of Norwich)은 하나님과 그리스도인의 삶에 대한 지식을 얻고자 인간의 이성, 교회의 가르침, 그리고 거룩한 은총의 상호 교차점을 탐구하고자 했다.

세상의 삶 속에서 우리는 세 가지 때문에 바로 살아갈 수 있다. 이것들에 의해 하나님을 예배하고 우리는 도움 받고, 지탱되고, 구원으로 인도된

---

[17] Saint Augustine, *The Confessions of Saint Augustine* (New York: Airmont Publishing, 1969), 34.
[18] Saint Augustine, *The Confessions of Saint Augustine*, 170.
[19] Saint Augustine, *The Confessions of Saint Augustine*, 214-15.
[20] Thomas Groome, *Christian Religious Education: Sharing Our Story and Vision* (San Francisco: Harper & Row, 1980), 159.

다. 첫째는 인간의 '자연적 이성', 둘째는 거룩한 '교회의 가르침', 셋째는 성령을 통한 '은혜의 내적 작용'이 그것이다. 이 세 가지는 모두 한 분 하나님에게서 나온다. 하나님은 인간 이성의 근원이시다. 하나님은 교회의 가르침의 토대이시다. 그리고 하나님은 성령 그 자체이시다.[21]

영적 지식과 지혜를 추구하고 개발하고자 하는 노력은 신학적, 영성적, 교육적 영역에서도 중요한 관심사다. 설교자로서 영적 지도자는 사람들로 하여금 바른 교리(orthodoxy)와 함께 바른 실천(orthopracy)을 향해 나아가도록 돕고 촉구하는 책임을 지니고 있다. 이러한 관점은 기독교 교육의 영역에서 큰 공헌을 하였다. 그 대표적인 예가 '은행저축 모델'(banking model), 즉 교사들이 학생들의 머리에 필요한 정보들을 집어넣어 주는 교육 모델에서 '변형 교육 모델'(transformative model)로의 전환을 추구하였다. 변형 교육 모델은 영적 지식을 위해 주어진 정보들이 어떤 역할을 해야 하는가에 대해 비판적 성찰을 수행하는 데 중요한 목적을 둔다. 변형 모델은 주어진 정보들인 역사, 전통, 사회 문화, 종교 경험 등과의 만남 속에서 어떠한 변화를 만들어내야 하는가에 주목한다.

영성 교육에 지대한 공헌을 한 파커 팔머(Parker Palmer)는 지식 추구의 목적에 대한 세 가지 유형을 말하였다. 첫째는 호기심에서 생겨난 지식이다. 이는 '사색적 지식'으로 무언가를 알고 싶다는 것 자체가 목적이 된다.[22] 둘째는 일종의 통제의 지식 개념으로서 실용적 목적을 위한 수단으로서 지식이다. 이러한 지식은 실용적인 목적을 달성하기 위해 무엇인가

---

[21] Julian of Norwich, *Revelation of Divine Love* (London: Penguin Classics, 1998), 204.
[22] Parker J. Palmer, *To Know As We Are Known*, 7-8.

를 알고자 하는 것이다. 팔머에 의하면, 이러한 지식 추구는 두 차원에서 문제의 여지가 있다. 하나는 이러한 지식 추구는 도덕성이 결여되어 있을 뿐 아니라 참된 열정을 파괴시키는 경향이 있다. 이러한 지식 추구는 중심의 구성물과 분리적일 뿐 아니라 객관적 이론만을 추구하고자 하는 편견에 빠지게 된다. 다른 하나는 영성과 신비와 예술과 같은 무형적 지식보다는 명제적으로 설명된 교리와 성경, 그리고 객관적 지식을 추구하는 자연과학과 같은 구체화된 대상에 대한 논리, 실재 개념에 대한 과도한 확신을 부추기게 된다. 그 결과 지식을 추구하기 위해서는 감정과 열정 등과 같은 것들을 배제시킨다.[23] 지식에 대한 이러한 이해는 인식 자를 인식의 대상으로부터 분리시킨다. 마이클 폴라니(Michael Polanyi)는 지식 형성 과정에 인식 자와 인식 대상 사이에 일어나는 복잡한 상호작용을 포함하고 있다고 하였다. 이러한 지식 형성 과정은 가장 객관적 학문이라는 자연과학이나 기술 공학 속에서도 발생한다고 보았다.[24] 팔머는 지식에 대한 세 번째 이해가 가장 좋은 방식이라고 믿었다. 바로 "사랑에서 일어나는 지식"(knowledge arising from love)이다. 이 지식은 "깨진 자아들과 세계들 사이에 재통합과 재구성"(reunification and reconstruction of broken selves and worlds)을 목적으로 삼는다.[25] 팔머는 4세기 사막 교부들과 교모들의 글에 나타나는 지식이 이러한 지식을 추구하고 있음을 발견하였다. 교부들과 교모들은 기도의 실천, 명상, 고독을 "사물의 현상들 너머에서" 존재하는 것을 알게 할 뿐 아니라 그 존재에 참여하는 수단으로 삼았

---

[23] Parker J. Palmer, *To Know As We Are Known*, 22-24.
[24] Parker J. Palmer, *To Know As We Are Known*, 28-29.
[25] Parker J. Palmer, *To Know As We Are Known*, 8.

다.²⁶ 이것은 지혜(sapientia), 즉 관조적 지혜(contemplative wisdom)라는 범주에 더 가깝다. 팔머는 종교적 앎(religious literacy)은 진리로의 순종을 위해 자신을 재구성하는 학습 공동체와 그 관계 속에 참여할 때 주어지는 것으로 보았다. 다시 서술하면, 종교적 앎은 기독교의 이야기, 예전, 실천 속에 실존적, 경험적으로 참여함으로써 획득된다는 것이다.

엘리엇 아이즈너(Elliot Eisner)도 인지(cognition)에 대한 연구가 지나치게 분석적, 실증적으로 기울어졌다고 하였다. 그는 인지 연구가 더 역사적이고 문화적인 연구를 필요로 한다고 주장하였다. 그는 지식에 대한 전통적 이해가 지식의 개념을 지나치게 분석적이거나 종합적인 것으로 제한하고 있다고 비판하였다. 종합적 지식은 경험적 지식의 조건들에 대한 과도한 주장을 의미한다. 이러한 조건들은 주도적 그룹에 의해 쉽게 왜곡될 수 있다.²⁷ 지식에 대한 분석적 접근은 용어의 정의에 의해 좌우되는 명제를 의미한다. 지식에 대한 종합적인 추구는 경험적 지식들에 대한 과도한 신뢰를 지향하는 경향이 있다. 이러한 추구들은 주도적 그룹에 의해 쉽게 오도되거나 왜곡될 수 있다고 하였다.

> '지식'(knowledge) 또는 '앎'(knowing)이라는 것을 단지 명제들로 설명할 수 있는 것으로만 제한해서는 안 된다. 그러한 제한은 명제를 통해 설명할 수 없는 중요한 차원들을 지식의 영역 밖으로 몰아내게 된다.²⁸

---

26 Parker J. Palmer, *To Know As We Are Known*, 19.
27 Elliot W. Eisner, *Cognition and Curriculum Reconsidered* (New York: Teachers College Press, 1994), 31-32.
28 Elliot W. Eisner, *Cognition and Curriculum Reconsidered*, 31-32.

아이즈너는 앎에 있어서 직접적 참여와 상상력이 중요한 역할을 한다고 강조하였다. 그는 "모든 개념은 감각을 통해 가능한 경험적 형태로 시작된다"고 주장하면서 인지적 깨달음을 감각적 경험으로부터 분리시켜서는 안 된다고 주장하였다.[29] 그는 사람들이 다양한 방식으로 감각적 세계와 상호작용하고 있음을 관찰하였다. 이러한 방식들은 사람들의 앎에 영향을 미치는 개인적 선호와 과거의 경험에 기초한 것이다. 앎에 대한 아이즈너의 이러한 견해는 영적 지도자의 사역에 중요한 통찰을 제공한다. 하나님과 영적 삶 역시도 감각을 통해 경험될 수 있지만 그것은 또한 다른 관점을 가진 사람들에 의해서 다른 방식으로 해석될 수 있다는 것이다. 그러므로 영적 지도자는 사람들로 하여금 종교적 앎을 풍성하게 경험하게 하기 위해서는 종교적 앎을 구성하는 환경적 특성의 다차원성을 간파할 수 있는 능력을 고양시켜야 한다.[30]

설교자로서 영적 지도자는 무엇보다도 종교적 앎의 과정에서 주체로서만이 아니라 객체로서의 자신을 볼 수 있는 자질이 있어야 한다. 로버트 키건(Robert Kegan)은 모든 앎은 그 속에 이미 주체와 객체 관계성 사이에서 일종의 협상 또는 순환을 수행해 나가는 과정을 포함하는 것으로 보았다.

> 우리가 우리 자신에게 '객체'가 된다는 것은 다음과 같은 것을 의미한다. 즉 우리가 우리 자신을 하나의 객체로 볼 수 있고, 책임질 수 있고, 반성할 수 있고, 통제할 수 있으며, 다른 앎의 방식을 가지고 통합할 수 있는

---

29 Elliot W. Eisner, *Cognition and Curriculum Reconsidered*, 33-34.
30 Elliot W. Eisner, *Cognition and Curriculum Reconsidered*, 35.

것이다. 한편, 우리가 우리 자신에게 '주체'가 된다는 것은 다음과 같은 것을 의미한다. 즉 주체인 우리 자신에 의해 우리가 수동적으로 운영되고, 확인되고, 혼합되며, 영향을 받는 것이다. 우리 자신이 객관화되고 객체화되기 전에는 우리가 우리 자신을 책임지는 것이 불가능하다. 그 이유는 다음과 같다. 우리가 주체로 머물게 될 때 우리가 사고와 감정을 소유하는 것이 아니라 사고와 감정이 우리를 소유한다. 반면에 우리가 자신을 객체로서 객관화시켜 나갈 때 우리가 어떤 생각과 감정을 가지고 있는가를 깨닫게 된다.[31]

5세기 그리스의 주교이자 영적 지도자였던 포티케의 성 디아도코스(Saint Diadochos of Photike)는 영적 지식에 관한 질문에 대해 두 가지 전제를 가지고 접근하였다. 첫째는 영적 지식은 인간 구원과 성화에 필수적이다. 둘째는 종교적 진리를 깨닫기 위해서는 기도와 관상을 통한 신비적 경험이 필수적이다. 그는 거룩한 영감, 지식과 지혜, 지성적 인식, 신비적 경험 사이의 관계성에 관한 탐구와 함께 '영적 지식'은 곧 '좋은 땅'과 같은 것이라고 결론하였다. 이 좋은 땅, 영적 지식 속에서 하나님의 말씀은 풍성한 결실을 맺게 된다고 하였다. 그는 영적 지식과 자유의지를 연결시켰다. 그는 자유의지를 한 영혼이 자기 인생을 방향 지을 근본적 목적을 선택할 능력으로 정의하고, 참된 지식을 선과 악을 분별하는 능력으로 제시하였다.[32] 그는 이런 지식이 스스로 발견해서 갖게 되는 것

---

[31] Robert Kegan. "What 'Form' Transform?: A Constructive-Developmental Approach to Transformative Learning," in Jack Mezirow & Associates, *Learning as Transformation: Critical Perspectives on a Theory in Progress* (San Francisco: Jossey-Bass, 2000), 53.
[32] G. E. H. Palmer, Philip Sherrard, and Kallistos, eds., *The Philokalia: The Complete Text Complied by St. Nikodimos of the Holy Mountain and St. Makarios of Corinth*, vol. 1 (London: Faber and Faber, 1979),

이 아니라 하나님의 선물임을 강조하였다. 그는 "하나님을 인정하지 않는 철학적 토대 위에서 하나님에 대해 사고하는 것만큼 궁색한 것은 없다"고 여겼다.[33] 하지만 하나님이 지적 인식 속에 그분의 영감을 불어넣어 줄 때 비로소 그 사람은 하나님에 관한 신학적 성찰에 올바르게 참여할 수 있고 만족할 수 있다고 강조하였다. 그는 우리는 "성령이 거하시는 장소이고, 우리 속에는 항상 타오르는 영적 지식의 등불이 비치고 있다"고 하였다.[34]

영적 지식은 지혜와 연결된다. 하나님 안에서 그 기원을 공유하고 있다는 점과 영적 지식을 외적으로 표현하고 증진시키는 역할을 지혜가 감당한다는 점에서 이 둘은 서로 연결된다. 디아도코스는 소수의 사람들이 영적 지식을 받는다고 믿었다. 이 영적 지식은 자신의 내면의 삶을 비추어 준다. 그는 또한 소수의 사람들만이 영적 지식 뿐 아니라 영적 지혜도 함께 받는다고 믿었다. 이 지혜는 자신의 내면에 경험되고 형성된 사랑의 에너지를 다른 사람들에게 해석하고 전달할 수 있도록 해준다. 디아도코스가 말하는 지혜는 자신의 솔선수범에 기초하여 하나님에 관하여 말하고 가르칠 수 있는 능력이라고 할 수 있다.[35] 그는 신학의 은사 또는 관상적 안목의 은사에 관해서 말한다. 그에게 이 은사는 하나님과의 온전한 불가분리적 연합을 위한 지식이다.[36] 이러한 은사의 소유자는 하나

---

253.
[33] Saint Diadochos of Photike, *One Hundred Practical Texts of Perception and Spiritual Discernment from Diadochos of Photike* (Belfast: Institute of Byzantine Studies, University of Belfast, 2000), Text 7.
[34] Saint Diadochos of Photike, *One Hundred Practical Texts of Perception and Spiritual Discernment from Diadochos of Photike*, Text 28.
[35] Saint Diadochos of Photike, *One Hundred Practical Texts of Perception and Spiritual Discernment from Diadochos of Photike*, Text 7, 9.
[36] Saint Diadochos of Photike, *One Hundred Practical Texts of Perception and Spiritual Discernment from Diadochos of Photike*, Text 67.

님께 대한 자기 외적 경험보다는 자기 내적 경험의 해석을 가능하게 해 준다.

디아도코스가 말한 하나님에 관한 인간의 지식 중에 '말할 수 있는 것' 과 '말할 수 없는 것'의 양자 간의 절충과 협상이 지혜의 은사와 관상적 안목의 은사 속에 암시되어 있다. 하지만 디아도코스의 인식론과 변형적 이론가들이 말하는 것 사이에는 차이가 있다. 변형적 이론가들은 주체성으로부터 객체성으로 발전해 나아간다고 본다. 즉 주관성으로부터 객관성의 확보를 향해 발전해 나가야 함을 강조한다. 하지만 디아도코스는 하나님에 관한 인간의 지식을 설명할 수 있는 능력은 앎의 주체이신 하나님께 얼마나 순복하느냐에 달려 있다고 하였다. 그는 영적 지식이라는 거룩한 선물은 기도 속에서 하나님과 함께하는 사람들에게 찾아옴을 발견하였다. 자신의 시간과 에너지를 필요로 하는 다양한 내적, 외적 요구들을 내려놓고 조용히 하나님께 나아갈 때 하나님 사랑의 충만함을 경험하게 된다. 이러한 충만한 사랑이야말로 인간 영혼을 하나님과 연합시킨다.

> 영적인 길을 추구하는 사람은 항상 자신의 마음을 동요가 없도록 유지해야 한다. 그렇게 할 때 마음을 스쳐 지나가는 수많은 생각을 지성이 식별해 낼 수 있다. 이를 통해 하나님으로부터 오는 선한 생각을 기억의 보물창고에 저장할 수 있고 사탄에게서 오는 악한 생각을 쫓아낼 수 있다.[37]

마음을 잘 지킬 때 성령의 도우심 속에서 사랑으로 충전된 신앙을 위

---

[37] Saint Diadochos of Photike, *One Hundred Practical Texts of Perception and Spiritual Discernment from Diadochos of Photike*, Text 26.

한 공간을 창조하게 된다. 마음 밭이 옥토가 되어야 하나님께서 지혜의 선물을 주실 때 받을 수 있다. 따라서 그리스도인이 평생 해야 할 일은 기도와 연구를 통해 자신의 마음 밭을 준비시키는 것이다. 특히 영적 지도자는 연구와 기도를 통해 마음 밭이 옥토가 되도록 힘써야 한다. "영적 지식은 기도, 깊은 고요함, 온전한 초연함을 통해 오는 반면, 지혜는 성경에 관한 겸손한 묵상을 통해서 그리고 무엇보다 하나님이 부어 주시는 은혜를 통해 오기 때문이다."[38] 이런 맥락에서 설교자로서 영적 지도자는 영적 지식과 영적 지혜로 충만해야 한다.

디아도코스는 인간의 마음은 기도보다 연구를 더 좋아하는 경향성이 있다고 하였다. 인간은 철학적 사색과 사람들의 칭찬이라는 외적 보상을 더 좋아할 뿐 아니라, 연구를 통해 얻는 지식과 관련된 개인적 만족에 더 많은 관심을 두기 때문이다. 그의 조언은 영적 지도자는 공부보다는 기도를 더 많이 해야 한다는 것이다.

> 시간의 대부분을 시편을 노래하고 성경을 읽으면서 보내야 한다. 동시에 현자들의 글을 통해 현자들의 신앙에 대한 사색을 게을리하지 않아야 한다. 이렇게 함으로써 지성이 지성 자체의 말과 은혜의 말을 혼동시키는 것을 방지할 수 있다. 이것은 또한 자기 자랑과 화려한 논변으로 산만해지거나 잘못되지 않도록 막아줄 수 있다.[39]

---

[38] Saint Diadochos of Photike, *One Hundred Practical Texts of Perception and Spiritual Discernment from Diadochos of Photike*, Text 9.
[39] Saint Diadochos of Photike, *One Hundred Practical Texts of Perception and Spiritual Discernment from Diadochos of Photike*, Text 68.

다아도코스는 지적 지각과 영적 경험을 분리하지 않고 거룩하게 고무된 통찰들을 통해 마음과 정신의 연합에 도달해야 한다고 보았다. 그는 이러한 연합을 통해 참된 지식을 추구할 수 있다고 여겼다. 그에게 참된 지식은 합리적 분석뿐 아니라 주제에 대한 직접적이고 상상적인 참여가 포함한다. 그는 또한 겉으로 보이는 실험적인 자료들을 해석하는 데 있어서 다감각적인 이해를 추구한다. 그는 하나님은 성경을 헌신적으로 읽는 것뿐 아니라 평행 본문들을 비판적, 신학적으로 분석하는 것을 통해서도 자신을 드러내신다고 하였다. 하지만 그는 분석적 방법은 인간 스스로 객관적인 인식과 판단을 할 수 있다는 과신에 빠지는 위험이 있다고 하였다.

다아도코스는 참된 영적 지식과 지혜를 얻기 위해서는 이성적 연구나 노력뿐 아니라 기도와 관상이 필요하다고 강조하였다. 또한 바른 신앙 지도를 위해 영적 지도자들은 참된 영적 지식과 지혜의 토대 위에서 하나님과 말씀에 대한 정당한 신비 경험을 할 필요가 있다고 강조하였다. 여기서 중요한 것은 양극단의 위험에 빠지는 것을 주의해야 한다는 것이다. 즉 영적 지도자가 하나님에 대한 신비 경험만 있고 이성적 성찰이 부족할 때, 자신의 경험을 글과 말로 표현하고 가르치는 것이 어렵다. 반면 신비 경험은 없고 이성적 성찰만을 하게 될 때, 그는 해석의 능력은 지니고 있을지 몰라도 해석을 필요로 하는 하나님 체험, 신비적 경험이 없기에 가르침이나 설교가 공허할 수밖에 없다. 따라서 영적 지도자는 이 두 가지를 함께 경험하고 통합하고 해석하는 능력이 있어야 한다. 영적 지도자의 이성적 성찰과 해석과 신비적 경험과 해석 사이의 "균형은 하나님을 영화롭게 하는 말에 어떤 조화로움을 부여한다. 말하고 가르칠 때,

신앙은 그 조명의 풍요로움으로 자양분을 얻고 사랑 때문에 지식의 결실들을 맛본 사람들이 될 수 있다."[40] 디아도코스는 우리 안에 일어나는 영적 지식 활동이 "우리 영혼 속에 흘러넘치는 사랑으로" 모든 사람을 바라보도록 함으로써 관계성을 재조정할 수 있다고 하였다.[41] 나아가 불의에 대한 분노와 같은 몇몇 감정은 더 높은 수준의 신학적 이해로 향하는 영적 진보의 표시들이라고 믿는다. 이런 분노가 영적 진보를 방해하지 않도록 하려면, 분노나 증오의 감정을 "불의와 관련한 무감각에의 애도로 바꿀 수 있어야 한다…증오가 영혼 속에 존재할 때, 영적 지식이 마비되기 때문이다."[42] 그러므로 영적 지도자는 지혜와 신학의 선물을 위해 마음 밭을 준비시키고, 영적 지식을 경작해야 함을 강조하였다. 그러나 불의에 반응할 때 나타나는 분노와 증오가 영적 지식을 방해할 수 있다고 주장하였다. 이러한 관점 안에서 그는 하나님과의 연합이 영적 지식을 위한 주된 인식론임을 제시하였다. 그는 지식(scientia, 기술적 지식)과 지혜(sapientia, 실천적 지혜)를 넘어 관상(contemplatia)을 영적 지식을 위한 인식론으로 제시하였다. 인식의 길로서의 관상은 일종의 신비적 지식으로서 분명한 앎을 경험하긴 했지만, 그것을 인간의 말과 글로는 전달하거나 가르칠 수 없기 때문이다.[43] 그는 신비적 지식의 필요성을 이렇게 설명한다. "우리의 지각 능력은, 즉 우리의 하나님 형상의 온전한 구현 여

---

[40] Saint Diadochos of Photike, *One Hundred Practical Texts of Perception and Spiritual Discernment from Diadochos of Photike*, Text 8.
[41] Saint Diadochos of Photike, *One Hundred Practical Texts of Perception and Spiritual Discernment from Diadochos of Photike*, Text 92.
[42] Saint Diadochos of Photike, *One Hundred Practical Texts of Perception and Spiritual Discernment from Diadochos of Photike*, Text 70.
[43] 기독교 영적 전통에서 이와 같은 신비적 연합은 '테오리아'나 '노스티케'라는 이름을 사용하였다. 하지만 오늘날 이러한 용어는 부정적으로 이해되는 경향이 있다. 테오리아는 이론으로 번역되면서 실천으로부터 분리된 지식인 것처럼 여겨지게 되었기 때문이다. 노스티케는 소수에게만 주어진 비밀스러운 지식으로 이해되었기 때문이다.

부는 오직 은혜의 빛의 조명을 통해서만 알 수 있다."[44] 그러므로 "우리는 생명을 창조하시고 정결케 하시는 성령의 바람을 향해 얼굴을 돌려야 한다."[45] 이렇게 될 때에 신비적 지식을 부여 받을 수 있기 때문이다.

영적 지도자가 영적 지식과 지혜를 가르침에 있어 관상을 강조하는 것에는 두 가지 의미가 있다. 하나는 영적 지도자의 영적 지식은 하나님과 하나님의 자기계시를 경험함으로써 가능하다고 할 수 있기 때문이다. 디아도코스는 영적 지도자는 항상 묵상적 기도와 비판적 연구를 함께 수행해야 한다고 강조하였다. 영적 지도자는 묵상적 기도를 통해 하나님의 거룩한 빛을 경험할 수 있어야 한다. 하지만 묵상적 기도는 말로 표현할 수 없는 세계이다. 동시에 영적 지도자는 비판적 연구를 통해 무지로부터 벗어나 하나님에 대해 성찰함으로써 성찰의 경험을 말과 글로써 사람들에게 가르칠 수 있어야 한다. 하나님과의 만남과 관계성 속에서 하나님이 하셔야 할 일을 영적 지도자가 자의적으로 통제하거나 지시해서는 안 된다. 하지만 영적 지도자의 신앙적 삶 속에서 기도, 예배, 설교, 고독, 연구 등의 다양한 영적 실천을 통해 관상적 공간을 창조할 수 있어야 한다. 이러한 공간에서 하나님은 영적 지도자와 만나주시고 영적 지도자는 하나님과 영적 교제를 함께 나누어야 한다. 영적 지도자의 다른 하나의 역할은 사람들을 영적인 훈련으로 안내하는 것이다. 관상의 세계는 말로 단순하게 전달되는 것이 아니기에 가르치거나 설명할 수는 없지만, 배우도록 도울 수 있는 지식을 가르칠 수는 있다. 이러한 훈련을 통해 사

---

[44] Saint Diadochos of Photike, *One Hundred Practical Texts of Perception and Spiritual Discernment from Diadochos of Photike*, Text 89.
[45] Saint Diadochos of Photike, *One Hundred Practical Texts of Perception and Spiritual Discernment from Diadochos of Photike*, Text 75.

람들은 자신의 삶 속에 역사하시는 하나님을 만날 수 있는 기회를 얻게 된다.

그러므로 설교자로서 영적 지도자가 설교에서 자신과 사람들에게 하나님에 관한 지식이 아닌 하나님 지식을 가능케 하려면 하나님과 성경에 대한 단순한 학문적 지식과 정보를 넘어서는 영적 지식이 있어야 한다. 영적 지식은 영적 실천을 통해 얻을 수 있다. 영적 지도자는 설교를 위해 단순한 지적 훈련과 비판적 연구에만 몰두해서는 안 된다. 영적 지도로서 설교는 그 자체가 이미 하나의 영적 실천이 될 수 있어야 한다.

설교자로서 영적 지도자에게 영적 지식과 지혜의 계발은 핵심적인 과제이다. 하나님이 주신 지혜와 신학의 은사 또는 관상적 안목의 은사를 통해 참된 지식의 열매를 맛보게 될 때, 하나님과 말씀과의 만남을 통한 영적 지식을 설교할 수 있다. 영적 지식은 하나님의 도우심을 통해서만 가능한 것이다.[46] 설교자로서 영적 지도자의 모든 지식, 지혜, 신학적 훈련, 통찰 등은 새로운 생명의 출산을 돕는 산파 역할을 하기 위한 것이다. 영적 지도자가 사람들을 위해 하나님이 자신에게 주신 은사들을 활용하고 공유하는 것은 하나님의 사람들의 삶 속에서 그들을 만나주시고, 지식과 지혜와 은사를 나누어 주시도록 사람들과 하나님 사이를 매개하고 촉진하는 사역으로 작용해야 한다. 영적 지도자에게 하나님께서 부여하신 설교 사역이 성경에 대한 지식과 정보 전달에 머물러서는 안 되며, 설교 사역을 통해 하나님의 사람들에게 하나님께서 주시고자 하는 영적 지식과 지혜와 은사를 경험하도록 도와야 한다.

---

[46] Saint Diadochos of Photike, *One Hundred Practical Texts of Perception and Spiritual Discernment from Diadochos of Photike*, Text 8.

## 설교자로서 영적 지도자의 경청

설교자로서 영적 지도자의 경청 능력은 매우 중요하다. 설교의 힘은 하나님의 말씀과 회중의 음성을 경청하는 능력과 비례한다. 설교자의 말의 능력은 하나님께 경청하는 능력과 회중의 음성을 경청하는 능력과 비례한다.

폴 호머(Paul Holmer)는 '무엇에 관한'(about) 지식과 언어와 '무엇의'(of) 지식이나 언어를 구별하였다. '무엇에 관한' 지식은 중요하다. 이것은 우리가 음식을 만들고 집을 짓고 성경을 이해하고 이메일을 보내고 하나님을 포함한 많은 것들을 생각할 때 사용하는 언어이다. 반면 '무엇의' 언어는 삶과 하나님께 우리가 응답하는 것이다. 그것은 단어를 초월하여 기쁨, 음악, 시, 영성에 있는 언어이다. 그것은 경청과 관상의 언어이다.[47]

하나님의 음성은 극적인 방식으로만 들린다는 잘못된 생각이 하나님의 음성을 듣기 어렵게 만드는 장애물이 되기도 한다. 이러한 잘못된 인식에 대해 마가렛 구엔더(Margaret Guenther)는 구체적으로 설명한다.

> 이런 점에서 우리는 나병에 걸렸던 나아만을 닮았다. 그는 매우 비중 있는 장군이었는데, 예언자 엘리사를 통해 병을 고치려고 멀리 시리아에서 찾아왔다. 그런데 엘리사는 나아만 장군을 직접 대면하려 하지 않았다. 그 대신에 자기의 사환 하나를 보내서 요단강에 가서 몸을 씻으라는 말을 전했다. 그러한 처사는 사실 나아만 장군에게 꽤 무례한 것이었다. 그는 고함을 쳤다. "나는 나를 위해서 그가 직접 나아 와서서, 그의 하나

---

[47] John Ackerman, *Listening to Go*, 양혜란 옮김, 『들음의 영성』 (서울: 포이에마, 2009), 29.

님의 이름을 부르며 이리저리 손도 흔듦으로써 나의 병을 치료할 줄 알았노라."[48]

나아만 장군의 이야기 속에는 나아만이 상상했던 고위 관료에게 적합한 예우에 대한 요구 외에도 다른 내용이 들어 있다. 나아만에게는 자신의 문화에서 기인한 선이해와 가정들이 있었던 것이다. 신의 능력은 특별한 방식으로 나타나야 하는 것이다. 그렇지 않다면 그것은 신적 능력이라 할 수 없는 것이다. 나아만은 자신이 기대했던 방식대로 나타나지 않는 신적 능력은 상상할 수 없었다. 나아만의 이러한 선이해와 가정들로 인해 엘리사의 메시지 속에 들어 있는 그를 위한 하나님의 말씀을 들을 수 없었다. 하지만 나아만의 부하들은 나아만과 같은 잘못된 선이해나 가정이 없었다. 그의 부하들은 나아만에게 좀 더 다른 시각을 가지고 엘리사의 메시지를 듣도록 격려하였다. "그의 종들이 나아와서 말하여 이르되 내 아버지여 선지자가 당신에게 큰일을 행하라 말하였더면 행하지 아니하였으리이까 하물며 당신에게 이르기를 씻어 깨끗하게 하라 함이리이까 하니 나아만이 이에 내려가서 하나님의 사람의 말대로 요단강에 일곱 번 몸을 잠그니 그의 살이 어린아이의 살같이 회복되어 깨끗하게 되었더라"(왕하 5:13-14). 나아만의 부하들이 자발적으로 나아만 장군으로 하여금 자신이 들은 것을 다른 방식으로 해석하도록 도와줌으로써 하나의 공간이 창조되었고, 그 공간 속에서 나아만은 하나님의 말씀을 권위 있게 받아들이게 되었다. 나아만은 또한 경청을 통해서만 가능한 통전성

---

[48] Margaret Guenther, *Holy Listening: The Art of Spiritual Direction* (Boston: Cowley Publications, 1992), 44.

을 발견할 수 있었다고 할 수 있다. 영적인 설교자는 나아만의 부하들과 같은 역할을 수행할 수 있어야 한다. 하나님이 설교자의 삶에서 실제로 무엇을 행하고 계신가를 말씀을 듣는 사람들이 탐험하는 것을 지지해 주어야 한다. 또한 하나님이 역사하시는 다양한 방식에 대하여 회중이 가진 기존의 문화적 가정과 억측에 빠져들지 않도록 도와주어야 한다.

## 설교자로서 영적 지도자의 검증과 실천

설교자로서 영적 지도자는 무엇보다도 자기검증을 소홀히 해서는 안 된다. 설교자는 규칙적인 자기검증을 통해 설교자의 삶에 더 충실할 수 있다. 헨리 나우웬(Henri Nouwen)은 영적 지도자의 사명을 저해하는 세 가지 유혹을 제시하였다. 바로 적절성의 유혹, 힘의 유혹, 성공의 유혹이다. 적절성의 유혹은 사회에서 인정받고 칭찬 받을 수 있는 것들을 향해 끊임없이 움직여 나가고자 하는 것이다. 자신의 생각을 관철시키기 위한 논쟁, 사람들의 관심을 끌기 위한 설교 방식, 뭔가 전문성이 느껴지는 성경 주해 등 이러한 예는 끝도 없이 계속될 수 있다. 설교자가 사람들로부터 관심을 끌기 위해 끊임없이 새롭고 기이한 것들을 추구하다 보면, 새롭고 신기한 축에 끼지 못하는 것은 전통적 또는 관습적이란 범주에 포함되어 버리고 만다.

영적 지도자의 두 번째 유혹은 힘과 관계된다. 설교자로서 영적 지도자가 자신의 전문성과 능력을 토대로 해서 사람들의 가치관과 의식을 일방적으로 결정한다면 힘과 권위를 남용하는 것일 수 있다. 특히 설교자로서 영적 지도자는 사람들의 가치관과 생각을 과도하게 조정하려고 해서는 안 되고 스스로 사고할 수 있도록 도와주어야 한다. 설교자는 말씀을 일방적으로 주입하려고 하기보다는 말씀을 통해 아름답고 풍성한 상상을 발휘하도록 도와주어야 한다. 설교자는 자신에게 주어진 권위와 힘을 자기 마음대로 행사하고자 하는 유혹에 쉽게 빠져든다. 그 이유는 희생적 사랑의 실천보다는 힘을 가지는 것이 더 멋있어 보이고 매력적으로 느껴지기 때문이다.

> 힘에의 유혹이 그토록 강한 이유는 무엇일까? 아마도 힘이 사랑의 대체물이기 때문일 것이다. 신을 사랑하기보다는 차라리 스스로 신이 되는 것이 더 쉬워 보일 수 있다. 사람들을 사랑하기보다는 사람들을 통제하는 것이 더 쉬워 보이고, 생명을 사랑하기보다는 생명을 소유하는 게 더 쉬워 보일 수 있다. 예수님은 우리에게 "너는 나를 사랑하느냐"고 물으신다. 하지만 우리는 예수님에게 "우리가 주님의 나라에서 주님 오른편, 왼편에 앉을 수 있습니까?"(마 20:21)라고 묻는다. 이처럼 우리는 뱀이 "너희가 그것을 먹는 날에는 너희 눈이 밝아져 하나님과 같이 되어 선악을 알게 될 것"(창 3:5)이라고 유혹한 이래로 인간은 사랑보다는 힘을 얻고자 하는 유혹에 계속 노출되어 있다.[49]

설교자로서 영적 지도자는 이런 유혹에 너무도 자주 노출될 수 있기 때문에 끊임없는 자기 성찰이 요구된다. 나아가 자신에게 주어진 힘이 바르게 사용되어지도록 자기검증을 해야 한다. 나우웬은 "'힘을 갖는 것

---

[49] Henri Nouwen, *In the Name of Jesus* (New York: Crossroad, 1989), 59-60.

은 좋은 일'이라는 말을 종종 하는 것을 볼 수 있다. 하지만 힘은 하나님과 이웃을 섬기기 위해 사용되어야 한다"고 하였다.[50]

힘의 유혹과 제기되는 세 번째 유혹은 성공에 대한 유혹이다. 설교자로서 영적 지도자는 자칫 설교의 목적을 많은 사람들을 모이도록 하는 수단으로 삼을 수 있다. 어떤 영적 지도자는 많은 사람들에게 설교할 수 있는 위치에 있는 것을 성공으로 이해하기도 한다. 그런 성공이 곧 하나님의 복을 의미한다고 착각하기도 한다. 영적 지도자들이 종종 '착한 사람에게 왜 나쁜 일이 생기는가'라는 질문을 하기도 한다. 이 질문은 일종의 신정론(theodicy)에 관한 물음으로, 그 속에 일종의 가치판단이 들어 있다. 구체적으로 서술하면, 하나님을 역경이나 실패가 아닌 성공과 동일시하는 사고가 들어 있는 것이다. 안타깝게도 성도들 역시 교인의 수적 증가나 교회의 대사회적 영향력, 또는 영적 지도자의 사회적 영향력을 목회적 성공과 동일시하기도 한다. 또한 교인의 수적 증가를 영적 지도자의 설교와 연결시키려는 교회의 문화가 왜곡된 설교의 목적과 방법을 형성하기도 한다. 작은 교회에서 성실하게 자신의 역할을 감당하는 영적 지도자는 별로 성공하지 못한 무능한 지도자로 여기기 쉽다. 나우웬은 "경쟁적 사회의 대표적 특성인 화려한 스타의식과 영웅주의가 교회 속에도 들어와 있다. 그 결과 스스로 자수성가한 성공 이미지가 교회 안에도 횡행하는 것이다"라고 하였다.[51]

영적 지도자는 적절성과 인기를 향한 유혹을 어떻게 극복해야 하는가? 또한 힘을 가진 지도자가 되고자 하는 경향성을 어떻게 극복해야 하

---

[50] Henri Nouwen, *In the Name of Jesus*, 58.
[51] Henri Nouwen, *In the Name of Jesus*, 39.

는가? 이러한 세속적 유혹을 극복하려면 역사적으로 기독교가 수행해 왔던 영성훈련을 다시금 활용해야 한다고 나우웬은 말한다. 영성훈련은 성경에 나오는 다양한 이미지를 통해 영적 지도자인 자신을 훈육할 수 있다. 요단강에서 세례를 받으신 예수님에게 찾아온 세 가지 유혹에 관한 이야기(마 4:1-11), 부활하신 후에 디베랴 바닷가에서 베드로를 만나 주신 예수님 이야기(요 21:15-19) 등은 모두 섬김의 이미지로 충만하다.

나우웬은 적절성의 유혹을 극복하기 위한 실천으로 관상기도를 제시하였다. 그는 영적 지도자에게 관상기도가 주는 의미를 이렇게 말하였다.

> 기독교 지도자들은 단지 현시대의 중요 이슈들에 대해 잘 알고 있는 사람을 뜻하는 것이 아니다. 기독교 지도자들의 리더십은 성육된 말씀이신 예수 그리스도와의 영원하고 친밀한 관계성 위에 기초해 있다. 기독교 지도자들은 자신을 위한 안내, 충고, 말씀을 예수 그리스도로부터 발견할 수 있어야 한다. 자신들 앞에 놓인 문제가 무엇이든지 간에 그 문제를 해결할 수 있는 용기와 지혜를 발견할 뿐 아니라 주님의 사랑의 음성을 들을 수 있는 방법을 기독교 지도자들은 터득해야 한다. 이러한 방법을 제시해 주는 것이 바로 관상기도이다.[52]

관상기도는 영적 지도자가 세속적 명예와 성공의 유혹으로부터 하나님의 사랑의 품에 안기도록 해주는 훈련과 관계된 기도이다. 관상기도는 영적 지도자로 하여금 무엇이 진정으로 귀한 것인지를 깨닫게 하는 은혜의 통로이다. 그 깨달음은 하나님의 무조건적 사랑과 정의의 능력으로서

---

[52] Henri Nouwen, *In the Name of Jesus*, 31.

하나님이 세상 속에 임재 하신다는 것이다. 이러한 깨달음은 영적 지도자의 관심을 전환시켜 준다. 영적 지도자의 관심은 종종 '나는 다른 사람들이 볼 때 중요한 인물인가?', '나는 유능한 설교자로 인정받을 만큼 뚜렷한 목회적 성취를 이루었는가?' 등으로 향한다. 이러한 관심이 영적 깨달음을 통해 이렇게 전환되어야 한다. '나는 하나님의 심정을 분명히 이해하고 설교하고 있는가?' 그래서 세상이 제시하는 적절성의 유혹에 빠져들지 않도록 기도해야 한다.

적절성의 유혹에 저항할 수 있는 관상기도의 훈련과 함께 고백과 용서의 훈련을 해야 한다고 나우웬은 제안한다. 그는 고백과 용서의 훈련은 그릇된 개인적 영웅주의의 유혹에서 벗어나게 해주는 해독제라고 보았다.[53] 로욜라의 이그나티우스(Ignatius)를 비롯해서 많은 영적 지도자들이 정기적 '양심 검사'(examination of conscience)를 제안했지만, 나우웬은 개인적 양심 검사만으로는 부족하고 서로의 죄를 고백할 뿐 아니라 서로의 죄를 용서해 주는 공동체적 정화과정을 제안한다. 이를 통해 공동체가 하나님이 거하시는 영역으로 재탄생될 수 있다. 교회 공동체 속에서 영적 지도자는 성도들과 더불어 자신의 죄와 허물을 함께 나눌 수 있는 모범을 보일 수 있다. 나우웬은 "죄의 고백과 용서를 통해 죄인 된 인간들이 서로를 용서하고 사랑할 수 있게 된다"고 제안한다.[54] 교회 구성원들 서로가 인격적 영적 관계를 온전히 이루지 못한 상황에서 성도들을 위해 자신의 실제적 삶을 헌신하는 영적 지도자가 없다면, 교회는 참된 사랑의 공동체가 될 수 없다. 영적 지도자들이 성도들을 위해 책임적으로 헌

---

[53] Henri Nouwen, *In the Name of Jesus*, 45.
[54] Henri Nouwen, *In the Name of Jesus*, 46.

신하고 성도들이 필요로 하는 격려와 사랑을 줄 수 있을 때, 그리고 영적 지도자의 연약한 모습 그대로를 그들과 함께 나눌 수 있을 때 하나님의 통치가 공동체에 임할 수 있게 된다.[55]

시몬느 웨일(Simone Weil)은 이런 나눔과 실천에 대해 매우 긍정적이었다. 그녀는 우리 인간 속에 들어 있는 '평범성'과 함께 '우매성'에 대해 깊은 성찰을 할 필요가 있다고 하였다.[56] 그녀는 다른 사람이 우리의 허물을 지적하고 바로잡아 줌으로서 영적 성숙을 향해 나아갈 수 있다고 보았다. 영적 지도자가 자신의 실패를 부인하고 무시할 때 영적 지도자는 하나님께 가까이 다가갈 수 없다. 영적 지도자는 자신의 실수와 잘못에 대해 잘 분석하고 성찰함으로써 실패의 원인을 규명할 수 있게 된다.[57] 이러한 분석과 성찰을 통해 영적 지도자는 잘못을 고치기 원하는 하나님의 도우심을 통해 변화해 갈 수 있다.

설교자로서 영적 지도자는 자신의 설교 사역 속에서 하나님의 말씀의 검증을 받아야 한다. 이는 말씀에 대한 이해와 의미를 찾기 위한 과정과는 다른 것이다. 사도 바울은 디모데에게 보낸 편지 속에서 이렇게 가르치고 있다. "모든 성경은 하나님의 감동으로 된 것으로 교훈과 책망과 바르게 함과 의로 교육하기에 유익하니 이는 하나님의 사람으로 온전하게 하며 모든 선한 일을 행할 능력을 갖추게 하려 함이라"(딤후 3:16-17). 바울의 가르침은 설교자로서 영적 지도자에게 많은 통찰을 준다. 영적 지도자에게 성경은 정보를 위한 문이 아니라 영이 되어야 한다. 이런 맥락에

---

55 Henri Nouwen, *In the Name of Jesus*, 50.
56 Simone Weil, "Reflections on the Right Use of School Studies with a View to the Love of God," in *Waiting for God* (New York: HarperCollins, 2001), 60.
57 Simone Weil, "Reflections on the Right Use of School Studies with a View to the Love of God," 60.

서 거룩한 영적 지도자는 거룩한 독서(lection divina)를 통해 성령의 도우심과 인도하심을 경험해야 한다. 성경말씀을 통한 성령의 역사는 영적 지도자의 우매함을 일깨워서 여러 가지 유혹들을 극복하고 설교 사역을 통한 하나님의 뜻을 이루어 갈 수 있도록 영적 지도자의 시각, 관점, 이해를 재구성해 주기 때문이다. 성령께서 말씀을 통해 영적 지도자의 마음을 감동시킴으로 인해 죄의 고백과 회개가 가능해진다. 이러한 여정을 통해 설교자로서 영적 지도자는 더 준비된 신실한 설교자로 성숙해 갈 수 있다.

나우웬이 제시하는 힘의 유혹에 저항하기 위한 실천은 신학적 성찰이다. 그가 제시한 신학적 성찰은 영적 지도자가 '교회를 어느 방향으로 안내할 것인가'에 대한 고민보다 '지금 어느 방향으로 이끌리고 있는가'에 대한 고민을 하는 것을 의미한다.[58] 그는 요한복음 21:18을 통해 예수님의 강력하면서도 암시적인 말씀에 담긴 의미를 이렇게 해석한다. 이 말씀은 베드로가 감당해야 할 십자가를 의미하되, 베드로가 겪게 될 십자가 처형은 영적 성숙에 대한 인간의 이해를 전혀 새롭게 하는 경험이 될 것임을 예언하는 것이다. 영적 지도자들을 포함해서 대부분의 그리스도인들이 나이 들고 성숙해감에 따라 자신의 인생을 스스로 책임짐으로써 자기 인생의 주인이 되어야 한다고 생각하기 쉽다. 하지만 예수님은 우리가 인간적으로는 원하지 않지만 하나님이 원하시는 곳으로 기꺼이 이끌려 가고자 하는 마음이 진정한 영적 성숙임을 말씀하고 계신다.[59] 영적 지도자는 그리스도의 마음을 가져야 한다. 그리스도의 마음을 가지

---

[58] Henri Nouwen, *In the Name of Jesus*, 65.
[59] Henri Nouwen, *In the Name of Jesus*, 62.

는 것은 영적 지도자의 신학적 성찰에 매우 중요한 차원이다. 영적 지도자의 신학적 성찰은 반드시 기도와 함께 이루어져야 한다. 영적 지도자는 신학적 성찰과 기도가 어떤 관계에 있는지를 알아야 한다. 칼 바르트(Karl Barth)는 이렇게 강조하였다. "연구 없는 기도는 공허하고, 기도 없는 연구는 맹목적이다."[60] 바르트는 기도를 십자가의 수직축에 비유하였다. 다시 서술하면, 기도는 하나님과 인간의 상호 소통과도 같은 것이다. 영적 지도자의 연구는 십자가의 수평축에 해당하며 이를 통해 세상에서의 사려 깊은 행동과 관계 형성이 가능해진다. 영적 지도자는 기도를 통해 그리스도의 마음을 배우게 된다. 영적 지도자는 연구를 통해 하나님의 일하시는 방법을 배우게 되고 하나님께 대한 세상의 응답을 배우게 된다. 이러한 유기적 상관성 속에서 기도는 연구로 나아가야 하고, 연구는 기도로 승화되어야 한다. 기도는 연구를 필요로 하고 연구는 기도를 필요로 한다.

 영적 지도자들이 빠지기 쉬운 유혹은 신학적 연구를 특정 주제에 대한 지식의 습득이나 또는 특정 과제 수행을 위한 지적 성찰과 성취라고 생각하는 것이다. 하지만 신학적 연구를 이런 방식으로 이해하거나 해석하는 것은 기껏해야 하나님에 관한 지식 습득 또는 사역을 위한 지적 훈련이 되어 버리고 만다. 신학 연구가 이런 차원을 지니고 있기는 하지만 근본적 목적은 아니다. 신학의 더 근본적인 목적은 하나님의 뜻을 잘 분별해서 청종하고 실천하기 위한 것이다. 참된 신학 연구는 영적 지도자가 편견을 모두 내려놓고 연구 대상이 능동적으로 자기 자신을 드러낼 수

---

60 Karl Barth, *Evangelical Theology* (New York: Holt, Rinehart and Winston, 1973), 171.

있도록 허용할 때 이루어진다고 할 수 있다.[61] 연구 대상에 대한 이러한 허용성과 개방성이 새롭고 신선한 진리가 나타날 수 있게 한다면, 영적 지도자의 믿음과 기도의 대상인 하나님을 향한 허용성, 개방성, 수용성은 하나님께서 당신에게 계시해 주시도록 영적 지도자 자신을 열어 놓는 중요한 요건이 될 것이다.

영적 지도자들뿐 아니라 모든 사람은 적절성, 성공, 힘의 유혹 앞에 취약하다. 대부분의 사람들은 종종 성공과 환호와 갈채를 얻기 위해 많은 시간과 노력을 투자한다. 영적 지도자들이라 하더라도 자신의 설교나 가르침을 인정해 주지 않으면 서운해지는 것이 보편적이다. 설교가 끝난 후에 누군가가 설교를 통해 은혜를 받았다고 말해주면 금방 기분이 좋아진다. 사람들의 칭찬에 무관심한 것처럼 보이더라도, 설교자의 헌신과 노력들을 사람들이 알아주는 순간 위로를 경험하게 된다. 겸손이 영적 지도자에게 영적 지도자에게 중요한 미덕임을 알고 있지만 자신이 성취한 일에 대한 자부심은 인간적으로 이해할만 하고, 적절히 유지되면 건강한 자기 정체성에 도움이 될 수 있다.

하지만 설교자로서 영적 지도자가 놓치지 않아야 할 것은 설교는 하나님의 새 창조를 위한 중요한 사역이라는 것이다. 하나님의 이러한 새 창조 사역을 이루기 위해 부름 받은 설교자는 적절성, 힘, 성공을 향한 세속적 유혹과 반드시 싸워 이겨야 한다. 이런 유혹을 이기려면 관상, 죄 고백, 용서, 신학적 성찰을 계속해 나가야 한다.

---

61 Parker J. Palmer, *To Know As We Are Known*, 62.

# Chapter 04

# 설교자의 우상
Preacher's Idols

## 현대의 지배적인 우상들

우리는 일반적으로 우상을 보이는 어떤 형상을 섬기는 것으로 생각한다. 바다, 동물, 바위, 나무 또는 땅을 하나님 대신 예배하거나 이런 대상을 향해 복을 비는 것으로 생각한다. 하지만 우상은 눈에 보이는 물리적인 것뿐만 아니라 정신적인 개념(mental concept)으로도 나타날 수 있다. 모든 물리적인 이미지 배후에는 우리 마음을 꾀는 정신적인 개념들이 들어 있을 것을 안다면, 물리적인 우상보다도 정신적인 우상이 더 파괴적일 수 있다.[1] 우상의 정신적인 양상은 우상적 생각(idol thought)과 관련된 것으로써 하나님과 분리되는 삶을 위하여 생각이나 상상력을 사용할 때 그 생각이나 상상력은 곧 우상숭배가 된다. "우상은 하나님의 대용품으로 하나님 대신 사용될 정도로 부풀려진 것이다."[2] 우상은 또한 하나님의 사랑을 변질시키거나 하나님에게만 속한 사랑을 다른 것으로 바꾸어 버

---

[1] Vinoth Ramachandra, *Gods That Fail* (Downers Grove, IVP, 1997), 107.
[2] Richard Keys, "The Idol Factory," in Os Guinness and John Seel, eds., *No God but God* (Chicago: Moody Press, 1992), 32.

린다.[3]

　에즈윈(Zack Eswine)은 하나님의 은혜마저도 우상으로 변질될 수 있다고 말한다. 그는 우리는 우리들의 삶을 불편하게 할 것 같은 두려움 때문에 은혜로운 공급의 우상(idolatry)이 만들어진다고 지적한다.[4] 그는 계속적으로 공급의 우상은 경제적이고 물질적인 우상과 깊이 관계되어 발생한다고 지적하면서, "경제적인 우상숭배가 팽배해지고 하나님을 향한 사랑이 물질적인 소득에 대한 사랑으로 바뀌면서, 사랑의 수조가 망가져서 더 이상 사람들에게 필요한 물줄기를 공급해 주지 못하고 있다"고 주장한다.[5] 우상은 사람들이 하나님을 우상처럼 여기거나 섬기는 것이다. 하나님을 미신처럼 여기는 것이다. 사람들이 이 땅에서의 삶에서 더 복 받고 편안하게 살기 위하여 종교적인 행동을 하는 경우다. 내가 예배를 드리면, 헌금을 많이 하면, 기도를 많이 하면 반드시 복을 받는다고 여기는 것이다. 이러한 우상은 단순주의, 도덕주의, 율법주의와 깊이 연계되어 발생하는 경우가 많다. 예를 들어 설명하면, 하나님의 은혜를 부인하고, 하나님은 어떤 규칙을 지키거나 어떤 행동을 하면 사랑하신다는 것이다. 또한 현대적 우상은 주지주의 형태로 나타나기도 한다. 하나님을 인격적으로 섬기기보다는 철학적이고 관념적인 하나님을 섬기는 경우다. 이러한 하나님은 생각의 하나님, 관념의 하나님일 뿐이다. 이러한 주지주의는 기능론적 무신론 형태로 바로 탈바꿈한다. 기능적 무신론이란 하나님을 우리의 지성으로만 이해하고 우리 자신의 노력에 따른 자발적 성취만

---

3　Paul David Tripp, *War of Words: Getting to the Hear of Your Communication Struggles* (Phillipsburg, NJ: Presbyterian and Reformed, 2000), 59.
4　Zack Eswine, *Preaching to a Post-Everything World*, 224-25.
5　Zack Eswine, *Preaching to a Post-Everything World*, 225.

이 유일한 희망이라는 확신을 가지고 살아가는 무신론이다.[6]

에즈윈은 영적인 시각(spiritual visual)도 우상숭배의 도구가 될 수 있다고 말한다. 그는 "만일 현실 세계의 우상이 하나님의 능력을 배제시키고 우리를 다른 사람들과 장소, 또는 자아와 서로 연결시키려고 한다면 구속의 진리에 관한 왜곡된 우상은 우리를 하나님께로 무작정 연결시키려고 하는 맹목적인 시도를 보여준다"고 말한다.[7] 교리와 은사도 우상으로 변질될 수 있다. 교리를 알고 은사를 가진 사람들이 교만해져 다른 사람들을 무시하거나 오직 하나님만이 받아야 할 영광을 차지하는 경우다. 이러한 예는 고린도교회에서 볼 수 있다. 바울파 아볼로파 게바파 예수파라는 편향적인 형식과 주장들만이 현실 세계와 생각을 지배하는 기준이 자리 잡게 되는 경우다.

### 설교자와 바벨론

성경에 나오는 예언자 다니엘은 주전 7세기 후반에 태어났다. 이스라엘 북 왕국은 이미 앗수르의 포로가 된 지 오래였다. 다니엘 시대에 그의 고향인 유다마저 바벨론에 빼앗겼다. 바벨론은 당대에 가장 큰 강대국이었다. 국력이 약했던 유대 백성은 밀려오는 군사들을 어찌해 볼 도리가 없었다. 예루살렘은 포위당했고, 얼마 못 가 완전히 폐허가 되었다. 유다

---

[6] Gerald G. May, *The Dark Night of The Soul: A Psychiatrist Explores the Connection Between Darkness and Spiritual Growth* (New York: HarperCollins Publishers, 2005), 130; 최창남, 『영혼 돌봄을 위한 영성과 상담』(서울: 기독교문서선교회, 2011), 128을 참조.
[7] Zack Eswine, *Preaching to a Post-Everything World*, 220.

백성은 바벨론의 포로로 살면서 하나님에 대한 믿음을 잃지 않고 꺼져 가는 희망의 불씨를 살렸다.

바벨론 제국은 전쟁과 영토 확장을 통해 전쟁에서 승리했다고 해서 정복자들을 전멸하지 않고 정복한 곳의 일부를 살려 두었다. 바벨론 제국이 넓은 지역을 통치하려면 그 군대의 수가 부족했기 때문이다. 그리고 그 사람들이 농업과 상업을 재개하여 제국에 조공을 바칠 수 있었기 때문이다. 이와 같은 전략은 바벨론에 잘 들어맞았다. 그들은 정복 국가의 독특한 문화 정체성을 없애고 그 나라 국민들을 새로운 정권의 문화에 동화시켰다. 수백 년 후, 유대인들은 이런 동화 전략을 거부해서 로마제국의 눈엣가시가 되었다.

다니엘 1장 전반부에 보면 유대인 동화 작업이 이미 시작되었음을 보여준다. 예루살렘 성전 기물을 가져다가 바벨론 신의 신전을 꾸몄다. 유대인 청년들은 바벨론으로 강제 이송됐다. 이 젊은이들에게 바벨론의 언어와 학문을 가르치며 왕의 음식과 최고급 포도주를 먹였다. 이들은 새로운 이야기를 배우고, 더 나은 미래를 보장 받았다. 새로운 사고방식과 생활방식을 습득하고 개발했다. 이는 유대 백성의 자의식을 없애고 바벨론 문화에 복속시켜 유대 문화를 정복하려는 수법이었다.

이런 동화 전략은 먼 옛날 바벨론에서만 있었던 일이 아니다. 요즘 우리에게도 비슷한 일이 일어나고 있다. 우리는 새로운 세속적 이야기를 만나고, 새로운 세속적 사고방식과 생활방식을 접한다. 이런 현상은 어느 누구도 피할 수 없다. 복음으로 마음이 새로워지고 그리스도의 능력을 힘입어 삶이 형성되지 않으면, 우리는 주변 세속 문화를 따라갈 수밖에 없다. 이런 의미에서 설교자에게 가장 필요한 것은 바로 그리스도의 복음과 힘으로 바른 영적 가치를 형성하는 것이라 할 수 있다.

다니엘과 세 친구 하나냐, 미사엘, 아사랴는 바벨론의 동화 전략을 꿰뚫어 보았다. 그들은 왕의 진미와 포도주로 몸을 더럽히지 않고, 자국의 식문화를 고수하기로 결심했다. 그들의 훈련을 감독하는 환관장을 설득하여 열흘 동안 채소와 물만 섭취했다. 열흘 후 이들은 다른 포로들보다 더 건강하고 혈색이 좋았고, 환관장은 계속해서 그들의 식사법을 허락해 주었다. 성경에 이 음식 이야기가 기록된 것은, 이것이 신실한 젊은 유대인들의 대응 전략에서 가장 기초적인 첫 단계를 보여주기 때문일 것이다. 이들은 작은 일에 주의했고, 하나님의 공급을 신뢰했다. 이 네 청년은 유달리 머리가 뛰어났다. 성경은 "하나님이 이 네 소년에게 학문을 주시고 모든 서적을 깨닫게 하시고 지혜를 주셨으니"(단 1:17)라고 기록한다. 이들은 머리만 좋았던 것이 아니다. 삶의 상황에서 어떤 일이 닥치더라도 하나님께 신실했던 것이야말로 이들이 가진 최고의 자질이었다. 이 네 사람의 자질은 동일하게 설교자들에게도 가장 중요하고 우선시되는 자질이라 할 수 있다.

다니엘과 세 친구는 바벨론의 문화권에서 일하면서도 바벨론의 가치관과 우상에 사로잡히지 않았다. 정도의 차이는 있지만, 우리 모두는 바벨론에 동화되었다. 이 시대의 지배적인 문화에 적응하고 그 우상들을 섬기도록 직간접적으로 훈련 받았다. 현대 사회는 문명이란 이름으로 수많은 현대적 우상을 우리에게 강요하고 있다. 제임스 휴스톤(James Huston)은 "하나님을 향한 좌절된 갈망은 다른 사물이나 사람들에 대한 갈망과 숭배로 변한다. 방향이 잘못된 사랑은 선물을 주는 사람 대신 선물을 붙들게 된다. 그 결과 우리는 현대적인 형태의 온갖 우상, 물질주의, 자아 성취, 명예욕 등에 빠진다"고 했다.[8] 이러한 유혹에서 결코 설교자들도 자유로울 수 없다. 설교자들은 이러한 상황 속에서 일하면서도, 이러한 유혹에 맞서는 법을 훈련하고 터득해야 한다.

## 설교자의 우상

에즈윈은 설교자를 침체케 하는 가장 중요한 이유는 마음속에 자리 잡고 있는 우상들 때문이라고 말한다. 그는 설교자에게서 흔히 발생 할 수 있는 우상의 형태는 미신(superstition), 회의론(skepticism), 의심(suspicion), 명성(stardom), 절도(stealing), 낭비(squandering)라고 기술한다.[9]

첫째, 먼저 미신이다. 설교자들은 설교 할 때마다 항상 똑같이 통제 되고 항상 똑같은 느낌을 주어야 하고 은혜가 있어야 한다고 생각한다. 때문에 하나님께서 은혜를 베푸셨기 때문이 아니라 설교자 자신의 노력과 말과 느낌 때문에 설교에 하나님의 은혜가 임했다고 생각한다. 그래서 모든 설교가 언제나 한 번 모두가 은혜를 경험했던 설교의 스타일이나 방식과 항상 일치해야 한다고 생각한다. 그 결과 미신적인 설교자들은 하나님은 설교자들이 의도하거나 계획하지 않은 것까지도 충분히 하실 수 있는데도, 매주의 설교적인 예식이 하나라도 바뀌면 좋은 일보다는 오히려 나쁜 일이 일어날 것처럼 두려워한다.

둘째, 회의론에 빠진 설교자들은 설교에 대한 깊은 고민과 성찰을 거

---

[8] James Houston, *The Transforming Power of Prayer: Deepening Your Friendship with God* (Colorado Springs: NavPress, 1996), 270.
[9] Zack Eswine, *Preaching to a Post-Everything World*, 256-57.

부한다. 어떤 설교자는 열정을 무시하고 원고대로 설교하려고 한다. 또한 감정에 지나치게 의존하면서 즉흥적으로 설교하는 것만을 고집하는 설교자도 있다. 설교자 개인의 기질이나 소명도 각자 좋아하는 방향으로 받아들인다. 이러한 설교자는 자신이 고집하는 방법이 나름대로 효과적이라고 믿기 때문에 다른 방법은 시도하려고 하지 않는다.

셋째, 의심이다. 설교자들이 자신과 다른 설교자들에 대해서 의심하는 것이다. 성령께서 내가 아닌 다른 사람들을 통해서 역사하시는 것에 대해 의심하면서 그분은 오직 자신을 통해서 일하신다고 생각하는 경우다.

넷째, 명성이다. 명성의 우상에 갇혀 있는 설교자는 성경 본문이 죄와 심판에 관하여 말씀하는 것을 그대로 전하면 사람들이 설교자들을 싫어하거나 때로는 교회를 떠날 수도 있다고 생각한다. 성경 본문의 진정한 의미보다는 청중의 구미에 따라 설교의 분위기를 바꾼다. 본문의 분위기에 따라 설교하기보다는, 지성을 중시하는 청중을 향하여서는 지성적인 설교를 하고 감성을 중시하는 사람들에게는 지나치게 감성적인 설교를 한다.

다섯째, 절도다. 남의 말을 내 것처럼 훔치거나 표절하는 경우다. 여러 이유로 하나님께서 깨닫게 하신 깊은 통찰들을 표절하는 경우다. 물론 다른 사람의 설교를 읽고 아이디어를 얻는 경우는 다르겠지만, 설교자 자신이 깊이 연구하지 않고 너무나 쉽게 다른 사람의 설교를 가져다가 설교하는 경우다. 예를 들면, 설교자 본인이 설교 준비를 하지 않고 설교를 작성해서 파는 곳에 정기적으로 돈을 지불하고 보내준 설교 원고를 가지고 그대로 설교하는 경우 등이다.

여섯째, 낭비하는 경우다. 설교자가 성령을 근심하게 하거나 소멸시키는 것이다. 그래서 신앙 공동체에 속한 사람들에게 공급되어야 할 하나님 말씀의 능력이 훼손되는 경우다. 이런 일은 설교자가 설교 준비 과정에서 성령께 전혀 귀를 기울이지 않거나 기도와 묵상을 하지 않을 때 발생할 수 있다.

설교자로서 우리는 우리의 마음속에 있는 우상들이 이렇게 표출될 수 있음을 주의해야 한다. 그러나 우리 마음속에 이러한 우상적 생각들이나 부족한 부분이 있다고 해서 설교자로서 가져야 할 말씀에 대한 소명을 의심하거나 설교 사역을 부정적으로 생각해서는 안 된다. 왜냐하면 성령께서는 늘 말씀을 통하여 우리 마음속에서 역사하시며 새롭게 인도하시기 때문이다.

## 설교자의 단순주의

현대 설교에서 빠지기 쉬운 우상의 형태가 단순주의이다. 성경에 등장하는 욥의 이야기는 설교자들에게 많은 지혜를 준다. 욥은 동방의 의인이라 칭해졌던 사람이었지만 어느 날 갑자기 그가 소유한 모든 것들이 한순간에 사라져 버리는 고통을 겪으며 옷을 찢었다. 뿐만 아니라 온갖 질병과 고통이 그의 육신을 괴롭혔다. 이런 상황에 처한 욥에게 그의 친구들이 찾아와서 욥의 비극적인 상황과 관계가 있음직한 하나님의 진리를 전해 주려고 애썼다. 이들의 모든 관심은 욥이 좋은 길과 나쁜 길을 구분하여 나쁜 길을 버리고 좋을 길을 택하여 따르도록 권면하는 것이었다. 그렇게 하면 모든 문제가 해결되리라고 생각했다. 이들 모두는 한결

같이 한 분 하나님을 믿고 있었다. 하지만 하나님은 두 가지 길 중 하나를 강요하는 이 친구들의 메시지가 신학적으로 빈틈없을지라도 어리석은 메시지라고 평가한다(욥 42:7-8).

욥의 친구들의 메시지는 이원론적이고 단순주의적인 경향이 있다. 설교자는 이런 이원론적이고 단순주의적인 사고에 쉽게 빠질 수 있다. 성경은 하나님의 길과 육적인 길을 자주 언급하고 있기 때문에 설교자들은 원론적인 사고로 나아가기 쉽다. 단순주의는 순진함과 오만함이 결합하여 삶의 고난을 설명해 보려고 시도하는 곳에서 발견된다.[10] 단순주의에 빠진 설교자는 올바른 신학을 잘못 사용하는 오류에 빠지게 된다. 더렉 키드너(Derek Kidner)에 의하면, "욥의 친구들의 근본적인 문제는 자신들이 알고 있는 진리를 과대평가하였고, 잘 모르는 상황에 잘못 적용하였으며 자신들이 알고 있는 것과 모순되는 사실에는 마음의 눈을 감아 버렸다."[11]

설교자가 단순주의에 빠지면 성경을 올바로 인용하기만 하면 좋은 결과가 뒤따를 것처럼 행동한다.[12] 욥의 친구들은 욥이 처한 상황에 대한 자신들의 판단이 정확하다고 나름대로 자부했던 것 같다. 잠언에서도 "재앙은 죄인을 따르고 선한 보응은 의인에게 이르느니라"고 가르치고 있기 때문이다(잠 13:21). 하지만 문제는 성경은 죄인의 재앙과 의인의 행복을 교훈하면서도 그와 동시에 인과율적으로는 모순된 가르침도 포함되어 있다는 것이다. 전도서에 "내가 내 헛된 날에 이 모든 일을 본즉 자기의 의로운 중에서 멸망하는 의인이 있고 자기의 악행 중에 장수하는

---

10 Zack Eswine, *Preaching to a Post-Everything World*, 150.
11 Derek Kidner, *The Wisdom of Proverbs, Job and Ecclesiastes: An Introduction to Wisdom Literatures* (Downers Grove, IVP, 1985), 60.
12 Zack Eswine, *Preaching to a Post-Everything World*, 150.

악인이 있으니"(전 7:15)라고 기록되어 있다. 간단하게 정의할 수 없는 것이 인생이다. 욥이 고난을 당한 이유도 단순히 악을 따르기 때문이 아니었다. 성경에는 의인에게도 고난이 뒤따른다는 것을 보여준다. 욥기에 하나님과 사탄이 대화를 나눈 것처럼 우리가 논리적으로 설명할 수 없는 일과 모순된 현실들도 분명 많이 있다. 우리의 신앙이 단순주의에 빠지게 되면 나쁜 일이 닥치면 곧 하나님을 저주하며(욥 2:9-10), 인생에 관한 하나님의 교훈도 무시한다(잠 1:7). 이 세상에서는 신자라도 위기에 처할 수 있으며 불신자라도 번성할 수 있음을 잘 안다. 또한 신자와 불신자를 막론하고 악을 행할 수 있으며 불의한 자라도 옳고 선한 일을 행하기도 하며, 교회가 악한 일을 저지를 수 있고 교회 밖의 사람들이 옳은 일을 할 수도 있다.[13]

설교자가 단순주의에 빠지면 어떤 것을 범주화하는 것을 이해와 동일하다고 생각한다. 설교자가 이 세상의 문화나 통계, 사람들의 집단 또는 철학적인 조류의 이름을 안다고 해서 모든 것을 이해하는 것은 아니다. 게다가 같은 집단 안에 있는 여러 사람들이 겪은 경험의 다양성 때문에 일반적인 상식 수준의 접근은 문제가 있기 마련이다. 단순화된 설교는 고통스러워하는 마음에 대고 노래를 부르는 것과 마찬가지다.

설교자의 단순주의의 다른 형태는 바로 성경을 문자적으로만 이해하는 것이다. 성경에서 궁극적으로 말하고자 하는 의미를 모르고 성경을 문자적으로나 지엽적으로만 이해하는 경우다. 예를 들면, 사도행전 6:7에 "하나님의 말씀이 점점 왕성하여 예루살렘에 있는 제자의 수가 더 심히 많아지고 허다한 제사장의 무리도 이 도에 복종하니라"라는 내용이

---

[13] Zack Eswine, *Preaching to a Post-Everything World*, 150.

있다. 여기서 "하나님의 말씀이 점점 더 왕성하여"라는 말씀이 무엇을 의미하는지 깨달아야 하나님의 말씀이 왕성하다는 것이 무엇인지를 알 수 있다. 종종 어떤 설교자들은 이 내용을 오해하기도 한다. 즉 설교에서 성경말씀을 잘 설명해 주고 성경말씀 외에는 다른 내용은 말하지 않는 것으로 이해하는 경우다. 그래서 어떤 설교자들은 예화도 쓰지 않는다. 문자적으로 이해한다. 하지만 하나님의 말씀이 점점 왕성하여졌다는 것은 하나님의 말씀에 복종하는 사람들의 숫자가 많아졌다는 것이다. 그리고 하나님의 말씀에 대한 순종의 수준과 순종에 대한 강도가 높아졌다는 것을 의미한다. 말씀의 왕성이란 그 말씀의 의미를 깊이 깨닫는 것이요, 그 깨달은 하나님의 말씀을 모든 영역에서 실천하고, 그 말씀에 순종하는 것을 말한다.

설교자가 단순주의에 빠지면 성경을 충분히 연구하지 않고 성경의 내용을 지나치게 상징적으로 해석하려고 하거나 영해에 의존하는 경향을 보일 수 있다. 사무엘상 17장에는 다윗이 골리앗을 쳐서 이긴 승리의 이야기가 나온다. 골리앗의 키는 여섯 규빗 한 뼘이었다. 육척이나 되는 장수였다. 3미터에 육박하는 키였다(삼상 17: 4). 육척 거구의 골리앗이 이스라엘 군대를 향해 "너희가 어찌하여 나와서 전열을 벌였느냐. 나는 블레셋 사람이 아니며 너희는 사울의 신복이 아니냐. 너희는 한 사람을 택하여 내게로 내려보내라"(삼상 17:8)고 했다. 골리앗의 제안은 전면전을 하지 말고, 양쪽에서 한 사람씩 택하여 대표하는 장수끼리 싸워 승패를 결정짓자는 제안이었다. 진 자는 이긴 자의 종이 된다는 조건으로 두 대표 장수가 대결하자는 것이었다(9절). 이런 제안을 받은 사울과 이스라엘이 골리앗의 말을 듣고 놀라 크게 두려워하고 있었다(11절). 이때 32절에 보면 다윗이 사울을 향해 "주의 종이 가서 저 블레셋 사람과 싸우리라"라고 말한다. 하지만 사울은 다윗이 너무 어리다는 이유로 그의 출전을 만류하며, "네가 가서 저 블레셋 사람과 싸울 수 없으리니 너는 소년이요 그는 어려서부터 용사임이니라"(33절)고 말한다. 하지만 다윗은 이렇게 말한다. "여호와께서 나를 사자의 발톱과 곰의 발톱에서 건져내셨은즉 나를 이 블레셋 사람의 손에서 건져내시리이다"(37절). 이 두려움 없는 확신에 감동된 사울이 다윗의 출정을 허락한다. "가라, 여호와께서 너와 함께 계시기를 원하노라"(37절). 사울은 출정하는 다윗에게 자기 군복을 입히고 자기 놋 투구를 그의 머리에 씌우고 또 그에게 갑옷을 입혔다(38절). 하지만 다윗은 이런 것들을 벗어 버리고, '나무와 물맷돌 다섯 개'를 가지고 '만군의 여호와'를 의지하고 나아간다.

 어떤 설교자들은 다윗과 골리앗의 이야기에서 물맷돌에 관심을 가지고 물맷돌 다섯 개는 무엇을 상징하는가 하는 대해 관심을 갖는다. 그리고 물맷돌 다섯 개의 5라는 숫자를 가지고 한 시간을 설교한다. 사람들은 그 설교를 들으면서 "야, 저분이 성경을 기차게 해석한다"고 말할 수 있다. 하지만 분명한 것은 물맷돌 다섯 개는 아무런 의미가 없다. 그냥 물맷돌 다섯개를 주워 가지고 골리앗을 향해서 간 것이다. 다섯 개라는 돌에 대한 상징적 해석을 하려고 해서는 안 된다. 하나 던져서 안 맞으면 다시 던지기 위해서 다섯 개를 취한 것이다. 다윗이 살던 그 시대에 싸울 때 물맷돌을 사용하던 것은 일반화된 방법 중 하나였다. 많은 사람들이 물맷돌을 돌리는 연습을 해서 이것을 무기로 사용하는 훈련을 했다. 사사기 20:16에 보면, "이 모든 백성 중에서 택한 칠백 명은 다 왼손잡이라 물매로 돌을 던지며 호리도 틀림이 없는 자더라"라고 하였다. 여기서 모두 왼손을 쓰는 칠백 명의 군인들은 모두 물맷돌을 던지는 기술이 탁월한 병사들이었다. 고대 중동지방에서 이 물맷돌을 던지는 것은 훌륭한 무술 중에 하나였다. 아마 다윗도 물맷돌을 의지해서 던지는 훈련을 자주했을 것이다. 물맷돌에 지나치게 영적 의미를 가해서는 안 된다. 45절에서 다윗은 하나님을 의지해서 물맷돌을 던진 것이다. 물맷돌 자체가 중요한 것이 아니다. 다윗에게는 하나님의 능력을 신뢰하는 믿음이 있었다. "다윗이 블레셋 사람에게 이르되 너는 칼과 창과 단창으로 내게 오거니와 나는 만군의 여호와의 이름 곧 네가 모욕하는 이스라엘 군대의 하나님의 이름으로 네게 가노라." 다윗은 골리앗의 군대가 아무리 거창하고 놀라운 것이라 할지라도 그는 살아계시고 거룩하신 하나님의 능력을 신뢰하였다. 다윗이 승리한 것은 하나님을 향한 믿음 때문이었다. 다윗은 시편 20:7에서 "혹은 병거, 혹은 말을 의지하나 우리는 여호와 우리 하나님의 이름을 자랑하리로다"라고 고백한다. 또한 예로 예수님이 갈릴리 가나의 혼인잔치에 참석했을 때 거기 항아리 여섯 개가 있었다. 어떤 사람들은 "6이라는 숫자는 사람의 숫자이며, 물은 하나님의 말씀이다. 그래서 말씀인 물이 사람 속에 들어갔더니 그것이 포도주가 되었다. 그리고 구원의 위대한 기쁨이 되었다"는 식으로 해석을 한다. 이것은 너무나 단순한 해석일 뿐만 아니라 잘못된 해석이다.

    대부분의 이단은 성경을 문자적으로 이해하거나 단순주의에 함몰될 때 발생하는 경우가 많다. 우리나라에서 생긴 이단 중에 이상한 이단이 있다. 기도도 하지 말라. 새벽기도도 하지 말라. 이런 이단이 있다. 구원파다. 그들은 하나님은 인간을 사랑하시지만 인간은 하나님을 사랑할 수 없다고 주장한다. 너무 극단적이다. 보통 이단들은 극단적인 사상을 가르치는 경우가 많다. 예수님을 영접하고 회개함으로써 구원을 받는 것이 아니라 죄 사함의 비밀을 깨달음으로써 구원을 받는다는 것이다. 회개하고 예수를 영접하라고 설교했던 빌리 그레이엄 목사는 구원 받지 못했다는 것이다. 성령은 구원파 안에서만 역사하기 때문에 기존 교회는 구원이 없다고 설교한다. 일단 구원 받으면 완전히 죄 사함을 받았기 때문에 회개기도가 필요 없다고 주장한다. 일단 구원 받으면 죄를 지어도 죄짓는 것이 아니라고 가르친다. 생활 속에서 육신적으로 짓는 죄는 죄가 아니라고 가르친다. 뿐만 아니라 율법과 종교의 억압에서 해방되는 것이 구원이라고 생각한다. 기도는 아무나 하는 것이 아니고 교회 안에서 사역을 하는 사람들이 하는 것이라고 믿는다. 교회의 비밀이 2천 년 만에 자기들의 교회에서 깨달아졌다고 강조한다. 신앙생활은 개인이 하는 것이 아니고 교회가 대신한다고 말한다. 그러므로 구원파의 사업 공동체에 붙어있기만 하면 예수님이 재림하실 때 들림을 받을 수 있다고 믿는다. 지나치게 단순주의적인 신앙관이라 할 수 있다.

### 설교자의 율법주의

하나님의 창의적인 말씀을 설교하는 설교자는 말씀의 능력이 마술 혹은 미신과 어떻게 다른가를 구분할 수 있어야 한다. 마술은 미신의 한 형태로써 모종의 행동이나 물체, 상황이 특정 사건의 경로와 논리적으로 혹은 자연적으로 아무 관련이 없는데도 제대로 접근만 하면 그런 사건의 결과에 영향을 미친다는 신념에 바탕을 둔다. 미신은 '위로 서다'는 뜻의 단어가 모여 된 말로써, 불가해한 일을 보고 놀람과 경이로 일어서는 것을 의미한다.[14] 마틴 부버(Martin Buber)는 "마술은 관계에 들어가지 않은 채 효과를 얻으려 하고 공백상태에서 술수를 쓴다"고 말했다.[15] 미신이란 마술을 믿는 것이며 마술은 인과적 힘에 대한 막연한 주장이다. 그러나 기독교 신앙은 미신이나 마술과 같은 것이 아니다.

설교자들이 말과 의식을 미신적으로 사용하는 경우가 있다. 우리의 활동이 신앙과 하나님과의 연합 그리고 자신이 바라는 결과 사이의 연관성을 바로 이해함으로써 나온 것이 아니면, 즉 하나님 나라가 우리 가운데 어떻게 작용하는지를 잘 모르고 있을 때 그렇게 될 수 있다. 설교자들이 종종 말의 중요성을 말하면서 생각과 말을 미신적으로 사용하는 경우다. "말하는 대로 된다"는 것을 강조하는 경우다. 자기가 원하는 것을 말로 고백하면 그대로 된다고 설교를 한다. 이러한 설교는 설교자가 우상적 생각에 자기도 모르게 사로잡혀 있거나 성경에 대한 잘못된 이해에서 비롯된 것이다.

> 기독교 신앙은 능력이 사용된 말이나 취해진 의식 자체에 있다고 믿지 않는다. 그렇게 믿는다면 우리도 미신 행위에 뛰어들 것이다. 오히려 우리는 말과 행동을 단순히 사물의 본성에 내재된 순리로 본다. 하나님이 친히 정하신 질서를 따라 당면한 일을 이루실 뿐이다. 말과 행동은 하나님 나라의 삶의 일부로 작용한다. 그것들은 우리가 바라는 결과를 얻어내는 도구인 것만이 아니며, 자기 나름의 목표를 이루기 위해 하나님 나

---

14 Dallas Willard, 『하나님의 음성』, 201.
15 Martin Buber, *I and Thou*, Translated by Ronald G. Smith (New York: Colllier, 1958), 83.

라의 인격적 주체들을 기용한다. 우리는 권위 아래 있지 통제 아래 있는 것이 아니다. 하나님의 말씀으로 일하는 자들에게 임하는 지식과 믿음과 사랑과 소망이라는 구체적 조건은 그 말씀 본성 자체에 들어 있다. 거기에 앞으로 일어날 결과 내지 효과가 연결된다. 인간의 몸 내지 마음(치유의 경우)의 본성에, 창조와 구속의 성령 곧 하나님이 연결되는 것이다. 하나님 나라의 일부로서 이 조건은 필요와 공급 간의 적절한 경로를 형성한다. 영향력과 인과관계의 자연적인(사실상 초자연적이지만) 질서를 이루는 것이다.[16]

설교자가 율법주의적인 성향에 강하게 사로잡히면 미신적인 설교를 자기도 모르게 할 수 있다. 율법주의는 인간의 외면적 행동 규율에 부합되는 가시적 행위를 통해 의롭게 되고 하나님을 기쁘시게 하면 복 받는 자가 된다고 믿는 것이다. 율법주의와 미신과 마술은 사람과 사건에 대한 통제를 강조한다는 점에서 서로 밀접한 관련이 있다. 율법주의자들은 결국 미신적 행위에 빠질 수밖에 없다. 율법으로 삶을 통제한다는 목적 하에 삶의 순리적 연결 고리를 외면하기 때문이다.

율법주의는 행위가 하나님이 기대하시는 존재의 질을 보장한다고 여기는 것이다. 복음서에서 예수님께서는 바리새인과 끊임없이 투쟁하셨다. 그 까닭이 바로 율법주의다. 바리새인들은 하나님과의 올바른 관계 안에 있기 위한 수단으로서 행위를 강조했을 뿐만 아니라 하나님이 기대하시는 모든 것이 되는(being) 수단으로서의 행위를 강조했다. 물론 존재가 가장 중요한 것이고 행위는 아무것도 아니라고 말해서는 안 된다. 존

---
16 Dallas Willard, 『하나님의 음성』, 203-04.

재와 행위는 균형을 이루어야 한다. 그러나 분명한 것은 성경에서는 행위로부터 존재를 규정하기보다는 존재로부터 행위를 강조한다. 수전 무토(Susan Muto)는 "자신의 헌신과 충성에 대한 보상을 요구하지 않고 오로지 하나님을 기쁘게 하는 일에만 열중한다. 이 같은 내적 동기와 욕망의 정화는 우리의 이해를 초월하는 은혜를 통한 친밀감을 깊게 하는 길을 마련해 준다"고 말했다.[17] 우리가 우리의 내적 동기와 욕망을 정화할 수 있는 길은 행위로부터라기보다는 은혜를 통한 친밀감에 기반할 때다. 그렇다면 욕망의 정화를 행위에 두지 않고 은혜를 통한 정화라면, 하나님께서 우리에게 순종하는 삶을 요구하시는 것에 대한 답변이 요구된다. 순종은 내가 자신을 하나님의 형상으로 만들기 위해서 행하는 것이 아니라, 하나님께서 은혜에 의해서 나를 만들기 위해서 사용하시도록 말씀에게 바치는 것이다. 그러나 우리의 순종을 기능적인 것으로 여기려는 유혹은 항상 존재한다. 우리는 종종 "하나님, 내가 순종해 왔으니 그 보상으로 무엇인가를 기대합니다"라고 말하고 싶은 유혹을 받는다. 또 하나의 유혹은 내가 이것을 행하면, 내가 십일조를 드리면, 어떤 결과를 얻게 될 것이라고 생각하는 것이다.

## 설교자의 도덕주의

설교에서 도덕주의는 복음을 도덕으로 축소시킴으로써 인간의 헛된

---

[17] Susan Annette Muto, *A Practical Guide to Spiritual Reading* (Denville, N.J.: Dimension Books, 1976), 26.

자존감을 부추긴다. 도덕주의적 설교는 설교자와 청중을 자칫 절망의 길로 떨어지게 할 수 있는 위험이 있다.

> 도덕주의는 왜 설교자들이 절망할 수밖에 없는가에 대한 이유를 보여준다. 도덕주의적인 설교에서 설교자들은 착한 사람이 되라고 설교하거나 어떻게 착해질 수 있는지를 제시한다. 하지만 다음 주에 다시 신자들을 만나면 그들은 여전히 나쁜 행동에 머물러 있는 것을 발견한다. 그래서 설교자들은 변하지 않는 청중 때문에 절망하기 마련이다. 이렇게 바람직한 행동을 요청하는 설교를 들었으면서도 여전히 나쁜 짓을 일삼는지를 이해하려면 설교자는 먼저 자신의 삶을 살펴보면서 우리도 그들과 마찬가지임을 인정해야 한다. 우리도 선행을 실천하려면 먼저 은혜를 공급하는 포도나무와 연결되어 있어야 한다.[18]

도덕주의는 하나님의 은혜를 부인하고, 하나님은 올바른 규칙을 잘 지키는 사람을 사랑하는 반면에 그렇지 않은 사람은 싫어하신다고 주장한다. 하나님의 복을 받으려면 계명을 잘 지켜야 한다는 식의 논리다. 이러한 도덕주의는 하나님의 용납과 관계가 있다. 단순주의는 하나님의 무한한 지혜를 외면하며 현실 세계의 신비를 인간의 이해 가능한 차원으로 축소한다.

---

[18] Zack Eswine, *Preaching to a Post-Everything World*, 54.

## 설교자의 주지주의

지성 편향적인 설교자는 무엇이 지혜로운지를 자신의 생각대로 판단함으로써 지혜를 어리석게 모방하려든다. 이런 설교자들은 사람이 교리적인 생각과 판단은 옳은지 몰라도 도덕적인 실천의 차원에서는 부패할 수 있음을 간과한다.[19] 예를 들면, 회개나 구원에 관한 교리를 정확하게 정의할 줄 알면서도 강퍅한 마음대로 생활하며 자신의 종교적인 행위를 과신하는 사람들도 있다. 반대로 교리들을 분명하게 설명하지 못하지만 자신의 실수를 인정하고 용서를 구하며 그리스도께서 베푸신 은혜를 기뻐하는 대로 사는 사람들도 있다. 성경에 등장하는 욥의 친구들은 욥의 말 속에서 실수를 찾아내는 데는 빨랐지만 욥의 행동은 바로 주목하지 못했다. 어떤 사람의 성품이 행동으로 어떻게 나타나는지에 대해서 주목하지 못하고 단순하게 견해를 정확하게 진술하는지의 여부에만 집중하다 보면 우리도 지혜를 어리석게 모방하는 설교자가 되기 쉽다.[20]

욥의 친구들의 문제는 욥이 당한 초자연적인 문제와 세계를 올바로 파악하지 못했던 점에서 찾아볼 수 있다. 성경적인 설교자는 지성에만 의존하는 설교를 피해야 한다. 성경에서 가르치는 지혜도 초자연적인 세계와 관련이 있음을 보여준다. 하나님께서 다니엘과 그의 세 친구들에게 "지식을 얻게 하시며 모든 학문과 재주에 명철하게 하신 외에 다니엘은 또 모든 이상과 몽조를 깨달아 알더라"(단 1:17)라고 하였다. 다니엘과 세 친구들은 "왕이 그들에게 모든 일을 묻는 중에 그 지혜와 총명이 온 나

---

[19] Zack Eswine, *Preaching to a Post-Everything World*, 152.
[20] Zack Eswine, *Preaching to a Post-Everything World*, 152.

라 박수와 술객보다 십 배나 뛰어났다"(단 1:20). 다니엘의 지혜를 바벨론의 박수와 술객들의 지혜로부터 구분했던 것이 바로 "신통력 있는 지혜"(mantic wisdom)이다. 신통력 있는 지혜는 초자연적인 힘으로 말미암는 지혜이기도 하다. 하지만 신통력 있는 지혜는 때로는 영적인 세계를 조작하기도 한다. 예를 들면, 애굽 왕 바로의 박사와 박수들도 모세의 기적의 일부를 흉내 낼 수 있었다(출 7:11). 성경적인 안목을 지닌 설교자는 보이지 않는 초자연적인 권세를 무시해서는 안 된다. 욥의 가족들과 종들의 갑작스런 죽음이나 재산의 상실 그리고 그 몸의 질병의 원인은 악한 영들의 간섭에서 찾을 수 있다. 욥기는 사탄의 초자연적인 실체를 분명히 보여준다. 욥의 친구들이 실패할 수밖에 없었던 것은 욥이 처한 상황에 악령들의 개입 가능성을 간과했기 때문이다. 때문에 설교자가 자연과 이성 그리고 죄악뿐인 것처럼 설교하는 것은 단순주의에 빠진 것이고 성경적으로도 근거가 없다. 성경적인 설교자는 자연의 신호를 관찰하고 성찰해야 하지만 그와 동시에 우리 눈에 보이지 않는 영적인 존재들과 세계에 대해서도 지혜로운 성찰이 필요하다. 설교자가 이성적 사고에만 의존하여 영적 세계에 대해 무지하면 주지주의에 빠질 위험성이 있다. 역으로 이성적 사고나 가치를 무시하고 초자연적 역사만을 영적 세계로 생각하거나 영적 가치로 여길 때 지나친 신비주의에 빠질 수 있다. 때문에 항상 균형 있는 감각과 자세가 필요하다.

## 설교자의 주관주의

설교자를 가로막는 큰 방해물 중의 하나는 선입견이다. 선입견은 개인적인 세계관을 유지하기 위해서 자기 스스로 만들어 놓은 것이다. 누군가 자신의 경험들에 대해 말하거나 질문을 하게 될 때, 그것이 설교자의 존재방식과 설교자의 관심과 상관없는 것이라면, 설교자는 예의 바르게 표면적으로는 다른 사람들이 말할 권리가 있음을 인정하지만, 그들로 인해 설교자가 유지해 온 관점이 변하는 것은 용납하지 않는다.

> 선입견은 모든 것을 자기 방식대로 변함없이 유지하도록 만든다. 우리는 종종 선한 불확실성보다 악한 확실성을 더 좋아하는지도 모른다. 선입견은 우리가 오랜 기간 만들어 낸 개인적 세계관을 유지하도록 도와주고, 급진적 변화로 나아가지 못하게 한다. 우리의 두려움, 불확실성과 적개심 때문에 우리는 우리의 내적 세계를 생각들, 조건들, 판단들 그리고 가치들로 가득 채우게 되고, 마치 소중한 재산인양 그것에 매달리게 된다. 스스로를 보여주는 새로운 세계의 도전에 직면하고, 개방된 영역과 씨름하는 대신 우리는 오래전부터 모아 온 친숙한 삶의 아이템들 뒤에 숨어 버린다.[21]

팔머(Parker J. Palmer)는 이러한 선입견을 '위험한 주관주의'라고 불었다. 이러한 위험한 주관주의로 인해 기껏해야 우리의 개인적인 지각과 요구

---

21 Henri Nouwen, *Reaching Out: The Three Movements of the Spiritual Life* (New York: Doubleday, 1975), 74-5.

들로 구성된 세계에 머물고자 하는 유혹에 빠진다.[22] 다양한 두려움들로 인해 우리는 종종 사소한 작은 세계 속에 갇히게 된다. 이러한 작은 세계 속의 작은 진리는 우리의 개별적인 영적 경험들 그리고 익숙함을 위한 무비판적 감정적 수용의 결과로 이어지기 쉽다. 14세기에 영국 노리치의 줄리안(Julian of Norwich)은 이러한 주관주의가 영적 난관을 초래한다는 것을 인식했다.

> 마음 또는 영혼의 쉼을 찾지 못하는 이유는 다음과 같다. 그 이유는 우리가 결코 쉴 수 없고 만족할 수 없는 하찮은 것들 속에서 휴식을 찾기 때문이다. 이런 하찮은 것들 속에서는 전능하고 지혜롭고 선하신 하나님을 아는 참된 지식의 추구가 불가능하다. 오직 하나님만이 우리의 진정한 쉼이 되신다. 우리가 알아야 할 것은 바로 하나님의 뜻이며, 우리의 쉼은 하나님의 기쁨 속에서만 가능하다. 하나님 외에 그 어떤 것도 우리를 만족시킬 수 없다.[23]

설교자가 자신의 선입견을 극복할 수 있을 때, 설교자는 사람들을 하나님 안에서의 참된 쉼으로 초대할 수 있게 된다. 설교자는 주의 깊게 경청할 수 있는 능력을 배양해야 한다. 이런 경청을 통해 설교자는 자신이 가진 선입견뿐만 아니라 두려움, 거룩하지 않은 욕망, 자기 방어를 위한 기제들을 극복할 수 있어야 한다.

---

[22] Parker J. Palmer, *To Know As We Are Known*, 54.
[23] Julian of Norwich, *Revelations of Divine Love*, 68.

# PART 2
# 설교와 성경
Preaching & The Bible

# Chapter 05
# 설교와 성경의 지평
Preaching & The Horizon of The Bible

## 설교자와 성경

성경은 설교의 필수 내용이다. 그러면서도 성경은 또한 설교의 원리들의 근원이며 권위이다. 성경의 내용이 중요한 이유는 그것이 인간에 대한 하나님의 뜻을 알려주기 때문이다. 성경은 "교훈과 책망과 바르게 함과 의로 교육하기에 유익하니 이는 하나님의 사람으로 온전케 하며 모든 선한 일을 행하기에 온전케" 한다(딤후 3: 16-17). 성경은 또한 신앙 공동체로서의 교회의 기원과 본질, 생활과 사명에 대해 알려준다. 뿐만 아니라 하나님께서는 성경을 통해서 계속 우리를 새롭게 하신다. 성경은 설교의 가장 중요한 자료이다. 설교란 성경에 기초하여 사람들로 하여금 하나님의 뜻을 듣고 응답하고 명령을 수행할 수 있도록 성경을 해석하고 적용하는 행위이다. 성경을 떠나서는 궁극적으로 설교가 성립되지 않는다. 그러므로 설교는 본질적으로 성경적이어야 한다. 그러면 성경과 설교의 관계로서 성경적인 설교란 어떤 것인가? 성경적 설교는 성경에 관해서 전하는 설교인가? 아니면 성경이 전하고자 하는 의미와 사상을 전하는 것인가? 토마스 롱(Thomas Long)은 이렇게 답한다. "성경적 설교란 단순히 성경에 관해 말하고 교리 논쟁을 위해 성경을 사용하거나 또 성경적인 원리들을 우리 일상생활에 적용시킨다는 것만이 아니다. 성경적 설교란 설교자가 사람들을 위해서 기도하는 마음으로 성경의 음성을 들을 때 일어나는 것이며 그리스도가 제대로 증거될 때만이 가능한 것이다. 성경적 설교는 설교에서 성경 본문을 얼마나 많이 인용하느냐에 달려 있는 것이 아니다."[1] 데이비드 버트릭(David Butrick)은 "성경적인 설교는 메시지 자체에 충실할 뿐만 아니라 그 메시지의 의도에도 충실하려고 하는 것이다"라고 하였다.[2] 때문에 "설교란 사상에 관한 것이 아니라 삶에 변화를 가져오는 사상에 관한 것이다."[3] 성경적 설교란 성경의 음성을 잘 듣는 귀, 인간의 필요를 잘 알고 신앙과 삶을 연결해서 볼 수 있는 눈, 불타는 열정과 자비, 그리고 늘 자라나는 신앙과 진리를 말하고자 하는 용기가 절대적으로 필요하다.[4]

피상적으로 보면 여호수아 1장의 주인공은 여호수아처럼 보인다. 하지만 하나님께서 공급하시는 은혜가 아니면 여호수아는 아무것도 할 수 없었음을 설교자는 기억해야 한다. 이 점은 성경에서 만나는 모든 인물들을 대할 때에도 동일하게 해당된다. 요셉처럼 되려면 주께서 요셉에게 허락하셨던 은혜가 필요하며, 바울처럼 되려면 바울이 누렸던 것과 동일한 하나님의 은혜가 필요하다. 때문에 설교자는 성경인물이 주는 교훈에서 본질적인 목표를 드러낼 수 있어야 한다. 즉 인물의 이야기를 하나

---

[1] Thomas G. Long, 『설교자는 증인이다』, 71-2.
[2] David G. Buttrick, "Interpretation and Preaching," *Interpretation*, 25/1 (1981): 58.
[3] O. C. Edwards, *Elements of Homiletic: A Method for Preaching to Preach* (New York: Pueblo Publishing, 1992), 63.
[4] Thomas G. Long, 『설교자는 증인이다』, 29.

님의 이야기로 전환시키는 방법을 알아야 한다. 설교자는 모든 본문에서 하나님을 만나야 한다. 주인공을 만나야 한다.

하나님이 모든 본문의 주인공이시라는 의미는 설교에서 설교자가 하나님의 주권을 높여야 하고 그분의 말씀의 진실성을 드높이며 우리 인간의 기쁨과 지혜의 원천으로서의 그분이 공급하시는 은혜를 탐구하며 그분의 말씀이 요구하는 것을 그대로 요청해야 한다는 뜻이다.[5] 때문에 모든 본문의 주인공으로서 하나님을 드러내는 설교는 본문의 의미를 명확하게 아는 것이다. 즉 저자의 의도를 바르게 아는 것과 깊이 관련되어 있다. 브라이언 채플(Bryan Chapell)은 설교자들이 빠질 수 있는 유혹을 이렇게 진술한다.

> 설교자는 청중이 하나님의 요구를 실천하는 데 도움을 준다고 생각되는 여러 가지를 제안할 수 있다. 하지만 이런 제안들이 곧 성경의 요구사항이라고 생각하거나 믿는 것은 큰 잘못이다. 매일 20분 정도 경건의 시간을 가지라고 권면하거나 또는 가족들끼리 저녁식사 시간에 성경을 읽거나 성경공부 반에 가입하라고 하거나 성경암송 과정에 등록하라고 권면하는 것은 좋은 제안이다. 하지만 성경은 이런 구체적인 실천사항들을 전혀 요구하지 않는다.[6]

루이스(C. S. Lewis)는 "우리 각자는 자기 나름대로 중요하게 강조하는 것이 있다. 각자는 신앙 이외에 진리라 생각되고 중요하다고 여겨지는

---

[5] Zack Eswine, *Preaching to a Post-Everything World*, 236.
[6] Bryan Chapell, *Christ-Centered Preaching: Redeeming the Expository Sermon* (Grand Rapid: Baker Books, 2005), 232.

여러 견해들도 갖고 있다…그러면서도 우리는 나의 개인적인 종교가 아니라 기독교를 주장한다. 그래서 개인적인 견해를 피력하고자 할 때 우리는 개인적인 견해들과 신앙 그 자체의 차이점을 항상 분명히 해야 한다"고 지적했다.[7] 설교자가 성경의 주인공과 그 주인공의 관심 및 생각을 잘 드러내지 못하면 설교는 왜곡되기 쉽다. 때문에 설교자는 자신의 주관적인 생각이나 가치를 가지고 본문의 저자의 생각이나 의도를 왜곡시킬 수 있음을 주의해야 한다. 설교자는 본문의 저자가 말하고자 하는 의미와 전혀 다른 의미를 주입하는 것을 주의해야 한다. 예를 들어 설명하면, 요셉이 형제들에 의해 구덩이에 던져진 내용을 가지고 설교하면서 구덩이란 단어를 설교자가 지나치게 자기 주관적으로 설명하거나 적용하는 경우다. "여러분의 인생에서 어떤 구덩이가 있습니까?" 그리고 인생의 구덩이를 재정문제, 성에 관한 문제, 심리적인 문제 등으로 제시하는 경우다. 하지만 성경 본문에서 말하는 구덩이라는 단어는 은유가 아니다. 요셉이 들어간 구덩이는 재정문제와 관계가 없다. 요셉은 실제 구덩이에 던져졌다. 실제 구덩이였다.

설교자가 본문의 의미와 개념들을 바르게 읽어내는 일은 기초적인 부분이다. 하지만 설교자는 결코 이 기초적인 작업으로만 충분하지 않음을 알아야 한다. 성경 본문에서 발견되는 인물들의 모습과 상태와 상황들, 그리고 오늘날 우리가 사는 세상과의 긴밀한 공감대를 찾아내는 것은 기초적인 과정보다도 더 중요하다. 본문의 저자의 의도가 파악되면 그다음에 본문의 의미와 청중 또는 청중의 삶 사이를 조절하는 연결 고리를 붙

---

[7] C. S. Lewis, "Christian Apologetics," in Walter Hooper, ed., *God in the Dock: Essays on Theology and Ethics* (Grand Rapids: Eerdmans, 1994), 90.

잡아야 한다. 설교자가 이런 능력을 길러야 생명력 있는 설교를 할 수 있다. 그래야 설교가 청중에게 설명(explanation)을 넘어 이해(understanding)를 이끌어 낼 수 있다.[8] 설교자는 문학적, 역사적, 정치적, 경제적 혹은 신학적 분석 도구를 이용하여 본문을 검토하게 된다. 이것은 설명의 차원이다. 하지만 이해의 차원은 설명을 포괄하는 반면 설명은 분석적으로 이해를 발전시킨다.[9] 다시 말하면, 자기 이해는 해석의 시작점이지만, 그것은 잠정적으로 설명적 방법에 의해 제한된다. 설교가 이러한 설명적 방법에 제한되면, 본문 해석이 우리 삶의 진정한 필요와 가능성을 말하는 것으로부터 동떨어진 것이 되고 만다. 설교는 본문이 말하는 우리 삶을 위한 필요와 가능성들을 전해 주어야 한다.

설교자들은 설교 준비를 위해 성경을 읽는 방법을 여러 과정을 통해 훈련 받는다. 성경연구 과정들에서는 안목 있는 본문 비평가들로부터 성경을 읽는 법을 배운다. 신학 과정들은 성경을 신학적으로 연구하는 방법을 이해하도록 돕는다. 문화 사회 비평 과정들은 성경의 세계와 현대 사회 공동체 모두에 존재하는 상황을 이해하도록 돕는다. 하지만 이것은 죽어가는 한 여인이 요구하는 것은 아니다. 이 여인은 설교자의 숙련된 분석을 듣고자 하는 것이 아니라, 삶을 마감하고 있는 자신에게 설교자가 생의 진리가 닮긴 설교를 하고 있는지를 듣고자 하는 것이다.

---

8 W. Dow Edgerton, *Speak to Me That I May Speak: A Spirituality of Preaching* (Cleveland, Ohio: The Pilgrim Press, 2006), 165.
9 Paul Ricoeur, "Explanation and Understanding," in Chares E. Reagan and David Stewart, eds., *The Philosophy of Paul Ricoeur: An Anthology of His Work* (Boston: Beacon Press, 1978), 163.

## 설교자와 성경적 세계관

설교자는 고통스런 현실을 다루어야 할 뿐만 아니라 현실의 아름다움도 다루어야 한다. "현실의 아름다움이란 하나님이 지으신 피조 세계와 성육신, 즉 그리스도의 인격과 사역을 통해서 하나님의 영광과 거룩함에 대한 진리가 눈부시게 빛을 발하는 것을 말한다. 아름다움은 하나님에게로 이끌리도록 하는 것이며, 말씀의 인도를 따라 믿음의 눈으로 그리스도를 바라볼 때 우리 마음을 황홀하게 만드는 것이다."[10]

성경은 인간은 타락했지만 여전히 하나님의 형상으로 창조된 존재라고 말한다. 하나님의 형상으로 창조된 인간은 타락했지만 여전히 "남아 있는 아름다움"이 있다.[11] 사람 속에 남아 있는 하나님의 형상은 비록 타락한 자라도 옳은 일을 할 수 있음을 보여준다. 예를 들면, 하나님의 존재를 의심하는 자라도 어떤 측면에서는 하나님의 기준에 따라 양심의 가책을 느끼기도 한다(롬 2:15-16). 죄인들도 사람을 사랑할 줄 알며, 선한 행동을 할 때가 있다(눅 6:32-34). 설교자는 인간의 마음속에 남아 있는 타락한 본성을 설교로 드러내야 한다. 하지만 설교자는 먼저 성경이 출발하는 곳에서 우리의 메시지를 시작하는 방법을 배워야 한다. 즉 우리 모두가 하나님의 형상을 따라 창조되었기 때문에 모든 사람들의 고귀한 소명과 위엄을 우리의 메시지 속에 포함시키는 방법을 배워야 한다. 설교자가 인간의 죄 문제를 하나님의 형상으로 창조되었다는 맥락과 연결시키지 않으면, 결국 그 설교는 구속의 아름다운 메시지를 놓치고 만다. 때문에 설교자는

---

[10] T. Chris Cain, "Turning the Beast into Beauty: Towards and Evangelical and Theological Aesthetics," *Presbyterian: Covenant Seminary Review* 29, no. 1 (Spring 2003): 298.
[11] Edith Schaeffer, *Hidden Art* (Wheaton: Tyndale House, 1975), 28.

한편으로는 인간의 악한 부분을 선포하면서도 다른 한편으로는 창조의 아름다움도 선포해야 한다. 설교자는 하나님과 소통 가능한 성품들의 흔적을 살피기 위해서라도 에덴동산의 렌즈를 사용하여 본문을 살펴야 한다. 하나님과 가능한 성품들이란 하나님께서 자신을 닮은 존재로 인간을 창조하실 때 부여한 거룩한 성품들을 말한다. 그런 성품들 중에는 사랑과 지혜, 자비, 공의를 추구하도록 하나님께서 허락하신 인간의 능력들이 있다.[12] 설교자들은 성경 본문을 연구할 때 에덴동산의 렌즈를 통해서 죄인임에도 불구하고 본래 하나님의 형상을 따라 지음 받은 인간의 고귀함을 인식해야 한다. 하지만 분명한 것은 인간은 영적인 존재로서 오직 하나님만이 채울 수 있는 공간이 있다는 것을 놓치지 말아야 한다.[13]

설교자가 타락의 렌즈를 사용하여 인간의 타락한 상황에 초점을 맞출 때 유형별로 상황을 구분하는 지혜가 필요하다. 먼저 '타락한 상황'(fallen condition)이다. 이는 죄악으로 이끌리는 인간 내면의 속성이다. 타락한 인간은 영적인 강퍅함이 있다. 영적인 강퍅함은 완고한 거절의 문제와 관련이 있다. 교훈은 주어졌지만 마음은 이를 받아들이려 하지 않는다. 마치 "바로가 숨을 통할 수 있음을 볼 때에 그 마음을 완강케 하여 그들을 듣지 아니한 것"과 같은 것이다(출 8:15).

두 번째는 타락한 상황에 초점을 맞추기에서 인간의 '유한한 상황'(finite condition)과 관련된 부분이다. 인간의 타락한 상황이 모두 다 도덕적인 악 때문에 생겨난 것은 아니다. 인간은 본래 유한한 존재이며 지식이나 이해, 정서적 혹은 육체적 능력의 한계 속에서 살아야만 하기 때문에 하나

---

[12] Wayn Grudem, *Systematic Theology: An Introduction to Biblical Doctrine* (Grand Rapids: Zondervan, 1994), 156-57.
[13] Bryan Chapell, *Christ-Centered Preaching*, 50.

님의 섭리가 필요하다. 성경에서 인간의 유한한 상황에 대한 묘사는 주로 영적 소경에 대한 언급에서 발견된다. 제자들 중의 한 어머니는 예수께서 새로운 나라를 세우실 때 자기 자녀들을 왼편과 오른편에 앉혀 달라고 요청했다. 그러자 예수는 이렇게 대답하였다. "너희 구하는 것을 너희가 알지 못하는도다"(마 20:22). 사람들은 자신들이 의도하거나 기대하는 것의 진정한 의미를 전혀 깨닫지 못할 때가 있다. 영적 소경이란 완고함이나 악의 때문이 아니라 무지 때문에 빚어진 영적 어려움을 말한다.

세 번째는 타락한 상황에 초점 맞추기는 '연약한 인간의 상황'(fragile condition)이다. 인간은 때로 특정한 죄를 범했기 때문이 아니라 타락한 세상의 일반적인 환경으로부터 부정적인 영향을 받거나 그로 인해 죄를 범하기 때문에 하나님의 인도가 필요할 때가 있다. 유한한 상황이 인간의 무능을 말한다면, 연약함은 인간의 신체적이고 정신적 한계와 그에 따른 연약한 상황과 더 관련된다. 때로 신체적 정신적 연약함은 개인의 삶 속에서 일어나는 죄악과 직접적인 관련이 없다. 그보다 사람들은 타락한 세상 속에서 유한하고 연약한 존재로 살아가는 까닭에 사회적 혹은 개인적인 시련에 직면하곤 한다. 고아와 과부들은 이들 편에서 무슨 죄를 범했기 때문이 아니라 그들이 처한 상황 때문이든 아니면 타인의 죄 때문이든 하나님의 은혜가 필요하다. 성경에 등장하는 나오미와 룻은 자신들의 죄악과 무관하게 음식과 빵이 절실히 필요한 상황에 직면한다(룻 1장).

타락한 상황에 초점 맞추기의 네 번째 유형은 '사람들 속에 흔들리는 상황'(faltering condition)이다. 인간은 진리라고 믿는 것과 실제 삶이 요구하는 것 사이에서 흔들린다. 요나가 배에서 사람들에게 "나는 히브리 사람이요 바다와 육지를 지으신 하늘의 하나님 여호와를 경외하는 자로라"고 고백하는 구절에서 우리는 요나가 고백한 것과 실제 그의 행동 사이의 흔들리는 상태를 찾아 볼 수 있다(욘 1:9). 바울 또한 이러한 인간의 상황을 잘 묘사해 준다. "나의 행하는 것을 내가 알지 못하노니 곧 나의 원하는 이것은 행하지 아니하고 도리어 미워하는 그것을 행함이라"고 했다(롬 7:15). 때문에 설교자는 인간의 내면에 도사리고 있으며 오직 하나님만이 해결할 수 있는 모순을 잘 부각시킬 수 있도록 성경 본문 속의 불일치와 모순들을 잘 드러낼 수 있어야 한다.[14]

브라이언 채플(Bryan Chapell)은 타락한 상황에 초점 맞추기를 설명할 때 인간의 곤경(the human dilemma)은 하나님의 해결책, 즉 하나님 자신의 영광을 위하여 하나님이 친히 베푸시는 구원의 은혜가 필요한 상황임을 함께 강조했다. 만일 타락한 상황에 초점 맞추기가 인간의 상황을 더욱 황폐하게 만드는 빈 공간들을 들추어낸다면 또 다른 한 편으로 이런 공간들을 메우기 위하여 하나님이 허락하시는 하나님의 은혜 역시 강조 되어야 한다.[15] 설교자는 성경 본문으로부터 그러한 은혜의 증거들을 발견할 수 있어야 한다.

설교자는 하나님의 공급하시는 은혜를 무엇보다도 중요하게 여겨야 한다. 성도들이 하나님의 말씀을 이해하려면 먼저 하나님의 은혜가 필요하다. 요한복음 15:5에서 "나를 떠나서는 너희가 아무것도 할 수 없음이라"는 말씀이 이를 잘 들어 내 준다. 설교자는 성도들이 열매를 맺도록 전해야 하지만 하나님의 은혜가 공급되지 않고서는 주께서 하신 말씀이 요구하는 것을 감당할 수 없음을 알아야 한다. 성경은 주께서 자기 백성

---

[14] Zack Eswine, *Preaching to a Post-Everything World*, 48.
[15] Bryan Chapell, *Christ-Centered Preaching*, 14.

을 감화하시고 그분의 뜻에 순종하도록 하기 위하여 사용하는 방법으로, 먼저 그분의 은혜를 공급하시고 그다음에 계명을 말씀하신다는 것을 종종 보여준다. 예를 들면, 베드로후서 1:3-5에서 "그의 신기한 능력으로 생명과 경건에 속한 모든 것을 우리에게 주셨으니"(주께서 공급하신 은혜), "이러므로 너희가 더욱 힘쓰라"(주님의 계명). 골로새서 3:1-3에서 "너희가 그리스도와 함께 다시 살리심을 받았도다. 이는 너희가 죽었고 너희 생명이 그리스도와 함께 하나님 안에 감취었느니라"(주께서 공급하시는 은혜), "위엣 것을 찾으라 위엣 것을 생각하고 땅엣 것을 생각지 말라"(주님의 계명) 등이다.

설교자가 자기 청중이 바울처럼 되기를 원한다면 먼저 그들에게 바울이 경험했던 하나님의 은혜를 깨닫도록 해주어야 한다. 그러나 청중으로 하여금 고난의 외연적인 부분만을 보게 하여 고난의 신비에 무지하게 된다면 단순주의에 빠지게 된다. 하나님의 은혜의 렌즈에 초점을 맞추는 설교란 결코 단순주의를 말하지 않는다. 단순주의란 현실의 문제에 대한 해답을 제공하는 인간의 능력을 과대평가한다.[16]

## 성경에 다 있다는 견해

설교자들이 성경을 높이려는 의도를 가지고 성경에 모든 답이 다 있다고 주장한다고 해서 성경의 가치를 반드시 높이는 것은 아니다. 그 반대일 수도 있다. 성경에는 수많은 내용들이 나와 있다. 하지만 우리 삶의

---

[16] Zack Eswine, *Preaching to a Post-Everything World*, 54.

많은 구체적인 상황이 성경에 나와 있지 않다는 것을 부득불 깨닫게 된다. 성경은 묵상에 대한 방법이나 성경공부 방법 등 우리 인생의 세부 사항에 대해서도 구체적으로 말하지 않는다. 가정과 직장과 사회에서 경험하는 수많은 문제에 대한 답을 성경은 직접 말하지 않는다.

물론 원리는 모두 성경에 들어 있다. 원리에 관한 한, 마땅히 해야 할 말과 할 수 있는 말이 성경에 다 들어 있다. 그러나 원리대로 살려면 먼저 적용이 필요하다. 대체로 이 적용 단계에서 인간이 상상할 수 있는 거의 모든 일이 성경을 근거로 입증되고 있다. 성경을 존중하고 믿는다고 해서 하나님이 각 개인에게 주시는 가르침, 즉 성경의 원리 안에 있되 성경의 명시적 세부 내용을 벗어나는 가르침의 필요성을 외면해서는 안 된다. 설교자가 성경을 높이고 존중한다고 해서 하나님이 인류에게 말씀하시는 다양한 방법과 창조 질서 속에 나타난 지혜를 무시해서는 안 된다.

설교자에게 성경 이상의 것이 필요한가? 이 질문은 논란이 될 수 있는 것이지만, 설교를 위해서 반드시 제기해야 할 문제다. 설교자는 설교를 위해서 오직 성경에 대한 이해만을 필요로 하는가? "모든 진리는 하나님의 진리"라고 주장했던 아서 홈즈(Arthur Holmes)는 기독교의 학문적 관점을 다음과 같이 진술한다.

> 신앙과 학문, 신앙과 문화의 창조적이고 활동적인 통합을 촉진하는 교육이어야 한다…그것은 어떤 경우에도 경건과 학문, 신앙과 이성, 종교와 과학을 분리해서는 안 된다…또한 그 통합은 단순히 신앙과 학습의 어색한 결합을 초월해야 한다. 악한 동맹이 아니라 효과적인 연합이어야 한다. 우리에게 필요한 것은 그리스도인이면서 동시에 학자인 사람이 아

니라 그리스도인 학자요, 단순히 기독교와 교육을 나란히 갖다 놓은 것이 아니라 기독교 교육이다. 통합은 추가적인 도덕적 가르침이나 적용을 꺼린다…통합은 방법론과 자료, 개념과 신학 구조에 대한 철저한 분석은 물론, 자유로운 학습에 대한 살아 있고 생생한 해석, 기독교 신앙에 대한 헌신을 필요로 한다.[17]

설교자는 창조 질서를 체계적으로 연구하고 인간을 임상적으로 연구한 학자들로부터 배워야 한다. 설교자들이 기억해야 할 것은 오만한 무신론자가 위대한 작품을 쓸 수도 있고, 신학은 훌륭해도 실력은 형편없는 과학자가 있을 수도 있다. 설교자는 훌륭한 통찰력이 등장할 때마다 그것을 분별하며, 성경적 세계관으로 녹여내는 법을 배워야 한다. 이것이 바로 바울이 마스 힐에서 한 일이다(행 17장). 바울은 유명한 세속 도시를 인용하여 적대적이지만 지적인 자신의 청중과 소통하는 설교를 했다.

성경은 설교의 핵심 권위일 뿐만 아니라 필수 내용이다. 성경이 중요한 이유는 인간에 대한 하나님의 뜻을 알려주기 때문이다. 설교는 사람들로 하여금 성경에 기초하여 하나님의 부르심을 듣고 응답하고 명령을 수행할 수 있도록 성경을 해석하고 적용하는 행위를 수반한다. 그러므로 성경은 설교의 가장 중요한 자료이다. 칼빈도 이러한 확신 속에서 하나님께서 인간에게 일반계시와 특별계시를 주셨다고 하였다. 칼빈은 '영적 영역'과 '자연적 영역'을 완전히 둘로 나누어 버리는 이원론(dualism)의 사상을 거부하고 영적 원리와 자연적 원리를 포함하는 포괄적인 원리를 강조하였다. 그러므로 칼빈의 신학적 원리는 이것이냐 혹은 저것이냐(this

---

[17] Arthur Holmes, *The Idea of Christian College* (Grand Rapids: Eerdmans, 1989), 6-7.

or that)는 혼돈이 아니라 이것과 저것(this and that)의 포괄이다. 칼빈은 하나님의 말씀은 모든 삶과 사상의 토대가 되며, 인문학은 하나님의 말씀에 대한 지식에 도움을 준다고 하였다. 이런 관점에서 칼빈은 "철학자들이 가르치는 바는" "참된 것이며, 알아서 재미있을 뿐만 아니라 배워서 유익한 것이며 또한 능숙한 솜씨로 수집된 것"이라고 주장했다.[18] 칼빈은 특히 우리가 "불신자들의 활동과 봉사의 도움을 통해서 자연과학과 논리학과 수학과 그 밖의 학문의 도움을 받는 것을 하나님께서 기뻐하신다"고 믿었다.[19] 칼빈은 하나님께서 창조하신 세상을 통하여 지혜를 얻는 것을 무시하지 않고 그 가치를 인정했으며, 일반지식의 효능을 인정하고 성경을 이해하는 도구로 삼았다. 칼빈은 세계 작가의 아름다운 작품을 볼 때마다 그 작품 속에 빛나고 있는 놀라운 빛을 통하여, 비록 타락하였으나 인간의 정신은 아직도 하나님의 뛰어나신 은사로 옷 입혀져 있고 장식되어 있다는 것을 배울 수 있다고 하였다.[20] 그는 또한 고전 교육이 그리스도의 교훈보다는 못하지만, 인간을 보다 풍요하게 이해하는 데 필요하며, 복음을 전하는 데 도움이 된다고 여겼다.[21] 수자 슈라이너(Susan Schreiner)에 따르면, "칼빈은 자연의 경이로움으로 인하여 가졌던 감격이 만물의 본성적 부패함을 간과하고 있는 것은 아니다. 칼빈의 견해에 따르면 만물은 질서로 유지되어 있지 않다. 피조물의 본성적 성격인 악과 죄는 질서에 따른 행동을 하지 않는다. 단지 하나님의 능력이 우리가 세계를 통해 인식하는 그 위대한 질서를 보존하게 된다. 만물의 유지는 하

---

[18] John Calvin, *Institute of the Christian Religion*, I, xv, 6.
[19] John Calvin, *Institute of the Christian Religion*, II, ii, 16.
[20] John Calvin, *Institute of the Christian Religion*, II, ii, 15.
[21] 칼빈의 이와 같은 사상은 서구의 교육발전에 지대한 영향을 미쳤다고 할 수 있다.

나님의 작품 속에서 하나님을 계속적으로 즐거워하는 것에 달려있다."²²

구약의 지혜자는 하나님의 섭리 안에 있는 모든 영역의 온전한 회복을 이루어 가기 위해서 인간과 자연의 삶 속에 나타난 하나님의 질서와 구조를 분별하고자 했다. 지혜자의 관찰에 따르면, 지혜를 향유하는 방식은 연역적이기도 하지만 귀납적이기도 하다. 즉 지혜가 주어지는 방식과 획득되어지는 방법은 단지 일반화된 방식에만 의존하기 보다는 때로는 분석적 방법이 필요하고 때로는 특수한 방식이 필요하고 때로는 아주 역설적 신비가 요구되기도 한다. 하지만 지혜가 하나님의 창조 사역과 구원 사역의 관점을 취하지 않는다면 인간의 경험 대상이 이 세상에 궁극적 의미를 결코 부여할 수 없다. 지혜자는 하나님의 말씀과 그분과의 관계 속에서 경험과 관찰을 통해 발견된 것을 그들의 사역에 적용하려 했다는 점이다. 때문에 지혜로운 설교자는 일반계시에 나타난 지혜 또는 자연적 영역에서 얻은 지혜를 하나님 말씀의 원리 안에서 사용할 것이다.²³


## 성경과 창조 세계

성경의 지혜서는 설교자에게 중요한 지혜를 제공해 준다. 지혜서는 진리를 위하여 하나님의 말씀을 연구할 뿐만 아니라 하나님이 창조하신 세

---

22 Susan E. Schreiner, *The Theater of His Glory: Nature and the Natural Order in the Thought of John Calvin* (Grand Rapids: Baker Books, 1991), 28.
23 이 단락은 최창국, "기독교 교육학," 한국복음주의실천신학회 편, 『21세기 실천신학개론』(서울: 기독교문서선교회, 2006), 217을 수정 보완한 내용이다.

상도 연구해야 함을 알려준다. 성경의 지혜서를 보면 솔로몬은 하나님의 지혜로 수수께끼와 함축성 있는 잠언들을 지었고 식물학, 조류학, 수목학, 파충류학과 어류학에 대해서도 연구했다(왕상 4:31-34). 성경의 지혜서는 인생의 본질을 다루고 있으며 현실 세계의 다양한 차원들에 관한 실제적이고 인간적이며 충분히 이해할만한 내용들을 담고 있다. 성경의 지혜자는 "여호와를 경외하는 것"은 하나님과 사람, 장소, 자아의 실체를 올바로 이해하는 데 꼭 필요하다고 확신하고 있다.[24]

지혜자적 패러다임의 설교는 인간 이외의 피조물들(잠 6:6)과 자연 세계의 정경(잠 24:30-32), 그리고 사람들의 살아가는 방식(잠 7:6-23)을 면밀히 관찰한다. 세상과 인간의 일상에 지대한 관심을 가졌던 성경의 지혜자들은 끊임없는 묵상과 성찰의 삶을 살았다. 예민한 관찰과 성찰을 위해서 설교자는 세상의 길거리나 시장으로부터 멀어져야 하는 것이 아니라 오히려 더 다가가야 한다. 설교자들은 현실 세계의 광기나 우둔함에 대해서도 눈을 감지 않고 모든 현실을 두루 살펴야 한다(전 2:12). 설교자는 해 아래에서 관찰한 모든 것들을 연구하고 살펴보며 점검하고 성찰하여 사람들의 심령에 적용시켜야 한다(전 8:9). 이렇게 설교자는 자신이 보고 들은 것을 늘 성찰해야 한다.

하나님의 창조 세계로부터 하나님의 음성을 듣는 것은 성경을 무시하는 것이 아니라 오히려 성경을 더욱 충만하게 하는 것이다. 데이비드 웰즈(David Wells)는 이렇게 진술한다.

> 하나님은 우주 만물 속에서 자신의 임재를 넌지시 알리시며 그분의 도덕

---

[24] Zack Eswine, *Preaching to a Post-Everything World*, 146.

의 빛을 희미하게 비추고 계시기 때문에 자연을 모순 덩어리로 생각하는 것은 전혀 어울리지 않고, 자연은 오히려 하나님의 활동을 위한 무대이다. 자연의 구조와 질서, 아름다움 그리고 디자인은 자신을 넘어서 거룩한 창조주를 가리킨다. "비와 결실 속에서" 그리고 "음식과 기쁨 속에서" 우리는 자연이 하나님을 증언하는 소리를 들을 수 있다(행 14:16-17).[25]

하나님은 우리의 구세주이실 뿐만 아니라 우리의 창조주이시다. 하나님은 특별계시뿐만 아니라 일반계시를 통해서 자신을 우리에게 계시하신다. 때문에 설교자는 다음과 같은 확신이 있어야 한다.

창조주이실 뿐만 아니라 구세주이신 하나님은 언어학적인 수단(특별계시)과 비언어적인 수단(일반계시)으로 우리에게 말씀하신다. 예를 들면, 시편 19편에서는 이 두 가지 하나님의 계시 방식이 분명하게 나타난다. 시편기자는 7-11절에서 하나님의 언어를 통한 말씀을 연구하기 전에 먼저 하나님의 비언어적인 소통을 연구한다. "하늘의 하나님의 영광을 선포하고 궁창이 그 손으로 하신 일을 나타내는도다. 날은 날에게 말하고 밤은 밤에게 지식을 전하니"(1-2절). 시편기자가 하나님이 만드신 창조물을 하나님의 영광의 선포자와 그분에 관한 참지혜의 전달자로 묘사하고 있는 점에 주목할 필요가 있다.[26]

창조물 속에서 하나님의 지혜를 읽어내는 것은 결코 시간 낭비도 아

---

[25] David Wells, *God The Evangelist: How the Holy Spirit Works to Bring Men and Women to Faith* (Carlisle: Patermoster, 1997), 18.
[26] Zack Eswine, *Preaching to a Post-Everything World*, 165-66.

니고 비복음적인 것도 아니다. 성경적인 관점으로 자연을 보려는 노력은 매우 신학적이고 영적인 작업이다. 조나단 에드워드(Jonathan Edwards)는 "하나님이 만드신 만물은 일종의 그분의 음성이나 다름없다. 자연 만물은 지성을 갖춘 자들에게 하나님에 관한 진리를 교훈하는 그분의 언어다"라고 하였다.[27] 때문에 설교자가 하나님의 기록된 말씀의 권위 아래서 자연의 비음성적인 언어를 더 잘 읽어내면, 설교의 준비와 전달은 성경에 나타난 하나님의 의도에 더욱 가까워질 수 있다.

그러므로 성경 본문이 제시하는 만물의 실상을 올바로 파악하는 법을 배워야 한다. 전도서 3:1-8에서 "해 아래에서 벌어지는 모든 일들"에 대해서 삶은 날 때와 죽을 때, 심을 때와 추수할 때, 죽일 때와 치료할 때, 허물 때와 세울 때, 울 때와 웃을 때, 슬퍼 할 때와 춤출 때, 버릴 때와 거둘 때, 찢을 때와 꿰맬 때, 침묵할 때와 말할 때, 사랑할 때와 미워할 때, 전쟁할 때와 평화할 때가 있다고 하였다.

설교자는 설교 준비 과정에서 성경 본문과 현실 세계를 연구하되 하나님과 사람, 장소 그리고 자아에 관한 진리를 찾아내려는 목표를 정해야 한다. 먼저 서재에서 설교자는 성경을 연구하는 삶의 자세를 항상 유지하고 본문에 숙달해야 한다. 여기서 유지라는 말은 성경을 정기적으로 읽고 연구하는 습관을 말한다. 설교자는 성경의 세계에 익숙해지기 위해서 항상 성경을 읽어야 한다. 그다음 숙달이란 말은 특정한 성경 본문을 철저하게 연구하는 것을 말한다. 이때는 단순히 성경에 익숙해지려는 목적

---

27 Jonathan Edwards, *Images of Divine Things in Typological Writings*, *The Works of Jonathan Edwards*, vol 11. edited by Wallace E. Anderson, Mason Lowance, David Watters (New Haven: Yale University Press, 1993), 66-7.

으로 성경 본문을 읽는 것이 아니라, 본문의 정확한 의미를 올바로 이해하기 위하여 한 구절 한 구절을 철저하게 읽고 해석한다. 설교자는 서재 안에서 뿐만 아니라 서재 밖에서도 유지와 숙달의 자세를 견지해야 한다. 즉 설교자는 일상에서 만나는 사람들과 공동체에서 논의되는 일상의 주제들을 잘 이해하고 들으려는 청취의 자세를 늘 유지해야 한다. 이를 위해서 설교자는 일간별 또는 주간별로 뉴스와 소식을 정리해 주는 자료의 도움을 받을 수 있다.[28]

설교자들은 청중이 속한 문화적인 양태와 특징을 성경적 관점에 비추어 판단해야 한다. 성경적인 설교를 위해서는 단순히 본문이 말하는 것을 그대로 말하는 것이 중요한 것이 아니라 사람들이 본문의 메시지를 자신들의 문화적 맥락 속에서 어떻게 받아들여야 하는지를 충분히 설명해 줄 수 있어야 하며 이를 위해서 설교자는 복음의 메시지를 청중의 문화적인 맥락과 연결을 할 수 있는 능력이 있어야 한다. 이를 위해 설교자는 청중의 문화를 이해하고 그 문화 속에서 구속의 유비를 찾아내어 이러한 문화적인 이야기를 복음 전달에 끌어들여서 비기독교적인 가치관을 그리스도의 복음에 맞게 재구성할 수 있어야 한다. 이를 위해 설교자는 또한 악한 현실에 대한 분노를 극복할 줄 아는 자질을 길러야 한다. 바울이 아덴 온 도시에 우상이 가득한 것을 보고 마음에 분노했지만, 그는 그 도시에서 떠나 도망치지도 않았고 그렇다고 분노하면서 우상에 대해서 사람들에게 항의하지도 않았다. 그보다는 그 마음속의 분노를 계기로 그 도시의 친교회적인 문화와 반교회적인 문화를 구분하면서 복음

---

28 Zack Eswine, *Preaching to a Post-Everything World*, 156.

을 전하는 것을 모색했다. 데니스 하크(Denis Haack)는 바울의 이러한 모습을 다음과 같이 설명한다.

> 사도 바울의 고민은 자기중심적이지도 않으며, 아덴의 우상숭배를 자신의 감수성에 대한 비난으로 받아들이지도 않았다. 그보다 우상숭배는 하나님의 거룩하신 영광에 대한 공격이나 다름없기 때문에 그 마음에는 하나님의 거룩하신 이름을 위한 종교적인 질투심으로 가득 찼다. 그 점을 먼저 생각한다면 자신의 감수성은 그리 중요한 문제가 아니었다. 때문에 사도 바울은 그곳에서 물러나지도 않았을 뿐만 아니라, 아덴과 이곳의 우상숭배 문화에 관심을 갖고 더 잘 이해해 보려는 마음도 생겼다.[29]

이와 유사하게 바울은 디도가 그레데에서의 사역을 잘 준비할 수 있도록 돕기 위하여 그레데의 철학자가 한 말의 일부분을 인용하여 디도에게 들려준다. 이유는 그 철학자가 그리스도인이기 때문도 아니고 철학자의 관점이 성경적이기 때문도 아니었다. 바울이 비기독교 철학자를 인용하는 이유는 그 말의 일부분이 그레데인들의 문화와 그들의 행동에 관한 진리를 담고 있기 때문이었다(딛 1:12-13). 이와 같이 설교자는 청중이 자신들이 살고 있는 문화를 좀 더 분명하고도 성경적인 관점으로 올바로 이해할 수 있도록 하기 위해 해당 문화에 관한 핵심 사항들을 설교에서 바르게 이해하고 복음적으로 적용하는 것이 필요하다.

설교자들은 하나님의 일반계시를 중요하게 생각하면서도 자신들의 이

---

[29] Denis Haack, "On Being Offended in a Pagan World," Zack Eswine, *Preaching to a Post-Everything World*, 161-62 재인용.

성적 능력과 한계에 대해서도 주의해야 한다(잠 16:25). 설교자는 하나님을 올바로 알려면 사람들의 행동과 자연 세계에 대한 관찰 이상이 필요하다. 설교자는 현실 세계에 대한 관찰만이 아니라 지혜를 부르며 찾아 구하고 하나님께 간청하여 지혜를 발견해야 한다.

## 성경과 강해설교

한국교회에서는 강해설교가 가장 성경적인 설교로 인식되는 경향이 있다. 하지만 강해설교는 설교자에 따라 다르게 이해되기도 한다. 어떤 사람은 강해설교를 강의식으로 하는 설교로 이해하기도 하고, 어떤 사람은 성경의 본문 한 절 한 절을 풀어서 설명해 주고 적용하는 설교로 이해하기도 하며, 어떤 사람은 모든 설교는 강해적이여야 하기 때문에 모든 설교는 결국 강해설교라고 말하기도 한다.[30] 물론 이러한 관점들은 중요한 의미를 갖고 있다. 그러나 강해설교의 핵심적인 원리는 설교자가 성경의 가르침과 권위에 우선순위를 두는 것이다. 설교자가 성경에 의미를 부여하는 것이 아니라, 성경이 설교자의 메시지에 의미를 부여해야 한다는 것이다. 이것은 설교학적으로 중요한 의미를 갖는다. 첫째, 설교자는 자신의 개인적이고 교리적인 관점에서 벗어나서 성경 본문을 본래의 관점에서 이해하려고 노력해야만 한다. 성경의 저자가 의도하는 본래적인

---

30 카이퍼는 강해설교의 의미를 이렇게 말한다. "강해설교를 설교의 여러 방식 중 하나로 이야기하는 것은 심각한 오류다. 혹은 많은 보수주의자들이 하고 있듯이, 강해설교가 설교 방식 중 가장 좋은 유형이라고 말하는 것도 만족스럽지 못하다. 모든 설교는 강해적이어야 한다. 강해설교만이 성경적 설교가 될 수 있다" (R. B. Kuiper, "Scriptural Preaching," *The Infallible Word* (Phillipsburg, NJ: Presbyterian and Reformed, 1967), 253).

개념 또는 의미를 찾아내야 한다. 둘째, 설교자는 파악된 성경의 개념 또는 의미를 자신의 주관적인 생각이나 경험을 가지고 적용하려는 유혹이 있는지를 점검해야 한다. 설교자는 본문의 사상과 목적에 부합하게 적용을 이끌어 내도록 모든 노력을 기울여야 한다. 셋째, 설교자는 계속적으로 자신의 편견과 선입관과 전제를 점검해 보아야 한다. 설교자는 자신의 정신과 사상이 성경의 정신과 사상에 의해 형성되도록 훈련해야 한다.

핵심은 강해설교란 성경이 말하고자 하는 핵심 개념 또는 중심 사상을 파악하여 현대 청중에게 효과적인 적용을 이끌어 내는 설교라고 할 수 있다. 이러한 정의에 가장 가까운 정의를 제공해 준 설교학자가 해돈 로빈슨(Haddon W. Rovinson)이 아닌가 싶다. 로빈슨은 "강해설교란 성경 본문의 배경에 관련하여 역사적, 문법적, 문자적, 신학적으로 연구하여 발굴하고 알아낸 성경적 개념, 즉 하나님의 생각을 전달하는 것으로서, 성령께서 그 개념을 우선 설교자의 인격과 경험에 적용하시며, 설교자를 통하여 다시 회중에게 적용하시는 것이다"라고 하였다.[31] 그는 강해설교의 특징을 다섯 가지로 설명한다.[32] 첫째, 성경 본문이 설교를 좌우한다. 둘째, 강해설교는 개념을 전달한다. 비록 설교자들은 설교 본문 내의 특수한 단어를 다루기도 하고 이에 대해 조사하기도 하지만, 단어와 구절이 그 자체로서 목적이 되어서는 안 된다. 의미를 전달하기 위하여 다른 단어들과 연결되기 이전의 단어들은 자체로서는 우둔한 것이다. 따라서 우리는 성경을 읽을 때에 각 단어의 의미 하나하나에 주된 관심을 갖기보다는, 성경기자가 이러한 단어들을 사용하여 의미한바가 무엇인가를

---

31 Haddon W. Rovinson, *Biblical Preaching*, 박영호 역, 『강해설교』 (서울: 기독교문서선교회, 1999), 23.
32 Haddon W. Rovinson, 『강해설교』, 23-34.

찾아내도록 노력하여야 한다. 즉, 각 단어들을 개별적으로 분석해서는 문장 전체의 개념을 파악할 수 없다. 셋째, 개념은 본문으로부터 나온다. 강해설교에서의 사상은 성경 본문의 배경에 관련하여 역사적, 문법적, 문자적으로 연구하여 발굴하고 알아낸 것이다. 이는 설교자가 어떻게 그의 메시지에 도달하는가 하는 것과 어떻게 이를 전달할 것인가 하는 문제에 관한 것이다. 이 두 가지 기능은 모두 문법, 역사, 문자적 양식 등에 대한 검토를 포함하고 있다. 강해설교자는 그의 연구 속에서 언어, 배경, 주위 상황 등에 관한 이해를 통하여 해당 성경구절의 객관적인 의미를 탐구하는 것이다. 그 후 강단에서 그의 연구결과를 회중에게 전달하여 듣는 그 자신이 이것의 해석을 시도할 수 있도록 만들어 주는 것이다. 궁극적으로 설교 배후의 권위는 설교자가 아니라 본문에 달려 있다. 이러한 이유 때문에 강해설교자는 성경 해석에 많은 부분을 할애하여 듣는 이들이 성경에 주의를 집중할 수 있게 만들어 주는 것이다. 넷째, 얻어진 개념은 강해설교자에게 적용된다. 진리는 설교자의 인격과 경험에 적용되어야 한다. 하나님께서는 궁극적으로 메시지 자체보다는 이를 전하는 이들을 개발하시는 데 보다 관심을 갖고 계시며, 성령님께서는 주로 성경을 통하여 인간들과 만나시므로, 설교자들은 하나님을 대신하여 말씀을 전하기 이전에 우선 하나님의 말씀에 귀를 기울이는 것이 필요하다. 다섯째, 얻어진 개념은 듣는 사람들에게 적용된다. 성령께서 그의 진리를 설교자의 인격과 경험에 적용하실 뿐만 아니라, 이 진리를 설교자를 통하여 그의 회중에게 적용하신다. 설교자는 적어도 세 가지 방면에서 생각해야 한다. 먼저 그는 주석가로서 성경기자가 뜻한 의미를 파악하기 위해 노력해야 한다. 그다음은 하나님의 사람으로서 어떻게 하나님께서 그를 개인적으로 변화시키길 원하시는가를 알기 위해 애쓰도록 해야 한다. 마지막으로 그는 설교자로서 하나님께서 과연 회중에게 무슨 말씀을 전하기를 원하고 계시는가를 심사숙고해야 한다.

강해설교의 이러한 특징에도 불구하고, 강해설교에서 약점이 발생할 수 있다. 강해설교에서 설교자가 청중의 문화와 인간의 경험에 깊숙이 파고들어 가지 못하는 약점이 있을 수 있다. 강해설교에서 설교자가 일상의 삶을 설교에서 고려하더라도 단지 성경의 메시지가 적용되어야 할 일방적인 대상으로만 간주하는 경향이 있기 때문에 설교자는 성경에 대한 기능주의적 접근방식을 발달시킬 오류의 가능성이 있다. 강해설교의 또 다른 잠재적인 약점은 권위주의적 성향에서 비롯될 수 있다. 즉, 성경의 권위와 설교자의 권위를 무의식적으로 동일시하는 결과를 초래할 수 있다. 하지만 이러한 문제는 성경의 개념이나 의미가 무엇인지를 결정함에 있어서 설교자 개인의 교리적인 전제가 영향을 미칠 수 있다는 점을 인정함으로써 극복될 수 있다. 이러한 잠재적 약점이 있을 수 있음에도 불구하고 강해설교의 장점은 교회와 성도의 삶 속에서 성경의 권위와 가치를 강화시켜 준다는 것이다. 때문에 강해설교는 세속화된 세계 속에서 성경적인 삶의 의미와 가치를 추구하도록 사람들을 이끌어 줄 수 있는 효과적인 설교 방식이라 할 수 있다.

하지만 중요한 하나의 질문이 남는다. 강해설교 외의 다른 설교는 비성경적인 설교인가? 그렇지 않다. 수많은 설교자들이 성경의 어느 부분에 기초하지 않고 한 설교들도 효과가 있었던 것이 사실이다. 우리가 알고 있는 주제설교가 바로 이런 유형의 설교다. 주제설교는 어느 특정한 본문에서 개념이나 사상을 끌어오기보다는 먼저 삶의 중요한 문제나 신학의 일반적인 주제, 교리들을 가지고 성경으로 들어가는 유형의 설교다. 이런 유형의 설교도 성경적 설교가 될 수 있다. 롱(Thomas G. Long)은 이런 유형의 설교를 '복음설교'라고 말한다. 그는 "성경이 아닌 다른 곳에서 아이디어를 빼냈다 하더라도 복음의 이해에 도움을 주고 또한 그 나름대로 신학적인 구성도 가능하기 때문이다. 그러므로 비록 성경 해석의 배경이 근본적인 것에서부터 벗어났다 할지라도 어떻게 보면 모든 복음설교는 성경적 설교라고 할 수 있다"라고 말한다.[33] 성경적 설교에 대한 롱의 이러한 이해는 중요한 의미를 제공해 준다. 왜냐하면 성경적 설교란 한 단락이나 본문의 중심 개념을 드러내는 설교만으로 제한될 수 없기 때문이다. 성경의 정신이나 복음을 드러내는 설교도 성경적 설교라고 할 수 있기 때문이다. 물론 복음설교 또는 주제설교를 할 때도 설교자가 성경 본문을 아무렇게 선택하거나 선택된 본문을 주관적으로 해석해도 된다는 의미는 아니다. 설교자가 복음설교 또는 주제설교를 할 때도 성경연구의 성실성으로부터 자유로울 수 없다. 강해설교와 주제설교는 성경을 향해 다가가는 방법의 차이이지 주제설교가 성경과 무관한 설교는 아니기 때문이다.

---

33 Thomas G. Long, 『설교자는 증인이다』, 73.

# Chapter 06

# 설교와 렉시오 디비나[1]
### Preaching & Lectio Divina

## 성경 읽기의 목적

현대 사회에서 정보는 힘과 권력이 되었다. 최고의 정보를 가진 사람이나 집단은 그들의 활동과 관심의 세계를 통제하는 위치에 있다. 정보를 우선시하는 이러한 문화는 우리가 성경을 대하는 방식에도 큰 영향을 주고 있다. 불행하게도 우리는 성경을 대하는 방식에 있어서도 영성 형성과 영적 성숙보다는 정보의 취득자가 되도록 훈련을 받는 경향이 있다. 성경을 정보를 얻기 위한 수단으로 독서를 할 때에 우리는 성경 본문에 대해 통제를 행사하려고 한다. 이러한 방법은 성경 본문을 우리의 생각과 목적에 들어맞는 것을 보증하기 위하여, 우리의 통제 대상으로 간주하면서 분석적으로 읽는다. 그러나 성경을 읽는 방식에서 이러한 정보 지향적 접근방법은 성경의 주요 목적인 우리의 영성 형성과 삶을 위한 역할을 약화시키는 결과를 초래한다.[2]

---

[1] 이 글은 「복음과 실천신학」 21(2010), 124-151에 실린 필자의 논문을 수정 보완한 것이다.
[2] 저자의 영성 형성과 훈련에 대한 이해를 밝히고자 한다. 왜냐하면 어떤 이들은 영성 형성과 훈련을 인간의 노력과 행위의 차원으로만 이해하는 경향이 있기 때문이다. 이러한 경향은 영성 형성이나 훈련을 관계적인 것이 아니라 기능적인 것으로 이해하기 때문이다. 만일 우리가 기능적인 방법으로 그리고 우리의 힘으로 우리의 계획을 성취하기 위한 수단으로 영성 형성과 훈련을 행한다면, 그것은 우리의 목적과

물론 성경은 다양한 방식으로 읽을 수 있다. 예를 들어서 솔로몬 왕 시절의 이스라엘과 주변 국가들에 대한 역사의 어떤 것을 이해하기 원하는 사람은 성경을 역사적 문서로 읽을 것이다. 또 교회의 본질에 대한 사도 바울의 사상을 공부하기 원하는 사람은 기독교의 사상에 대한 자료로써 읽을 수 있다. 그러나 그리스도인들은 성경을 역사적이거나 사상적이거나 신학적 정보를 주는 것보다 더 심오한 것으로 믿는다. 그리스도인들은 정보를 확인하는 것에 그치지 않고, 성경을 영성 형성의 원천으로 사용해야 한다. 이런 방법으로 성경을 읽는 것은 옳고 다른 방법은 틀리다는 이분법이 아니다. 오히려 성경은 다양한 측면을 가진 풍부한 자료로서 여러 방법으로 읽힐 수 있다. 성경을 해석하는 방법은 독자의 관심과 목적과 연관될 수 있다. 성경은 다양한 방법으로 연구되어질 수 있지만 성경의 궁극적 목적은 그리스도인들의 영성 형성과 삶을 위한 것이다.

설교자에게 성경이 전혀 체험적 실체로 와 닿지 않으면 성경을 진심으로 믿거나 그 내용을 실제 있었던 일로 받아들일 수 없게 된다. 그렇

---

욕구 충족에 필요한 수단이 될 것이다. 우리가 기능적으로 영성 형성과 훈련을 이해하고 접근한다면 엄밀한 의미에서 영성 형성과 훈련의 주체이신 하나님을 조종하기 위한 수단이 되어 버린다. 성경에 보면 이스라엘 백성들의 삶과 행복은 그들의 활동의 결과에 의한 것이 아니라 하나님의 사역의 결과요 은혜였다. 그들의 기능적인 행위의 결과가 아니라 하나님과의 그들의 관계의 결과였다. 영성 형성과 훈련은 우리가 노력하여 행하는 것(기능적인 것)이 아니라 우리가 하나님께 응답하는 사랑의 관계 안에 있을 때에 하나님께서 우리 안에서 행하시는 것이다. 때문에 우리가 영성 형성과 훈련을 중요하게 여기는 것은 우리 자신의 계획을 촉진하려는 목적을 위해서 그 훈련을 하는 것이 아니라 하나님의 '계획' 또는 '일정'이 우리의 삶에 영향을 미치는 것을 허락하기 위해서 그 훈련을 하는 것이다. 그러므로 분명한 것은 영성 형성이나 훈련은 하나님으로부터 오는 은혜의 영역이다. 영성 형성과 훈련은 우리가 하나님의 말씀과 성령에 의해서 형성되고 양육되도록 하나님께 꾸준하고 일관되게 사랑으로 복종하는 것이다. 우리의 삶 속에서 그리고 삶을 통해 하나님께서 의도하시는 일을 위해서 우리가 사용되도록 순종하는 훈련이다. 영성 형성과 훈련은 우리의 사역이 아니라 하나님의 사역이다. 영성 형성과 훈련은 우리를 그리스도의 전인성으로 변형시키는 하나님의 은혜의 수단이다. 이것은 우리를 그리스도의 형상으로 변화시키는 하나님의 은혜의 수단이다. 하나님의 은혜는 단지 인간의 죄 때문에 촉진되어진 것이 아니라 인간의 모든 영역, 즉 창조, 구속, 형성, 유지, 성화, 성장의 모든 과정에 있어서 핵심적 동인이기 때문이다. 영성 형성과 훈련에 대한 이러한 이해를 위해서는 M. Robert Mullholland Jr., *Invitation to the Journey: A Road Map for Spiritual Formation* (Downers Grove, IVP, 1993), 15-44, 75-140; Ray S. Anderson, *The Soul of Ministry: Forming Leaders for God's People* (Louisville, Kentucky: Westminster/John Knox Press, 1997)를 참조.

게 되면 설교자에게 성경은 하나님에 관한 추상적 진리의 책, 하나님을 직접 만나거나 그분의 음성을 듣지 못하면서도 끊임없이 파헤칠 수 있는 책으로 전락하게 된다. 예수님 당시의 종교 지도자들도 바로 이런 태도를 취했기 때문에 오히려 성경을 예수님을 외면하는 용도로 사용했다. 그들은 성경을 열심히 탐구했지만 예수님은 그들에 대해 "그 말씀이 너희 속에 거하지 아니하니"(요 5:38)라고 말씀하셨다. 설교자들이 성경을 통해서 하나님의 현존을 체험하고 영성 형성과 삶의 근본적 자료로 믿는다면 성경의 이 본질적 측면을 효과적으로 드러낼 수 있는 방법을 찾는 것이 필요하다. 영적 독서(lectio divina)가 하나의 중요한 방법이 될 수 있다.

## 렉시오 디비나의 이해

렉시오 디비나는 라틴어 '*lectio*'(독서)와 '*divina*'(신적인)가 합쳐져 이루어진 용어로서, 거룩한 독서, 영적 독서, 신적 독서 등으로 다양하게 이해되고 있다.[3] 렉시오 디비나라는 말은 알렉산드리아 학파의 대표적 인물 중 한 사람인 교부 오리겐(Origen, 185-251)이 처음으로 '테이아 아나그노시스'(teia anagnosis)라는 그리스어로 표현했다. 이 단어를 라틴어로 표현하면 '렉시오 디비나'이다.[4] 렉시오 디비나는 하나님의 말씀인 성경을 읽고 묵상하며 기도하고 하나님의 현존을 경험하는 것을 말한다. 즉, 렉

---

[3] 렉시오 디비나(lectio divina)는 또한 divine reading, meditative reading, formative reading, spiritual reading, 또는 prayerful reading이라고도 한다.
[4] 렉시오 디비나의 역사와 발달 과정을 위한 자료를 위해서는 Enzo Bianchi, *Pregare La Parola*, 이연학 옮김, 『말씀에서 샘솟는 기도』 (서울: 분도출판사, 2002); 허성준, 『수도 전통에 따른 렉시오 디비나』 (경북 왜관: 분도출판사, 2003)를 참조.

시오 디비나는 성경말씀을 읽고(lectio), 읽은 말씀에 대한 묵상(meditatio)으로부터 자발적인 기도(oratio), 그리고 하나님 안에서 안식과 평화(관상, contemplatio)를 누리는 전 과정을 말한다.<sup>5</sup> 십자가의 성 요한(St. John of Cross)은 누가복음 11:9을 통하여 렉시오 디비나를 네 단계로 소개한다.

읽기에서 구하십시오,
그러면 묵상 안에서 찾게 될 것입니다;
기도로 두드리십시오,
그러면 관상 가운데서 당신에게 열릴 것입니다.<sup>6</sup>

렉시오 디비나에서는 성경을 지식이나 정보를 얻기 위한 방편으로 보지 않고 철저하게 영성 형성을 위한 자료로 여기며, 이런 과정을 통하여 성경이 그리스도인들의 영성 형성에 힘이 되고 능력이 되도록 하는 것이다.

초기 기독교에서부터 렉시오 디비나의 근거가 되는 독서와 기도의 전통을 볼 수 있다. 구약의 유대인들은 그들에게 주어진 모세의 율법에 하나님께서 현존하시며, 독서와 묵상과 기도를 통해 하나님의 현존을 경험할 수 있다고 믿었다. 예를 들면, 말씀을 읽고 깨닫고 기도하며 하나님의

---

[5] 단, 렉시오 디비나에서 주의해야 할 것은, "먼저 알 것은 성경의 모든 예언은 사사로이 풀 것이 아니니"(벧후 1:20)라는 말씀처럼 말씀을 너무 자의적으로 해석하거나 적용하는 것을 주의해야 한다. 렉시오 디비나의 전통을 되살려 성경을 읽고 묵상하는 것은 영적 성숙에 도움이 된다. 하지만 렉시오 디비나를 실천함에 있어서 성경의 전체적인 문맥과 구속사적인 흐름 그리고 주제와 목적 또는 역사적 배경을 간과하거나 무시해서는 안 된다. 기록된 성경말씀으로 넘어가 주관적인 은유적(allegorical) 해석을 하지 않도록 유의해야 한다(나용화, 『영성과 경건』(서울: 기독교문서선교회, 1999), 151-2).

[6] Seek in READING,
and you will find in MEDITATION;
knock in PRAYER
and it will be opened to you in CONTEMPLATION(Thelma Hall, *Too Deep for Words: Rediscovering Lectio Divina* (New York: Paulist Press, 1998), 28).

현존을 경험하는 장면을 느헤미야 8장에서 엿볼 수 있다. 유배에서 막 돌아온 이스라엘 공동체가 최초로 행하고 있는 일이 묘사되고 있다. 유대인들이 수문 앞 광장에 모였을 때에 에스라 선지자가 단 위에 올라가 새벽부터 정오까지 모세의 율법을 낭독하고 레위 사람들은 통역하며 그 뜻을 해석해 준다. "하나님의 율법책을 낭독하고 그 뜻을 해석하여 백성에게 그 낭독하는 것을 다 깨닫게 하니 백성이 율법의 말씀을 듣고 다 우는지라"(느 8:8-9). 말씀이 낭독될 때 유대인들은 그 말씀을 통하여 하나님의 임재를 체험하였다. 유대인들은 그들의 삶 속에서 언제나 하나님 말씀에 대한 독서와 묵상을 신앙의 본질적인 차원으로 여기고 실천하였다. 이런 유대인들의 전통과 방법은 렉시오 디비나의 전신이라 할 수 있으며, 기독교는 이것을 유산으로 물려받았다(딤후 3:14-16). 신약성경에서는 "하나님의 입으로 나오는 모든 말씀으로 살 것이라"(마 4:4), "내가 너희에게 이른 말이 영이요"(요 6:63), "너희가 내 안에 거하고 내 말이 너희 안에 거하면"(요 15:7) 등이 그 근거를 제공하고 있다. 렉시오 디비나에서는 말씀을 읽고, 읽은 말씀을 귀로 듣고, 귀로 들은 것을 마음으로 듣고, 마음으로 들은 것을 영적 양식이 되게 하는 것이다. 그 결과로 우리의 영혼이 하나님의 현존을 경험하는 것이다.[7]

동방과 서방의 모든 교부들도 렉시오 디비나를 시행했다. 2-3세기의 클레멘트(Clement), 오레겐(Origen), 콘스탄티노플의 감독 크리소스톰(Chrysostom), 그리고 카르타고의 감독이었던 키프리안(Cyprian), 밀라노의 감독 암브로스(Ambrose)도 독서와 기도를 강조하였다. 북아프리카 카타르고의 주교 키프리안(Cyprian, 200-258)은 렉시오 디비나를 '주님의 독서'

---

[7] Jean Leclercq, *The Love of Learning and the Desire for God* (New York: Fordham University, 1988), 15-7.

(lectio dominica)라고 표현했다. 렉시오 디비나는 베네틱트 수도원 전통에서 크게 융성하였다. 수도생활의 통합과 변화에 기여한 베네틱트(Benetict of Aniane, 750-821) 역시 렉시오 디비나를 강조하였으나 렉시오 디비나의 구체적인 자료로 성경 외에 Origen, Augustine 등의 폭넓은 저서들을 추천하였다. 중세를 거치면서 성경주석서, 신학사전, 교부들의 문헌 등에까지 렉시오 디비나의 범위가 확대되었다. 1089년에 가난과 단순성을 강조하면서 『베네틱트 수도규칙』을 더 엄격하게 지키고자 탄생된 시토회는 수도생활에서 기도와 독서, 그리고 노동의 조화를 강조했다. 시토회의 부흥에 결정적 기여를 한 버나드(Bernard of Clairvaux, 1090-1153)는 성경에 대한 연구보다는 오히려 말씀에 자신을 온전히 내맡길 것을 강조하면서 렉시오 디비나를 하나님을 만나기 위한 안내자로 삼았다. 1084년 설립된 카르투시오(Charreuse) 수도회의 9대 원장이었던 귀고 2세(Guigo II, 약 1115-1198)는 『수도승의 사다리』라는 책에서 수도승들이 하나님과의 일치를 향해 올라가야 할 영적 단계로서 독서, 묵상, 기도, 관상을 제시했다.[8] 렉시오 디비나는 초기 기독교 이후 일정한 순서에 따라 이루어지지 않았지만, 귀고 2세는 사다리 메타포를 사용하여 출발점과 종착점이 있는 단계적인 모델로 렉시오 디비나를 바꾸었다. 즉, 땅 위에서 하나님의 말씀을 읽으면서 시작하고, 다음으로 묵상과 기도의 단계로 올라가고, 마지막으로 관상 안에서 하늘의 구름 속에 도달하는 것이다. 귀고 2세가 제시하고 있는 독서, 묵상, 기도, 관상의 네 단계는 스스로 창안해 낸 독자적인 방법이 아니라 전통적으로 이와 비슷한 형태를 가지고 내려오고 있던 단계

---

8 허성준, 『수도 전통에 따른 렉시오 디비나』, 54.

적 개념들을 나름대로 정리한 것이라 할 수 있다.⁹

렉시오 디비나는 12-13세기부터 쇠퇴하기 시작했다. 그 이유는 12세기에 전에 기도만 지나치게 강조하는 흐름이 나타나면서 렉시오 디비나는 약화되기 시작했고,¹⁰ 다른 하나는 특히 스콜라 철학의 영향으로 수도자들은 렉시오 디비나 시간에 온몸과 마음으로 성경말씀을 읽고 묵상하며 기도하기보다는 하나님 말씀에 대한 질문과 논증을 추구하기 시작했다. 또한 가톨릭의 경우, 교회 안에서 평신도들이 성경을 마음대로 읽고 해석하는 것을 제한하면서 성경은 성직자들의 전유물이 되었고 이에 성경을 원천으로 삼았던 렉시오 디비나는 점점 쇠퇴하게 되었다. 렉시오 디비나의 전통은 소수의 수도회를 통해서만 간신히 명맥을 유지해 오다가 제 2차 바티칸 공의회(1965년)에서 교회 전통 안에서 매우 중요한 자리를 차지했던 렉시오 디비나의 중요성을 재발견하고 강조하게 되었다. 렉시오 디비나가 개신교 안에서 관심을 가지게 된 동기는 종교개혁자 존 칼빈(John Calvin)과 청교도 목회자였던 리차드 박스터(Richard Baxter)에 의해서였다. 종교개혁자들은 성경을 통해 하나님의 말씀을 듣는 렉시오 디비나를 중요하게 여겼다. 박스터는 성경 묵상을 아주 강조했는데, 그가 강조한 묵상은 『베네틱트 수도규칙』에서 받은 영향이 크다.¹¹ 한국에서 유행하고 있는 큐티(Q. T.)는 렉시오 디비나와 말씀 묵상을 중요하게 여겼던 청교도 전통에서 영향을 받은 것이라 할 수 있다.¹²

9  귀고 2세가 사용한 네 개념이 처음으로 등장하는 것은 9세기의 성 미카엘 수도원장 스마라그두스의 작품이다. 여기에서는 기도, 독서, 묵상, 관상의 순서로 되어 있다. 또한 카루투시오 수도회의 5대 수도원장이었던 귀고 II세(Guigo II)는 관상, 기도, 묵상, 독서의 형태를 취했다
10 Enzo Bianchi, 『말씀에서 샘솟는 기도』, 97.
11 Marjorie J. Thompson, *Soul Feast*, 48.
12 한국교회에서 렉시오 디비나가 큐티라는 형식으로 소개되어 수십 년간 실천되고 있다. 렉시오 디비나와 큐티가 말씀 묵상을 한다는 점은 비슷하지만 무엇을 강조하는가에 차이점이 있다. 한국교회에서 실천하는 큐티를 렉시오 디비나와 비교했을 때에, 큐티는 전반적으로 적용을 강조한다. 말씀의 진리를 깨

## 렉시오 디비나와 성경 읽기

오늘날 성경연구는 엄청난 진보를 이루었음에 틀림없다. 성경연구의 중요성을 부인할 사람은 아무도 없을 것이다. 성경연구는 앞으로도 계속되어야 한다. 하지만 성경의 본질적 역할은 날로 약화되어 가고 있다고 해도 지나친 지적은 아니다. 성경을 대하는 현대 그리스도인들의 가장 큰 문제 중 하나는 아마도 말씀에 접근하는 우리의 근본 태도가 체험적이기보다는 지성적이고, 성경적 의미에서 지혜를 추구하기보다는 사변을 추구하고, 기도로 이어지기보다는 성찰에 머무르는 경향이 아닌가 싶다. 이러한 경향이 다양한 측면들로부터 기인하였다고 할 수 있지만, 파커 팔머(Parker Palmer)의 지적처럼 현대 교육의 터전과 인식론과 지각 구조에 엄청난 영향을 주고 있는 이성주의에서 비롯되었음을 부인할 수 없다.[13]

성경은 기본적으로 이중적 목적을 가진다. 하나님과 관련하여 볼 때에 성경은 '우리를 위한' 것이고, 우리와 관련하여서는 '하나님을 위한' 것이다.[14] 성경의 이러한 이중적 목적은 하나님 말씀의 침입적인 역할을 상기하게 한다. 성경은 하나님의 말씀으로 인간 실존 안에서 이루어진 하나님의 현존과 능력을 경험하도록 주어진 것이다. 이러한 지각 구조를 가지고 성경을 대하는 방법과 환경을 계발하는 것은 중요하다. 하나님의 말씀인 성경이 우리의 실존 안에서 하나님의 현존을 경험하고 능력으로

---

닫고, 깨달은 말씀을 어떻게 실천에 옮길 것인가를 강조한다. 반면에 렉시오 디비나는 큐티가 가지고 있지 않은 관상(contemplation)단계가 있다. 관상은 말씀 가운데 임재 하시는 하나님과 함께하며 하나님의 품 안에서 안식과 평화를 경험하는 것이다. 큐티는 말씀을 읽고 깨달은 것을 적용하는 것에 중점을 두는 반면, 렉시오 디비나는 말씀을 통하여 하나님을 경험하는 것, 그리고 영성 형성과 성숙을 강조한다.

13 Parker J. Palmer, *To Know as We Are Known*, 24-6.
14 M. Robert Mulholland, Jr., *Shaped by The Word: The Power of Scripture in Spiritual Formation* (Nashville: Upper Room Books, 2000), 41.

작용하도록 하기 위해서는 말씀의 내용도 중요하지만 말씀을 대하는 접근방법 또한 중요하다. 말씀을 받아들이려는 마음이 없이 접근한다면 성경은 우리들에게 단지 문자로 작용하기 때문이다. "하나님의 말씀을 무효화하는 오직 한 가지 방법은 듣되 들으려 하지 않고, 보되 그가 본 것을 인정하지 않으려는 것이다."[15] 이것이 이사야 선지자가 제단에서 숯불을 들어 입술에 대며 선언했던 심판의 말씀이다. "가서 이 백성에게 이르기를 너희가 듣기는 들어도 깨닫지 못할 것이요 보기는 보아도 알지 못하리라 하여 이 백성의 마음으로 둔하게 하며 그 귀가 막히고 눈이 감기게 하라. 염려컨대 그들이 눈으로 보고 귀로 듣고 마음으로 깨닫고 다시 돌아와서 고침을 받을까 하노라"(사 6:9-10). 하나님의 말씀은 응답을 창조한다. 그 응답의 결과는 회개와 생명으로 인도하거나 거부와 사망으로 인도한다. 그러므로 성경을 대할 때에 우리의 존재보다 깊은 차원에서 변화를 이루는 방식으로 말씀하시도록 반응 방식을 발달시켜야 한다.

성경을 사변의 대상으로 삼거나 지식이나 이념을 위한 대상으로 삼는 것은 엄밀한 의미에서 성경을 속화시키는 것이다. 이런 것은 비기독교인들도 할 수 있다. 성경을 단지 정보의 대상으로 여겨서는 안 된다. 성경은 하나님의 생명력 넘치는 말씀이며 우리의 영성을 형성하고 삶을 변형시키는 힘이다.

바울은 디모데후서 3:16-17에서 살아 있고 운동력이 있고 통찰력이 있는 하나님의 말씀으로써 성경의 네 가지 역할을 묘사한다.[16]

첫째, 성경은 우리의 영적 순례 길에서 '교훈'(teaching)에 유익하다. 바

---

[15] Ray S. Anderson, *The Soul of Minstry*, 54.
[16] M. Robert Mulholland, Jr., *Shaped by The Word*, 43-6.

울과 신약성경 기자들은 단수형으로서 '교훈'과 복수형으로서 '교훈들'을 구분한다. 신약성경에서 복수형(교훈들)은 인간이나 귀신들의 활동과 관련하여 사용된다. 단수형(교훈)은 하나님께서 예수 그리스도를 통해서 행하셨고 행하고 계시는 것에 대한 좋은 소식의 선포와 관련이 있다. 교훈의 기능으로서 성경과의 만남은 그리스도 안에 있는 새 생명의 실체가 우리의 삶에 침입하여 근본적으로 새로운 존재 방식의 가능성으로 우리를 인도한다.

둘째, 성경은 '책망'(rebuking)에 유익하다. 성경은 우리의 잘못된 본질을 선명하게 드러내 준다. 성경은 우리 자신의 현재의 모습과 하나님께서 우리에게 의도하신 존재의 차이점을 깨닫게 하고 보게 하는 눈을 열어준다.

셋째, 성경은 '바르게 함'(correcting)에 유익하다. '바르게 함'의 헬라 원어적인 의미는 어떤 것을 곧게 만들거나 정렬하거나 완전하게 하는 것을 의미한다. 여기서 우리는 말씀이 존재하는 방식과 목적을 깨닫게 된다. 성경은 우리에게 새로운 존재 방식의 가능성을 제공해 주며, 우리 안에 그러한 존재 방식과 일치하지 않는 것들을 드러내 준다.

넷째, 성경은 '의로 교육'하기에 유익하다. '교육'(training)을 의미하는 헬라어 '파이디아'(paidia)는 함축적인 단어로서 '페다고지'(pedagogy, 교육학)라는 단어가 거기서 유래된 것이다. 신약시대 헬레니즘 문화에서 '파이데이아'(paideia)는 유아를 양육하고 훈련하고 징계하고 지도하는 복합적인 과정이었다. 바울은 성경의 역할에 대해 말하면서 하나님의 백성의 삶에서 하나님의 역사에 대해 언급하는 데 이 용어를 사용했다. 성경은 우리를 교육하기 위한 것이다.

바울은 성경의 이러한 형성적(formative) 목적들을 지적함으로써 우리의 삶에서의 살아있고 운동력 있는 하나님의 말씀의 역할에 대해 "이는 하나님의 사람으로 온전케 하며"라는 표현으로 마무리하고 있다. 바울에 의하면, 성경은 우리의 삶에 필요한 정보(information)로써보다는 삶의 형성(formation)을 위한 것이다. 바울은 성경에 의한 우리의 형성 목표는 단순히 하나님의 형상 안에 있는 우리 존재의 발견뿐만 아니라 우리로 하여금 "모든 선한 일을 행하기에 온전케"(딤후 3:17) 하기 위함이라고 진술한다. 이러한 말씀의 의미는 "하나님의 말씀은 살았고 운동력이 있어"(히 4:12-13)에서 가장 잘 표현되고 있다. 성경은 우리의 삶 안에서 창조적이고 적극적으로 존재하면서 하나님의 목적을 성취하려 한다. 히브리서 기자는 그다음에 '좌우에 날 선 검'이라는 이미지를 사용한다. 하나님의 말씀은 "좌우에 날 선 어떤 검보다도 예리하여 혼과 영과 및 관절과 골수를 찔러 쪼개기까지 하며"(히 4:12)라는 진술 속에서 말씀의 생명력과 형성시키고 변화시키는 역할을 상기한다. 결론적으로 말씀은 우리의 온전함을 위한 것이며, 우리의 존재와 영적인 순례 길에서 삶을 형성(formation)하고 재형성(re-formation)을 위한 것이며, 우리의 변화(transformation)를 위한 것이다.

성경을 읽는 방식은 세 가지로 구분될 수 있다. 하나는 정보를 얻기 위해 읽는 방식(informative approach)이고, 다른 하나는 우리 자신을 새롭게 하기 위하여 읽는 방식(formative approach)이다. 그리고 이 두 방식의 균형과 상호작용적 접근방법을 취하는 통합적 방식(informative-formative approach)이다.

## 정보 습득적인 접근방법(Informative Approach)

정보 습득적인 방식은 일반적으로 우리에게 습관화되어 있고 책을 읽을 때마다 거의 자동적으로 이루어지고 있는 방법이다. 이런 독서 방법이 잘못된 것은 아니다. 우리에게 필요하고 중요한 방법 중의 하나이다. 문제는 성경을 읽는 방식이 이렇게 일반화되어 있고 습관화되어 있는 독서 방법을 취할 수 있느냐는 것이다. 물론 우리가 성경을 읽을 때 정보 습득적인 방식을 취하는 것은 기본적으로 잘못된 것은 아니다. 하지만 성경을 이런 독서 방식으로 지배하려고 할 때는 여러 가지 한계와 문제가 발생하게 된다. 왜냐하면 성경은 일반서적과는 근본적으로 다른 가치와 특성을 가지기 때문이다. 즉, 성경은 정보의 대상이라기보다는 하나님의 말씀으로서 영적 형성과 삶을 위한 것이기 때문이다. 게다가 이러한 방식은 우리의 존재의 질을 변화시키는 데 기여하기보다는 우리의 지적 능력을 증진하거나 강화하려는 데 기본적인 목적이 있다. 우리가 정보 습득적인 방법으로 성경을 대할 때 성경을 통제하고 조정하는 대상으로 삼기 쉽다.[17] 또한 우리의 지식이나 경험을 합리화시키는 도구가 될 수 있다. 때문에 이러한 접근방법은 하나님과의 변화시켜 주는 만남을 기대하지 않으며, 우리가 세상에서 사는 방법에도 도전하지 않고, 오히려 기독교 신앙에 대한 우리의 자기 보호적인 이해를 강화시켜 줄 정보를 찾는다.[18] 본문을 나의 지배 아래 두어, 그것이 나의 계획에 맞는지 분석하고, 나의 영적 생활에서 원하는 것을 행하는 데 이용할 수 있는지를

---
[17] M. Robert Mulholland Jr., *Shaped by The Word*, 54.
[18] M. Robert Mulholland Jr., *Shaped by The Word*, 54.

결정하려 한다.[19] 때문에 하나님이 말씀하실 수 있는 공간은 사라지게 된다. 여기에 정보 습득적인 방식의 단점이 있다.

## 형성적 접근방법(Formative Approach)

우리가 일반적으로 이해하는 독서를 하는 까닭은 정보를 수집하고, 새로운 통찰과 지식을 획득하고, 새로운 분야를 이해하기 위해서다. 하지만 "영적 독서는 다르다. 그것은 단순히 영적인 것들을 읽는 것이 아니라 영적인 것들을 영적인 방식으로 읽는다는 뜻이다."[20] 형성적 접근방법은 먼저 성경의 보다 깊은 내용과 복합적인 의미의 층들을 읽는 방식이다. 성경이 우리들의 삶에 침입하는 하나님의 말씀이 되어 나에게 말을 건네고 나의 존재의 보다 깊은 차원에서 나를 만나기 시작하는 것을 허락한다.[21] 성경을 통해 하나님의 말씀이 우리를 만나고 형성할 수 있는 시간을 보내는 것이다. 두 번째 형성적 방식의 특징은 성경말씀이 자신을 지배하는 것을 허락하는 것이다. 성경을 읽을 때 본문의 주인이 되기보다는 말씀을 듣고 받아들이고 응답하고 말씀의 종이 되려는 태도로 본문에 임하는 것이다.[22] 세 번째 특징은 형성적 독서에서 우리는 말씀에 의해 형성되는 대상이라는 점이다. 성경을 읽을 때에 우리는 기꺼이 말씀 뒤에 서서 말씀이 말해주기를 기다리며, 말씀이 우리를 양육하는 것을 소

---

19 M. Robert Mulholland Jr., *Shaped by The Word*, 53.
20 Henri J. M. Nouwen, *Spiritual Direction : Wisdom for the Long Walk of Faith*, 윤종석 옮김, 『영성수업』 (서울: 두란노, 2007), 125.
21 M. Robert Mulholland Jr., *Shaped by The Word*, 56.
22 M. Robert Mulholland Jr., *Shaped by The Word*, 57.

망한다. 헨리 나우웬(Henri Nouwen)은 말씀에 대한 이런 형성적 접근에 대해서 다음과 같이 진술하였다.

> 말씀을 정복하기 위해서가 아니라 말씀에 정복당하려고, 말씀을 비판하기 위해서가 아니라 말씀에 도전을 받으려고 읽는 것이다. 그것은 성경을 '무릎 꿇고' 읽는다는 뜻이다. 당신의 상황 속에서 당신에게 주실 독특한 말씀이 하나님께 있다는 깊은 확신을 품고서 경건하게 차근차근 읽는 것이다. 한마디로 영적인 독서란 말씀이 나를 읽고 해석하도록 하는 것이다.[23]

형성적 접근방법은 우리가 말씀을 통제하려 하지 않고 말씀을 받는 대상의 자세를 취하기 때문에 우리의 삶에 변화가 일어날 수 있다. 네 번째 특징은 정보 습득적인 방식은 분석적이고 판단적인 접근방법을 취하지만, 형성적 독서는 열린 마음으로 수용적인 접근방법을 요구한다는 것이다. 즉, 말씀에 대해 진정으로 자신을 개방하고 수용하며, 우리의 잘못된 부분을 대면하시는 하나님의 말씀(Word) 앞에 복종하는 것이다.[24] 여기에서 우리는 보다 깊은 단계의 영적 훈련의 단계로 나아가게 된다. 마지막으로 형성적 접근방법은 특별히 신비에 대해 개방성을 갖는다. 우리는 그 신비 앞에 서서 그 신비가 우리에게 말하는 것을 허락한다.[25] 결국 우리는 문제를 해결하는 엄청난 활력이 그 만남으로부터 솟아나는 것을 발견할 수도 있다. 형성적 방법으로 독서를 할 때, 우리가 주의해야 할 것

---

[23] Henri J. M. Nouwen, 『영성수업』, 124.
[24] M. Robert Mulholland Jr., *Shaped by The Word*, 58.
[25] M. Robert Mulholland Jr., *Shaped by The Word*, 59-60.

은 말씀이 우리에게 말을 건네기 시작할 때, 우리는 정보 습득적인 방법으로 돌아가려는 경향이 있다. 즉 우리는 다시 지배자가 되고 본문은 다시 우리가 지배할 수 있는 대상이 됨으로써 본문이 우리의 삶에 미치는 영향을 제한하는 식으로 돌아가려는 강력한 유혹을 느끼게 된다. 이에 형성적으로 성경을 읽는 것은 준비와 훈련이 필요하다.

## 정보 습득적-형성적 접근방법
### (Informative-Formative Approach)

장 르클레이크(Jean Leclercq)는 성경을 두 가지 접근법, 즉 학문적 접근과 수도원적 접근으로 나누어 제시하였다.[26] 학문적 접근은 하나님 말씀에 대한 지적인 접근방법으로서 분석적, 논쟁적 측면을 지닌다. 이런 방법은 특히 성경학적으로 많은 공헌을 하고 있지만, 성경을 단순히 지적 호기심이나 학문적 측면에서만 접근한다면, 성경말씀이 담고 있는 영적인 특성과 성경을 통한 하나님의 현존을 경험하는 것이 무시될 수 있다. 때문에 토마스 머튼(Thomas Merton)은 비록 현대의 수많은 학문적 성경연구가 우리의 성경을 바르게 이해하고 해석하도록 도움을 주었지만, 이러한 시도들은 또한 성경의 본질적인 정신과 가르침을 간과할 수 있고 지나친 전문화로 말미암아 성경에 대한 관심을 사라지게 할 수 있음을 지적하였다.[27] 물론 성경에 대한 아무런 전이해나 지식 없이 성경을 읽게

---

26  Jean Leclercq, *The Love of Learning and the Desire for God*, 71-3.
27  Thomas Merton, *Opening the Bible* (Collegeville: Liturgical Press, 1986), 34-5.

될 때, 말씀을 자구적으로 해석하거나 말씀의 바른 의미를 손상시킬 위험성이 있음으로 말씀에 대한 정확한 이해를 위해 분석적 또는 학문적 전이해가 필요하다고 할 수 있다. 하지만 지나치게 지성적인 면을 강조하여 성경을 연구하고 관찰할 때 우리는 말씀 안에 현존하시는 하나님과 영적 가치들을 간과할 수 있는 위험에 빠질 수 있는 것이다.

정보 습득적 방법과 형성적인 방법 사이에는 유익한 상호작용이 존재한다. 성경구절이 형성적인 것이 되려면, 그 구절에 대한 어떤 수준의 정보, 원래의 문맥에서 본문이 의미하는 것에 대한 어느 정도의 의식, 하나님께서 의도된 독자들에게 말씀하고 계시는 것의 의미를 바르게 의식하고 있어야 한다. 이것은 성경을 형성적 자료로 삼을 때에도 기본적으로 필요한 것이다. 하지만 영성 형성을 위한 차원으로까지 나아가야 한다. 하나님의 말씀(Word)은 우리에게 말씀하시며, 우리가 그 말씀을 듣고 이 만남에 응답하고 말을 할 때에 경험적으로 우리의 삶 속에 있는 하나님의 현존과 능력을 알기 시작한다. 말씀의 '의미'는 정보에서부터 그 의미가 우리의 일상생활 안에 형성적으로 성육하는 것으로 옮겨 가야 한다.[28]

두 독서 방법 사이에는 꾸준한 상호작용이 존재하며 해야 한다. 그러나 영성 형성에서 정보 습득적 방법은 성경의 역할의 단지 문의 입구에 불과하다. 이 문을 넘어 하나님과의 보다 깊은 만남으로 들어가야 하는데, 그것이 곧 형성적 접근방법이다. 처음에는 정보 습득적인 원동력으로 시작하지만 형성적 방법으로 이동해야 한다. 아드리안 캄(Adrian van Kaam)은 형성적 접근의 특징을 다음과 같이 진술한다.

---

[28] M. Robert Mulholland Jr., *Shaped by The Word*, 61.

형성적인 말씀에는 나를 변화시켜 주는 능력이 있다. 그것은 그리스도 안에 있는 새로운 자아를 일으킬 수 있으며, 내 삶의 모든 차원에 스며든다. 형성적인 말씀은 나를 이기적인 자아의 자극들 너머로 들어 올려, 나로 하여금 영원한 말씀 안에 있는 은혜 받은 생명의 형태를 발견하게 해 줄 수 있다.[29]

성경을 영성 형성을 위한 자료로 사용할 때에, 보다 중요하게 고려해야 할 것은 성경을 읽는 방법이 아니라 읽는 동기이다. 동기가 성경에 대한 접근방법을 구체화해 주기 때문이다. 문제는 '정보 분석 방식과 형성적 방식 중 어느 것이 더 좋은가', 혹은 '두 가지를 어떻게 잘 결합할 것인가'가 아니다. 보다 더 중요한 것은, 하나님의 신비를 향한 열린 자세이다. 하나님의 신비와 말씀에 대한 열린 자세가 우리로 하여금 영성 형성의 길로 나아가게 하는 원동력이다.

### 렉시오 디비나의 실천적 방법[30]

기독교 전통에서 일반적으로 행해졌던 렉시오 디비나의 실천 방법은[31]

---

[29] Susan Annette Muto, *Renewed at Each Awakening* (Denville, N.J: Dimension Books, 1979), 135.
[30] 렉시오 디비나는 기독교 전통 안에서 두 가지 형태로 나타난다. 하나는 수도원적 또는 영적인 렉시오 디비나의 방법이고, 다른 하나는 학구적인(scholastic) 렉시오 디비나의 방법이다. 전자는 영성 형성과 성숙을 위한 것으로 말씀을 읽고 그 말씀을 반복하며 말씀과 더불어 살면서 기도하는 방법이다. 후자는 스콜라 철학의 등장과 함께 이성과 상상을 강조하게 되는 성향이 나타나면서, 렉시오 디비나의 방법이나 절차도 복잡해지는 경향을 띄게 되었다. 렉시오 디비나는 세밀한 독서(lectio), 심사숙고(cogitation), 공부(stadium), 묵상(meditatio), 기도(oratio), 관상(contemplatio) 등 6단계까지 발달하게 되었다. 학구적인 렉시오 디비나의 복잡한 단계를 Guigo II는 심사숙고와 공부를 묵상으로 통합시키고, 세밀하게 읽기, 묵상, 기도, 관상의 4단계로 축소시켰다(서인석, 『말씀으로 드리는 기도: 거룩한 독서 Lectio Divina를 위한 길잡이』(서울: 성서와 함께, 2002), 13). 여기서는 학구적인 렉시오 디비나보다는 영적인 렉시오 디비나를 중심으로 그 실천 방법을 제안하는 것이다.
[31] 영적 독서(lectio divina)의 기법에 관한 보다 더 구체적인 내용을 위해서는 Susan Annette Mute, *Renewed at Each Awakening: The Formative Power of Sacred Words* (Denville, N. J.: Dimension Books,

보통 네 단계, 즉 읽기(lectio), 묵상(meditatio), 기도(oratio), 관상(안식, contemplatio)이다.³²

### 읽기(Lectio: Reading)

렉시오 디비나에서 성경을 읽는다는 것은 하나님의 말씀 앞에 우리 자신을 열어 드리는 것을 의미한다. 말씀의 지식을 얻기 위해서가 아니라 말씀이 우리를 변화시키도록 우리를 말씀 앞에 드리는 것이다. 깊은 숙고가 읽기의 본질이다. 이때 익숙한 이해에 몰두하는 경향을 피해야 한다. 익숙한 본문이라도 그렇게 한다.³³ 단어나 문장을 곰곰이 생각하면서 본문을 읽는다. 말씀을 읽다가 마음에 부딪혀 오거나 관심을 사로잡는 단어나 내용, 하나님의 신비 속으로 더욱 깊이 들어가라고 초대하는 단어나 내용에 경청해야 한다.³⁴

말씀을 읽는 방식에서 주의해야 할 것은 '기호적'이거나 '채집적' 방법이다. 이러한 독서는 말씀을 어떤 목적에 이용하기 위한 수단으로 삼도록 조장한다. 그래서 성경을 이념이라든지 세상의 문제의식의 빛으로 해석하도록 몰아간다. 이리하여 하나님의 말씀이 우리의 의식 속에 시대의 징표를 뚜렷이 드러나게 비추어 주는 것이 아니라 거꾸로 이념이 복음을

---

1979); *Steps Along the Way: The Path of Spiritual Reading* (Denville, N. J.: Dimension Books, 1975); *A Practical Guide to Spiritual Reading* (Saint Bede's Publications, 1994); *The Journey Homeward: On the Road of Spiritual Reading* (Denville, N. J.: Dimension Books, 1977); *Approaching the Sacred: An Introduction to Spiritual Reading* (Denville, N. J.: Dimension Books, 1973); Morton Kelsey, *The Other Side of Silence: Meditation for the Twenty-First Century* (Mahwah, H. J.: Paulist Press, 1997); *Carolyn Stahl Bholer, Opening to God: Guided Imagery Meditation on Scripture* (Nashville: Upper Room Books, 1996); 박노권, 『렉시오 디비나를 통한 영성훈련』(서울: 한들출판사, 2008), 2, 3장; Daniel Wolpert, *Creating a Life with God*, 엄성옥 옮김, 『기독교 전통과 영성기도』(서울: 은성, 2005), 2장 참조.
32 Robin Maas & Gabriel O'Dnnell, *Spiritual Traditions for the Contemporary Church* (Nashville: Abingdon Press, 1990), 46-7.
33 Henri J. M. Nouwen, 『영성수업』, 140.
34 Daniel Wolpert, 『기독교 전통과 영성기도』, 57.

특정 방향으로 몰아가게 되는 것이다. 여기서는 말씀에 현실성과 내용을 부여해 주는 듯이 보이는 역사적인 사건이면 무엇이나 다 '시대의 징표'라 부른다.[35] 더 나아가 이미 특정 경로를 통하여 파악된 것 이외의 어떤 다른 시대의 징표라든지 시대 비판이나 판단이 솟아날 수 없다. 결국 사회학적이거나 심리학적인 이념을 토대로 미리 정의되고 선택되고 해명된, 소위 시대의 징표라는 것들을 성경 안에서 읽어 내려는 유혹이 나타나게 되는 것이다.[36] 이런 방식의 성경 독서는 회개를 불러일으키지도 못하거니와, 그리스도 안에서의 영적 형성과 성장을 낳는 말씀의 효력을 지니지도 못한다. 그리하여 단지 지적이고 사회학적인 수준에만 머물고 말 위험에 빠지는 것이다.

### 묵상(Meditatio: Meditation)

묵상은 주어진 말씀을 반복함으로써 말씀이 우리 내면 깊이 뿌리를 내려서 말씀과 내가 하나가 되게 하는 과정이다. 그 말씀이 왜 나의 마음을 움직였는지, 그 말씀은 내게 무엇을 말하고 있는지를 우리의 마음과 이성과 감성, 즉 우리의 전인격을 동원하여 묵상한다.[37] 말씀을 묵상함에 있어서 본문 말씀에 문자적으로 나타나 있지 않은 배경이나 상황을 전체적으로 깊이 생각하고, 본문 말씀의 주인공과 깊이 있고 살아있는 대화를 나누거나 핵심 사상이나 가르침을 자기 것으로 소화해야 한다. 여기

---

35 Enzo Bianchi, 『말씀에서 샘솟는 기도』, 25-6.
36 Enzo Bianchi, 『말씀에서 샘솟는 기도』, 26.
37 Joseph Hall(1574-1656)은 말씀 묵상의 아홉 가지 유익을 다음과 같이 소개했다. (1) 우리의 마음을 살펴 내부에 있는 적을 찾아내어 (2) 그 적을 쫓아내고 다시 들어오지 못하게 막으며 (3) 선한 방법들을 사용하여 선을 행하고 (4) 우리 자신을 알며 (5) 유혹을 예방하고 (6) 홀로 있는 것(solitariness)을 즐기며 (7) 들뜨기 쉬운 감정을 절제하고 (8) 우리의 지식에 빛을 던져주며 (9) 우리의 정서를 뜨겁게 하고 헌신을 활성화시켜 준다(나용화, 『영성과 경건』, 146에서 재인용).

서 묵상은 말씀에 대한 지적인 연구를 하는 것을 의미하는 것은 아니다. 묵상의 단계는 하나님의 임재를 깊이 생각하며 즐거워하는 것이다.

그러나 유감스럽게도 묵상은 자주 감정 위주의 성찰과 감성을 자극하는 생각의 훈련으로 간주되는 경향이 있다. 마음이 뜨거울수록 더 강렬해진다고 믿는 이른바 '정신적 발산'과 '정서적 자극'을 얻기 위한 정신 훈련으로 간주되고 있는 경향이다.[38] '근대적 신심'(devotio moderna) 특유의 이 묵상은 '사람 중심', '자아 중심'이라는 심각한 결함을 안고 있는 경향이 있다.[39] 여기서 추구하는 것은 순전히 내면성이요 마음의 움직임에 대한 통제이다. 오늘날 자아 중심적인 영적 훈련은 다시 살아나서 방법상 '쇄신적응'의 상태에 있다. 달라진 것이 있다면, 그 주제가 과거에는 '마음의 움직임'이었지만 오늘날은 '무의식의 건강'이나 '더 깊은 자아에 도달하기' 또는 '자기 비움' 형태로 바뀌었다는 사실뿐이다.[40] 자아 중심적인 방법을 추구하는 이 방법은 우리를 언제나 내면에 폐쇄적으로 머물게 하여 자유롭게 해주지 못한다. 그러므로 그리스도인들은 이런 유의 묵상을 멀리해야 한다. 이것은 진정한 묵상과는 전혀 무관하다. 진정한 묵상은 언제나 하나님 중심이고 그리스도 중심이지 결코 자기 자신을 중심에 놓지 않는다.

진정한 성경적 묵상은 무엇보다도 무언가를 얻기 위해 실천하는 것이 아니다. 얻는 일이 생긴다면 그것은 부스러기인 은혜일 따름이고, 진정한 묵상은 언제나 하나님과의 교제가 성장하는 것을 목표로 한다. 그리하여 하나님과의 풍성한 관계 안으로 들어가 거기서 존재와 행위의 원천

---

[38] Enzo Bianchi, 『말씀에서 샘솟는 기도』, 27.
[39] Enzo Bianchi, 『말씀에서 샘솟는 기도』, 27.
[40] Enzo Bianchi, 『말씀에서 샘솟는 기도』, 27.

이 되는 힘을 공급받는 것이다.

### 기도(Oratio: Speech)

그리스도인들 사이에서 기도는 성경과 직접적인 관계는 없는 것으로 생각하는 경향이 있다. 그러나 교회의 초기 생활부터 대략 1300년대까지 그리스도인들의 기도 체험의 직접적이고도 일차적인 젖줄은 바로 성경이었다.[41]

깊은 기도 체험이 성경봉독과 직결된다는 것을 가장 설득력 있게 보여주는 작품이 중세에 카루투시오 회원 귀고 2세(+1188)의 『관상생활에 관해 쓴 편지』(Epistola de vita contemplativa)일 것이다. 이 영성 소품의 아름다움과 힘은 대단해서, 오늘날까지도 거룩한 독서를 소개하는 대부분의 사람들이 귀고 2세가 제시한 도식을 그 방법론적 표준처럼 제시하고 있다. 그것이 바로 '독서-묵상-기도-관상'의 네 단계다. 귀고 2세는 마태복음 7장 7절을 거룩한 독서의 과정에 적용하여, '독서 안에서 찾으면 묵상을 얻을 것이고, 기도 안에서 두드리면 관상으로 들어갈 것이다.'라고 하였다.[42]

렉시오 디비나는 "기도와 함께하는 독서요 말씀으로 기도하는 것이며, 묵상이 낳은 기도다."[43] 이 단계에서는 하나님은 성경을 통해서 우리에

---

[41] 이연학, "거룩한 독서(lectio divina): 한 수도자의 실천," 정원범 엮음, 『영성수련과 영성목회』 (서울: 한들출판사, 2009), 200.
[42] 이연학, "거룩한 독서(lectio divina): 한 수도자의 실천," 200.
[43] Enzo Bianchi, 『말씀에서 샘솟는 기도』, 58.

게 말씀하시고 우리는 기도를 통해서 하나님께 말한다. 주어진 말씀과 그 말씀의 의미를 통해서 하나님이 오늘 나의 삶을 어떻게 인도하시는지 발견한다. 이 단계는 말씀이 나의 전 존재의 가장 깊은 곳까지 들어갈 수 있도록 나를 더욱 말씀 앞에 열어 놓는 단계이며, 주신 말씀에 대하여 나의 생각, 뜻, 결심, 느낌을 동원해서 하나님께 응답하는 단계이다.[44] 즉, 하나님은 우리를 말씀 가운데로 초청하시고 말씀을 통해서 우리에게 교훈, 책망, 인도, 위로하신다. 바로 이때 우리 자신의 언어로 하나님의 말씀에 구체적으로 응답하는 것이 기도이다. 여기에서 고려해야 할 것은 기도는 단순히 정신에만 관계되는 것으로 생각해서는 안 되며 전인에 관계되는 것임을 잊지 말아야 한다는 것이다. 케네스 리치(Kenneth Leech)는 기도는 정신 활동만이 아니라 전인적인 활동임을 강조하면서 이렇게 지적하였다. "하나님은 머릿속에 있는 분이 아니기 때문이다. 기도는 총체적인 인간의 활동이다. 그리고 하나님은 전체성 안에 존재하신다."[45] 때문에 기도할 때는 "신체적인 고요함의 완전에 주위를 기울이고, 나아가 영성생활의 균형을 이루는 데 결정적이라 할 수 있는, 먹고 마시고 쉬는 활동의 리듬을 습득하는 일에도 주의를 기울여야 한다."[46] 말씀과 함께 기도하고, 말씀 안에서 기도는 마음으로만이 아니라 전인으로 하는 것이다. 기도는 전인적인 것이다.

### 관상(Contemplatio: Contemplation)

관상은 말씀을 통해서 우리를 찾아오신 하나님의 현존 앞에 머무르는

---

[44] 임창복, 김문경, 오방식, 유해룡 공저, 『기독교 영성교육』 (서울: 한국기독교교육교역연구원, 2006), 189..
[45] Kenneth Leech, *Soul Friend: A Study of Spirituality* (London: Sheldon Press, 1985), 173.
[46] Kenneth Leech, *Soul Friend*, 173.

단계이다. 성령이 나와 하나님의 관계를 더욱 깊게 해주시고, 인도하고 변화시킬 수 있도록 하나님의 품 안에 깊은 사랑과 평화 속에 머물러 있는 상태다. 이것이 관상적인 안식(contemplative rest)의 순간이다. 이 안식하는 순간은 기도 경험 전체를 돌아볼 수 있는 시간을 제공한다. 자신과 하나님에 대한 새로운 인식, 세상과 사물에 대한 새로운 인식, 이러한 새로운 인식이나 깨달음에 대한 감사 등이다.[47]

관상의 단계에서 아무것도 경험하지 못할 수도 있다. 오히려 기도하는 동안 생각나는 것은 온통 세상적인 것들로 가득하여 힘들거나 좌절하거나 분노할 수도 있다. '아무것도 일어나지 않는' 경험을 할 때 어떻게 해야 하느냐이다. 베네틱트(Benedict) 관점에서 보면, 그러한 '실패'는 타락한 인간의 상태에 정상적인 부분이다. 만일 하나님의 말씀과 만남이 쉽다면, 기도를 실천해야 할 필요가 없기 때문이다.[48] 기도는 하나의 상품이 아니라 하나님과의 관계이기 때문에 비록 이 단계에서 어떤 경험을 하지 못했다고 할지라도 하나님과 함께 시간을 보내기를 소망한 것 그 자체로 가치로운 것이다.[49]

귀고 2세는 다음과 같이 렉시오 디비나의 모든 과정을 요약한다.

"독서가 표면과 관련된 훈련이라면 묵상은 속내를 들여다보는 지성입니다. 그리고 기도가 갈망과 관련된 것이라면 관상은 모든 감각을 초월한 것입니다." 이렇게, 성경 없이 기도할 수 없고 기도 없이 성경을 읽을 수

---

[47] 렉시오 디비나를 가장 충실하게 실천 발전시켰던 성 베네틱트는 수도사들에게 렉시오 디비나의 마지막 단계에서 살아있는 말씀을 만나는 것에 대해 하나님께 감사하라고 가르쳤다. 이 관상의 단계에서는 하나님 안에서 안식과 평안을 경험하는 것인데 이러한 경험은 반드시 감사로 이어져야 한다고 강조했다 (대니얼 월퍼트, 『기독교 전통과 영성기도』, 62).
[48] Daniel Wolpert, 『기독교 전통과 영성기도』, 63.
[49] Daniel Wolpert, 『기독교 전통과 영성기도』, 63.

없다는 사실에 대해 실감나게 묘사해 준 귀고 2세는, 거룩한 독서의 각 순서들이 빠짐없이 다 중요하다는 사실에 관해서도 다음과 같은 실천적 경구로 일깨워 준다. "묵상 없는 독서는 건조하며 독서 없는 묵상은 오류에 빠지기 쉽고, 묵상 없는 기도는 미지근하며 기도 없는 묵상은 결실이 없는 것입니다."[50]

렉시오 디비나에서 이 네 단계는 항상 일정한 순서를 갖는 것은 아니다. 렉시오 디비나의 실제에서 읽기, 묵상, 기도, 관상은 이런 단계의 과정을 거쳐 우리에게 다가오기도 하지만 이 네 단계가 고정적이고 기계적인 순서로 발전해 우리에게 주어지는 경험이 아니다.[51] 렉시오 디비나에서 이 네 가지는 단계이기보다는 순간(moment)으로 이해하는 것이 더 적합하다. 우리가 관상기도로 나아가고자 하는 열망으로 렉시오 디비나를 실천할 때 읽기에서 묵상을 거치지 않고, 바로 기도나 관상의 경험으로 나아갈 수 있다. 또는 묵상의 경험에서 바로 기도를 거치지 않고 관상의 경험으로 나아갈 수 있다.[52] 때문에 이 순서에서 저 순서로 가는 데 있어서 반드시 일정한 순서를 갖는 것은 아니다.

## 렉시오 디비나의 현대적 의의

과학의 엄청난 진보와 물질주의 문화 속에서 기독교 신앙의 정체성을

---

50 이연학, "거룩한 독서(lectio divina): 한 수도자의 실천," 205에서 인용.
51 임창복, 김문경, 오방식, 유해룡 공저, 『기독교 영성교육』, 192.
52 임창복, 김문경, 오방식, 유해룡 공저, 『기독교 영성교육』, 192.

위협받고 있는 오늘의 시대적 상황을 극복할 수 있는 길은 주지주의를 넘어 진정한 영적 가치를 회복하는 것이라 할 수 있다. 오늘날 현대 기독교인들이 기억해야 할 것은, 수많은 설교자들이 강단에서 윤리적 가르침을 전파하고 있으나 그것을 듣는 사람들은 대부분 그것을 실천하지 못한다는 것이다. 왜 그럴까? 윤리적 가르침이 잘못되었기 때문이 아니다. 그것을 실천할 수 있는 힘이 약하기 때문이다. 즉, 영적으로 성장하고 성숙하지 못했기 때문이다. 기독교인들에게 영성 형성과 발달은 신앙의 정체성과 성숙한 신앙적 삶을 위협받고 있는 이때에 중요한 것임에 틀림없다. 우리 시대는 '얼마나 아느냐'의 문제보다는 '얼마나 성숙한 경험과 실천을 했느냐'라는 문제를 더 소중히 여기고 있다. 진정한 기독교적인 정체성과 힘은 지식의 차원을 넘어 기독교적 경험과 영성 형성과 성숙에서 오는 것임으로 그러한 길을 모색해야 한다. 그러한 모색 중의 하나가 풍부한 영성적인 경험과 전통적인 지혜를 이어받아 성경적인 지식을 갖춘 영성 형성의 방법과 체제를 우리 교회 안에서 회복시키는 것이다.

렉시오 디비나는 기독교 전통 안에서 그리스도인들의 영적 형성을 위한 중요한 방법으로 여겨졌을 뿐만 아니라 또한 성경을 대하는 방법에도 크게 영향을 미쳤다. 앞에서 살펴본 것처럼 기독교 전통 안에서 성경을 읽는 대표적인 두 가지 방식이 있다. 하나는 정보를 얻기 위해서 읽는 방식(information)이고, 다른 하나는 우리 자신을 새롭게 하기 위하여 읽는 방식(formation)이다. 하지만 성경을 단지 정보를 얻기 위해 읽는 한, 성경을 읽으면서도 영적 유익을 얻지 못한다. 우리를 하나님께로 인도하지 않는 성경의 지식은 특별한 가치가 없다.[53] 초기 기도교 시대부터 그리스도인

---

53  Howard Rice, 『영성 목회와 영적지도』, 최대형 옮김 (서울: 은성, 2003), 61.

들은 하나님의 말씀인 성경을 머리가 아닌 순수한 마음으로 읽고, 그 말씀을 통하여 그리스도를 만나고, 또 그분과의 만남을 통하여 그리스도와의 우정을 깊게 하고, 우리의 존재의 변화를 추구하는 독서 방식을 취했다.[54] 렉시오 디비나에서는 우리가 말씀을 해석하는 것이 아니라 말씀이 우리를 해석하도록 말씀 앞에 열린 자세로 서는 것이다. 다시 말하면, 성경을 지식을 얻는 '정보'(information)의 대상이 아니라 우리의 영혼과 삶을 '형성'(formation)하고 '변화'(transformation)시키는 생명력 있는 말씀으로 믿고 받아들이는 과정이 렉시오 디비나이다.

렉시오 디비나는 우리를 보다 더 풍성한 영성생활을 누리도록 도와주는 중요한 길이 될 수 있다. 물론 영적 독서가 성경을 대하는 절대적인 방법이라거나 영성 형성을 위한 유일한 길은 아니다. 성경을 통하여 하나님의 현존을 경험하고 영성을 형성하는 방법은 사람에 따라 다를 수 있으며 각자에게 맞는 방법을 안내하는 분은 성령이시기 때문이다.

## 렉시오 디비나와 설교자

현대 그리스도인들에게는 영적 독서(lectio divina)보다는 성경공부가 훨씬 더 익숙하다. 많은 그리스도인들이 성경공부를 통해서 성경을 이해하게 된다고 생각하는 경향이 있다. 성경공부는 주어진 본문의 배경과 의미에 대한 설명과 주요한 질문들에 답하고 적용하는 방식으로 되어 있다. 성경공부의 우선적인 관심사는 본문의 의미를 설명하고 그다음에 그

---

54 임창복, 김문경, 오방식, 유해룡 공저, 『기독교 영성교육』, 171.

것을 생활에 적용하는 것이다. 성경공부는 성경에서 정보를 얻고 그 정보를 삶에 적용하는 방식이다. 반면, 영적 독서는 우리를 하나님께로 부르는 하나님의 말씀으로서의 성경에 관심을 갖는다. 영적 독서는 성경을 연구의 대상으로 삼고 정보를 얻기 위해서라기보다는 영성 형성에 목표를 둔다. 영적 독서에 대해 헨리 나우웬(Henri Nouwen)은 다음과 같이 설명한다.

성경을 취하여 그것을 읽는 것은 하나님의 부르심에 우리 자신을 열기 위해 하는 첫 번째 일이다. 성경을 읽는 것은 보이는 것만큼 쉬운 일이 아니다. 학문 세계에서 우리는 우리가 읽는 모든 것을 분석하고 토론하는 경향이 있기 때문이다. 그러나 하나님의 말씀은 무엇보다 먼저 우리를 관상과 묵상으로 인도해야 한다. 우리는 말씀을 분석하는 대신, 우리가 가장 깊은 존재 안에서 그것들을 하나로 모아야 한다. 또한 우리가 동의하는지 동의하지 않는지를 고민하는 대신, 말씀들이 우리에게 직접적으로 말하는지, 그것이 우리의 가장 내적인 개인적 이야기와 직접적으로 연결되어 있는지를 생각해야 한다. 우리는 말씀들을 흥미 있는 대화나 글을 위한 가능성 있는 주제들이라고 생각하는 대신, 그 말씀들이, 심지어 어떤 다른 말도 들어올 수 없는 장소에까지 우리 마음의 가장 숨겨진 구석까지 스며들도록 기꺼이 허락해야 한다. 그런 다음에야 비로소 말씀들은 비옥한 땅에 뿌려진 씨처럼 열매를 맺을 것이다. 그때에야 우리는 진정으로 듣고 이해할 수 있다.[55]

---

[55] Henri J. M. Nouwen, *Reaching Out: The Three Movement of the Spiritual Life* (London: Fount, 1980), 124.

그러나 현대인의 마음 구조는 이러한 영적 독서를 실천하기가 쉽지 않다. 이유는 이러한 영적 독서의 방식을 형성하려고 노력할 때 많은 장애물에 직면하게 된다. 우리가 경험하는 교육체제 거의 대부분은 정보와 기술 습득을 위해 글을 읽도록 우리를 훈련시켰다. 이러한 정보와 기술 습득적인 교육은 우리가 성경을 대하는 방식에도 많은 영향을 준다. 우리의 독서 방법은 분석하고 평가하는 태도에 익숙해져 있다. 때문에 성경의 본문을 대할 때에도 본문이 우리에게 말하게 하는 대신에, 그것을 먼저 분석하려고 한다. 본문으로 하여금 우리가 알지 못하는 것을 말하도록 하는 대신에 우리는 분석가와 논평자로 본문을 대한다. 그다음 우리는 승리한 기분과 만족감으로 저자와 멀어진다. 우리의 독서 습관은 좋은 감정과 강력한 도전을 기대하도록 되어 있다. 이러한 습관은 우리의 실용주의적인 모습을 보여준다. 멀홀랜드(Robert Mulholland)는 영적 독서를 할 때 지각적 장애물을 주의해야 한다고 다음과 같이 제안한다.

> 우리가 형성적 방법으로 성경을 다루지 못한다면, 우리의 삶을 형성한 정보 습득적인 원동력들이 지배력을 발휘할 것이다. 우리는 성경을 멀리하고, 우리 자신의 의식적이거나 무의식적인 계획을 반영해 줄 객관적이고 분석적인 방법으로 성경을 다룰 것이다. 우리는 본문의 깊은 곳이 아니라 표면을 다룰 것이며, 질보다는 양을 중시하고, 본문의 말을 듣기보다는 본문에게 말을 하며, 본문으로 하여금 우리를 지배하게 하기보다는 우리가 본문을 지배하려 한다. 정보 습득적인 독서는 우리를 존재하도록 공표하시는 말씀으로 만들기 시작할 살아있는 하나님의 말씀과의 만남으로 인도하기보다는 하나님께서 공표하시기를 우리가 기대하는 것을

초래하는 경향이 있다.[56]

또한 우리가 기능적인 방법으로, 그리고 우리의 힘과 방법으로 우리의 계획을 성취하기 위한 수단으로 성경을 읽는다면, 우리의 계획 성취를 위해서 성경을 조정하려는 유혹을 피하기가 어렵다. 성경을 기능적으로 읽을 때 성경은 단지 우리의 목적과 욕구 충족에 필요한 도구가 될 수 있다. 이러한 장애물을 극복하는 방법은 형성적인 영적 독서이다. 영적 독서는 말씀 이해에 초점을 두기보다는 말씀 배후에 있는 말씀의 주인공이신 하나님께 좀 더 초점을 맞춘다. 영적 독서는 본문 내용을 분석하거나 그로부터 어떤 교훈을 뽑아내려고 하는 것이 아니라 그 자체를 먼저 경험하는 데 일차적인 목표가 있다. 성경을 읽는 목적을 우리의 계획을 촉진하려는 데 두지 않고 우리의 영혼이 하나님의 말씀으로 형성되어지도록 하는 것이다.

우리의 가슴 깊은 곳으로 들어오게 하는 방식으로 책을 읽는 습관을 기르려면 많은 훈련이 필요하다. 특별히 글을 읽을 때 정독하는 습관과 묵상적인 글 읽기를 해야 한다. 우리는 규칙적으로 성경과 다른 영적인 저서들을 정독하는 습관을 계발할 필요가 있다. 영적 독서를 계발하기 위해서는 처음에는 시편이나 복음서를 부지런히 읽는 것에 집중하는 것도 좋을 방법이 될 수 있다. 그리고 어느 정도 성경을 읽는 것이 습관화되면 정독하며 묵상적인 읽기를 해야 한다. 매우 실용주의적인 사회에 사는 우리에게는 이러한 방법들이 우리의 독서 방법을 재구성하는 데 효과적일 수 있다. 설교자가 이러한 영적 독서를 통하여 설교를 하지 않으

---

[56] M. Robert Mulholland Jr., *Shaped by the Word*, 134-35.

면, 즉 설교가 단지 도움이 되는 말들과 정보전달식의 형태를 따른다면 청중을 정보 수집가나 비평가가 되게 할 수 있다. 왜냐하면 설교자와 청중은 메시지에 대한 자세와 정신 등에서 서로 영향을 주고 받게 되어 있기 때문이다. 설교자가 정보 전달식 설교를 하면 청중도 정보 습득적인 자세로 설교를 듣게 되어 있다.

설교자가 영적 독서의 형식을 따른다면 자신이 선호하는 성경을 선택적으로 읽는 습관과 좋아하는 본문만을 설교하는 습관을 피할 수 있다. 설교는 본질적으로 성경의 메시지를 오늘의 청중에게 현대 언어로 전하여 청중이 성경 이야기를 듣고 그 메시지와 관계를 맺을 수 있도록 해야 한다. 그러나 현대의 많은 설교는 청중의 소비자적 요구에 맞게 행해지는 경우가 많다. 성경은 인간에게 도움이 되는 조건을 얻기 위해서가 아니라 하나님의 이야기를 듣고 하나님의 이야기에 참여하도록 하기 위해서 들려져야 한다. 유진 피터슨(Eugene H. Peterson)은 성경의 기능을 다음과 같이 요약한다.

> 책의 일차적인 존재 이유는 우리가 저자의 이야기를 들으면서 그 속에서 우리 자신을 발견하고, 저자의 노래를 들으면서 그들과 함께 노래 부르고, 그들의 주장들을 들으면서 그들과 함께 논의하고, 그들의 답변을 들으면서 그들에게 질문할 수 있도록, 저자와 독자들이 관계를 맺도록 하는 것이다. 성경 이야말로 바로 그러한 책이다. 정보 수집을 목적으로 이 이야기들을 비인격적으로 읽으면 우리는 그것들을 왜곡하게 된다.[57]

---

[57] Eugene H. Peterson, *Working the Angels: The Shape of Pastoral Integrity* (Grand Rapids: Eerdmans, 1987), 99.

설교자는 정보 수집가 혹은 비평가로서가 아니라 제자로서 본문을 접근하는 자세를 배워야 한다. 설교자는 어린 사무엘의 태도를 본받아야 한다. "말씀하옵소서, 주의 종이 듣겠나이다"(삼상 3:10). 설교자가 성경을 대하는 목적이 사실을 습득하는 단계를 넘어 성경이 설교자에게 말하도록 하려면, 설교자는 성경의 모든 단어들을 음미하면서 그것을 곰곰이 생각하고 숙고하면서 묵상해야 한다. 바로 영적 독서가 필요하다.

# Chapter 07
# 설교와 묵상
## Preaching & Meditation

### 묵상과 기독교

 묵상이란 말은 성경에서 여러 의미로 쓰이고 있다. 구약성경에서 묵상이란 용어가 음성적 의미로 쓰일 때는 '낮은 목소리로 속삭이다'(삼상 1:9-13)라는 뜻을 지니고 있지만, 정신적 의미로 쓰일 때는 '신음하다', '되새기다', '깊이 생각하다', 또는 '묵상하다'(수 1:8; 시 1:2)는 의미를 나타낸다. 특별히 하나님의 말씀과 함께 쓰일 때는 음식을 되새김질한다는 것과 관련되어 쓰인다. 여호수아 1:8과 시편 1:2에 "여호와의 율법을 주야로 묵상하여"라고 할 때 묵상한다는 의미는 '되새기어' 또는 '반복하여'라는 뜻이다. 신약성경에서 묵상은 관심, 생각, 돌봄, 실행 등과 관련하여 쓰고 있다. 묵상이란 용어가 디모데전서 4:15에서는 "이 모든 일에 전심하여"로 표현되고 있고, 누가복음에서는 마리아가 잉태에 대한 소식을 가져온 천사의 인사를 받고 '생각하매'라고 표현하고 있다.
 기독교 역사에서 묵상은 고대 수도원에서 활성화되었다. 수도 전통에서는 성경말씀을 순수한 마음으로 지속적으로 되뇌는 것이었다. 수도 전통에서 행해진 묵상 방법은 말씀을 끊임없이 되새기며 맛보는 것이었다. 되새김으로서의 묵상 방법은 중세 수도 전통에 면면히 이어져 내려왔다. 그러나 귀고 II세는 성경을 읽는 것은 단순히 읽는 것이 아니라 읽고 듣는 것임을 분명히 말하지만, 그는 독서를 단순히 읽는 것이 아니라 그 본문을 주의 깊게 관찰하거나 고찰하는 지성적인 작업으로 이해했다.[1] 이것은 초기 수도자들이 온 마음으로 성경을 읽고 암기했던 수행과는 약간 거리가 있다고 볼 수 있다. 물론 성경에 대한 아무런 전이해나 지식 없이 성경을 읽게 될 때, 자칫 말씀을 자의적으로 생각할 위험이 있음으로 성경독서를 할 때 말씀에 대한 바른 전이해가 필요하다고 할 수 있다. 하지만 지나치게 지적인 면을 강조하여 성경을 연구하고 분석할 때 우리는 성경의 주인공이신 하나님을 간과할 수 있는 위험이 있다.

  기독교 역사에서 묵상에 대한 이해와 실천은 크게 두 가지 유형으로 발전하였다. 초기 기독교에서부터 행해졌던 되새김하는 반추로서의 묵상과 그 이후에 추가된 상상력을 활용한 묵상이다. 먼저 반추로서 묵상은 초기 수도자들이 행했던 단순한 성경 묵상 방법이다. 원래 라틴어 meditari(묵상하다)는 하나님의 말씀을 내면으로 받아들인다는 뜻인 그리스어 melletan에서 왔다. 이것은 다시 어떤 것을 반쯤 소리 내어 중얼거림을 뜻하는 히브리어 하갑(hagab)에서 왔다. 때문에 초대나 중세 때 수도사들의 묵상에 대한 이해와 실천은 성경 본문을 작은 소리로 읽고 마음으로 그 구절의 의미를 깨닫는 것을 의미하였다. 이러한 묵상에 대해 보궤(Adalbert de Vogue)는 "이것은 오늘날의 우리의 묵상과 같이 전적으로 내면적인 행위가 아니라 입과 정신 모두를 사용하는 과정으로서 암송과 같

---

[1] 허성준, 『수도 전통에 따른 렉시오 디비나』, 78.

다. 이것은 생각이나 느낌을 형성할 뿐만 아니라 무엇보다도 먼저 어떤 본문을 암송하는 것을 뜻한다라고 하였다."[2] 이렇게 수도자들은 성경의 말씀을 온전히 자기의 것이 되도록 그 말씀을 끊임없이 되새기고 맛보는 묵상을 하였다. 바로 이 되새김이 수도자 전통 안에서 행해진 묵상 방법이었다. 묵상에 대한 또 다른 하나의 방법은 상상력을 활용한 묵상이다. 이 방법은 성경의 세계로 들어가 상상을 하는 방법이다. 이 방법은 성경을 가지고 적극적으로 상상력을 동원하여 참여하는 방법이다.

### 묵상과 설교자

설교자들은 학문적 신실함보다 더 중요한 것이 있다는 것을 알아야 한다. 설교자들에게 학문적 신실함, 즉 성경연구와 인간 이해를 위한 연구 등은 설교자의 삶의 중요한 한 측면이지만, 설교란 단지 학문적 연구로만 가능한 것이 결코 아니다. 물론 설교자의 학문적 신실함이라는 한 측면을 개발하기 시작하면, 삶의 다른 영역에서도 신실함을 더 깊게 추구할 수 있는 것은 사실이다. 하지만 설교자에게 요구되어지는 것은 어리석어 보일만큼 은혜 가운데 살아가는 삶, 예상을 초월하여 사랑하는 삶, 말할 수 없는 감사로 기뻐하는 삶, 우직하게 섬기는 삶, 지나치게 단순할 만큼의 기도와 묵상을 사랑하는 삶이다. 설교의 진정한 능력은, 삶의 모든 영역이 그리스도의 주 되심 아래 있기에, 일상의 삶의 신실함으로

---

[2] Adalbert de Vogue, *Community and Abbot in the Rule of St. Benedict* (Collegeville, MN: Cistercian Publications, 1979), 246.

부터 온다. 즉 가정에서, 가난하고 고통 받는 사람들을 돕는 구제 활동에서, 시민으로서, 예술과 휴식을 향유하는 데서, 신실함으로부터 온다. 설교자는 사람들이 살아가는 형편과 처지와 그 속에서 끊임없이 제기되는 질문들을 하나님에 대한 경외의 관점에서 이해하기 위하여 듣고 보고 관찰하는 것을 계속 성찰해야 한다.

　설교자에게는 현실 세계에 대한 관심을 가지고 관찰할 때 주의해야 할 것이 있다. 설교자는 세계에 대한 이해와 참여가 필요하지만 또한 수도사처럼 뒤로 물러나서 경건과 신중함을 길러야 한다. 물론 설교자가 청중의 문화로부터 무조건 후퇴하여 살아가는 것은 바른 자세가 아니다.

　예수님의 주변에 모여든 당시 종교 지도자들은 이 점을 제대로 이해하지 못했다. 이들은 나름대로 백성들의 개혁과 부흥을 추구했다. 하지만 이런 목표를 위하여 당시 종교 지도자들이 선택한 전략 때문에 당시 백성들은 종교적 형식으로 얼룩진 흉측한 세상에 빠져들고 말았다. 당시 종교 지도자들은 눈에 보이는 종교적인 관례를 외형적으로 유지하면 공동체 내에 경건이 자리 잡고 도덕적인 정서가 회복될 것으로 생각했다. 하지만 이러한 노력에도 불구하고 당시 지도자들이 잊고 있었던 것은, 하나님 앞에서의 내면생활에 지속적으로 주의를 기울여야 한다는 것이었다. 당시 이들은 외부의 활동에서는 헌신적인 노력을 기울였음에도 불구하고 내면의 상태에 대해서는 전혀 주의를 기울이지 못했다. 때문에 하나님의 이름으로 직분을 감당하면서도 실제적으로는 매일 하나님에 대해서는 무지한 상태가 되고 말았다. 설교자에게 결코 **빼놓을** 수 없는 것이 바로 묵상이다. 프란시스 휴 메이코크(Francis Hugh Maycock)는 묵상에 대해 이렇게 기록했다.

묵상은…모든 창조적 활동의 공통적인 기원이다. 묵상은 모두에게 열려 있다. 하나님, 거칠고 활기 넘치는 하나님, 비록 우리들 중 더러는 그렇게 거칠고 활기 넘치지는 않지만 당신과 나, 그리고 다른 모든 사람들이 그 안에서 존재하고 있는 거칠고 활기 넘치는 우주의 창조주, 이 분을 알고 사랑하고 보고 발견하기를 원하는 모든 인간들에게 묵상은 열려 있다. 묵상을 통해서 우리는 우리 존재의 존재론적 근거와의 만남을 새롭게 한다.[3]

신실한 설교자는 반드시 세계와 그 세계의 창조주 앞에서의 경탄의 경험에 뿌리를 두어야 한다. 설교자들은 항상 복음적 뿌리로 되돌아가 끊임없이 성경말씀을 묵상하고, 끊임없이 성령의 은혜를 사모해야 한다. 설교자에게 묵상은 단순히 좋은 설교를 위한 요소나 기술이 아니라 내적 자질이다. 모든 설교자들은 반드시 자신의 정체성과 설교의 핵심 의미를 묵상할 수 있어야 한다. 묵상적이고 신비적인 경험의 핵인 그리스도와의 내적 연대가 필요하다. 설교자가 말씀 묵상을 통한 깊은 영적 갱신을 하지 않으면 그의 설교는 단지 성경적 정보를 제공하는 메시지로 전락할 수 있다. 성도들에게 지적인 아편을 제공하는 것은 결코 설교의 목적이 아니다. 구약의 예언자들의 비전은 그들의 묵상의 결과였다. 예언적인 증언은 반드시 묵상으로 시작되어야 한다. 그 같은 묵상의 영이 없으면 종교가 아편이 될 가능성이 있기 때문이다.[4]

설교자에게는 사막과 같은 자신만의 장소가 필요하다. 설교자는 연구

---

3 Kenneth Leech, *Spirituality and Pastoral Care*, 113에서 재인용.
4 Kenneth Leech, *Spirituality and Pastoral Care*, 43.

와 묵상과 행동, 관심과 물러남 간에 변증법적 생동감이 존재함을 알아야 한다. 설교자의 삶에서 묵상적인 영역이 육성되고 강화될 수 있는 실제적인 공간이 필요하다. 장 다니엘루(Jean Danielou)는 묵상의 의미와 필요성을 다음과 같이 기술한다.

> 기독교 역사에 있어 콘스탄티누스의 단계는 끝나 가고 있다…사막으로 들어감은 안토니가 수도자들의 시대를 연 4세기 이후로 하나의 혁명적인 혁신이었다. 그것은 기독교가 타협하고 있는 세상으로부터 순교자들의 신앙들을 지켜 내는 고독으로의 물러남이었다. 그 시대는 지나가고 있다. 안토니는 사막으로부터 세상으로 되돌아오고 있다.[5]

오늘날에는 오히려 현대 도시의 사막들과 거대한 물질문화의 함성 속의 한복판에서 묵상적인 삶을 형성하는 것이 요청되고 있다. 설교자가 홀로 깊은 성찰과 묵상의 시간을 갖지 않고서는 그 어떤 설교자도 자신의 직분을 제대로 감당할 수 없다. 이러한 경건의 시간을 설교자가 정규적으로 가질 때 영적으로 시들지 않고 복음을 전할 수 있다. 설교자들이 감당해야 할 많은 책임들과 빨리 달성하고픈 욕망들에도 불구하고 혼자만의 묵상의 시간을 정규적으로 가져야 생명력 있는 설교를 할 수 있다.

성경 묵상에 이방인이 된 설교자는 하나님에게도 이방인이다. 하나님에게 이방인이 된 설교자는 자기 자신에게도 이방인이다. 자신에게 이방인이 된 설교자는 타인(청중)에게도 이방인이다. 설교자에게 묵상은 하나님과의 충만한 관계에로 이끄는 중요한 통로이다. 묵상이 없다면 하나님

---

5 Jean Danielou, *The Lord of History* (London: Longmans, 1960), 77.

의 진리는 우리와 함께 머물러 있지 않을 것이고 설교는 피상적인 되울림만 하는 메아리가 되어 버릴 것이다. 그러므로 묵상이 없는 설교자는 무기가 없는 군인과 같고, 펜이 없는 작가와 같은 것이다.

## 묵상과 성경의 세계

얼마 전 모 기독교 TV프로그램에서 한국교회의 원로이신 한 목사님께서 한국 신학자들의 근본적인 문제점은 기독교 역사에서 중요한 자리를 차지했던 묵상이 사라져 버렸기 때문이라고 말한 적이 있다. 한국 신학의 문제는 묵상이 없는 지식 추구의 신학이요 논리 추구의 신학이라고 외치는 것을 들으면서 많은 반성과 도전을 받은 적이 있다. 묵상 없는 신학은 지식 추구의 신학으로 전락할 수밖에 없다. 기독교 역사에서 동방교회와 서방교회는 동일하게 묵상을 중요하게 여겼다.

다윗은 시편 119:99에서 "내가 주의 증거를 묵상하므로 나의 명철함이 나의 모든 스승보다 승하며"라고 하였다. 성경은 말씀 묵상이 스승들의 가르침보다 더 큰 역할을 한다고 말한다. 이처럼 묵상은 우리의 삶에 많은 지혜와 힘을 준다. 성경적 묵상은 하나님께 주의를 기울이는 훈련이다. 이 집중하는 영적 행위를 통해 우리는 하나님의 말씀과 그의 은혜에 우리 자신을 열게 된다. 묵상은 또한 은혜로운 상상의 작용이다. 상상은 하나님이 우리에게 주신 놀라운 선물이며, 영적 생활에서 중요한 영역이다. 묵상은 거룩한 상상을 통해 우리의 믿음이 살아 있음을 느끼게 해준다. 묵상은 또한 성경이 우리 안에서 더욱 효과적으로 역사하게 해준다.

성경에 대한 신학적 이해는 박식하지만 묵상을 전혀 하지 않는 사람과 성경에 대한 신학적 지식은 부족하지만 성경을 묵상하는 사람에 대해서 우리는 어떻게 생각해야 할까? 설교자는 성경과의 관계에서 어떤 사람이어야 할까? 이에 대한 대답은 사람마다 다르고 관점에 따라 다를 수 있다. 하지만 성경 묵상 없이 축적된 신학적 지식은 공허한 지식이 될 수 있다.

고도로 지식화된 시대에 우리는 종종 신학적 능력과 기술적 능력을 동등시 한다. 여기서 기술적 능력이란 올바른 해석 규칙들을 적용하고 최신의 비판적 도구들을 사용할 줄 아는 능력을 말한다. 정말 신학적 능력이 기술적 능력에 의존한다면, 더 많은 교육을 받은 사람이 교육을 덜 받은 사람보다 성자가 될 가능성이 더 많다고 가정해야 할 것이다. 그러나 위대한 성자들이 반드시 더 많이 배웠다는 가정은 분명 거짓이다. 종종 있는 일이지만, 학식이 있는 사람들이 항상 그들의 방대한 지식을 실천에 옮기지는 못함으로 영적 난쟁이로 남게 되고, 반면에 습득한 것이 빈약한 지식을 실현하는, 사실상의 문맹자들이 신성함에 학식이 있는 사람들을 능가한다. 교육을 많이 받은 사람이 교육을 덜 받은 사람보다 신학적 지식을 더 가지고 있다고 말할 수 없기 때문에 그 가정은 또한 원리상 거짓이다. 전자가 더 가지고 있는 것은 명시적 신학적 지식이고, 반면에 후자는 신학적 지식을 암시적으로 가지고 있는데, 이것은 교육을 더 받은 사람이 소유하고 있는 것과 잠재적으로 비슷하다.[6]

---

6  Simon Chan, 『영성신학』, 235-36.

설교자들은 성경의 세계와 복음을 신학적으로 분석하고 이해하는 차원을 넘어서 반드시 복음이 설교자의 전 존재에 영향을 미치도록 복음을 내면화하는 방법이 필요하다. 복음을 설교자 자신에게 내면화하는 중요한 방법이 바로 묵상이라 할 수 있다. "묵상은 말씀을 외적으로 확대하는 것(extensification)이기보다는 내적으로 강화하는 것(intensification)이다."[7] 성경의 진리를 개념적으로만 이해하거나 피상적으로만 이해하는 것으로는 충분하지 않다. 성경에 대해 불을 붙이고 성경을 깊이 있게 알기 위해서는 묵상이 필요하다. 리처드 그린햄(Richard Greenham)은 묵상을 "우리가 알고 있는 기억을 불러내어, 그것과 더 깊이 씨름하여 우리 자신에게 적용함으로써, 실생활에서 그중 일부를 활용할 수 있게 해주는 마음의 훈련"이라고 했다.[8] 그는 또한 "읽고 묵상하지 않으면 열매를 맺을 수 없고, 묵상은 하지만 읽지 않으면 위험하고, 기도 없이 묵상하는 것은 해롭다"고 했다.[9] 하나님의 말씀을 전하는 설교자에게 있어서 묵상은 중요한 요소라고 할 수 있다.

## 묵상과 창조 세계

많은 기독교 저술가들은 묵상을 위한 세 가지 책을 언급한다. 첫째는 성경이다. 여러 가지 방법으로 성경을 묵상할 수 있다. 둘째는 마음의 책(book of heart)이다. 마음의 책은 자기점검을 통해서 읽혀진다. 셋째는 하

---

[7] Simon Chan, 『영성신학』, 237.
[8] Richard Greenham, *Works* (1612), 37, Simon Chan, 『영성신학』, 239에서 재인용.
[9] Richard Greenham, *Works* (1612), 41, Simon Chan, 『영성신학』, 225에서 재인용.

나님의 창조 세계의 책이다. 성경은 창조 세계를 통한 계시를 이렇게 말한다. "하늘이 하나님의 영광을 선포하고 궁창이 그 손으로 하신 일을 나타내는도다"(시 19:1). "주의 손가락으로 만드신 주의 하늘과 주의 베풀어 주신 달과 별들을 내가 보오니 사람이 무엇이관대 주께서 저를 생각하시며 인자가 무엇이관대 주께서 저를 권고하시나이까?"(시 8:3-4). 예리한 설교자는 모든 창조물에서 영적 교훈을 끌어낸다. 칼빈에 따르면, 우주는 눈에 보이지 않는 하나님에 대해 관상할 수 있는 거울과도 같다.

> 당신이 어디에 눈길을 주든지, 조금이라도 그분의 영광의 빛을 분별할 수 없는 곳은 우주 그 어디에도 없다. 당신이 한 번이라도 넓게 퍼져 있는 우주의 가장 방대하고 아름다운 체계를 측량해 본다면, 그 찬란함의 무한한 힘에 완전히 압도당할 것이다.[10]

성 빅토르 휴고(Hugo von St. Vikoer)는 창조 세계와 영적 탐구를 결합시킨 가장 초기의 사람 중 하나다. 그는 하나님의 거울인 창조세계를 묵상하라고 격려했다. 그것은 "은혜가 우리를 인도하여 하나님의 마음에 있는 메시지와 목적을 깊이 보도록 하기 위해 창조물에 대해 묵상하는 것이다."[11] 휴고는 창조 세계를 하나님의 거울로 보는 반면에, 아시시의 프란시스(Saint Francis of Assisi)는 창조 세계를 진정한 형제, 자매들로 보았다. 왜냐하면 그것들 역시 하나님이 창조하셨고 마지막 날에 회복될 것이기 때문이다. 창조세계에 대한 프란시스적인 견해는 보나벤투라에게 많은

---

[10] John Calvin, *Institute of Christian Religion*, I. v. 1.
[11] Martin Thronton, *English Spirituality* (London: SPCK, 1963), 112.

영향을 끼쳤다. 보나벤트라는 창조세계에 대한 묵상의 실천을 다음과 같이 진술했다.

> 창조 세계의 장엄함을 깨닫지 못하는 사람은 눈이 멀어 있는 것이다. 그 외침에 깨어 있지 않은 사람은 귀가 먼 것이다. 이 모든 것들로 인해 하나님을 찬양하지 않는 사람은 벙어리가 된 것이다. 이렇게 분명한 표시들로부터 제 일 원리를 발견하지 못하는 사람은 바보다. 그러므로 당신의 눈을 열라. 당신의 심령의 귀를 깨우라. 당신의 입술을 열고 당신의 마음을 작동시키라. 그러면 온 세상이 당신을 향해 맞서지 않고, 당신은 모든 창조물 안에서 당신의 하나님을 보고, 듣고, 찬양하고 사랑하고, 경배하고, 영화롭게 하고, 영광을 돌리게 될 것이다.[12]

청교도들 가운데에서도 창조 세계의 책을 묵상하는 방법이 널리 실천되었다. 그들은 '직유의 보고'(storehouses of similes)를 담은 책들을 썼다.[13] 그것은 창조 세계의 책을 읽기 위한 기초 규칙을 설정하는 중심 상징이다. 청교도들의 창조세계에 대한 묵상은 창조물과 영적 실재 사이에 존재하는 차이점으로부터 교훈을 얻는 방법이다. 묵상하는 사람은 지상의 것과 천상의 것 사이의 유사점을 비교함으로써 하나님이 지상에 주신 선물들을 감사하게 된다. 또 지상의 것과 천상의 것을 대조함으로써, 자신을 세상에서 구별하는 법을 배운다. 인간은 이러한 방법을 통해 창조물과 올바른 관계를 발전시킨다.

---

[12] Bonaventure, *The Soul's Journey into God* (New York: Paulist Press, 1978), 1.15.
[13] Robert Cawdry, *A Treasure or Store-house of Smiles: London* 1600 (Massachusetts: Da Capo Press, 1971)을 참조.

시편 1편에서 "복 있는 사람은 악인의 꾀를 좇지 아니하며 죄인의 길에 서지 아니하며 오만한 자의 자리에 앉지 아니하고 오직 여호와의 율법을 즐거워하여 그 율법을 주야로 묵상하는 자로다"(1-2절). 이 구절은 설교자에게 상당히 중요한 내용을 가르쳐 준다. 시편기자는 즐거움과 묵상을 교리 교육이나 신학 교육의 방식으로 설명하지 않고, 전략적으로 튼튼하게 잘 자란 나무의 유비를 사용하여 하나님의 율법을 따르는 의인의 모습을 소개한 후 바람에 나는 겨의 이미지로 악인을 묘사한다. "저는 시냇가에 심은 나무가 시절을 좇아 과실을 맺으며 그 잎사귀가 마르지 아니함 같으니 그 행사가 다 형통하리로다 악인은 그렇지 않음이여 오직 바람에 나는 겨와 같도다"(3-4절). 이 구절에서 의사소통의 패턴에 주목할 필요가 있다. 시편기자는 말씀을 묵상하는 의인을 묘사하기 위하여 바람에 나는 겨와 극명한 대조를 이루는 열매가 풍성하게 맺힌 나무를 소개한다. 시편기자는 시냇가에 뿌리를 튼튼하게 내린 나무를 충분히 관찰하고 묵상했고 또 바람에 나는 겨의 허무함에 대해서도 충분히 주목했다. 시편기자를 통해 알 수 있는 지혜는 하나님은 시편기자가 자연에 대한 관찰과 묵상을 하나님의 영감 활동 속에 포함시켰다는 것이다.

시나이의 그레고리(St. Gregory of Sinai)가 말했듯이 "하나님에게로 상승하는 사람은 창조 세계가 빛나는 것을 본다."[14] 그의 말은 만물에서 하나님을 만나는 켈트인의 신앙과 삶에서 볼 수 있다.

작은 섬의 한 복 판에서
바위 꼭대기에 앉아

---

14 Lawrence Osborn, *Meeting God in Creation* (Nottingham: Grove, 1990), 15에서 재인용.

바다의 고요를 볼 수 있다는 것은

얼마나 즐거운가

눈부신 대양의 높은 파도가

영원한 출렁임 속에서

그들의 창조자 하나님께

찬양을 드리는 것을 보네.[15]

창조 세계에 대한 성례적인 견해를 자연신학과 혼동해서는 안 된다. 자연신학은 자연이 하나님에게 이르는 독자적인 길일 수 있다고 가르친다. 창조세계를 영적으로 이해하기 위해서는 하나님에 대한 선 지식과 하나님과의 인격적인 관계가 필수적이다. 그렇지 않으면 우리는 하나님 보다는 창조 세계 자체를 숭배하고 영화롭게 하는 자연종교에 머물게 될 수 있다.

설교자들이 창조 세계를 읽는 교훈적 방법을 활용하지 못한다면 창조 세계는 설교자들에게 닫힌 책으로 남을 것이다. 창조 세계는 우리 영혼의 순례의 첫 번째 단계이고, 영혼의 순례를 시작할 수 있는 가장 논리적인 장소이다. 때문에 설교자가 창조 세계를 읽고 묵상할 수 있는 능력을 개발하지 않는다면, 그의 설교는 삶과 연결하는 구체적인 언어로부터 멀어진 추상적인 언어로 가득 찬 설교에 자리를 내주어야 할지도 모른다. 설교자가 창조세계에 대한 감각이 약하다면 하나님의 세계에 대한 감수성을 높이기 위해서 자연, 동물, 식물 등에 관한 책을 읽을 필요가 있다. 물론 자연을 감상하고 즐기는 여행도 중요한 하나의 방법이 될 수 있다.

---

15 Lawrence Osborn, *Meeting God in Creation*, 16에서 재인용.

설교자가 창조 세계의 책을 읽고 묵상하는 것을 피하려고 해도 창조 세계는 하나님의 영광을 가장 실제적으로 선포하는 책이다. 그러므로 설교자는 어떤 형태로든 하나님의 창조 세계를 소중히 여겨야 한다는 결론을 피하지 못한다.

## 묵상과 상상력

고대 히브리인들의 전통에 의하면 상상력(yester)은 위험한 능력으로 여겼다. 인간의 상상력을 하나님의 창조적 능력을 빼앗기 위한 시도로 보았다. 능동적인 상상력의 결과인 인간의 창조성은 항상 하나님과 그의 백성들과의 관계를 가르는 위험스러운 것으로 여겼다. 그러나 리차드 키에르니(Richard Kearney)는 히브리인들의 전통에서 인간의 상상력은 항상 위험한 속성만 있는 것이 아니라고 지적했다. 그는 인간을 악한 상상력(yester hara)과 선한 상상력(yester hatov)의 두 가지를 동시에 지니고 있는 존재로 이해했다.[16] 그는 악한 상상력을 인간의 육체적인 속성인 욕망과 관련시키고 있다. 선한 상상력은 비록 인간에게 깨끗지 못함이 있을지라도(시 56:12), 그리고 거치는 것(사 57:14)이 있을지라도 인간을 천사보다 더 낮게 보시는 것은 인간에게는 '상상력'(yester)이 있기 때문이고 천사에게는 상상력이 없기 때문이라고 보았다. 때문에 히브리인들은 상상력을 상상력 그 자체가 선하거나 악한 것이 아니라, 인간이 어떻게 상상력을 사용하느냐에 따라 악할 수도 선할 수도 있다고 보았다. 악한 상상력은 육

---

16 Richard Kearney, *The Wake of Imagination* (Minneapolis: University of Minnesota Press, 1988), 44.

체와 전적으로 관계되어 있고, 선한 상상력은 영과 관계되어 있다는 육과 영의 이분법은 배제되며, 선과 악 사이의 구분은 인간의 육체적인 속성보다는 도덕적인 선택에 의해 좌우된다고 보았다.

상상력을 사용하는 데 반대하는 사람들은, 성경에서는 상상력에 대한 용어의 대부분을 부정적으로 사용하고 있을 뿐만 아니라, 인간의 상상력은 마술적 행위와 같은 잘못된 방향으로 나아갈 수 있기 때문에 그리스도인들은 하나님을 섬기는 데 상상력을 사용하여 영상화하는 일 같은 것을 해서는 안 된다고 여긴다.[17] 하지만 그리스도 안에서 택함을 받은 건전한 설교자들이 하나님의 뜻과 말씀에 반대되는 방법으로 상상력을 이용하지는 않을 것이다. 게다가 성경에는 일곱 개의 히브리어와 네 개의 헬라어가 '상상' 혹은 '상상력'으로 번역되었을 뿐만 아니라 같은 히브리어와 헬라어가 '묵상', '목적' 혹은 '생각'으로 번역되기도 한다.[18] 때문에 상상력은 잘못 사용되어질 수도 있지만 얼마든지 바르게 사용되어질 수 있다. 우리가 잘못된 생각을 할 수 있다고 해서 생각하는 것을 포기해야 한다는 것은 지혜로운 것이 아니라 어리석은 것이다. 상상력도 마찬가지다. 관점에 따라 다를 수 있지만 성경의 세계를 더욱 풍성하게 창조할 수 있는 상상력은 설교자에게 필요할 뿐만 아니라 중요한 요소라고 할 수 있다. 토마스 롱(Thomas Long)은 "성경 본문 안에서, 또 본문을 통해 하나님의 주권을 듣는 것은 언제든지 신앙적 상상력(faithful imagination)을 요구한다"고 했다.[19]

---

[17] Mike Flynn & Doug Gregg, *Inner Healing*, 오정현 옮김, 『내적 치유와 영적 성숙』 (서울: IVP, 1995), 190.
[18] Mike Flynn & Doug Gregg, 『내적 치유와 영적 성숙』, 191.
[19] Thomas G. Long, 『설교자는 증인이다』, 77.

수많은 발명품들이 상상력으로부터 비롯되었다. 상상의 세계는 때로 매우 탁월한 통찰력을 제공해 준다. 상상은 현상적인 세계에만 머물지 않는다. 상상은 현상을 통하여 현상을 뛰어넘고 영적인 실체에로까지 연결된다.[20] 알프레드 화이트헤드(Alfred N. Whitehead)는 "상상이란 사실과의 별거를 의미하지 않는다. 오히려 사실을 조명한다. 상상이란 존재하는 그 사실 안에서 그 사실에 적용되고 있는 일반적인 원리를 끌어내는 작용을 한다. 그리고 그 원리들과 상응하는 대안적인 가능성에 대하여 전망을 창조해 낸다"고 했다.[21] 모든 사람들은 상상력을 가지고 있다. 우리의 이성과 감성이 하나님으로부터 주어진 선물이라면, 우리는 이 주어진 선물들을 사용하는 것이 중요하다. 그 선물들 중에 상상력의 가치는 무엇보다도 중요한 역할을 한다. 상상력이 우리의 삶에서 중요한 요소이지만 그 상상력을 선하고 거룩한 일에 사용하지 못하는 것은 상상력 그 자체의 문제라기보다는 정화되지 않은 상상력 때문이다. 토저(A. W. Tozer)는 성화된 상상의 가치에 관해서 이렇게 썼다.

그 옛날 바리새인들의 약점은 상상이 결여되었다는 것이다. 그들은 상상을 신앙의 영역에 들어오도록 허용하지 않았다. 경전을 읽을 때에도 이미 잘 포장된 신학적 정의를 통해서만 읽었기 때문에 그들은 그 이상을 볼 수 없었다…그리스도께서 놀라운 영적 감화력과 도덕적 감수성으로 등장하셨을 때 바리새인들은 그가 새로운 종교를 들고 나왔다고 생각하였다. 사실이 그랬다. 바리새인들이 경전의 몸체밖에 볼 수 없었을 때 그

---

[20] Urban Tigner Holmes, *Ministry and Imagination* (New York: The Seabury Press, 1976), 100-03.
[21] Alfred North Whitehead, *The Aims of Education and Other Essays* (Cambridge: Free Press, 1967), 139.

리스도는 그 경전의 혼을 꿰뚫어 보셨다. 그래서 바리새인들은 율법의 문자와 전통적 해석에 의존해서만 그리스도가 틀렸다고 주장할 수 있었던 것이다. 나는 이제 새로운 창조의 아들들 사이에서 지금껏 묶여 있던 상상이 풀려 나와 제자리를 찾는 모습을 갈망한다. 내가 말하는 것은 볼 수 있는 성스러운 은사, 베일 너머에 가리워진 거룩하고 영원한 아름다움과 신비를 꿰뚫어 볼 수 있는 능력이다.[22]

하나님의 주권을 강조했던 조나단 에드워즈(Jonathan Edwards)는 대각성 운동의 과정에서 이 운동은 인간의 노력이나 기교에 의해서가 아닌 "성령의 역사이며, 건전한 교회의 증명"이라고 고백했다.[23] 그러나 에드워즈는 그의 설교에서 감성적인 측면 또한 강조했다.[24] 그는 설교에서 정의적인 요소와 이미지를 많이 사용했다.[25] 특별히 에드워즈에게서 자연은 하나님의 영광을 나타내는 이미지(image)였다.[26] 에드워즈는 단순한 이미지라기보다는 복수의 이미지들(images)이 자연 가운데 존재함을 말했다. 그가 가장 중요하게 여겼던 이미지는 '빛'에 대한 이미지였다.[27] 그는 이미지들의 중요성을 강조하면서, "우리가 어디에 있든지, 무엇을 하든지, 우리는 신적인 것들(divine things)을 볼 수 있으며, 이러한 것들은 성경에서도 나타나 있다. 왜냐하면 이러한 것들과 성경 사이에는 놀라운 일치가 있다"고 했다.[28] 에드워즈는 하나님이 자연을 통하여 자신의 뜻

---

22 A. W. Tozer, *Born After Midnight* (Harrisburg: Christian Publications, 1986), 94-5.
23 Sydney E. Ahlstrom, *A Religious History of the American Peoples* (New York: Image Book, 1975), 349.
24 Clarenced H. Faust and Thomas H. Johnson, *Jonathan Edwards Representative Selections with Introduction, Bibliography, and Notes* (New York: Hillandwarg, 1962), 85.
25 Conrad Cherry, *Nature and Religious Imagination* (Minneapolis: Augsburg Fortress, 1980), 32.
26 Conrad Cherry, *Nature and Religious Imagination*, 26ff.
27 Conrad Cherry, *Nature and Religious Imagination*, 27.
28 Jonathan Edwards, *Images or Shadows of Divine Things*, edited by Perry Miller (Oxford: Greenwood

을 드러내신다는 것을 설명하면서도 은유(metaphor)를 사용하고 있다.[29] 그는 상상력의 중요성을 강조한 신학자라 여겨질 만큼 상상력과 이미지의 중요성을 강조했다.[30]

우리는 '책벌레'와 '상상가'가 빈 병을 재활용하는 이야기에서 상상력의 중요성을 발견할 수 있다. 아마도 '책벌레'는 병을 깨끗이 씻어서 그 안에 무엇을 넣을 것인가 생각할 것이다. '상상가'는 빈 병을 불에 녹인 다음 주둥이를 비틀어 환상적인 꽃병을 만들 것이다. 혹은 납작하게 누르거나 뭉쳐 보기도 하여 비췻빛 타일, 보도블록, 샹들리에까지도 나올 것이다. 설교자가 책을 읽고 자료를 모아 그것을 분석 종합하는 데에 그치면 아마도 빈 병에 무엇을 넣으려고 깨끗이 씻는 '책벌레'와 같은 결과만을 얻을 것이다. 하지만 성경의 은유를 드러내기 위해 상상력의 장점을 충분히 활용한다면 위의 '상상가'와 같이 놀라운 결과를 얻을 수 있을 것이다. 설교자들은 이성적 사고와 추론과 더불어 감성적이고 관계적 앎을 바탕으로 하는 상상력을 필요로 한다.

기독교의 묵상과 상상력은 초월적 명상이나 상상력이 아니다. 그것은 대상적 묵상이요 상상력이요 성령의 인도를 추구하는 묵상이요 상상력이다. 그것의 핵심은 그리스도의 수난과 죽음과 부활의 묵상이요 상상이다. 설교자가 하나님의 영의 인도함을 받는 상상력을 두려워해야 할 이유는 없다. 이런 상상은 여러 가지 형태를 지닐 수 있다. 예수 그리스도의 생애의 어떤 순간이나 그의 가르침이나 비유 중 어떤 부분이 예수님

---

Press, 1977), 69-70.
29 Conrad Cherry, *Nature and Religious Imagination*, 49.
30 Robert N. Bellah, *The Broken Covenant: American Civil Religion in Time of Trial* (New York: The Seabury Press, 1975), 71.

을 만날 수 있는 풍부한 기회를 제공할 수 있기 때문이다. 우리는 실제적으로 모든 감각을 사용하여서 상상력을 발휘하여 성경 본문의 배경을 재창조한다. 상상으로 성경의 이야기를 재창조하고 자신을 그 이야기에 참석시킨 후에, 그 상황에 대한 우리의 생각과 느낌을 살필 수 있다. 여기서 우리는 조화나 부조화를 경험할 수 있는데, 그것은 우리가 기도하면서 하나님께 자신을 개방하며 말씀이 우리에게 주시는 것을 묵상하기 위한 초점이 될 수도 있다. 성경에 등장하는 장면에 초점을 둔 묵상과 상상 훈련은 하나님의 통찰하시는 말씀에 우리 자신을 개방하는 강력한 방법이 될 수 있다. 상상의 과정은 종종 우리가 하나님의 말씀을 들어야 할 필요가 있는 곳, 즉 우리 존재의 감정적인 영역, 감정의 차원에서 우리를 개방해 주기도 한다. 워렌 위어스비(Warren Wiersbe)는 설교와 상상력의 관계를 다음과 같이 설명한다.

> 하나님께서는 우리 인간에게 상상할 수 있는 능력, 즉 정신의 화랑을 선물로 주셨다. 주실 때에야 사용하라고 주신 것이지 묵혀 두라는 게 아니다. 위에서 딕슨은 "상상은 우리 인생을 지배하는 결정적인 요소"라고 했다. 사실은 나폴레옹도 "상상이 세계를 지배한다"는 말을 했다. 그런데 오늘날 설교자들이 (그리고 이 설교자들을 가르치는 선생들이) 이 기본적인 진리를 망각했기 때문에, 해석학은 그저 분석이나 하고, 설교는 분석한 내용을 정돈 배열해서 설교 시간에 마냥 가르치기만 하면 되는 걸로 전락하고 말았다. 그러니 설교라는 것이 그저 논리적인 개요로 떨어져 신학 강의처럼 그저 설명이나 하고 적용할 것만 전달하면 듣는 청중이 그 내용을 상상으로 바라보는 일은 전혀 일어나지 않는다. 우리의 정신과

의지를 잇는 가교는 바로 상상이며, 이 상상을 통해 내면화되지 않은 지식은 진정한 지식이 아니라는 사실을 망각하고 있다. 핼포드 루콕은 "설교의 목적은 듣는 사람이 설교의 합리성을 인식하게 하는 데 있는 것이 아니라 그 설교를 통해 어떤 비전을 보게 하는 데 있다"고 했다.[31]

설교자는 상상력이 풍부한 접근방법을 지닌 사람, 인간의 경험의 현실들과 씨름하려고 하는 사람, 말씀과 사물에 대한 묵상적인 감각과 이해를 지닌 사람이어야 한다. 설교자가 통전성을 확보하지 못한다면 청중의 삶에 도전과 감동을 주는 설교를 할 수 없을 것이다. 설교자는 말씀을 깊이 있게 묵상하는 것뿐만 아니라 상상력을 길러주고 고양시켜 주는 소설과 시와 문학작품을 읽는 것이 중요하다. 설교자에게 독서와 묵상은 운동과 같은 것이다. 운동을 하지 않고는 건강한 삶을 유지하기 힘들듯이 설교자는 독서와 묵상을 하지 않고 생명력 있는 메시지를 전할 수가 없다. 설교자가 독서를 많이 해야 한다는 말이 상당이 좁은 의미로 이해되어 신학서적과 성경 주석과 같은 책들을 많이 읽는 것으로 이해되는 경향이 있다. 그러나 설교자는 인간의 상상력을 고양시키고, 전인을 풍성하게 하는 책들을 읽을 필요가 있다. 설교자의 생각이 추상적이고 메마른 것이 되지 않기 위해서는 소설과 수필, 시와 음악을 규칙적으로 풍부하게 읽고 듣는 것이 큰 도움이 될 수 있다.

---

31 Warren W. Wiersbe, *Preaching and Teaching with Imagination*, 이장우 옮김, 『상상이 담긴 설교: 마음의 화랑에 말씀을 그려라』(서울: 요단출판사, 2009), 33-4.

# PART 3
# 설교와 해석
Preaching & Interpretation

# Chapter 08

# 해석학의 이해와 목적
Understanding & Purpose of Hermeneutics

## 해석학의 이해와 구조

 19세기 초반까지의 해석학은 일반적으로 일종의 주해와 동일시되어 왔다고도 볼 수 있다. 해석학은 주해를 위한 규칙들을 의미했다. 하지만 19세기의 프리드리히 슐라이어마허(Friedrich Schleiermacher, 1768년~1834년)와 20세기 후반의 한스-게오르그 가다머(Hans-Georg Gadamer, 1900년~2002년)의 공헌을 통해 해석학은 주해의 기술보다는 철학적 이해와 과학적 (scientific) 개념을 형성하게 된다. 슐라이어마허는 "해석학은 사유의 기술의 일부이다. 따라서 해석학은 철학적이다"라고 선언했다.[1] 가다머는 "해석학은 무엇보다도 하나의 실천이며 이해의 기술이다"라고 하였을 뿐만 아니라 해석학에서 "가장 중요하게 실행해야 할 것은 경청이다"라고 하였다.[2]
 해석학에 대한 이러한 관점에도 불구하고 오랜 기간 동안, 특히 성경

---

[1] Friedrich Schleiermacher, *Hermeneutics: The Handwritten Manuscripts* (Missoula: Scholars Press, 1977), 97.
[2] Hans-Georg Gadamer, "Reflection on My Philosophical Journey," in *The Philosophy of Hans-Georg Gadamer*, ed. Lewis Edwin Hahn (Chicago: Open Court, 1997), 3, 63.

해석학은 텍스트의 주해에만 배타적으로 집중하는 경향이 지속되어 왔다. 해석학은 신성한 텍스트에 대한 관찰과 해석과 적용의 가능성과 함께 텍스트가 가진 절대적 권위를 지지하는 것에만 관심을 가져왔다. 해석학에 대한 이러한 이해는 상대적으로 독자들이나 독자들의 공동체들이 텍스트에 가져오는 이해의 지평들에 대한 관심은 갖지 않았다. 구체적으로 서술하면, 해석자나 독자의 정신적 투사와 텍스트 이해에 있어서 선이해와 이해의 관계 등과 같은 해석자 또는 독자의 지평(세계)에 대해서는 관심과 이해가 미흡하였다.

슐라이어마허와 가다머가 해석학을 '이해의 기술'로 정의한 것은 단순히 텍스트 지평이나 텍스트를 통해 전해지는 것에만 관심을 갖는 것이 아니라 독자의 지평에 대한 이해의 중요성을 일깨우기 위한 것이었다. 즉 이들은 해석학에 있어 텍스트뿐만 아니라 텍스트가 독자에게 전달되고 독자에 의해 이해되며 독자에 의해 전유된(appropriated) 것이 무엇인지에 대해서도 관심을 가졌다. 이들의 공헌으로 인해 해석학은 단지 텍스트에 대한 주해의 규칙들 또는 기술의 차원을 넘어 저자와 텍스트와 독자를 동시에 관련시키는 전체의 과정으로 발전하게 되었다. 해석학의 이러한 발전은 주해와 해석을 구별해 주었다. 즉 해석학을 해석의 다양한 방식 중의 하나인 주해와 구별할 수 있게 하였다. 그 이유는 해석학은 성경 텍스트만을 파악하는 차원을 넘어서는 광의적인 특징이 있기 때문이다. 이는 주해와 해석은 성경 텍스트를 해석하는 실제적 여정을 지시하지만, 해석학은 텍스트를 읽고 이해하며 적용하는 전체 여정에서 해석자나 독자가 행하는 것이 무엇인지를 비평적으로 묻는 것을 포함하게 되었기 때문이다.

해석학(hermeneutics)이란 '말하다' 또는 '이야기하다'를 의미하는 헬라어 '헤르메뉴오'(hermeneuo)에서 유래하였다. 이 용어는 신약성경의 여러 곳에서 발견된다. 즉 누가복음 24:27의 '자세히 말하다'와 요한복음 1:42의 '번역하다' 등이다. 해석(interpretation)은 해석학이란 단어에 대한 약칭으로서 텍스트가 처음 기록된 상황과 전혀 다른 세계에서 그 본문의 의미를 이해하는 방법이나 기술이다.[3] 성경 해석학은 과거에 기록된 성경을 현재의 사람들이 올바로 이해할 수 있도록 과거와 현재의 시간과 문화 그리고 언어 사이에 교량을 연결하는 작업을 한다. 고든 피(Gordon Fee)와 같은 해석학자는 "무조건 성경을 읽고 그 본문이 말하는 것을 그대로 이행하라"는 단순한 주장은 바른 것이 아니라고 하였다.[4] 왜냐하면 현재의 성경 독자는 자신의 경험과 이해의 상당 부분을 성경 속으로 가져와서 본문에 대한 이해를 시도하는 개인적인 해석을 피할 수 없기 때문이다. 성경 해석의 이러한 특징은 세심한 점검의 필요성이 요구된다.

해석학은 텍스트가 의미하는 것을 파악하는 것뿐만 아니라 우리에게 의미하는 바를 해석하는 방법과 관련된 것이다. 노만 페린(Norman Perrin)도 해석학은 "쓰여진 텍스트의 의미가 이해되도록 돕는 방법에 관한 학문"으로 보았다.[5] 고든 피는 주석과 해석의 차이를 다음과 같이 설명했다.

'주석'이라는 용어는…성경 텍스트의 의미에 대한 역사적 성찰을 언급하기 위해 제한적으로 사용된다. 그러므로 주석은 다음과 같은 질문에 대

---

[3] J. A. Sanders, "Hermeneutics," in *Concise Encyclopedia of Preaching*, ed., William H. Williamon and Richard Lischer (Louisville: Westminster John Knox, 1995).
[4] Gordon D. Fee and Douglas Stuart, *How to Read the Bible for All Its Worth: A Guide to Understanding the Bible* (Grand Rapids: Zondervan, 1993), 13.
[5] Norman Perrin, *Jesus and the Language of the Kingdom* (Philadelphia: Fortress Press, 1976), 2.

한 답변을 준다. 성경 저자가 의미하려 했던 것이 무엇인가? 주석은 저자가 말한 것이 무엇인가(내용 그 자체)와 어느 특정한 시점에 그가 그런 말을 한 이유가 무엇인지(문학적 맥락)를 알아내는 것과 관련된 것이다. 더 나아가 우선적으로 주석은 의도성에 관심을 갖는다. 저자가 최초의 독자들에게 이해시키려고 의도했던 것은 무엇인가? 역사적으로 주석을 포함하는 해석학(the science of interpretation)을 지칭하는 좀 더 광범위한 용어는 해석학(hermeneutics)이었다…해석학은 텍스트의 실존적 실재로서의 의미, 즉 고대에 기록된 성스러운 문서들이 오늘날을 살아가는 우리에게 주는 의미가 무엇인지를 밝혀내는 데 초점을 맞춘다.[6]

주석은 저자가 말하는 것, 즉 실제 기록되어 있는 단어, 구절들, 문장들 그리고 전체 의미론적 담론이 무엇인가에 대해 연구하는 것과 관련된다. 해석학은 의미에 영향을 주는 문화적, 방법론적, 신학적 그리고 의미소통적인 전제들에 대한 연구와 관련된다고 할 수 있다. 오스본(Osborne)은 "해석학은 텍스트가 원래 의미했던 것(그때)과 지금 의미하는 것(현재) 모두를 밝혀내는 것을 포괄한다"고 하였다.[7] 해석학은 "텍스트가 처음 기록된 상황과 전혀 다른 세계에서 그 본문의 의미를 이해하는 데 동원되는 방법과 기술"로 이해할 수 있다.[8] 해석학적 접근은 이처럼 성경의 텍스트의 원래의 의미를 밝혀내는 것과 함께 지금 의미하는 것을 밝혀내는

---

[6] Gordon Fee, *New Testament Exegesis: A Handbook for Students and Pasters* (Louisville: Westminster John Knox, 1993), 27.
[7] G. R. Osborne, *The Hermeneutical Spiral: A Comprehensive Introduction to Biblical Interpretation* (Downers Grove: IVP, 1991), 5.
[8] Tex Sample, *The Spectacle of Worship in a Wired World: Electronic Culture and the Gathered People of God* (Nashville: Abingdon, 1998), 25.

것이다.

성경 해석학은 저자와 텍스트의 이해뿐만 아니라 현재적 의미들을 함께 찾는 데 그 목적이 있다고 할 수 있다. 하지만 현대 성경 해석학자들은 이러한 차원들과 함께 해석자 또는 독자의 세계관과 수용자 또는 청중에게 주는 의미와 그 의미의 중요성도 고려하고 있다. 카이저(Kaiser)와 실라(Silva)는 "성경은 하나님께서 계시하신 말씀이기 때문에 그 의미를 파악하는 일은 누군가가 성경의 기록 목적, 범위, 또는 이유를 이해하기(신학) 전까지 종결되지 않는다"라고 했다.[9] 로버트 허바드(Robert Hubbard)는 성경의 이러한 특성을 구약성경의 맥락에서 설명한다.

> 성경 텍스트 전체의 문자 그 자체를 초월적인 주장들로 받아들이는 방법론은 모두 가능성, 심지어는 역사 속에 초자연적 활동들이 존재한다는 가능성에 문호를 개방하는 방법론보다는 훨씬 진실되고 객관적인 방법론일 것이다. 사실, 성경을 문자 그대로 읽는다면, 성경은 일상사에 직접적으로 관여하시는 하나님을 보여줄 것이다. 구약성경에 등장하는 '믿음'의 다양한 영역들을 진지하게 고려하는 방법론만이 진정한 '역사적 주석'-즉 텍스트에 등장하는 모든 차원에 대한 최선의 정의를 제시하는 주석-이라 할 것이다.[10]

해석학의 핵심 논점은 해석학적 요소들인 저자, 텍스트, 해석자 또는

---

9 W. Kaiser and M Silva, *An Introduction to Biblical Hermeneutics: The Search for Meaning* (Grand Rapids: Zondervan, 1994), 34.
10 Robert L. Hubbard Jr., R. K. Johnson, and R. Meye, *Studies in Old Testament Theology: Historical and Contemporary Image of God and God's People* (Dallas: Word, 1992). 35.

독자 중 어떤 요소가 강조되어야 하느냐에 초점이 맞추어져 있다. 간략하게 말하면, 해석학의 아버지라 할 수 있는 프리드리히 슐라이어마허(Friedrich Schleiermacher)와 빌헬름 딜타이(Wilhelm Dilthey)는 저자 중심적 해석학을 강조한 반면, 한스-게오르그 가다머(Hans-Georg Gadamer)는 텍스트의 지평과 해석자의 지평 사이에 존재하는 '지평들의 융합'(a fusion of horizons)의 방법을 통하여 텍스트를 강조하는 해석학을 형성하였다. 여기서 언어와 텍스트는 그 자체로 생명력을 갖는 자율적 실체들이다.

하지만 이러한 해석학적 흐름 속에서 저자보다는 수용자들에게 관심의 초점을 두는 경향이 대두되기 시작하였다. 이러한 관심은 해석의 연속체 상에서 수용자들이 감당하는 역할에 대한 논의를 촉진시켰다. 이러한 경향은 독자의 주관성을 통해 텍스트를 보는 방식을 촉발시켰다. 독자의 주관성을 통해 텍스트를 보는 방식을 해석학적 과정의 적용에 대해 논하는 수많은 견해들을 일으켰다. 특히 그랜트 오스본(Grant Osborne)과 앤서니 티슬턴(Anthony Thiselton)은 저자의 의도를 놓치지 않고 유지하는 것에 관심을 가지면서, 동시에 독자가 텍스트를 이해함에 있어 독자의 문화적 지평이 미치는 영향에 대해서도 관심을 가졌다. 이러한 관심을 통해 티슬턴은 '두 개의 지평들'(The Two Horizons)이란 개념으로 발전시켰고,[11] 오스본은 '해석학적 나선 구조'(Hermeneutical Spiral)란 해석 구조를 제시했다.

성경을 통해 하나님이 의도하신 것은 단지 성경의 어떤 내용이나 메시지를 일방적이거나 연역적으로 독자에게 주고 수동적으로 받도록 하는

---

11 Anthony Thiselton, *The Two Horizons: New Testament Hermeneutics and Philosophical Description with Special Reference to Heidegger, Bultmann, Gadamer, and Wittgenstein* (Grand Rapids: Eerdmans, 1980).

데 있는 것이 아니다. 하나님의 메시지가 명시적으로 드러난 텍스트도 있지만 비명시적 텍스트도 있다. 비유와 같은 비명시적 텍스트는 독자가 의미를 발견하여 채워 넣어야 한다. 그러므로 성경 해석학에서는 저자, 텍스트, 독자, 수용자 모두가 유기적 관계 안에서 고려되어야 한다. 카이저와 실바는 복음의 전달 과정에 수용자를 포함시켜야 할 필요성을 이렇게 강조하였다.

> 오늘날 우리가 살아가고 있는 20세기가 과거에 주어진 계시를 현재 상황에 적용하는 것이 중요하다는 데 우리의 관심을 증진시킴으로 해석학 논쟁에 있어서 위대한 기여를 하였다는 점에는 의심의 여지가 없다. 그럼에도 저자가 의도했던 의도를 따라가는 것과 텍스트에 드러나는 원리와 현대적 환경 사이에 보이는 어떤 연결점을 명확히 하는 작업을 함에는 신중에 신중을 기할 필요가 있다. 텍스트의 중요성에 대한 집중이 실제로 성경에서 가르치지도 않는 새로운 의미를 제안하는 방향으로 나가서는 안 된다. 그렇게 하는 것은 텍스트의 권위를 위험하게 하는 행위이다. 왜냐하면 그러한 유추는 기록된 텍스트가 가지는 본질을 드러내지 않을 수도 있고, 현대적 상황에서 어떤 권위도 갖지 못할 것이기 때문이다… 허쉬(Hirsh)가 말했듯이 특정 성구가 가지는 의미에 대한 타당성 여부는 저자가 의도한 의미(즉 인식) 내에서만 존재할 수 있다.[12]

해석학은 단지 저자와 텍스트가 말하고자 하는 내용에 대한 고려뿐만 아니라 그것을 수용자들의 상황과 공동체 그리고 세계관에 기초하여 적

---

12 W. Kaiser and M Silva, *An Introduction to Biblical Hermeneutics*, 44-5.

용하는 작업까지 포함되어야 한다.

## 해석학의 역사와 유형

해석학은 계몽주의 시대에 이성의 역할에 눈뜨기 시작하면서 성경 해석에 대한 비평적 이해로부터 태동하였다. 성경 비평으로서의 해석학이 발전하게 된 것이다. 이러한 해석학적 접근은 성경의 역사적 문화적 배경 등에도 관심을 갖기 시작하였다. 나아가 성경의 사건을 증언하는 자와 그 증언을 듣는 자 사이의 시간적인 거리에도 관심을 갖기 시작하였다.

종교개혁자들이 이러한 해석학 발전에 산파 역할을 하였다고 할 수 있다. 특히 루터는 중세 서방교회가 알레고리적 방식으로 성경을 해석하는 것을 반대하였다. 물론 루터는 알레고리적 성경 해석 자체를 반대한 것이 아니다. 그는 알레고리적 적용에 문제가 있다고 보았다. 중세 서방교회가 성경 해석의 근거로 교회와 성직의 신성함을 이데올로기적으로 각인시키고자 했기 때문이다. 하지만 종교개혁자들은 성경 자체에 관심을 두고 성경의 올바른 이해와 의미 파악에 신학적 관심을 두었다. 그들은 성경 텍스트의 근원적 의미를 찾는 것을 중요하게 여겼다. 이러한 성경 해석을 위해 발전한 방법이 역사 비평이다. 즉 역사 비평은 "본문 형성의 역사적인 단계, 그리고 여러 가지 단계 안에서 본문의 의미와 진술 의도를 규정"하려는 연구방법이다.[13] 역사 비평의 대표적인 방법은 본문 비평, 자료 또는 문헌 비평, 그리고 양식 비평이다.

---

13 박창건, 『신약성경 주석 방법론』(서울: 목양서원, 1991), 23.

본문 비평은 성경의 본문을 오랜 역사적 과정을 통해 구전으로 전승되고, 기록, 수집되어 형성된 과정을 통해 연구하는 것이다. 우리가 가지고 있는 성경은 성경의 원본이 아니라 원본을 필사한 사본을 통해 형성된 것이다. 성경의 사본은 인쇄 기술이 발달하지 않았던 시대이기 때문에 사람들의 필사에 의해서 만들어졌다. 이때 문제는 현존하는 사본들이 대부분 성경 전체로 존재하는 것이 아니라 성경의 일부를 기록하고 있을 뿐만 아니라 사본들 간에는 크고 작은 차이가 발견되는 것이다. 본문 비평은 사본들 중에 어느 것이 더 본래 본문에 가장 가까운 것인가를 분석하고 판단하는 일과 관련된 것이다. 우리가 사용하고 있는 성경은 전문가들의 본문 비평을 통해 확정된 것이다.

자료 비평은 성경의 본문이 중복되거나 같은 사건을 두고 앞뒤가 서로 모순되는 내용이 등장하는 것에 대한 연구와 관련된다. 자료 또는 문헌 비평은 성경에 문학적으로 드러나고 있는 모순, 불일치, 반복과 긴장 관계에 주목하여, 성경의 사건 내용을 이루는 자료의 차이 등을 연구하는 것이다.

양식 비평은 성경의 언어 진술에 있어서 내용과 형식의 밀접한 관계에 주목하여 발전하게 된 성경 해석 방법이다.[14] 문헌 비평이 성경의 단일 책들이 여러 유형의 문서와 단편으로 구성되어 있다는 사실을 연구하는 데 목적이 있다면, 양식 비평은 문헌 비평의 결과를 더욱 발전시켜 역사 보도, 예화, 설교, 고백, 교훈, 비유, 격언, 속담, 계약, 기도, 시가 등과 같

---

14 양식 비평의 대표적인 학자로는 구약학의 헤르만 궁켈(H. Gunkel), 신약학의 마틴 디벨리우스(M. Dibelius)와 루돌프 불트만(R. Bultmann)이 있다. 양식 비평이란 구약성경 문헌의 문화적 형태(장르)를 연구, 분석, 해석하는 방법이며, 특히 문서 이전의 구두 단계를 파악하기 위하여 그 문헌의 장르, 구조, 의도, 배경을 밝히는 방법이다(이동수, 『구약주석과 설교』(서울: 장로회신학대학교출판부, 2000), 149).

이 성서 안에 존재하는 다양한 문학의 형식과 양식(장르)을 규정하는 하는 데 그 목적이 있다. 나아가 양식 비평은 성경 본문의 특별한 문학적 양식과 형태를 분류하고 관찰함으로써, 그 본문이 본래 가지고 있는 최초의 전승의 의도와 실제적 관심을 재구성하는 데 목적이 있다.[15] 즉 양식 비평은 성경 본문의 문학적 양식을 정의하고, 문학 양식의 언어적 의도를 관찰함으로써 그 문학 양식의 삶의 자리를 규명하는 것이다.

역사 비평적인 해석학 이후의 해석학에 대하여 조세프 블레이허(Josef Bleicher)는 해석학의 유형을 네 가지로 구분하였다. 즉 해석 이론, 해석 철학, 비평 해석학, 현상학적 해석학이다.[16] 해석학에서 '해석 이론'의 유형에 공헌을 한 사람은 프리드리히 슐라이어마허(Friedrich Schleiermacher)와 빌헬름 딜타이(Wilhelm Dilthey) 등이다.[17] 슐라이어마허는 초월적 철학과 낭만주의에 영향을 받아서 이해를 창조적인 재형성과 재건축으로 보았다. 그는 문법적인 주석과 심리적인 해석의 상호보완적인 관계를 중요하게 보았다. 딜타이는 해석학에서 학문과 삶, 이론과 실천(praxis)의 이분법을 극복하고 종합하려고 하였다. 그의 이론과 실천의 종합적 접근은 해석학의 범위를 확장시키는 공헌을 하였다. 그는 삶의 영역인 내적인 경험에서 유효한 지식이 유추되는 것을 중요하게 여겼다. 특히 딜타이는 해석학에서 경험의 궁극적인 단위를 살아있는 경험(lived experience)으로 이해했다. 그는 이해와 살아있는 경험의 융합(fusion)을 강조하였다. 즉 그는 텍스트에서 삶의 표현을 이끌어 내는 것을 이해라고 보았다. 또한 텍

---

**15** G. Lohfink, 『당신은 성서를 어떻게 이해하십니까?』, 허혁 옮김 (경북 왜관: 분도출판사, 1994), 29-30.
**16** Josef Bleicher, *Contemporary Hermeneutics: Hermeneutics as Method, Philosophy and Critique* (London: Routledge & Kegan Paul, 1980).
**17** Josef Bleicher, *Contemporary Hermeneutics*, 13-92.

스트 이해는 텍스트 자체에서보다는 텍스트의 저자를 이해하는 데서 찾아야 한다고 보았다.[18]

'해석 철학' 유형은 해석 이론의 객관적인 해석에서 현 존재의 해석을 통한 초월적인 분석에 관심을 가졌다. 해석 철학 유형의 대표적인 사람은 가다머이다. 가다머는 이해를 자신의 주관적인 행위로 보기보다는 전통 안에 자신을 위치시킴으로써 과거와 현재의 계속되는 융합으로 보았다. 그는 해석자와 텍스트 사이의 관계를 대화적인 것으로 보았다. 그에게 모든 이해는 선입견(prejudices)에 기초한 것이다. 가다머는 이러한 이해의 특징을 다음과 같이 설명하였다.

> 텍스트를 이해하고자 하는 사람은 우선 그 텍스트가 자기에게 말할 수 있도록 여건을 만들어야 한다. 해석학적으로 훈련된 사람이 처음부터 텍스트의 새로움을 아주 예리하게 파악할 수 있는 이유도 이 때문이다. 하지만 새로움에 대한 이 민감한 감각은 대상에 대해 중립적인 것도 아니고, 자신의 자아를 완전히 배제한 상태에서 이루어진 것도 아니다. 오히려 그런 감각은 우리 자신의 선이해와 선입견을 의식적으로 동화하는 능력이다. 중요한 것은 텍스트가 제시하는 새로움을 정확히 파악하여 선이해와 구별되는 참된 진리를 주장할 수 있기 위해서는 자신의 편견들이 무엇인지를 명확히 이해하고 있어야 한다.[19]

가다머는 해석학의 과정에서 선입견을 재정립하는 것을 중요하게 여

---

[18] Paul Ricoeur, *The Conflict of Interpretations: Essays in Hermeneutics*, 『해석의 갈등』, 양명수 역 (서울: 아카넷, 2001), 424-25.
[19] Hans-Georg Gadamer, *Truth and Method* (New York: The Seabury Press, 1975), 238.

졌다. 그는 인간의 역사성을 강조하였다. 다시 서술하면, 인간이 역사적으로 존재한다는 의미는 인간의 지식은 불완전하다는 것이며, 모든 자아에 대한 지식은 자신의 지평을 가지고 있는 것으로 보아야 한다는 것이다. 가다머는 그의 해석 철학에서 자신의 지평과 텍스트의 지평과의 대화적인 관계를 통해 지평의 융합(fusion of horizons), 즉 이해가 형성되어 나간다고 보았다. 이러한 지평의 융합에서 언어 매체는 필수적이다. 해석에서 사용되는 언어는 해석의 구조적인 순간을 나타낸다. 해석에서 텍스트를 이해한다는 것은 단지 과거의 사건들(events)로 회구하는 것이 아니라 말하여진 것 가운데서 여기와 지금 참여하고 있는 것이며, 메시지의 교환이며, 세계에 대한 노출이다. 가다머에게 "이해는 한 개인의 주관성의 사고나 행위가 아니라 스스로를 과거와 현재가 지속적으로 융합되고 있는 전통의 과정 속에 위치시키는 것이다."[20] 나아가 이해와 언어의 관계에서 "세계 경험에 대한 언어적 분석은 모든 존재자의 연구에 선행한다. 따라서 언어와 세계의 근원적인 관계는 세계가 언어의 대상이란 의미가 아니다. 이는 인식의 대상, 혹은 진술의 대상은 이미 언어의 세계 지평 안에 들어와 있다. 인간의 세계 경험의 언어적 성격은 세계를 대상화하는 일과는 전혀 무관한 것이다."[21] 그는 해석학은 언어의 차원을 넘어서 미학을 포함하고 있다고 보았다. 예를 들어 예술 작품이 우리에게 말하는 것을 이해한다는 것은 자아와의 만남이며, 자기 이해이다.[22]

'비평 해석학' 또는 '심층 해석학'의 유형은 왜곡된 이해의 원인을 밝히

---

[20] Hans-Georg Gadamer, *Truth and Method*, 258.
[21] Hans-Georg Gadamer, *Truth and Method*, 408.
[22] Hans-Georg Gadamer, *Philosophical Hermeneutics* (Berkeley: University of California Press, 1976), 100-01.

는 것이다. 이 유형의 대표적인 학자는 위르겐 하버마스(Jurgen Harbermas)이다. 그에 따르면, 실증주의, 실용주의, 역사주의 등에서 객체는 탐구하는 주체와는 무관하게 외부에 놓여 있는 사물로 파악되는 것이다. 주체와 객체의 관계는 단선 논리적으로 나타난다. 그는 이러한 파악과 논리를 의사소통의 왜곡이라고 하였다.[23] 그는 왜곡된 의사소통에서 이상적인 상호주관주의적인 의사소통의 공동체를 위한 대안으로 심리분석의 방법을 사용했다. 이는 심리분석은 감추어져 있거나 왜곡된 의미를 드러내기 때문이다.

'현상학적 해석학'의 유형은 해석학, 현상학, 구조주의의 관계성에 의해 이루어진 것이다. 폴 리쾨르(Paul Ricoeur)가 이 유형의 대표적인 학자이다. 그의 해석학에 나타나는 현상학적 특징 중 하나는 해석의 과정에서 해석자 자신의 삶의 경험이나 선이해로부터 시작하기보다는 현상학이 추구하였던 '사물 그 자체'에 대한 인식으로부터 시작하고 있다는 것이다. 그의 해석학은 해석자의 주관에 선행하여 텍스트 자체가 지닌 의미의 구조를 따르는 해석을 하는 데 목적을 두었다. 그는 텍스트 자체가 가지고 있는 고유한 언어와 사고 세계를 해석하는 데 있어서 '소격화', 즉 일종의 '거리두기'가 필수적이라고 하였다. 그에 따르면 독자와 텍스트 사이의 거리를 두어서 텍스트 자체가 가지고 있는 이해의 선구조가 독자의 선이해나 기대에 속박됨 없이 일어나게 해야 한다. 그는 소격화와 함께 '설명'의 필요성을 역설하였다. 텍스트를 이해하기 위한 모든 종류의 설명적 방법이 필요하다는 말이다. 설명적 방법이란 특별히 텍스트에 대

---

[23] Jurgen Harbermas, *Knowledge and Human Interests* (London: Heinemann Educational Books, 1972), 65-186.

한 구조적 분석과 관련된다. 텍스트 이해의 초기 단계에서 해석자의 선이해를 바탕으로 한 '추측'은 '설명'의 방법을 통하여 타당하게 된다. 리쾨르는 이해는 설명에 선행하고, 설명을 동반하고, 종결시키면서 설명을 포함한다고 보았다. 이는 설명이 이해를 분석적으로 전개시키면서 이해가 보다 효과적으로 일어나도록 돕는 역할을 한다는 말이다.

그러나 리쾨르가 전개한 해석 과정의 소격화는 텍스트 해석의 마지막 단계인 전유(appropriation)를 지향한다. 소격화가 텍스트의 타자성을 확보하기 위해 텍스트와 독자 사이의 일정한 거리를 두는 행위라고 한다면, 전유 과정은 텍스트가 지시하는 세계를 자기의 것으로 하는 과정이다. 그에 의하면 텍스트는 세계 건설 또는 변형을 지시하는데, 이 세계는 가능의 세계이고, 새로운 존재 양식을 지시하는 기능을 한다. 따라서 텍스트를 읽는 독자는 텍스트의 세계를 통하여 존재를 이해하게 되고, 텍스트가 추구하는 새로운 존재 양식을 만나게 된다. 하지만 전유 과정이 텍스트를 자신의 것으로 삼는다고 해서, 독자가 텍스트의 세계를 자신의 세계로 환원하는 것이 아닐 뿐 아니라 이미 특정한 존재 양식을 가지고 있는 독자가 자신의 자기 이해를 텍스트에 투사하는 것도 아니다. 오히려 전유는 텍스트가 열어 보여주는 새로운 존재 양식을 통해서 독자가 자신을 이해할 수 있는 힘을 받는 것이다. 즉 전유는 텍스트 앞에서의 자기 이해이다.

리쾨르의 해석학이 주는 핵심은 무엇보다도 전유의 과정을 통한 해석의 실존적 차원이라 할 수 있다. 그에게 해석의 과정이란 텍스트가 지시하는 세계 건설과 변형에 자신을 열고 자기 이해를 새롭게 함으로써 은폐되었던 자신을 새롭게 발견하고 텍스트가 제시하는 세계 건설에 참여하는 실존적 차원을 포함한다. 리쾨르는 텍스트에 대한 이해를 통해 형성된 자기 이해와 하나님 이해를 궁극적인 목적으로 한다.[24] 자기 이해와 하나님 이해가 만나는 접촉점은 하나님의 형상이다. 그는 하나님의 형상을 정의와 영향과 회복 등과 관련시켜 이해하였다. 이러한 그의 해석적 이해는 해석자 또는 우리가 성경 앞에서 모든 왜곡된 자기 이해를 버리고 새로운 자기 이해를 추구하며, 성경이 추구하는 하나님 나라 건설에 참여하도록 하는 실존적 해석의 과정에 참여해야 함을 시사한다.

### 해석학의 목적으로서 삶의 형성

성경 학자 린더 켁(Leander Keck)은 『해석』(Interpretation) 창간 50주년을 기념하는 기고문에서 현대에 지향해야 할 성경에 대한 시각을 의미심장하게 제시하였다.

> 지금은 성경에 대해서 걱정하는 것을 멈추고 우리 자신에 대해서 걱정할 때다. 지금은 성경을 이용하려는 것을 멈추고 성경과 더불어 살아야 할 때다. 지금은 성경이 무엇을 의미하는지를 말하려고 하기보다는 성경의 서사성을 통해 우리의 상상력과 찬양을 회복시킬 때다.[25]

포스트모더니즘(postmodernism) 안에 있는 기독교 공동체는 과학적 사고

---

24 Paul Ricoeur, 『해석의 갈등』, 285.
25 Leander Keck, "The Premodern Bible in Postmodern World," *Interpretation*, 50 (1996): 135-36.

와 분석을 통해 도출한 새로운 결과로 인해 성경의 권위와 가치가 손상되지 않을까 노심초사했던 것이 사실이다. 성경의 사건을 역사적으로 관찰하고 증명하려는 고고학적 노력과 역사 비평적 연구를 통해 성경의 권위를 유지하려고 힘써 왔다. 그러나 실제로 성경의 권위와 가치를 떨어뜨리는 주요인은 그리스도인들인 우리 자신이다. 그리스도인들이 성경을 진리로 인정한다는 것은 삶과 관련된 것이다. 하지만 그리스도인들의 삶은 세속적 가치와 질서에 차별성을 드러내지 못했다. 이런 현실 속에서 퀵이 이제 더 이상 성경에 대해서 걱정하기보다는 우리 자신에 대해서 걱정할 때라고 도전한 말은 그리스도인들에게 의미심장한 진술이 아닐 수 없다. 성경이 중요하다고 외치면서도 성경을 통해 변혁적 삶을 경험하지 못한다면, 성경은 우리에게 타자적 실체로 남을 뿐이다.

성경 해석학은 본질적으로 텍스트의 지평과 해석자의 삶의 지평의 융합을 추구하는 데 목적이 있다. 삶의 형성을 추구하지 않는 해석학은 진정한 해석이 아니다. 해석학은 텍스트의 관찰과 분석을 목표로 하기보다는 텍스트와 함께 삶의 형성과 변형에 관심을 갖는다. 따라서 해석학은 본질적으로 '적용'을 포함하는 개념이다. 해석학은 텍스트의 역사적, 문화적 배경에 대한 관심을 넘어 자신과 사회와 관련하여 텍스트를 적용하려는 '자기-탐색적 적용'이라고 보아야 하기 때문에 적용은 연구의 마지막 행위가 아니라 처음부터 해석자의 관심이 되어야 한다.[26] 이런 맥락에서 성경 학자는 주해를 목적으로 삼을 수 있지만, 성경 해석자는 자기 이해를 통한 삶의 형성을 추구해야 한다. 다시 서술하면, '성경 해석자'와 '성경 학자'는 차이가 있다. 성경 학자는 텍스트에 대한 관찰과 분석을 주

---

[26] Walter Wink, *The Bible in Human Transformation* (Philadelphia: Fortress Press, 1973), 74-75.

목적으로 삼을 수도 있지만 자기 전유와 적용에 관심이 없는 성경 해석자는 존재할 수 없다. 성경 해석자가 된다는 것은 성경이 주는 감동을 이해하고 성경의 변혁적 힘을 추구하는 사람이 된다는 의미이다.

해석학은 텍스트와 상황의 상호 관계를 항상 놓치지 않으면서 자기 이해를 추구하는 변혁적 성경 해석을 포함해야 한다. 진정한 해석학은 삶의 형성과 분리되는 것이 아니며, 적실하고 풍요롭고 책임감 있는 해석학이 되기 위해서는 일반계시의 장인 인간과 세계에 대한 이해와 이 계시에 대한 임상적 연구와의 대화와 존중, 그리고 인내심을 수반하는 경청 능력이 반드시 필요하기 때문이다.

모든 텍스트 해석은 적용, 즉 자기 이해를 추구한다. 텍스트 해석에서 자기 이해는 텍스트 뒤로 돌아가 텍스트 뒤에 숨겨져 있는 저자의 의도를 찾으려는 것이 아니라 텍스트 앞에서 또는 아래서 자신을 발견하고 찾는 것이다. 텍스트 해석의 궁극적 목적은 해석자가 텍스트를 장악하는 것이 아니라 텍스트를 통해 자기를 개방하고 자신을 새롭게 형성해 가는 여정과 관계된 것이다. 자기 이해를 추구하는 해석자는 텍스트 지평 속으로 들어가 자신을 노출시키는 여정을 통해, 텍스트와의 조우하고 새로운 존재의 미를 경험하며 수용하여 새로운 자신의 모습을 형성해 간다. 이런 맥락에서 해석을 자기화하는 적용의 여정은 단순히 인식의 차원을 말하는 것이 아니라 삶의 차원을 포함하는 여정이다. 따라서 해석의 여정은 단지 이론적 인식이 아니라 실천적 인식을 포함한다. 이러한 해석의 여정은 삶의 형성과 세계 건설을 지향한다.

# Chapter 09
# 해석학과 해석학적 순환
Hermeneutics & The Hermeneutical Circle

## 해석학적 순환의 이해와 구조

모든 해석은 '해석학적 순환' 안에서 이루어진다. 해석의 과정에서 언어와 사고, 주관성과 객관성, 전체성과 부분성의 요소들은 서로 불가분리로 연결되어 있을 뿐 아니라 순환 관계를 이루기 때문이다. 해석의 이러한 특성 때문에 프리드리히 아스트(Friedrich Ast)와 프리드리히 슐라이어마허(Friedrich Schleiermacher)에서 시작된 '해석학적 순환'(hermeneutical circle)은 19세기 이후 해석학의 표준적인 기술적 용어의 일부가 되었다.

슐라이어마허는 해석의 과정에서 언어와 사고라는 이중적 차원이 관계한다고 보았다. 그는 해석의 과정은 이중적 요소, 즉 문법적 요소와 심리적 요소가 포함된다고 하였다. 해석에서 문법적 요소가 언어가 갖는 의미와 구조로부터 저자를 이해하는 것이라면, 심리적 요소는 저자가 텍스트의 창작 과정에서 수행하였던 사고의 과정을 추체험하면서, 저자의 생각을 따라가고 재구성하는 과정이다. 문법적 해석은 언어에 초점을 맞추고, 심리적 해석은 저자의 사상을 해석하는 것에 초점을 둔다. 그는 텍스트 해석은 문법적 해석으로부터 출발하여야 한다고 보았다. 하지만 언어적 이해만 가지고는 주어진 의미를 모두 파악할 수 없다. 저자의 사유 과정에서 독특하게 사용되는 의미 관련성을 함께 볼 때 언어의 사용이 바르게 이해될 수 있기 때문이다.

슐라이어마허에게 문법적인 것과 심리적인 것은 해석학적 과제의 다른 차원들을 묘사하는 기술적이고 방법론적 구분일 뿐이며 이 둘은 필수적이다. 이 두 차원은 서로 겹치기도 한다. 왜냐하면 "해석학은 사유의 기술의 일부분이기 때문에 철학적이[고]…한 인격은 말함이라는 도구를 통해서 사유하기" 때문이다.[1] 문법적인 것과 심리적인 것 중 하나를 선택하는 일은 단순히 실천적 전략에 불과하다. 그에 따르면 "언어를 오로지 한 인격이 자신의 사고를 소통하는 수단으로 간주할 때는 심리학적 해석이 중요해진다. 문법적 해석은 최초의 난점들을 제거하기 위해서만 도입된다. 인격과 그 인격이 말하는 행위를 오로지 언어가 그 자체를 드러내는 경우로 간주할 때는 문법적 해석과 언어가 중요해진다."[2] 이는 해석학적 순환의 의미를 밝혀주는 의미심장한 진술이라 할 수 있다. 슐라이어마허는 해석자는 언어적 역량을 발전시키고 저자에 대한 온전한 지식뿐 아니라 저자보다 더 나은 이해에 이를 때까지 언어와 저자를 연구하는 일을 계속해야 한다고 보았다.[3] 슐라이어마허의 관점은 매우 중요한 시사점을 준다. 실제로 오늘의 우리는 성경 시대의 언어와 개념보다 더 풍성한 언어와 개념을 통하여 더 풍성하고 확장된 성경에 대한 설명과 이

---

[1] Friedrich Schleiermacher, *Hermeneutics: The Handwritten Manuscripts*, edited by Heinz Kimmerle (Missoula: Scholars Press, 1977), 97.
[2] Friedrich Schleiermacher, *Hermeneutics*, 99.
[3] Friedrich Schleiermacher, *Hermeneutics*, 100-01.

해를 하고 있다. 게르트 타이센(Gerd Theissen)의 『바울 신학의 심리학적 차원』(Psychological Aspects of Pauline Theology) 같은 책은 실제로 바울의 신학과 텍스트의 어떠한 차원을 더 확장적인 방식으로 논의하고 있다. 특히 그는 인간의 마음 또는 정신의 개념에서 프로이트(Freud)의 발견을 다룬다.[4] 프로이트는 현대 세계에서 무의식적인 것 또는 잠재의식적인 것의 영향력을 발견했다. 바울이 방언을 말하는 현상에 대해 "마음의 숨은 일"(고전 14:25)을 드러낸다는 의미가 무의식의 표출과 어떤 관계가 있는가에 대한 논의는 매우 의미가 깊다고 할 수 있다.

물론 슐라이어마허는 심리적 해석이 단지 해석자의 주관적 왜곡이나 자의적 해석이 아니라 텍스트가 열어주는 세계가 해석자의 것이 되도록 자신의 주관적 사고나 선이해로부터 해방이 필요하다고 보았다.

슐라이어마허는 해석의 과정에서 전체성과 부분성의 순환 관계도 중요하다고 보았다. 그에 따르면 "완전한 지식은 언제나 명백한 순환과 관련되어 있는데, 이 순환에서 모든 부분은 그것이 속해 있는 전체로부터 이해되며 그 역 또한 성립된다."[5]

> 온전한 지식은 언제나 하나의 원을 형성한다. 즉, 각각의 부분은 그것이 속한 전체 속에서만 이해되며, 그 역도 마찬가지이다. … 자신을 저자의 자리에 놓는다는 것은 이 전체와 부분 사이의 관계를 따라서 돌아간다는 것을 의미한다. … 우리가 저자에 대해 더 많이 알수록 우리는 더 잘 이해할 준비를 갖추게 된다. 어떤 텍스트든 바로 이해되는 법은 없다. 반

---

4 Gerd Theissen, *Psychological Aspects of Pauline Theology*, trans. J. P. Galwin (Philadelphia: Fortress Press, 1987), 85-116.
5 Friedrich Schleiermacher, *Hermeneutics*, 113.

면, 매번 읽을 때마다 우리는 보다 잘 이해할 수 있는 자리에 서게 된다. … 별로 중요치 않은 텍스트들(시장 통에 돌아다니는 것들처럼) 경우에만 우리는 처음 읽고 이해하는 것으로 만족할 수 있다.[6]

그는 부분과 전체라는 두 축이 언제나 상호의존적 관계에 놓여 있지만, 실제적 차원에서는 전체를 우선적으로 먼저 파악하는 데서부터 시작해야 한다고 하였다. 텍스트 또는 저자의 생각이 무엇인지를 알고, 핵심이 무엇인지를 아는 것이 우선이라고 여겼기 때문이다. 그는 이렇게 말한다.

> 그 과정은 이런 것이다. 전체의 일체성은 전체 속에서의 각 부분이 그 전체와 어떤 관계 속에 놓여 있는지를 파악하는 데서 드러난다. … 일단 그 작품의 전반적 목적이 무엇인지를 알게 되면 이 시각이 세부 내용들 속에 적용된다. … 첫 번째 과제는 작품의 주제상의 내적 일체성을 찾으라는 것이다.[7]

하지만 슐라이어마허는 전체에 대한 이와 같은 예비적 평가는 이어지는 세부적 검토에 의해 확인, 역 확인 또는 수정될 소지가 있는 잠정적 성격의 것임을 분명히 한다. "전체에 대한 잠정적 파악은 … 필연적으로 불완전할 수밖에 없다.…전체에 대한 우리의 일차적 파악은 잠정적이며 불완전할 뿐이다."[8] 따라서 계속적인 재점검의 과정이 이어진다. "한 작

---

[6] Friedrich Schleiermacher, *Hermeneutics*, 113.
[7] Friedrich Schleiermacher, *Hermeneutics*, 168.
[8] Friedrich Schleiermacher, *Hermeneutics*, 200.

품에 대한 우리의 일차적 인식이 재점검된 이후에도 우리의 이해는 여전히 잠정적일 뿐이다."[9] 비록 모든 해석이 잠정적일 수밖에 없는 한계를 지니지만, 해석의 과정에서 전체와 부분의 순환 관계에 대한 인식은 중요하다. 전체에 대한 이해는 부분을 보다 더 바르게 이해할 수 있을 뿐 아니라 부분에 대한 이해도 전체를 보다 더 자세하게 그릴 수 있는 눈을 넓혀주기 때문이다.

슐라이어마허는 해석학적 순환 과정은 비교적인 동시에 직감적인 방법이 요구된다고 보았다. 그는 이 두 방법과 지식을 이렇게 구분하여 설명하였다.

> 직감적인 방법은 개인인 저자에 대한 직접적인 이해를 얻고자 시도한다. 비교적 방법은 저자를 일반적인 유형으로 분류한다. … 직감적인 지식은 사람을 아는 데 있어 여성적인 능력이며, 반면에 비교적 지식은 남성적 능력이라 할 수 있다. 각각의 방식은 서로를 참조하고 의존한다.[10]

슐라이어마허는 이 방식 중 하나만 사용할 경우, 즉 직감적인 방법만을 따를 경우에는 '애매모호함'에 머물게 되고, 비교적인 방법만을 사용한다면 '현학'의 위험에 처할 수도 있으므로 직감적인 방법과 비교적인 방법의 균형이 필요하다고 보았다.[11] 성경 텍스트를 이해할 때 사람들은 분석이라는 용어를 사용한다. 그리고 성경 해석 방법에서 직감적인 방법을 과소평가하는 경향이 강하다. 마치 개인적 이해나 초이성적이고 직관

---

9 Friedrich Schleiermacher, *Hermeneutics*, 203.
10 Friedrich Schleiermacher, *Hermeneutics*, 166.
11 Friedrich Schleiermacher, *Hermeneutics*, 205.

적인 경청이 비록 적용이 덧붙여진다 하더라도 지적 활동의 영역에서는 의미가 없는 것으로 여기는 경향이 있다. 슐라이어마허는 비교적인 것과 직감적인 것, 문법적인 것과 심리적인 것의 두 차원의 단선적인 균등화를 추구하지는 않았다. 이 두 요소는 해석학에서 방법과 특성을 설명하는 개념이라고 할 수 있다. 다시 말하면, 문법적 해석은 주로 언어학적이며 비교적인 방법과 연관되고, 심리적 해석은 저자를 이해하는 것으로서 직감적인 방법과 관련된다. 슐라이어마허는 "말하는 각각의 행위는 언어의 총체성과 연관되는 동시에 화자의 사유의 총체성과도 연관된다"고 보았다.[12]

해석학은 문법적이고 비교적이며 비판적인 성격을 가진 동시에 직관적인 것, 초자연적인 것과도 연관된다. 성경 해석학은 단지 지식 이론의 지평에만 가둘 수 없는 특성이 있다. 해석학에서 직관적인 차원과 초월적인 차원의 필요성을, 토랜스(T. Torrance)는 신앙의 차원에서,[13] 짐머맨(Jens Zimmermann)은 하나님과의 교제의 차원에서 이해하였다.[14]

나아가 슐라이어마허의 중요한 공헌은 해석학에서 이해는 '삶', 즉 공동체적 삶과 연결된다는 것을 강조한 것이다. 그는 이해의 본질에 대해 묻는 일반적 해석학과 잠정적으로 이미 이해된 것을 지지하거나 논평할 의도를 가진 해석학 사이에는 중대한 차이점이 있다는 것을 발견했다.[15] 그는 "해석학은 사유의 기술의 일부"라고 주장한다.[16] 해석학은 타자를

---

[12] Friedrich Schleiermacher, *Hermeneutics*, 97-98.
[13] Thomas F. Torrance, *Divine Meaning: Studies in Patristic Hermeneutics* (Edinburgh: T & T Clark, 1995) 참조.
[14] Jens Zimmermann, *Recovering Theological Hermeneutics: An Incarnational-Trinitarian Theory of Interpretation* (Grand Rapids: Baker Academic, 2004) 참조.
[15] Friedrich Schleiermacher, *Hermeneutics*, 85-86.
[16] Friedrich Schleiermacher, *Hermeneutics*, 97.

이해하기 위해 "우리 자신의 정신의 틀 바깥으로 나가는 일"[17]과도 관련된다고 하였다.

슐라이어마허의 해석학적 사고에는 '해석학적 순환'의 개념이 다양하게 나타난다. 언어와 사고의 순환, 주관성과 객관성의 순환, 전체성과 부분성의 순환, 비교적인 차원과 직감적인 차원 등이다. 이러한 요소들은 해석적 과정에서 서로 불가분리로 연결되어 있을 뿐 아니라 순환의 구조를 이룬다고 보았다.

현대 해석학에서 해석학적 순환은 보다 더 광의적인 차원에서 적용되고 있다. 즉 해석학적 순환은 텍스트의 의미를 먼저 이해한 후에 아래로 순차적으로 적용하는 연역적 방법에만 초점을 두기보다는 텍스트와 해석자, 텍스트와 상황, 텍스트와 삶의 형성 등을 유기적으로 고려한다. 해석학적 순환 구조는 텍스트와 세계 또는 특별계시와 일반계시가 함께 대화할 때 서로에게 새로운 이해와 창조성을 제공해 준다는 것을 인정한다. 각각은 서로에게 유용한 정보를 제공해 주기 때문이다. 나아가 이 두 계시의 순환 관계는 성경에 대한 더 깊은 의미와 하나님의 세계에 대한 더 깊은 이해를 그려낼 수 있기 때문이다.


## 해석학적 순환과 비평학

성경 비평학이 역사적, 과학적 탐구 방법을 사용하는 과정에서 그 방법들이 전제로 하고 있는 객관성과 가치중립성을 추구하는 데는 성공하

---

[17] Friedrich Schleiermacher, *Hermeneutics*, 109.

였지만, 성경 자체의 본래적 의도인 해석자들에게 믿음 안에서 더욱 성장하도록 중인의 역할을 하게 하는 것은 망각하였다고 할 수 있다. 성경 비평학자들은 성경을 삶으로부터 분리시키고, 연구자로서 자기 자신들은 연구의 대상인 성경으로부터 고립시켜서, 결국 성경을 삶과 사회의 구체적인 문제와 갈등으로부터 고립시키고, 더 나아가 성경으로부터 개인적 신앙에 답을 찾으려는 사람들의 노력에 구체적 도움을 줄 수 없는 죽은 문서로 만들어 버린 측면이 있다.

물론 성경 비평학의 이러한 약점에도 불구하고, 성경 비평학은 무시되어서는 안 된다. 텍스트가 해석자의 삶을 변형시키기 위해서는 텍스트 자체의 타자성이 드러나 텍스트가 스스로 말할 수 있도록 해야 하기 때문이다. 텍스트의 의미를 보다 명료하고 전체적으로 볼 수 있기 위해서, 텍스트는 일정한 거리두기를 통해서 해석자의 선이해로부터 분리시켜야 하고, 무의식적 욕망 등으로 인해 텍스트에 투사되었던 해석자의 지평은 의심과 부정을 통해 복원되어야 한다.

성경에 대한 다양한 비평들은 텍스트를 해석자의 선이해나, 무의식적 욕망의 투사나, 전통에 무비판적으로 섞여 있는 해석의 역사들로부터 벗어나 텍스트 자체의 의미를 드러내는 데 도움을 주는 통로가 된다. 따라서 텍스트에 대한 설명의 방법으로 성경 비평학적 탐구 방법은 수용되어야 한다. 그러나 성경 비평학이 추구하는 객관화와 거리두기의 방법 안에 있는 태생적 문제들과 한계를 인식하면서, 비평학을 텍스트의 타자성을 담보하는 차원에서 수용해야 한다. 성경 비평학은 해석학적 순환의 목적인 텍스트와 해석자 간의 만남과 삶의 변형을 지향하는 과정에서 텍스트 자체의 이해를 돕고, 모든 선이해와 무의식적 욕망의 투사, 그리고 왜곡된 감정이입을 넘어서서 텍스트가 스스로 말하도록 하여, 결국은 텍스트와 해석자 간의 만남을 돕는 차원에서 수용되어야 한다.

## 텍스트와 해석자의 삶의 순환성

해석학적 순환에서 중요한 요소 중의 하나는 텍스트와 해석자의 삶 간의 순환적 관련성의 추구이다. 모든 해석은 순환적 특성을 지닌다. 이해가 선이해와 서로 순환적 관계 안에 있는 것과 같이, 앎 또한 삶과 서로 순환적 관계에 있다. 해석학적 순환은 앎이 하나의 절대적인 '아르키메데스적 기점', 즉 해석자가 텍스트를 총체적 관점에서 객관적으로 지각할 수 있는 이해로부터 출발하는 것이 아니라, 언제나 이미 삶이라는 기반 위에서 미리 형성된 이해의 선구조에 의해 시작된다. 또한 역으로 그를 바탕으로 해서 이루어진 앎도 단순히 앎으로 그치는 것이 아니라 다시금 삶의 기반이 되고, 선이해의 직조 속으로 짜여들어 가서 앎과 삶은 끊임없는 순환 구조 안에 있다.

해석학적 순환의 궁극적 목적은 텍스트 자체를 이해하는 것에 목적을 두기보다는 텍스트와 해석자의 지평 간의 순환을 통해 삶의 변화를 추구할 뿐 아니라 상황에 적실성 있게 텍스트를 새롭게 해석하는 데 있다.

해석학적 순환이란 우리가 속한 오늘날의 개인적, 사회적 현실 속에서 계속되는 변화에 상응하여 성경에 대한 우리의 이해 또한 계속적으로 변화한다는 것을 가리킨다. '해석학적'이란 '해석과 관계되어 있음'을 의미한다. 그리고 해석의 순환적 성격은 매순간 새로운 현실로 인해 우리는 하나님의 말씀을 항상 새롭게 해석해야 하고, 거기에 따라 현실을 변화시켜야 하며, 그 후에 다시 돌아와 우리가 변화시킨 그 상황에 맞추어 하나님의 말씀을 다시 새롭게 해석해야 하는 과정이 반복된다는 사실에서 기인한다.[18]

해석학적 순환은 텍스트의 의미가 어떻게 해석자의 삶과 실존과 만날 수 있는지, 반대로 해석자의 삶의 경험이 어떻게 텍스트와 만날 수 있는지에 관심을 가지면서 이 둘 사이의 순환적 관계를 바탕으로 해석의 과정을 구성하는 데 목적이 있다. 해석학적 순환은 성경에 나타난 과거의 사건을 사실로서 탐구하는 것에 머무는 것이 아니라 성경의 사건을 오늘의 해석자의 경험 안에 다시 생생하게 살리는 것이다. 즉 성경 해석의 목적을 개인적 사회적 변형을 가져오도록 하는 데 있다. 성경의 기록 목적 자체가 믿음에서 믿음에로 이르도록 하는 증언의 목적으로 기록되었기 때문에, 이 증언의 사건이 일어나도록 하는 것에 목적이 있어야 한다. 성경 해석은 궁극적으로 해석자가 텍스트와 만나고, 텍스트로 하여금 해석자의 심연에 들어와 해석자에게 말하도록 하는 사건이며, 이를 통하여 해석자의 삶이 변형되는 사건이어야 한다. 해석학적 순환은 본질적으로 텍스트와 해석자의 삶 간의 관련성을 추구하는 데 있다. 해석학적 순환은 해석자의 삶이 변형되고, 전통과 사회를 재구성하는 것을 추구하는 데 목적이 있다.

---

18 Juan Luis Segundo, "해석학적 순환", Richard Lischer, ed., *Theories of Preaching*, 정장복 옮김, 『설교신학의 8가지 스펙트럼』(서울: WPA, 2011), 276-77.

## 특별계시와 일반계시의 순환성

해석자의 이성과 감성과 직관 등을 통한 지식이나 언어나 사고하는 능력은 특별계시를 이해하는 데 없어서는 안 될 요소들이다. 이러한 일반계시의 요소들은 하나님의 선물들이다. 불행히도 하나님의 일반계시는 무시되거나 성경의 계시와 대립적으로 이해되어 온 경향이 있다. 해석자는 생각하고 사고하고 이해하고 해석하는 과정에서 이러한 지식을 피할 수 없다.

해석자가 일반계시의 차원들과 요소들 없이 특별계시인 성경을 해석하고 이해하는 것은 불가능한 것이다. 물론 기독교 진리나 신앙을 일반계시에 대한 해석을 바탕으로 하면서 성경을 바탕으로 하지 않는 해석은 초보적인 단계에 머무르게 된다. 해석자는 성경을 대할 때 일상생활에서 사용하는 언어를 통해 본문을 이해하게 된다. 해석자가 성경에 대해 묵상적인 자세를 가지고 있다면, 성경 이야기들과의 상호 반응은 그의 신학적 이해를 더욱 풍성하게 한다. 이렇게 해서 풍부해진 신학 체계는 다시 일반계시를 돌아보게 하고 그것을 더 잘 이해하게 한다. 일반 혹은 특별계시의 객관적 자료들은 끊임없이 자기 신학의 주관적 렌즈에 의해 해석되고, 그것과 교유하고, 그것에 영향을 준다.

일반계시와 특별계시의 상호작용은 이중적 순환으로 생각될 수 있다. 그것은 원주형이라기보다 나선형이라 할 수 있다. 이는 일반계시와 특별계시의 관계는 서로 대립적인 관계가 아니라 서로 영향을 주고받으며 서로의 이해의 지평을 향상시킬 수 있기 때문이다. 성경 혹은 해석자가 이해하지 못하는 일반계시의 어떤 차원들이 이해되지 못하는 것은 해석자의 신학에 결함이 있거나 그 어떤 면에 결핍이 있기 때문이다. 때문에 새로운 계시를 이해하고 수용하려면 그 체계의 일부가 수정되어야 한다. 때로 일반계시 혹은 특별계시로부터 쌓인 많은 자료가 그 체계의 일부에 재구성이 일어나게 한다. 이러한 현상은 토마스 쿤(Thomas S. Kuhn)의 용어로 표현하면 '패러다임 전환'(paradigm shift)과 같은 것이다. 해석자는 일반계시와 특별계시에 대한 수많은 설명과 이해의 자료들은 끊임없이 정련되어 재인식되고 재형성되어야 한다는 것을 인식할 필요가 있다. 왜냐하면 해석자의 설명과 이해는 항상 불완전하기 때문이다. 물론 해석자는 절대로 완벽한 설명과 이해에 이르지 못한다는 인식도 필요하다. 해석자에게는 유한성의 문제뿐 아니라 죄로 인한 불완전의 문제도 있기 때문이다. 그럼에도 불구하고 해석자의 해석적 과업이 사라지는 것은 아니다.

일반계시와 특별계시의 상호 관계는 이것들이 똑같은 세계, 즉 영적이고 일상적인 삶과 세계를 대상으로 하고 있다는 것을 전제하고 있다. 일반계시와 특별계시가 모두 하나님으로부터 선물로 주어졌다면 이것들은 원래 오류가 없고 필요 불가결한 것이 아니다. 워필드(Warfield)는 일반계시와 특별계시의 특성에 대해서 다음과 같이 설명하였다.

> 특별계시가 없이는 일반계시는 죄인인 인간에게 불완전하고 비효과적일 것이다…일반계시가 없이는 특별계시는 강하고 지혜롭고, 의롭고 선하신 모든 것의 조물주이자 통치자로서의 하나님에 대한 근본적인 지식에 대한 기초를 상실할 것이다. 일반계시를 떠나서는 죄인들을 구원하기 위한 이 위대한 하나님이 세상에 간섭하심 이상의 계시를 이해할 수 없고

혹은 그것은 효과적이지 못할 것이다.[19]

　일반계시에 대한 해석자의 이해, 즉 일반적으로 세계와 인간에 대한 지식은 하나님의 말씀에 의해 바르게 이해될수 있을 뿐만 아니라 성경을 이해하는 데 피할 수 없는 요소라고 할 수 있다. 일반계시의 장인 세상과 인간에 대한 해석자의 이해와 지식은 결코 완전할 수 없다. 그러므로 세계와 인간에 대한 해석자의 제한된 지식은 끊임없이 발전시켜야 할 뿐 아니라 특별계시인 성경에 의해 조명되고 지도될 필요가 있다. 그러나 논쟁의 여지가 더 많은 것은 그 반대의 문제다. 성경에 대한 해석자의 설명과 이해, 즉 성경말씀 자체가 아닌 해석자의 성경에 대한 설명과 이해는 성경이 실제로 말하고 있는 것을 잘못 해석하고 죄악 된 왜곡을 초래할 여지가 있는 만큼 일반계시에 의해 교정될 수 있어야 한다. 성경에 대한 왜곡된 이해는 성경 자체로부터 파생한 것이 아니라 성경을 설명하고 이해하는 데 있어서 피할 수 없는 일반계시의 장인 세계와 인간과 문화 등에 대한 왜곡된 이해와 자료로부터 발생하는 경우가 많기 때문이다. 특별계시와 일반계시에 대한 해석자의 해석 사이에 긴장이 있다고 해도 어떤 이해와 해석이 잘못되었는지를 미리 결정할 수 없다. 일반계시와 특별계시는 잘 이해될 때 서로 조화를 이루고 서로를 풍성하게 할 수 있다. 일반계시와 특별계시에 대한 해석자의 이해가 틀릴 수 있지만, 그렇다고 해서 이 두 양쪽의 계시에 오류가 있다고 생각해서는 안 된다.
　일반계시와 특별계시의 관계를 바르게 이해하는 것이 중요한 이유는

---

**19** Benjamin B. Warfield and Samuel G. Craig, *The Inspiration and Authority of the Bile* (New Jersey: Presbyterian and Reformed, 2012), 75.

성경 해석자들이 종종 이쪽이냐 저쪽 한 가지에만 의미와 권위를 부여하기 때문이다. 성경이 중요한 만큼이나 일반계시의 장인 세계와 인간에 대한 이해도 중요하다. 이러한 관점은 매우 중요하다. 누구도 교회 찬양에서 빼놓을 수 없는 역할을 하는 피아노와 컴퓨터를 상세히 배우기 위해 성경을 참고하지 않는다. 나아가 성경은 언어로 표현되기 때문에 이미 개념적이다. 반면에 창조 세계인 자연과 인간은 관찰자들에 의해 개념화되고 서술되어야 한다. 이러한 개념과 서술들은 편견과 사회문화적 요인들에 의해 영향을 주고받으며 때로는 왜곡되기도 한다. 물론 성경에 대한 이해도 편견과 이러한 요인들에 의해 왜곡이 발생할 수 있다. 때문에 일반계시와 특별계시에 대한 해석자의 이해가 갈등을 일으키는 부분이 항상 존재할 수 있다. 왜곡과 위험은 항상 존재한다. 하지만 이러한 갈등으로 인간 긴장은 해석자의 이해를 바로 잡는데 매우 유용할 수 있다. 구체적으로 설명하면, 일반계시에 대한 왜곡된 이해가 특별계시에 대한 왜곡된 이해를 불러일으킬 수 있고, 성경에 대한 왜곡된 이해가 일반계시의 편견과 왜곡을 불러일으킬 수 있다. 때문에 이 두 계시의 순환적 진행을 중지해서는 안 된다는 것과 해석을 할 때 겸허한 자세를 잃어버려서는 안 된다는 것을 인식하게 한다. 하나님의 말씀과 세계와 인간에 대한 이해가 심오해지는 과정을 결코 중단 시켜서는 안 된다는 것을 깨닫게 한다.[20] 세계와 인간에 대한 지식 그리고 성경의 역사적 배경과 문맥에 대한 지식이 사라지는 일이 중단되지 않는다면 우리의 순환적 진행의 필요성도 사라지지 않는다. 나아가 해석자는 독자들이 해석의 차

---

20 John Stott, *Between Tow Worlds: The Art of Preaching in the Twentieth Century* (Grand Rapids: Eerdmans, 1982), 127-28.

이는 본문이 말하는 것을 의도적으로 배척하는 데서 기인하는 것이 아니라, 이 순환적 진행의 다른 지점에 있기 때문이라는 것을 인식하는 법을 배울 필요가 있다. 해석자에게 주어진 성경 해석의 과업은 성경을 바르게 해석하는 것이다. 하지만 성경 해석자들이 기억해야 할 것은 해석자의 의견과 다른 견해를 가진 사람들의 동기를 비판함으로서가 아니라 그들의 해석이 어떻게 잘못되어 있는가를 보여주고, 어떤 점에서 그들의 해석의 틀이 성경과 맞지 않는가를 보여주는 것이라고 할 수 있다.

해석자는 특별계시와 일반계시가 상호 순환적으로 작용할 수 있다는 것을 인식할 필요가 있다. 다시 서술하면 특별계시의 텍스트에서 일반계시의 콘텍스트로 올 수도 있고, 일반계시의 콘텍스트에서 특별계시의 텍스트로 올 수도 있다. 특히 삶의 실천적 해석학에 있어서 양자는 동시에 일어나며 서로 보완한다. 여기서 양자택일을 주장하는 것은 함께 속하여 있는 것을 분리하며 파괴하는 것이다. 해석자가 놓치지 말아야 할 것은 공동체 안에서 사람들은 성경의 이야기를 읽고 그들 자신의 역사적 상황을 인식한다는 점이다. 혹은 사람들은 그들의 역사적 상황을 인식하고 성경의 이야기를 이해하기 시작하기도 한다. 그들은 성경의 이야기 속에서 그들 자신을 발견하기 때문이다.

# Chapter 10
# 해석학과 선이해
Hermeneutics & Pre-understanding

## 해석과 전통의 관계

해석학은 텍스트의 지평과 해석자의 지평의 순환 관계를 중요시한다. 해석의 사건이란 단순히 과거의 텍스트를 하나의 사실로 탐구하는 것에 그치는 것이 아니라 과거의 사건인 텍스트를 해석자의 삶 안에 다시 생생하게 살리고, 이런 과정을 통해 개인적, 공동체적, 사회적 변형이 일어나게 하는 사건이다. 텍스트가 해석자의 삶 속에서 재현됨으로써 텍스트의 생명을 이어 가고, 해석자의 삶은 텍스트를 통해서 변형되는 상호 융합의 과정이 해석의 과정이다.

해석이 텍스트와 해석자의 삶 간의 바르고 건강한 융합을 이루기 위해서는 해석자의 선이해의 지평을 이해하는 것이 필요하다. 해석자의 선이해의 지평은 텍스트의 지평을 왜곡시킬 수 있기 때문이다. 해석자의 선이해의 지평에서 핵심적인 역할을 하는 것은 전통이라고 할 수 있다. 해석자의 선이해의 지평은 전통과의 순환 관계를 통해 형성된다. 하지만 전통을 어떤 의미로 이해하느냐는 중요하다. 따라서 해석자의 선이해의 지평과 전통과의 관계에 대해 논하기 전에 전통의 의미에 대해 살펴보는 것이 필요하다. 레티 러셀(Letty Russell)은 '전통'이라는 용어를 'Tradition' 과 'tradition' 그리고 'traditions'의 세 가지로 구분하여 설명하였다.[1] 대문자로 시작하는 전통(Tradition)은 하나님이 예수 그리스도를 통하여 모든 세대와 민족에게 지속적으로 운반 또는 전수하시는 과정을 지칭하며, 이 개념에서 전통은 보호되어야 하는 어떤 저장물이나 한 번 전달된 신앙 같은 것이라기보다는 관계와 전달의 역동적 행위라는 것이다. 소문자로 시작하는 전통(tradition)은 인간 실존에게 있어서 가장 근본적인 구조적 현상으로 과거사이지만 현재 살아있을 뿐 아니라 미래를 전망하도록 하는 요소를 가진 인간학적 카테고리이다. 마지막으로 전통들(traditions)은 운반 또는 전수의 결과로 형성된 다양한 종교적 전통들로 우리와 우리의 공동체의 정체성을 형성하는 데에서 중요한 부분을 차지한다. 이 전통들은 다양한 상황에서 복음을 전달하는 통로가 되지만, 그것이 궁극적인 것은 아니다.

러셀은 전통을 불변의 개념으로 보고 있지 않다. 대문자로 시작하는 전통(Tradition)은 하나님이 단 한 번 주신 고정된 것이 아니라 하나님이 그리스도를 통해서 세대와 민족에게 지속적으로 운반하시는 활동이기 때문에 한 번에 끝난 것이 아니라 지속적으로 역사와 민족 가운데에서 일어나고 있는 활동이다. 따라서 우리가 소위 전통이라고 이해하고 있는 전통들(traditions)은 대문자의 전통(Tradition)이 일어날 수 있는 의사소통의 통로가 되지만 궁극적인 것이 아니다. 시대와 상황에 따라 그리고 공동

---

[1] Letty Russell, "Handing on Tradition and Changing the World," in *Transformation and Tradition in Religious Education*, ed., Padraic O' Hare(Birmingham: Religious Education Press, 1979), 77.

체와 문화에 따라 다양한 전통들(traditions)이 존재할 수 있지만, 유일하거나 절대적인 것이라고 할 수 없다. 이러한 전통들은 해석자의 선이해의 지평에 매우 중요한 역할을 한다. 해석자의 선이해의 지평 형성에 중요한 역할을 하는 전통들은 궁극적이거나 완벽하거나 변하지 않는 것은 아니다.

전통은 과거의 지평과 현재의 지평 사이에서 일어나는 지평 융합의 해석 과정을 통해서 형성된다. 이 과정에서 전통은 지속적으로 과거와 현재의 융합 과정을 걸으면서 끊임없이 재해석되고 재활성화되며, 그렇게 지속적으로 현재를 변형시키는 힘으로 작용하는 영향사적 힘을 가진다.

메리 엘리자벳 무어(Mary Elizabeth Moore)는 하나님이 선물로 주신 대문자의 전통(Tradition)이 전달되고 의사소통되는 통로, 즉 소문자 전통들(traditions)을 통해서 세대에서 세대로 전해진다고 하였다. 이 소문자 전통들은 대문자 전통을 담고 있지만 그와 동일한 것은 아니다. 소문자 전통들은 시대와 상황에 따라 달라지고 변형되면서 매시대에 맞게 하나님의 선물인 대문자 전통(Tradition)을 전달하는 통로 역할을 한다는 것이다.[2] 대문자 전통은 시대와 상황을 넘어서서 영향력을 나타내는 영향사를 가지고 있지만, 그것은 다양한 상황 속에서 다양한 형태의 소문자 전통들의 그릇에 담겨져서 전달된다. 따라서 사람들은 소문자의 전통을 전달받고 전수해 주는 과정에서 그것에로의 참여가 이루어져 하고, 해석이 이루어져야 하며, 상황에 맞는 변형이 이루어져야 한다.

무어에 따르면 교육 또는 해석의 임무는 다음과 같다. 하나는 변화하

---

2 Mary Elizabeth Moore, *Education for Continuity & Change: A New Model for Christian Religious Education*, 이정근, 박혜성 옮김, 『기독교교육의 새로운 모형』(서울: 기독교교육협회, 1991), 187

는 콘텍스트(context) 속에서 역사적 텍스트(text)의 적절한 의미를 해석하는 것이고, 다른 하나는 현재 속에서 새로운 의미를 찾아 전통에 새로운 것을 덧붙이는 것이다.[1] 전자를 전통의 영속성(continuity)이라고 한다면, 후자는 변화성(change)이라고 할 수 있다. 따라서 전통은 연속적 차원을 지닐 뿐만 아니라 변화적 차원을 지닌다. 이 두 차원은 서로 불가분리의 관계 안에 있다.

해석은 텍스트의 지평과 전통과 문화 등에 의해 형성된 해석자의 선이해의 지평이 상호 순환하며 연속성과 변화성을 추구하는 과정이다. 이러한 맥락으로 볼 때 해석의 과정에서 해석자의 선이해의 지평이 텍스트의 지평과 어떠한 관계에 있는가를 이해하는 것은 중요하다.

## 해석과 선이해의 관계

모든 해석자는 선이해의 지평, 즉 해석자가 태어나고 양육 받은 공동체와 전통으로부터 물려받은 지평을 출발점으로 삼는다. 따라서 모든 해석은 해석자의 선이해와 병합된 상태에서 시작된다. 해석자는 자신의 삶의 기반이 되는 전통과 문화와 사회적 배경과 뗄 수 없는 관계에 서 있고, 그것들은 해석자가 거의 무의식적으로 성경과 세계를 보는 눈을 형성하는 지평이자 선이해가 된다. 해석자의 선이해의 지평 형성에서 중요한 역할을 하는 전통은 과거의 것이면서도 현재에 해석자의 개념과 언어와 신앙적 합리화를 형성하는 필터로서의 역할을 한다. 해석자의 선이해

---

1 Mary Elizabeth Moore, *Education for Continuity & Change*, 15.

는 자신의 경험을 통해서도 형성되기 때문에 해석의 과정에서 해석자의 경험도 중요한 역할을 한다. 전통과 경험의 관계는 분리된 관계가 아니라 서로 상호작용의 관계로 보아야 한다. 전통은 경험에 선행하는 특성이 있지만, 또한 경험은 전통을 변화시키거나 조건화하기 때문이다. 즉 경험은 전통 없이 불가능하지만, 전통은 경험을 통해서 습득된다. 전통과 경험은 서로 유기적인 순환 관계 안에 있다고 할 수 있다. 따라서 해석자의 선이해의 지평에서 전통과 경험은 순환 관계 안에서 형성된다고 보아야 한다.

모든 해석자는 어떤 텍스트를 해석할 때 '선이해'(pre-understanding)를 가지고 출발한다. 해석학에서 선이해에 대한 논의는 매우 중요한 출발점이라고 할 수 있다. 대부분의 해석학자들은 이해를 위한 기술적 용어로 '선이해'라는 개념을 시작점으로 삼는다. 선이해라는 개념은 예비적 이해(preliminary understanding)라는 개념으로도 표현될 수 있다. 해석학에서 선이해는 더욱 바르고 풍성한 이해를 향한 여정의 원천인 동시에 이해의 잠정적인 단계이기도 하다. 선이해의 개념은 이해가 그 이해 과정에 수반될 수 있는 모든 일들에 대한 정확한 평가를 하기 위해 점검하는 것을 의미한다. 따라서 선이해는 예비적이고 잠정적인 이해로서 교정될 수 있고 시정될 수 있다. 선이해는 예비적인 이해의 특성을 가지기 때문에 이해의 어떤 차원은 교정될 필요가 있다는 것을 전제로 하는 이해이다. 이는 또한 어떤 차원은 잘못된 방향에서 시작되었을 수도 있다는 것을 전제한다. 바로 이것이 이해가 갑작스러운 사건이기보다는 순차적 과정인 이유이다. 이는 어떤 이해가 갑작스럽게 드러나거나 새롭게 깨달아지는 것이라고 할지라도 깨달음의 유효성은 순차적 점검을 통해 그 타당성의 여부가 입증될 때에만 의미가 있다는 것을 시사한다.

## 해석에서 선이해의 역할

해석에서 '선이해'는 해석학적 인식론의 핵심적 개념의 하나로 인간이 속한 사회와 문화, 언어적 기반을 통해서 이미 형성된 이해의 지평이다. 해석자에게 선이해는 이해 현상에로 들어갈 수 있는 창문과 같은 요소이다. 해석학적 인식론의 관점에서 볼 때 선이해 없는 이해는 불가능하며, 이해와 선이해는 일종의 순환적 관계로 서로 연결되어 있다. 선이해는 텍스트 해석에서 간과할 수 없는 출발점으로서의 역할을 한다. 텍스트 해석은 단지 객관적 해석에만 목적을 두지 않는다. 텍스트 해석은 텍스트와 해석자 사이의 상호작용이다. 텍스트의 지평이 있지만, 동시에 해석자의 지평이 있고, 이 지평 간의 융합이 이루어질 때 해석 사건이 일어난다. 텍스트 해석은 성경 자체의 지평을 알아야 하지만, 동시에 해석자의 지평을 명명하고 의식화하고 명료화해야 한다. 어떤 형태로든 해석에 참여하게 되는 선이해를 오히려 해석의 과정에서 명료화하여 텍스트를 그 자체로 볼 수 있는 '텍스트의 타자성'을 담보하는 통로를 찾아야 한다. 이런 과정을 통해서 텍스트의 지평을 더 명료하게 드러낼 수 있다. 이 과정이 생략될 경우 해석은 오히려 해석자의 주관적 관심에 좌우되기 쉽다. 소위 리쾨르(Paul Ricoeur)가 말하는 '일차적 소박성'에 머물러 있을 수 있다. 텍스트 해석은 먼저 해석자의 지평인 선이해를 명료화하는 것으로부터 시작해야 한다. 그렇지 않을 경우 해석자는 텍스트와 무의식적 연합 속에서 자신을 바로 아는 것에 실패할 수 있고, 텍스트 자체를 그 자체로 보는 것도 실패하게 되어 결국 텍스트가 해석자에게 말을 걸어오도록 하는 것에 실패할 수 있다.

## 해석과 무의식의 관계

해석자는 텍스트에 잘못된 종류의 주관성을 넣을 여지가 있다. 해석자는 실재 속에 자신의 이해와 개념을 밝히면서, 그것이 예수님이나 하나님의 뜻을 명확히 하는 것처럼 왜곡할 수 있다. 절차나 방법은 오류가 아닐 수 있다. 그러나 해석자가 성경을 해석할 때, 주관성을 피할 수 없다. 해석자는 그가 알고 있는 것, 그가 경험한 것을 본문에 집중시킬 수는 있을 뿐만 아니라 심지어 해석자가 그렇게 되기를 바라는 것을 본문을 통해 정당화시킬 수 있다. 해석의 과정에서 이러한 경향은 의식적으로만이 아니라 무의식적으로도 이루어질 수 있다. 해석자가 이러한 사실을 깨닫게 될 때, 해석의 과정에서 오류를 줄일 수 있다. 해석자가 이 사실을 직시하고, 해석의 주관성으로 말미암아 일어나는 왜곡을 최소화하기 위해 노력해야 한다. 해석자는 해석은 자신의 주관성 속에서 시작되는 경향이 있기 때문에 항상 의심과 복원에 문을 열어 놓아야 한다. 항상 열린 해석과 겸손한 해석이 필요하다. 해석자는 자기 수정이나 자기 비평적 해석에 문을 열어 두어야 한다. 왜냐하면 해석은 선이해의 영향 또는 지배를 받는 것을 피할 수 없기 때문이다.

버클리 마이켈슨(Berkeley Mickelsen)은 해석자의 전제에 따라 관심과 질문에 의해 이해를 형성한다고 주장하고 있다.

각 해석은 어떤 관심에 의해, 어떤 질문의 제기에 의해 인도된다는 것은 분명하다. 문헌들을 해석하는 데 있어서 나의 관심은 무엇인가? 어떤 질문이 본문에 접근하는 나를 지배하고 있는가? 질문이 언급되는 문제에 대한 특수한 관심으로부터 일어나고, 그러므로 그 문제에 대한 특별한 이해는 미리 전제된다는 사실이 분명하다.[2]

해석에서 해석자의 오류는 언제든지 발생할 수 있다.[3] 해석의 과정에서 인간의 모든 판단은 오류에 빠질 가능성이 있기 때문에 해석자가 행한 해석을 검증할 수 있는 장치를 가져야 한다. 이것은 해석의 초점이 인간 정신에 대한 정신분석과 관계되어 있든, 언어 기호학에 관계되어 있든, 은유에 대한 지시적 또는 문자주의적인 차원에 있든 중요하다.[4]

리쾨르(Paul Ricoeur)는 해석학에서 인간의 무의식적인 욕망의 관심을 포함해서 자신의 입장을 유리하도록 의미를 왜곡하는 '비의지적인' 요소들을 진지하게 검토했다. 그는 산문적인 현상학적 기술이 삶의 모든 차원을 표현하기에는 제한적이라고 보았다. 이런 그의 발견은 상징과 은유

---

[2] A. Berkeley Mickelsen, *Interpreting The Bible*, 김인환 옮김, 『성경 해석학』(고양: 크리스챤다이제스트, 2001), 95.
[3] Dan R. Stiver, *Theology after Ricoeur: New Directions in Hermeneutical Theology* (Louisville: Westminster John Knox, 2001), 100-160.
[4] Paul Ricoeur, *Hermeneutics and Human Sciences: Essays on Language Action and Interpretation* (Cambridge: Cambridge University Press, 1981), 63-100; *Freud and Philosophy: An Essay on Interpretation* (New Haven: Yale University Press, 1970); *The Rule of Metaphor: Multi-Disciplinary Studies of the Creation of Meaning in Language* (London: Routledge and Kegan Paul, 1997), 66-333; *Interpretation Theory: Discourse and the Surplus of Meaning* (Fort Worth: Texas Christian University Press, 1976), 71-88; *Time and Narrative 1* (Chicago: University of Chicago Press, 1984), 111-28 참조.

에 대한 다면적 해석에서 더욱 비평적인 형태로 나타난다.[5] 특히 리쾨르는 해석자의 억압된 욕망이 무의식적으로부터 변장한 관심의 형태를 가지고 나올 수 있다고 강조하였다.[6] 그의 이러한 강조점은 마음의 연약성, 즉 의식은 선한 행동으로 인도하는 믿을 만한 안내자가 되지 못한다는 성경의 메시지와도 일치한다(렘 17:9; 고전 4:1-5).

무의식에 대한 칼 융(Carl Jung)의 이해는 해석자에게 의미 있는 아이디어를 제공해 준다. 그는 무의식의 기능을 다음과 같이 설명하였다.

> 알고 있지만 그 순간에 생각하지 않는 모든 것, 이전에 의식하고 있었으나 지금은 잊어버린 모든 것, 감각이 지각하지만 의식적인 마음이 주목하지 않는 모든 것, 본의 아니게 주의를 기울이지 않고 있지만 느끼고, 생각하고, 기억하고, 바라고, 행하는 모든 것, 현재 내면에서 형태를 이루고 있고 언제가 의식될 미래의 모든 것, 이상의 모든 것이 무의식의 내용이다.[7]

융이 생각하는 무의식은 억압된 욕구, 금지된 생각, 잃어버린 기억의 단순한 저장소가 아니라 가능한 한 넓게 발생적이며, 우주적인 모태에 개개의 인종, 부족, 가족, 개인에 고유한 역사가 뒤섞인 것이다. 인간은 매일 그곳에서 나오고 단순히 의식적인 결정을 넘어서 있는 방식으로 살아간다는 것이다.

---

5  Paul Ricoeur, *The Rule of Metaphor*, 66ff.
6  Paul Ricoeur, *Hermeneutics and Human Sciences*, 165-81.
7  Carl G. Jung, *Memories, Dreams, Reflections* (New York: Pantheon, 1963), 401; Carl G. Jung, *The Collected Works of C. G. Jung* VIII (Princeton: Princeton University Press, 1978), 185.

융은 무의식을 두 개의 구성요소로 구분하여 생각하고 그것을 각각 개인 무의식과 집단 무의식이라고 칭했다. 개인 무의식은 프로이드(Freud)가 말한 무의식으로, 일시적으로 기억에서 사라진 관념이나 감각적인 인상, 즉 전의식이다. 이는 의식적인 마음에서 볼 때 너무 불쾌해서 의식적으로는 인지되지 않는, 즉 억압되어 있는 감정과 사고와 같은 개인적인 생활과 다소 밀접하게 관련된 요소로 이루어져 있다. 하지만 집단 또는 보편적 무의식은 개체의 개인적 경험보다 더 광범위한 인간의 집단적인, 즉 전반적인 경험에 관련된 소재로 이루어져 있다고 보았다. 융은 무의식을 구성하는 것은 원래 의식되어 있었으나 잃어버린 내용뿐만이 아니라 인간의 환상 전반을 대표하는 신화적인 모티프와 같은 보편적인 성격을 지닌, 보다 깊은 층도 거기에는 포함되어 있다고 보았다. 그에 의하면 이러한 모티프는 "발명되는 것이 아니라 발견된다. 그것들은 전통과 관계없이 세계의 신화, 옛날 이야기, 공상, 꿈, 환영, 그리고 정신 질환자의 망상 세계에 자연발생적으로 나타난 대표적인 형식이다."[8] 융은 이러한 현상에 관하여 원형이하는 개념을 통하여 설명하였다. 즉 원형은 여러 문화에 공통으로 반복해 나타나는 개개의 신화적인 형상이나 모티프를 특수하게 가리키는 것이 아니라, 소위 인간 공통의 경험에서 나타나는 관습적 표현으로 이미지를 만들어내는 인간의 영혼이 지닌 양식화의 경향을 표시한다. 개개의 원형적인 이미지는 문화마다 세부적으로는 다르지만, 그것은 영혼이 인간의 공통된 어떤 경험을 묘사할 때, 항상 되돌아가기를 원하는 공통의 원형 또는 원형적 유형의 표현으로 인식될 수 있을 것이다.

---

8  Carl G. Jung, *The Collected Works of C. G. Jung* III, 261-62.

융에 의하면 인간의 정신 또는 영혼은 어떤 특정한 인간적 경험에 의해 충격을 받게 될 때, "끊임없이 변하는 상황과 대결 구도 속에서 다양한 배역을 맡음으로서 모든 시대에 걸쳐 전 인류의 꿈과 신화를 통해 공연해 온 숙명적인 진부한 등장인물들 중 한 사람이 되어" 그 경험에 대해 자신의 이야기를 주입시키는 경향이 있다.[9] 융은 우리가 자신의 생활을 계획, 평가하고, 결정하고, 구체화하기 위해 필요한 가장 중요한 무기를 의식으로 보았다. 하지만 후에 그가 발견한 기본적 사실은 의식이 무의식 속에 있는 자신의 뿌리와 자신과 무의식과의 관계를 이해하지 못하면 자신의 일의 수행을 적당히 할 수도 없고 성숙할 수도 없다는 것이었다. 무의식을 이해하지 않는 것과, 개체로서 그리고 종으로서의 우리에 대해 무의식이 알고 있는 진실에 귀를 기울이지 않는 것과, 자아의 지혜보다는 오래되고 종종 더 현명한 무의식의 지혜를 따르지 않는 것은 가장 귀중한 자원을 빼앗기는 것으로 이해했다.

해석자는 성경신학이나 해석학적 이론을 잘 이해하면 성경 텍스트를 바르게 해석할 수 있다고 생각하기 쉽다. 하지만 해석자가 알아야 할 것은 해석자가 성경을 바르게 해석하기 위해서는 성경신학적 지식이 필요하다는 것이다. 이때 해석자는 자기 방식대로 텍스트를 왜곡할 수 있는 가능성에 노출되어 있다는 것을 항상 직시하고 있어야 한다. 해석자는 자기 투사(projection)를 텍스트 해석 과정에서 빈번하게 사용할 가능성을 가지고 있다. 텍스트 해석에서 해석자가 투사를 피할 수 없는 이유는 해석자의 정신 구조 자체에 이러한 특성이 내재되어 있기 때문이다. 따라서 텍스트와 세계를 이해하기 위해서는 해석자 자신의 관심과 편견이

---

[9] Joseph Campbell, *The Portable Jung* (New York: Viking Press, 1971), xxxi.

라는 관점을 통하지 않을 수 없다. 노만 홀랜드(Norman Holland)에 따르면, '모든 독자'는 내러티브를 자기화해서 자신의 무의식적 소망을 충족시키는 판타지로 변형시키는 경향이 있다고 하였다.[10]

해석자의 의식은 자신의 권력과 욕망, 자기 긍정과 자기 강화, 억압하는 힘에 의해 영향을 받기 때문이다.[11] 이러한 요인들은 해석자가 텍스트를 읽고 해석하는 방식을 왜곡시킬 수 있다. 또한 해석자의 해석은 무의식적 욕망으로 오용되고 파편화된 현상을 초래할 수 있기 때문에 언제나 의심과 복원이 필요하다. 그러므로 해석은 해석자가 텍스트의 의미를 잘 분석하고 이해하여 적용하는 과정이지만, 동시에 해석이 해석자의 정신의 기능에 의해 왜곡되거나 해석자의 욕망을 투사하는 과정으로 나아가지 않도록 하는 것이 중요하다.

## 해석에서 의심과 복원

베르너 예안론트(Werner Jeanrond)는 해석자의 의식적 오류와 무의식적 욕망이 텍스트 해석에 영향을 미칠 수 있기 때문에 '의심과 복원'을 강조하였다. 그에 따르면 "리쾨르(Paul Ricoeur)는 해석자로 하여금 모든 언어적 사건의 모호한 본성을 비평적으로 다룰 수 있도록 허용하는 해석학 이론의 필요성을 강조했다."[12] 성경 비평에서 해석자가 자신의 관심이나 욕망

---

10 Norman Holland, *Five Readers Reading* (New Haven: Yale University Press, 1975), 117.
11 Jurgen Harbermas, *Knowledge and Human Interest* (London: Heinemann, 1978) 참조.
12 Werner G. Jeanrond, *Theological Hermeneutics: Development and Significance* (London: Macmillan, 1991), 71.

에 영향을 받는다는 사실을 간과하고 텍스트를 가치중립적 대상으로 간주하는 것은 오류이다.

리쾨르는 '설명'과 '이해' 모두가 해석에서 핵심적으로 중요하다고 보았다.[13] 해석이 설명에만 머문다면 환원적이 될 수 있지만 이해를 가능하게 하는 비평적 차원을 제공할 수도 있기 때문이다. 그는 성경 해석자는 설명을 통해서 '비평-이후의 소박성'에 도달할 수 있다고 보았다. 리쾨르는 이러한 특징을 다음과 같이 설명한다.

> 내 견해로는 해석학은 이중의 동기 유발을 통해 생명력을 얻는 것 같다. 즉 의심하고자 하는 의지와 경청하고자 하는 의지가 그것이다. 같은 것을 엄밀함에 대한 요구와 복종에 대한 요구로 표현할 수도 있다. 현재 우리는 아직도 우상들을 제거하는 작업을 마치지 못했으며 간신히 상징을 경청하는 일을 시작했다고 할 수 있다.[14]

정신분석학을 다룬 리쾨르의 저서 『프로이트와 철학』(*Freud and Philosophy*)은 '이해'와 대조되는 '설명'의 필요성을 다룬다. 그는 자기기만의 심리적 기제를 설명하는 데서 정신분석학이 주는 통찰을 받아들인다. 정신분석학적 통찰은 리쾨르가 사용한 의심의 해석학 개념 규정에 길잡이가 된

---

[13] 리쾨르는 원래 해석학은 자연과학과 사회과학의 여러 학문들을 구별하는 학문이었다고 설명한다. 해석학이 이해와 관련된 학문이며, 자연과학과 사회과학은 설명에 근거하는 학문이었다고 구분하였다. 이러한 이해 안에서 그는 이해의 과정은 설명의 과정을 포함하고 있음을 증명하여, 이해의 범주 안에서 설명을 포함시켜야 한다고 보았다. 이러한 리쾨르의 관점은 해석에서 과학적인 방법도 포함되어야 한다는 것을 의미한다고 할 수 있다. 그는 텍스트의 언어와 의미체계를 밝히기 위한 해석 도구가 필요함을 강조한다. 그런 도구들은 인문학, 사회과학 그리고 자연과학에 근거한 이론, 개념적 인식모델을 활용하는 것들이다.

[14] Paul Ricoeur, *Freud and Philosophy: An Essay on Interpretation* (New Haven: Yale University Press, 1970), 27.

다. 의심의 해석학은 하버마스(Jurgen Harbermas)가 '관심'이라 칭했던 것, 즉 텍스트 이해를 왜곡시킬 수도 있는 욕망, 사적 관심사, 기득권에 대항해서 해석자의 무기가 될 수 있다. 리쾨르에 따르면 "프로이트는 욕망과 언어 사이의 다양한 관계를 보여주는 꿈 자체를 주시하도록 우리를 초대한다. 해석될 수 있는 것은 꾸어진 그대로의 꿈이 아니라 꿈 이야기라는 텍스트다."[15] 프로이트의 분석의 목적은 말해진 것 아래에 놓여 있는 심층적인 진짜 텍스트를 복원하는 것이다. 이런 작업은 욕망과 이중 의미를 밝혀준다고 할 수 있다.[16] 이러한 욕망이 텍스트에 투사되게 된다. 해석자에 의해 투사된 텍스트의 이면과 심층으로 들어가는 작업은 리쾨르의 '의심의 해석학' 규정에 이정표가 된다. 의심의 해석학은 해석자가 자신의 의식적·무의식적 욕망, 사적 관심사, 기득권 등에 의해 텍스트를 왜곡시킬 수 있기 때문에 해석에서 의심과 비평의 지평을 놓지 않는 것이다. 그는 해석자가 자신의 이미지 속에 스스로 만들어 놓은 것들을 극복하고자 했을 뿐만 아니라 변혁적이고 창조적인 언어를 들을 수 있는 능력을 얻고자 했다.

정신분석학에 기초한 리쾨르의 의심의 해석학은 '비평적 거리두기', 즉 해석에서 의심과 복원의 필요성에 대한 인식이다. 리쾨르의 의심의 해석학의 이론적 배경인 정신분석학은 "인간은 언제나 그가 표현하는 언어만으로 충분히 이해되는 존재가 아니라는 의심의 관점을 제시하였으며, 심지어 인간이 언어로 의사소통할 때에도 스스로 겉으로 드러낸 표현과 내면이 불일치함을 인식하지 못한다는 통찰을 제시하는 공헌을 하였다."[17]

---

[15] Paul Ricoeur, *Freud and Philosophy*, 5.
[16] Paul Ricoeur, *Freud and Philosophy*, 5.
[17] Donald Capps, *Pastoral Care and Hermeneutics*, 김태형 옮김, 『목회 돌봄과 해석학』(청주: MCI, 2018), 59.

리쾨르는 해석자나 독자의 표현과 내면의 불일치의 뿌리인 욕망의 특성으로 인해서 너무나도 쉽게 자신의 생각을 텍스트 속에 투사하는 것을 인식하고 텍스트를 읽을 때 해석자나 독자가 거쳐야 할 3단계 과정을 제안하였다.[18]

첫째 단계는 일차적인 소박성의 단계이다. 이 단계에서 해석자나 독자는 텍스트에 자신의 생각을 투입하기보다는 텍스트를 사실 있는 그대로 보고 텍스트가 해석자나 독자 자신에게 문자적인 영향을 그대로 행사하도록 허용한다.

둘째 단계는 의심의 해석학(a hermeneutics of suspicious)의 단계다. 이 단계에서 해석자나 독자는 텍스트에 대한 시간과 문화, 언어, 그리고 인식의 차이 때문에 텍스트에 어떤 질문들을 던지며, 텍스트의 언어와 상징들을 이해하려고 어떤 전략을 활용하는지에 대한 비평적인 질문을 가지고 텍스트에 접근한다.

셋째 단계는 다시 2차적인 소박성이 요구되는 단계이다. 이 단계에서 해석자나 독자는 각각의 텍스트가 고유한 생명력을 갖고 있으며 리쾨르가 '텍스트 앞에서'라는 구절로 설명한 것처럼 텍스트 앞에서 해석자나 독자에게 어떤 것을 실행하고 있음을 깨닫는다. 각각의 텍스트 속에는 그 나름의 고유한 세계가 있으며 나름의 고유한 힘을 갖고 있다. 즉 텍스트의 언어는 단순히 무언가를 말할 뿐만 아니라 무언가를 실행한다. 따라서 성경의 해석자나 독자는 텍스트가 자신을 다루도록 텍스트의 메시지에 대하여 열린 자세를 취해야 한다. 물론 해석자나 독자가 비평적인 자세를 갖는 것도 중요하다. 하지만 동시에 텍스트의 음성을 듣기 위한

---

[18] R. J. Allen, *Contemporary Biblical Interpretation for Preaching* (Valley Forge: Judson, 1984), 132-33.

자세를 갖는 것도 매우 중요하다. 앤서니 티슬턴(Anthony C. Thiselton)이 지적한 것처럼 "만일 우리가 하나님의 계시에 우리 자신의 소망과 이미지를 투사하여 우리 자신의 우상을 숭배하려는 것이 아니라면, 해석학에서는 의심과 자기 비평을 적절하게 활용하는 것은 매우 중요하다."[19]

리쾨르는 '비평-이후의 믿음' 또는 '이차적 소박성'에 대해서도 설명한다.[20] 여기서 믿음은 합리적인 믿음이라 할 수 있다. 왜냐하면 이런 믿음은 비평적 탐구와 설명을 통해 이루어지기 때문이다. 리쾨르는 설명의 필요성을 받아들이지만 '이해'가 없으면 설명은 공허한 것에 지나지 않는다고 보았기 때문이다.

해석자는 텍스트 해석에서 자기의 무의식적 욕망을 투사할 수 있기 때문에 끊임없이 자기 욕구와 자기 성취가 성경적인 의미와 가치와 조화될 수 있는지를 점검해야 한다. 해석자가 자신의 무의식적 욕망을 텍스트에 투사하는 것을 극복하기 위해서는 해석자가 의미와 진리와 가치와 사랑을 목표로 해야 한다. 그럴 때 무의식적인 욕망을 어느 정도 극복할 수 있다. 다시 말하면, 해석자는 자신의 무의식적 욕망을 극복하고 진정한 자기실현을 위해서 하나님과 다른 사람에 대한 사랑의 봉사로 자신을 초월하는 훈련을 해야 한다. 월터 콘(Walter Conn)은 진정한 자기실현을 위한 초월성을 다음과 같이 기술하였다.

> 독창적 이해의 모든 성취, 실제적 판단, 책임감 있는 결정, 그리고 관대한 사랑은 자기 초월의 한 사례이다. 복음이 이웃에 봉사하도록 부르는 인지

---

**19** Anthony C. Thiselton, *New Horizons in Hermeneutics* (London: Harper Collins, 1992), 5.
**20** Paul Ricoeur, *Freud and Philosophy*, 28-9.

적, 도덕적 그리고 정서적 자기 초월은 진정한 자기실현의 척도이다.[21]

해석자의 자기 초월을 향한 움직임은 관계적 모형 내에서 반복적인 나선형 구조로 반응한다. 그것은 자유로운 영과 자유롭게 헌신할 수 있는 선택의 다양성을 요구하는데, 그래야 억압적이지 않을 수 있다. 해석자가 과거의 상처에서 온 욕망과 부자유에 대하여 여러 가지로 접근하는 인간 존재의 복잡함과 모호함에 관하여 적절하게 설명하지 못하는 비전, 관계의 전체적인 상호 관계적인 상황을 고려하지 않고 자기에게만 초점을 맞출 때 모든 것들이 자기 초월의 과정을 방해할 수 있다. 해석자는 사랑 안에서 자기를 초월하는 훈련을 하지 않고는 성경을 바르게 해석할 수 없다. 즉 자기를 초월하지 않은 해석자는 텍스트를 자기의 지식과 경험과 욕망을 투사하는 장으로 삼기 쉽다. 해석자는 사랑 안에서 성장하고 진리를 택하며 복음을 위해 부름을 받았다. 해석자는 사랑 안에서 진리를 택할 때 "신의 성품에 참예하는 자"(벧후 1:4)가 될 수 있다.

또한 자기 투사의 문제는 해석의 왜곡은 물론 설교의 왜곡으로 바로 연결되기 때문에 텍스트를 해석할 때부터 이에 대한 방지책이 필요하다. 이를 위해 필요한 장치는 항상 의심과 복원의 창을 여는 겸손한 태도와 함께 일반 텍스트와 비교하여 나타나는 성경 텍스트의 고유의 특성에서 그 해결의 실마리를 찾을 수 있다. 해석자는 텍스트를 인식함에 있어 텍스트가 해석의 대상으로만 머물러 있지 않고 능동적인 주체로서 하나님의 말씀으로 작동함을 인정하여야 한다. 왜냐하면 성경은 하나님의 말씀

---

21 W. E. Conn, *The Desiring Self: Rooting Pastoral Counseling and Spiritual Direction in Self-Transcendence* (New Jersey: Paulist Press, 1998), 36.

으로서 자체적 권위가 있기 때문이며, 그리스도에 대한 증거로서 그리스도의 권위와 연결되어 있기 때문이다.

성경의 권위는 성경의 내용들이 교회의 삶을 반영하고 있다는 것, 그리고 이러한 역사적인 묵상의 과정 가운데 신앙 공동체가 공동체의 신앙을 적절하게 반영하지 못한 책들을 정경에 포함시키지 않고, 공동체 신앙을 올바르게 지도하고 반영하는 책들만을 정경으로 점차적으로 인정했다는 데 있다. 이 묵상은 성경의 메시지가 신앙 공동체에 대해 가지고 있는 지속적인 적실성에 대해서 오늘날에도 인식하도록 보증한다.[22] 따라서 성경 텍스트의 권위는 해석의 전 과정에서 인정되어야 하고, 존중되어야 하며, 자신의 투사의 문제 또한 텍스트의 조명과 지도 아래 두어야 할 필요가 있는 것이다.

---

[22] Richard A. Muller, *The Study of Theology: From Biblical Interpretation to Contemporary Formulation*, 김재한 옮김, 『신학 공부 방법』(서울: 부흥과개혁사, 2011), 239.

# Chapter 11

## 해석학적 성경 해석
### Hermeneutical Bible Interpretation

### 변증법적 성경해석

월터 윙크(Walter Wink)는 그의 책 『인간의 변형을 이끄는 성경』(*The Bible in Human Transformation*)에서 성경 해석의 목적이 인간과 사회의 변형을 이끌어 내는 해석이 되어야 한다고 주장하였다. 그는 성경 해석의 목적이 인간 변형에 기여하는 해석이 되어야 하는데, 성경 비평학을 실천하는 사람들은 이러한 목적, 즉 "과거를 생생하게 다시 살리고 개인적, 사회적 변형을 위한 가능성과 더불어 우리의 현재를 해석해 주는 것"이라는 목적을 성취하는 데 무기력하다는 것이다.[1] 그는 인간 변형을 위한 성경 해석의 방법으로 '변증법적 해석학'(dialectical hermeneutic)을 제시한다. 윙크는 '병합'(fusion), '거리두기'(distance), '융합'(communion)의 순환 과정을 통해서 인간 변형에 기여할 수 있는 성경 해석의 모델을 제안하였다.

---

1 Walter Wink, *The Bible in Human Transformation*, 2.

**병합의 단계**

먼저 병합(fusion)의 단계다. 윙크는 일반적으로 해석은 전통과의 병합과 더불어 시작된다고 하였다. 병합이란 해석의 과정에서 해석자가 거의 무의식적으로 취하게 되는 행동으로 해석자가 전통과 문화 안에 존재하는 한 필연적으로 일어나는 현상이다. 전통은 해석자가 그 안에 들어가 사는 세계 그 자체일 뿐 아니라 해석자는 전통의 눈을 통해 세계를 볼 수밖에 없으며, 전통 없이 존재한다는 것은 불가능하기 때문이다.[2] 해석자에게 병합의 현상은 과거의 것이 이미 현재의 것이 되어 존재를 인식하는 모체가 되는 현상을 말한다. 전통은 해석자의 개념을 형성하는 틀이 되고, 해석자의 언어를 형성하며, 신앙적 차원에서도 합리화의 통로가 된다.

**병합의 부정의 단계**

다음은 병합의 부정의 단계다. 윙크는 해석은 단순히 병합에서 머물러 있지는 않는다고 하였다. 해석자는 어느 순간에 그 병합에 대한 부정이 있을 때에 텍스트의 의미를 보다 명확하고, 전체적으로 볼 수 있는 안목을 얻을 수 있다. 병합의 부정(negating the fusion)의 단계는 전통을 대상화함으로써 그로부터 일정한 '거리두기'를 취하는 것이다.[3] 해석자가 진리를 명확히 알기 위해서는 비진리를 부정할 수 있어야 하고, 이 부정의 단계가 있을 때 해석자는 비진리로부터 자유로울 수 있다는 것이다.[4] 이는 해석자가 해석의 과정에서 해석자를 기만해 왔던 것들을 드러내고 자명

---

2 Walter Wink, *The Bible in Human Transformation*, 20.
3 Walter Wink, *The Bible in Human Transformation*, 21.
4 Walter Wink, *The Bible in Human Transformation*, 21.

하다고 믿었던 것의 뒤에 숨어 있었던 비진리들을 드러내는 것이다. 따라서 병합의 부정은 해석자에게 익숙한 문화적, 심리적 이미지와 선이해로부터 거리를 두게 한다. 그 결과, 진리와 자유에로의 여정에서 필요한 '소외'의 순간을 경험하게 된다. 윙크는 해석자의 이러한 경험을 로너간(Lonergan)의 용어를 통해 "지식에 의해 치유되어야 할 지식의 비상"이라고 정의하였다.[5] 병합의 부정의 단계는 자신의 생각이나 투사된 자기 이해를 보류하고 텍스트가 가지고 있는 타자성 속으로 들어가서 해석을 통한 진정한 거리두기를 회복하는 단계다.

### 거리두기의 단계

윙크(Walter Wink)는 '거리두기'는 텍스트의 타자성을 담보하는 데 목적이 있지만, 특히 성경 비평학은 텍스트 타자성, 즉 텍스트 스스로가 말하게 하는 것이 아니라 오히려 텍스트를 지배하려는 생각에 의해서 진정한 객관성을 훼손하게 되었다고 하였다. 성경 비평학은 성경 해석 방법에 엄청난 정보를 주었지만, 문제는 텍스트를 정복하는 것을 통해서 한편으로는 해석자의 경건성을 비평학의 거센 바람으로부터 고립시키는 경향을 띠게 하거나, 그렇지 않으면 아예 부정에 기생하여서 철저히 부정을 살아내는 경향으로 나아가게 하였다는 것이다. 성경 비평학의 객관화는 부정을 삶에 적용시켜, 주체-객체의 이분법을 실존의 기본 원칙으로 삼게 하고, 대상을 정복하는 것을 통해서 해석자의 자아와 삶을 찾도록 하였다는 것이다. 윙크에 의하면, 성경 비평학은 무엇보다도 '방법적 우상'

---

[5] B. J. F. Lonergan, *Insight: A Study of Human Understanding* (New York: Philosophical Library, 1957), 200.

(methodolatry), 즉 방법 자체를 우상화하고, 정작 방법의 대상은 잊어버리는 현상을 초래하였다. 성경 비평학이 텍스트를 객관화하는 단계에 고착되어 버렸다는 말이다. 이는 소외된 거리에 고착되고, 자신의 승리에 체포되어서 해석자 자신이 가지고 있는 문제들로부터 탈출하지 못했다는 의미이다. 이런 의미에서 성경 비평학의 텍스트에 대한 객관화라는 것은 더 이상 신학적 문제만이 아니라 심리학적 문제이기도 하다.[6]

### 부정의 부정 단계

윙크(Walter Wink)는 해석자의 거리두기는 존중되어야 하지만, 그 거리두기가 방법적 우상에 사로잡혀 텍스트를 바로 이해하게 할 수 없고, 해체 후 재구성을 할 능력이 없다면, 그 부정은 다시 부정되어야 한다고 하였다. 윙크는 이를 '부정의 부정'이라고 하였다. 텍스트 해석에서 필연적으로 나타나는 전통과의 병합을 의심을 통해 텍스트의 객관성을 확보하는 여정에서 나타나는 부정성, 즉 텍스트의 객관화의 부정성도 다시 부정되어야 한다는 것이다. 이러한 부정은 엄밀한 의미에서 해석자 자신에 대항하여 의심을 제기하는 것이다. 이 단계는 해석자가 해석자 자신으로부터 거리를 두어서 객관주의의 소외된 거리를 극복하기 위한 첫걸음을 떼는 것이다.[7] 이 단계에서 일어나는 대상화하기(to object)란 주체(해석자)의 거짓된 자기 확신에 대항하는 객체(object)의 반격이며, 객체(텍스트)의 진정한 의미를 회복시키는 단계라고 할 수 있다. 윙크는 이를 설명하기 위해 '객체'(objec)의 라틴어 '오브젝텀'(objectum)을 분석하였다. '오브

---

6 Walter Wink, *The Bible in Human Transformation*, 31.
7 Walter Wink, *The Bible in Human Transformation*, 30.

젝텀'의 '오브'(ob)는 '앞'(before)이란 뜻이고, '젝텀'(jectum)은 '자케레'(jacere), 즉 '던지다'에서 온 명사다. 이 '앞서 던지는 것'의 의미가 '대상'이란 뜻이 되었다는 것이다. 윙크는 객체란 단순히 내가 아닌 객체라는 의미나 수동적으로 주체의 것을 받아들이기만 하는 대상으로서가 아니라 스스로 활동하는 '능동적 주체'라는 의미라고 하였다. 윙크가 말하는 부정의 부정이란 대상이 주체에 대항하여 능동적 주체로서 활동하도록 허용하는 것을 의미한다. 따라서 부정의 부정 단계는 주체의 잘못된 확신을 객체의 능동적 활동에 노출하여 부정되도록 하는 단계이다. 윙크는 비평학이 '거리두기'를 통하여 생긴 '거리'에 얼어붙어서 관련된 관점을 제공하기보다는 오히려 관점으로부터 멀어지게 하였다는 것이다.

> 우리는 대상과의 연합 속에서 그 대상에로 파고들어 가는 것에서도 실패하였고, 우리 자신과의 일체에 들어가는 것에도 실패함으로써 결국 대상이 우리 자신에게서 파고들어 오도록 하는 데 실패하였다.[8]

윙크는 해석자가 해석을 바르게 하기 위해서는 텍스트의 형성적 요소를 소외시킨 자신의 내면을 치료해야 한다고 보았다. 해석자가 텍스트와의 관계에서 무너진 인격적인 관계가 회복되어야 한다는 것이다. 물론 윙크는 텍스트와 해석자 사이의 치료적 관계는 먼저 객관적 관계가 되어야 한다는 것을 부정하지 않는다. 문제를 볼 수 있기 위해서는 우선 거리두기를 통한 객관적 관계를 형성해야 하기 때문이다. 그러나 그다음 단계에서는 인격적 관계가 되어서 전이를 도출해 내어야 한다는 것이다.

---

8  Walter Wink, *The Bible in Human Transformation*, 33.

윙크에게 부정의 부정은 해석자 자신의 감정적 성향과 해석자가 속한 현대라는 시대적 질문들, 언어들, 관점들에 대하여 우리가 쉽게 취하게 되는 경향들을 부정하고 그로부터 벗어나는 것을 의미한다. 그는 부정의 부정을 리쾨르(Paul Ricoeur)의 '주체의 고고학'(archaeology of the subject)이라는 표현에 비유하였다. 정작 해석의 주체가 되는 사람에게 영향을 미치는 역사와 뿌리를 찾아 밝혀낸다는 의미에서 주체의 고고학은 부정의 부정에서 핵심적인 역할을 한다는 것이다. 윙크는 이 주체의 고고학을 위해서는 "사회적으로 조건 지워진 자기 분석의 불타는 강"을 넘을 필요가 있다고 주장하였다.[9] 이 과정에서 두 차원의 접근이 불가피하다고 하였다. 비평학의 문화적 역할에 대한 '지식사회적 분석'과 '텍스트를 읽는 방법에 대한 정신분석학적 접근의 비판'이다.[10]

텍스트 해석 과정에서 지식사회학적 분석이란 해석에 영향을 미치는 이데올로기적인 선입견이나 맹목성들을 검토하는 것이다. 우리가 가장 과학적이고, 객관적이라고 생각하는 것도 사실은 그 사고가 출발하게 된 시대와 상황의 필요와 가치들, 그리고 이데올로기들과 관련되어 있지 않은 것이 없기 때문이라는 것이다. 따라서 텍스트 해석 과정에서 영향을 미치는 사회적 결정권에서 탈피할 수 있는 길중 하나는 우리를 결정하는 것들에 대한 통찰이고, 다른 하나는 텍스트의 타자성과 우리의 텍스트에의 반응에 대한 지식사회학적 분석의 결합이다.[11]

지식사회학적 비판이 주체의 사회적 차원의 비판이라면, 정신분석적

---

9 Walter Wink, *The Bible in Human Transformation*, 34.
10 Walter Wink, *The Bible in Human Transformation*, 34.
11 Walter Wink, *The Bible in Human Transformation*, 45.

비판은 개인적 차원의 비판이라고 할 수 있다.[12] 윙크는 리쾨르의 관점을 통해 문화적 거리두기는 단순히 개념적, 언어적 거리두기의 문제일 뿐만 아니라 한 개인의 과거로부터 형성된 개념과 언어 속에 깊이 묻혀 있는 질문에 대한 망각의 문제일 수도 있다고 하였다. 해석의 행위는 해석자가 자신을 선택적인 억압으로부터 자유롭게 하는 행위라고 할 수 있다. 해석자가 텍스트와 진정한 의사소통을 하기 위해서는 과거에 형성되어 개인의 언어와 개념 안에 도사리고 있는 선택적 억압으로부터 벗어나는 것이 요구된다는 것이다. 윙크는 해석자가 자신이 가지고 있는 전제들과 싸울 때, 자기 자신의 존재에 대한 질문을 던질 수 있는 공간을 얻을 수 있다고 하였다.[13]

윙크는 '중풍병자 치유'(마 9:1-8; 막 2:1-12; 눅 5:17-26)의 이야기를 중심으로 변증법적 해석학의 모델을 제시한다. 그는 이 과정에서 병합, 거리두기, 부정의 부정을 모두 사용하면서 텍스트가 해석자에게 인격적으로 영향을 미치고, 해석자의 삶 속으로 들어가는 단계들을 예시적으로 보여 주었다. 윙크는 먼저 첫 번째 부정인 거리두기 단계로 나아가기 위해서 역사 비평학을 사용한다. 그러나 그는 비평의 단계에서 머물지 않고, 부정의 부정의 단계인 지식사회학적 비평과 개인의 문제에 대한 정신분석적 비평을 거쳐서 결국 텍스트가 해석자 개인의 변형에로 영향을 미칠 수 있는 단계까지 진행한다. 이 과정에서 윙크는 지속적으로 산파술적 질문을 통하여 해석의 단계로 들어가고, 동시에 참가자들과 협력적인 발견 과정을 통하여 참가자의 개인적 사회적 진리 해명에로 인도해 들어간다.

---

[12] Walter Wink, *The Bible in Human Transformation*, 46.
[13] Walter Wink, *The Bible in Human Transformation*, 48.

윙크의 이러한 해석 과정을 통해 해석자는 텍스트의 대화적 또는 변증법적 해석에 의해 드러난 해석자 자신의 개인적, 사회적 존재됨의 진리를 추구하는 법을 배우게 된다. 윙크가 제시한 '산파술적 대화'는 해석자가 '쓰여진 텍스트인 성경'과 해석자 자신의 '경험 텍스트'를 왜곡하고 훼손하였던 길을 발견하게 하고, 개인적 언어의 형태로 변해 버린 실존의 심오한 상징을 공적 공동체의 표현 형태로 해방시키는 역할을 할 수 있다. 텍스트와 해석자 사이에서 지속되는 질문의 나선형은 점점 더 깊어질 뿐 아니라 좀 더 내면화되고, 동시에 좀 더 우주적이 되면서, 현재의 경험과의 관련성이 발생하게 된다. 윙크가 제시한 해석 방법은 해체와 부정과 더불어 시작하였지만 결국은 다시 융합(communion)에 이르게 한다.

### 융합의 단계

윙크(Walter Wink)는 처음에 병합으로 시작된 해석의 과정은 의심을 통한 거리두기와 거리두기 과정에서 발생한 객관화의 부정성의 부정을 지나면서 분리와 거리두기 과정을 거치게 되고, 마지막으로 융합의 단계로 들어가야 한다고 하였다. 이는 성경 비평학에 대한 부정적인 관점에 머무르지 않고 새로운 쓰임이 요구된다는 의미이다. 마치 토마스 쿤(Thomas Kuhn)이 제시한 새로운 패러다임이 이전의 패러다임을 배경으로 해서 발전했듯이, 성경 비평학 자체는 지속적으로 사용되면서 단지 그 목적과 쓰임이 달라져야 한다는 말이다. 윙크는 "성경 비평학은 파산했던 것이 아니라 단지 고착되어 있었을 뿐이다"라고 하였다.[14] 그것은 소외된 거리두기의 순간에 고착되어 있었고, 이 분리의 결과가 객관주의와 주객의

---

14 Walter Wink, *The Bible in Human Transformation*, 65.

분리였다는 것이다.

윙크는 해석의 마지막 단계인 융합에서는 성경 비평학의 결과로 발생한 '주체-객체 이분법'이 극복되고, 주체로서의 해석자와 객체로서의 텍스트 사이의 대화가 이루어진다고 하였다. 그는 주체-객체 분리의 문제를 극복하는 길은 오히려 그것을 뚫고 지나오는 것 외에는 극복할 길이 없다고 하면서 주체와 객체 이분법의 화두로 시작한다. 그는 보편적으로 생각되는 실존적 만남을 통한 주체-객체 분리 극복의 시도는 희망이 없다고 말한다. 그것도 결국은 주체를 강조하는 것으로, 주체-객체 분리를 궁극적으로 극복하는 길은 되지 못하기 때문이다.

그는 주체-객체 분리는 주체의 고고학으로 인해 주체와 객체 관계로 갈 수 있는 길을 부여 받게 된다고 하였다. 주체의 고고학은 소외된 거리가 관계적 거리로 진입할 수 있도록 다리를 놓음으로써, 대화 가운데에서 주체와 객체 간의 통합을 이룰 수 있다.[15] 주체와 객체는 서로가 서로에게 객체로, 또한 서로가 서로에게 주체로 남을 때 함께 삶의 질문에 있어서 협력적 관계가 된다.

> 처음 '병합'의 단계에서 '주체의 객체' 형태로 시작한 후, '나'는 거리두기 단계에서 반란을 일으켜 나 스스로를 '객체를 가지고 있는 주체'로 세웠다가, 마지막 융합에서는 나를 '텍스트의 주체와 객체'로 또한 자기반성의 주체와 객체'로서 찾게 된다.[16]

---

15 Walter Wink, *The Bible in Human Transformation*, 66.
16 Walter Wink, *The Bible in Human Transformation*, 66.

윙크는 융합의 단계에서는 지평의 융합을 통한 관계적 거리가 성취되어 텍스트의 지평이 해석자의 지평을 조명하게 되고, 또한 해석자를 자기 해명과 자기 이해에로 인도하게 된다고 하였다. 동시에 반대로 해석자의 지평은 텍스트의 잊혀진 요소들을 조명하여, 이 요소들을 오늘의 삶과 연결시켜서 전면으로 부각시키기도 한다. 이러한 만남과 대화 속에서 해석자의 지평의 어떤 요소들은 부정되기도 하고, 또 어떤 요소들은 강화되기도 하지만, 동시에 텍스트의 지평 속에서도 어떤 요소는 퇴각되고, 어떤 요소는 전진하게 된다. 이와 같은 현상은 텍스트와 해석자 간에 모두 일어난다. 이 과정에서 텍스트와 해석자 모두는 공히 실존의 물음을 물을 수 있도록 요청 받게 된다. 따라서 해석이란 더 이상 텍스트가 말하는 것을 수용할지 거부할 것인지의 문제가 아니다. 해석은 텍스트가 재발견하도록 제시하는 질문의 형태 속에서 이루어지는 자신과 사회에 대한 탐구인 것이다. 따라서 모든 진정한 해석학적 경험은 '새로운 창조'라고 하였다. 그것은 이전에는 일어난 적이 없는 존재의 새로운 차원을 탈은폐해 주는 것과 같다는 것이다.[17] 해석은 해석자에게 인격적으로 영향을 미치고, 해석자를 변형시키는 사건이 된다.

    윙크는 융합의 과정이 주관주의와는 다르다고 강조한다. 주관주의는 주체가 객체를 압도하려고 하거나 객체에게 주체를 투사하려는 특성이 있지만, 융합은 객체를 순수한 객체로서 인정할 수 있을 때 일어난다. 융합의 과정에서 해석자는 텍스트를 숙고하지만, 동시에 자기 자신을 숙고하는 상호적 관계 안으로 침투해 들어간다. 여기에서는 주체가 스스로를 숙고하는 것이 아니라 텍스트를 통해서 해석자 자신을 심연에서 보게 된

---

17 Walter Wink, *The Bible in Human Transformation*, 66.

다. 해석자 스스로를 숙고하는 것은 물론 해석자의 의식을 통해서 일어나는 것이지만, 전체성이란 해석자의 의식적 통제 아래 있는 것이 아니라 그 너머에 있는 것이다. 융합은 해석자의 의식 너머에서 오는 전체성을 인정하고 여기에 자신을 열어서 제공하는 순간이고, 동시에 이 순간에 의식의 대상은 주체가 되어 객체인 해석자에게 자신을 열게 된다. 이 순간 해석자는 아는 주체로서 아는 것이 아니라 앎의 대상에 의해 알게 됨을 당하는 객체가 되는 것이다.[18]

윙크는 지평 융합을 통해 주체-객체 분리가 극복되고, 주체-객체 관계가 형성되면 텍스트에 대한 해석자의 삶과 관련된 변형이 일어난다고 하였다. 객관주의에서 상실했던 '관심'과 '적용'이 등장하게 된다는 말이다. 윙크가 말한 관심은 어떤 이기적 생각이 아니라 실존과 생존, 전체성, 기쁨에 대한 의지로서 해석자의 모든 앎과 행동의 동인이 되는 요소다. 성경 텍스트는 실존의 상처를 치유하거나 완화하는 목적과 삶에서의 결정적인 의미들을 공급하는 목적을 가지고 있는 텍스트들이기 때문이다. 텍스트를 해석하는 것은 해석자의 삶에 결정적 영향을 미치는 의미들을 찾고자 하는 관심과 분리될 수 없고, 해석자의 상처를 치유하고 회복하고자 하는 관심과 떨어질 수 없다. 이 과정에서는 또한 이성과 상상이 불가분리로 협력적 작용을 한다는 것이다.[19]

윙크는 텍스트의 해석이 관심과 밀접하게 연관되어 있다는 의미가 객관성을 이차적인 것으로 여기는 것은 아니라고 강조하였다. 해석자는 텍스트를 읽을 때 자신의 생각을 투사하는 것이 아닌 타자, 즉 하나님의 자

---

18 Walter Wink, *The Bible in Human Transformation*, 68.
19 Walter Wink, *The Bible in Human Transformation*, 71.

기계시와 만나기를 희망한다.[20] 하나님의 자기계시와 만나는 것은 텍스트의 객관성을 담보해야 하기 때문에 텍스트에 해석자의 주관성과 자신의 사회 문화적 관점을 혼합해서 만들어내는 것이 아니다. 그러므로 '객관성이란 관심을 배제하는 것이 결코 아니다. 그것은 열정적으로 하나님의 말씀을 들으려고 하는 관심이며, 그것을 통해서 해석자 자신의 삶을 형성하는 관심이다. 따라서 윙크는 삶을 형성하고자 하는 '관심'은 본질적으로 '적용'을 포함하는 개념이라고 하였다. 관심은 해석자의 실존적 관련성이자 해석자가 읽은 것을 적용하고자 하는 욕망의 표현이라고 할 수 있다. 해석이 관심으로 시작하는 한 그것은 필연적으로 적용으로 연결될 수밖에 없다. 그러므로 해석이란 해석자의 미래와 관련하여 텍스트를 적용하려는 '자기-탐색적 적용'이라고 보아야 하기 때문에 적용은 연구의 마지막 행위가 아니라 처음부터 해석자의 관심이 되어야 한다. 이런 맥락에서 '성경 해석자'가 된다는 의미가 '성경 학자'가 되는 것은 아니라는 것을 지적하면서, 그 차이를 '적용' 여부에서 찾았다. 그는 성경 해석자가 된다는 것은 성경이 주는 감동을 이해하고 성경을 통해 삶을 변형시킬 수 있도록 도울 수 있는 능력이 있는 사람을 의미한다고 하였다.[21]

성경 해석자는 '소외된 거리두기', 즉 성경의 객관적 분석이나 이해에만 붙잡혀 있는 사람이 아니라 해석을 통해서 일상생활 속의 실제 삶과의 관련을 이끌어 낼 수 있어야 한다는 것이다. 따라서 성경 해석자는 '나는 연구하고, 너는 설교한다', '나는 분석하고, 성도는 적용한다'와 같은

---

20 Walter Wink, *The Bible in Human Transformation*, 72-74.
21 Walter Wink, *The Bible in Human Transformation*, 74-75.

이분법이 합법화되지 않는다고 하였다. 성경 해석자는 '적용'을 관심의 핵심적인 기초로 삼는 사람이어야 한다는 것이다.

## 해석학적 성경 해석 모델

### 해석학적 성경 해석의 목적

해석학적 성경 해석의 핵심 목적은 성경의 지평과 해석자의 지평 간의 융합이 이루어지도록 함으로써 해석자에게 변형이 일어나며, 나아가 성경의 진리가 해석자의 삶 속에서 구체적으로 육화되어 새로운 지평이 창조되도록 하는 것이다.

성경의 지평과 해석자의 지평 간에 융합이 이루어지도록 한다는 것은 성경 해석이 단순히 성경을 이해하는 것에만 목적이 있지 않고, 성경의 지평과 해석자의 지평 간의 만남과 융합이 일어나도록 하는 데 있다는 것이다. 해석학적 성경 해석은 먼저 해석자의 지평인 선이해를 명료화하는 단계와 동시에 텍스트의 지평을 명료화 하는 단계를 통해 둘 사이의 융합을 추구한다.

### 해석학적 성경 해석의 단계

#### 1단계: 해석자의 선이해의 지평 발견

모든 해석은 해석자의 선이해로부터 시작된다. 성경 해석은 성경으로부터 시작할 수 있고, 해석자의 삶으로부터 시작할 수도 있지만, 모든 해석은 해석자의 선이해로부터 자유로울 수는 없다. 해석학적 성경 해석의 첫 단계는 해석자의 선이해를 분명히 드러내고 이를 명료화하는 것으로부터 시작되어야 한다. 해석자의 선이해의 지평 드러내기는 해석자의 선이해를 명료화하는 단계이다. 이 단계에서는 해석자가 자신이 속한 지평, 자신의 관심, 자신의 경험, 자신의 사회 문화적 환경으로부터 형성된 선이해를 구체화하고 명료화하며 언어로 표현할 수 있도록 구성되어야 한다. 성경 해석과 관련된 해석자의 지평 드러내기는 성경으로부터 시작할 수도 있고 해석자의 삶으로부터 시작할 수도 있다.

먼저 해석자의 선이해의 지평 드러내기는 성경의 텍스트로부터 시작될 수 있다. 해석자는 성경 텍스트를 통해 자신이 이해하는 것, 경험했던 것, 자신의 관심이나 문제들을 의식적으로 표현해 보고 드러내 본다. 이렇게 함으로써 텍스트와 관련한 자신의 선이해의 지평을 살펴보아야 한다. 이 단계는 텍스트 자체가 지닌 의미를 묻는 단계가 아니라 해석자의 선이해를 명료화하는 단계이기 때문에 정답이나 오답이 있을 수 없다. 해석자는 다음과 같은 질문들을 통해 자신의 선이해를 드러낼 수 있다.

- 본문을 처음 읽을 때 떠오르는 생각은 무엇인가?
- 본문이 나에게 주는 핵심적인 메시지는 무엇이었는가?
- 본문에 관련된 기억이나 경험이 있는가?
- 본문에서 하나님과 예수님은 어떤 분으로 다가오는가?
- 그 이유는?
- 본문에 나타나는 사람 중에 나와 동일시되는 인물은 누구인가?
- 그 이유는?

- 본문 중에 이해되지 않는 부분은 무엇인가?

요한복음 4:1-43절의 본문을 예로 들어 성경 해석을 한다면 이상과 같은 일반적 질문 외에도 다음과 같은 질문들을 해 볼 수도 있다.

- 만남과 헤어짐의 반복 속에서 살고 있었던 사마리아 여인은 과연 어떤 여성이었을까?
- 예수님을 만난 사마리아 여인은 어떤 치유를 경험하였는가?
- 사마리아 여인의 치유는 그녀의 삶에 어떤 변화를 가져왔는가?
- 나에게도 사마리아 여인처럼 주님의 치유가 필요한 부분이 있다면 어떻게 해야 한다고 생각하는가?

해석자의 선이해의 지평을 드러내기 위해 해석자의 삶으로도 시작할 수도 있다. 해석자의 선이해의 지평을 드러내기 위해 성경을 읽고 그것과 관련된 해석자의 선이해를 드러낼 수도 있지만, 해석자의 일상적 삶으로부터 시작할 수도 있다. 해석자가 성경의 본문과 관련된 주제, 갈등, 이슈 등을 선택하여, 이에 관해 생각해 보고 질문해 보고 난 후에 성경 본문으로 들어갈 수 있다. 예를 들어 요한복음 4:1-43을 선택할 경우 이와 관련된 테마, 상처, 치유, 영생과 같은 문제를 선택하여 생각해 보고 글로 적어 보는 것이다. 해석자의 삶으로부터 시작할 경우 다음 단계들과 같이 실행해 볼 수 있다.

- 성경 본문과 연관하여 해석자의 삶과 관련된 테마, 갈등, 문제를 선택

한다.
- 해석자는 선택된 문제를 중심으로 생각해 보고 질문해 본다.
- 해석자 자신의 현실과 관련해서 깊이 생각해 보고 정리해 본다.
- 해석자는 관련된 성경 본문 등을 살펴본다.

해석자의 선이해의 지평을 드러내는 방법을 성경으로부터 시작하든 해석자의 삶으로부터 시작하든 중요한 것은 해석자의 상황과 선이해에 대한 분명한 그림을 그리기 위해 해석자가 자신의 언어로 분명하게 생각해 보고 질문해 보고 표현해 보는 데 목적이 있다.

**2단계: 성경 텍스트의 지평 발견**

성경 텍스트의 지평 발견하기는 성경에 나타난 지평을 탐색하고 발견하는 단계이다. 이 단계에서는 성경 텍스트 안으로 들어가 텍스트 자체를 탐색하는 것이다. 이 단계에서는 소위 '거리두기'를 통한 성경의 탐색과 주석이 시도된다. 성경 본문 자체를 자세히 탐색하고, 그것으로부터 해석자의 이해와 다른 것들을 발견해 보는 과정이다.

- 텍스트의 단어, 문법, 구조, 장르, 문맥들을 살핀다.
- 텍스트의 여러 다른 번역본들을 읽고 대조하면서 읽는다.
- 문헌 비평과 관련된 질문을 제기하고 답을 탐색한다.

  이 본문은 어떤 종류의 본문인가?

  이 본문의 문맥과 콘텍스트는 무엇인가?

  이 본문은 어떻게 진행되고 있는가?

본문의 핵심 단어나 구절은 무엇인가?

그 단어는 이 본문에서 어떤 의미로 쓰였는가?

이 본문은 앞뒤의 문맥에 어떤 영향을 미치며 받고 있는가?

본문과 관련된 당시의 특별한 관습이나 관련된 역사적 사건과 배경들이 있는가?

성경기자가 이 본문을 썼던 핵심적 의도는 어디에 있었을까?

- 앞의 탐색을 바탕으로 본문의 내용을 다시 탐구하고 정리해 본다. 본문의 핵심적 관점과 내용, 나타나는 메시지를 재구성해 본다.

요한복음 4:1-43의 텍스트의 지평을 발견하기 위해서는 다음과 같은 질문을 할 수 있다.

- 본문에 나타난 단어들, 문법, 구조, 문맥들을 살펴본다.
- 본문의 장르를 알아본다.
- 본문에 나타난 인물과 지역과 역사 등에 대해 살펴보고 그 특징을 기술해 본다.
- 예수님 당시 유대인들이 사마리아인들을 미워하고 차별한 역사적 맥락을 조사해 본다.
- 예수님 당시 남성과 여성의 관계와 관련된 유대 사회에 어떤 전통이나 풍습이 있는지 살펴본다.
- 이스라엘 주변 나라들에서 나타나는 여자에 대한 이해와 이스라엘 사람의 여자 이해를 찾아 비교해 본다.
- 예수님이 남성과 여성의 벽을 뛰어넘으시고 유대인과 사마리아인의

- 민족적 지역적 감정의 벽을 허무시고 관습과 전통 그리고 형식을 극복하시고 모험적으로 사마리아 여인의 삶에 찾아오신 이유는 무엇인가?
- 예수님이 사마리아 여인의 아픔과 상처를 어떻게 이해하시고 그녀와 대화하셨는가?
- 예수님이 사마리아 여인에게 "내가 주는 물은 그 속에서 영생하도록 솟아나는 샘물이 되리라"고 하신 의미는 무엇인가? 그리고 그렇게 말씀하신 까닭은 무엇일까?
- 이에 대한 답을 줄 수 있는 성경의 다른 본문을 참고해 본다.
- 예수님이 사마리아 여인에게 말한 영생은 어떤 의미인가?
- 본문에 나타난 예수님은 어떤 분이신가?
- 위의 탐구들과 질문들을 바탕으로 보았을 때 이 이야기의 핵심 되는 단어인 예수님, 생수, 영생, 사마리아 여인 간의 관계성에 대해 생각해 보고, 본문의 핵심 되는 메시지를 정리해 본다.

### 3단계: 해석자의 지평과 텍스트의 지평 비교

해석자의 지평과 텍스트의 지평 비교는 해석자의 선이해를 수정하는 단계이다. 해석자의 선이해 지평 발견하기 단계에서 성경으로부터 출발하였든지 아니면 해석자의 삶으로부터 출발하였든지, 해석자가 가지고 있었던 선이해와 텍스트의 지평의 단계의 탐구내용을 다음과 같이 비교해 볼 수 있다.

- 본문을 탐색하면서 지평 발견하기에서 가졌던 생각과 다른 내용이 있는지 살펴본다.

- 본문 탐색을 통하여 바뀌게 된 생각은 무엇인지 정리해 본다.

이때 보다 구체적인 비교를 위해서 해석자의 지평 단계에서 던졌던 질문을 다시 던질 수 있다.

- 예수님의 치유의 초점은 사마리아 여인의 환경과 상황의 변화였는가? 아니면 인식의 재구성이었는가?
- 사마리아 여인의 환경과 상황의 변화에 초점을 두기보다 인식의 재구성에 초점을 두었다면, 그 이유는 무엇인가?
- 예수님이 사마리아 여인과의 대화에서 그녀의 행동에 초점이 있었는가? 아니면 감정의 소리에 귀를 기울이셨는가?
- 감정의 소리에 귀를 기울이신 이유는 무엇인가?
- 왜곡된 관계와 오랫동안 억눌려 왔던 사마리아 연인의 내면적인 상처들이 예수님과의 만남을 통해 치유되면서 어떤 새로운 변화가 일어났는가?

이러한 질문에 대답한 내용들과 해석자의 지평의 단계에서 했던 대답을 비교해 보고, 어떻게 생각이 바뀌게 되었는지를 표현해 본다.

해석자의 삶으로부터 시작했을 경우에도 비슷한 질문을 던질 수 있다.

- 본문을 탐색하기 전에 가졌던 예수님의 치유에 대한 생각과 본문을 연구한 후에 예수님의 치유에 대한 생각은 같은가, 아니면 차이가 있는

가? 있다면 무엇인가?
- 본문을 통해 예수님의 치유와 방법을 이해한 후에 나의 치유의 관점이 어떻게 달라졌는가?
- 본문에 나타난 치유로서 인식의 재구성은 나의 치유의 관점을 어떻게 변화시켰는가?
- 예수님과 사마리아 여인과의 대화의 초점이 행동주의에 있지 않고 감정의 소리를 듣는 것에 있다는 의미가 나의 치유 사역에 주는 의미는 무엇인가?

### 4단계: 텍스트의 지평과 해석자의 지평 융합

텍스트의 지평과 해석자의 지평 융합은 성경 본문에 대한 객관적 관찰이나 논리적 탐구에 의해서만이 아니라 상상력이 요구되는 단계다. 이 단계는 해석자가 성경 본문 안으로 들어가 성경의 이야기를 개인적으로 체험함으로써, 성경의 이야기가 해석자의 내면으로 깊이 있게 들어가 만나게 하는 데 목적이 있다. 이야기 형식으로 된 본문인 경우, 이야기 안에 나타나는 인물 가운데 한 사람의 입장이 되어 상상력을 활용하여 이야기 속에서 자신이 동일시하고 싶거나 자신과 가장 가깝게 느껴지는 인물이 되어 사건을 상상 속에서 재구성해 볼 수 있다. 시편 같은 경우 시의 내용을 침묵과 묵상 속에서 깊이 있게 새기며 해석자에게 마주쳐 오는 통찰이나 감동을 내면화할 수 있다. 이 단계는 변형시키는 영적 힘이 동반되어야 하는 해석적 단계이다.

텍스트의 지평과 해석자의 지평 간의 융합을 위해서는 해석자가 성경 안으로 들어갈 수도 있지만, 반대로 성경이 해석자 안으로 들어오도록 할 수도 있다. 해석자 안으로 성경 본문을 받아들이고, 이 빛으로 해석자가 자신을 살펴보는 것이다. 이러한 융합이 보다 더 구체적으로 일어나도록 하기 위해서 해석자 내부에서 성경 본문과 마주치는 요소들을 찾아내고, 이를 성경적 관점에서 생각해 보아야 한다. 성경에 나타난 복음의 진리를 통해서 자기 이해를 새롭게 하고, 변형이 일어나는 과정이다. 성경에 나타난 복음의 진리에 비추어 자신을 반추해 보고, 말씀이 변형시키는 힘에 자신을 여는 과정이다. 예를 들어 설명하면 요한복음 4:1-43의 경우, 해석자는 '내 안에 사마리아 여인과 같은 상처는 무엇인가?' '내 상처를 주님께로 가지고 갈 용기는 있는가?' '나는 다른 사람을 돌보는 여정에서 사람들의 행동에 초점을 두는 제자인지 아니면 상처의 소리에 귀를 기울이는 주님의 제자인지'와 같은 질문과 상상을 통해 말씀의 변형시키는 힘을 경험할 수 있다.

# PART 4
# 설교의 지평
Horizons of Preaching

# Chapter 12

# 설교의 네 지평
## Four Horizons of Preaching

## 설교의 네 모습[1]

### 교만한 설교: 청중을 소외시키는 설교

교만한 설교는 설교자가 설교를 통해서 성경을 잘 알고 있다는 것을 과시하는 설교이다. 성경의 본문을 일상의 언어와 삶의 언어로 전환하여 설교하지 않고 설교 본문을 신학적으로 지적으로만 잘 정리하여 전하는 스타일의 설교이다. 이런 설교자는 성경의 지식을 전하는 데 목적을 두는 경향이 있기 때문에 말씀의 생명력에 대한 기대가 약할 뿐만 아니라 청중을 하나님 앞으로 인도하는 데는 관심이 없다. 청중에게 설교하면서 청중을 소외시키는 교만한 설교자다. 왜냐하면 성경에 대한 관심은 많지만 청중의 삶에는 관심이 없기 때문이다. 이러한 설교는 청중을 소외시키는 설교라고 할 수 있다.

교만한 설교자는 성경의 주인공이신 하나님의 인격성과 마음에는 무관심하다. 성경에 대한 지식은 뛰어나지만 하나님의 마음을 읽어내지 못

---

[1] 설교의 네 모습에서 교만한 설교, 나쁜 설교, 그리고 악한 설교의 내용은 최창국, 『예배와 영성』(서울: CLC, 2017), 183-190의 내용을 수정 보완한 것이다.

하는 설교를 한다. 설교에서 하나님의 마음을 놓치기 때문에 청중을 향한 어머니와 누이 같은 마음이 없다.

교만한 설교자는 청중의 상황과 필요를 고려하지 않고 오히려 청중의 삶과 무관한 메마르고 지루한 산문체의 설교를 한다. 교만한 설교자는 고전문학에서 화려한 문구를 인용함으로써 그들의 학문적인 실력을 과시하는 경향이 많다. 반면에 겸손한 설교자는 청중을 존중하는 설교를 한다. 청중이 이해할 수 있는 평이하고도 쉬운 구어체를 사용할 뿐만 아니라 청중의 삶과 연관시켜 적용적인 설교를 한다. 때문에 이러한 설교자에 의한 설교는 은유, 직유, 이야기, 유추와 이미지로 가득 찬 신선하고도 청중의 마음에 깊이 새겨지는 감동을 주며, 풍성한 상상력을 불러일으킨다.

프레드 크레독(Fred Craddock)은 설교가 개념적인 아이디어의 세계와 교리에만 머물러 있다면, 그것이 아무리 진리이고 올바르며 최선의 것이라고 해도 청중의 마음을 근본적으로 변화시키지 못한다고 언급하였다. 또한 청중에게 상상력으로 마음속 깊은 곳의 의식을 변화시킬 때 청중의 삶이 변화된다고 하였다.[2] 토마스 롱은(Thomas Long)은 본문과 청중의 관계를 다음과 같이 설명한다.

> 어떤 설교학자들은 설교와 본문 사이에 놓여 있는 다리에 '본문에서 청중에게로' 놓여진 다리라고 말한다. 마치 성서의 다리가 한쪽에 있고 사람들은 다른 편에 있는 것과 같다. 어떤 책들은 본문을 주석한 다음(exegeting the text)에 청중을 해석(exegeting the congregation)해야 된다고 말

---

2 Fred Craddock, *Overhearing the Gospel* (Nashville: Abingdon Press, 1978), 133.

한다. 그러나 그런 생각은 극히 잘못된 것이다. 왜냐하면 이것이 의미하는 것은 청중은 단지 본문 주해가 끝난 다음에 고려되어야 한다는 얘기이기 때문이다. 그러나 우리가 이미 본대로 청중은 우리가 본문을 주석해 나갈 때 이미 포함되어졌으며 설교자는 청중으로부터 본문으로 가고 그리고 참으로 청중과 함께 본문으로 가는 것이다. 인간의 삶(the human life)을 살면서 동시에 그리스도에게 충성해야 하는 현대인의 괴로움이 본문의 주해 시에 고려되어야 한다. 뭔가 해답을 주어야 하는 책임을 지고 있는 것이 설교이므로 주해 시에 성서 본문과 교회 사이의 대화를 포함시켜야 한다. 주해자는 설교자를 통해서 행해지는(enacted) 교회의 일(works)인 것이다. 그러므로 본문으로부터 설교의 시작은 본문에 대한 설교자 자신의 주석 결과를 회중에게 어떻게 알려줄 것인가가 아니라 설교와 만나게 될 청중의 측면에서 결정되어야 한다. 설교자가 건너야 할 다리는 청중 상황 안에 있는 본문과 청중의 상황 안에 있는 설교(the sermon-in-congregational-context)를 연결하는 것이다.[3]

교만한 설교는 본문을 지적 대상으로만 대우할 뿐 본문의 저자가 소망하는 청중과의 소통을 이루어 내지 못하기 때문에 청중을 소외시킨다. 하지만 청중에 대한 분석과 이해는 성경 본문 주석만큼이나 중요하다. 청중 분석의 중요성에 대해 플루하티(Fluharty)와 로스(Ross)는 "청중을 분석한다는 것은 힘들고 어렵지만 그럼에도 불구하고 그 일을 해야 한다. 왜냐하면 청중 분석 없이 설교한다는 것은 진단 없이 약을 주는 것과 같

---

[3] Thomas G. Long, *The Witness of Preaching*, 서병채 옮김, 『설교자는 증인이다』 (서울: CLC, 2005), 119.

기 때문이다"라고 하였다.⁴ 이런 맥락에서 설교는 청중과 무관하게 행해지는 강연이나 연설이 아니라 성도들의 삶을 위해 행해져야 한다. 설교는 단지 설교자의 입을 통로로 삼아서 전달되는 하나님의 말씀이라기보다는 특정 청중의 상황과 경험 속에서 행해지는 성육화한 말씀이기 때문이다. 그러므로 크래독(Fred B. Craddock)의 주장처럼, "설교는 청중에게 말해야 할뿐만 아니라 그들을 위해서도 말해야 한다."⁵ 설교는 청중에게 선포할 뿐만 아니라 회중을 위해서 선포해야 한다. 청중을 위한 겸손한 설교자는 성경을 청중과 함께 주해하는 능력이 있어야 한다.

### 나쁜 설교: 본문을 소외시키는 설교

나쁜 설교는 자기의 신념이나 하고 싶은 말을 하기 위해 성경 본문을 선택할 뿐만 아니라 선택한 본문의 내용과 가르침과는 무관하게 하는 설교이다. 선택한 본문과는 무관하게 자기의 신념과 경험을 강요하는 설교는 나쁜 설교 유형에 속한다. 이러한 설교자는 선택한 본문의 내용과 가르침에 충실하기보다는 단지 선택한 본문을 가지고 제목과 단어들과 숙어들만 조금씩 바꾼다. 그래서 어느 본문을 선택하더라도 설교 내용은 거의 비슷한 경향이 있다. 또한 이러한 설교자는 때로 성령님의 인도에 따라 설교한다는 명목 아래 설교를 준비하지 않는 경향이 있기 때문에 성령의 이름으로 자기의 불성실함을 정당화하고 왜곡하기도 한다.

나쁜 설교는 성경을 소외시키는 설교이다. 나쁜 설교자는 성경을 존중하지 않는다. 성경과 대화하지도 않는다. 성경을 연구하지도 묵상하지

---

4  George W. Fluharty & Harold R. Ross, *Public Speaking* (New York: Barnes and Noble, 1981), 38.
5  Fred B. Craddock, *Preaching* (Nashville: Abingdon Press, 1990), 26.

도 않는다. 성경의 음성을 겸손히 경청하지도 않는다. 설교자가 구체적인 삶의 정황 속에서 인간을 깊이 이해할 때 그의 설교는 생명력이 있게 된다. 그러므로 설교자는 무엇보다도 성경에 대한 깊은 이해를 추구해야 할 뿐 아니라 인간에 대한 이해가 있어야 한다.

나쁜 설교는 성경의 본문과 소통하지 않을 뿐만 아니라 청중의 구미에 맞추는 설교이다. 청중을 하나님과 진리 앞으로 인도하기보다는 청중의 감각적 욕구만을 강화시켜 주는 설교이다. 나쁜 설교는 청중이 하나님 말씀의 풍성함을 경험하도록 도와주기보다는 돈과 명예와 권력과 같은 감각적인 것에 몰입하게 하는 설교이다. 이러한 설교는 피상적으로는 복음을 말하지만 깊은 이면에는 감각적인 우상을 섬기게 하는 결과를 초래한다.

나쁜 설교는 청중을 위한 설교가 아니라 청중의 구미에 따라 좌우되는 설교이다. 나쁜 설교자는 청중의 눈치를 보거나 그들의 구미에 따라 메시지의 본질을 왜곡한다. 나쁜 설교는 본문을 존중하기보다는 부유하고 영향력 있는 사람들의 특수한 의견에 민감하게 반응한다. 나쁜 설교는 청중이 요구하는 노래의 곡조를 연주해 주는 악사로 전락하는 결과를 낳는다. 하지만 좋은 설교자는 하나님의 모든 경륜을 선포하는 주님의 입 역할을 맡은 종의 위치를 지킨다.

### 악한 설교: 본문과 청중을 소외시키는 설교

악한 설교는 설교를 통해 다른 사람을 공격하거나 정죄하는 설교다. 이런 설교자는 설교를 통해 청중을 학대한다. 이런 설교는 하나님의 이름으로 다른 사람을 정죄하는 것이기 때문에 윤리적인 문제가 될 뿐만 아니라 영적인 범죄 행위이다.

  엄밀한 의미에서 악한 유형의 설교는 설교라기보다는 영적 학대 행위라고 할 수 있다. 문제는 영적 학대인 악한 설교는 그 자체에 대한 인식의 부재 가운데 종종 발생하기 때문에 더 많은 문제를 초래하게 된다. 악한 설교는 설교자가 자신도 모르는 가운데 발생하는 경우가 많다. 영적 학대란 보편적으로 성경과 신학과 교회 전통을 부적절하게 사용하여 잘못된 행위를 누군가에게 강요하는 것과 관련된다.

  악한 설교는 종종 잘못된 신학과 왜곡된 신념 때문에 발생하기도 한다. 이러한 왜곡된 신학과 신념은 청중에게 영적 학대로 이어지게 된다. 예를 들면, 돌아가신 아버지나 어머니 장례식에서 우는 것은 잘못된 신앙이라고 설교하는 경우다. 하지만 이러한 상황에서 슬퍼하는 것은 지극히 신앙적인 행위라고 할 수 있다. 신앙은 단지 기뻐하는 차원과만 관련된 것이 아니기 때문이다. 신앙은 반드시 기쁨의 국면과만 관련된 것이 아니다. 바울은 "즐거워하는 자들과 함께 즐거워하고 우는 자들과 함께 울라"(롬 12:15)고 하였다. 신앙은 애통하는 것과 슬퍼하는 것과도 깊이 관련되어 있다. 슬픈 일을 보고 기뻐하는 것은 지극히 비성경적이기 때문에 오히려 신앙의 특성과 가르침에 반하는 것이라고 할 수 있다. 루이스(C.S. Lewis)는 그의 저서 『헤아려 본 슬픔』(*A Grief Observed*)에서 이렇게 말한다.

  죽음으로 인한 이별은 사랑에 관한 인간 경험의 보편적이고 필수적인 일부이다. 결혼이 연애 다음에 오며 가을이 여름에 후행하는 것과 같이 죽음으로 인한 이별은 결혼 다음에 온다. 그것은 과정의 단축이 아니라 그

국면들의 하나이다. 춤의 중단이 아닌 다음 상대자이다.[6]

장례식에서 슬퍼하며 우는 것은 신앙의 반대 국면이 아니라 다른 국면이다. 왜냐하면 신앙은 우리의 기쁨과 슬픔을 유기적으로 발산하게 하는 특성을 가지고 있기 때문이다. 마리아가 예수님께 와서 울면서 당신이 함께하셨더라면 나의 형제가 죽지 않았을 것이라고 말할 때 예수님은 단 한마디의 말씀도 하지 않으시고 영으로 신음하셨다.

좋은 설교는 사람들에게 비인간적인 삶을 부추기지 않는다. 사람들에게 비인간적인 표준을 제시하는 설교는 신앙의 본질에 관한 성경의 증언 중에서 상당 부분을 외면하거나 왜곡한다. 시편의 애가에는 다윗이 항상 미소를 지으면서 살지 않았다는 것을 보여준다. 우리도 마찬가지이다. 설교자가 회중에게 비인간적인 삶을 선포하는 것은 비현실적이고, 비성경적이다. 또한 실현 가능하지도 않다.

설교자는 복음이 아닌 도덕주의적 언어로 회중에게 명령해서는 안 된다. 예를 들면, '주님의 자녀들은 얼굴에 항상 미소를 띠며 걸어야 합니다. 주님의 자녀들은 항상 기뻐해야 합니다. 왜냐하면 주님의 자녀들은 모든 은사들 중에서 최고의 은사를 받았기 때문입니다. 주님의 자녀들의 얼굴에는 항상 웃음과 찬송만이 넘쳐야 합니다. 왜냐하면 그리스도인들은 자유를 얻었고, 이 세상의 죄악으로부터 구속 받은 사람들이기 때문입니다. 따라서 그리스도인들은 항상 기뻐하며 즐거워해야 합니다.' 설교자의 이런 언어들과 명령들은 성경에 충실하지도 않으며, 하나님의 형상인 인간의 마음에 대한 우매성을 보여주는 증거일 뿐이다.

---

6  C. S. Lewis, *A Grief Observed* (San Francisco: Harper & Row, 1989), 63.

영적 지도자나 설교자가 잘못할 경우 사람들에게 미치는 영적 학대는 매우 파괴적이다. 성경은 영적 지도자와 설교자가 자신들의 이기적인 목적을 이루기 위해서 하나님과 성경을 앞세워 사람들을 조정하는 경우를 심각하게 언급하고 있다(겔 22:25-28; 갈 6:12-13). 영적 지도자나 설교자의 영적 학대는 보편적으로 하나님의 말씀을 오용하거나 잘못 적용하고 성령의 역사에 대해 혼란과 왜곡을 불러일으키기 때문에 그 파괴력은 클 수 있다. 이러한 영적 학대는 겉으로 드러나지 않는 경우가 많기 때문에 그리스도인들에게 무시되는 경우가 많다. 하지만 이런 학대를 경험한 사람은 교회 출석과 설교를 듣는 것을 회피할 수 있을 뿐만 아니라 성경말씀 자체에도 정서적으로 강한 거부감을 느낄 수도 있다.

악한 설교는 성경 본문을 소외시키는 설교일뿐만 아니라 청중도 소외시킨다. 악한 설교는 성경 본문에 대한 존경심의 부재뿐 아니라 청중에게 씻을 수 없는 상처를 입히는 설교이기 때문에 반드시 피해야 할 설교이다. 어떤 의미에서 이러한 설교는 설교라기보다는 복음을 파괴하는 행위라고 할 수 있다.

### 좋은 설교: 네 지평의 대화로서 설교

설교는 하나님, 성경, 설교자, 회중의 유기체적 관계 안에서 행해져야 한다. 설교는 이 네 가지 차원이 하나로 통합되는 신비 안에서 행해져야 한다. 설교에서 네 차원들 간의 상호 관계와 통합이 뒤틀리거나 어느 한쪽으로 치우칠 때 설교의 목적을 상실하게 된다. 설교에서 네 차원의 분열이 발생하는 경우를 요한 실리에(Johan Cilliers)는 이렇게 설명하였다.

- 첫째, 설교자가 자기 자신의 목소리(또는 특정한 신학적 주제)에 애착을 가질 때다. 그럴 때 설교자의 음성은 설교에서 다른 음성을 질식시키면서 독백으로 변질되고 만다.
- 둘째, 설교가 단순히 성경 본문에 대한 정확한 주해에 집착한 경우다. 이럴 때 설교는 설교자의 현실적이고 생생한 증언과 회중의 실제 삶의 정황과 관계없는 비인간적인 담론이 되고 만다. 이러한 실수는 '오직 성경'만 선포되어야 한다는 환상 때문에 종종 발생한다.
- 셋째, 설교에 회중의 상황이나 음성이 제외되는 경우다. 그런 설교는 얼핏 그럴듯하게 들리지만, 복음을 그렇게 전하는 설교는 망각의 시대를 향하여 선포하는 독백에 불과하다.
- 넷째, 설교자가 하나님의 음성을 인간적인 상황이나 배경을 전혀 고려하지 않고 마치 하늘에서 직통으로 떨어지듯이 제시하는 경우이다. 그런 설교자들은 현실 세계의 모순이나 대립을 감당하지 못하며 이를 올바로 가르치지도 못하고 경건을 핑계 삼아 자신의 목회적인 무능력을 감추려고 한다.[7]

좋은 설교는 하나님, 성경, 회중, 그리고 설교자 간의 대화를 촉진시키는 설교이다. 하지만 좋은 설교는 무엇보다도 설교자 자신이 복음의 능력을 경험하는 것으로부터 시작한다.

좋은 설교는 청중에게 선포되기 전에 설교자 자신에게 먼저 특별하게 적

---

[7] Johan H. Cilliers, *The Living Voice of the Gospel: Revising the Basic Principles of Preaching*, 이승진 옮김, 『설교 심포니: 살아있는 복음의 음성』(서울: CLC, 2014), 61.

용되어야 한다. 그래서 설교자 자신이 먼저 설교의 능력으로 치유됨을 경험해야 한다. 설교자 자신이 먼저 말씀을 소화하고, 유익함을 얻고 치유적인 내용을 찾은 다음에, 그것을 다른 사람에게 적용할 때 설교의 능력과 효과를 경험할 수 있다. 만일 설교자 자신이 그 메시지에 의해 치유됨을 경험하지 않는다면, 다른 사람들도 그 메시지로부터 도움을 얻을 것을 기대하지 말아야 한다. 설교자가 진리에 부딪치고 개인적인 연구와 기도로 하나님의 말씀에 대해 확신을 가진 후에, 어쩌면 오직 그러고 난 후에만, 그 말씀이 청중에게 효과적이고 설득력 있게 선포될 것이다.[8]

또한 설교자에게 성령과 회중 없이 설교자와 성경 본문 사이의 창조적인 결합만 있다면, 좋은 설교를 보장할 수 없다. 신학적으로 보면 설교는 엄밀한 의미에서 설교자의 사역이라기보다는 성령 하나님의 사역이다. 때문에 설교자는 항상 설교 사역에서 성령의 임재 의식으로 충만해야 한다. 좋은 설교란 성경 본문, 회중, 설교자, 그리고 설교 시간에 각자가 역할을 감당하는 모든 창조적인 과정을 통하여 하나님의 역사를 경험하는 사건이다. 성령 하나님의 역사가 없다면 설교자의 창조성은 단순히 언어적인 조작의 도구로 전락되고 만다. 설교자가 성령 하나님의 임재를 충만히 누리는 설교를 원한다면 기도로 충만해야 한다. 나아가 하나님이 보배롭게 여기고 존귀하게 여기는 영혼을 사랑하는 마음으로 충만해야 한다.

---

[8] Richard Cox, Rewiring Your Preaching: How the Brain Processes Sermons, 김창훈 옮김, 『뇌는 설교에 어떻게 반응하는가』 (서울: CLC, 2014), 96.

## 설교의 네 지평

### 설교와 하나님 말씀의 지평

설교에서 성경의 지평은 매우 중요하다. 하지만 설교에서 성경이 중요하다는 의미가 성경의 내용이나 내러티브 그 자체가 중요하다는 의미는 아니다. 설교는 성경 본문에 나타난 하나님을 선포해야 하기 때문이다. 설교는 단순히 성경 본문에 대한 주해가 아니라 하나님을 실제로 선포하는 행위이다. 설교자가 성경을 통해 하나님과의 생동적인 관계 안에서 하나님의 통전성을 구축하지 못하고 지나치게 성경의 이론적 또는 내용적 틀에만 매일 때에는 광신적인 성경 숭배자가 되거나 성경의 본문을 미신적으로 숭배하는 현상을 초래할 수 있다. 설교자는 성경을 숭배하는 것이 아니라 성경의 저자와 성경이 증언하는 살아계신 하나님을 경배해야 한다.[9] 설교자는 죽은 문자에 속한 설교자가 아니라 살아있는 성령의 설교자이다.

### 하나님의 수행적 말씀으로서 성경

성경은 하나님의 역사와 내러티브를 기록한 단순한 정보가 아니라 하나님의 말씀으로서의 수행력 또는 실행력을 발휘하는 특성을 가진다(사 55:11). '말씀'(word)을 의미하는 히브리어 '다바르'(*dabar*)는 단순한 어떤 말이 아니라 구원을 발생시키는 사건을 의미한다. 성경은 성경의 이러한 특성을 증언한다. 즉 "하나님의 말씀은 살아있고 활력이 있어 좌우에 날선 어떤 검보다도 예리하여 혼과 영과 및 관절과 골수를 찔러 쪼개기까

---

9 Johan H. Cilliers, 『설교 심포니: 살아있는 복음의 음성』, 96.

지 하며 또 마음의 생각과 뜻을 판단한다"(히 4:12). 성경은 이처럼 수행적인 특성(performative character)이 있다. 성경은 하나님의 말씀의 속성과 사역과 능력을 규정한다. 성경은 서술적인 특성(descriptive character)보다는 수행적인 특성을 가진다. 구체적으로 서술하면, 성경에 대한 서술적인 관점은 본문을 객관적인 관찰자의 입장에서 본문의 상황이나 과정, 그리고 어떤 독자나 청중에게 동일한 타당성을 갖는 의미로 이해한다. 성경 본문에 대한 서술적 관점은 독자나 청중에게 본문이 과거의 역사적 사실로 관찰될 수는 있지만, 지금 당장 적용되어야 할 필요가 없는 일반적인 묘사로 이해한다.

이와 반대로 본문에 대한 수행적인 관점은 본문의 내용이나 사실을 묘사하는 것에 목적이 있기보다는 어떤 것을 실제로 실행하는 것과 관련된다. 예를 들어 세례식을 주관하는 설교자가 "내가 성부와 성자와 성령의 이름으로 세례를 주노라"고 말하는 것에는 수행적인 기능이 있다. 이런 선언에서 설교자는 단순히 말을 할 뿐만 아니라 세례 예식을 집행한다. 또는 판사가 "내가 정의의 이름으로 유죄를 선고한다"고 선언할 때, 그 판사는 정의나 유죄의 속성에 관해 설명하기보다는 그것을 그대로 표현하여 실행한다. 판사의 선고는 심판이나 사면을 가져오는 수행적인 기능을 지닌다.

하나님의 내러티브인 성경에는 서술적인 본문도 있기 때문에 모든 성경 본문이 수행적인 특성을 가진다고 단순하게 일반화할 수는 없다. 하지만 하나님의 구원 내러티브로서 성경은 구속사적 수행 내러티브이다. 예를 들어 '하나님이 일하고 계신다'는 구절이 이러한 특성을 잘 드러내 준다. 이처럼 성경은 수행적인 특성을 가지기 때문에 설교자는 성경의 이런 특성을 놓치지 않고 설교할 수 있어야 한다. 설교 언어의 형식은 서술적인 언어보다 수행적인 언어가 더 바람직하다고 할 수 있다. 설교는 하나님의 임재와 행위를 생생하게 표현해야 하는 특성이 있기 때문이다.

설교자가 하나님의 말씀과 씨름할 때 받을 위로와 도전은, 하나님의 말씀에 수행적인 효력이 있다는 증거이다. '하나님은 자신이 하신 약속의 말씀을 수행하신다'는 사실은 설교자가 복음에 관하여 말하는 방식과 그의 설교 언어 선택에 상당한 의미를 갖는다.

설교는 항상 현재 시제로 지향해야 한다. 설교는 하나님의 은혜에 관하여 압축된 역사 이야기를 말하는 것도 아니고 복음에 관한 형이상학적인 정보를 전하는 것도 아니다. 설교는 복음에 관한 증언 이상으로 설교를 듣는 회중이 하나님의 은혜로운 복음을 현재 사건으로 경험하게 하는 것이다. 하나님의 말씀과 그 설교는 역사를 만들고 복음 사건을 재창조한다.

설교자는 하나님 말씀의 수행력에 대한 분명한 믿음이 있어야 한다. 하나님 말씀의 수행력에 대한 믿음은 설교자가 하나님을 증언하기 전에 하나님께서 복음의 말씀으로 설교자에게 먼저 말씀하신다는 확신을 포함한다. 설교자가 성경을 통해서 하나님을 만나는 사건은 하나님의 임재에 대한 설교자의 시야를 열어주고, 설교자가 구원하시는 하나님의 임재를 바라볼 수 있는 시야를 제공한다.

설교자는 성경에서 하나님을 경험한 사람들의 이야기를 듣고, 하나님을 경험한 사람들의 이야기 자체에 집중하기보다는 그 경험의 주체인 하나님에게 집중해야 한다. 성경은 하나님 경험의 내러티브를 통하여 이전에 꿈꿔 보지 못한 새로운 지평과 새로운 세계를 열어준다. 성경은 우리가 살고 있는 세상을 새롭게 바라보게 하며, 그 속에서 새롭게 살아가면서 새롭게 만들 수 있는 대안을 제시한다.

성경은 다양한 방식으로 하나님에 대한 경험을 말하고 있기 때문에 한 설교자가 한 편의 설교나 한 가지 설교 방식으로 성경에 나타난 복음을 완전히 소화해 낼 수 없는 다차원적인 메시지를 지니고 있다. 따라서 설교자는 설교 한 편으로나 한 가지 방법으로 성경을 모두 다 설교할 수 있고 효과적으로 전할 수 있다는 것은 교만이다. 설교자는 결점이 없는 완벽한 설교를 할 수 있는 본문 주해 방법이나 설교 형태가 있다고 확신해서는 안 된다. 설교자는 항상 설교 방법론에 대하여 열린 자세를 가져야 한다. 사실 설교자는 성경에서 경험한 하나님에 관하여 외쳐서 증언할 뿐이다.

이런 의미에서 설교의 목표는 논쟁의 여지가 없는 진리의 확실성을 회중에게 전달하는 것이고, 그런 확실성에 관한 새로운 통찰을 열어주고, 관례적이며 익숙한 렌즈로 바라볼 때 드러나는 것과는 전혀 다른 세상을 그리고 묘사하며 받아서 실행하는 새로운 상상력을 열어주는 것이다. 설교자는 성경과의 관계에서 고정관념이나 교리적인 익숙함으로부터 벗어나서 열린 자세를 가지고 하나님의 임재 앞에서 겸손과 경외로 반응할 줄 알아야 한다. 설교자는 자신이 배워 터득한 익숙한 본문 해석 방법만을 중요하게 여기거나 고집하는 것을 버리고, 다양한 가능성을 담고 있는 성경 본문의 다차원적인 특성에 대해서도 열린 자세를 가져야 한다.

설교자들 중에는 어떤 한 가지 본문 해석 방법을 절대적으로 확신하고, 그 방법을 통하여 성경의 핵심 진리를 발견할 수 있다는 자만심에 빠지는 경우가 있다. 이러한 과도한 맹신에 담긴 문제점은 무의식적으로 하나님의 이미지를 정형화시켜서 자신의 구상 속으로 밀어 넣어 응집시키고, 하나님을 자신의 고정관념이나 익숙함에 맞는 존재로 채색해 버리는 것이다. 이런 방식의 설교에 익숙해진 설교자에게서는 하나님과 인간의 고정된 이미지를 반복적으로 전개하는 현상이 강하게 나타난다. 또한 반복될 수 없는 과거의 성경의 상황과 사건들이 전혀 바뀌지 않고 오늘의 상황과 사건으로 전환되면서 비교할 수 없는 하나님의 역동성과 신비가 회중의 현재 상황 속에서는 축소되고 만다.

설교자가 이런 정형화된 고정관념이나 익숙함에 빠져 버리면, 하나님에 관하여 증언하는 성경 본문을 전혀 거리낌 없이 자신이 정형화해 놓은 식으로 완전히 다르게 전하거나, 심지어 비논리적으로 하나님에 관하여 증언하게 된다. 하지만 성경의 하나님은 어떤 고정관념이나 익숙함에 얽매일 수 없다.

월터 브루그만(Walter Brueggemann)은 성경 본문에서 의도적으로 한 가지 의미만 확정하는 것을 피하고 참진리를 찾아서 다양한 해석을 추구했던 유대교 전통의 미드라쉬 학파의 해석 방법에서 중요한 의미를 찾았다.[10] 미드라쉬 학파의 해석 전통은 한 가지 꿈에 대하여 다양한 의미의 해석을 시도하는 프로이드의 꿈 치료에 영향을 주었을 것이라고 지적하였다. 성경 본문을 읽고 해석하는 것과 꿈을 해석하는 것 사이에는 상당한 유사성이 있다는 것이다.[11] 하지만 성경 본문은 강제로 우리의 고정관념을 허물지 않고 유쾌하고 신비로운 방식으로 새로운 가능성을 제안하여 현재 상태에 대하여 질문하게 한다. 설교자는 성경 본문 속에 들어 있는 풍

---

10 Walter Brueggemann, "Preaching as Re-imagination," *Theology Today* (1995): 316 (313-29).
11 Walter Brueggemann, "Preaching as Re-imagination," 316.

성한 메시지를 축소시키는 것에 대항해야 하며, 그 진리를 교리적이고 율법적인 틀에 끼워 맞추는 것도 대항해야 한다. 설교자가 설교한다는 것은 본문의 다양한 음성을 경청하는 것과 함께 본문의 리듬에 맞추어 하나님과 회중과 함께 대화 또는 소통하는 행위이다.

### 성경 본문과 설교의 역동적 등가성

성경의 내러티브는 과거 시제로 가득하지만, 성경의 수행적인 특성은 현재 시제와 미래 시제를 지시한다. 따라서 성경 본문은 미래를 약속하는 속성이 있다. 성경의 이러한 속성이 성경 본문과 설교 사이에 시간적 동질성이 확보되어야 함을 의미하는 것은 아니다. 설교자가 성경 본문이 약속하는 속성을 설교에서 성실하게 실행하려면, 본문이 지향하는 역동적인 움직임과 설교의 구조 사이의 역동적 등가성(dynamic equivalence)을 추구해야 한다.[12] 역동적 등가성이란 본문에 나타난 하나님 경험 구조와 방법 등이 설교에서도 동일한 경험 구조와 방법으로 설교되기보다는 성경 본문에 나타난 고유한 내용과 구조는 설교를 위한 적실한 의미와 구조로 전환되어야 한다는 것을 의미한다. 즉 성경 본문이 약속하는 내용과 구조를 설교에서 바르게 실현하려면, 단순히 본문 안에서 하나님이 과거에 무엇을 말씀하셨는지를 말하는 것에 머물거나, 그 말씀이 전달된 방식을 그대로 설교에서 모방하기보다는 왜 그렇게 말씀하셨는지의 이유와 목적까지 관통해야 한다.

톰슨(Chaude H. Thompson)에 의하면 케리그마를 이해하는 작업은 과거를 살피거나 사실에 대한 명제 진술문을 찾는 것이 아니라 현재를 살피

---

[12] Johan H. Cilliers, 『설교 심포니: 살아있는 복음의 음성』, 245.

고 또 의미로서의 케리그마에 참여하고 있는 오늘의 신자들과의 실존적인 연관성을 찾는 것이다. 따라서 그는 케리그마를 위해서 설교자는 자신과 회중을 위한 진정한 케리그마가 무엇인지에 대해서 끊임없이 재해석 작업을 해야 한다고 하였다.[13] 설교자는 본문의 내용과 구조를 넘어 오늘을 위한 의미로의 전환을 이루어 내야 한다. 도메니코 그라쏘(Domenico Grasso)는 본문의 진리에서 의미로의 전환의 중요성을 언급하였다.

초대교회 사도들의 글에서 우리는 실제로 일어난 사건들에 대한 진술을 대하고 있다. 하지만 문제는 그들이 말하는 진리가 아니라 의미이다. 그리스도는 우리의 구원을 위하여 죽으시고 부활하셨다. 즉 우리가 하나님의 생명에 참여하고 인간의 끝없는 수고가 멈추고 삶이 의미를 획득하는 곳으로서의 삼위 하나님의 대화에 우리가 참여하는 것을 허락하심으로써 우리의 삶에 의미를 주시고자 그렇게 하셨다. 따라서 이 모든 사실들의 참된 의의를 알리는 데 사도들은 한 가지 결정적인 수단을 사용하였다. 그것은 한마디로 예수와 함께 지냈던 그들의 삶이다. 그들은 3년 동안 그와 함께 먹고 마시며 그의 말씀을 듣고 그가 기적을 행하는 것을 지켜보면서 그와 친교를 나누었다. 이러한 삶 자체가 그들이 진리를 전하는 수단이었다.[14]

설교자에게 본문보다 또는 진리보다 더 중요한 것은 의미이기 때문에

---

[13] Claude H. Thompson, *Theology of the Kerygma: A Study in Primitive Preaching* (New Jersey: Prentice-Hall, 1962), 25.
[14] Domenico Grasso, "Kerygma and Preaching," in *The Word: Reading in Theology* (New York: P. J. Kenedy & Sons, 1965), 169.

설교자는 진리에서 의미로 전환하는 능력이 있어야 한다. 복음의 진리는 사람들의 실존적 연관성으로 전환되어야 한다. 이러한 맥락에서 "설교는 변함없는 진리를 발전적으로 적용하는 것이지, 변함없는 적용을 위해서 진리를 발전시키는 것이 아니다. 방법은 변화되어 왔고 또한 변화되어야 한다. 그러나 진리에 대한 메시지는 그렇지 않다."[15] 그러므로 역동적 등가성은 본문의 메시지나 내러티브의 내용과 구조와 설교 사이의 표면적 등가성이 아니고 역동적 또는 심층적 등가성이다. 설교는 본문의 내용이나 내러티브를 단순히 표면적 내용이나 구조로 반복하는 것이 아니라 오늘의 상황에서 적실성 있게 전해져야 한다.

성경 본문의 구조와 설교의 구조 사이의 등가적 역동성은 과거에 하나님이 행하셨던 것을 그대로 재진술하는 것을 의미하지 않고, 성경 본문의 빛 안에서 하나님의 현재 행동을 선언하는 것이며, 현재에도 동일하게 행동하시는 하나님의 새로운 행동을 선언하는 것이다. 오직 이런 방식을 통해서만 원래의 선포 구조가 다시 오늘의 인간 상황 속에서 하나님의 위대한 행동이 새롭게 선포되는 역동적인 선포 구조로 재탄생할 수 있다. 성경 본문에 담긴 미래 약속의 속성은, 바로 이런 요소를 담고 있으며 우리 독자들이 이를 발견하도록 안내하고 있다. 본문을 올바로 주해하여 설교하려는 것도 중요하지만, 올바른 주해가 설교의 최종 목적은 아니다. 사실 여기서 '올바른'이라는 것이 때로는 부정확할 수도 있다. 설교의 기적은 본문을 통해서, 특히 행동하시는 하나님의 이야기를 진술하는 성경 본문을 재진술하는 가운데 하나님의 살아계신 인격이 우리에게

---

[15] Richard Cox, 『뇌는 설교에 어떻게 반응하는가』, 135.

로 다가온다는 것이다…설교자들이 선포하는 대상은 본문이 아니라 하나님의 살아계신 인격 그 자체이다. 다만 성경 본문은 우리가 이 하나님에 대하여 그리고 현실 세계에 대한 새로운 비전을 얻는 창문과 같다.[16]

역동적 등가성을 추구하는 설교자는 하나님을 과거의 하나님으로 전하지 않고, 오늘 이 시대의 사람들을 향한 하나님의 의도와 메시지를 현재 시제로 전하는 데 목적을 둔다. 설교자는 단순히 성경 본문 자체나 문자에 종이 되어서는 안 되고 살아계신 하나님의 대사가 되어야 하기 때문이다.

**성경 본문 읽기와 설교 형식**

설교자는 성경 본문 속으로 들어가서 깊이 머무르면서 깊이 연구하여 본문으로부터 들려오는 음성을 들어야 한다. 설교자가 성경 본문과 소통하려면 묵상적인 자세로 읽어야 하며 낯설고 역전시키는 하나님의 말씀을 인정하여 내면에 받아들여야 한다. 그러면 성경책을 덮은 다음에도 그 말씀이 마음속에 계속 하나님의 음성으로 남아 있을 것이다.[17] 설교자는 성경을 학문적으로만 연구하고 성경을 읽고 묵상하는 것에 충실하지 않으면 안 된다(시 1:2). 설교자는 성경을 학문적으로만 연구하여 설교를 준비하여 강단에 서서는 안 된다. 설교자는 성경연구뿐 아니라 성경과 함께 묵상하는 시간을 중요하게 여겨야 한다. 설교자는 묵상을 통해 하나님의 말씀을 먹고 섭취하여 소화한다는 성경적인 유비를 마음에

---

[16] Johan H. Cilliers, 『설교 심포니: 살아있는 복음의 음성』, 251-52.
[17] Walter Brueggemann, *Prophetic Imagination* (Philadelphia: Fortress Press, 1978), 7-11.

새기고 게을리해서는 안 된다(시 19:11; 암 8:11). 묵상은 성경 본문을 반복적으로 되새김하면서 하나님의 말씀을 마음속에 새기는 여정이다. 하나님의 말씀을 반복적으로 되새김하여 묵상하는 행위는 단순히 인지적인 차원이 아니라 하나님의 말씀을 감정의 차원으로까지 소화하는 것이다. 설교자가 그저 설교에 관한 정보를 얻기 위해 성경을 읽는다면, 묵상의 의미를 제대로 이해할 수 없다. 설교자는 성경 본문을 읽을 때 그 본문의 정신과 분위기와 의도를 향하여 자신의 온 마음을 열어야 한다. 이런 자세로 성경을 읽고자 하는 설교자는 그 본문과 함께 웃을 수 있어야 하고, 울을 수 있어야 하며, 탄식할 수 있어야 하고, 절규할 수 있어야 할 뿐 아니라 본문의 리듬과 함께 걸을 수 있어야 한다.

설교자는 묵상을 통해 본문의 분위기와 스타일과 의미가 자신의 마음속에 스며들도록 해야 한다. 예를 들어 설교자가 하나님의 신실하신 사랑이 더 이상 주체할 수 없을 정도까지 채우시는 것을 경험해 보지 않으면서 시편 100편을 설교하려고 한다면, 그 설교는 자신과 회중에게 감동을 불러일으킬 수 없을 것이다. 설교자는 시편 130편을 읽을 때, 정말로 깊은 절망의 수렁 속에서 누군가를 애타게 부르듯이 읽어야 한다. 이렇게 읽어야 본문에 대한 설교가 깊음 가운데에서 울려오는 음성이 되고, 회중 가운데 동일한 입장에서 깊은 절망 중에 있는 사람들이 그 음성을 자신에게 들려오는 음성으로 동일시할 수 있게 된다.

성경말씀이 마음속에 스며들도록 하는 대표적인 읽기 방법 중 하나가 렉시오 디비나(lectio divina)이다. 렉시오 디비나는 성령에 의한 읽기 또는 거룩한 성경 읽기로서 성경을 통해 말씀하시는 하나님의 음성과 행동에 관한 거대한 이야기의 흐름에 익숙해지도록 하는 것이다. 설교자가 거룩하게 성경을 읽는다는 것은 열린 마음, 성령의 도우심을 구함, 깨닫고자 하는 열정, 그리고 경청하는 자세로 읽는 것을 의미한다. 이렇게 성경을 읽으며 경청하는 과정을 위해서는 귀, 눈, 감촉, 냄새, 맛, 마음, 지성, 그리고 상상력의 모든 감각이 필요하다.[18] 설교자는 이러한 성경 읽기를 통해 하나님의 선하심을 맛보아 알 수 있다(벧전 2:3). 성경 읽기는 본문이 제시하는 복음의 세계로 들어가는 관문이다. 이런 의미에서 설교자가 성경 본문을 읽지 않고는 설교할 수 없다.

물론 렉시오 디비나가 성경 읽기의 절대적인 방법이라고 할 수는 없다. 광의적인 차원에서 성경연구와 주해 과정도 거룩한 성경 읽기에 포함된다고 할 수 있다. 때문에 설교자는 성경 읽기의 방법에서 단순한 성경 읽기뿐만 아니라 성실한 주해 작업도 게을리해서는 안 된다. 이러한 차원에서 유진 피터슨(Euggene Peterson)이 제안한 본문에 대한 '묵상 또는 관상 주해'(contemplative exegesis)는 의미가 있다.

> 묵상 주해는 하나님의 내면에서 계시된 말씀을 귀에 들리는 음성으로 듣는 것을 의미한다. 묵상 주해는 또한 맨 처음에 귀에 들리게 주어졌던 방식으로 말씀을 받는 것을 의미한다. 왜냐하면 이전에 발성된 말씀을 다시 귀로 듣는 방식은 그 말씀이 말하는 내용만큼이나 중요하기 때문이다.[19]

설교에서 하나님의 말씀을 전하고자 할 때 본문이 말하고자 하는 내용과 그 내용을 담아내는 형식도 중요하다. 하나님의 말씀을 전하는 과정

---

[18] B. Bugg, *Preaching from the Inside Out* (Nashville: Broadman, 1992), 68-76.
[19] Eugene Peterson, *Working the Angels: The Shape of Pastoral Integrity* (Michigan: Eerdmans, 1995), 117.

에서 형식은 창조적인 말씀 선포를 위한 중요한 자원이다. 성경을 연구하는 과정에서 설교자는 설교를 위한 본문의 내용이나 메시지만을 찾아내려는 경향이 강하다. 설교자의 이런 노력은 본문의 형식에서 본문의 내용이나 메시지를 분리하여 찾아낼 수 없다는 사실을 잘 이해하는 차원에서는 나쁜 것이 아니다. 이런 관점에서 역사적이고 비평적인 성경 해석뿐만 아니라 문학적인 성경 해석 방식도 설교에 유용하다. 문학적인 성경 해석은 설교자에게 본문의 뉘앙스와 전환점, 그리고 움직임을 제공해 주어서 효과적으로 설교할 수 있도록 할 수 있다. 하지만 이러한 해석 방법론들이 설교를 위한 묵상을 수준 낮은 차원이라고 여기거나 본문에 대한 비평만을 부추겨서는 안 된다.

마이크 그레이브스(Mike Graves)는 설교를 준비하는 일을 작곡가나 지휘자가 되는 것과 같다고 하였다. 그는 설교자의 과제는 단순히 성경구절에서 도출해 낸 어떤 정보나 도덕적인 교훈을 전달하는 데 있지 않고, "그 구절에 관한 설교자의 생생한 경험을 소통하는 것이다. 이런 종류의 설교는 즐거운 음악을 귀로 듣는 것과 같이 지성보다는 오히려 본능을 통해서 들어온다"고 하였다.[20] 그는 설교자는 이런 설교의 과제를 위해서 본문의 문학 장르를 존중해야 하며 본문의 음성을 세심하게 경청해야 한다고 하였다. 그에 의하면 본문의 분위기는 본문이 독자들의 마음속에서 일으키는 정서이며, 움직임이란 본문의 진행이나 구조적인 패턴과 사상들의 구분들을 말한다.[21]

설교자가 성경 본문의 흐름, 핵심 통찰, 분위기 등에 무관심할 때 설

---

[20] Mike Graves, *The Sermon as Symphony: Preaching the Literary Forms of the New Testament* (Pasanena: Judson, 1997), 10.
[21] Mike Graves, *The Sermon as Symphony*, 12.

교의 창조성과 역동성을 질식시킬 수 있다. 성경 본문의 고유한 역사적이고 문학적인 속성을 인정하지 않고 성령의 감동만이 중요하다고 여기는 설교자는 '오직 성경'의 의미를 바르게 이해할 수 없다. 성경 속에는 다양한 수사학적 전략과 문학적인 장르와 소통 전략이 들어 있을 뿐 아니라 독자들을 감지하여 전하는 내러티브가 가득하기 때문이다. 설교자가 본문의 수사적인 역동성을 무시하고 언제나 3대지로 설교하거나, 원 포인트(one point)설교만을 추구하거나, 내러티브설교만을 선호하는 경우도 있다. 설교의 형식은 기본적으로 본문의 수사적 형식에 의해 결정되는 것이 좋다. 그러나 설교의 형식이 오직 본문의 수사적 형식에만 종속된다고 여기기보다는 회중의 상황도 고려되어야 한다. 예를 들어, 성경적인 교리 이해가 필요한 회중에게는 3대지설교가 의미 있을 수 있고, 성경의 깊은 영적 의미를 추구하는 회중에게는 원 포인트 설교가 효과적일 수 있다. 핵심은 설교 형식은 회중의 문화적, 심리적, 신앙적, 영적 요소뿐만 아니라 성별, 연령 등과 같은 회중의 상황도 고려되어야 한다는 점이다. 따라서 능숙하고 사려 깊은 설교자가 되기 위해서는 숙련된 장인이 다양한 도구들을 사용하듯이 다양한 설교 방법들을 사용할 수 있어야 한다. "오직 한 가지 방법으로만 설교하는 목사는 마치 오직 망치 하나만 사용하는 목수와 같다. 그래서 모든 문제들을 못처럼 생각해서 사정없이 내려치지만, 사실 그것은 못이 아니라 유리창이다. 이러한 설교는 성도들을 결단하게 하지만, 사실 그 결단은 깨어진 유리 조각들을 내다 버리게 하는 것이다."[22]

---

[22] Richard Cox, 『뇌는 설교에 어떻게 반응하는가』, 143.

**설교와 회중의 지평**

설교에서 드러나는 설교자의 영성은 하나님과의 인격적인 관계와 성경 본문 연구와도 관련이 있을 뿐만 아니라 회중과의 관계, 즉 설교자가 회중의 음성을 듣는 방식과도 밀접한 관련이 있다. 설교자는 회중의 음성을 들을 수 있는 능력과 회중의 상황을 해석할 수 있는 능력이 있어야 한다. 설교는 회중을 향하여 선포되지만, 회중으로부터 출발해야 한다. 설교자는 설교를 독점해서는 안 된다. 다시 서술하면, 설교자가 일방적으로 성경 본문을 분석하여 회중의 상태와 상황을 전혀 고려하지 않고 일방적으로 성경의 정보나 어떤 명제만을 전한다면 그 설교는 회중을 소외시키는 것이다. 설교는 항상 그 설교를 듣는 특정한 회중을 지향한다. 설교는 특정한 시간에 특정한 사람들에게 하나님의 복음을 선포해야 한다. 설교는 특정한 회중으로 하여금 그 설교 메시지 속에서 자신들의 모습을 발견하도록 특정한 상황과 형편들을 다루어야 한다. 설교자가 전하는 하나님의 말씀은 설교자 안에서 그 말씀이 말씀답게 진동하여 설교자의 마음과 삶을 움직여야 할 뿐만 아니라 회중의 마음과 삶도 움직이도록 해야 한다. 나아가 설교자는 하나님의 말씀에 대한 존경심을 가져야 할 뿐 아니라 회중을 사랑해야 한다. 회중을 사랑하는 설교자는 회중의 고통과 아픔과 눈물에 대해서 관심을 가진다. 칼 바르트(Karl Barth)는 설교자의 회중과의 관계에 지혜로운 통찰을 다음과 같이 소개한다.

- 설교자는 자신의 설교를 듣는 회중을 사랑해야 하며, 그들 중의 일부가 되어야 한다. 회중 앞에서 설교자가 가져야 할 태도는 이들이 내 백성들이며 하나님께서는 나에게 주신 것을 그들과 함께 나누기를 원하

신다. 여러분이 얼마나 탁월하든, 또는 천사보다 더 탁월하게 말씀을 잘 해설하더라도 사랑이 없으면 여러분은 아무것도 아니다.
- 설교자는 회중을 사랑하기 때문에, 그들의 삶과 생애도 그 수준대로 사랑해야 한다. 설교자는 회중 가운데 가장 똑똑한 사람이어야 할 필요도 없고, 사람들의 생각을 점쟁이처럼 알아내는 능력이 있어야 할 필요도 없다. 다만 사람들의 가장 깊은 생각을 보여주는 질문들이 항상 설교자가 마음을 쏟는 관심사여야 한다.
- 설교 메시지가 다른 메시지들보다 인생의 의미에 관하여 더 명쾌하고 더 충분한 해설을 담고 있어야 하는 것은 아니다. 이것이 전혀 중요하지 않다는 의미는 아니지만 설교는 그보다는 인생의 의미를 하나님의 계시의 빛 아래 조명할 수 있어야 한다.
- 설교에는 재치가 있고 적절함이 있어야 한다. 바람직한 설교를 위해서는 언제 누구에게 무엇을 말할 것인지를 알아야 한다. 때로 성경적이고 예언자적인 비평이 필요하다면, 겸손하면서도 적절한 자세로 비평해야 한다. 설교로 진리의 우상을 만들어서는 안 된다.
- 설교한다는 것은 설교자와 회중의 시간에 대하여 이해하고 그 만남의 순간을 인식하는 것이다. 설교한다는 것은 특정한 상황이 설교자와 회중에게 부과하는 의미가 무엇인지를 묻는 것이다. 설교자와 회중은 역사적인 경험을 똑같이 공유하기 때문에, 설교자의 언어가 회중의 시급한 관심사에 적합해야 한다. 설교자가 이 점을 잘 이해한다면 회중과의 연관성을 잃어버린 주제들을 계속 이야기하는 실수를 극복할 수 있을 것이다.[23]

---

23 Karl Barth, *Prayer and Preaching* (London: SCM, 1964), 96-97.

설교자는 회중의 마음과 상황을 좀 더 자세히 살피고 그들의 관심과 고통과 기쁨과 고민의 소리에 귀를 기울여서 설교단이 점차 원탁을 닮아 가게 해야 한다.[24] 설교자는 기존에 지니고 있던 회중의 자리와 역할을 재고할 필요가 있다. 나아가 설교 준비 과정에서는 설교자의 직무뿐 아니라 회중의 역할에 대해서도 세심한 고찰이 필요하다. 설교의 구성 요소 중에 회중이 바르게 평가 받기 위해서는 변화가 필요하다. 그동안 회중은 설교자가 전하는 설교를 수동적으로 듣고 경청하는 것에만 익숙해져 있었다. 보편적으로 회중은 설교자의 설교가 좋든 싫든 일방적으로 들어야만 했고 자신의 신앙 색깔을 보여서는 안 되었다. 이런 설교 문화는 오직 설교자만 말하고 그에 대한 비평은 의식적으로든 무의식적으로든 늘 묵살되었다.

하지만 설교는 설교자에 의해서만 행해지는 독점적인 사역이 아니라 전체 회중이 함께 참여하는 사역이다. 좋은 설교를 위해서는 설교자에게 반드시 성경뿐 아니라 회중이 필요하며, 하나님의 말씀에 대해 생생하게 코멘트해 주는 회중과의 담론 없이는 제대로 설교할 수 없다. 설교자의 본문에 대한 신학적 주해 작업은 회중 없이도 진행될 수 있지만, 살아계신 하나님에 대한 인식과 경험은 회중 없이 가능하지 않다. 하나님은 아주 독특한 방식으로 회중 속에 살아계시기 때문이다. 따라서 수많은 해석 방법론을 동원하여 성경 본문에서 무시간적인 진리를 분석하려는 신학 전문가라면 회중 없이도 설교할 수도 있겠지만, 그런 설교는 회중과는 전혀 무관한 설교가 되기 쉽다. 설교자가 성경의 음성뿐 아니라 회중

---

[24] John McClure, *The Roundtable Pulpit: Where Leadership and Preaching Meet* (Nashville: Abingdon, 1995) 참조.

의 음성을 들을 수 있는 능력이 있을 때, 회중의 삶에 의미 있는 설교가 될 수 있을 뿐 아니라, 비로소 그분의 말씀과 복음이 회중이 살아가는 시간 속에 적용될 수 있다.

설교자와 회중의 관계는 일방적인 관계가 아니고 서로 상호적으로 대화하는 관계여야 한다. 설교자와 회중은 원탁의 설교단 주변에 함께 모인 사람들이라는 인식이 있어야 한다. 설교자는 회중과 함께 모인 자리에서 회중의 구체적인 상황, 고유한 이해의 지평을 가진 사람들에 대해서, 그리고 회중이 하나님의 말씀을 경험하고 경청하고 세상 속에서 하나님을 경험했던 모든 방식들이 아주 세심하게 다루어져야 한다. 이런 대화 방식은 성도들이 하나님에 관한 그림을 그리는 방식에 상당한 영향을 주기 마련이다.

로버트 브라우니(Robert Browne)에 의하면, 설교의 목적은 설교자가 회중에게 성경의 메시지를 일방적으로 전송하는 데 있지 않다. 그의 논증에 의하면 설교는 마치 시와 같다.

> 광고와 달리 시나 설교는 관심을 기울이는 사람들에게 어떤 내용을 강요하려고 하지 않는다. 시인과 설교자들은 자신들의 발화(utterance)에 대한 사람들의 반응을 미리 예상하거나 통제할 수 없다. 시를 짓거나 설교를 하는 것은 그 안에 자체의 생명력을 불어넣어 주는 것이다…그래서 설교가 존재하는 자리는 설교자와 회중 중간의 어느 지점이다. 설교는 설교자가 마음속에서 표현하려고 애쓰는 것과 다른 설교 자체의 실체를 갖고 있다.[25]

---

[25] Robert E. C. Browne, *The Ministry of the Word* (London: SCM, 1958), 29.

브라우니는 설교가 설교자 자신의 메시지나 경험을 강요하는 대신 회중에게 자신의 삶을 어떻게 이해해야 하는가를 보여주는 것을 의도해야 한다고 제안한다. 또 각각의 설교는 삶의 경험을 그대로 해석하려는 정직한 시도여야 한다는 것이다. 회중은 설교자의 해석을 그대로 믿거나 받아들이는 것이 아니라 설교자의 입장에서는 그 해석이 참으로 진실된 것임을 그들이 인정하는 것이다.[26] 그에 의하면 설교는 설교자의 사고의 결과물을 소통하는 것이 아니라 회중 스스로가 자신들의 삶을 보다 더 분명하게 이해할 수 있도록 하는 사고의 과정을 소통해야 한다.[27] 설교의 목적에 대한 브라우니의 관점은 설교자와 회중의 역할에 대한 새로운 이해를 요구한다. 그의 관점에서 볼 때 설교자는 해답을 주는 사람이 아니다. 설교자는 설교를 통해 회중에게 일방적인 해답을 주는 사람이 아니라 "회중이 스스로를 더욱 잘 이해하는 이해의 정도를 확장하고 심화시키는 살아있는 동인"이 되어야 한다.[28]

하지만 브라우니의 설교자와 회중의 관계에서 설교자가 이해한 성찰의 과정을 회중에게 소통시킴으로써 회중 자신의 삶에 대한 성찰의 깊이와 폭을 확장하는 데 설교의 목적이 있다고 보았다. 브라우니는 설교의 목적을 설교자가 이해한 말씀의 명제를 회중에게 전달하는 데 두지 않고, 회중이 자신들의 삶을 책임 있게 이해하는 과정을 촉진하는 데 두었다.

조셉 피츠너(Joseph Fichtner)는 설교를 "기독교적인 삶에 관한 대화"로 설명하면서, 설교와 대화를 서로 연결시켰다. 헬라어에서 호밀리(homily)라는 단어는 '익숙한 대화'(familiar conversation)란 의미를 담고 있다. 이는 엠

---

[26] Robert E. C. Browne, *The Ministry of the Word*, 77-78.
[27] Robert E. C. Browne, *The Ministry of the Word*, 77.
[28] Robert E. C. Browne, *The Ministry of the Word*, 77.

마오 도상의 두 제자들이 걸어가면서 예루살렘에서 일어난 이 모든 일에 대해서 서로 이야기를 나누웠던 것과 같은 대화이다.[29] 피츠너는 만일 회중이 설교자의 질문에 즉시 해답을 제시하면서 대화를 시작하려고 하더라도 놀라지 말라고 조언한다. 그에 의하면 대화로서의 설교에는 설교자와 회중 그 이상의 것이 포함된다고 말하였다. 왜냐하면 하나님은 설교의 주제일 뿐만 아니라 설교에 참여하는 능동적인 참여자이기 때문이라는 것이다.[30]

설교를 설교자와 회중 사이에 진행되는 대화로 이해하는 사람들은 누가복음 24:14에서 엠마오 도상의 두 제자가 나눈 대화와 사도행전 24:26에서 바울과 벨릭스 총독 간의 대화를 사례로 든다. 이 두 사례에 근거하여 호밀리아(Homilia)는 때로는 매우 중요한 주제를 다루고 있기는 하지만 연설이나 강의보다는 좀 더 사적인 대화에 가깝다고 이해한다.[31] 그러한 대화의 목적은 새로운 정보를 전달하거나 상대방의 태도나 행동을 바꾸려고 하기보다는 "이전에 갖고 있던 지식이나 태도를 더욱 명백히 나타내거나 강화하는 것"에 있다.[32] 이러한 관점에 의하면 설교자와 회중은 하나님 앞에서 함께 신자로서의 공통의 정체성을 공유한다. 회중도 하나님을 예배하기 위하여 함께 모였기 때문에 그들 편에서도 일정한 단계의 신앙을 기대할 수 있다.

조지 스웽크(George Swank)는 대화적 관점의 설교는 1세기 유대인들의

---

[29] Joseph Fichtner, *To Stand and Speak for Christ: A Theology of Preaching* (New York: Alba House, 1981), 124.
[30] Joseph Fichtner, *To Stand and Speak for Christ: A Theology of Preaching*, 124.
[31] The Bishops' Committee on Priestly Life and Ministry, National Conference of Catholic Bishops, *Fulfilled in Your Hearing: The Homily in the Sunday Assembly* (Washington D.C.: Office of Publishing Services, U.S., Catholic Conference, 1982), 24.
[32] The Bishops' Committee on Priestly Life and Ministry, National Conference of Catholic Bishops, *Fulfilled in Your Hearing: The Homily in the Sunday Assembly*, 26.

설교로부터 그 역사적인 선례를 찾아볼 수 있다고 주장하였다.[33] 유대인들의 설교에는 회중이 함께 참여할 수 있었고 질문들과 웃음, 돌연적인 비평과 다른 여러 형태의 개입이 가능했다고 하였다.[34] 그는 또한 신약성경에 기록된 설교는 마치 논쟁과 비슷하다고 주장하였다. 그는 그 증거로 누가복음과 특별히 사도행전에 등장하는 설교의 대화적인 패턴을 제시하면서 이렇게 결론한다. "기독교 설교가 시작되는 처음 단계에서부터 설교는 모든 회중이 함께 참여하는 활동으로 여겨졌었다. 당시 설교는 그 자리에 참여한 모든 사람들의 업무였다."[35]

설교를 설교자와 회중의 대화로 이해한다는 진정한 의미는 설교자와 회중의 연대감, 즉 신앙 공동체 안에서 그리고 하나님 앞에서 모두가 함께 하나님을 믿는 백성으로서, 그리고 만인제사장으로 부름 받은 자들로서 하나님의 말씀을 함께 분별하고 함께 선포한다는 의미이다. 하지만 설교를 설교자와 회중 사이의 대화로 이해한다고 해서 예배 중에 설교자뿐만 아니라 예배 참가자들이 모두 말하거나 선포해야 한다는 의미는 아니다. 예를 들어 좌담설교(dialogue sermon)나 상호대화적인 설교(interactive sermon)는 대화설교(conversational sermon)를 위한 한 가지 방식일 수 있지만 대화설교가 좌담설교 같은 것과 동일한 의미는 아니다. 대화설교는 설교자가 신앙과 삶의 문제에 대해 모든 것을 알고 있는 자가 아니라 회중과 동등한 동료의 입장에서 설교자와 회중이 함께 지속적인 대화를 키워가면서 이를 반영하는 설교를 추구해야 한다는 의미이다.

대화설교가 추구하는 핵심은 교회 공동체의 대화를 촉진하는 의미를

---

33 George W. Swank, *Dialogic Style in Preaching* (Valley Forge, Pa: Judson Press, 1981), 23.
34 George W. Swank, *Dialogic Style in Preaching*, 46-47.
35 George W. Swank, *Dialogic Style in Preaching*, 48-49.

담고 있다. 구체적으로 서술하면, 대화설교가 촉진하는 중심적인 대화는 설교자와 회중 사이의 대화뿐만 아니라 교회와 그 안의 여러 구성원들 간의 대화, 사람들과 하나님의 말씀 사이의 상호 대화, 그리고 설교자와 회중과 하나님 삼자 간의 대화이다. 월터 브루그만(Walter Brueggemann)도 회중과 하나님 사이의 대화와 설교와 설교 본문 사이의 대화, 그리고 마지막으로 설교자와 회중 사이의 대화의 세 가지가 서로 수렴하는 지점으로서의 설교에 대해서 논하였다.[36] 그에 의하면 설교의 중요한 기능은 침묵이 하나님과의 생명을 주는 대화(the life-giving conversation)를 중단시킬 때마다 다시금 대화를 각성시키는 것이라고 하였다.[37]

### 설교와 상황의 지평

설교에서 상황의 지평은 매우 중요하다. 설교는 특수한 상황 속에 있는 회중에게 복음의 진리를 실행하는 사건이기 때문에 상황의 지평은 설교에서 피할 수 없는 요소다. 상황을 고려하지 않는 설교는 마치 한국 그리스도인들에게 히브리어로 설교하는 행위와도 같다. 이런 설교는 좋은 설교가 아니라 어리석은 설교다. 설교는 청중이 처한 상황 속에서 행해진다. 설교자가 회중의 상황에 적실한 설교의 능력을 구비하지 못하면, 성경의 본질적인 정신을 훼손하기 쉽다. 왜냐하면 성경은 단지 어떤 지식이나 내용을 사람들에게 전하기 위해 존재하는 텍스트나 문이 아니라 사람들의 영혼을 돌보기 위한 하나님의 살아있는 실존적인 메시지이기 때문이다. 올랜드 코스타스(Orlando Costas)는 상황은 모든 이해가 일어나

---

[36] Walter Brueggemann, *Finally Comes the Poet: Daring Speech for Proclamation* (Minneapolis: Fortress Press, 1989), 76.
[37] Walter Brueggemann, *Finally Comes the Poet*, 49-50.

는 장이기 때문에 상황에 대한 이해 없이 복음은 정의될 수 없다고 주장했다.

> 상황은 모든 지식을 함께 묶고 만들어내는 실재다…우리는 능동적으로든 수동적으로든 거기에 참여한다. 우리 중 누구도 상황 바깥에 서 있을 수 있다고 주장할 수 없다. 문제는 우리가 복음을 해석하고 전달하는 노력에 의식적으로 또는 비평적으로 상황을 통합할 수 있는지 여부다. 이것이 우리가 하는 상황화 작업이다.[38]

설교에서 상황화는 청중의 상황 가운데서 그들이 이해할 수 있는 메시지로 전환을 시도하는 것이다. 이것은 청중의 세계관에 들어가서 그들이 그리스도를 따르면서도 자신들의 문화에 남아 있게 하는 방식으로 메시지를 제시하는 것과 주로 관련이 있다.[39] 르네 빠디야(Rene Padilla)는 상황화의 의미를 설명하였다.

> 복음을 상황화 한다는 것은 예수 그리스도의 주 되심이 추상적인 원리나 단순한 교리가 아니라 모든 차원에서 삶을 결정하는 요인이자 인간 삶의 핵심적인 실체를 형성하는 모든 문화적 가치 평가의 기본적인 기준이라고 말하는 것이다. 상황화가 없이는 복음이 곁길로 새어 나가든지 아니면 심지어 통째로 적실성이 없는 것이 되고 말 것이다.[40]

---

[38] Orlando Costas, *Christ Outside the Gate: Mission Beyond Christendom* (New York: Orbis Book, 1982), 5.
[39] Michael Frost and Alan Hirsch, 『새로운 교회가 온다』, 지성근 옮김 (서울: 한국기독학생회출판부, 2009), 158.
[40] Rene Padilla, *Mission Between the Times* (Grand Rapids: Eerdmans, 1985), 93.

성경의 메시지인 복음이 인간의 상황을 고려하지 않는다면, 인간을 향한 하나님의 '좋은 소식'인 복음은 올바르게 실행될 수 없다. 비록 복음의 본질은 변하지 않지만 복음을 담는 그릇인 상황들은 끊임없이 변한다. 그 복음이 사람들에게 적실성 있게 전달되려면 그들의 상황에 맞게 전달되어야 한다.

> 설교자는 복음을 사회 경제적 상황, 문화적 상황과 연령 그룹이 어떠하든지 상관없이 인간의 전 상황과 연관되어야 하는 상태적인(situational) 상황과 경험적인(experiential) 상황을 모두 포괄한다. 상태적인 상황은 사람들의 과거와 현재와 미래를 다 모두 포괄하는 문화와 언어와 법 등 각자에게 주어진 실제 삶의 상황을 뜻한다. 그것은 또한 하나님이 보시는 타락과 아름다움도 포함한다. 그러나 복음은 그들의 상태적인 상황에서 나오는 경험적인 상황, 즉 불안이나 희망 그리고 두려운 감정 같은 주관적인 인간의 경험과도 연관되어야 한다. 상황의 전체성은 매우 광범위하고 유동적이다. 복음이 선포되고 복음을 살아내는 곳이 어디든지 간에 상황화의 개념은 지속적이고 역동적인 과정이 되어야 한다.[41]

성육신적 설교가 되기 위해서 설교자는 상황화의 문제를 고려해야 한다. 상황화 된 설교가 필요한 몇 가지 근본적인 이유들을 다음과 같이 정리해 볼 수 있다. 예수 그리스도는 자신의 정체성을 그대로 유지한 채 다른 문화 안으로 들어간 전형적인 예이다. 이는 자주 인용되는 빌립보서 2:5-11에 드러난다. 예수님은 하나님의 본체이시지만 자신의 권리를 하

---

[41] Michael Frost and Alan Hirsch, 『새로운 교회가 온다』, 158-59.

늘에 두고 세상으로 들어오셔서 희생을 치르시고 인류와 같은 자리에서 사셨기 때문이다.[42]

어떤 설교자들은 복음이 모든 인간 문화 상황의 외부에 계시는 하나님으로부터 나온 것이기 때문에 어떤 중대한 의미에서 복음은 문화를 초월해 있다는 데 동의하는 경향이 있다. 그러나 설교자들이 기억해야 할 것은 복음은 자신의 문화적 맥락 바깥에서는 진리에 도달할 수 없는 인간을 위한 좋은 소식이라는 것이다. 물론 하나님은 문화를 넘어 계시고 일하신다. 하지만 하나님은 그분의 목적을 이루시기 위해 문화 속에서 문화를 초월할 뿐만 아니라 문화를 통해서도 일하신다.

올랜드 코스타스(Orlando Costas)는 상황은 모든 이해가 일어나는 장이기 때문에 상황에 대한 이해 없이 복음은 정의될 수 없다고 주장했다.

> 상황은 모든 지식을 함께 묶고 만들어내는 실재다…우리는 능동적으로든 수동적으로든 거기에 참여한다. 우리 중 누구도 상황 바깥에 서 있을 수 있다고 주장할 수 없다. 문제는 우리가 복음을 해석하고 전달하는 노력에 의식적으로 또는 비평적으로 상황을 통합할 수 있는지 여부다. 이것이 우리가 하는 상황화 작업이다.[43]

설교자가 성경에서 발견하는 복음의 메시지는 자신을 위한 것일 뿐 아니라 모든 사람과 모든 나라를 위한 것이다. 모든 사람과 모든 나라는 문화를 가지고 있다. 그러므로 1세기 유대의 문화적 맥락에서 표현된 복음

---

42 Michael Frost and Alan Hirsch, 『새로운 교회가 온다』, 160.
43 Orlando Costas, *Christ Outside the Gate: Mission Beyond Christendom* (New York: Orbis Book, 1982), 5.

은 하나님의 메시지를 당시의 맥락에서 2천 년이 지난 우리 시대 맥락으로 전달하기 위해 즉, 우리의 상황에서 다른 사람들의 상황으로의 전달을 위해서는 반드시 상황화 작업을 거쳐야 한다.[44] 성경은 상황화 된 메시지라고 할 수 있다. 성경은 단지 지적인 진리나 정보에 대한 계시를 훨씬 넘어선다. 성경은 진리가 어떻게 전달되었는지를 보여준다. 찰스 크래프트(Charles Kraft)는 "우리 하나님은…우리와 상호작용하시는 대화의 하나님이시지 그저 우리에게 선포하시는 독백의 하나님이 아니다"라고 말한다.[45]

사도행전 2:14-40과 3:11-26의 베드로의 설교와 사도행전 7장의 스데반의 설, 그리고 사도행전 13장의 바울의 안디옥 설교에서 이러한 특징이 드러난다. 사도행전 17:16-34의 바울의 전달 접근법에 상황적 설교가 잘 나타나 있다. 바울은 그의 설교에서 자신이 알았던 헬라 사상을 사용하여 전략적으로 알지 못하는 신에게 바쳐진 우상을 끌어와서 아레오바고에 있는 사람들의 마음을 움직이고 열게 만들었다. 바울의 상황화 된 설교는 안디옥과 아덴에서 행한 설교에서 그 예를 볼 수 있다. 안디옥에서 바울은 유대인 공동체를 향해 설교했고, 아덴에서는 이방인 청중에게 설교했다. 상황화 된 설교는 설교자가 속한 공동체의 언어와 생활양식과 세계관을 이해하는 설교를 말하며, 복음을 상황적인 것과 타협하지 않고도 복음의 실천방식을 적절히 제시하는 것을 의미한다.

설교 상황은 부차적인 요소가 아니라 설교의 중요한 요소이다. 하나님의 말씀은 과거 시제가 아니라 언제나 현재 시제이다. 성경은 언제나 상

---

[44] Michael Frost and Alan Hirsch, 『새로운 교회가 온다』, 164.
[45] Charles Kraft, *Christianity in Culture* (New York: Orbis Book, 1979), 24.

황 속에서 뿌리내린 말씀이고 특정한 시공간에 성육한 말씀이다. 성경은 역사적인 동시에 동시대적이다. 그러므로 설교의 과제는 성경 본문의 역사적 상황을 연구하여야 하지만, 이 본문의 말씀을 역동적 등가성의 원리를 따라서 오늘의 시대로 전환해야 한다. 설교의 상황화를 위해서 설교자는 회중의 목소리를 그들의 처한 상황 속에서 경청하여 회중에게 적합한 영적 성숙과 신학적인 분별력, 그리고 성경 본문의 관점에 근거한 지혜를 가져다줄 수 있어야 한다. 설교자가 회중을 잘 알고 있다고 생각하는 경향이 있다. 하지만 실상은 그렇지 못한 경우들이 많다. 상황화는 시간과 주의력 그리고 예민함을 요구한다. 설교자는 성경 본문뿐만 아니라 회중의 형편과 그들의 마음도 세심하게 연구해야 한다.

  설교의 상황화는 본문과 상황 사이의 대화 속에, 그리고 궁극적으로는 설교자와 회중, 그리고 하나님 사이에 진행되는 대화 속에 스스로를 위치시키는 방식에 많은 부분 의존한다. 설교는 언제나 본문과 상황의 상호작용에 관한 질문을 동반한다. 즉 마치 활의 양쪽 끝이 모두 묶이지 않으면 화살을 날려 보낼 수 없듯이 본문과 상황의 긴장을 풀어버리면 설교의 창조성은 사라지게 된다. 물론 하나님의 말씀은 그 자체로 특정한 상황을 관통하여 변혁시키는 능력이 없다는 것은 아니다. 설교의 능력이 단지 설교자의 해석학적 탁월성에만 의존하는 것은 아니다. 하나님의 말씀은 시간에 종속되거나 상황에 종속되는 것은 아니다. 하지만 하나님의 말씀은 시간과 상황 속에서 역사하기 때문에 설교자가 그 상황을 이해할 때 말씀의 창조성을 더 힘 있게 경험할 수 있다. 나아가 설교자가 성경 본문과 회중의 상황 속에서 어느 쪽에서 먼저 출발해야 하느냐고 묻는 것은 잘못된 모순이다. 본문과 상황은 이미 서로 연결되어 있다. 그리스도께서 성육하셨고 성령 하나님이 임하셨다. 하나님이 본문을 통하여 각각의 상황 속으로 들어오셨다. 설교자는 본문과 상황 사이의 대화를 섬기는 자이다. 설교자는 본문과 상황 사이의 다리 건설자가 아니라 관리인의 이미지에 더 가깝다. 다리는 이미 건설되었기 때문이다. 설교자는 본문과 상황 사이를 반복적으로 오가며 성령 하나님의 인도를 따라서 서로를 조율하며 섬기는 자이다. 설교자가 성령의 인도에 의해 본문과 상황의 해석학적 소명에 충실하지 않으면, 그가 선포하는 진리 자체는 정확할 수 있지만, 상황이나 시점이 부적절해서 효과적인 진리가 될 수 없다. 그러므로 설교자가 본문의 해석학적 소명에만 충실하고 상황의 해석학적 소명에 불성실하게 되면 본문을 오늘의 관념론으로 악화시킬 수 있다. 이런 의미에서 상황을 무시한 설교자는 어리석은 설교자다. 칼 바르트(Karl Barth)는 이런 설교자를 어리석은 사람이라고 하였다.

> 어리석은 사람들은 항상 너무 이르거나 너무 늦다. 그들은 깨어 있어야 할 때 잠자고 잠자야 할 때 깨어 있다. 또 그들은 말해야 할 때 침묵하고 침묵하는 편이 더 좋을 때 말한다. 그들은 울어야 할 때 웃고 반대로 안심하고 웃어야 할 때 운다. 또 기도해야 할 때 일하고 직접 일을 통해서 차이를 만들어낼 수 있을 때 하나님께 기도한다. 이렇게 그들은 항상 때를 잘못 판단하고, 잘못된 사람들에게 모든 것을 말하고, 모든 일을 항상 잘못된 방향으로 처리하며, 간단하면서도 결정적인 것이 필요할 때 반대로 복잡하고도 무관한 것을 선택한다. 바로 여기에 어리석음의 탁월성이 존재한다.[46]

---

[46] Karl Barth, *Church Dogmatic* 4/2 (Edinburgh: T & T Clark, 1958), 413.

설교자가 회중을 이해하지 못하거나 최소한 그들을 이해할 마음이 없다면 그들에게 설교할 권리가 없다. 설교자에게는 지혜가 있어야 한다. 설교자는 하나님으로부터 오는 지혜를 배워야 하지만, 모든 신자들의 어머니인 회중의 무릎 위에서도 배워야 한다. 그리스도의 성육신은 설교자에게 주는 의미가 많다. 그리스도는 사람들의 수준에까지 내려가서 일하셨다.

설교의 상황화는 설교 형식과도 관련된다. 보편적으로 설교의 형식은 성경 본문의 형식에 의존하는 것으로 이해한다. 하지만 성경 본문은 설교의 내용뿐만 아니라 형식을 위해서도 중요하다. 그러나 이 사실이 특정한 본문에 대한 모든 설교가 항상 동일한 형식을 취해야 한다는 것을 의미하지 않는다. 본문이 제공하는 창조적인 자유보다는 오히려 청중의 상황이 현대적인 소통 전략의 범위 안에서 설교 형식에 대하여 책임 있는 변화를 취할 것을 요구한다.[47]

### 설교와 설교자의 지평

설교는 설교자의 영성과 지성, 성격과 기질 등으로부터 무관하게 실행되지 않는다. 설교자의 이러한 요소들은 의식적으로 드러나기도 하지만 무의식적으로도 표출된다. 설교자의 이러한 특성들은 설교에서 드러나게 되어 있다. 설교자의 이러한 특성들을 데이비드 쉬라퍼(David Schlafer)는 잘 설명하였다.

개인의 기질이나 교육적인 배경, 또는 소명의 경험, 가족력, 특별한 관심

---

[47] J. Bluck, *Christian Communication Reconsidered* (Geneva: WCC Publications, 1989), 32-34.

사, 은밀한 죄, 해결되지 않은 상처들, 좋아하는 희망과 어렴풋한 야망 등등의 모든 것들이 설교단에서 설교자가 말하고 회중이 듣는 것에 영향을 준다.[48]

쉬라퍼는 설교자의 소리를 가리켜서 오랜 세월 속에서 형성되어 온 그 자신의 고유한 '서명'(signature)과 같다고 하였다.[49] 그는 나아가 설교자들이 자신의 고유한 언어와 문화, 인간관계, 그리고 신앙 공동체와 같은 요소들을 점검해 봄으로써 자신의 고유한 소리를 발견하라고 제안한다. 특히 그는 설교자는 자신의 현재 설교 사역에 영향을 준 설교의 부모들이 누구였는지를 찾아보고 과거의 상처와 기쁨, 그리고 두려움이 현재의 설교 사역에 어떤 영향을 주었는지를 살펴보아야 한다고 제안한다. 그는 또한 설교자에게 하나님에 대한 과거 경험을 신학적으로 성찰해 보는 것도 주문한다. 그는 설교자 자신이 어느 곳에 대해서 마음이 가장 편안해 지는지를 깨달을 때 그 안전지대를 극복할 수 있다고 여겼다.[50] 만일 설교자가 하나님의 계시에 자신의 소망과 무의식적 욕망을 투사하여 자기 자신의 우상을 숭배하려는 것이 아니라면, 설교자는 자기 성찰과 비평을 적절하게 하는 기회를 갖는 것이 중요하다. 특히 인간의 무의식적 욕구의 특성들을 책이나 전문가를 통해 배우는 것이 필요하다.

전통적인 설교와 케리그마설교에서는 하나님의 책임 또는 역사를 더 많이 강조하여 왔지만, 변혁적 설교에서는 설교가 영적인 사건이 되는

---

[48] David J. Schlafer, *Surviving the Sermon: A Guide to Preaching for Those Who Have to Listen* (Cambridge: Cowley Publicationsrs, 1992), 55-6.
[49] David J. Schlafer, *Your Way with God's Word*, 10.
[50] David J. Schlafer, *Surviving the Sermon*, 55-6.

데 설교자의 책임을 이전보다 더 많이 강조한다.[51] 변혁적 설교에서 설교자의 책임을 중요하게 여기는 것은 설교 내용뿐만 아니라 설교 방법론도 중요하다고 보기 때문이다. 프레드 크레독(Fred Craddock)은 설교자는 누구보다 먼저 "하나님의 말씀을 들어야 하고"[52], 하나님의 말씀을 사건으로 경험해야 한다고 하였다.[53] 또한 설교자는 회중에게 메시지를 선포만 하는 사람이 아니라 회중의 일원으로서,[54] 다른 사람들과 똑같이 연약한 자로서 관계를 맺고 함께 살아가며, 그 속에서 설교를 해야 한다는 것이다.[55] 하나님의 역동적인 말씀에 귀를 열고 회중의 실제 삶을 함께 나누며 살아가는 설교자라면, 회중은 굳이 설교자의 설교를 억지로 이해하려고 애쓸 필요가 없을 것이라고 하였다.[56]

리차드 리서(Richard Lischer)는 "설교는 하나님의 음성을 듣는 데서부터 시작된다"고 하였다.[57] 토마스 롱도(Thomas Long)도 "성경에서 우리 자신의 입장을 그대로 반향시키는 왜곡된 소리를 듣지 않고 성경의 참된 음성을 듣는 것은 결코 쉬운 과제가 아님에도 불구하고 "성경의 음성을 분별할 수 있다고 확신하였다.[58] 그러나 리서나 롱은 "성경의 음성"[59] 또는 "하나님의 음성"[60]을 듣는 모든 사건이 "우리 자신의 입장을 되풀이하는

---

51 설교학에서 '변혁적'(transformational)이란 용어의 또 다른 수식어로는 말씀 사건(word-event)이나 실존적인(existential), 내러티브(narrative), 상상의(imaginative) 그리고 창조적인(creative)과 같은 단어들이다.
52 Fred B. Craddock, *As One without Authority: Essays on Inductive Preaching* (Okla: Philips University Press, 1974), 43.
53 Fred B. Craddock, *As One without Authority*, 35.
54 Fred B. Craddock, *As One without Authority*, 83.
55 Fred B. Craddock, *As One without Authority*, 83.
56 Fred B. Craddock, *As One without Authority*, 43.
57 Richard Lischer, *A Theology of Preaching: The Dynamics of the Gospel* (Nashville: Abingdon Press, 1981), 91.
58 Thomas Long, *Preaching and Literary Forms of the Bible* (Philadelphia: Fortress Press, 1989), 28.
59 Thomas Long, *Preaching and Literary Forms of the Bible*, 28.
60 Richard Lischer, *A Theology of Preaching*, 91.

소리들"과 불분명하게 뒤섞일 수 있는 가능성에 대해 의문을 제기하지 않았다. 또한 "어떤 본문이든 관계없이 설교의 색조와 구성이 설교자의 개성과 관점에 의하여 영향을 받을 수 있다."[61]

엘리자베스 쉬슬러 피오렌자(Elisabeth Schussler Fiorenza)는 모든 경험이나 해석은 "특정한 시간과 공간 안에서 그리고 특정 문화와 성의 사회화에 의한 역사적 조건들에 의해 형성"된다고 하였다.[62] 즉 본문에 대한 모든 경험은 각각의 해석자의 입장에 따라 독특할 수밖에 없으며 역사적인 조건과 상황에 의해 영향을 받게 된다. 따라서 설교자가 자신의 경험이 반영될 수밖에 없는 설교를 회중에게 강압적으로 제시해서는 안 된다. 설교자가 자신의 경험이 하나님에 대한 기독교적인 경험의 전부인 것처럼 자신의 경험을 제시해서는 안 된다.[63] 본문의 원래 의도에 대한 해석뿐만 아니라 본문에 대한 설교자의 개인적인 경험 모두가 설교자의 독특한 사회적, 역사적 조건의 흔적을 간직하고 있기 때문이다.

설교자의 설교는 언제나 위험성에 노출될 수 있다. 설교의 위험은 설교자가 본문에 대한 자신의 경험이나 또는 본문이 말하고 행하는 것에 대한 자신만의 해석을 모두에게도 해당되는 규범으로 생각하고 그런 개인적인 경험을 회중 전체에게 전달하는 수단으로 설교를 이용할 때 나타난다. 월터 브루그만(Walter Brueggemann)도 이와 같은 맥락에서 해석은 결코 "중립적이거나 공평하지" 않다고 주장하였다.[64] 모든 성경 본문은 해

---

61 Gardner Taylor, "Shaping Sermons by the Shape of Text and Preacher," in *Preaching Biblically*, edited by Don M. Wardlaw (Philadelphia: Westminster Press, 1983), 138.
62 Elisabeth Schussler Fiorenza, "Response," in *A New Look at Preaching*, edited by John Burke (Wilmington: Michael Glazier, 1983), 44-45.
63 Elisabeth Schussler Fiorenza, "Response," 44.
64 Walter Brueggemann, "The Social Nature of the Biblical Text for Preaching," in *Preaching as a Social Act: Theology and Practice*, edited by Arthur Van Seters (Nashville: Abingdon Press, 1988), 131.

석을 필요로 하지만, 이 해석은 항상 해석자의 기득권을 담고 있다는 것이다.[65] 또한 해석자는 "항상 파당적인 방식으로 실체를 제시하기 마련이며 이 외의 다른 방법은 있을 수 없다"고 하였다.[66] 해석의 한 가지 행위인 설교는 "결코 결백하거나 솔직하고 투명한 행동이 아니다. 또 스스로를 결백하거나 순수한 설교자라고 생각하는 사람은 자기기만에 빠진 것이다."[67] 설교자는 본문에 대한 해석이 항상 자신의 독특하고 역사적 조건이나 상황 안에서 이루어질 수밖에 없다는 것을 인정하고 자신의 해석은 부분적일 수 있고 왜곡될 수도 있다는 것을 인정하는 용기가 필요하다.

설교자의 성경 해석에 있어 자신의 경험과 생각이 개입될 수밖에 없다는 관점이 무시될 때 설교자는 자기 독단에 빠질 위험성에 노출될 뿐 아니라 설교자와 회중 간의 간격은 더욱 멀어질 수 있다. 크레독의 관점을 통해 설명하면, 설교에서 주의해야 할 것은 "제국주의적인 사고와 정서"이다.[68] 그가 제안하는 귀납적 설교 방법에는 설교에 대해서 "스스로 응답할 수 있는 여지"를 회중에게 넘겨줌으로써 그러한 제국주의적인 독단을 피하려는 의도가 내포되어 있다.[69]

키이스 드루리(Keith Drury)는 40년 동안 위대한 설교자들의 설교를 들으며, 두 종류의 설교 메모지를 활용하여 메모를 하였다. 하나의 메모지에는 설교 내용을 기록하고, 또 하나의 메모지에는 위대한 설교자들의 설교 전달 방식에 대해서 기록하였다. 그는 자신이 40년 동안 기록한 메모지를 통하여 위대한 설교자들은 21가지 탁월한 재능을 소유하고 있었

---

[65] Walter Brueggemann, "The Social Nature of the Biblical Text for Preaching," 135, 144.
[66] Walter Brueggemann, "The Social Nature of the Biblical Text for Preaching," 137.
[67] Walter Brueggemann, "The Social Nature of the Biblical Text for Preaching," 131.
[68] Fred B. Craddock, *As One without Authority*, 65.
[69] Fred B. Craddock, *As One without Authority*, 65.

다고 주장하였다.[70]

- **내용**: 내가 들었던 대부분의 '위대한 설교자들'의 설교 내용은 탁월하였다. 종종 전달에 탁월한 능력을 가진 사람들이라고 할지라도, 전달 능력을 내용으로 대치하지 않았다(Content: All of my "Great Preachers" had something to say. Even as "great communicators," they didn't substitute style for substance).

- **열정**: 내가 들었던 최고의 설교자들은 그들이 전한 메시지에 대한 열정이 있었다. 그리고 그 열정은 성도들에 대한 강한 영적 책임감으로부터 나왔다. 그것은 단지 설교하는 것을 좋아하는 것과는 다른 차원이다. 그들보다 그들의 메시지가 사랑하기 더 쉬웠다(Passion: The best Preachers I've heard had a passion for what they said which seemed to spring from a general spiritual burden for people, which is different from just loving to preach. Messages are easier to love than people).

- **신뢰성**: 위대한 설교자들은 그들이 설교한 것을 실천한다. "그들은 메시지를 삶으로 증명하면서 산다." '탁월한 연설가들'은 온갖 종류의 사적인 죄와 더불어 살아간다. 그러나 '위대한 설교자들'은 절대로 그렇지 않다. 그래서 나는 지난 수십 년 동안 위대한 설교자들 가운데 일부를 단순히 '탁월한 연설가들'로 평가절하하기도 한다(Credibility: Great Preachers practice what they preach -- they live it.' "Great Communicators" might get away with all kinds of private sin, but not truly "Great Preachers." I've had to downgrade some of my "Great Preachers to Great Communicators" over the last few

---

[70] Keith Drury, "21 Skills of Great Preachers," *TuesdayColum.com*(blog), 1996,

decades).

- **준비성**: 위대한 설교자들은 준비하지 않거나 대충대충 설교하지 않았다. 비록 사람들이 그것을 알지 못한다고 할지라도 최대한 열심히 준비하였다. 물론 성도들도 그것을 모를 리 없다(Prepared: Great Preachers don't "wing it" -- even if the people couldn't tell. (They can).

- **메모**: 대부분의 위대한 설교자들은 설교 원고나 메모를 거의 보지 않는다. TV로 인해, 설교자들은 더 이상 설교 원고에 코를 박고 청중에게 원고를 읽으면서 설교할 수 없게 되었다(Notes: Most Great Preachers limited their use of notes. Thanks to TV, preachers can no longer read to a crowd with their nose buried in their notes).

- **단순성**: 위대한 설교자들은 진리의 위대함을 훼손시키지 않고도, 어려운 진리들을 아주 쉽게 설명하는 방법을 알고 있었다. 이런 면에서 그들은 마치 예수님과 같았다. 사람들은 위대한 설교를 듣고 교회당을 나서면서, "우리 목사님은 참 똑똑하신 분이야"라고 말하지 않고, "오늘 목사님 설교를 통해 이제 나는 오늘 본문 말씀의 의미가 무엇인지 그리고 우리가 어떻게 살아야 할지 알게 되었어"라고 말한다(Simple: Great Preachers have a way of bringing high truths down to the bottom shelf, yet without compromising the greatness of truth. In this they are like Jesus. People don't leave a truly great preacher saying, "Boy He's smart!" They say, "Now I understand!").

- **간결성**: 위대한 설교자들은 설교를 하는 시간 전체를 통해 청중의 관심을 지속적으로 붙잡을 수 있었다. 대부분은 30분 혹은 더 짧은 시간 설교를 하였어도, 위대한 설교를 할 수 있었다(혹자는 나의 견해에 동의하지 않을지 모르겠지만, 내 자신이 설교하면서 경험한 것은, 몇몇 예외적인 사례를 제외

하고는, 30분은 설교하기에 충분한 시간이라는 것이다)(Short: While Great Preachers are able to hold your attention in a preaching marathon, most were able to also preach a great sermon in 30 minutes or less. (I don't know about you, but I've discovered that 30 minutes is plenty of time for a preacher to give a sermon, except in the few instances when I myself am the preacher.)).

- **죄를 깨닫게 하기**: 위대한 설교자들이 설교할 때, 사람들은 설교를 들으면서 하나님이 자신들의 양심을 찌르는 것을 경험한다. 위대한 설교자들은 단순히 '설교' 또는 '이야기' 그 이상을 전한다. 그들은 하나님으로부터 온 메시지를 전한다(Convicting: People hear God prick their conscience when Great Preachers preach. They give more than a "sermon" or "talk" -- they deliver a "message" from God).

- **자신을 드러내기**: 위대한 설교자들은 자신들의 개인적인 이야기들을 어떻게 말해야 하는지 잘 알고 있다. 그들의 이야기는 청중에게 감동적으로 다가간다. 그러나 인기를 추구하는 자기중심적인 대중 설교자들은 하나님보다는 자신을 설교의 주제로 삼고 자신을 드러내는 데 많은 관심을 둔다(Self-revealing: Great Preachers know how to tell personal stories on themselves. They become real to their listeners. Yet they do this while avoiding the ego-centric self-absorption of many pop preachers who make themselves the subject of the sermon instead of God).

- **자신감**: 위대한 설교자들은 두려워하지 않는 것 같다. 물론 그들도 두려웠을지도 모른다. 그러나 그들은 절대로 그것을 겉으로 노출시키지 않는다(Confidence: Great Preachers don't seem scared. Maybe they are, but they never seem to show it).

- **목소리**: 과거 대부분의 위대한 설교자들은 종종 거대한 대포소리처럼 큰소리로 외쳤다. 그러나 오늘날의 위대한 설교자들은 거의가 대화체 톤의 목소리로 설교한다. 오늘날의 사람들은 소리치는 연설에 귀담아 듣지 않는다는 것을 그들은 알고 있다(Tone: While the great preachers of the past often thundered out salvos like a giant cannons, the Great Preachers of today almost all use a conversational tone of voice. They know that people today don't listen to speakers who shout).

- **이야기를 말하기**: 역사 속에 나타난 위대한 대부분의 설교자들에게 나타나는 공통적인 특징이 있다. 그것은 그들은 아주 탁월한 '스토리텔러'였다는 것이다. 그들은 재미있는 예화와 성경의 이야기를 균형 있게 사용하였다(Story-telling: All Great Preachers through history have this trait in common: they are good story tellers. That goes for both telling story illustrations and direct Bible stories).

- **소품사용**: 위대한 설교자들은 어떤 물건이나 소품들을 사용하여 그들의 진리를 전달했다. 대부분 그것은 아주 평범한 물건들이었다. 예를 들어, 소금이 든 병, 누룩 덩어리 또는 물이 든 컵과 같은 것들이었다(Prop: I've noticed that some Great Preachers use an object or prop to get their truth across — usually an ordinary thing like a salt shaker, a packet of yeast, or a glass of water).

- **유머**: 비록 전부는 아닐지라도, 많은 위대한 설교자들은 유머러스하다. 유머러스한 설교자들은 청중을 한참을 웃긴 다음에 그들을 다시 되돌려 놓는 능력이 있다. 그래서 유머가 아니라 메시지를 설교의 중심에 놓는다. 메시지를 중심에 유지하지 못하는 자들은 단순히 '탁월

한 대중 연설가' 혹은 '해학에 능한 기독교인'이지 결코 '위대한 설교자들'은 아니다(Humor: Many Great Preachers are funny, though not all of them. The humorous preachers are able to "get them back" after they've been on a roll, so that the message can stay central, not the humor. Those who can't keep the message central are merely "Great Communicators" or "Christian Humorists," not "Great Preachers").

- **속도 조절**: 말을 빠르게 하는 위대한 설교자들도 적절할 때 잠깐 멈추어 청중이 숨 쉴 기회를 준다. 다시 말해, 쉼표를 사용한다. 그래서 청중이 들은 말씀을 소화시킬 기회를 준다. 만약 그렇게 하지 않으면 성도들은 말씀을 씹지도 않고 삼켜서 소화시키지 못한다. 많은 위대한 설교자들은 아프리카계 미국인(흑인들)의 전통적인 시에 나타난 운율을 좋아한다. "천천히 시작해라. 계속해서 서둘지 말라. 점점 높여 가라. 불을 붙여라. 폭풍 속에서는 앉아라"(Pace: Evan fast-paced Great Preachers use pauses where you can catch your breath. The listener then can digest their last few bites of truth without bolting the whole meal down undigested. Many Great Preachers follow the traditional Afro-American pace in the poem: "Begin low; Continue slow; Rise up higher; Catch on fire; Sit down in the storm").

- **시선**: 위대한 설교자들은 그들의 눈을 청중에게 고정시킨다. 수많은 사람들이 운집해 있어도 그 속에서 각 개인들은 설교자가 자신을 똑바로 쳐다보고 있다고 느낀다(Eyes: Great Preachers keep their eyes glued to their audience. Each person in the congregation feels the preacher is "looking right me").

- **분위기 반전**: 위대한 설교자들은 예배 중에 천둥소리, 날카로운 쇠 긁는 소리 혹은 경보기 소리 등을 이용해서 청중을 깜작 놀라게 함으로 그들의 관심을 집중시킨다(Fast-on-feet: Most Great Preachers are able to work in the surprises in a service like thunder, scratching on the roof, sirens etc).

- **강약 조절**: 위대한 설교자들은 강약 조절에 능숙했다. 가끔 그들은 큰 소리로 외치다가 때로는 속삭이는 것처럼 부드러운 소리로 설교한다. 또는 종종 온몸에 전율이 흐를 정도로 아주 강력하게 메시지를 전한다. 그 후에 다시 뒤로 물러났다가 아주 부드럽게 때로는 미소를 지으면서 다가온다(Intensity: The Great Preachers I've heard varied their intensity -- sometimes they were louder, then they'd get as soft as a whisper, sometimes they'd be so intense that my own stomach would ache, then they'd drop back and adopt a tender or even chuckling style).

- **움직임**: 대부분의 위대한 설교자들은 언어뿐 아니라 자신들의 몸을 사용하여 설교하였다. 그들은 직관적으로 청중이 설교자의 얼굴 표정과 몸짓을 통해서 설교 내용의 55%를 받아들인다는 사실을 알고 있었던 것 같다(Movement: Most Great Preachers I've heard used their bodies to preach along with their words. They seemed to intuitively know that a congregation is getting a full 55% of the communication from their facial gestures and body movement).

- **결단**: 위대한 설교자들은 절대로 메시지만 던지고 끝내는 법이 없었다. 그들은 청중이 하나님의 말씀에 반응하여 구체적이며 개인적인 결단을 하도록 촉구했다. 그들은 결단과 변화를 위해 설교를 한 것이지, 단지 재미나 교육적 차원에서 설교하지 않았다. 아마도 내가 그들을 위대하다고 부르는 것은 하나님께서 그들의 영향력을 통해 많은 사람들을 변화시켰기 때문일 것이다(Decision: My Great Preachers never gave a message and walked away. They called for my specific and personal decision in response to God's truth. They preached for decision, not for entertainment or education. Perhaps

I call them "Great" partially because God changed me under their influence).

- **마무리**: 내가 알고 있는 모든 위대한 설교자들은 정확하게 그들의 메시지를 언제 끝내야 하는지 잘 알고 있었다. 그렇게 탁월하지 않은 대부분의 설교자들은 마치 비행기가 단번에 착륙하지 않고 공항을 대여섯 번 빙글 빙글돌다 착륙하는 것처럼 결론을 질질 끈다. 그보다 더 나쁜 것은 끝마무리 전에 결론을 가볍게 논하다가 다시 새로운 내용을 첨가하는 것이다. 재미있는 것은, 나는 설교할 때 끝내야 할 적절한 시점을 가끔 놓치면서, 다른 설교자가 설교할 때는 언제 설교를 끝내야 하는지 잘 안다는 것이다(Landing: All the really Great Preachers I've heard were able to land their message on the first pass. Most lesser preachers circle the airport several times before bringing it in, or (worse still) do several "touch-and-Go's" before landing. You know, it's a funny thing… I can always see when the other guy should land his sermon, better than knowing when to bring my own message down on the runway).

두우리가 발견한 설교자의 재능들과 특성들은 설교자들이 반드시 마음에 새기고 설교를 실천해야 할 내용들이라고 할 수 있다.

# Chapter 13

# 스펄전의 설교 지평[71]
## Horizons of Spurgeon's Preaching

## 스펄전의 생애와 사상

역사에 존재했던 한 인물을 평가하는 작업은 그 사람이 지닌 크기에 따라 그 사람됨의 모습이나 빛깔은 다양하게 나타날 수 있다. 찰스 해돈 스펄전(Charles Haddon Spurgeon)은 여러 개의 빛나는 얼굴들로 우리에게 다가오는 인물이다. 그는 성공적인 목회자였다. 그가 런던 뉴 파크 스트리트 교회(New Park Street)에 취임 당시 불과 232명이던 이 교회는 오래지 않아 평균 출석 6,000여 명을 넘어 한때는 20,000명을 초과하는 기록을 남길 정도로 성장하였다. 그는 신학자였다. 그는 공식적인 신학 수업을 교육 받지 못했지만 신학과 교리에 정통하였다. 한 해에는 그의 설교 약 20,000부가 당대 지성의 최고 상아탑인 옥스퍼드대학과 캠브리지대학에 회자되기도 하였다. 그의 설교에는 청교도 신학의 광맥이 큰 물결처럼 흐르고 있었다. 그는 또한 많은 저서를 남겼다. 그가 남긴 3,581편의 설교는 60여 권의 책들이 되어 38,000페이지에 걸쳐 약 2,000만 여의 단어

---

[71] 이 글은 「복음과 실천」 10 (2005), 97-133에 실린 필자의 논문을 수정 보완한 것이다.

들로 수록되었다. 그의 언어 감각은 셰익스피어를 필적하는 영문학적으로도 기억될만한 광채를 지니고 있었다. 그는 전도자였다. 그는 스스로 이렇게 고백하였다. "영혼 구령자가 되는 것은 세상에서 가장 행복한 일이다. 당신이 한 영혼을 예수 그리스도에게로 인도할 때마다 당신은 지상에 새 하늘을 가져오는 것이다."[1] 그는 또한 말하기를 "나의 최고로 중요한 사업이 있다면 영혼을 구하는 것이다. 오직 이 한 일을 나는 하고자 할 뿐이다"라고 하였다.[2] 그는 복음을 사랑할 뿐 아니라 실천가였다. 그가 목회할 때 세운 스톡웰 고아원의 어린이들 약 500여 명을 만나는 것은 그의 삶의 큰 즐거움과 보람을 차지하였을 뿐만 아니라, 그는 당시에 일어난 노예제도 논쟁에서 노예제도 폐지를 강변하였다. 그는 복음과 기독교인의 사회적 책임을 분리해서 보지 않는 복음의 신실한 실천가이기도 하였다. 그러나 그는 무엇보다도 설교자였다. 그의 대표적인 별명은 '설교의 왕자'(Prince of Preachers)였다.

### 스펄전의 생애

19세기의 위대한 설교자, 찰스 해돈 스펄전(Charles Haddon Spurgeon, 1835-1892)은 영국의 에섹스(Essex) 지방의 켈브던(Kelvedon)에서 목사인 존 스펄전(John Spurgeon)과 엘리자 스펄전(Eliza Spurgeon)의 맏아들로 태어났다. 그의 생애를 간결하게 말한다면 아마도 그의 설교 제목 중 하나인 "하나의 서론과 세 개의 막"(an introduction and three divisions)과 흡사하다

---

1 Charles Haddon Spurgeon, *New Park Street Pulpit: Sermons Preached by Charles H. Spurgeon*, vol. 11 (Pasadena, Texas: Pilgrim Publication, 1981), 431.
2 Charles Haddon Spurgeon, *New Park Street Pulpit: Sermons Preached by Charles H. Spurgeon*, vol. 36 (Pasadena, Texas: Pilgrim Publication, 1981), 277.

고 이연 머레이(Iain Murray)는 말한다.³ 시골에서 보낸 유년, 청소년기가 그 생애의 서론에 해당한다면, 그다음의 세 막은 뉴 파크 스트리트 교회(New Park Street Chapel)에서의 목회자로서 그의 역량이 알려지기 시작했으나 반대세력들로부터 따가운 시선을 겪어야 했던 초기의 목회기, 메트로폴리탄 태버너클(Metropolitan Tabernacle) 교회에서 목회자로서 널리 알려지고 존경을 받게 되며 수많은 사역을 감당하게 되는 중반기, 그리고 그가 57세의 나이로 이 세상을 떠나기 전까지 오 년 정도 사회적, 교회적 갈등 속에서 그리고 육체의 지병과 싸우며 목회를 마무리해야 했던 시기로 나누어 볼 수 있다.

그의 생애의 서론에 해당한다고 볼 수 있는 어린 시절과 청소년기는 시골 에섹스와 케임브리지 지방에서 보냈다. 스펄전은 태어난 지 14개월부터 6세까지 독립교회 목사인 청교도적 정신이 살아있는 조부모 밑에서, 존 번연(John Bunyan)의 『천로역정』(*The Pilgrim's Progress*)을 비롯한 여러 청교도 서적들을 읽으며, 아름답고 여유로운 목사관에서 어린 시절을 보냈다. 신앙의 자유를 찾아 유럽으로부터 와서 영국에 정착한 그의 청교도 조상들의 정신이 그대로 살아있는 곳에서 보낸 그의 어린 시절의 경험은 훗날 그에게 청교도적 열정과 신앙을 소유하게 했다. 7살 때 그는 부모에게 다시 보내졌고, 목회와 조합일로 바쁜 아버지 대신 자상한 어머니로부터 신앙의 교육을 받았다. 청교도 신학자들의 작품에 심취하여 방대한 양의 독서를 하며 당당하고 훌륭한 젊은이로 성장해 갔다. 1949년 15세의 나이에 거듭남의 체험을 하고 그의 생을 하나님을 위해 일할 것을 서약했다. 그리고 그다음 해 주일학교 교사로 일하면서 그의 삶이 목회 사

---

3  Iain H. Murray, *The Forgotten Spurgeon* (London: The Banner of Truth Trust, 1977), 24.

역에 부름을 받고 있음을 깨달았다.

16세의 나이에 평신도 설교자로 첫 설교를 시작한 스펄전은 1951년 10월에 17세의 나이로 한 작은 마을의 워터비치(Waterbeach) 침례교회의 목사가 되었다. 40명에 불과하던 그 교회의 회중은 순식간에 400명으로 불어났다. 1953년 11월 캠브리지 주일학교연합회에서 행한 스펄전의 뛰어난 설교와 신실함에 감명을 받은 런던의 뉴파크 스트리트 교회(New Park Street Chapel)의 조지 골드(George Gold)의 추천으로 1954년 2월, 그의 나이 19세에 뉴파크 스트리트 교회의 목사직을 맡게 되었다. 스펄전은 여기에서 수잔나 톰슨(Susannah Thompson)과 1856년 1월에 결혼하였다. 처음 3개월 동안 임시적으로 주어졌던 이 교회에서의 목사직은 그 후 그가 세상을 떠날 때까지 계속되었다.

그때부터 그의 체계적인 신학 지식과 청중을 휘어잡는 탁월한 설교 능력이 널리 인정되기 시작했다. 그의 방대한 독서량과 탁월한 지적 능력에 기초한 그의 설교는 가식이 없고, 거침이 없었다. 많은 사람들이 그를 따랐지만 그의 개혁자적 자세와 거침없는 태도 때문에 그는 그의 나이 어림과 정식 신학교육을 받지 않은 사실을 걸고넘어지는 언론기관들의 따가운 비난을 받아야만 했다. 그럼에도 불구하고 각지에서 그의 설교를 듣고자 찾아오는 사람들은 점점 증가했고, 그가 부임할 당시 100명에 불과했던 교인 숫자는 4년 후 그가 23세가 되었을 때 예배당의 800석 좌석이 모자랄 정도가 되었다.

스펄전은 부임 후 2년 만에 새 성전 건축을 계획하여 결국 6000석을 갖춘 메트로폴리탄 태버너클 교회를 건축해서 1861년에 이전했다. 이 교회는 그 당시 비국교도 교회 건물로는 세계에서 가장 큰 교회였을 뿐만 아니라 이곳으로 이전해서 드린 첫 예배부터 교회가 가득 채워졌다. 매주 두 번의 예배에 교회는 성도들로 가득 채워졌다. 우리에게 가장 많이 알려진 스펄전은 바로 이 시기의 그이다. 이 시기에 그는 교육과 구제, 선교 등 다양한 분야에 관심을 가지고 많은 일들을 했다. 1865년에 목회자 대학(Pastor's College)을 세워 목회자를 양성하기 시작했고, 가난한 미망인들을 돕는 구제 기관인 암즈하우스 운영, 부모 없는 아이들을 위한 스톡웰 고아원을 설립하는 등 21개의 사회복지 기관을 돌보았다. 그는 위대한 설교자, 목회자로서 뿐만 아니라 훌륭한 저술가로서도 우리에게 잘 알려져 있다. 그는 이때 『다윗의 보고』(The Treasury of David)의 집필을 시작하여 20여 년을 걸쳐 7권에 걸친 대작을 완성했다.

1855년부터 그가 생을 마칠 때까지 매주 그의 설교가 인쇄되어 나왔고, 그밖에 주해와 주석서 등 수많은 저서들을 출간하고 편집했다. 메트로폴리탄 태버너클 교회에 전념하면서도 초기에는 유럽 여러 나라에 초청되어 설교하기도 했다. 그는 육체적 한계로 침상에 눕기도 하였지만 자녀들의 신앙에 심혈을 기울이기도 했다. 그는 그의 생애에서 가장 큰 기쁜 일 중의 하나로 그의 쌍둥이 두 아들에게 침례를 베푼 것이라고 고백하기도 했다. 후에 이 두 아들 모두 목사가 되었으며, 그중의 한 아들이 그의 목회를 이었다.

스펄전은 그의 사역 기간 중에 다윈의 종의 기원의 파장과 소위 성경의 고등비평이라 불리우는 소용돌이의 한가운데서도 한결같이 복음을 지키고자 했다. 그는 1891년 6월까지 강단에서 설교를 한 후 지병으로 앓고 있던 관절염 증상으로 침상에 눕게 되었다. 그는 병석에서도 마태복음 주석을 완성하였다. 1892년 1월 31일, 그는 57년의 생을 마감했다. 청교도적 신앙과 열정을 소유한 목회자이자 위대한 설교자로서의 그의 명성은 100여 년이 훨씬 지난 지금까지도 많은 사람들에 의해 기억되고 칭송되고 있다.

### 스펄전의 시대적 배경

스펄전 당시 영국은 빅토리아 여왕의 통치하에 있었다. 그 당시 영국은 영토를 크게 확장시키며 눈부신 경제 성장을 이룩하였으나 빈민계층과 질병이 만연했다. 종교적으로 비국교도 교파들은[4] 조지 휫필드(George Whitfield)와 요한 웨슬리(John Wesley)의 부흥운동으로 상당한 성장을 이루었으며 대부분의 사람들이 교회에 출석하였다. 그러나 이러한 외형적인 모습과는 달리 당시의 영적 상황은 생명력이 결여된 타성에 젖은 모습이었다. 그 당시 개신교는 국가적 종교였지만 교회는 경제적으로, 그리고 양적으로 크게 달라지지 않고 있었다. 사람들은 주일에 교회에 가는 것을 단지 일상적인 일 중의 하나로 여겼으며 영적 생명력은 약화되어 가고 있었다. 불행하게도 사회에 대한 교회의 기능과 영향력도 약화되어 가고 있었다. 외형적으로 교회는 건강한 것처럼 보였지만 영적 생명력을 상실해 가고 있었다.

설교대사전에는 이런 상황을 다음과 같이 서술하고 있다. "설교자들은 항상 같은 시간에 설교하고 사람들은 그냥 인내하며 그 자리에 앉아 있고 항상 같은 찬송을 불렀으며 이렇게 모든 일은 끝났다. 그밖에 다른 것들은 없었다."[5] 즉 스펄전 당시 사람들의 신앙은 의식화되고 형식화되어

---

4  당시 비국교파에 속한 교파로는 침례교, 조합교회, 감리교, 장로교였다.
5  Clyde E. Fant and William M. Pinson, eds., "Charles Haddon Spurgeon," in 20 *Centuries of Great Preaching: An Encyclopedia of Preaching*, vol. 12 (Waco, Texas: Word Books, 1971), *vol.* 12, 21.

진정으로 하나님과 건강한 영적 관계는 약화되어 가는 시기였다.

한편 19세기 초엽에 시작된 현대주의운동은 1860년대에 영국의 기독교를 심각하게 위협하고 있었다. 그 당시 칼 마르크스()의 사회주의, 찰스 다윈의 진화론 등이 범람하고 있었다. 거기에 더해 성경의 고등비평이 등장하여 당시의 복음주의적 신학 사상에 큰 타격을 주었다. 이러한 현대주의 운동은 놀랄만한 속도로 번져 나갔고 그때까지 영국 기독교의 주류를 형성하였던 청교도 개혁주의 신앙은 쇠퇴의 길을 걷게 되었다.

스펄전은 이런 역사적 상황 속에서 등장하여 칼빈주의 신학과 청교도들의 신앙노선에 서서 사람들을 예수 그리스도의 복음으로 인도하려고 심혈을 기울였다. 때문에 스펄전이 19세기 중엽 목회를 시작할 당시의 이와 같은 시대적 상황과 종교적 상태를 이해하지 않고는 스펄전의 영향력을 평가하는 것은 불가능하다.

### 스펄전과 칼빈주의

스펄전은 역사적으로 1850년 4월 7일, 그의 나이 15세 때 구원의 확신을 체험하고 나서 칼빈주의 전통에 서게 되었다. 스펄전의 다음과 같은 고백은 칼빈주의에 대한 그의 입장을 말해주고 있다. "만일 어떤 사람이 내게 칼빈주의자가 되기를 부끄러워하는지에 대하여 질문한다면, 나는 칼빈이 견지하였던 그 교리적 견해를 소중히 간직하고 있으며, 기쁨으로 공언한다."[6] 칼빈주의는 일생 동안 그의 신학의 골격을 형성하였다. 스펄전은 인간의 자유의지에 기초한 것이 아니라 주님의 거룩한 의지에 기초

---

6 Charles Haddon Spurgeon, *The Early Years: Autobiography* (Carlisle: The Banner of Truth Trust, 1967), 173.

한 구원을 설교하였다.⁷

이는 그가 칼빈주의 신앙의 복고를 통해서만이 19세기 중엽 이후에 발생한 현대주의의 도전으로 말미암아 쇠퇴하여 가는 영국 기독교의 생명력을 되찾을 수 있다고 확신했기 때문이다. 그는 기회 있을 때마다 칼빈주의 복음을 강조하였다.⁸ 그는 칼빈주의를 강조하는 이유를 다음과 같이 고백하고 있다. "구원은 여호와께로 말미암는다. 그것은 칼빈주의의 진수다. 그리고 그것은 칼빈주의 요약이며 본질이다. 만일 어느 누가 내게 있어서 칼빈주의자가 된다는 것이 무엇을 의미하는가? 라고 묻는다면 나는 주저하지 않고, 그것은 구원은 여호와께로 말미암는다고 고백하는 것이라고 대답할 것이다. 나는 이것 말고 다른 어떤 것을 성경에서 발견할 수 없다. 그것은 성경의 본질이다. 이 진리에 반대되는 어떤 것을 내게 말한다면 그것은 이단이 될 것이다. 내게 이단이란 이 근본적인 진리, 즉 하나님은 나의 반석이시요 나의 구원이라고 고백하는 것에서 떠나는 것이다."⁹

스펄전의 생애에서 가장 의미 있는 사건들 중의 하나는, 그가 24세의 나이로 제네바를 방문하여 존 칼빈의 성직자 가운을 입고 그의 강단에서 설교한 것과 제네바의 그리스도인들로부터 칼빈 메달을 증정 받은 것이다. 그는 그 메달을 보았을 때 감격하여 울었다고 전해진다. 스펄전의 전

---

7 특별히 David Otis Fuller, ed., *Spurgeon's Sermon Notes*: 193 *Sermon Outlines from Genesis to Revelation* (Grand Rapids: Kregel Publications,1990), 71-72를 참조.
8 다음은 스펄전이 칼빈주의를 강조한 이유 중 하나이다. "칼빈주의라 부르는 교리는 칼빈에게서 나온 것이 아니라 모든 진리의 위대한 기초자들에게서 나온 것이라고 우리는 믿는다. 아마도 칼빈은 그것을 주로 어거스틴의 작품에서 빌려 왔을 것이다. 어거스틴 자신은 물론 의심할 바 없이 자신의 견해를 바울의 서신을 성실하게 연구함으로써 얻은 것이며 바울은 그것들을 성령에 의하여 예수 그리스도를 통하여 받았을 것이다" (W. M. Smith, "Introduction," in *The Best of C. H. Spurgeon* (Grand Rapids: Baker Book House, 1979), 15.
9 Charles Haddon Spurgeon, *The Early Years: Autobiography*. 168.

반적인 신학은 칼빈의 영향 아래서 형성되었다. 그는 "나는 루터와 칼빈과 더불어 복음의 요점이 인간을 대신하여 그리스도께서 속전을 지불하셨다는 '대속'이라는 단어 속에 모두 들어 있다고 항상 생각해 왔다. 복음이란 바로 이것이다. 즉, 나는 영원히 버림받아 마땅하다. 그런데 내가 결코 저주 받지 않는 단 한 가지 이유가 있는데, 그것은 그리스도께서 나를 대신하여 형벌을 받으셨다는 것이다"[10]라고 강조하였다. 칼빈주의에 대한 스펄전의 확신은 구원이 인간의 작품이나 노력이 아니라 전적으로 하나님의 은혜의 선물이며 믿음으로만 주어질 수 있다고 믿는 데서 출발한다. 스펄전은 하나님의 절대주권을 강조하였지만 인간의 책임을 간과하거나 과소평가하지는 않았다. 칼빈주의만이 유일한 신학 체계라고 주장하는 극단적 칼빈주의(Hyper-Calvinism)자들처럼 칼빈주의 신학을 이데올로기화하지는 않았다.[11] 그가 당대의 알미니안주의를 공격한 것은 당시의 알미니안주의자들이 인간의 자유의지와 책임을 극대화함으로 하나님의 절대주권의 은총을 평가 절하함으로써 복음의 본질을 왜곡하고 있다고 보았기 때문이다.[12] 그는 복음의 진리를 인간의 실존적 경험과 연계시키는 것을 평가절하하지는 않았다.[13]

---

[10] Richard Day, *The Shadow of Broad Brim*, 손주철 옮김, 『스펄전의 생애』 (서울: 생명의말씀사, 1995), 144.
[11] 스펄전의 극단적 칼빈주의(Hyper-Calvinism)자들에 대한 태도와 견해에 대한 연구로는 Iain H. Murray, *Spurgeon V. Hyper-Calvinism: The Battle for Gospel Preaching* (Edinburgh: The Banner of Truth Trust, 1995)을 참조. 특별히 스펄전이 이해한 '인간의 책임'의 문제를 위해서는 80-87을 참조. 스펄전의 견해는 다음과 같이 요약되어졌다. "타락 이래로 인간들은 그들의 책임을 상실한 것이 아니라, 인간들은 하나님께 복종할 능력과 의지를 상실한 것이다."(Since the Fall, men have not lost their responsibility but they have lost the ability, the will, to obey God), 80.
[12] 스펄전과 알미니안주의와의 관계를 연구한 내용을 위해서는 Iain H. Murray, *The Forgotten Spurgeon*, 69-116을 참조
[13] Charles Haddon Spurgeon, *The Early Years: Autobiography*, 173.

### 스펄전과 청교도

스펄전에게 가장 큰 영향을 주었던 신학적 배경은 그 무엇보다도 청교도 사상이었다.[14] 이연 머레이(Iain Murray)는 "스펄전은 마지막 청교도였다"라고 하였고,[15] 로이드 존스(Marttyn Lloyd-Jones)는 "스펄전은 청교도적 사고방식의 완벽한 실례였다"라고 하였다.[16] 스펄전의 청교도 신앙은 그의 어린 시절 조부에게서 비롯되었다. 그의 조부는 신앙의 자유를 찾아 유럽으로부터 영국 런던에 정착한 청교도 후예이며, 독립교회 목사로 철저한 청교도 신학과 신앙을 가지고 있었다. 스펄전은 이러한 조부 밑에서 어린 시절 6년 동안 많은 것들을 경험하였다. 청교도적인 분위기, 화려하고 아름다운 자연경관 등 이 모든 것들은 그의 목회 사역에 중요한 밑거름이 되었다.[17] 조부의 서가에 가득한 청교도 지도자들의 저술을 탐독하면서 유년 시절부터 영향을 받기 시작하였고,[18] 그 후 오랜 세월 동안 방대한 양의 청교도 경건서적을 읽으며 청교도들을 추적하는 데 몰입하였다. 스펄전은 스스로 그의 전반적인 서술양식은 존 번연의 작품을 통해 깊은 영향을 받아 형성되었다고 생각하였다. 그는 죽기 전까지 무

---

14 프란시스 쉐퍼가 말한 청교도 사상을 간단하게 정리하면 다음과 같다. 첫째, 정직한 교리와 바른 생활의 유일한 근원으로서 하나님의 말씀에 대한 충성이다. 이것은 청교도에게 있어서 종교적 신조(Creed)가 아니고, 성경의 가르침을 받은 자의 전인격을 조정하는 생활철학이었다. 둘째, 하나님의 말씀에 기초한 구원에 있어서 하나님 능력의 강조이다. 이는 인간이 아담 안에서 타락함으로 전적으로 부패하였고 스스로 구원할 수 없는 전적 무능한 존재였다. 이러한 인간을 구원하시기 위하여 예수 그리스도께서 인간의 죄를 담당하시고 십자가에서 피 흘려 죽으셨다는 사실을 믿는 것이다. 이러한 믿음은 전적인 하나님의 은혜로 말미암아 되는 것으로 하나님의 주권에 의하여 주어진다는 것이다. 셋째, 영적인 차원의 강조이다. 청교도들은 자기들이 설교자이기 전에 먼저 스스로가 죄인이라는 것을 믿고 그들 자신의 영혼에 있어서도 깊은 은혜의 경험을 필요로 했으며 정직한 회개의 필요성을 실감하면서 실제적으로 그리스도에게 나타나기를 원하였다(F. A. Schaeffer, *The Church at the End of 20th Century* (Downers Grove, IVP, 1970), 82).
15 Iain H. Murray, *The Forgotten Spurgeon*, 12.
16 Martyn Lloyd-Jones,『청교도 신앙』서문강 역 (서울: 생명의말씀사, 1991), 269.
17 W. Y. Fullerton, *Charles H. Spurgeon: London's Most Popular Preacher* (Chicago: Moody Press, 1966), 11-22.
18 J. C. Carlile, *Charles Spurgeon: The Prince of Preachers*, Abridged and edited by Dan Harmon (Uhrichsville, Ohio: Barbour Publishing, Inc., 1991), 37.

려 100번이나 『천로역정』을 읽었다고 전해진다.[19] 스펄전의 성장 과정에서 결정적인 영향을 끼친 책들은 대부분 청교도 계통의 서적들이었다. 존 번연의 『천로역정』(The Pilgrim's Progress); 『풍성한 은혜』(Grace Abounding to the Chief of Sinners), 리차드 백스터의 『참 목자 상』(The Reformed Pastor); 『회심하지 않은 자에 대한 부르심』(Call to the Unconverted), 제임스의 『열렬한 구도자』(Anxious Enquire), 『폭스의 순교자의 책』(Book of Martyrs), 다드리지의 『인간 영혼 안에서의 종교의 생성과 발전』(Rise and Progress of Religion in the Soul), 앨린의 『인간 영혼 안에 있는 하나님의 생명』(The Life of God in the Soul of Man) 등은 평생 스펄전 곁을 떠나지 않은 책들이었다.

사실 현대 스펄전 전기 작가들이 지적하듯이 청교도 지도자들의 사상은 스펄전의 사상적 원조가 되었다. 스펄전을 가리켜 '청교도 전도자', '청교도 후예', '청교도 황태자'라고 부르는 것은 결코 지나친 표현이 아니다. 청교도에 대한 스펄전의 입장은 그가 1872년에 한 설교에 잘 나타나 있다. "청교도 신학을 취하여 읽을 때, 현대 신학자들의 사상이 담긴 전도서 주해에서 발견되는 것보다 더 많은 사고와 더 많은 학문, 더 많은 가르침을 청교도들이 쓴 한 장의 글 속에서 찾을 수 있다. 만일 청교도들의 밥상에서 떨어지는 부스러기라도 소유하게 된다면 현대인들은 훨씬 더 풍요롭게 될 것이다."[20] 이와 같이 청교도들의 사고방식, 청교도들의 정신과 신앙은 스펄전의 목회와 설교의 근간이었으며 원동력이었다.

---

[19] Richard Day, 『스펄전의 생애』, 37.
[20] Charles Haddon Spurgeon, *New Park Street Pulpit: Sermons Preached by Charles H. Spurgeon*, vol. 25 (Pasadena, Texas: Pilgrim Publication, 1981), 630.

## 스펄전의 저서

스펄전은 그의 생애 동안 약 135권의 책을 저술했고 28권의 책을 편집했고, 매해 전집 형태로 출간되던 그의 설교는 사후 1917년까지 계속되었다. 스펄전에 의해 저술되었거나 편집된 200여 권 이상의 출판물들이 현재의 공식적인 출판물 목록에 집계되고 있으며, 4천 여 편의 설교문이 실린 63권의 전접과 여러 설교 모음집들이 있다. 오늘날 스펄전의 설교집은 거의 40여 개의 언어로 번역되어 읽혀지고 있으며, 이 중 몇 권의 서적은 고전적 가치를 지니고 있어 오늘날에도 판을 거듭하고 있다. 그중 그가 가장 심혈을 기울여 쓰고, 지금까지 가장 많이 읽혀지는 저서는 『다윗의 보고』(The Treasury of David)와 『목회자 후보생들에게』(Lectures to My Student)이다.

『다윗의 보고』는 의심할 바 없이 스펄전의 가장 위대한 저서라고 할 수 있다. 이 책은 그가 메트로폴리탄 태버너클 사역 기간 중 약 20년간의 많은 시간을 할애하여 완성한 기념비적 대작이다. 1869년에 첫 권이 출간된 것으로 시작하여 1885년까지 총 일곱 권이 출간되었다. 이 기념비적 저작 속에서 스펄전은 시편 각 편, 각 절에 대하여 자신의 주석뿐 아니라 전 세기, 전 교파에 걸친 수백 명의 저술가들의 주석까지 발췌하여 실었다. 이 책의 방대함에 그의 독자들은 놀라움을 금치 못했다. 이 방대한 저서는 오랫동안 강단을 위해 무엇인가를 찾고 있던 많은 설교자들에게 풍부한 자양분을 제공해 주었다. 목회자 후보생들에게『나의 학생들에게 주는 강의』는 특별히 목회자 후보생들을 위한 그의 목회론과 설교론 강의이다. 그는 이 책에서 목회와 설교에 대한 풍부한 이론과 다양하고 심도 있는 통찰력을 제공해 주고 있다.

그밖에 그의 주요한 저서들을 간단히 소개하면 다음과 같다. 가장 방대한 저서로는 『해석자』(The Interpreter)로 매일 아침저녁을 위해 성경구절들을 모으고, 설교와 찬송, 기도문들을 실은 것이다. 『하나님 나라의 복음』(The Gospel of the Kingdom)은 마태복음에 대한 주석으로 『다윗의 보화들』과 비슷한 스타일로 발간된 그의 마지막 저서들 중의 하나이다. 설교집으로는 정규적으로 발간된 그의 63편의 설교들(Sermons)외에도 시기적으로 다른 때에 쓰여진 각각 12편의 설교가 실린 다섯 권의 책들(Types and Emblems, Trumpet Calls to Christian Energy, The Present Truth, Storm Signals, Farm Sermons)이 있다. 그 밖에도 그의 수많은 설교들이 여러 이름으로 여러 출판사에서 출간되었다.[21] 그리스도를 찾는 사람들을 위해 쓰여 진 두 권의 책, 『은혜의 모든 것』(All of Grace)과 『문 주위에』(Around the Wicket Gate)는 빼놓을 수 없는 가장 가치 있는 저서들이다. 그 밖에도 수많은 강의들, 자신의 기도문들, 그의 초기 사역을 담은 화보 등이 출간되었고, 직접 쓴 찬송 시들이 있다.

## 설교자로서 스펄전

블랙우드(W. A. Blackwood)는 스펄전을 사도 바울 이후 전 기독교인의

---

21 특별히 스펄전의 설교들을 집대성한 것으로는 The New Park Street Pulpit과 The Metropolitan Tabernacle Pulpit이라는 제목으로 여러 출판사에서 발간되었다. 스펄전의 설교 중 창세기부터 계시록까지 193편을 선별 요약하여 정리한 책으로는 David Otis Fuller, ed., Spurgeon's Sermon Notes이 있다.

세계에서 가장 유능한 설교자라고 평가했다.²² 또한 에드윈 다간(Edwin Dargen)은 스펄전을 평가하면서 "역사상 위대한 설교자들 중 그보다 탁월한 설교자가 없었고, 우리가 상상할 수 있는 완전한 설교자의 모형"이라고 했다.²³ 헬무트 틸리케(Helmut Thielicke)는 "당신이 가지고 있는 모든 설교집을 다 팔아서라도 스펄전의 책을 사라. 스펄전의 책이 비록 남이 쓰던 헌책일지라도 그것을 사라"고 했다.²⁴ 틸레케는 스펄전에 대해 다음과 같이 서술하고 있다. "신학적으로 침체에 빠져있던 19세기 중반, 한 설교가가 있었으니 그의 회중은 주일마다 최소한 6천 명을 헤아렸고 그의 설교문은 바다 건너 뉴욕에까지 매주 보내졌으며 미국의 주요 신문에 실렸다. 한 설교단을 40년 가까이 지켜 나가면서도 그의 풍성한 설교 실력은 조금도 퇴색되지 않았고 똑같은 방식이 반복되거나 설교가 지루해지지 않았다. 그가 일으켰던 이 같은 불꽃은 온 바다를 비추는 등대가 되었고 세대와 세대를 통해 전수된 횃불이 되었다. 그 불은 일시적으로 타올랐다가 사그라지는 감각주의적 불길이 아니라 영원히 샘솟는 말씀의 우물을 근원으로 삼아 견고한 노변에서 환하게 타오르는 기적의 나무가 되었다."²⁵

스펄전은 17살에 워터비치(Waterbeach)교회에서 설교를 시작하였고, 2년 후인 19살 때에는 런던의 뉴 파크 스트리트 교회의 담임목사로 청빙을 받아 57세로 소천할 때까지 그 교회를 38년간 목회하였다. 스펄전의 명성은 20세기 후반까지 지속되어 왔으며 그의 방대한 저술들은, 아직까

---

22 A. W. Blackwood, *Preaching from the Bible* (New York: Abingdon, 1941), 27.
23 Edwin C. Dargen, *A History of Preaching*, vol. 2 (Grand Rapids: Baker Book House, 1974), 537
24 Helmut Thielicke, *Encounter with Spurgeon, Translated by John W. Doberstein* (Cambridge: James Clarke & Co., 1964), 1-2.
25 Helmut Thielicke, *Encounter with Spurgeons*, 1.

지 신앙에 관한 서적들과 설교에 관한 서적들이 읽혀지고 있다. 그의 목회 활동과 방대한 설교를 몇 페이지로 요약한다는 것은 힘든 일이다. 하지만 그에 관하여 설교대사전에 기록된 것으로 그가 얼마나 훌륭한 설교자였는지 가늠해 볼 수 있다. "그가 20세가 되기도 전에 런던의 한 유명한 교회가 그를 목사로 청빙하기 위해 불렀다. 2년이 못되어서 그는 일만 명의 청중에게 설교를 했다. 22살이 되자, 그는 그 시대의 가장 인기 있는 설교자가 되었다. 그가 27살이 되자, 그의 설교를 듣기 위해 몰려드는 사람들을 수용하기 위하여 6천 개의 좌석이 있는 교회가 세워졌다. 30년 넘게 그 교회를 이끌어 감에 있어서 그의 힘과 호소력은 줄어듦이 없었다."[26]

## 스펄전의 설교론

### 말씀에 대한 존경심

스펄전의 설교는 성경의 권위에 대한 확신과 존경에서 출발한다. 그는 "나는 하나님께서 비우지 않은 잔을 채우시는 것을 믿을 수 없고, 자신의 말로 가득 찬 입속에 하나님의 말씀으로 채우시는 것을 믿을 수 없다"고 하였다.[27] 스펄전은 설교는 본문과 일치해야 한다고 믿었다. 그는 "설교의 내용은 본문 중심으로 하는 것이 원칙이며…설교 내용과 본문의 관계는 명확해야 한다"고 강조하였다.[28] 물론 그의 설교가 전혀 흠이 없는 것

---

[26] Clyde E. Fant and William M. Pinson, eds., "Charles Haddon Spurgeon," VI/3.
[27] Charles Haddon Spurgeon, *Lectures to My Students*, 72.
[28] Charles Haddon Spurgeon, *Lectures to My Students*, 72.

은 아니지만 철저하게 성경 중심이었다. 성경은 스펄전의 설교에 있어서 최고의 자료였다. 그는 성경을 반복하여 읽고, 그 읽은 말씀을 묵상하며 성령의 도우심을 구하여 설교했다. 특히 스펄전은 성경구절에 대한 연구를 소홀히 하는 설교자를 비판하였으며, 그는 누구보다도 성경연구에 충실했다. 스펄전은 주부가 바늘에 익숙하고, 상인이 선반에 익숙하고, 선원이 배에 익숙하듯 설교자는 성경에 익숙해야 한다고 했다. 그는 성경의 전체 흐름, 각 책의 내용, 상세한 역사, 교의, 교훈, 거기에 담긴 모든 것을 알려고 노력했다.

물론 그는 성경 읽기를 좋아하고 성경 속에서 보화를 찾아내는 일을 게을리하지 않았지만, 성경 외의 책들에도 관심을 가지고 폭넓은 독서를 하였다. 그는 문학, 전기, 과학, 신학, 역사, 미술, 그리고 시(poem)에 이르기까지 모든 책의 범주를 망라해 일주일에 6권 정도의 책을 규칙적으로 읽었다. 또한 그는 평소에 수첩을 휴대하고 다니며 언제 어느 곳에서나 설교에 도움이 될 만한 것을 수첩에 메모했다.

### 청중으로서 설교자

스펄전은 설교자가 전하고자 하는 말씀을 청중에게 전하기 전에 설교자 자신이 먼저 듣는 '자기 청중화'를 중요하게 여겼다. 즉 설교자가 전하고자 하는 말씀을 연구, 묵상 등을 통하여 설교를 준비할 뿐만 아니라 전하고자 하는 메시지를 '자기 정신화'하는 과정이 대단히 중요하다고 여겼다. 스펄전은 그의 설교 준비 단계에서부터 '자기 정신화'를 위해 노력하였다. 그는 설교 준비 과정에서 단지 말씀을 연구하는 것뿐만 아니라 그 말씀을 깊이 묵상하며 그 말씀에 젖어 드는 것을 중요하게 여겼다. 그는 이렇게 말한다. "설교자 자신이 먼저 말씀을 섭취한 다음에 청중을 위하여 영양분을 준비해야 한다. 우리의 설교는 우리의 정신적인 피가 되어야 한다."[29] 스펄전은 설교 준비에서부터 성경의 어떠한 본문이나 문장이 그의 마음과 영혼을 사로잡을 때까지 씨름하였다. 이런 과정을 거친 후 그는 그의 모든 주의를 그것에 집중시키고 그 원문의 정확한 의미를 숙고하면서 주변 요소들 속에서 그 구절이 갖는 특별한 면을 찾기 위해 면밀히 조사하였다.[30]

스펄전은 영국의 청교도 신학자 존 오웬(John Owen, 1616-1683)의 말을 통하여 다음과 같이 역설한다. "먼저 자기 자신의 마음을 향하여 설교하지 않고서는 아무도 다른 사람에게 설교할 수 없다."[31] 그는 또한 설교자의 '자기 정신화'와 '자기 청중화'의 중요성을 리차드 박스터(Richard Baxter, 1615-1691)의 말을 통하여 다음과 같이 진술한다. "세상의 구주가 있어야 한다고 선포하면서도 여러분의 마음이 주를 무시해 버리고 구주와 그의 구원의 은혜들에 대한 관심을 여러분 스스로 버리는 일이 없도록 정말 조심해야 한다. 멸망당하지 않도록 조심하라고 다른 사람들에게 이야기하면서 여러분 자신이 멸망당하는 일이 없도록 해야 하며, 사람들의 양식을 준비해 주면서 정작 여러분 자신이 굶주리는 일이 없도록 조심해야 한다. 많은 사람들을 의로 돌아오게 한 자는 별처럼 빛나리라는 약속이 있지만(단 12:3), 이것은 그들 자신이 먼저 의로 돌아온 것을 전제로 하는 말씀이다."[32]

---

29 Charles Haddon Spurgeon, *Lectures to My Students*, 141.
30 Charles Ray, *A Marvelous Ministry: The Story of C. H. Spurgeon's Sermons* (Pasadena, Texas: Pilgrim Publications, 1985), 34-35); Charles Haddon Spurgeon, *Lectures to My Students*, 140.
31 Charles Haddon Spurgeon, *Lectures to My Students*, 15.
32 Charles Haddon Spurgeon, *Lectures to My Students*, 12.

성경의 이야기를 '자기 정신화' 또는 '자기 청중화'하지 않는 설교자의 설교는 청중에게 감동을 주지 못할 뿐만 아니라 청중을 하나님의 이야기에 참여시킬 수도 없다. 청중으로 하여금 하나님의 이야기가 그들의 이야기가 되도록 하기 위해서는 설교자가 먼저 하나님의 이야기를 경험한 후에 전해야 한다. 스펄전은 "영혼이 하나님을 향하여 목이 말라 교회에 왔지만 목사가 은혜에 대한 열망이 없다면, 그 영혼은 목마름을 해결할 수 없을 것이다. 생명수가 거기에 없기 때문이다"라고 하였다. 그러므로 설교자는 자기 영혼의 가장 깊은 곳에서 이렇게 물어보아야 한다. 진리를 선포하려고 준비하고 있는 내가 혹시 그 진리의 능력에 대해서 전혀 모르고 있는 것은 아닌가? 은혜를 모르는 설교자, 영혼에 대한 열망이 없는 설교자, 즉 영적으로 메마른 설교자를 통하여 복음이 흘러나오면, 청중에게 결국 해를 끼칠 수 있다. 스펄전은 경건하지 못한 삶을 살아가는 사람들이 설교하거나 가르칠 때에 칼빈주의 교리는 가장 악한 가르침이 되어 버릴 수 있다는 것을 두려움으로 받아들여야 한다고 지적하였다. 스펄전은 확고하게 칼빈주의 신학과 청교도적 신앙에 서 있었지만 삶이 수반되지 않는 경건을 말하지 않았다. 그는 종교 없는 도덕성은 있을 수 있어도 도덕성 없는 기독교는 있을 수 없다고 생각했다.[33]

스펄전은 "사람의 삶은 그의 말보다 훨씬 더 강력한 힘이 있다. 그를 돈으로 따진다면, 그의 행위는 파운드(pound)와 같고, 그의 말은 펜스(pence)와 같다"라고 하였다.[34] 영향력 있는 설교는 강단에서만이 아니라 설교자의 경건한 삶을 통하여 전해진다. 넓은 의미에서 설교자의 삶은

---

[33] J. C. Carlile, *Charles Spurgeon: The Prince of Preachers*, 204.
[34] Charles Haddon Spurgeon, *Lectures to My Students*, 356. 참조: *pound*는 영국의 화폐단위의 하나로 pence의 백배이다. 영국에서 1 pound는 한국 돈으로 약 2,000원 정도이고 1 pence는 20원 정도이다.

하나의 강력한 설교 행위이다. 스펄전은 그의 설교 준비에서부터 그의 목회 전반에 걸쳐 스스로 자신의 설교에 청중이 되려고 노력했다. 스펄전에 대한 헬무트 틸리케(Helmut Thielicke)의 말이다. "그는 자신이 다른 사람들보다 앞서 그 설교 안에 있었다."[35]

### 마음에 호소하는 설교

스펄전은 영혼들을 구원하고자 하는 소망이 있다면 그들의 눈높이에 맞추어 복음을 전해야 한다고 생각했다. 설교자는 "모든 사람들에게 모든 것이 되어야 한다(We are to be all things to all men). 그러므로 논리를 따지는 사람들에게는 논리를 제시하고 명확한 귀납적 사실들과 필수적인 연역적 사실들을 제시해야 한다"[36]고 했다. 그리고 그는 "논리적인 증명을 요하는 유형의 사람들보다는 감성적인 설득의 방법으로 호소할 필요가 있는 사람들이 더 많다. 이들에게는 이성적인 추론보다는 마음의 논리가 더욱 필요하다"[37]고 지적했다. 스펄전은 설교에서 마음의 논리를 다음과 같은 예를 들어 설명한다. "다시는 속을 썩이지 말라고 아들을 타이르는 어머니의 논리와 집으로 돌아와 아버지와 화해하라고 오빠를 설득하는 누이동생의 논리와 같은 것이 필요하다. 즉 분명한 논리에 뜨거운 사랑이 생생하게 담겨있어야 한다."[38]

스펄전의 설교는 청교도적 특징을 가지고 있었다. 청교도 설교는 진리에 대한 합리적인 이해를 추구하였지만 그에 못지않게 가슴과 의지를 중

---

[35] Helmut Thielicke, *Encounter with Spurgeons*, 25.
[36] Charles Haddon Spurgeon, *Lectures to My Students*, 341.
[37] Charles Haddon Spurgeon, *Lectures to My Students*, 341.
[38] Charles Haddon Spurgeon, *Lectures to My Students*, 341.

요하게 여겼다. 리차드 박스터는 "인간은 깊은 감동과 영향을 받지 않고서는 그 진리에 따라 살려고 하지 않는다…진리에 대한 이해는 반드시 의지에 영향을 주어야 한다. 그 진리가 열정적으로 듣는 이의 가슴을 향하여 파고들 때 듣는 이의 가슴을 뜨겁게 하며 그렇게 살도록 결단하게 만든다"라고 말했다.[39]

스펄전은 설교에서 마음을 중요한 도구(the instrument)로 여겼다. 그는 "우리의 일은 그저 정신적인 일만이 아니다. 그것은 마음의 일이요, 우리의 가장 깊은 영혼의 수고다"(ours is more than mental work – it is heart work, the labour of our inmost soul)라고 하였다.[40] 설교의 정신적인(mental) 차원의 중요성뿐만 아니라 마음(heart)의 차원의 중요성을 역설한 것이다. 스펄전은 이렇게 고백한다. "나는 우리의 마음 깊은 곳에서 솟아나는 설교를 좋아한다. 우리의 마음에서 나온 설교가 아니라면 청중의 마음에 닿을 수 없기 때문이다."[41] 제이 아담스(Jay E. Adams)는 스펄전의 설교 연구에서 그의 설교는 '센스어필'(sense appeal)을 통해 청중의 감동을 이끌어 내는 특징이 강하게 베어 있다고 지적했다.[42] 스펄전은 칼빈주의적 신학과 교리를 가지고 있었지만 그의 설교는 메마르고 쥐어짜는 설교가 아니었다. 스펄전은 깊은 성찰과 묵상 없이 교리의 구조에만 맞추어 설교하거나 말씀의 내용만을 정리하여 설교하는 행위를 비판하였다. 그는 설교에서 주지주의 경향을 경계하였다.[43] 하지만 그가 설교에서 신학과 교리의 가치를 무

---

39 Leland Ryken, *Worldly Saints* (Grand Rapids: Academie Books, 1986), 102에서 재인용.
40 Charles Haddon Spurgeon, *Lectures to My Students*, 156.
41 Charles Haddon Spurgeon, *New Park Street Pulpit: Sermons Preached by Charles H. Spurgeon*, vol. 17 (Pasadena, Texas: Pilgrim Publication, 1981), 112.
42 Jay. E. Amams, 『스펄전의 설교에 나타난 센스어필』, 정영숙 역 (서울: 기독교문서선교회, 1978), 27, 36) 와 Jay E. Adams, "Sense Appeal and Storytelling," in Samuel T. Logan Jr, ed., *Preaching: The Preacher and Preaching in the Twentieth Century* (Hertfordshire: Evangelical Press, 1986), 350-366을 참조.
43 Charles Haddon Spurgeon, *Lectures to My Students*, 98.

시한 것은 아니다. 단지 신학과 교리가 성령의 사역을 자칫 제한하는 일을 주의해야 한다고 하였다.

스펄전 당시의 설교자들은 청중의 상황과 필요를 고려하지 않고 그들의 삶과 무관한 메마르고 지루한 산문체의 설교를 주로 하고 있었다. 많은 설교자들이 고전문학에서 화려한 문구를 인용함으로써 그들의 학문적인 실력을 과시하는 경향이 많았다. 반면 스펄전은 모든 사람이 이해할 수 있는 평이하고도 쉬운 구어체로 청중의 삶과 연관하여 적용적인 설교를 하였다. 그의 설교는 은유, 직유, 이야기, 유추와 이미지로 가득 찬 신선한 설교였다. 청중의 마음에 깊이 새겨지도록 감동을 주는 설교였을 뿐만 아니라 풍성한 상상력을 불러일으키는 설교였다. 아담스(Jay. E. Adams)는 스펄전이 그의 설교에서 이야기, 유추, 상상을 어떻게 효과적으로 사용했는지를 한 예를 통해 보여준다. "당신은 십자가 위에 못 박힌 주님을 상상 속에서 주시합니까? 그의 손과 발에서 흐르는 보혈을 보십니까? 당신은 그를 보고 있습니까? 그를 바라보십시오. 만일 우리가 그를 찬양하기를 그친다고 해서 예수 그리스도의 이름이 잊혀질까요? 아닙니다. 돌들이 노래할 것이며 언덕이 관현악단이 될 것이며 산들이 영처럼 뛰놀 것 입니다."[44]

설교학자 프레드 크레독(Fred Craddock)은 설교가 개념적인 아이디어의 세계와 교리에만 머물러 있다면 그것이 진리이고 옳은 내용이라 할지라도 청중의 마음을 근본적으로 변화시킬 수 없다고 지적하면서 청중의 마음 깊은 곳에 진리에 대한 상상력을 통하여 의식의 변화가 발생할 때 그

---

[44] Jay. E. Adams, 『스펄전의 설교에 나타난 센스어필』, 27, 36.

들의 삶이 변화될 수 있다고 여겼다.⁴⁵ 엘리자베스 악테마이어(Elizabeth Achtemeier)는 성경은 우리에게 어떠한 교리를 받아들이도록 강요하기보다는 우리로 하여금 구속의 사건에 상상력을 집중하게 함으로써 '성경의 이야기'가 '나의 이야기'가 되도록 이끌어 주어 우리가 변화하도록 도와준다고 했다고 했다.⁴⁶ 스펄전은 그의 설교를 듣는 청중이 능동적으로 참여할 수 있도록 이끄는 설교자였다. 스펄전의 설교가 사람들에게 감동을 주고 변화를 이끌어 낼 수 있었던 것은 그가 풍성하고 다양한 상상, 유추, 비유, 이야기 등을 통하여 청중과 호흡하는 설교를 했기 때문이다. 청중의 정신(mind)에만 호소한 것이 아니라 청중의 마음(heart)에 호소하였기 때문이다.

### 설교자의 눈높이

청중에 대한 분석과 이해는 성경 본문 주석만큼이나 중요하다. 청중 분석의 중요성에 대해 플루하티(G. W. Fluharty)와 로스(H. R. Ross)는 "청중을 분석한다는 것은 힘들고 어렵지만 그럼에도 불구하고 그 일을 해야 한다. 왜냐하면 청중 분석 없이 설교한다는 것은 진단 없이 약을 주는 것과 같기 때문이다"라고 하였다.⁴⁷ 또한 바우만(J. D. Baumann)은 "청중 분석을 제대로 못한 설교는 어떤 점에서나 가치가 없다. 왜냐하면 청중 분석이 되지 않은 설교는 가렵지도 않는 곳을 긁어주는 결과를 낳게 된다"고 말했다.⁴⁸

---

45 Fred Craddock, *Overhearing the Gospel* (Nashville: Abingdon, 1978), 133.
46 Elizabeth Achtemeier, *Creative Preaching* (Nashville: Abingdon, 1980), 46.
47 George W. Fluharty & Harold R. Ross, *Public Speaking* (New York: Barnes and Noble, 1981), 38.
48 J. D. Baumann, 『현대 설교학 입문』, 정장복 역 (서울: 양서각, 1986), 350.

스펄전 설교의 특징 중 하나는 청중을 이해하고 그것을 깊이 고려했다는 것이다. 설교는 청중과 무관하게 행해지는 강연이나 연설이 아니라 그들의 삶을 위해 행해지는 것이므로 설교자는 반드시 청중의 삶을 이해하고 공유할 수 있어야 한다. 설교자는 먼저 청중의 수준과 상황을 잘 알아야 한다. 설교는 단지 설교자의 입을 통로로 삼아서 전달되는 하나님의 말씀이라기보다는 특정 청중의 상황과 경험 속에서 행해지는 성육화한 말씀이다. 크래독이 강조한 것처럼, "설교는 청중에게 말해야 할뿐만 아니라 그들을 위해서도 말해야 한다."[49] 설교자는 청중에게 선포할 뿐만 아니라 그들을 위해서 선포해야 한다. 설교자는 성경을 주해하는 기술뿐만이 아니라 청중을 주해하는 능력을 길러야 한다. 설교자는 청중의 교육의 정도, 사회적 지위, 경제적 수준, 문화적 환경, 주위 환경 등 여러 요소들을 이해해야 한다.

  설교가 논리적이고 명확해야 한다는 말의 궁극적 의미는 설교는 청중 중심적이어야 한다는 것이다. 아무리 설교자 자신이 스스로 논리적이라고 할지라도 듣는 청중은 다른 판단을 할 수 있다. 설교에서 명확성과 논리성은 청중의 눈높이와 관계없이 결정되는 것이 아니기 때문이다. 스펄전은 이런 점에서 탁월하였다. 그는 "아무리 탁월한 내용이라 할지라도 사람들이 그것을 이해하지 못하면 아무 소용이 없다. 청중에게 낯선 말들과 납득하기 어려운 표현법을 써서 말해서는 안 된다"고 지적했다.[50] 그는 또한 청중의 수준에 적합한 설교자가 되어야 한다고 강조하였다. "많이 배우지 못하여 연약한 사람에게 말할 때에는 그 사람의 수준

---

**49** Fred B. Craddock, *Preaching* (Nashville: Abingdon Press, 1990), 26.
**50** Charles Haddon Spurgeon, *Lectures to My Students*, 131.

과 눈높이에 맞추어야 한다. 교육을 받은 사람에게 말할 때에는 그의 이해력에 어울리게 해야 한다"(Go up to his level if he is a poor man; go down to his understanding if he is an educated person).⁵¹

설교자는 자기 성향이나 생각에 청중이 따라오도록 강요하기보다는 청중을 고려하여 그들의 아픔과 목마름을 들을 줄 알아야 한다. 메시지가 청중에게 효과적이 되기 위해서는 그들의 상황을 잘 이해하는 설교자가 되어야 한다. 스펄전은 "진리를 전하는 것도 중요하지만 주어진 상황에 합당한 진리를 전하는 것이 무엇보다 중요하다. 청중에게 필요하고 적합할 뿐만 아니라 그들의 마음에 은혜가 되도록 최선의 노력을 기울여야 한다"⁵²고 하였다. 하지만 스펄전은 청중 중심적 설교와 청중의 구미에 따라 좌우되는 설교를 구분하였다. 그는 설교자는 청중의 눈치를 보거나 그들의 구미에 따라 메시지의 본질을 왜곡해서는 안 되기 때문에 성도들의 의도나 성향에 좌우되는 설교자가 되어서는 안 된다고 강조했다. "청중의 변덕스런 취향을 염두에 두어서도 안 되고, 부유하고 영향력 있는 주요 인물들의 특수한 의견 같은 것에도 영향을 받아서도 안 된다. 맨 앞줄에 앉은 유력한 교인들의 눈치를 보아서도 안 된다. 헌금을 많이 내는 사람에 대해서도 다른 사람들과 똑같이 생각해야 한다.…청중 가운데 한쪽으로 치우친 사람들의 비위를 맞추느라 고개를 돌려서도 안 된다. 복음의 한 부분에 대해서는 아주 즐겁게 환영하면서 다른 부분의 진

---

51 Charles Haddon Spurgeon, *Lectures to My Students*, 131. 스펄전은 그가 이렇게 말하는 이유를 다음과 같이 설명한다: "저의 사리에 맞지 않는 표현에 웃을 사람이 있을 것입니다. 하지만 저의 생각에는 많이 배우지 못하여 연약한 분들에게 명확히 말하는 일에는 배운 사람들을 위해서 세련되게 말하는 경우보다는 오히려 높은 수준을 요하는 경우가 많습니다" ( Charles Haddon Spurgeon, *Lectures to My Students*, 131).
52 Charles Haddon Spurgeon, *Lectures to My Students*, 84.

리에 대해서는 들은 척도 하지 않는 그런 사람들이다. 그들에게 잔칫상을 베풀어 칭찬을 받거나 아니면 조소를 받을 것을 생각하여 설교자의 정도를 벗어나는 일이 있어서는 절대로 안 된다…청중이 요구하는 그런 곡조를 연주해 주는 악사로 전락해서는 안 된다. 하나님의 모든 경륜을 다 선포하는 주님의 입의 역할을 맡은 종의 위치를 지켜야 한다."[53]

스펄전은 그의 설교 사역에서 적실한 적용을 이끌어 내기 위해서 청중 분석을 중요하게 여겼다. 그는 청중을 교회 전체 회중의 상태에서 분석하였을 뿐만 아니라 바쁜 시간 속에서도 정규적으로 개인적인 만남을 통하여 각 지체들의 삶을 이해하는 데 힘썼다. 설교자는 그가 전하고자 하는 메시지를 청중이 이해할 수 있는 언어로 해석하고 적용해야 할 책임이 있다고 그는 확신했다.

### 인생을 공부하는 설교자

스펄전의 설교는 성경의 권위에 대한 확신에서 출발한다. 그는 "나는 철학자들의 오만 마디 말보다 차라리 이 책으로부터 다섯 마디의 말을 하고자 한다. 우리가 부흥을 원한다면 우리는 먼저 하나님의 말씀에 대한 존경심을 회복해야 한다. 만일 우리가 참으로 사람들의 회심을 원한다면 설교에서 하나님의 말씀을 말하지 않으면 안 된다"고 고백했다.[54]

동시에 그는 인생을 공부할 줄 아는 설교자였다. 설교자에게 기본적으로 요구되는 두 가지 요소가 있다. 하나는 성경을 사랑하고 충분히 연구하며 잘 해석하는 것이다. 다른 하나는 설교가 하나님의 말씀을 인간에

---

[53] Charles Haddon Spurgeon, *Lectures to My Students*, 86-87.
[54] Charles Haddon Spurgeon, *New Park Street Pulpit: Sermons Preached by Charles H. Spurgeon*, vol. 38 (Pasadena, Texas: Pilgrim Publication, 1981), 114.

게 전하는 것이므로 인간을 이해하기 위해 공부하는 것이다. 설교자는 인간 이해의 지평을 넓히기 위해 노력해야 한다. 스펄전은 생명력 있는 설교자의 모습을 이렇게 진술하였다. "설교자들 중에 일반 교인들이 어떻게 살고 있는지에 대해서 전혀 무지한 사람이 많이 있다. 책과 함께 편안히 지내지만 사람들과 함께 어울리는 것은 아주 어색하게 여기는 이들이 있다. 진짜 꽃들을 거의 본 일이 없는 식물학자를 상상할 수 있을까? 별을 보느라 밤을 지새워 본 일이 없는 천문학자는 어떨까? 그런 사람들을 과연 과학자라 할 수 있을까? 사람들과 함께 어울려서 직접 그들의 상태를 아는 일이 없다면, 복음 사역자로서는 돌팔이에 지나지 않을 것이다. 공부란 삶에서 얻는 것이다. 우리의 설교에서 인생을 그리기 위해서는 인생에 대해서 풍부하게 알아야 한다. 책들은 물론 사람들을 읽어야 한다. 그리고 사람들에 대한 생각보다는 사람들을 사랑해야 한다. 그렇지 않으면 생명력이 없는 설교자가 되고 말 것이다."[55] 필립스 브룩스(Philips Brooks)는 설교자는 인간의 공통적인 삶 속에 깊이 뿌리내리고 있어야 하며 삶의 구체적인 줄거리를 인식할 줄 알아야 한다고 강조했다.[56] 설교자가 구체적인 삶의 정황 속에서 인간을 깊이 이해할 때 그의 설교는 생명력이 있게 된다.

설교자가 어떻게 인생을 공부할 수 있는가? 이를 위해 스펄전은 설교자는 교회가 어느 곳에 있든지 특별히 그 지역의 가난한 자들과 교육의 혜택을 많이 받지 못한 사람들과 알코올 중독자들과 억눌리고 소외된 자들과 친숙하게 지내는 일을 하라고 제안하였다. 이와 같은 경험을

---

[55] Charles Haddon Spurgeon, *Lectures to My Students*, 318.
[56] Philips Brooks, *Lectures on Preaching* (London: SPCK, 1965), 190.

통하여 설교자는 인간의 처참한 질병의 상태와 비참함을 친히 목격함으로 그것에 대한 치유책을 찾을 열정이 생겨나도록 하라고 하였다.[57] 인간은 생각과 다짐만으로 자기의 경건을 지킬 수 없다. 설교자는 열심히 성경을 연구하고 묵상하는 동시에 정규적이고 규칙적으로 병든 자들과 가난한 자들과 소외된 자들을 돌보는 일을 함으로 자기의 경건을 지킬 필요가 있다. 가난하고 병든 자들과의 정규적인 만남을 통해서 설교자는 그들의 아픔에 동참할 수 있을 뿐만 아니라 자칫 빠지기 쉬운 매너리즘(mannerism)에 도전을 받을 수 있다. 가능하다면 설교자는 적어도 한 달에 하루는 병들고 가난한 자들을 돌보는 날로 정하여 실천할 필요가 있다. 스펄전은 소외되고 가난한 자들과 친숙하게 지내는 데 관심을 가졌을 뿐만 아니라 그는 실제로 이런 자들을 위해서 남다른 열정을 가지고 실천하였다. 그는 가난한 사람들을 돌보기 위하여 런던에 21개의 시설을 마련하였다. 또한 스펄전이 섬기던 교회는 고아원을 운영하였고 교육의 혜택을 받지 못한 사람들을 위하여 야간학교를 운영하기도 하였다.

### 설교자의 법칙

스펄전은 설교자가 기억해야 할 핵심적인 법칙을 이렇게 진술한다. "하나님의 성령으로 옷 입으라"(Be yourself clothed with the Spirit of God). 스펄전은 "설교에서 무엇보다도 피해야 할 것은 성령의 인도하심을 실질적으로 무시해 버리는 기계적인 설교"라고 했다.[58] 그는 "성령의 도움이 없이 칠십 년을 설교하는 것보다 성령의 능력으로 여섯 마디를 말하는 것이

---

[57] Charles Haddon Spurgeon, *Lectures to My Students*, 318.
[58] Charles Haddon Spurgeon, *Lectures to My Students*, 92.

훨씬 더 낫다"고 하였다.⁵⁹ 그는 말하기를 "언변에 완벽을 갖추어야 한다. 지식의 모든 분야에서도 최선을 다하여야 한다. 설교의 내용과 표현법에 세심한 주의를 기울여야 한다. 그러나 동시에 기억해야 할 것은 사람이 중생하거나 성화되는 일은 설교자의 '힘으로 되지 아니하며 능력으로 되지 아니하고 오직 하나님의 영으로 된다(슥 4:6)'"고 하였다.⁶⁰ 그러므로 설교자가 "위로부터 오는 능력을 힘입지 못하면, 좋은 악기로 음악을 연주하는 연주자나 깨끗한 목소리로 아름다운 노래를 부르는 성악가처럼 귀는 즐겁게 하지만 마음 깊은 곳에는 전혀 영향을 주지 못한다. 그리고 마음에 와닿지 않으면 곧바로 귀에도 들리지 않게 된다."⁶¹ 때문에 설교자는 최선을 다하여 설교를 해야 하지만 설교를 듣는 청중의 변화를 이끄는 분은 성령이라고 그는 확신했다. 이연 머레이(Iain Murray)는 "스펄전은 성령의 풍성한 현존을 신뢰하는 신앙 가운데서 설교하였다"라고 썼다.⁶² 일설에 의하면, 스펄전은 설교단을 오르면서 엄숙한 자세로 "나는 성령을 믿습니다. 나는 성령을 믿습니다"라고 열다섯 번 이상 반복하여 말하였다고 한다. 그는 진실로 성령을 의지하여 설교하려고 힘썼다.⁶³ 스펄전은 설교의 능력은 인간적인 기교에서 나오는 것이 아니라 하나님을 신뢰하는 설교자를 통하여 하나님의 영으로 말미암는다고 확신했다.

스펄전은 설교자는 설교단에서 자신의 감정적인 말을 금해야 한다고 했다. 설교자는 설교단에서 성령의 자리를 차지하여 자기 스스로 '비겁

---

59 Charles Haddon Spurgeon, *Twelve Sermons on the Holy Spirit*, 122, John Stott, *I Believe in Preaching*, 정성구 옮김, 『현대교회와 설교』(서울: 풍만출판사, 1985), 359에서 재인용.
60 Charles Haddon Spurgeon, *Lectures to My Students*, 139.
61 Charles Haddon Spurgeon, *Lectures to My Students*, 139.
62 Iain Murray, *The Forgotten Spurgeon*,, 40.
63 Charles Haddon Spurgeon, *Twelve Sermons on the Holy Spirit*, 122, John Stott, 『현대교회와 설교』, 359에서 재인용.

자의 성'으로 만들어서는 안 된다고 하였다. 그는 설교단 위에 올라가서 청중의 잘못과 부족한 점들을 꼬집으며 공개적으로 망신을 주며 모욕하는 설교자는 비난받아 마땅하다고 하였다. 설교단을 '비겁자의 성'으로 만드는 설교자는 어리석은 설교자일 뿐만 아니라 하나님 앞에서 무례를 범하는 자라고 단언하였다. 이러한 설교자는 마치 어느 집에 초청 받아 간 사람이 초청자의 초상화 밑에다 자신의 이름을 써 넣는 것과 같이 어리석은 자라고 스펄전은 말했다.[64] 그는 진정으로 성령에 사로잡힌 설교자는 "성도들에게 고귀한 것들로 감동을 받게 하고, 그리스도인들을 주님께로 더 가까이 이끌며, 염려하며 불안 가운데 있는 자들을 위로하여 공포에서 벗어나게 하며, 죄인들로 하여금 회개하게 하고, 그리스도를 믿는 역사가 일어나도록 하는 것"에 목표를 둔다고 하였다.[65] 결국 설교자의 말이 능력을 지니기 위해서는 성령의 역사가 있어야 한다. 스펄전은 설교자가 전하는 메시지에 큰 확신을 갖기 위해서는 성령의 불이 필요하다고 믿었다. 성령의 불이 인간의 논리를 이끌어야 한다고 확신했다.

### 설교의 대 주제

스펄전 설교의 중심은 복음이다. 머레이는 스펄전의 유산은 그의 육체와 함께 사라진 그의 화술이나 그의 인격에 있기보다는 그가 가졌던 복음에 대한 확신이라고 했다.[66] 스펄전은 복음의 선포를 통해 하나님의 영광을 드러내는 것을 설교로 이해했다. 때문에 스펄전이 설교한 주제는 매우 다양했지만 설교의 중심은 항상 구원, 그리스도, 하나님의 영광이

---

[64] Charles Haddon Spurgeon, *Lectures to My Students*, 88.
[65] Charles Haddon Spurgeon, *Lectures to My Students*, 195.
[66] W. M. Smith, "Introduction," in *The Best of C. H. Spurgeon*. 17.

었다. 그는 이렇게 말하였다. "복음을 설교하라. 지옥문이 흔들릴 것이다. 복음을 설교하라. 탕자가 돌아올 것이다. 모든 피조물에게 복음을 설교하라. 이것이 믿는 모든 자에 대한 주님의 명령이요, 주님의 능력인 것이다."[67] 그는 또한 청중에게 이렇게 호소한 적이 있다. "나는 여러분이 모든 설교자를 판단할 때 그의 은사나 웅변술의 능력이나 사회적 지위나 청중에게 받는 존경심이나 그의 교회의 웅장함으로 판단하지 않기를 제발 부탁드립니다. 중요한 것은 그가 진리의 말씀, 곧 구원의 복음을 전하는가 하는 사실입니다. 그가 복음을 설교한다면 그의 사역에 동참하십시오. 여러분의 믿음은 자랄 것입니다. 반대로 그가 복음을 전하지 않는다면 당신은 그를 통하여 오는 어떤 하나님의 축복도 기대할 수 없을 것입니다."[68] 복음은 스펄전 설교의 시작이요 끝이었다. 스펄전은 메트로폴리탄 태버너클 교회에서 행한 그의 첫 번째 설교(1861년 3월 25일)에서 복음의 중요성과 그 의미를 이렇게 선포했다. "바울 시대에 신학의 핵심은 예수 그리스도였습니다. 본 교회의 사역의 중심은 이 강단에 제가 존재하는 한 예수 그리스도가 될 것입니다. 저는 칼빈주의자임을 고백하는 것을 부끄러워하지 않습니다. 그러나 나의 신조가 무엇이냐고 질문을 받는다면 나는 분명하게 그것은 예수 그리스도라고 대답할 것입니다. 그리스도 예수, 그분은 복음의 핵심이요, 모든 진리의 성육신이시며, 길과 진리와 생명의 영광스런 화신입니다."[69]

스펄전이 영향력 있는 설교자가 된 것은 그의 웅변술이나 설교의 기술에 있었던 것이라기보다는 우리를 위하여 십자가에 달리신 그리스도

---

[67] Richard Day, 『스펄전의 생애』, 227.
[68] Richard Day, 『스펄전의 생애』, 227.
[69] Richard Day, 『스펄전의 생애』, 227.

를 설교하는 것을 궁극적 목표로 삼았기 때문이다. 제스 페이지(Jesse Page)는 "그는 나사렛 예수를 사랑했고 나사렛 예수는 그를 사랑했기에" 힘 있고 영향력 있는 설교자가 될 수 있었다고 하였다.[70] 스펄전의 설교는 철저하게 그리스도 중심적인 설교였다. 그는 어떤 본문을 가지고 설교하든지 그리스도를 전하려고 했다. 그는 자기 평생의 설교 사역이 "십자가에 달리신 그리스도를 설교하였다"라고 평가되어지기를 원했다.[71] 스펄전은 자신의 이러한 소망을 다음과 같이 말했다. "제가 드리고 싶은 모든 말씀의 요점은 이것입니다. 형제 여러분, 그리스도를 전하십시오. 언제나 영원토록 그리스도를 전하시기 바랍니다. 그가 온전한 복음입니다. 그의 성품과 그의 직분과 사역이 모든 것을 다 포괄하는 유일한 위대한 주제가 되어야 합니다."[72]

스펄전의 설교의 목적은 항상 복음을 전하는 데 있었다. 청중에게 그리스도를 전하는 데 심혈을 기울였다. 그의 설교의 중요한 특징은 어떤 본문을 설교하더라도 결론은 대부분 예수 그리스도의 복음이었다. 그의 설교는 지나칠 정도로 예수 그리스도로 끝을 맺으려고 하였다. 다음은 그의 설교에 나타난 몇 편의 결론 부분들이다.

### 밤에 부르는 노래 〈욥 35:10〉

하나님께서 그 자녀들에게 자비를 베푸시면 자녀들은 일반적으로 그 자비를 베푸시는 하나님보다는 자비 그 자체에 더 매달리게 된다는 사실이

---

[70] Jesse Page, *C. H. Spurgeon: His Life and Ministry* (London: Stockwell, N/A), vi.
[71] Tom Carter, *Spurgeon at His Best* (Grand Rapids: Baker Book House, 1988), 4.
[72] Charles Haddon Spurgeon, *Lectures to My Students*, 79; Lewis Drummond, *Spurgeon: Prince of Preachers*, 291.

좀 이상합니다. 그러나 밤이 오면 자비는 몽땅 다 쓸어 버리고 즉시로 말하기를 주여, 이젠 오로지 주님 외에는 찬양할 이가 없나이다. 주께로만 가까이 가야 합니다. 오로지 주께로만 가까이 가야만 합니다. 한때는 망루도 있었습니다. 물로 가득 찬 물 저장소도 있었습니다. 목마르는 줄 모르고 마셨습니다. 그러나 이제는 다 말라 버렸습니다. 주여! 이제는 주님 한 분만을 제외하고는 아무런 샘도 없습니다. 오로지 주님의 샘에서 마시게 하소서.[73]

### 창고를 여는 요셉 〈창 41:56〉

윌리암 브릿지는 "예수 그리스도에게는 우리 모두에게 채워줄 수 있는 풍성함이 있다"라고 말했습니다. 예를 들면, 둘이나 여섯 명, 혹은 이십여 명의 사람들이 목이 말라 한 병의 물을 마시려고 한다면, 한 사람이 마시고 있는 동안 다른 사람들은 질투를 할 것입니다. 왜냐하면, 각자는 한 병의 물이 자기도 마실 수 있을 만큼 풍족하지 않다고 생각하기 때문입니다. 그러나 한 백 명쯤 목이 마르다고 합시다. 이때 모두가 강가에 가서 한 사람이 물을 마시고 있는 동안 다른 사람들은 그를 시기하지 않을 것입니다. 왜냐하면 거기에는 그들 모두가 풍성히 마실 수 있는 물이 있기 때문입니다. 이와 같이 교회를 통해서 주어지는 모든 영적인 축복은 예수 그리스도에 의해 풍성케 됩니다.[74]

---

[73] 정장복,『인물로 본 설교의 역사』하권 (서울: 장로회신학대학 출판부, 1994), 67에서 인용.
[74] William Bridge says: There is enough in Jesus Christ to serve us all. If two, or six, or twenty men be a thirst, and they go to drink out of a bottle, while one is drinking, the other envies, because he thinks there will not be enough for him too: but if a hundred be a thirst, and go to the river, while one is drinking, the other envies not, because there is enough to serve them all." "All the spiritual blessings wherewith the Church is enriched are in and by Christ" (David Otis Fuller, ed., *Spurgeon's Sermon Notes*, 15-16).

**합당치 않는 기도 〈출 14:15〉**

한 번은 존 번연이 기도하려고 힘쓰고 있을 때 유혹하는 자(마귀)가 와서 이르기를 "하나님의 자비, 그리스도의 피, 그러한 것들은 전혀 너희 죄를 사해 줄 수 없다. 그러므로 기도한다는 것은 무익한 일이다"라고 유혹을 하였습니다. 그러나 번연은 기도해야겠다고 생각했습니다. 다시 그 유혹하는 자가 말하기를 "너희 죄는 용서 받을 수 없다"고 하였습니다. 그때에 그는 "하지만 나는 기도 하겠다"라고 하였습니다. 그때 또 그 마귀가 "아무 소용없어"라고 말했습니다. 그러나 그는 여전히 "아무 소용없어도 나는 기도하겠다"라고 대답하고는 간절히 기도하기 시작했습니다. "주님, 사탄이 말하기를 주님의 자비와 그리스도의 피로도 나의 영혼을 구원할 수 없다고 하나이다. 주님, 주님께서는 나의 영혼을 구원하시기를 원하시며, 하실 수 있음을 내가 믿음으로 당신을 경외하여야 합니까? 하지 말아야 합니까? 주님, 당신께서는 나를 구원하실 수 있으며 내 죄사하기를 원하시는 주님으로 깊이 경외합니다." 그가 이렇게 열심히 기도하고 있는 동안, 마치 누군가가 자기를 위로하기 위해 등을 두드려 주는 것처럼 성경말씀이 그의 마음속에 떠올랐습니다. "사랑하는 자여! 네 믿음이 크도다."[75]

---

[75] On one occasion, when Bunyan was endeavoring to pray, the tempter suggested "that neither the mercy of God, nor yet the blood of Christ, at all concerned him, nor could they help him by reason of his sin; therefore it was vain to pray." Yet he thought with himself, "I will pray." "But", said the tempter, "your sin is unpardonable." "Well," said he, "I will pray." "It is to no boot," said the adversary. And still he answered, "I will pray." And so he began his prayer: "Lord, Satan tells me that neither thy mercy nor Christ's blood is sufficient to save my soul. Lord, shall I honor Thee most by believing Thou wilt and canst? or him, by believing Thou neither wilt nor canst? Lord, I would fain honor Thee by believing that Thou canst and wilt." And while he was thus speaking, "as if some one had clapped him on the back," that Scripture fastened on his mind, "Oh, man, great is thy faith" (David Otis Fuller, ed., *Spurgeon's Sermon Notes*, 19).

**구원은 여호와 〈시 37:39〉**

만약 구원의 일부는 하나님께 있고 일부는 사람에게 속한다면 그것은 느브갓네살 왕의 꿈의 형성, 즉 일부는 철로 일부는 진흙으로 되어 있는 것처럼 유감천만 한 사건이 될 것입니다. 그러므로 그것도 와해되고 말 것입니다. 이와 같이 만약 우리의 신뢰가 약간은 예수님께 있고, 약간은 자신의 노력 속에 있다면, 우리의 기초도 일부분은 반석 위에 또 다른 부분은 모래 위에 둔 것과 같이 결국은 그 전체의 건물이 무너지고 말 것입니다. 그러므로 누구든지 이 말의 참뜻을 깨달을 수 있기 바랍니다. "구원은 여호와께 있으니."[76]

**리스도는 만유이시다 〈골 3:11〉**

"그리스도는 만유시요 만유 안에 계시니라." 이 말씀은 많은 의미를 지니고 있습니다. 첫째는 그리스도는 우리의 문화입니다. 그리스도 안에서 우리는 '헬라인'을 모방하기도 하며 또 능가하기도 합니다. 둘째는 그리스도는 우리의 계시이십니다. '유대인'들이 하나님의 말씀을 믿음으로 영광스러웠던 것처럼 우리들도 주님 안에서 영광스럽습니다. 셋째는 그리스도는 우리의 새로움(변화)이십니다. 그리스도는 '야만인'의 마음을 꿰뚫는 가장 새로운 사상보다도 우리에게 더욱 신선한 분이십니다. 넷째는 그리스도는 우리의 힘과 자유이십니다. '스구디아인'은 우리가 그리스도 안에서 발견한 것 같은 그러한 끝없는 독립을 소유하지 못하였습니다.

---

[76] If salvation were partly of God and partly of man it would be as sorry an affair as that image of Nebuchadnezzar's dream, which was partly of iron and partly of clay. It would end in a break-down. If our dependence were upon Jesus in a measure, and our own works in some degree, our foundation would be partly on the rock and partly on the sand, and the whole structure would fall. Oh, to know the full meaning of the words, "*Salvation is of the Lord*" (David Otis Fuller, ed., *Spurgeon's Sermon Notes*, 71).

그리스도께서 만유보다 더 존중되지 않는다면 전혀 존중되지 않은 것입니다. - 어거스틴.[77]

이상에서 살핀 것처럼 스펄전은 어느 본문을 가지고 설교하든지 그 본문을 통하여 예수 그리스도를 드러내기를 원했고 그리스도로 말미암는 구원을 선포하기를 희망하는 설교자였다. 그의 설교의 대 주제는 철저하게 예수 그리스도였다.

설교자로서 스펄전은 한 편의 설교를 위하여 많은 기도와 독창적인 생각과 정신력을 발휘하여 가능한 모든 정보를 스스로 확보하여 설교하였다. 하지만 스펄전은 어떤 본문을 설교하든 결국 십자가에 달리신 예수 그리스도의 복음을 드러내기를 힘썼다. 그는 이렇게 언급하였다. "루터나 칼빈의 의견과 마찬가지로 나도 대속, 즉 인간을 대신하여 죽으신 그리스도에게 복음의 핵심과 실체가 있다고 생각해 왔다. 내가 복음을 이해하고 있다면 이것이 바로 복음이다. 내가 정죄 받지 아니하는 단 한 가지 이유는 바로 이 복음 때문이다. 즉 그리스도는 나를 대신하여 십자가에 달리셨으므로 죄에 대한 두 번의 정죄는 필요 없는 것이다."[78]

스펄전은 요한복음 1: 29를 중심으로 '세례 요한의 메시지'라는 주제로 설교하면서 '진실된 설교자'에 대해서 다음과 같이 말했다.[79] 진실된 설교자는 첫째, 스스로 주님을 본 사람이다(요 1:33). 스스로 알고 본 예수님

---

[77] "Christ is all and in all"; and that in many senses. (1) Christ is all our culture. In Him we emulate and excel the "Greek." (2) Christ is all our revelation. We glory in Him even as the "Jew" gloried in receiving the oracles of God. (3) Christ is all our natural traditions. He is more to us than the freshest ideas which cross the mind of the "Barbarian." (4) Christ is all our unconquerableness and liberty. The "Chythian" had not such boundless independence as we find in Him. Christ is not valued unless He be valued above all. - Augustine(David Otis Fuller, ed., *Spurgeon's Sermon Notes*, 287-288).
[78] Charles Haddon Spurgeon, *The Early Years: Autobiography*, 13.
[79] David Otis Fuller, ed., *Spurgeon's Sermon Notes*, 218.

에 대해서 설교하는 것을 기뻐하는 자이다. 둘째, 그는 주님을 보도록 사람들을 부르는 자이다. "보라 하나님의 어린양이로다"(요 1: 29). 셋째, 그의 메시지를 듣고 예수님을 따르도록 하는 자이다. 요한의 제자들은 요한의 말을 듣고 예수님을 따랐다(요 1:37). 우리의 설교는 사람들이 우리 자신을 넘어서 그리스도에게 가도록 해야 한다. "우리가 우리 자신을 전하는 것이 아니요 예수 그리스도께서 주 되심을 증거하는 것"(고후 4: 5)이다. 넷째, 그는 예수 안에서 자신을 포기할 수 있는 자이다. 즉 진실된 설교자는 예수를 흥하게 하는 자이다. "그는 흥하여야겠고 나는 쇠하여야 하리라"(요 3:30). 스펄전은 바른 설교자는 예수를 흥하게 하는 설교자라고 믿었다. 그는 헤아릴 수 없는 방대한 설교를 하였지만 그의 설교는 항상 그리스도의 복음으로 넘쳐났다.

## 설교학적 의의

스펄전의 설교 이해와 특징은 현대 설교자들에게 많은 감명과 도전을 준다. 설교자로서 스펄전의 소유한 설교 정신과 설교 원리와 실제는 설교자들에게 많은 통찰을 제공해 주고 있다. 스펄전은 당대뿐 아니라 100년 이상이 흐른 오늘날에도 지구촌 곳곳에서 이상적인 설교자로서 이야기되어지고 있다. 그는 의심의 여지없이 가장 인상적이며 가장 복음주의 설교자였다. 그의 설교 사역 가운데서 예수를 흥하게 하고자 하였던 열망은 현대 설교자들에게 중요한 지침이 될 수 있다. 아놀드 델리모어(Arnold Dallimore)는 설교 내용의 중요성에 대한 스펄전의 견해를 이렇게 피력하였다. "그 안에 그리스도를 품지 않으면 그것은 결코 복음이 아니다."[80] 하지만 그는 또한 시대를 보는 안목과 청중의 필요를 깊이 인식하면서 말씀에 대한 존경심과 성령의 사역에 민감하였다.

스펄전의 설교가 힘이 있었던 것은 무엇보다도 복음을 전하는 그 자신이 먼저 복음 가운데 있어야 한다는 이 단순한 진리에 충실했기 때문이다. 그는 이 원리가 설교자에게 가장 중요한 원칙이라고 확신하였다. 그가 "그리스도의 사역자는 말과 심장과 손이 서로 일치해야 한다"고[81] 말했던 것처럼 현대 설교자들은 진리를 체험적으로 아는 일에 힘써야 한다.

스펄전이라고 해서 완벽한 설교자는 아니었다. 그는 성경을 가끔 지나치게 영해(spiritualization)할 때도 있었다. 스펄전은 가끔 설교 본문을 한 두 구절만 선택하여 설교함으로써 본문의 맥락을 무시하고 설교하는 경향이 있었다. 또한 스펄전은 예배에서 설교 비중을 많이 둠으로써 예전적인 면을 약화시키는 경향도 있었다. 하지만 워렌 위어스비(Warren Wiersbe)는 스펄전의 설교를 이렇게 평가하였다. "우리처럼 스펄전도 결함과 약점이 있다. 그러나 그는 하나님의 은혜를 항상 확대하였고 하나님의 독생자를 영화롭게 했다."[82] 스펄전이 남긴 설교와 그의 설교 정신과 이론은 생명을 살리며 영혼에게 감동 깊은 설교를 소망하는 설교자들에게 많은 도전과 격려를 주고 있다.

---

80 Arnold Dallimore, *Spurgeon* (Edinburgh: The Banner of Trust, 1984), 140.
81 Charles Haddon Spurgeon, *Lectures to My Student*, 19.
82 Warren Wiersbe, *Walking with the Giants* (Grand Rapids: Baker Book House, 1976), 77.

# PART 5
# 설교 준비와 실천
Preaching & Practice

# Chapter 14

# 들리는 설교를 위한 지침
Preaching & Understanding

## 설교는 해석이다

설교자의 삶은 해석의 삶이다(The life of preacher is a life of interpretation). 다양한 상황에 처해 있는 다양한 사람들의 표정을 읽고, 한숨 소리 혹은 저조한 목소리의 의미를 주의 깊게 듣고, 학교 담 너머로 보이는 학생들의 뛰노는 모습에서 그들의 미래 모습을 미루어 보고, 책 표지 그림을 묵상하며, 여러 이미지들을 함께 모아 보기 위해 TV를 끄고, 성경을 읽고, 설교를 준비하는 것들은 모두 해석하는 활동 속에 포함된다.[1]

각 차원의 경험은 특별한 도전을 주며 각각 다른 방법, 다른 원리 그리고 다른 도움을 필요로 한다. 한 사람의 삶을 해석하는 것은 어떤 한 가지의 방법이나 원리가 필요할 수 있으나 인류 공동체의 삶을 해석하기 위해서는 다른 방법이나 원리가 필요하다. 삶의 원대한 의미, 목적과 목표, 삶 그 자체, 즉 궁극적 차원, 죽음, 정신, 혹은 신비 등은 물론 또 다른 접근이 필요하다.

---

1 W. Dow Edgerton, *Speak to Me That I May Speak: A Spirituality of Preaching* (Cleveland, Ohio: The Pilgrim Press, 2006), 43.

사람의 표정과 목소리, 어린이들의 모습, 통계자료들 그리고 성경을 해석하는 데 각각 다른 접근방법 혹은 원리가 필요하다. 이러한 것들은 설교자의 지성, 감성, 영성을 포괄하는 다양한 차원의 이해와 해석의 과정을 거치게 된다. 비록 그러할지라도 설교자들은 결국 그것들을 말로 만들어야 하고, 또한 말로 표현해야만 한다. 설교자에게 다수의 해석들은 결국 말하는 그 순간에 종착된다. 말하는 그 순간에 모든 해석이 실제가 된다.[2]

2011년 7월 22일 노르웨이 사상 최악의 연쇄 테러 사건의 용의자인 안데르스 베링 브레이빅(Anders Behring Breivik)은 범행 5일 전인 지난 17일 개설한 트위터에 19세기 영국 철학자 존 스튜어트 밀(John Stuart Mill)의 말을 인용해 글을 남겼다. "신념을 가진 한 사람은 이익만을 따르는 사람 10만 명의 힘에 맞먹는다." 스튜어트의 문장은 인류사에 많은 의미와 도전을 주었다. 인간이 바른 신념과 가치를 지니고 살아가는 것이 얼마나 중요한지를 일깨워 주는 말이기도 하다. 이익만을 추구하는 사람들에게 큰 도전을 주는 내용이 아닐 수 없다. 그러나 우리가 브레이빅을 통해 깨닫게 되는 것은, 내용도 중요하지만 그 내용을 어떻게 해석하고 적용하는가는 더 중요하다는 것이다. 아무리 좋은 내용이라 할지라도 잘못 해석되고 적용될 수 있다는 것을 알 수 있다. 바른 해석의 중요성을 깨닫게 된다. 바른 해석을 위해서는 세 가지 요소가 바른 관계 안에 있을 때 가능하다. 첫째는 내용이다. 내용을 알아야 한다. 둘째는 해석자다. 해석자가 어떤 정신을 가지고 내용을 해석하느냐에 따라 해석과 적용은 달라질 수 있다. 셋째 바른 해석이다. 바른 해석을 위해서는 해석자가 내용을

---

2 W. Dow Edgerton, *Speak to Me That I May Speak: A Spirituality of Preaching*, 43.

바르게 이해해야 할 뿐만 아니라 균형 감각과 정신을 소유해야 한다. 이러한 해석적 원리는 설교자에게도 그대로 적용된다. 설교자가 성경을 바르게 이해하는 것도 중요하지만 성경을 통해서 어떤 정신과 사상을 형성하고 있느냐는 더욱 중요한 것이다. 바른 성경적 정신을 가지고 있어야 바른 해석이 나오기 때문이다. 설교자는 성경의 세계에 대한 바른 해석적 능력이 있어야 한다.

설교를 위한 해석은 분명 성경 본문을 해독해 내는 것 이상이다. 그러나 종종 설교의 내용이 실제 삶 위에 놓여진 문제를 간신히 다루거나 거의 다루지 않는 아주 일반적인 적용이 많다. 이것은 성경 본문에 대한 해석이지 공동체가 실제로 존재하는 방식인 평범함, 화려함, 고통, 독특성 등과 같은 실제 삶에 대한 해석은 아니다. 설교자는 성경뿐만 아니라 어떤 서적이라도 읽고 그 내용을 파악하기 위해 많은 시간을 소요할 필요가 있다. 그렇게 많은 시간을 들여 읽었을지라도 다른 때에 다른 각도로 혹은 다른 물음을 갖고 그 본문을 다시 읽고 또 읽어야 한다. 설교자는 설교 준비를 위해 이러한 원리 아래 본문과 삶의 문제를 가지고 씨름하고 주의를 집중하여 몰입하는 것이 필요하다.

성경을 잘못 이해할 때와 마찬가지로 사람을 잘못 이해할 때에 설교는 공허해진다. 성경이 제시하는 것을 무시할 때와 같이 일상의 삶의 경험이 제시하는 것을 진지하게 여기지 못할 때에 설교는 그 길을 잃고 만다. 성경을 원래의 시공간적 상황에 맞지 않게 해석하게 되면 그것은 죽은 문자를 전하는 것에 지나지 않는다. 역설적이게도 사람을 잘못 이해하는 설교는 성경을 잘못 이해하는 설교이다. 이것은 설교자가 구체화된 기독

교 진리 선포 위에 서 있어야 한다는 요구이다.³

복음이 제시하는 놀라움이나 약속도 일상적 삶과의 관계에서 다루어야 한다. 설교는 궁극적인 것을 제시하되 구체적이고 우리 삶과 관련 있는 것을 다루어야 한다. 카페, 회의장, 병원 등 일상적 삶의 장이 궁극적인 장과 만나는 곳에서 복음의 이야기가 이해되어야 한다. 사람의 한숨을 해석하지 못하는 한, 성경을 해석할 수 없다. 놀이터에서 뛰노는 아이의 모습을 읽어내지 못하는 한, 어떤 부분의 성경을 펼치더라도 그 성경 구절들은 우리 자신에게 닫혀있을 것이다. 자신이 속해 있는 시공간의 이야기를 말하는 데 혼신을 쏟지 않는 한, 설교자는 잡신들의 이야기들 외에는 전할 만한 하나님의 이야기를 가지지 못할 것이다.

### 본문의 숲을 보아야 한다

설교자가 선택한 본문과 그 주변 문맥을 이해하는 것은 설교에서 중요한 부분이다. 성경 본문의 문맥의 맥락을 고려하지 않으면 이해가 왜곡되게 이해될 수 있기 때문이다. 종강 시간에 교수가 수업을 수강한 학생들을 파티에 초대한 것을 가지고 상상해 보자. 이 교수가 학생들에게 "여러분 모두를 파티에 초대합니다. 꼭 참석해 주시기 바랍니다"라고 말했다. 그런데 그 자리에 어떤 신문사 기자가 동석했다고 가정해 보자. 그리고 그다음날 신문에 "여러분 모두를 파티에 초대합니다"라고 크게 기사가 실렸다. 이 기자는 초청자가 한 말을 하나도 빠뜨리지 않고 정확하게

---

3  W. Dow Edgerton, *Speak to Me That I May Speak: A Spirituality of Preaching*, 44.

신문에 옮겼다. 그래서 신문을 읽는 사람들도 자신들 역시 파티에 초대되었다고 믿게 되었다고 하자. 어떻게 그런 결과가 벌어졌는가? 소통 과정에서 맥락(context)이 빠졌기 때문이다. 교수가 '여러분 모두'라고 말했을 때 그 '모두'는 그 교실에 모인 모든 학생들을 의미했지 그 도시에 살고 있거나 신문을 읽을 모든 사람이 아니다.

이처럼 설교자들이 성경 본문을 해석할 때 그 교실에 동석하여 소통의 맥락에 동참해야 하는 것처럼 성경 본문의 맥락을 살펴야 한다. 예를 들어 더 구체적으로 설명해 보면, 바울은 고린도전서 13:5에서 "사랑은 무례히 행치 아니하며"라고 말하고 있다. 우리는 무례히 행치 아니한다는 말의 의미를 바울이 말하고자 했던 소통의 맥락보다는 오늘날의 독자 자신의 소통 또는 이해 맥락 속에서 찾으려고 한다. 일반적으로 우리들은 사도 바울이 말한 무례히 행하지 않는다는 말의 의미를 우리의 예절에 관하여 교훈하고 있다고 이해한다. 하지만 바울이 무례히 행한다는 용어를 사용할 때 그는 고린도전서에서 이미 두 번이나 이 단어를 사용하고 있다(고전 7:36; 12:23). 무례히 행한다는 단어에 대한 바울의 용례는 성적인 부적절함에 대한 의미를 담고 있다. 때문에 고린도교회 신자들이 고린도전서 13장에서 사랑은 무례히 행하지 않는다는 바울의 교훈을 듣게 되었을 때 그들은 바울이 이전에 이 단어를 사용했던 맥락 속에서 이해했을 것이다. 사랑은 무례히 행치 아니한다는 말의 문맥적 의미는 친구 사이나 사제지간이나 성도들 사이에 친절하게 대해야 한다는 뜻이라기보다는 참된 사랑은 성적인 경계선(sexual boundary)을 넘지 말아야 한다는 의미이다.[4]

---

4 Zack Eswine, *Preaching to a Post-Everything World*, 184-85.

## 문화적 맥락을 알아야 한다

바울과 바나바가 루스드라에서 태어나 걸어본 적이 없는 사람의 다리를 예수님의 능력에 힘입어 고쳐주었다(행 14: 8-10). 그러자 큰 소동이 일어났다. 기적을 목격한 그곳 사람들은 "신들이 사람의 형상으로 우리 가운데 내려오셨다"고 소리 지르기 시작했다. 그리고 바나바는 쓰스라 하고 바울은 그 중에 말하는 자이므로 허메라 했다. 그러자 바울과 바나바는 이들의 말을 듣고 옷을 찢고 무리 가운데 뛰어들어 가서 소리를 지르며 자신들의 정체를 성경적인 관점에서 설명해 주었다. "여러분이여 어찌하여 이러한 일을 하느냐 우리도 너희와 같은 성정을 가진 사람이라"(행 14:15). 루스드라 사람들이 사도들의 치유 사건을 이렇게 이해한 이유는, 이들에게는 성경적인 배경 지식과 이해가 없었기 때문이다.

설교자가 성경의 세계를 잘 이해는 것과 성경 본문을 바르게 해석하는 것은 그 무엇보다 중요하다. 설교자들은 이 시대의 문화적인 가치 기준보다는 성경에 기초하여 현실과 삶을 해석하는 능력을 길러야 한다. 하지만 이러한 견해가 잘못하면 매우 우직한 방식으로 왜곡될 수도 있다. 설교자가 자신의 역할을 자신의 고유한 문화적 배경과 심리적 배경에 대해서는 전혀 생각하지 않거나 연구하지 않고 오직 하나님의 말씀만 선포하는 것을 성경적 설교로 이해할 때이다. 그러나 성경적인 설교란 단순히 본문의 의미만을 청중에게 그대로 전하는 것이 아니라 본문의 메시지를 청중의 문화적 맥락 속에서 충분히 설명하고 이해할 수 있도록 전하는 것이다.

설교자의 손에 들려진 번역된 성경은 문화적인 맥락 속에서 번역된 것이다. 때문에 성경은 번역 과정에서 어떤 용어나 내용이 사뭇 다른 언어적 표현이 있기 마련이다. 한국어 성경에는 "너희 안에 이 마음을 품으라 곧 그리스도 예수의 마음이니"(빌 2:5)라고 되어 있지만, 영어 성경에는 "Your attitude should be the same as that of Christ Jesus"(NIV)라고 되어 있다. 한국어 성경에는 '마음'에 초점이 맞추어져 있지만, 영어 성경에는 '태도'에 초점이 맞추어져 있다. 설교자는 성경이 번역 과정에서 문화적인 배경이나 언어적 감정을 충분히 고려하여 번역되었다는 것을 알 필요가 있다. 그렇기 때문에 설교자가 처한 문화적 맥락에 대한 이해 없이 성경을 대하면 바른 의미를 도출해 낼 수 없다. 설교자는 주로 번역된 성경에 의존하여 설교하고 그와 마찬가지로 청중 역시 자신들을 위하여 성경을 해석해 주는 설교자에게 의존하여 복음을 듣는다. 때문에 설교자가 이러한 것들에 대한 충분한 이해 없이는 성경의 메시지를 바르게 이해할 수 없을 뿐만 아니라 효과적인 메시지를 청중에게 들려줄 수도 없다. 성경의 메시지를 효과적으로 소통하기 위해서는 소통에 참여하는 사람들의 문화적인 맥락과 언어적 감정에 주의를 기울여야 한다.

해돈 로빈슨(Haddon W. Robinson)은 "강단 위에서의 옅은 안개가 강단 아래 회중석에서의 짙은 안개를 초래할 수 있다"고 했다.[5] 로빈슨의 견해가 설교자의 성경에 대한 무지와 청중에 대한 무지로 이해될 수도 있겠지만 다른 의미로도 적용될 수도 있다. 설교자의 무지의 안개는 때로는 성경에 대해 무지할 때도 발생하지만, 설교자가 자신의 문화적 문법과 심리적 문법에 대해 무지할 때도 발생한다. 설교에 대한 기본적이고 일반

---

5 Haddon W. Robinson, *Biblical Preaching: The Development and Delivery of Expository Messages* (Grand Rapids: Baker Academic Press, 2001), 143.

화된 관점, 즉 설교자는 성경에 대한 충실성과 해석 능력을 배양하는 것과 청중을 바르게 이해하여 효과적인 적용을 이끌어 낼 수 있는 능력이 동시에 필요하다. 하지만 설교에서 일반적으로 간과되고 있는 경향은 설교자의 문화적 문법과 심리적 문법에 대한 이해의 중요성이다. 설교자가 자신의 심리적 문법에 대해 이해하는 것은 성경 주해와 청중 분석 만큼이나 중요하다. 왜냐하면 설교자의 문화적인 문법과 심리적인 문법은 성경을 해석하고 의미를 부여해 내는 능력과 청중과 소통하는 과정에서 중요하게 드러나기 때문이다. 에즈윈의 지적한 것처럼 "설교자는 설교 메시지를 청중의 문화적인 문법의 맥락에서 설명해 줄 수 있어야 한다."[6]

## '집으로' 진리가 있어야 한다

설교자가 본문을 연구하다 보면 저자의 중심 아이디어와 생각의 흐름을 발견할 수 있다. 설교자는 이 흐름을 아웃라인 형태로 정리할 수 있어야 한다. 설교자가 본문의 중심 아이디어와 그 중심 아이디어를 지지해 주는 개념들을 식별해야 한다. 아웃라인 형태는 궁극적으로 세 단계를 거치게 된다. 도널드 수누키안(Donald R. Sunukjian)은 아웃라인의 세 단계를 성경 단락의 아웃라인에서 진리의 아웃라인을 거쳐 최종적으로 설교 아웃라인으로 가야 한다고 말한다. 첫째, 단락 아웃라인이다. 이 아웃라인은 역사적 아웃라인으로 과거에 무슨 일이 일어났는지를 말해 준다. 시제(tense)로 정리하면 '일어났다'(happened)와 관련된 아웃라인이다. 단락

---

6 Zack Eswine, *Preaching to a Post-Everything World*, 187.

아웃라인은 근본적으로 원저자가 원 독자들을 염두에 두고 글을 쓰면서 상용했을 법한 아웃라인이다. 단락 아웃라인은 한편 주석적 혹은 본문 아웃라인으로 불리는데, 종종 문법적인 정확성을 기하면서 요점들을 진술한다. 예를 들어, 그 일이 일어난 시간과 방식, 이유, 결과, 수단, 원인들 사이의 논리적 연계를 드러낸다. 이 아웃라인의 용어 혹은 문장은, 인명과 지명, 사건과 문화적 관습을 비롯하여 성경시대의 고유한 특색을 그대로 반영한다.[7]

다음은 진리 아웃라인이다. 설교자는 단락 아웃라인을 진리 아웃라인으로 전환시킬 수 있어야 한다. 진리 아웃라인은 무엇이 일어나는지를 말해 준다. 시제로 정리하면 '일어난다'(happens)와 관련된 아웃라인이다. 단락 아웃라인이 역사적이라면, 진리 아웃라인은 신학적이다. 이 아웃라인의 언어와 개념은 어느 시대, 어느 장소, 어느 청중에게도 말할 수 있다.[8] 단락 아웃라인에서 진리 아웃라인으로 나아가는 방법을 수누키안은 다음과 같이 말한다.

> 좋은 단락 아웃라인은 설교자로 하여금 본문에 닻을 내리게 만들지만, 통상 그것 자체가 설교할 내용은 아니다. 단락 아웃라인은 보통 과거 시제, 고대 역사, 오래전에 일어난 무언가이다. 영원한 진리를 표현하는 언어로 표현되지 않는다. 영적인 가치도 분명히 드러나지 않는다. 그리고 여기에는 현대생활을 향한 구체적인 적용이 포함되지 않는다. 그리하여 단락 아웃라인은 진리 아웃라인으로 전환해야 할 필요가 있다. 우리는

---

[7] Donald R. Sunukjian, *Invitation to Biblical Preaching : Proclaiming Truth with Clarity*, 채경락 옮김, 『성경적 설교의 초대』(서울: 기독교문서선교회, 2010), 34-5.
[8] Donald R. Sunukjian, 『성경적 설교의 초대』, 35-6.

역사에서 신학으로 나아가야 한다. 어떻게 그렇게 할 수 있는가? 우리는 단락 아웃라인을 두 가지 방식으로 수정함으로써 단락 아웃라인에서 진리 아웃라인으로 나아간다. 역사적 진술들을 영원한 보편적 진술들로 전환한다. 개념들을 저자의 원래 생각 순서로 배열한다.[9]

마지막 단계는 설교 아웃라인이다. 현대적 적실성과 관련된 아웃라인이다. 시제로 정리하면, '일어나고 있다'(happening)와 관련된 단락이다. 궁극적으로 설교자는 이 아웃라인을 최종적인 설교 형태로 구성해야 한다. 설교 아웃라인은 근본적으로 청중에게 말한다. 예를 들면, "하나님과 동행하면 이런 일이 일어나는 것은 진리이기 때문에, 성경 시대에 이런 일이 일어났던 것처럼, 오늘 우리의 삶 속에 일어나고 있다"와 같은 형태다. 설교 아웃라인은 그 성경 단락의 진리가 어떻게 특정한 청중에게 현대적인 방식으로 전달될 것인지를 보여준다. 그것은 진리를 선포하고, 처음 두 아웃라인의 요소들을 통합하면서 어떻게 이 진리가 본문의 세부 사항에서 유추되었는지를 보여주고, 그다음에 이 진리를 현대 청중의 구체적인 상황에 적용한다. 이 세 단락의 흐름 또는 단계를 간단하게 정리하면 이렇다. 단락 아웃라인('일어났다' happened) – 진리 아웃라인('일어난다' happens) – 설교 아웃라인('일어나고 있다' happening) – 그리고 '집으로' 진리를 결정해야 한다.

아웃라인 작성을 통하여 메시지의 아웃라인을 잡고 나면, 이제 '집으로'(take-home) 진리라는 이름의 한 단일 문장, 즉 이 본문을 통해 우리에게 주시는 하나님의 계시의 핵심을 결정할 준비가 된 것이다. '집으로' 진

---

9  Donald R. Sunukjian,『성경적 설교의 초대』, 63.

리의 문장은 성경의 저자가 전달하고자 하는 핵심 진리를 표현하는 중심 개념(big idea)이다. 이 진리는 청중이 다른 모든 것은 잊어버리더라도 이것만은 집까지 가져가서 꼭 기억하기를 설교자가 기대하는 것이다.[10] 설교자가 전달하고자 하는 핵심 진리를 표현하는 중심 개념이다. '집으로' 진리를 결정하려면, 진리 아웃라인을 살펴보면서 다음 질문을 던져야 한다. 성경 저자가 제기하고 있는 가장 큰 질문이나 아이디어는 무엇이며, 그 질문이나 아이디어에 대해 그가 내놓고 있는 답은 무엇인가? 이런 과정을 통해 설교자는 질문과 대답을 얻게 된다. 질문은 설교의 주제를 얻게 한다. 즉 설교자는 질문을 통해 무엇에 관해 설교해야 할지를 알게 된다. 그리고 대답은 설교에서 주장(assertion)해야 할 것을 파악하게 한다. 즉 설교의 주제에 관해 설교자가 무엇이라고 말해야 될지가 결정된다. 질문과 대답 혹은 주제와 주장을 합쳐 놓으면 그것이 설교의 중심 개념이 된다. 토마스 롱(Thomas G. Long)은 질문과 대답의 관계를 '초점진술'(a focus statement)과 '기능진술'(a function statement)로 구분하여 설명한다. 전자는 주제에 대한 간결한 서술로써 설교의 주제를 통제하고 하나로 만들어 주는 것이다. 즉 초점진술이란 설교의 주제와 관련된 것이다. 후자는 설교가 청중의 변화를 바라는 의도와 관련된 것이다. 질문에 대한 답변과 관련된 진술이다.[11]

설교자는 설교의 핵심 진리를 하나의 단일 문장으로 진술할 수 있어야 한다. 그렇지 않으면 설교가 자칫 서로 무관한 생각들의 나열이 될 수 있다. 예를 들면, "우리가 가진 모든 것은 그리스도로 인한 것이다. 하나님은 우리를 사랑하신다. 성령은 당신을 지키신다. 당신에게 장래의 기업이

---

10 Donald R. Sunukjian, 『성경적 설교의 초대』, 84.
11 Thomas G. Long, 『설교자는 증인이다』, 130.

있다. 하나님은 축복의 하나님이심으로 당신을 축복하실 것이다." 이처럼 중심된 집으로 진리와 논리가 없으면 청중은 지엽적인 소지 하나에 초점을 맞추거나 무엇을 말하려고 하는지 혼란스러워 할 수 있다. 때문에 설교는 중심 개념이 있어야 한다. 설교는 명확한 초점이 있어야 한다. 설교는 논리적이어야 한다. 대단히 중요한 내용들이다. 설교자는 이러한 잘못을 피하기 위해 최선을 다해 설교를 준비해야 한다. 청중이 설교자가 무엇을 말하려고 하는지 모르거나 초점이 없는 설교를 해서는 안 된다.

한편, 기억해야 할 것이 있다. 그것은 설교가 중심 또는 핵심 진리가 있고 논리적이라고 해서 반드시 효과적인 설교가 되는 것은 아니다. 설교가 중심 진리가 있고 논리적이지만 은혜가 안 되는 설교가 있고, 중심 진리는 조금 약해도 은혜와 감동이 있는 설교가 있을 수 있다. 브라운(R. C. Browne)의 주장에 의하면, "궁극적으로 설교자의 사역은 사람들이 지각 가능한 마음 상태에 이르도록, 즉 하나님의 활동에 마음이 열려 있고 수용적이 되도록 돕는 것이다."[12] 하지만 그는 또한 이렇게 말한다. "때때로 어눌한 문장들이 형언할 수 없는 신비를 반사하여", 설교자가 알 수 없는 "일들을 입술이 선포할 것이다."[13] 이는 설교가 단지 인간의 지각 구조에 제한되지 않고 초월적 차원이 있음을 말하고 있는 것이다. 설교는 글로 작성해서 정보를 전하는 것에 제한되지 않기 때문이다. 설교자는 설교에서 심리적이고 정서적이고 영적인 요소들이 반드시 베어 나오도록 많은 묵상을 해야 할 뿐만 아니라 항상 초월적 신비 앞에 겸손하게 열린 자세를 가져야 한다.

---

12 R. C. Browne, *The Ministry of the Word* (Minneapolis: Augsburg Fortress Publishers, 1982), 80.
13 R. C. Browne, *The Ministry of the Word*, 30.

## 설교는 청중을 위한 것이다

설교자가 설교를 준비했는데 아무도 듣는 이가 없다면 설교할 필요가 없어진다. 때문에 설교자는 늘 자신의 설교를 들을 청중을 염두에 두며 설교를 준비해야 한다. 그들이 누구인가? 왜 그들이 내 설교를 들으러 오는가? 그들의 학력, 경제 문화적 수준, 신앙의 연륜, 신학적 지식 면에서 얼마나 다양한가? 설교를 들으러 오면서 어떤 기대감을 가지고 있는가? 기독교 가르침에 대해서 얼마나 알고 있는가? 특정한 성도들과 효과적으로 의사소통을 하기 위해서 알아야 할 것이 무엇이 있는가? 등이다. 토마스 롱(Thomas G. Long)은 본문과 청중 사이의 관계를 '다리'라는 은유를 통해서 설명한다.[14] 그에 의하면, 전통적으로 설교학자들은 본문과 설교 사이에 놓여 있는 다리가 본문에서 청중에게로 놓인 다리라고 이해해 왔다. 즉 전통적인 다리 놓기 이론은 본문을 주석한 다음에 청중에게 적용하는 방법이다. 그러나 롱은 이러한 전통적 방법에 문제를 제기한다. 그는 청중은 설교자가 본문을 주석해 나갈 때부터 포함되어져야 한다고 주장한다. 즉 설교자는 청중으로부터 본문으로 가고, 그리고 청중과 함께 본문으로 가야 한다. 그는 "본문으로부터 설교의 시작은 본문에 대한 설교자 자신의 주석 결과를 회중에게 어떻게 알려줄 것인가가 아니라 설교와 만나게 될 청중의 측면에서 결정되어야 한다. 설교자가 건너야 할 다리는 청중의 상황 안에 있는 본문과 청중의 상황 안에 있는 설교를 연결하는 것이다"라고 했다.[15]

---

[14] Thomas G. Long, 『설교자는 증인이다』, 119.
[15] Thomas G. Long, 『설교자는 증인이다』, 119.

다음 내용은 워렌 위어스비(Warren Wiersbe)의 책 『상상이 담긴 설교』에 소개된 내용이다.[16]

대처(Thatcher)할머니는 주일날 아침 늘 앉는 교회 좌석에 앉았다. 이 할머니의 남편은 교회에 출석하지 않을 뿐만 아니라 주일이면 자기를 남겨두고 교회에 가는 것을 못마땅해 하면서 심한 욕까지 하였다. 대처 할머니는 주일이면 으레 남편으로부터 "아예 교회에 가서 살아라!"는 말을 들어야 했다. 대처 할머니는 몸까지 아프기까지 했다. 주님이 아니었다면, 그리고 큰 글자로 인쇄된 성경과 믿는 친구들이 없었다면, 할머니는 일찌감치 인생을 포기했을지도 모른다. 목사님이 설교시간에 강단에 오르자 대처 할머니는 조용히 마음으로 기도했다. "아버지 하나님, 오늘 목사님을 통해서 뭔가 저에게 특별한 말씀을 주셨으면 합니다. 전 지금 그게 필요해요!"

그날 성경 본문은 창세기 9장이었다. 목사님의 창세기 강해 시리즈 스물두 번째 메시지이기도 했다. 설교 제목은 '하나님께서 노아에게 말씀하시다'였다. 본문을 낭독한 목사는 자신의 아카데믹한 연구 자세를 좀 자랑하는 듯한 태도로 그날 메시지의 개요를 말하기 시작했다. 첫째, 나타난 피조 세계의 모습(9:1-3), 둘째, 심판의 주요내용(9:4-7), 셋째, 약속된 계약(9:8-17), 넷째, 육욕의 사건(9:18-23), 다섯째, 예언된 사건의 대가(9:24-29)였다. 몇몇 교인들은 의무감에 떠밀려 주보 뒷면에 이 개요를 받아 적었다. 그러나 할머니는 실망감에 한숨부터 나왔다. "지난주와 비슷한 타령이겠군!" 할머니는 등을 좌석에 기댔다. 그때부터 아예 마음을 접

---

[16] Warren W. Wiersbe, 『상상이 담긴 설교: 마음의 화랑에 말씀을 그려라』, 79-84.

고 설교를 듣지 않으면서 남편이 속을 헤집어 놓기 전까지 읽었던 시편을 묵상하기 시작했다. 몇 주 후 목사님이 지방회의에 참석하는 일이 생겼다. 때문에 담임목사 대신 남미 안데스산맥 인근에서 오랫동안 선교사로 일했던 은퇴한 선교사가 설교를 하게 됐다. 공교롭게도 선교사가 택한 설교 본문은 창세기 9장이었다. 설교 제목은 '항상 무지개를 찾으라'였다. 선교사는 어느 산중에서 만났던 지독한 비바람을 이야기 하면서 설교를 시작했다. "노아가 우리와 같이 있었으면 싶을 지경이었습니다. 노아라면 그 빗속에서도 뭔가 할 수 있지 않겠어요?"

그리고 난 후 선교사는 우리 인생에 닥치는 비바람에 대해 말하기 시작했다. 그 음성 자체에서 동정심과 이해를 느낀 교인들은 선교사 자신이 인생 풍파를 적잖게 겪은 사람임을 알 수 있었다. "비바람은 우리 인생의 일부입니다. 하나님께서 인생을 그런 식으로 만드셨어요." 그리고는 이렇게 말을 이었다. "하지만 여러 해 동안 저에게 도움이 됐던 비밀 하나를 저는 터득했습니다. 그 비밀은 지금도 저에게 큰 도움이 되고 있습니다. 그것은 바로 늘 무지개를 찾으라는 것입니다! 이 세상 말에도 궂은일에서 좋은 면을 찾으라든지, '무지개 저편 어디'를 말하긴 합니다. 그러나 우리 그리스도인들은 그보다 훨씬 좋은 것을 가지고 사는 사람들입니다. 여러분, 성경에서 무지개를 본 세 사람이 누구인지 아십니까?" 무지개를 본 노아, 에스겔, 사도 요한을 소개했다.

그리고 성경을 덮은 선교사는 열심히 귀 기울여 듣는 교인들에게 미소를 지어 보이면서 말했다. "사랑하는 여러분, 저와 여러분은 천국에 이를 때까지는 늘 비바람을 경험할 것입니다. 천국에 가서라야 모든 비바람은 그치겠죠. 그러니 여러분, 비바람이 닥치리라 예상하며 살아야겠죠. 그러나 두려워하지 마십시오. 하나님께서는 항상 신실하시기 때문입니다. 오늘 하나님께서 우리에게 주시는 메시지를 잊지 마시기 바랍니다. 늘 무지개를 찾으라! 변치 않는 하나님께 기대하시기 바랍니다. 그분은 어떤 때는 비바람 이후에 무지개를 보여주실 것입니다. 어떤 때는 비바람 한가운데서 보여주실지도 모르죠. 또한 비바람 이전에 아예 볼 수도 있을 것입니다. 그러나 변치 않는 사실 하나는 하나님이 늘 무지개를 보여주시리라는 것입니다." 집에 가면서 할머니는 생각했다. '흠뻑 영양분을 받아먹은 것 같은 기분, 이렇게 흡족한 기분은 왜일까? 왜 이렇게 내 마음이 평화롭고 기쁜 걸까? 집에서 남편을 만나는 일도 겁이 안 나고 의사를 만날 일도 겁이 안 나니 대체 무슨 일이 일어난 거지?'

담임목사는 늘 성경 지식만을 잔뜩 가르쳤다. 가끔씩 히브리어와 헬라어를 섞어서 쓰면서 설교를 했다. 선교사님의 설교는 교인들로 하여금 들은 설교를 실천하고픈 마음이 일어나게 했다. 그리고 신실하신 하나님을 신뢰한다는 일이 무척이나 당연하고 자연스러운 일이라 느꼈다. 이 선교사님의 설교는 무엇이 달랐던 것일까? 그는 교인들의 상상력을 자극하고 먹였던 것이다. 부르그만은 "우리 인생에서 가장 깊은 곳, 무엇을 거절하고 무엇을 끌어안을지 결정하는 그곳은 지식만 가르쳐서 닿지 않는 것이다. 오직 세계를 이렇게 저렇게 그려내는 이야기와 이미지, 은유가 우리가 가진 두려움이나 상처에 영향 받지 않고 작용할 때, 닿는 곳 바로 그곳이다"라고 했다.[17]

---

[17] Walter Brueggemann, *Finally Comes the Poet: Daring Speech for Proclamation* (Minneapolis: Fortress, 1989), 109-10.

설교에서 청중은 성경 해석 만큼이나 중요하다. 설교자들이 설교를 준비하면서 본문 연구에 집중하다 보면 청중을 잊을 수가 있다. 청중이 없는 설교는 있을 수 없다. 효과적인 설교를 위해서는 반드시 청중과 만나야 한다. 도널드 수누키안(Donald R. Sunukjian)은 설교의 목적을 현대 청중에게 적실한 방식으로 설교하는 것과 관련하여 다음과 같이 설명한다.

> 하나님은 이전 세대에게 뿐만 아니라 우리에게도, 그리고 바로 지금, 바로 우리가 사는 이곳에서도 진리를 계시하신다. 하나님의 복안 속에서 성경은 세기의 경계를 넘어 모든 세대가 처한 상황에 직접적으로 말씀하도록 의도되었다…성경의 메시지는 '하나님이 그때 하신 것'이 아니라 '하나님이 지금 당신에게 말씀하시는 것'이다. 설교의 목적은 지식을 전달하는 것이 아니라 행동에 영향을 주는 것이며, 정보가 아니라 변혁을 일으키는 것이다. 목표는 청중에게 더 많은 교육을 제공하는 것이 아니라 그들을 보다 그리스도를 닮은 사람으로 만드는 데 있다.[18]

어떤 설교자는 어떤 주제에 대한 모든 지식을 주어진 시간 안에 가능한 한 많이 전달하려고 노력한다. 그러나 이러한 방법들은 회중과의 간격만을 넓힐 뿐이다. 설교자가 기억해야 할 것은 설교는 오늘 하루만 하는 것이 아니라는 것이다. 때문에 설교자는 되도록 하나의 내용 또는 주제에 초점을 맞추어 설교해야 한다.

한 청소년 집회에 참석했던 2천 5백 명을 대상으로 한 통계조사가 있다. 이 조사는 집회가 끝난 후 15분쯤 되었을 때 이루어졌는데, 그들 중

---

[18] Donald R. Sunukjian, 『성경적 설교의 초대』, 14-5.

70퍼센트 이상이 그 모임에서 어떤 이야기를 들었는지 기억을 하지 못했다. 나머지 30퍼센트도 예화나 유머는 기억했지만 메시지의 방향이나 목적은 파악하지 못했다.[19]

한번은 메시지를 전하는 유명한 강사가 집회 후 돌아가는 참석자들과 인터뷰를 한 적이 있다. 그 질문 중에는 "강사에 대해서 어떻게 생각하는가?"라는 내용이 있었다. 한 부인은 이 질문에 대해서 미소를 지으며 "그분은 아주 지식이 뛰어났습니다"라고 대답했다. 이에 이어서 질문하기를 "무슨 이야기를 했습니까?"라고 질문하자, 그 부인은 잠시 생각한 후 대답했다. "아주 심오한 것에 대해서 이야기했습니다." 계속해서 세심하게 질문해 보았지만 그 부인은 그가 말한 심오한 개념들 중 하나도 기억하지 못했다. 이것은 강의가 끝난 후 5분이 못되어 한 인터뷰였다.[20] 조각가가 아름다운 이미지를 마음에 떠올리고 단단한 화강암 덩어리를 가지고 조각을 시작한다. 화강암 덩어리 자체가 귀한 것이지만 조각가가 가졌던 아름다운 조각상의 이미지를 표현하기 위해서는 귀한 화강암을 깎아내야 한다. 그 조각가가 그리는 이미지와 부합되지 않는 것을 제거해 버려야 이미지가 살아나는 것이다. 설교도 마찬가지다. 전하려는 메시지가 분명히 전해지려면 아무리 좋은 자료들이 있을지라도 그것이 이미지에 정확히 맞지 않는다면 버려야 한다.

설교자들이 기억해야 할 것은 청중은 오늘 설교를 통해서 무언가 하나의 진리에 대한 깨달음이나 은혜와 감동과 같은 것을 기대한다는 것이다. 즉 "설교자 당신이 이 메시지를 통해 나에게 전달하고자 하는 것이

---

[19] Ken Davis, 『탁월한 설교가 유능한 이야기꾼』, 김세광 옮김 (서울: 예영커뮤니케이션, 2004), 13-4.
[20] Ken Davis, 『탁월한 설교가 유능한 이야기꾼』, 16-7.

무엇입니까?" "이 설교에서 내가 무엇을 집으로 가지고 가기를 원하십니까?"라는 질문들은 설교에서 본질적이고 중요한 부분이다. 청중은 지성과 감성과 영성의 깊은 자리로부터 그것을 추구하고 있다. 청중은 설교자의 설교를 들으면서 때로는 의식적으로, 때로는 무의식적으로 이러한 것들을 기대하고 있다는 사실을 알아야 한다. 때문에 설교자는 밥상을 차리듯이 설교를 준비해야 한다. 밥상은 기본이 중요하다. 한국 사람들의 밥상에 밥과 김치는 기본이다. 밥과 김치가 없으면 무언가 허전하고 이상하게 느껴진다. 하지만 주부가 밥상에 밥과 김치만을 매일 내놓으면 온 가족들로부터 환영 받지 못할 것이다.

기본만으로 밥상이 풍성해질 수 없다. 설교자가 기본적으로 갖추어야 할 자질은 성경말씀을 잘 분석하고 해석하는 것이다. 하지만 설교가 이런 기본만으로는 절대로 풍성해질 수 없다. 청중에게 감동을 줄 수 없다. 밥상을 준비할 때 밥상을 받는 사람의 기호에 맞추어 준비할 때 밥을 먹는 사람들을 기쁘게 할 수 있듯이 설교자는 청중의 문화적 맥락과 특성을 잘 이해하여 설교를 준비할 필요가 있다. 밥상을 맛있게 차리는 것이 주부의 솜씨요 능력이듯이 설교자에게도 이와 같은 자질이 요구된다. 설교자는 밥상을 받는 사람의 심리를 이해해야 한다. 밥상을 받는 사람의 심리는 자기가 음식을 준비해서 먹을 때는 거의 불만이 없다는 것이다. 하지만 누군가가 밥상을 차려줄 때는 심리가 다르게 나타난다. 매일 밥과 김치만을 주거나 자주 먹는 것만 차려주면 섭섭하고 때로는 화가 난다. 이것이 사람의 심리다.

설교를 듣는 청중도 마찬가지다. 설교를 준비할 때 알아야 할 것은 내가 노력하지 않고 일반적으로 쉽게 알 수 있는 것은 대부분의 청중도 그것을 알고 있다는 생각을 가져야 한다는 것이다. 훅(hook, 갈고리)이 있는 설교가 좋은 설교다.[21] 이것은 쉬운 일이 아니지만 효과적인 설교를 위해서는 필요한 부분이다. 즉 설교를 준비하면서 설교자가 먼저 새로운 아이디어, 새로운 내용, 새롭게 깨달은 내용, 은혜 받은 내용, 또는 본문의 의미를 새롭고 의미 있게 드러낼 수 있는 예화 등을 발견해 내야 한다.

일반적으로 한 설교에서 설교자가 노력하지 않고도 쉽게 알 수 있거나 설교자와 청중이 이미 알고 있는 일반적인 내용과 설교자가 설교 준비를 하면서 새로 발견한 내용이나 본문의 중심 사상을 효과적으로 전달할 수 있는 예화 등의 비율이 보통 95대5, 90대10, 85대15, 또는 80대20의 비율로 나타난다.[22] 80대20의 비율이면 아주 신선한 설교가 될 수 있다. 본문과 제목만 바뀌고 내용은 거의 비슷하고 단어와 숙어만 바뀌는 설교가 되지 않도록 하기 위해서는 끊임없는 연구와 묵상을 해야 하다. 때문에 설교자가 설교 사역을 충실하게 하려면, 그리고 정직하게 복음의 증인이 되기 원한다면 청중을 위하여 계속적으로 노력해야 한다.

---

21 훅(hook)은 도널드 수누키안이 말하는 '집으로'(take-home) 진리와 비슷한 의미이다. 수누키안은 설교에서 '집으로' 진리를 본질적인 부분으로 이해한다. 그는 청중은 지성과 감성의 깊은 자리로부터 '집으로' 진리를 추구한다고 말한다. '집으로' 진리란 설교자가 오늘 설교를 통해서 청중으로 하여금 어떤 진리를 집으로 가지고 가게 할 것인가에 대한 것이다(도널드 R. 수누키안, 『성경적 설교의 초대』, 83-5). 설교에서 훅(hook)은 본문의 중심 개념과 관련이 있지만 같은 것은 아니다. 중심 개념이란 본문으로부터 발생하지만, 훅은 개념과 청중 모두와 관련된 것이다. 훅이 있는 설교란 설교자가 청중에게 성경의 정보를 전달하는 데 목적을 두기보다는 본문의 중심 개념을 통해 청중과 소통이 되는 설교를 의미한다. 즉 청중의 삶의 중요한 도구인 마음(mind), 가슴(heart), 또는 감성(emotion)과 소통하여 그들의 삶에 도전하여 변화가 일어나도록 하는 설교다.
22 이 비율은 정확한 통계라고 할 수는 없지만 필자가 영국에서 공동목회를 할 때 여러 설교자들의 설교 성향을 분석하고, 신학대학원에서 10여 년간 신학생들의 설교 실습을 지도하면서 깨닫게 되었을 뿐만 아니라 여러 해 동안 설교를 하면서 발견하게 된 것이다.

## 설교는 적용이다

적용이 없는 설교를 하는 설교자는 마치 의사가 환자에게 건강에 관해 일반적인 강의만 하고는 처방전을 주는 것을 잊어버린 것과 같다. 적용 없는 설교는 강연이나 연설에 그치는 것이다. 강의는 설명 위주로 진행되지만 설교는 적용을 위한 것이다. 설교는 석의와 적용을 반드시 함께 수반해야 한다. 설교에서 적용의 중요성을 리처드(Ramesh Richard)는 이렇게 설명한다.

> 적용이 없는 성경 강해는 영적인 변비를 일으키게 된다. 성도들의 삶을 변화시키지 못한다면, 아무리 학문적으로 정확한 설교라도 아무 의미가 없게 되고 만다. 성도들이 단순히 하나님의 말씀을 듣는 자리에서, 그 진리에 의해 권고 받으며 순종해 나가는 자리까지 옮겨 가도록 할 때 적용은 일어난다. 사도 바울은 그의 서신에서 종종 주장(헬라어의 직설법)에서 명령(헬라어의 명령법)으로 바꾸어 적용시켜 주는 것을 볼 수 있다. 적용은 성도들에게 맞도록 변환되어야 하며 구체적이어야 한다…만일 적용이 추상적으로 끝나 버리면, 성도들은 설교가 어떻게 삶 속에 변화를 일으킬까에 관심을 갖기보다는 설교자가 전한 말에 대해서만 생각을 하게 될 것이다. 하나님께서 성도들에게 원하시는 것이 무엇인가에 대해 가능한 한 구체적이어야 한다. 그저 하나님께서 우리가 거룩하기를 원하신다고 전하는 것만으로는 불충분하다. 오늘의 삶의 현장에서 보여줄 수 있는 거룩한 삶에 대한 구체적인 예들을 알려주어야 한다.[23]

---

[23] Ramesh Richard, *Scripture Sculpture*, 정현 옮김, 『삶을 변화시키는 7단계 강해설교 준비』 (서울: 디모데,

적용을 위한 몇 가지 원리를 살펴보면 다음과 같다. 첫째, 흔히 설교에서 본문에 대한 해석은 하나이나 적용은 여럿이라고 말한다. 하지만 아무런 제한을 받지 않고 설교자가 원하는 대로 적용을 할 수 있다는 의미는 아니다. 적용은 주어진 본문의 가르침과 일치해야 한다. 둘째, 적용은 되도록 구체적이어야 할 뿐만 아니라 청중의 상황과 필요에 부응하도록 해야 한다. 셋째, 적용은 청중 전체를 위한 것이어야 한다. 만약 설교자가 어떤 그룹이나 개인들을 마음에 두고 적용할 때 인간의 사사로운 감정에 자기를 내어주는 우를 범하게 될 수 있다. 적용의 시기는 메시지의 내용이나 설교의 구성 방법에 따라 차이가 있을 수 있다. 그러나 적용은 일반적으로 각 소지 끝이나 대지 끝에서 하는 것이 좋다. 하지만 어떤 경우에는 적용을 유보시켜 두었다가 설교의 맨 마지막에 할 수도 있다. 설교자가 설교를 하면서 수시로 적용을 할 수도 있다. 중요한 것은 적용의 기준이 지나치게 형식과 논리에 치우치게 되면 설교의 역동성이 떨어질 수 있다는 것이다. 때문에 적용은 상황에 따라 유동성을 가질 수 있다. 성경 본문 설명, 그리고 적용이라는 형식을 지나치게 강조하거나 이러한 형식에 메이다 보면 설교가 기계적이고 형식적으로 흐르게 될 수도 있다.

설교는 엄밀한 의미에서 적용이다. 하지만 적용에 대한 분명한 이해 또한 중요하다. 잘못된 적용은 적당치 못한 주석만큼이나 파괴적일 수 있다. 광야에서 사탄이 예수님을 시험할 때 그는 성경을 의도적으로 잘못 적용함으로써 승리를 쟁취하고자 했다. 적용에도 구조적 문제가 있음을 알아야 한다. 예를 들어 설명하면, 예수께서 나병환자를 고치신 본문을 가지고 설교를 할 때 곧바로 이렇게 적용하여 설교하는 경우다. "여

2007), 155-56.

러분의 삶 속에서 이 나병환자는 무엇입니까? 이 본문을 통해서 설교자가 예수님을 본받아 청중이 어떻게 행동해야 하는지를 강조하면 예수의 은혜는 사라지고 만다. 이런 방식 자체가 전적으로 틀린 것은 아니다. 그러나 원거리 적용(a far application)의 관점에서 보면, 예수는 우리의 모범이다. 때문에 우리는 어떻게 다른 사람들을 돌보아야 하는지를 그리스도로부터 배워야 한다. 하지만 근거리 적용(near application) 단계부터 청중의 선행을 강조하면 은혜의 공급자로서의 예수는 소멸된다.[24] 성경적인 설교자란 청중으로 하여금 무엇을 행할 것인가 뿐만 아니라 청중으로 하여금 무엇을 믿는지를 분명히 제시하는 자여야 한다.[25]

예수께서 나병환자를 만지고 고쳐주신 것이 오늘날 청중에게 무슨 의미가 있는지를 파악하려면 근거리 적용이 더 바람직하다. 근거리 적용은 나병환자를 고치신 치유자로서의 예수님에 대한 우리의 일차적인 반응을 강조한다. 근거리 적용을 통하여 은혜의 공급자로서 예수님을 연구한 다음에 우리의 모범자로서의 예수님에 대한 원거리 적용으로 나아가야 한다. 예수께서 먼저 우리에게 공급하신 은혜의 관점에서 이제 우리는 다른 사람들에게 어떻게 반응해야 하는가? 이런 접근방법이 생략되면 본문의 적용에서는 하나님의 은혜보다는 인간의 선행이 우선시되고 만다.

또 하나의 예를 보면, 베드로전서 2:11의 "사랑하는 자들아 나그네와 행인 같은 너희를 권하노니 영혼을 거스려 싸우는 육체의 정욕을 제어하라"는 본문을 설교할 때, 설교자가 이 구절에서 영혼을 대항하여 싸우는

---

[24] Zack Eswine, *Preaching to a Post-Everything World*, 54-5.
[25] Zack Eswine, *Preaching to a Post-Everything World*, 54.

육체의 정욕을 성적인 것으로 취급하는 경우다. 하지만 베드로가 말하는 영혼을 거스려 싸우는 육체의 정욕은 악의, 기만, 위선, 시기, 죄로 말미암은 고난, 증오, 그리고 복수와 같은 것들이다. 물론 원거리 적용으로서 성적인 유혹의 문제를 언급할 수 있지만, 근거리 적용 단계에서부터 그렇게 하는 것은 본문이 말하는 의미를 왜곡시킬 위험이 있다.[26]

설교의 적용에서 신앙의 단순 논리를 주의할 필요가 있다. 예를 들면, 여호수아가 여리고 성 주위를 행진하는 본문을 설교할 때, 설교자는 이 본문을 영적으로 해석하고자 하는 유혹에 직면할 수 있다. 성벽을 사업의 장애물이나 내면의 갈등 또는 재정적인 문제를 의미한다고 해석하고 적용하는 경우다. 이와 같은 삶의 장벽을 극복하기 위해서는 여호수아가 조용하게 행진했던 것처럼 우리도 하나님 앞에서 잠잠해야 하고, 여호수아가 일찍 일어났기 때문에 우리도 일찍 일어나야 하며, 여호수아가 하나님 말씀에 순종했기 때문에 우리도 하나님 말씀에 순종해야 한다고 설교하는 경우다. 물론 이와 같은 유형의 설교가 설교를 듣는 청중에게 도움이 될 수도 있다. 하지만 이런 방식의 설교는 청중에게 무의식적으로 신앙의 단순 논리를 조장할 수 있다. 이 본문에서 성벽은 삶의 개인적인 장벽보다는 공동체가 함께 극복해야 할 문제에 더 가깝다. 본문에서 성벽은 실제 요새와 같은 방어벽이었다. 이스라엘 사람들도 무기를 갖추고 전쟁에 임했고, 사람들을 죽이기도 했다. 때문에 설교자들은 이 성벽이 신자들이 극복해야 할 개인적인 문제들을 은유적으로 가리킨다고 말하기보다는, 이 성벽의 붕괴를 통해서 본문이 가르치고자 하는 하나님의 도움이 우리에게 필요하다고 설교하는 것이 더 바른 설교라 할 수 있다.

---

26 Zack Eswine, *Preaching to a Post-Everything World*, 55-6.

이와 마찬가지로 성경의 어떤 구절들은 신자 개인의 영적회복보다는 공동체적 정체성과 더 깊은 관련을 맺고 있다. 때문에 여리고 성의 성벽은 우리가 개인의 잘못된 삶의 문제를 어떻게 해결할 것인가에 관한 문제라기보다는 내가 속한 공동체의 역사와 그 신앙 공동체를 향한 하나님의 약속의 신실함을 교훈한다.

## 예화는 설교를 생동감 있게 한다

설교자의 중요한 능력 가운데 하나는 추상적인 관념을 사람들이 알아듣기 쉽도록 구체적인 언어로 전환하는 것이다. 즉, 설교자는 본문의 메시지를 구체적으로 분석하여 일상의 언어로, 삶의 언어로, 경험의 언어로 전환할 수 있어야 한다. 효과적인 설교는 바로 이러한 전환의 능력과 비례하는 경우가 많다. 사람들이 설교를 알아듣기 쉽게 구체적으로 만드는 방법의 하나가 바로 예화다. 설교에서 예화를 잘 사용하면 본문의 메시지를 청중에게 구체적이고 효과적으로 전할 수 있다. 스펄전(Charles Haddon Spurgeon)에 따르면 설교 행위에 있어서 성경말씀과 예화의 관계성을 설명하면서 성경말씀은 벽돌과 같으며 예화는 창문과 같다고 했다.[27] 즉 설교 행위를 집을 건축하는 것에 비유한다면, 벽돌로만 집을 건축하게 되면 딱딱하고 어두운 집이 되고, 창문으로만 세운다면 그 집은 가볍고 무너지기 쉬울 것이다. 또한 예화의 역할에 대해 상스터(William

---

[27] 설교 예화에 대한 스펄전의 심도 있는 견해를 위해서는 Charles Haddon Spurgeon, *Lectures to My Students* (Grand Rapids: Baker Book House, 1977), chapter 25-8; 설교 예화의 비판적 접근에 대한 자료를 위해서는 Thomas G. Long, 『설교자는 증인이다』, 241-79를 참조.

Sangster)는 "사람들을 설득시키는 것을 도와준다"고 했고,[28] 조네스(Ilion Jones)는 "진리를 설득력 있게 만드는" 역할을 한다고 했다.[29] 헨리 비쳐(Henry Beecher)는 예화의 대하여 다음과 같은 교훈을 남겼다.

> 여러분을 격려하기 위해서 제가 말씀드릴 수 있는 것은 예화는 저에게는 마치 호흡처럼 자연스럽게 사용할 수 있게 되었지만, 목회 초기에는 전혀 그렇지 못했습니다. 처음 6년 또는 7년은 제 설교에서 예화는 거의 사용되지 않았습니다. 그 후 제 안에 잠잠해 있던 한 가지 경향을 발전시켰고, 그 관점에서 제 자신을 훈련시켰습니다. 또 연구하고 연습을 하면서 그리고 깊이 고민하고 여러 번 시험을 해 보면서, 펜으로 써 보기도 하도, 즉흥적으로 연습을 하면서, 여기저기를 걸어 다니면서 예화 사용하는 방법을 훈련했습니다. 예화에 관해 제가 얻은 것은 무엇이든지 전부 교육의 결과였습니다. 그러므로 여러분들은 예화가 즉시로 떠오르지 않는다고 해서 결코 낙심할 필요가 없습니다.[30]

기독교 설교 역사에서 뛰어난 대부분의 설교자들은 각자의 방식으로 예화를 사용하는 데 있어서 나름대로 숙련된 설교자들이었다. 사람들은 좋은 예화가 들어 있는 설교를 좋아한다. 이유는 다양하겠지만 예화는 추상적이고 딱딱한 내용을 구체적이고 실제적으로 만들기 때문이다. 이와 동시에 예화는 정보를 제공하며 설명을 도와주고 확신시킬 수도 있고 행동으로 옮기도록 감동을 줄 수 있기 때문이다. 예화를 통해 설교의 내

---

28 William Edwin Sangster, *The Craft of the Sermon* (London: Epworth Press, 1979), 208.
29 Ilion Tingnal Jones, *Principles and Practice of Preaching* (Nashville: Abingdon Press, 1978), 139.
30 Henry Ward Beecher, *Yale Lectures on Preaching* (New York: Read Books, 2008), 175.

용이 생생하게 기억되는 경우가 많다. 좋은 예화는 심오한 것을 평범하게 하고 지루하고 추상적인 사실들을 살아있게 만듦으로써 청중의 마음 속에 강렬한 인상을 심어주는 역할을 하기 때문이다. 따라서 설교에서 청중으로 하여금 추상적인 내용이나 개념을 생생한 예화를 통해 알아듣기 쉽고 흥미 있게 하는 것은 중요하다. 예화는 때로 너무 심오하고 난해한 설교를 분명하게 깨달을 수 있도록 한다. 하지만 예화는 설교의 중심 목적과 내용에 부합되도록 선정되어야 한다. 예화는 분명히 설교에서 단어나 개념의 창문이 될 수 있다. 하지만 예화는 청중으로 하여금 설교의 주요 개념보다 예화적인 자료에 더 흥미를 가지게 할 수 있다.[31] 즉 창문들만 기억할 수 있다. 그러므로 설교자는 확실한 예화라도, 또 그런 자료가 있을지라도 현명하게 사용해야 한다.

설교자는 예화 사용에 있어서 다음 사항을 주의하여야 한다. 다른 사람의 경험을 마치 자신에게 일어난 것처럼 말하지 말아야 한다. 개인적 경험을 사용할 때 이와 관련된 다른 사람의 개인적 비밀들을 노출시키는 일이 없도록 해야 한다. 그리고 다른 사람의 경험을 사용할 때 설교자의 입장에서는 그 사람을 칭찬했다고 생각했는데도, 본인은 청중에게 자기 경험이 전해진 것에 대해 반감을 갖는 경우도 있다는 것을 알아야 한다.

현명한 설교자는 같은 청중에게 같은 예화를 반복하는 것을 피할 것이다. 예화의 반복을 피하려면 새로운 예화를 계속해서 찾아내야 한다. 그러나 적절하고 재미있는 예화를 찾아내기란 쉽지 않다. 필요한 예화를 갖고 있는 책에서만 찾아내려고 하기보다는 후에 사용할 만한 자료라면 무엇이든지 수집해 놓는 것이 좋다. 때로 특별한 아이디어가 설교자의

---

31 Thomas G. Long, 『설교자는 증인이다』, 247.

마음에 갑자기 떠오르기도 한다. 그때 메모해 두지 않으면 잊어버리게 된다. 설교자는 성경연구뿐만 아니라 독서, 사람들과의 관계를 통해 효과적인 예화로 발전시킬 수 있는 많은 아이디어를 얻을 수 있다. 수집한 자료를 쉽게 찾아볼 수 있도록 적절한 자료 정리 분류법을 체득하고 있어야 한다. 아인슈타인(Albert Einstein)은 적을 수 있는 것을 기억하기 위해 두뇌의 힘을 절대 낭비하지 않는다고 말했다. 고대 중국 격언에 "가장 흐린 먹물이 가장 좋은 두뇌보다 낫다"는 말이 있다.[32] 설교자는 기록하는 습관을 길러야 한다. 좋은 생각이 떠오르거나 예화가 될 만한 것을 발견하면 바로 적는 습관이 필요하다.

## 설교문은 말하듯이 써야 한다

설교자도 일주일만 지나면 자기가 만든 대지들을 기억하지 못한다. 메시지를 글로 작성함은 설교자를 좋은 연사로 만들 것이다. 또한 설교자가 쓴 것을 검토하여 귀와 감정에 어떤 영향을 미칠지를 살피는 것은 설교자를 더욱 탁월한 연사로 만들 것이다. 하지만 설교자가 설교를 작성할 때 자칫 귀를 위한 글이 아니라 눈을 위해 쓸 수 있다. 좋은 설교 원고를 위한 기본적인 원칙은 말하듯이 써야 한다는 것이다.

좋은 설교는 하나님께서 성경을 통해 지금도 말씀하신다는 분명한 확신을 가지고 신적인 권위를 가장 온전하게 전하는 본문에 입각한 설교다. 또한 좋은 설교는 청중에게 들려지고 그들과 소통하는 설교다. 좋은

---

32 Ken Davis, 『탁월한 설교가 유능한 이야기꾼』, 68에서 인용.

설교는 성경에 대한 성실한 연구뿐만 아니라 청중에게 생동감 있게 전해지는 설교여야 한다. 청중에게 들려지는 설교여야 한다. 청중에게 들려지는 설교가 되기 위해서는 설교 원고를 작성할 때 문어체보다는 구어체로 작성해야 한다. 설교에서 구어체의 의미를 해돈 로빈슨(Haddon W. Robinson)은 다음과 같이 말한다.

설교를 쓰는 것은 책을 쓰는 것과는 또 다르다. 설교자는 자기가 마치 누구와 이야기하고 있듯이 써야만 하기 때문에 듣는 사람이 즉시 알아들을 수 있도록 최대한의 노력을 기울여야 한다. 책을 쓰는 저자는 독자가 책 속의 생각을 반드시 그 즉시 이해할 필요가 없다는 것을 염두에 두고 있다. 독자는 자기가 원하는 만큼의 시간적 여유를 가지고 각 페이지를 넘기며, 이제까지 읽은 것을 다시 생각해 보기도 하고, 저자의 생각과는 또 다른 각도에서 토론을 벌이기도 하면서 자기가 편한 속도로 책을 읽어 갈 수 있다. 만약 그 뜻을 잘 알지 못하는 단어가 나타나면 사전을 찾아볼 수도 있다. 또한 저자의 생각이 흐르는 줄기를 놓치면, 거슬러 올라가서 다시 더듬어 내려올 수도 있다. 그러나 설교를 듣는 회중은 이와 같이 시간적 여유를 갖고 다시 회고한다는 것이 불가능하다. 즉, 다시 돌아가서 두 번째로 들을 수는 없는 것이다. 만약 설교자가 한 번 말하는 것을 제대로 듣지 못하게 되면 이를 온통 놓치게 되는 것이다. 설교자가 먼저 한 말을 되풀이하여 생각하다 보면 지금 하고 있는 말을 다시 놓치게 된다. 따라서 회중이 얼마나 잘 알아들을 수 있는가 하는 것은 대부분 설교자에게 달려 있음으로, 설교자는 책을 쓰는 이들과는 또 달리 자기의 의

도하는 바를 즉시 이해시키도록 해야 한다.[33]

    설교 원고를 작성할 때 책이나 논문을 쓰듯이 설교문을 작성하는 설교자들이 있다. 하지만 분명한 것은 설교는 논문이나 책을 위해 작성하는 것이 아니라 청중의 귀와 마음에 호소하기 위한 것이다라는 것이다. 때문에 설교 원고는 말하듯이 써야 한다. 통상 우리가 무언가를 쓸 때에는 누군가의 눈이 읽기에 편하도록 쓴다. 우리는 무의식적으로 눈을 위해 글을 쓴다. 우리는 글을 쓸 때 눈에 맞춰 글을 쓰는 것이 이미 습관화 되어 있다. 우리가 말할 때는 이런 규칙을 따르지 않는다. 우리가 말할 때는 짧은 문장을 사용한다. 이해하기 쉬운 문구들을 사용한다. 우리는 거창한 말을 쓰지 않는다. 철학적인 표현보다는 일상적인 말을 활용한다. 우리가 대화할 때는 어린이도 이해할 수 있는 언어를 사용한다. 때문에 설교 원고를 작성할 때 설교자는 의도적으로 말하듯이 쓰려고 노력해야 한다. 귀에 맞춰 써야 한다.

    설교자에게 있어 쓰여진 원고 없이 설교한다는 것은 쉬운 일이 아니다. 하지만 설교 원고를 지겹도록 계속 읽어 버리면 설교자와 청중 사이의 소통을 깨어 버린다. 그러므로 설교 원고가 자석과 같이 되어 시종일관 원고에만 집착함으로 청중의 관심을 다 빼앗아 버리는 '자석설교'가 되지 않도록 해야 한다. 반대로 생동감 있게 설교해야 한다는 미명 아래 원고를 전혀 준비하지 않고 강단에 올라가 불필요한 이야기를 하고 내용을 자주 반복하는 '광고설교'가 되지 않도록 해야 한다.

---

[33] Haddon W. Rovinson, 『강해설교』, 204-05.

## 재진술의 능력을 길러야 한다

설교는 문어 커뮤니케이션이 아니라 구어 커뮤니케이션이다. 문어 커뮤니케이션에서는 저자가 말하는 바를 명료하게 이해했음을 확실히 해두기 위해 우리는 몇 번이고 앞 페이지로 돌아간다. 그러나 구어 커뮤니케이션에서 우리의 청중은 우리를 되감기 할 수 없다. 한 번에 이해하기가 어렵다 해도 다시 우리를 재생할 수 없다. 설교는 눈으로 책을 읽는 것과는 달리 귀로 듣는 과정이기 때문에 현명한 설교자라면 듣는 사람이 충분히 이해할 수 있도록 재진술(restatement)의 필요성을 느낄 것이다. 여기서 말하는 재진술이란, 단순히 같은 말을 반복하는 것(repetition)과는 다르다. 같은 개념이나 내용에 대해서 다른 표현을 하는 것을 의미한다. 재진술은 반복과 동일한 것이 아니다. 반복은 정확하게 같은 내용을 정확하게 같은 단어로 말하는 것이다. 재진술은 같은 내용을 다른 단어나 표현으로 말하는 것이다. 반복이 경우에 따라서는 가치가 있지만, 모든 메시지에서 필수적인 것은 재진술이다. 재진술은 청중의 귀가 메시지의 내용 혹은 구조에 결정적인 문장을 한 번 이상 움켜잡을 수 있는 기회를 제공한다. 읽는 이의 눈이 뜻을 분명히 하기 위해 여러 번 페이지를 넘길 수 있듯이, 재진술은 듣는 이의 귀를 한 번 이상 더 들을 수 있도록 배려한다. 설교에서 재진술이 요구되는 것은 우리가 정보를 시각으로 얻을 때와 청각을 통해 얻을 때가 다르기 때문이다. 즉, 우리의 뇌는 청각을 통해 정보를 얻고자 할 때 시각을 통해 얻을 때보다 훨씬 많은 에너지와 주의가 요구된다. 「버텀라인」(Bottom Line)이란 잡지에 실린 한 기사에 의하면, "인간의 두뇌는 87퍼센트의 정보를 시각으로부터 얻고 9퍼센트만이 청각을 통해 얻는다"라고 했다. 영국의 한 교육가는 "인간은 들은 것의 10퍼센트, 본 것의 30퍼센트, 보고 들은 것은 60퍼센트, 보고 듣고 경험하는 것은 80퍼센트를 기억한다"고 보고 했다.[34] 그러므로 설교는 구어 커뮤니케이션이기 때문에 재진술이 더욱 필요하다고 할 수 있다.

우리는 살면서 교육 받는 기간 동안 명료하게 쓰는 훈련, 즉 읽는 이들이 우리가 말하는 바를 분명하게 좇아올 수 있도록 쓰는 훈련을 받았다. 우리의 교육 시스템, 특히 우리의 작문 과정은 우리로 하여금 귀를 위해서가 아니라 눈을 위해서 쓰라고 가르쳐 왔다. 그리고 이 훈련 덕에 우리는 메시지를 쓸 때 무의식중에 메시지 내용을 인쇄된 종이 위에서 명료하도록 쓴다. 그러나 원래 눈에 맞춰 쓰인 것을 가지고 우리가 귀에 대고 말하려 할 때, 듣는 이들은 우리를 좇아오는 데 어려움을 느낀다.[35]

그러나 현명한 설교자라면 같은 개념과 내용이라도 서로 다른 말을 사용하여 이야기할 수 있는 방법을 배워야 한다. 어떤 개념이나 내용에 대해서 다양하게 표현할 수 있는 능력을 길러야 한다. 재진술은 본문의 개념이나 내용을 더욱 풍성하게 할 수 있는 방법이기도 하다. 설교에서 가장 많이 사용되는 재진술의 방법 중 하나가 바로 예화이다. 예화는 본문의 내용이 너무 막연하거나 청중이 잘 알고 있어 이미 일반화된 내용을 더욱 생생하게, 그리고 감동적으로 청중에게 다가갈 수 있게 해준다. 예를 들면, 설교자가 "서로 사랑하라. 그리하면 하나님이 기뻐하실 것이다"와 같은 내용을 말할 때, 이것은 성경적일 뿐만 아니라 예수님의 핵심적인 가르침 중의 하나이다. 하지만 너무 일반화된 진술이기 때문에 청중

---

[34] Ken Davis, 『탁월한 설교가 유능한 이야기꾼』, 100에서 인용.
[35] Donald R. Sunukjian, 『성경적 설교의 초대』, 344.

이 별 의미 없이 지나갈 수 있다. 그러나 본문에서 말하는 사랑의 의미를 구체적인 예화를 통해 재진술하면 훨씬 효과적인 소통을 이끌어 낼 수 있다. 그리스도인의 삶에서 사랑의 마음을 갖는 것이 얼마나 중요한 것인가를 한 예화를 통해 재진술해 보자.

어느 날 태백산 중턱에 있는 예수원에서 일어난 일이다. 한 소년이 귀신에게 사로잡혀 몸부림을 치고 있었다. 그때 사람들은 이 소년을 잡고 귀신을 쫓아내기 위해 몸부림을 치고 있었다. 이 소년을 향해 여러 사람들이 "내가 예수의 이름으로 명하노니 더러운 귀신아 물러가라!"라고 하면서 소년에게서 귀신을 쫓아내기 위해서 몸부림을 치면 칠수록 이 소년은 더욱 땀을 흘리며 몸부림을 치고 있었다. 그때 그 모습을 보고 있던 대천덕 신부님의 사모님이 거기에 있는 사람들을 향해서 말한다. "여러분! 그 소년을 저에게 주시지요!" 이렇게 하여 그 소년은 그 사모님에게 넘겨졌다. 그때 사모님은 아무 말 없이 그 소년을 가슴에 꼭 껴안았다. 그때 사모님의 눈에서는 눈물이 흐르고 있었다. 이때 그 소년에게서 귀신은 떠나가고 평안을 되찾았다는 이야기다.

이렇게 우리가 주님의 마음으로 서로를 사랑할 때 그 사랑은 그 어떠한 능력보다도 큰 것임을 알 수 있다. 사랑은 말보다 강할 뿐만 아니라 사탄을 이길 수 있는 힘이 된다. 모든 설교 내용을 재진술 하는 것은 아니다. 핵심적 개념이나 결정적 문장을 재진술하는 것이다. 즉, 메시지에서 다른 문장이나 개념에 비해 보다 중요하고 보다 결정적인 유형의 개념이나 문장들이 있다. 하나는 메시지의 근본적인 개념이나 내용을 전달하는 것이고, 다른 하나는 메시지가 전개되는 구조를 드러내는 문장들이다. 재진술의 제일 원리는 이것이다. 메시지에서 이들 핵심 문장들이나 개념에 가운데 하나에 이르면 어김없이 그것을 재진술하는 것이다.[36] 설교자가 재진술을 청중에게 효과적으로 하기 위해서는 많은 생각과 경험, 연구와 기도뿐만 아니라 영적 일기 또는 묵상적인 일기 쓰기가 도움이 될 수 있다.

## 중요한 원칙들을 알아야 한다

들리는 설교를 위해서는 몇 자기 중요한 원칙들이 필요하다. 먼저, 좋은 설교 원고는 미사여구가 많을 때가 아니라 설교자의 마음과 의도가 잘 전달되었는가의 여부에 의해서 평가된다. 좋은 설교 원고는 내용과 형식이 적절히 결합되어야 한다. 소설을 쓰려면 남이 쓴 소설 400권 이상을 읽어야 한다는 말이 있듯이 좋은 설교 원고를 작성할 수 있는 비결은 무엇보다도 많은 독서와 묵상에 있다고 할 수 있다. 특별히 소설, 수필, 시와 같이 감성이 풍부하게 드러난 글들을 많이 읽을 때 도움이 될 수 있다. 또한 일상에서 일어나는 일을 관찰하는 습관과 그것을 메모하는 습관이 형성되면 많은 도움이 될 수 있다.

설교는 언어 커뮤니케이션이다. 좋은 커뮤니케이션은 말하는 사람이 듣는 자의 입장에서 말할 줄 아는 능력이 갖추어져 있을 때 일어난다. 설교는 전하는 자의 입장에서 준비하지 말고 듣는 자의 입장에서 준비하고 전해야 한다. 청중의 눈높이에서 진리를 소화하고 전해야 한다. 설교자는 애매한 요소를 배제하고 청중의 이해력을 획득할 수 있는 명료한 언어를 사용해야 한다. 문장은 되도록 간결하고 짧게 써야 한다. 접속사는

---

36 Donald R. Sunukjian, 『성경적 설교의 초대』, 347.

되도록 쓰지 않고 불필요한 단어는 과감하게 삭제해야 한다. 설교의 언어는 되도록 단순한 언어를 써야 한다. 다음 예를 통해서 우리는 그 의미를 발견하게 된다.

> 만약 어떤 사람이 고기 한 조각을 집어 냄새를 맡아보고는 구역질난다는 표정을 지었다고 하자. 어린 소년이 이를 보고 묻기를, "아빠, 왜 그래요" 했을 때, "지금 이 한 조각의 고기는 새로운 화학적 합성물질을 형성하기 위해 부패의 과정을 거치고 있는 중이다"라고 대답한다면 소년은 도대체 무슨 말인지 알아들을 수 없을 곳이다. 그러나 만약 아버지가 "썩었어"라고 한마디만 하면 소년은 곧 알아듣고 코를 싸쥘 것이다.[37]

단순하고 익숙한 단어를 사용해야 한다. 어휘를 통해 허세를 부리려고 하지 말아야 한다. 신학교를 졸업하는 데 3년이 걸린다면, 그것을 벗어버리는 데에는 십년 이상 걸린다는 말이 있다. 설교자는 지나치게 신학적인 언어, 어려운 한자, 영어, 헬라어, 히브리어 등은 되도록 쓰지 않아야 하며 반드시 써야 할 필요가 있을 때는 쉬운 말로 바꾸어 써야 한다. 설교자의 중요한 기술 또는 능력 가운데 하나가 바로 삭제의 기술이다. 좋은 설교자는 무엇을 삭제해야 하는지를 아는 설교자다. 때문에 좋은 설교는 과감하게 제외시키는 용기를 지닌 설교자의 기술에 의해서 만들어진다. 예를 들면, 설교에서 준비가 부족하여 변명을 하고 싶을 때 이러한 내용은 과감히 삭제해야 한다. 이러한 것은 불필요할 뿐만 아니라 설교자가 변명을 하지 않아도 청중은 그 사실을 곧 알아채기 때문이다.

---

37 John R. Pelsma, *Essentials of Speech*, 139, *Haddon W. Rovinson*, 『강해설교』, 211에서 재인용.

지나치게 논쟁적이고 부정적인 표현들과 공격적이고 거친 표현들은 삼가해야 한다. 설교자는 되도록 완곡하고 부드러운 언어를 사용하고 부드러운 표현을 사용해야 한다. 본문의 주제와 관련 없이 무조건 웃기려고 하는 이야기는 삭제되어야 한다. 설교자는 또한 지나치게 편향적인 정치적인 생각과 어떤 윤리적 단체에 대한 조롱이나 여성에 대한 농담, 그리고 성적인 뉘앙스를 담은 내용은 삼가해야 한다.

설교자는 효과적인 설교를 위해서 추상적인 언어보다는 구체적인 표현을 하도록 힘써야 한다. 설교자가 "서로 사랑하라." "서로 겸손하라" 등과 같은 추상적인 표현보다는 구체적으로 사랑하는 삶의 의미를 설명해 줄 때 더욱 생생한 설교가 될 수 있다. 설교자들은 청중이 설교를 들을 때 머리보다는 가슴에 의존한다는 것을 알아야 한다. 때문에 이성적 표현보다는 감성적 표현이 더욱 효과적일 수 있다는 것을 알아야 한다. 웨인 민닉(Wayne Minnick)은 대화에서 듣는 사람은 의미를 이해하기 위해서 생각과 감정 모두를 사용한다고 말한다. 따라서 설교자는 자기가 전하는 설교를 사람들이 경험하도록 하기 위해서는 감각에도 호소할 줄 알아야 한다.[38] 우리가 일반적인 대화에서 경험하는 것은, 좋은 대화는 논리적이고 이성적인 요소보다는 감성적 요소가 더 크게 작용한다는 것이다. 글을 읽을 때는 논리성이 가장 중요하게 작용하지만 대화에서는 따뜻한 표현, 정감 어린 언어, 배려하는 말과 같은 감성적인 표현들이 중요하게 작용하는 것을 알 수 있다. 설교는 설교자와 청중 사이의 대화적 요소가 강하게 자리 잡고 있기 때문에 머리를 향해서 설교하기보다는 가슴을 향해서 설교할 때 더 효과적일 수 있다.

---

[38] Wayne C. Minnick, *The Art of Persuasion* (Orlando: Houghton Mifflin Co, 1968), chapter 7.

# Chapter 15
# 설교 디자인
## Preaching Design

## 설교를 위한 주해[1]

### 1. 본문 찾기

#### 1.1. 본문을 선택한다.

설교를 위해 성경 본문을 선택하는 방법은 설교자가 여러 방법을 취할 수 있다. 본문 선택의 기준은 연속설교, 교회력에 따른 설교, 청중의 상황을 고려한 설교자의 선택 등이다.

#### 1.2. 본문의 시작과 끝을 확인해야 한다.

본문의 시작과 끝을 어떻게 하느냐에 따라 주해의 결과가 달라질 수 있다. 시작과 끝은 문맥의 맥락에 따라 하는 것이 좋다. 베드로전서 2:19-25를 통해 설명해 보자. 이 본문은 인간의 고통과 그리스도의 고난에 대한 관계성을 보여주고 있다. 그런데 18절을 보면 이 전체 본문은 노

---

[1] Thomas G. Long, 『설교자는 증인이다』, 90-116을 중심으로 구성한 내용이다.

예에 관한 가르침의 일부인 것을 알 수 있다. 만약에 19절부터 본문을 선택하면 이 내용을 놓치게 된다. 단지 인간의 평범한 고통으로 이해하는 결과를 초래하게 된다.

## 2. 본문에 대한 서론

### 2.1. 기본 이해를 위해서 본문을 읽는다.

선택한 본문의 내용이 파악될 때까지 반복해서 읽는다. 선택된 본문의 큰 줄거리가 파악될 때까지 읽어야 한다. 여기서는 본문에 감추어진 의미나 신학적인 분석을 시도할 필요는 없다. 본문의 단어들과 문장 구조를 이해하기 위해 읽으면 된다. 성경사전을 통해서 생소한 용어 등을 찾아보는 것이 필요하다. 본문의 의미를 원어를 통해 살펴본다. 원어를 보기 힘들 경우에는 가장 최근에 번역된 영어 성경과 한글 성경을 비교해 보는 게 좋다.

### 2.2. 넓은 상황 안에서 본문의 위치를 확인해야 한다.

넓은 상황 안에서 본문이 어떤 위치에 있는가를 알아봄으로써 본문이 어떻게 움직이고 책 전체와 어떤 관계가 있는가를 알아야 한다.

## 3. 본문 깊이 살피기

### 3.1. 본문에서 필요하다고 느껴지는 질문을 해야 한다.

좋은 질문이 효과적인 배움을 낳듯이 설교자는 본문을 통해 최대한의 질문을 이끌어 낼 수 있어야 한다. 만약에 아모스 5:21, 24의 "내가 너희 절기를 미워하여 멸시하며 너희 성회들을 기뻐하지 아니하나니, 오직 공법을 물같이 정의를 하수같이 흘릴지로다"라는 내용이라면, 설교자는 다음과 같은 질문을 할 수 있을 것이다. 신학적으로 공평과 의는 별개로 구분되는가? 아니면 같은 이슈를 다루는가? 우리의 예배 중 하나님께서 싫어하시는 것이 있는가? 무엇일까? 왜 그러실까? 예배가 공평함을 실현할 수 있는가? 아니면 공의가 예배를 지배하는가? 아니면 서로 어떤 관계인가? 이런 질문들을 하지 않고 주석으로 바로 가고 싶은 유혹이 설교자들에게 있을 수 있다. 왜냐하면 주석은 이 모든 것을 다 아는 전문가에 의해서 쓰여진 것이라고 생각하기 때문이다. 성경 전문가들의 아이디어를 얻는 것은 좋지만 너무 일찍 그렇게 하는 것을 피하는 것이 좋다. 주석은 가치 있는 것을 설교자에게 제공해 주고 설교자의 주해를 검토해 주고 인도해 준다. 그러나 그 주해는 바로 오늘 듣는 이들의 특수 상황에 대해서 말해주지 못한다. 주석가가 아닌 설교자는 본문에 대해 지금 이 순간의 사람들에 의해 보내진 자이며 설교자만이 이 질문에 대답할 수 있다.

**3.2. 첫 번째 읽었을 때에 이상하게 여겨졌던 부분과 잘 이해되지 않았던 부분을 좀 더 자세히 살펴보아야 한다.**

낯선 관습들, 이해가 되지 않는 논리적 연결들, 어색해 보이는 단어, 교리적인 난제들, 기타 보다 정확하게 파악해야 할 필요성이 있는 것 등이다.

### 3.3. 본문이 비중을 어디에 두고 있는지를 알아보아야 한다.

예를 들면, 로마서 3:23절의 "모든 사람이 죄를 범하였으매 하나님의 영광에 이르지 못하더니"라는 말씀에서 죄에 대하여 말하고 있는 것이 사실이지만, 본문을 더 넓게 그리고 전체적으로 살펴보면 죄가 주요 주제가 아니라는 것을 알 수 있다. 로마서 3:21-26에서 핵심적으로 말하고자 하는 것은 우리의 죄가 아니라 자비롭고 의로우신 하나님이다. 이 본문을 설교할 때 우리의 손가락은 우리나 우리의 죄에게로 향할지 모르지만 궁극적으로 우리의 팔은 하나님의 은혜와 의로움으로 향해야 한다.

### 3.4. 본문이 전후와 어떤 관련이 있는지를 살펴보아야 한다.

설교를 위해 한 본문을 선택하고 나면, 그 본문이 속해 있는 책 전체를 읽음으로 시작해야 한다. 즉, 책 전체의 전반적인 메시지를 발견하고 그 흐름을 발견해야 한다. 본문을 이해하기 위해서는 이 단계가 대단히 중요하다. 이 단계를 생략할 때 설교자가 본문 이해에서 오류를 범할 수 있을 뿐만 아니라 메시지의 일관성을 놓치기 쉽다. 문맥적 맥락을 살피는 것은 주해에서 가장 중요한 원리이다. 야고보서 1:5-8을 보면 "너희 중에 누구든지 지혜가 부족하거든 모든 사람에게 후히 주시고 꾸짖지 아니하시는 하나님께 구하라 그리하면 주시리라 오직 믿음으로 구하고 조금도 의심하지 말라 의심하는 자는 마치 바람에 밀려 요동하는 바다 물결 같으니 이런 사람은 무엇이든지 주께 얻기를 생각하지 말라 두 마음을 품어 모든 일에 정함이 없는 자로다"는 내용이 있다. 야고보서 1장에서 이 부분만 보면 일반적인 상황에서 지혜를 위한 간구로 이해될 수 있다. 그러나 야고보는 1장 전체를 통해 "너희가 여러 가지 시험을 만나거든"(2

절) 어떻게 해야 할지에 관하여 말하고 있음을 깨닫는다. 야고보의 생각의 흐름은 이렇다. 기쁨으로 시험을 맞이하고, 시련이 성숙과 그리스도와 같이 온전함에 이르게 함을 기억하면서 인내로 이겨 나가야 한다(2-4절). 다음은 시험을 인내로 이겨 나갈 때 지혜가 부족하면, 하나님께 구하라. 그리하면 주실 것이다. 그러나 지혜를 받고자 하면 하나님의 주권과 사랑에 대하여 확고히 믿어야 한다(5-8절). 또한 빈부를 막론하고 시험의 목적과 시험을 통해 주어지는 유익을 분별할 수 있어야 한다(9-11절). 그러므로 야고보서 1:5-8은 시험을 당할 때 후히 주시고 꾸짖지 아니하시는 하나님께 구하라는 것이다. 단지 지혜가 부족한 자가 지혜를 구하라는 의미가 아니다. 때문에 문맥적 맥락을 통해서 보지 않으면 본문의 의미를 정확하게 파악할 수 없게 된다.

### 3.5. 여러 가지 다른 안목을 가지고 본문을 볼 필요가 있다.

여자의 입장에서, 남자의 입장에서, 가난한 사람의 입장에서, 직장이 없는 자의 입장에서, 이혼한 자의 입장에서, 병든 자의 입장에서, 자녀 문제로 고민하고 있는 부모의 입장 등에서 생각해 보아야 한다. 가끔 설교자의 주해는 어떤 그룹의 상황에서 생겨질 수 있지만 설교자는 다양한 사람들로부터 반응 내지 의견을 들을 수 있어야 한다.

### 3.6. 본문이 말하는 것이 무엇인지 물어보아야 한다.

명령인가? 노래인가? 이야기인가? 설명인가? 기도인가? 이런 작업이 다 되었을 때 설교자는 학문적인 틀과 비평적인 주석들을 통하여 설교자의 이해와 통찰력을 점검해 보아야 한다. 그렇지 않으면 설교자 자신의 통찰력과 내면의 음성에만 의지하려는 유혹에 빠질 수 있다. 이것은 자칫 편협하거나 왜곡된 해석을 낳을 수 있기 때문이다.

### 4. 본문 연구 확인하기

#### 4.1. 본문을 역사적 문학적 신학적으로 살핀다.

설교자는 때로 본문을 보다 더 정확히 이해하기 위해서는 본문의 역사적인 정황과 문학적 성격과 구조, 신학적으로 점검이 필요한 개념 등을 살펴야 한다. 이를 위해서 관련된 최근 서적들의 도움을 받을 필요가 있다.

#### 4.2. 본문에 대한 성경 강의 서적들과 주석들을 참고한다.

설교자가 주석과 성경 강의 서적을 참고하는 것은 본문 해석에 있어 첫 번째 단계가 아니라 마지막 단계여야 한다. 설교자가 바로 곧 전문가의 아이디어를 접하게 되면 전문가의 아이디어에 종속되어 버릴 수 있기 때문이다.

다음 세 가지 유형의 책들을 참고하면 도움이 된다. 첫 번째 범주는 강해적인 주석 또는 성경 강의적인 서적이다. 이런 유형의 주석이나 성경 강의 서적들은 주요 개념과 구절에 유의하면서 성경 저자의 생각의 흐름을 개괄해 놓았기 때문에 본문에 나타난 큰 단위의 생각과 주장의 흐름들을 파악할 수 있도록 도와준다. 두 번째 유형은 주석적 주석 혹은 비평적 주석이다. 학문적인 주석이다. 단어와 절, 그리고 난해한 문법과 구문 관련 사항들에 초점을 맞추고, 문화와 배경에 대한 해설들이 있다. 세 번째 유형은 통상 지역 교회에서 설교된 일련의 설교 원고를 보다 광범위한 청중을 염두에 두고 출판한 것이다. 이 유형의 서적들의 가치는 본문 메시지의 제목, 적용, 구체적인 표현, 메시지에 대한 창조적인 접근 등을 볼 수 있도록 해준다는 것이다.

### 5. 설교를 향한 움직임

**5.1. 설교를 위한 본문의 주제와 주장을 서술해야 한다.**

중심 개념을 발견해야 한다. 본문이 말하는 주된 개념을 서술해 본다. 주제는 종종 본문의 주동사와 연관되어 있다. 항상 그런 것은 아니지만, 특히 비유나 이야기인 경우에 더욱 그렇다. 본문의 주제와 주장을 서술할 때는 설교를 듣게 될 청중을 생각하면서 해야 한다. 고든 휘(Gordon Fee)는 성경연구와 설교의 결정적 차이점에 대해 이렇게 말한다. "요즈음 설교들 가운데는 무미건조하고 지식전달에만 치우치며 예언적이고 영감을 주지 못하는 설교들이 너무 많다. 성경을 연구하는 설교자의 목표는 본문의 주석적 이해를 현대 교회와 세계에 적용하는 것이라는 점을 잊어서는 안 된다."[2] 성경 학자는 청중 없이 본문을 주해할 수 있지만, 청중 없이 성경 본문을 주해한 설교는 대상이 없는 피상적 울림으로만 남을 수 있음을 기억해야 한다.

---

2 Gordon Fee, *New Testament Exegesis: A Handbook for Students and Pastors* (Louisville: Westminster John Knox Press, 2002), 21.

## 설교형식 만들기[3]

**성경 본문**: 우리가 알거니와 하나님을 사랑하는 자 곧 그 뜻대로 부르심을 입은 자들에게는 모든 것이 합력하여 선을 이루느니라. 하나님이 미리 아신 자들로 또한 그 아들의 형상을 본받게 하기 위하여 미리 정하셨으니 이는 그로 많은 형제 중에서 맏아들이 되게 하려 하심이니라(롬 8:28-29).

### 1. 초점과 기능

'집으로'(take-home) 진리는 본문에서 말하는 중심 개념(big idea)이다. 이 진리는 청중이 다른 모든 것이 잊어버리더라도 이것만은 집까지 가져가서 꼭 기억하기를 설교자가 기대하는 것이다. 본문이 제기하고 있는 가장 큰 질문이나 아이디어는 무엇이며, 그 질문이나 아이디어에 대해 본문이 내놓고 있는 답은 무엇인가? 이런 과정을 통해 설교자는 설교의 초점과 기능을 얻게 된다.

**초점진술**: 우리는 하나님께서 우리를 사랑하신다는 것을 예수 그리스도로부터 보았기 때문에 비록 우리의 경험이 이 사실을 부인한다 하더라도 하나님께서는 우리를 사랑하고 돌보신다는 것을 확신할 수 있다.

**기능진술**: 하나님의 사랑을 확신하지 못하고 염려와 불안 가운데 있는 청중에게 하나님의 사랑을 다시 확신시켜 주는 것이다.

---

[3] Thomas G. Long, 『설교자는 증인이다』, 162-67을 중심으로 구성한 내용이다.

## 2. 초점과 기능의 세분화

초점진술은 다음과 같이 세분화시킬 수 있다.

2.1. 하나님께서 우리를 사랑하신다는 것을 어디에서 그리고 어떻게 예수 그리스도 안에서 볼 수 있는지를 말한다.

2.2. 하나님의 사랑과 돌보심을 부정하게 하는 것처럼 보이는 경험들을 진술하고 설명한다.

2.3. 예수 그리스도 안에서 우리가 본 것이 어떻게 현재 하나님의 사랑과 돌보심을 확신할 수 있게 하는가를 명확하게 서술한다.

기능진술을 다음과 같이 세분화시킬 수 있다.

2.4. 하나님의 사랑을 확신하지 못하고 불안 가운데 있는 청중에게 하나님의 계속적인 사랑과 돌봄에 기초하여 재확신을 제공한다.

2.5. 미래를 염려하며 불안 가운데 있는 사람들에게 희망을 불러일으킨다.

2.6. 우리가 겪고 있는 염려와 불안의 문제와 현상에 대해 질문을 던진다.

## 3. 초점과 기능의 과정

이 단계는 설교를 디자인하는 과정이다. 초점과 기능의 과업을 성취하기 위해 다음과 같은 순서를 결정할 수 있다.

3.1. 청중의 경험으로부터 시작한다.

즉 2.2의 하나님의 사랑과 돌보심을 부정하게 하는 것처럼 보이는 경험들을 나열하고 설명한다.

3.2. 그 경험들에 대해 과거의 전형적인 기독교 해답을 주고 이런 것들이 왜 충분치 않은지 설명한다.

즉 2.6을 위해 (2.2.)에서 설명된 여러 가지 경험들을 정직하게 취급하지 않는 모든 피상적인 확신에 질문을 던진다.

3.3. 염려와 불안에 대해서 본문이 어떻게 깊이 있게 응답해 주는지 설명한다.

먼저 2.3에서 우리가 예수 안에서 본 하나님의 사랑과 돌보심에 대한 확신과 2.6에서의 우리가 겪고 있는 염려와 불안과는 어떻게 다른지 분명하게 설명한다.

다음은 2.1의 하나님께서 우리를 사랑하시는 것을 어디서 보았으며 그리고 어떻게 보았는지 말한다.

3.4. 이와 같은 응답이 우리의 삶에서 의미하는 것이 무엇인지 말한다.

먼저 2.5의 미래를 염려하며 불안 가운데 있는 사람들에게 희망을 불러일으키는 (2.3)과 (2.1)에 대하여 말한다.

다음은 3.1은 (3.2)에서 서술된 희망이 어떻게 문제가 있는 청중에게 하나님의 끊임없는 사랑과 돌봄에 기초한 재확신을 제공해 주는지 말한다.

## 설교의 기본구조

### 설교의 제목

설교의 제목은 설교자가 주어진 본문을 통하여 청중에게 전하고자 하는 메시지의 중심 내용을 가장 함축적으로 드러내는 내용이어야 한다. 설교의 제목을 잘 선정할 때 청중으로 하여금 설교에 대한 관심을 이끌어 낼 수 있다. 하지만 설교 제목이 단지 흥미나 감정을 자극하지 않도록 한다. 또한 설교 제목이 설교의 내용과 무관하지 않도록 정해야 한다. 설교 제목은 다양한 유형으로 정해질 수 있다. 먼저 문제 제기 유형으로, '누가 이 지구를 창조하셨나?', '우리는 구원 받은 백성인가?', '은혜란 무엇인가?' 등이다. 진술 유형으로는 '위로의 하나님', '치료의 하나님', '은혜의 하나님' 등이 있다. 본문에 초점을 맞추는 유형은 '비판하지 말라', '서로 사랑하라', '기뻐하라', '너 하나님의 사람아' 등이다. 삶의 정황 또는 필요에 초점을 맞추는 유형으로, '우리가 고난당할 때', '신앙 안에서 바른 물질관', '우리를 향한 하나님의 소망' 등을 들 수 있다. 주제 암시적 유형으로, '그리스도의 성품', '하나님 나라의 특징', '하나님의 교회' 등을 예로 들 수 있다. 상징적 유형의 제목을, '주님은 우리의 친구', '푸른 초장으로 우리를 인도하시는 하나님', '여호와는 우리의 목자' 등이다.

### 설교의 서론

설교의 서론은 본론에서 전해야 할 메시지에 초점을 맞추어야 한다. "서론은 청중이 집안으로 들어가기 위해 지나가는 현관이다. 설교자는 청중이 현관에서 기다리게 해서는 안 된다. 설교자는 안내인으로 하여금 그들을 친절히 안내하게 해야 한다."[4] 서론은 설교자는 청중에게 전하고자 하는 메시지가 무엇에 관한 것인지를 직접적으로 또는 간접적으로 알리는 것이다. 분명한 것은 직접적이든 간접적이든 또는 암시적이든 서론

---

4 Lloyd Perry, *Manual for Biblical Preaching* (Grand Rapids: Baker Publishing Group, 1981), 77.

에서 제시된 내용이 본론과 자연적으로 연결되는 논리성이 있어야 하고 결론을 이끌어 내야 한다. 서론에서 제기한 내용이 본문과 연결되지 않으면 단지 의미 없는 서론을 위한 서론이 되어 버린다. 설교의 서론은 성급하게 준비하거나 아무렇게나 해서는 안 된다. 서론은 본문과 청중의 상황에 적합하도록 전개되어야 하고, 설교 주제와 연결되어야 한다. 서론의 길이가 너무 길어서는 안 된다. 서론에서 다루어야 할 주요 내용으로는 청중에게 설교의 주제를 제시해야 한다. 청중에게 적합한 필요를 제기해야 한다. 청중에게 설교의 목적을 간단하게 설명해야 한다. 청중의 관심을 이끌 수 있어야 한다.[5]

설교자는 본문에 입각한 상상력과 창조력을 활용하여 효과적인 서론을 위하여 힘써야 한다. 그러나 서론은 설교자와 청중과의 관계, 설교의 동기, 기대하는 결과에 적합해야 한다.

리처드 메이휴(Rrchard Mayhue)는 서론의 다양한 형태를 다음과 같이 진술한다.[6] (1) 설교와 관련 있는 문제에 관한 통계, (2) 회중에게 설교 주제에 친숙하도록 도움을 주는 역사적인 예화, (3) 유머, (4) 설교와 관련된 최근의 사건, (5) 본문의 사려 깊은 봉독, (6) 본문과 관련된 실화, (7) 전기적인 인물 예화, (8) 의미심장한 인용구, (9) 수사적인 질문, (10) 설교자의 개인 경험, (11) 최근 유명한 서적에 관한 언급, (12) 성경적인 해답을 요구하는 실제적인 문제, (13) 본문 성경의 가르침에 대한 혼란, (14) 흥미 있는 개인적인 편지 등이다.

---

5  Ramesh Richard, 『삶을 변화시키는 7단계 강해설교 준비』, 145.
6  리처드 메이휴, "서론, 예화, 결론," John Macarthur, eds., 『강해설교의 재발견』 김동완 역 (서울: 생명의 말씀사, 2001), 346-47.

**설교의 본론**

 설교 본론의 구조는 청중의 다양성만큼이나 그 접근방법도 다양하지만, 기본적으로 본론의 구조는 본문의 구조에 의하여 전개되어야 한다. 하지만 본론의 구조는 설교 구상 또는 유형과도 관련되어 전개될 수 있다. 본론의 논리적인 순서는 두 유형으로 구성할 수 있다. 하나는 일반적인 것으로부터 특수한 것에로 진행하는 연역적 방법이다. 이 방법에서는 주제 또는 간혹 지배적인 관념이 맨 먼저 서술된다. 그리고 특별히 선행된 일반적 진술을 입증하게 된다. 다른 하나는 특수한 것으로부터 일반적인 순서로 진행되는 방식인 귀납적 방법이다. 귀납적 방법에서는 특수한 경우들을 하나씩 서술한 다음에 일반적인 진리가 서술됨으로써 일반화에 도달하게 된다.

 설교의 본론은 다음과 같은 요소들을 고려하여야 한다. 먼저 설교 전체가 통일성이 있어야 한다. 다음의 요소는 질서다. 본론의 각 부분들이 질서정연해야 한다. 정연해야 한다. 본론의 각 부분들이 차지하는 비율이 적절해야 한다. 설교의 각 단계는 설교 전체의 발전에 뭔가를 공헌한다. 본론의 각 부분들이 전개되면서 발전을 이루어야 한다. 발전을 이루기 위해서는 본론의 각 부분들을 연결하는 전환이 있어야 한다. 본론의 대지들 각 부분들은 설교의 전체 주제나 바로 앞부분의 내용과 연결하여 주는 역할을 한다. 전환은 설교의 각 부분들이나 흐름에 다리 역할을 감당해 줌으로써 청중의 혼란을 막아준다. 전환을 알리는 표현들은 청중에게 설교의 발전을 쉽게 따라가도록 도와준다.[7]

 본론과 적용의 관계도 고려되어야 한다. 일반적으로 연역적 설교와 각

---

7 Ramesh Richard, 『삶을 변화시키는 7단계 강해설교 준비』, 151.

부분이 독립적인 경우에는 각 대지마다 적용이 필요하다. 첫 번째 대지를 설명하고 적용을 한 후에 다음 대지를 설명하고 적용하는 방식이다. 귀납적 설교나 각 대지가 그다음 대지로 논리적인 발전을 이루어 나가면서 마지막에 설교의 중심 개념이 전개될 때는 적용이 맨 뒤로 오는 것이 좋다.

### 설교의 결론

설교의 결론은 설교가 최고의 절정에 이르는 부분임으로 소홀히 해서는 안 된다. 결론은 주로 두 가지 목적을 포함한다. 요약하기, 그리고 권면하기다. 이 두 가지 목적은 설교 내용이나 본문의 유형에 따라 정해져야 한다. 좋은 결론을 위한 조건은 다음과 같다.

먼저 대지들에 대한 요약과 함께 중심 개념을 분명하게 해야 한다. 다음은 개인적으로 순종할 수 있는 전략을 포함한 적용을 제시할 때 더욱 효과적일 수 있다. 결론은 구체적이고 실천적이어야 한다. 본문의 진리를 간단한 하나의 문장으로 제시하거나 기억하기 쉽게 현대 감각에 맞도록 표현된 중심 개념으로 밝혀주면 효과적일 수 있다. 중심 개념을 보충적으로 설명해 주는 이야기를 들려주는 것도 좋은 방법일 수 있다. 이때의 예화는 연관성, 신빙성 그리고 주장의 기준에 부합되는 예화이여야 한다.[8] 또한 결론에서는 되도록 새로운 내용들을 덧붙여서는 안 된다. 결론에서 또 다른 하나의 설교를 해서는 안 된다. 청중의 다양성을 고려해서 모든 사람에게 해당하도록 결론을 이끌어야 한다.[9]

---

[8] Ramesh Richard, 『삶을 변화시키는 7단계 강해설교 준비』, 178.
[9] 리처드 메이휴, "서론, 예화, 결론," 357.

결론을 위한 중요한 일반적 원리들이다. 먼저, 결론에서 무엇을 이야기할지를 정확히 알아야 할 뿐만 아니라 그것을 어떻게 말해야 할지를 알아야 한다. 설교에서 반드시 암기해야 할 부분이 있다면, 그것은 서론 첫 몇 줄과 결론의 마지막 몇 줄이다. 다음은 결론지을 것이라고 광고해서는 안 된다. 결론지을 것이라고 광고하는 것은 청중에게 두 가지 바람직하지 못한 효과를 초래할 수 있다. 청중의 주의를 설계하는 기계적 기술에 쏠리게 하고, 더불어 설교자가 얼마나 오래 이야기했는지를 보기 위해 시계를 쳐다보게 만든다. 또 하나의 중요한 원리는 격려와 희망의 내용으로 긍정적으로 끝내야 한다. 어떤 설교는 불가피하게 회개와 심판 등을 전하는 부정적인 메시지로 결론을 맺을 수 있다. 드문 경우이지만 설교자가 이러한 예언자적 목소리로 마무리하고자 할 때에도, 설교자는 청중이 마음 깊은 자리로부터 주님을 기쁘시게 하고자 힘쓰는 신자들임을 생각하며 주님의 마음과 동일한 사랑의 어조로 마무리하는 것이 좋다. 비록 본문의 내용들이 부정적인 논조로 표현되어 있다 하더라도, 긍정적인 표현으로 재구성할 수 있는 능력이 설교자에게는 필요하다. 즉 본론이 부정적인 내용이라 할지라도 결론에서는 청중에게 긍정적인 내용으로 제시할 수 있어야 한다. 설교자는 부정적인 예들로부터 긍정적인 정신과 내용을 이끌어 낼 수 있어야 한다.

# PART 6
# 설교와 상담
Preaching & Counseling

# Chapter 16

# 상담설교
## Counseling Preaching

## 설교와 상담의 관계

20세기 미국에서 위대한 설교자였던 해리 에머슨 포스딕(Harry Emerson Fosdick, 1878-1969)[1]은 주해설교와 주제 설교보다는 설교와 목회상담을 결합하려고 했던 목회자요 학자였다. 그의 견해에 의하면, 주해설교는 성경주의에 빠질 위험성이 있고, 주제설교는 주관주의로 흐르는 경향이 있다. 그는 "훌륭한 설교는 벌어진 간극에 다리를 만들어 이어주는 토목공사 작업에 비유될 수 있다. 즉 훌륭한 설교란 한 편에 있는 영적인 유익, 곧 그리스도의 측량할 수 없는 풍요함을 다른 편에 있는 개인의 삶에 실제적으로 전달해 주는 설교다"[2]라고 하였다. 그는 성경뿐 아니라 인간 본성을 깊이 연구했다.

포스딕은 상담과 설교의 관계를 쌍방향적인 특징을 지닌 것으로 이해하였다. 설교자가 지성과 통찰력을 겸비하여 상담을 실천할 때 그의 설

---

[1] 포스딕은 뉴욕 시에 위치한 리버사이드 교회에서 1926년에서 1946년까지 목사로 사역하였고, 1915년에서 1926년까지 유니온 신학교에서 실천신학 교수로 있었다.
[2] Harry Emerson Fosdick, "개인상담으로서의 설교," Richard Lischer, ed., *Theories of Preaching*, 정장복 옮김, 『설교신학의 8가지 스펙트럼』(서울: WPA, 2011), 429.

교는 효과적일 수 있다고 하였다. 설교자는 필연적으로 상담가가 되어야 하며, 설교자의 필요한 자질 중 하나가 인간을 돌보는 상담 능력이라고 하였다. 그가 말하는 상담 능력과 설교 능력이 서로 상호 보완적이란 의미는 훌륭한 개인상담가가 되지 않으면 좋은 설교자가 될 수 없다는 것은 아니다. 은사는 사람마다 다르기 때문이다. 설교는 잘 못하지만 훌륭한 상담자가 있을 수 있고, 상담 자질은 부족하지만 탁월한 설교를 하는 사람도 있을 수 있다. 하지만 상담과 설교의 관계는 부정적인 차원보다는 긍정적인 차원이 많다는 것이다. 상담과 설교의 기능은 상호 분리될 수 없을 만큼 밀접하게 연관되어 있을 뿐만 아니라 이 둘은 서로를 풍성하게 할 수 있다는 것이다.[3] 포스딕은 그의 사역 경험을 통하여 이렇게 고백하였다.

> 나의 경험에 대한 솔직한 고백은 내가 지금 말한 바를 보다 확실하게 보여줄 수 있을 것이라는 것이다. 내가 처음 사역을 시작했을 때만 해도 필자는 어떻게 설교해야 하는지 모르고 있었다. 나의 첫 교인들이 그 설교를 어떻게 견뎠는지 나로서는 모르고 있었다. 기억을 더듬어 보면, 초창기 설교 사역과 관련하여 좌절하고 당혹스러워 하던 나를 곤경에서 건져내는 데 도움을 준 요소가 몇 가지 있었다. 하지만 그중에서도 한 가지 요소가 특히 두드러지게 부각되는데, 그것이 바로 개인상담이다. 아마 지금 내가 개인상담에 있어 나의 첫 번째 성공적인 경험을 지나치게 강조하고 있는 것처럼 들릴지 모르겠지만, 분명히 그 경험은 나에게 결정적인 영향을 미쳤다.[4]

---

[3] Harry Emerson Fosdick, "개인상담으로서의 설교," 430.
[4] Harry Emerson Fosdick, "개인상담으로서의 설교," 430.

포스딕의 고백은 상담이 설교자에게 주는 유익과 의미를 설명하고 있다. 특히 설교자의 상담 경험은 회중에게 복음을 보다 구체적이고 실제적으로 설교할 수 있는 통찰력을 준다는 것이다.[5] 포스딕의 견해를 정리해 보면 다음과 같다.

첫째, 설교자의 상담 경험은 통찰력을 더욱 비상하게 만들어 준다. 포스딕은 상담 경험을 통하여 인간 본성에 관한 많은 사실을 깨닫게 되었다고 고백하였다. 그는 설교자가 책을 통해 배우고 알게 된 정신의 문제를 상담을 통해 직접 보게 되고, 신문이 전해 준 일을 사람들의 실제적 삶을 통해 직접 접하게 해준다는 것이다. 이런 경험을 통해 설교자는 사람들의 삶 속에서 실제적으로 일어나고 있는 통찰을 얻게 되고, 이러한 경험과 통찰은 설교자에게 많은 유익을 주고 회중에게 더 효과적으로 설교할 수 있도록 돕는다.

둘째, 상담은 그리스도의 복음과 그 복음의 효과적인 능력에 대한 설교자의 확신을 더욱 깊게 만든다. 포스딕에 의하면, 상담 경험을 통해 좌절과 세상의 불의, 세상에 대한 절망, 두려움, 그리고 자기중심주의로부터 빚어지는 끝없는 재앙 등을 대면하게 된다. 상담 경험을 통해 세상 속에서 변화의 기적도 경험하게 된다. 상담은 성경이 말하는 복음의 능력을 실제적으로 삶 속에서 경험하게 되는 매개체가 된다. 이러한 체험은 강단에 나아가는 설교자에게 복음의 확신을 준다.

셋째, 상담은 설교자의 마음을 설교의 주제에 대한 집착으로부터 설교의 목적에 대한 의도적인 관심으로 전환시켜 준다. 그는 이러한 예를 한 사례를 통해 구체적으로 설명하였다.

---

5  Harry Emerson Fosdick, "개인상담으로서의 설교," 431-32.

언젠가 스코틀랜드의 한 유명한 설교자가 예배를 마친 다음 그의 설교에 감동한 한 친구로부터 인사를 받았다. 그 친구가 감탄하며 말했다. "오늘 설교 정말 훌륭했어." 그러자 설교자가 대답했다. "설교가 어떤 결과를 가져왔는데 그래?" 친구는 이 질문에 당황했다. "설교가 무슨 결과를 가져 왔냐고?" 어떤 주제에 대해서 해롭지 않게 논하는 설교가 얼마나 많은지 헤아릴 수 없다. 그러한 설교는 지적이고 사려 깊고 또 잘 전달되었겠지만, 어떤 특정한 목적을 성취하려는 의도적인 동기는 결여하고 있다. 상담 경험을 가진 목사라면 이런 식으로 설교하지 않을 것이다. 그는 항상 명확하고 계획적인 의도를 가지고 강단에 올라선다. 위대한 진리를 들어 올릴 때 그는 항상 그 진리를 어디엔가 내려놓을지 생각하고 있다. 그는 항상 어떠한 특정한 목적을 염두해 두고 자신의 설교 주제를 선정한다. 그는 자신의 설교를 통해서 누군가 인생의 다메섹 도상을 체험하기를 기대한다. 필자는 지금 개인상담이 그 자체로 훌륭한 설교자를 만들어낼 수 있다고 말하는 것이 아니다. 분명히 그럴 수는 없다. 하지만 개인상담은 우리 시대가 절실하게 필요로 하는 설교의 어조와 경향과 의미에 대해서 어느 정도 도움을 줄 수 있다.[6]

포스딕의 관점은 설교 사역에서 매우 의미 있는 내용이다. 많은 설교자들이 성경 본문에 대한 연구를 통해 설교 주제에만 집착하고 회중은 소외시키는 경향이 많다. 이러한 경향은 설교를 단지 성경의 주제나 메시지만 전하는 것으로 여기고 설교의 중요한 목적인 회중에게 적실성 있는 메시지를 전하는 것은 이차적인 것으로 여기게 한다.

---

6 Harry Emerson Fosdick, "개인상담으로서의 설교," 432-33.

포스딕은 설교자들에게 친숙한 주해설교와 주제 설교의 형태의 한계점에 대해서 설명하였다. 주해설교의 한계로서는 "성경 본문과 그 본문의 역사적 배경, 문맥이 가지는 논리적 의미, 저자의 신학과 윤리 안에서 그 본문이 차지하는 위치 등을 해명한 다음, 마지막에 가서 거기서 추출된 진리를 회중에게 적용하는 설교 형태이다."[7] 하지만 그는 이러한 설교 형태는 문제를 가지고 있다고 본다. 주해설교는 성경구절로부터 시작해서 그 구절에 대한 역사적 해설과 주해에 설교 시간의 대부분을 사용하는 경향이 있기 때문에 본문의 의미에만 주로 관심을 두고 회중에 대해서는 관심을 두지 않는다. 그는 이러한 설교 형태가 초래할 수 있는 현상을 예를 들어 묘사한다. "사람들이 교회에 찾아올 때 여부스 족속에게 도대체 어떤 일이 일어났는가 알아내는 데 간절한 마음을 가지고 있다고 생각하는 사람들은 오직 설교자들뿐이다."[8] 포스딕에 따르면, 주제설교는 본문에 집중하지 않고 사람들이 관심을 가지는 주제에 초점을 두고 설교하려는 경향이 있다. 그는 주제설교를 선호하는 설교자들의 경향을 예리하게 설명하였다.

> 본문에 기초하여 거기에서 출발하는 대신 그들은 현대인들이 관심을 갖고 있는 문제에 대한 그들 나름의 의견에서부터 출발했다. 종종 그들의 이러한 시도는 적절한 성경 본문보다는 회중의 실제적인 관심과 필요로부터 훨씬 더 멀리 떨어져 있곤 했다. 따라서 현명한 사람들이라면 이러한 경향에 반대하여 과거 수세기에 걸쳐 본문을 보존하는 일이 가치 있

---

7 Harry Emerson Fosdick, "개인상담으로서의 설교," 433.
8 Harry Emerson Fosdick, "개인상담으로서의 설교," 433.

는 일로 여겨졌다는 역사적 사실을 근거로 제시하며 본문의 우월한 가치를 용감하게 주장하였을 것이다. 여부스 사람들에게 무슨 일이 일어났는가를 배우기 위해서 사람들이 교회를 찾는 것이 아니듯이, 마찬가지로 신문과 잡지와 라디오에서 일주일 내내 다루어 온 주제에 대해서 한 강사가 자신의 견해를 피력하는 것을 듣기 위해 사람들이 교회에 나오는 것도 아니다.[9]

포스딕은 설교자가 성경에 나타난 주제에만 집착해서도 안 될 뿐 아니라 사회 문제나 이슈에만 함몰되어서도 안 된다고 보았다. 그에 의하면, 설교자는 예수님이 그러하셨듯이 설교를 듣는 사람들을 치료하는 메시지에 관심을 가져야 한다. 설교자는 육신에 온갖 곤경과 문제를 가지고 있는 사람들, 죄와 부끄러움, 의심과 염려의 문제를 가지고 교회 의자에 앉아 있는 사람들에게 복음의 진리가 그들에게 양식이 되도록 설교해야 한다는 말이다. 설교가 출발해야 하는 지점은 사람들의 실제적인 문제이다. 이것이 설교가 주해나 에세이 혹은 강의와 구별되는 독특한 특성이다. 설교는 복음의 진리가 사람들의 실제적인 삶에 능력으로 작용하도록 해야 한다. 설교 사역의 핵심은 여기에 있다. 그러므로 그는 설교의 목적이 성경에 대한 지식을 높이는 데 있거나, 사회 문제나 인간의 문제에 대한 철학적 심리학적 관점이나 지혜만을 전해 주는 데 있지 않다고 보았다. 결국 설교는 복음의 진리를 통해 사람들의 실제적인 어려움을 다루면서 거기에 빛을 던져주고 그 어려움을 극복할 수 있는 힘을 불어넣어 주어야 한다는 것이다.

---

9  Harry Emerson Fosdick, "개인상담으로서의 설교," 434.

그러나 포스딕은 설교의 세 가지 접근, 즉 주해설교와 주제설교 그리고 상담설교 또는 사람들의 실제적 삶을 위한 설교는 상호 배타적인 것이 아니라고 보았다. 왜냐하면 설교자가 복음의 진리를 개인적인 필요와 관련시키려고 할 때 성경의 본문을 사용하기 위해서는 주해를 통한 이해가 필요하기 때문이다. 그래서 본문에 대한 주해는 설교를 위해 중요하다. 한편 설교자가 사람들의 문제를 보다 실제적이고 진지하게 다루려고 할 때는 일상생활의 배후에 있는 문화적, 사회적, 경제적, 국제적 문제 등을 다루어야한다. 때문에 주제설교자들이 관심을 가지고 있는 문제도 설교에서 필요한 요소이다. 그럼에도 불구하고 설교자가 마치 개인상담을 시작하는 것처럼 강단에 올라설 때 설교는 더욱 심오한 영향을 발휘하게 된다.[10]

포스딕은 회중의 실제적 삶을 위한 설교 또는 상담설교를 잘못 사용하여 부정적인 결과를 낳은 여러 사례를 소개하였다. 그는 상담설교가 미숙하게 실행될 때 여러 부정적인 결과를 초래할 수 있다고 보고, 상담설교를 효과적으로 실행하기 위해서는 설교자가 복음에 대한 해석적 능력, 사람과 사회 문제에 대한 예리한 통찰력 등을 겸비해야 한다고 했다.

> 어떤 설교자는 실제적인 문제를 너무 구체적으로 다루려고 하다가, 결국 회중 가운데 한 사람이 설교자가 지금 자신의 이야기를 하고 있다는 것을 알고서는 당혹스러워한 적도 있다. 또 어떤 설교자는 실천적인 관심이 너무 지나쳐 너무 뻔한 문제를 다루어서, 결국 평범한 설교를 하게 되고 또 영원한 복음 진리를 그 문제에 관련시키는 데 실패하였다. 또 어떤

---

10 Harry Emerson Fosdick, "개인상담으로서의 설교," 435.

설교자는 회중이 피부로 느끼는 필요를 다루려고 혈안이 되었다가, 결국 피부로 느끼지는 못하지만 더 중요하고 실제적인 필요를 잊어버리게 되었다. 또 어떤 설교자는 설교 중에 다루어야 하는 문제를 사적이고 심리적인 문제에 국한시킴으로써 단지 아마추어 심리 치료사가 되어 버렸다. 또 어떤 설교자는 사람들을 돕는 일에 너무 신경을 쓴 나머지 영혼을 돌보는 자상한 간호사로 전락했으며, 우리 세대가 들어야 하는 하나님의 진리의 준엄하고 우레 같은 예언자적 선포를 생략해 버렸다. 어떠한 설교 방법이든 서투른 솜씨로 다루면 그 방법을 오히려 망칠 수 있다.[11]

포스딕에 의하면, 유능한 상담설교자는 설교를 할 때 상담실에서 얻은 자신의 개인적인 경험을 넘어서야 한다. 설교자가 인간의 필요에 대한 통찰을 얻기 위해 상담실에서의 경험 외에 다른 방법을 강구하고, 그것을 활용할 수 있어야 한다는 말이다. 성경과 마찬가지로 상담실의 경험도 그의 시야 또한 개인적이고 사회적인 인간의 삶 전체와 복음의 메시지와 아울러져야 한다는 뜻이다.[12]

나아가 상담설교자는 자신의 상담 경험을 통해 인간의 본성의 보편적인 특성들과 문제들을 구체적으로 이해하는 것에 중심이 있지 개인의 독특한 문제들을 모두 마음에 두고 그 해결책을 구체적으로 제시하는 데 있지 않다는 것을 알아야 한다. 필립스 브룩스(Phillips Brooks)는 이러한 관점에 중요한 통찰력을 제공해 준다. 그는 설교자가 회중을 이해함에 있어서 인간 본성의 보편적인 이해에 기초하여 설교해야지 회중 각 개인의

---

11 Harry Emerson Fosdick, "개인상담으로서의 설교," 435-36.
12 Harry Emerson Fosdick, "개인상담으로서의 설교," 436.

독특성을 모두 이해하고 배려해서 설교하는 것은 지혜로운 접근이 아니라고 설명하였다. 그는 설교자가 회중을 대상으로 설교할 때 가져야 할 마음가짐에 대해 이렇게 말한다. "그들을 일반적인 존재로 보지 않고 각 개인을 특별한 존재로 본다면, 즉 한 사람 한 사람이 모두 자신에게 고유한 개성을 가지고 거기에 앉아 있다고 생각한다면, 여러분은 설교할 수 있겠는가? 내가 보기에, 어떤 설교자의 설교가 효과적이지 못한 것은 그들이 인간 본성에 대하여 이처럼 폭넓고 일반적인 시야를 갖추지 못했기 때문이다."[13] 이런 맥락에서 브룩스는 설교자가 가끔씩 자신이 전혀 알지 못하는 회중을 대상으로 설교할 필요가 있다고 제안한다. 그리고 이러한 설교 경험은 설교자로 하여금 인간의 보편적인 특성을 경험하는 기회가 될 뿐만 아니라 전해야 할 복음의 진리의 폭과 깊이를 놓치지 않고 설교할 수 있도록 도와준다고 본다. 설교자가 상담 경험을 통해서 사람들의 문제를 아주 구체적으로 경험하게 되면, 복음과 회중의 문제와의 순환과 융합을 균형 있게 담아내지 못하고 회중의 문제에만 지나치게 몰두하게 될 수도 있다. 따라서 설교자가 상담을 통해 회중의 문제를 경험하게 될 때 설교를 보다 구체적으로 할 수 있지만, 반대로 회중의 사정을 지나치게 세세하게 알게 되면 설교가 인간의 문제 자체에만 치우치게 되거나 협소해지는 것을 자기도 모르게 방치할 수 있다.

그럼에도 불구하고 설교자가 인간 본성을 이해하는 가장 실제적인 방법이 자신이 섬기는 회중이라는 사실을 잊어서는 안 된다. 성육신이 신성을 일반적인 인간 본성 안에 가져온 것이 아니다. 성육신은 어떤 특정

---

[13] Phillips Brooks, "설교를 듣는 회중," Richard Lischer, ed., *Theories of Preaching*, 정장복 옮김, 『설교신학의 8가지 스펙트럼』(서울: WPA, 2011), 408.

한 사람들의 공동체 안으로, 특정한 국가와 특정한 민족, 특정한 가정 안으로 신성을 가져왔듯이, 인간 본성의 열매를 맺기 원하는 사람은 자기 자신을 사람들이 사는 특정한 장소에 뿌리를 내려야 하며, 그 땅에서 소산을 거두어들여야 한다.[14] 설교자가 자신의 회중을 통해 인류 전체에 와 닿아 있다는 것을 느끼고 있을 때 그의 삶과 설교는 비길 데 없는 유익을 얻을 수 있다.[15] 브룩스는 설교자가 하나님이 허락하시는 모든 지혜를 가지고 인간 본성 이해에 힘써야 한다고 강조하였다. 그는 설교자의 회중은 인간 본성 이해에 가장 중요한 지름길이라고 언급하면서 세 가지를 제안하였다. 첫째는 가능한 한 적은 수의 회중을 가져야 한다. 둘째는 설교자가 회중을 가능한 한 철저하게 파악해야 한다. 셋째는 설교자는 자신의 회중을 통해 인간 본성을 이해할 수 있을 만큼 자신의 회중을 가능한 한 폭넓게 그리고 깊이 이해해야 한다.[16]

상담설교가 회중의 심리적 본성이나 문제에만 몰두하게 되면 심리 치료사로 전락되기 쉽다. 상담설교자는 인간의 근본적인 문제가 하나님과 분리와 단절에서 파생된다는 것을 잊어서는 안 된다. 좋은 상담설교는 이 근본적인 질병을 놓치지 않는다. 모든 종류의 질병과 문제는 하나님으로부터 떨어져 나온 근본적인 단절 때문에 시작되었고, 그 단절이 치유되기 전에 건강이 온전히 회복되는 것은 불가능하기 때문이다. 역으로 회중의 실제적 삶과 관계없는 복음의 추상적 이론만 전하게 되면 종교적 관념론에 빠지게 된다. 인간은 하나님과의 관계뿐 아니라 하나님의 창조물들과의 관계에서 파괴나 단절이 발생하면, 관련된 모든 분야에서 문제

---

14 Phillips Brooks, "설교를 듣는 회중," 410.
15 Phillips Brooks, "설교를 듣는 회중," 410.
16 Phillips Brooks, "설교를 듣는 회중," 410-11.

가 발생할 수 있는 존재이기 때문이다. 상담설교를 추구하는 설교자는 복음의 진리와 회중의 문제와의 순환과 융합을 놓치지 않도록 힘써야 한다. 이런 맥락에서 포스딕은 "오늘날 개신교 내에서 가장 기대할 만한 운동 중 하나는 설교와 개인상담을 긴밀하게 연결시켜 가는 문제이다. 설교가 필연적으로 개인상담으로 이어지고, 개인상담이 설교에 힘과 효과를 더해주고 있다"고 하였다.[17] 그는 넬슨(Nelson)이 남긴 말로 설교자들이 추구해야 할 목표를 도전하였다. "그가 입을 열었을 때, 나는 그의 말 전부가 나를 겨냥하고 있다는 느낌을 받았다."[18]

## 상담설교와 마음의 풍경

설교자가 뇌 또는 마음의 역할과 풍경을 이해하는 것은 효과적인 설교를 위해 중요하다. 설교자의 메시지를 회중이 어떻게 듣고, 들은 메시지를 어떻게 변환하고, 그 메시지를 어떻게 할 것인지를 결정하는 것은 회중의 뇌다. 뇌는 설교자의 메시지를 듣고 무시할 것인지 아니면 적용할 것인지를 결정한다. 하지만 대부분의 설교자들은 뇌의 역할과 풍경에 무지할 뿐 아니라 관심을 두지 않는 경향이 있다. 설교자는 자신의 설교에 대한 환상적인 생각을 가지고 설교하는 경우가 많다. 많은 설교자들은 자신이 설교를 하면 회중에게 영향력이 있을 것이라고 생각한다. 어떤 설교자들은 설교 방식이나 회중을 이해하는 것은 중요하지 않다고 생

---

17 Harry Emerson Fosdick, "개인상담으로서의 설교," 438.
18 Harry Emerson Fosdick, "개인상담으로서의 설교," 438.

각하기도 한다. 설교의 효과는 하나님의 역사와 관련되어 있다고 생각하기 때문이다. 물론 설교의 궁극적 결과들이 성령의 역사하심에 의존한다는 것에는 의심의 여지가 없다. 하지만 설교자의 형편없는 설교, 즉 복음의 진리를 정죄나 공격의 도구로 사용하는 설교도 좋은 결과가 있게 하시는 하나님은 아니다. 설교자가 하나님의 중요한 선물인 뇌와 뇌의 역할과 풍경을 이해하는 것은 성령의 역사를 가로막는 것이 아니다. 광의적인 맥락에서 뇌는 하나님의 거룩한 피조물일 뿐만 아니라 하나님의 사역을 실행하는 사역자라고 할 수 있다. 때문에 하나님께서 뇌를 만드신 목적과 뇌의 역할과 풍경을 이해하는 것은 하나님의 사역을 보다 풍성하고 깊게 이해하는 길이기도 하다. 설교자가 뇌의 역할과 풍경을 이해하는 것은 결코 성령의 힘에 대한 믿음을 약화시키는 것이 아니라 도리어 어떻게 하나님께서 인간의 뇌의 구조를 통해 일하시는지를 분명하게 확신시켜 주는 것이다.

앤드류 뉴버그(Andrew Newberg)와 그의 펜실베니아대학 동료들은 뇌와 하나님에 대한 신앙의 관계성에 대한 중요한 연구결과를 내놓았다.

> 뇌의 각 부분들은 하나님에 대해 각기 다른 인식을 가지고 있다.
> 인간의 뇌는 아주 독특하게 각각 다른 방법으로 하나님에 대한 인식들을 모아서 하나님에 대한 의미와 가치를 부여한다.
> 종교적 신념들이 배제되었을 때도, 예배나 기도나 성경 읽기와 같은 신앙적인 행위들은 뇌의 신경 기능을 향상시켜 신체적 건강과 정서적 건강을 개선한다.
> 하나님에 대한 진지하고 장기적인 숙고와 다른 영적인 가치들은 우리의

기분을 조절하는 뇌의 부분들을 영구적으로 변화시켜 주며, 우리 자신의 정체성을 확립시켜 주며, 세상에 대한 우리의 가치관을 형성시켜 준다. 명상 시간을 갖게 되면 평온함, 사회의식, 다른 사람들을 향한 연민을 일으키는 특정한 신경회로가 강화된다.[19]

뉴버그는 인간의 뇌에 하나님 회로들(circuits)이 존재한다고 보고하였다. 그는 두정부의 전면 회로가 인간과 하나님에 대한 관계를 형성하는 곳이고, 전두엽(frontal lobe)이 하나님에 대한 개념들을 만들고 통합시킨다고 믿는다. 그는 시상(thalamus)이 하나님에 대한 개념들에 감정적 의미를 부여한다고 믿고, 지나치게 자극된 편도체(amygdala)는 두려운 하나님, 권세가 있으신 하나님 그리고 징계하시는 하나님에 대한 개념들을 일으켜서 하나님에 대해 논리적으로 생각하게 하는 전두엽의 능력을 억제한다고 주장하였다. 선조체(striatum)는 하나님의 임재 안에서 사람들로 하여금 완전함을 느끼도록 한다.[20]

뉴버그의 주장이 모두 다 정확하다고는 할 수 없지만, 뇌는 하나님에 대한 개념, 이해, 감정, 그리고 하나님과의 관계 형성 등에 관여한다는 것은 사실이다. 물론 설교자에게 뇌의 이러한 증거들이 반드시 필요한 것은 아니지만, 뇌의 역할과 풍경에 대한 이해를 통해 자신이 전한 메시지가 회중의 결정과 행동에 이르게 되는 과정을 알게 된다면, 회중의 정신과 감정의 형성과 변화를 효과적으로 이끌어 낼 수 있는 설교를 할 수 있다. 따라서 설교자가 뇌의 기능들이 어떻게 작동하는지를 이해하고,

---

[19] Andrew Newberg & Mark Robert Waldman, *How God Changes Your Brain: Breakthrough Findings from a Leading Neuroscientist* (New York: Random House, 2009), 6-7.
[20] Andrew Newberg & Mark Robert Waldman, *How God Changes Your Brain*, 43-44.

뇌의 풍경에 친숙해지는 것은 중요하다.

토마스 트로이거(Thomas Troeger)는 설교를 통해서 확장되어야 할 '마음의 풍경'(the landscape of the heart)에 관하여 설명하였다. 그가 말한 마음의 풍경이란 우리 모두가 거주하는 내면의 독특한 심리적, 사회적, 경제적 차원 등과 같은 해석 체계를 의미한다. 설교하는 것은 사람들의 삶에 의미를 주는 특정한 이야기들과 상징, 가치, 그리고 제의와의 접촉점을 발견하는 것이다. 이러한 마음속의 풍경을 가로질러 가서 상상력이 가득하고 창조적인 방식으로 그 속에 복음을 소개하는 것이다. 트로이거에 의하면, 만일 설교자가 사람의 마음을 세심하게 탐구하지 않고서는 이 일은 거의 불가능하다고 하였다.[21]

설교자는 회중의 마음의 상태와 상황에 대해 사전 지식 없이 다양한 부류의 사람들에게 말씀을 전하는 경우가 많다. 하지만 설교자는 성경의 단어, 비유, 은유, 예화, 심지어 해석조차도 다양한 사람들에게 다른 기억과 경험으로 다가간다는 것을 알아야 한다. 리차드 콕스(Richard Cox)는 사람들이 어떤 정보를 선택하고 받아들이는 과정을 기술하였다.

> 우리는 새롭게 선택한 것들을 과거에 선택한 것들과 결합시켜서 결정한다. 기쁨을 주었던 선택들은 과거에 선택했던 것들과 조화를 이루는 새로운 선택들을 받아들이는 근거들이다. 왜냐하면 그 선택이 기쁨을 줄 것이라고 생각하기 때문이다.
>
> 우리는 상태를 따라 결정한다. 이전 우리의 지적인 능력과 일치하고 반

---

21 Thomas Troeger, "The Landscapes of the Heart: How Our Imagined Worlds Shape the Preaching of the Gospel," in *Preaching as God's Mission. Studia Homilietica* 2 (Tokyo: Kyo Bun Kwan, 1999), 85-95.

복되는 정보는 쉽게 수락한다. 그러나 상태가 여의치 않아 충분히 동의되지 않으면 결정을 미룬다.

우리는 동료들의 찬성과 반대를 보면서 결정을 한다. 심지어 만족을 주지 못할지라도 동료들이 지지하면 결정하게 된다.

우리는 상과 벌에 민감하게 반응하는 가장 원시적인 본능에 의해 결정한다. 천국과 지옥의 개념은 바로 이런 점을 잘 보여주는 신학적 사례다.[22]

설교를 들은 회중은 결단을 하게 되어 있다. 어떤 회중은 긍정적인 결단을 하기도 하고, 어떤 회중은 그냥 소리만 듣고 돌아가는 경우도 있을 수 있다. 회중이 설교를 통해 아름다운 결단을 하도록 하기 위해서는 회중의 마음을 어루만질 수 있는 설교자가 되어야 한다. 바울이 고린도 성도들에게 했던 말은 오늘의 설교자에게도 적용된다. "그러나 교회에서 네가 남을 가르치기 위하여 깨달은 마음으로 다섯 마디 말을 하는 것이 일만 마디 방언으로 말하는 것보다 나으니라"(고전 14:19). 설교자의 말은 단지 성경에 대한 지적 분석이나 깨달음과만 관련해서 형성되어서는 안 되고 회중의 마음과 소망과 아픔 등에 대한 깨달음을 통해서도 형성되어야 한다.

그렇다면 마음이란 무엇인가? 신경학적으로 말하면 마음은 전두대상피질, 즉 이마의 양미간에서 약간 안쪽에 해당하는 부분이다. 이 뇌 부위에서 공감과 사랑과 긍휼을 경험하고 옳고 그름을 구분해 낸다.[23] 배외측 전전두피질은 추론하고 전략과 계획을 짜는 뇌 부위다. 손가락을 관

---

[22] Richard Cox, Rewiring *Your Preaching: How the Brain Processes Sermons*, 김창훈 옮김, 『뇌는 설교에 어떻게 반응하는가』 (서울: CLC, 2014), 142.
[23] L. Peoples, "Will, Anterior Cingulate Cortex, and Addiction," *Science* 296 (2002): 1693-94.

자놀이에 대고 머리털이 나기 시작하는 부분까지 위로 쭉 올라가면 바로 그 안쪽이 배외측 전전두피질의 위치다. 배외측 전전두피질 밑으로 안와 바로 위쪽에 있는 것이 안와 전전두피질이고, 코 뒤의 중심선 쪽으로 안와 전전두피질과 붙어있는 것은 복내측 전전두피질(양심)이다. 현재의 뇌 과학 이론으로는 안와 전전두피질과 복내측 전전두피질이 양심의 부위일 가능성이 가장 크다. 이 두 부위에서 우리는 죄의 자각을 경험하고, 사회적으로 부적절한 행동을 인식하며, 지시를 내려 부적절한 행동을 바로잡는다.[24]

판단력은 배외측 전전두피질(이성)이 안와 전전두피질 및 복내측 전전두피질(양심)과 결합해 생겨난다. 흥미롭게도 뇌 연구에서 밝혀진 것은 복내측 전전두피질, 즉 양심이 활동하고 있을 때는 배외측 전전두피질, 즉 이성의 활동이 줄어들고, 반대도 마찬가지다. 양심이 깨끗하면 할수록 더 효율적인 추론과 사고가 가능하다는 뜻이다. 반대로 하나님의 사랑의 법에 어긋나는 행동을 할 때는 전략과 계획을 짜는 능력을 양심이 약화시킨다. 즉 죄책감이 있으면 사고를 명료하게 할 수 없다. 판단력이 최고의 기량을 발휘하려면 양심이 떳떳해야 한다. 떳떳한 양심은 우리의 삶이 사랑의 법과 조화를 이룰 때에만 가능하다. 그러기 위해서는 왜곡된 하나님 개념이나 상을 버리고 하나님을 아는 참된 지식으로 돌아와야 한다. 그러면 전두대상피질(마음)이 강해져 죄책감을 가라앉히거나 해결한다. 사랑은 삶의 기초요 원형이다.[25]

---

[24] T. A. Hare, C. F. Camerer & A. Rangel, "Self-Control in Decision-Making Involves Modulation of the vmPFC Valuation System," *Science* 324, no. 5927 (2009): 646-48.

[25] M. Koenigs & J. Grafman, "The Functional Neuroanatomy of Depression: Distinct Roles for Ventromedial and Dorsolateral Prefrontal Cortex," *Behavioural Brain Research* 201, no. 2 (2009): 239-43.

이성과 양심의 이 놀라운 균형은 하나님이 유한한 인간에게 건강한 선택 능력을 주려고 설계하신 것이다. 사랑의 법에 어긋나는 행동을 궁리하고 있으면 양심이 위험 경보기를 울림과 동시에 파괴적 행동, 즉 죄의 지속적 계획을 저지한다. 그동안 마음은 신호를 보내 부적절한 행동을 바로잡으려 한다.

양심의 경보에도 해롭고 이기적인 삶을 추구하고 고집하는 사람은 파괴적인 행동에서 빠져나오기가 더 어려워질 수 있다. 이것은 두려움에 기초한 이기적 행동이 전두대상피질, 즉 마음에 미치는 악영향 때문이다. 사랑과 이기심 사이의 싸움에서 이기고 지는 부위는 전두대상피질, 즉 마음이다. 두려움 중추의 충동과 전전두피질의 판단력이 전두대상피질, 즉 마음에서 충돌한다. 거기서 우리는 결판을 통해서 내적 긴장을 없애야 한다.[26]

하나님의 방법인 사랑과 진리는 전두대상피질, 즉 마음을 강하게 하고 두려움 회로를 가라앉힌다. 사랑에 기초한 하나님 개념을 더 확실히 받아들일수록 그만큼 우리 뇌가 건강해진다. 반대로 하나님 개념이 두려움을 불러일으킬수록 우리의 행동은 더 이기적이 되어 더 큰 피해를 일으킨다. 뇌의 두려움 회로는 강력한 감정을 유발하므로 자칫 충동적 결정으로 치달을 수 있다. 그래서 우리의 감정은 행동을 주관하지 못하도록 설계되어 있다.[27] 물론 하나님은 우리를 지으실 때 쾌락과 아주 강한 감정들을 경험하게 하셨다. 하지만 본래 그것은 전전두피질의 건강한 활동과 조화를 이루어야 한다. 인간의 긍정적 감정은 전전두피질이 뇌의 감

---

[26] L. Peoples, "Will, Anterior Cingulate Cortex, and Addiction," *Science* 296 (2002): 1963-94.
[27] Andrew Newberg & Mark Robert Waldman, *How God Changes Your Brain*, 52-53.

정 장치를 하나님이 설계하신 대로 가동했기 때문에 벌어진 일이다.

　인간은 사랑의 관계에서 즐거움을 누리고, 아름다운 노을을 보며 기분이 상쾌해지고, 장거리를 달리고 나서 성취감에 취한다. 그럴 때는 뇌의 정서 부위가 하나님이 설계하신 대로 건강하게 제 역할을 다하고 있다. 그러나 감정이 건전한 판단력을 누르고 전두대상피질, 즉 마음을 지배하려 들면 문제가 생긴다. 이기적 욕망을 채우는 데 에너지를 쏟을 때도 마찬가지다. 두려움에 기초해 결정을 내리면 문제를 피할 수 없다. 정서 회로가 지배하면 사랑 대신 이기심을 택할 수밖에 없다.

　방종과 같은 행위는 뇌와 몸과 성품과 관계를 더 해치다가 결국 죽음을 부르기도 한다. 이것이 우리가 아담에게서 물려받은 병적 상태다. 우리는 태어날 때부터 두려움과 이기심으로 병들어 있다. 그것이 우리의 전 존재를 변질시켰다. 뇌는 균형을 잃은 상태가 되었다. 두려움 회로는 과잉 발육인데 사랑 회로는 발육 부진이 되었다. 이렇게 변질된 사고로는 더는 하나님을 모르며, 우리 뇌가 사랑의 법대로 돌아가지도 않는다. 하나님의 개입이 없는 한 불치병이다. 삶이란 사랑의 법과만 공존할 수 있기 때문이다.

　뇌 영상의 연구를 통해 밝혀진 것은 인간이 사랑의 하나님과 교제하는 시간이 많을수록 전두대상피질, 즉 마음이 더 개발된다. 그뿐 아니라 그런 사람은 스트레스 호르몬, 혈압, 심장박동이 낮아지고 요절할 위험성도 줄어든다. 사랑은 죽음을 피할 수 없는 결함투성이 몸까지도 치유해 낸다. 반대로 두려움을 유발하는 분노와 진노의 신을 생각하는 시간이 많을수록 뇌 손상이 커지고 건강이 더 빠르게 쇠퇴해 결국 수명이 단축

된다.[28]

　리처드 콕스는 설교에서 설교자의 역할의 중요성을 언급하면서, 회중이 설교를 통하여 돌봄, 즉 격려와 위로를 경험하도록 해야 한다고 강조하였다. 이런 의미에서 그는 설교자는 회중의 정신세계가 어떻게 작용하는지를 인식해야 회중과 효과적으로 소통할 수 있다고 강조하였다. 콕스에 의하면, 뇌는 본질적이지 않은 정보에 대해서는 별로 관심을 갖지 않는다. 뇌는 사람을 지켜주고 발전시켜 주기 위해 필수적인 것만을 받아들인다는 것이다. 따라서 설교의 메시지는 하나님께 개인적으로 받을 보상에 대한 감정을 유발시켜야 한다.

　하지만 대부분의 설교는 하나님으로부터 받게 될 영광스러운 보상에 반대되는 형벌의 감정을 핵심으로 행해진다. 설교자가 알아야 할 것은 뇌는 보상 받기 위해 형벌을 피하는 것보다 형벌을 피하기 위해 보상에 직접적으로 접근하는 방법에 훨씬 더 잘 반응한다는 것이다.[29] 뇌는 자신의 삶에 직접 적용되지 않는 설교는 객관화한다. 즉 뇌가 객관화한 내용은 '나를 위한 어떤 것'이 아니라 단지 '유용한 정보'의 범주로 간주한다.[30] 그는 "많은 위대한 설교자들은 어떻게 거룩한 삶이 기쁨과 즐거움을 제공하고 고통과 어려움을 막아주는지를 보여주고 증명하는 데 탁월" 하였다고 하였다.[31] 콕스는 회중에게 들려지는 설교는 회중이 설교를 듣고 돌봄을 경험하는 설교라고 하였다. 돌봄이 발생하는 설교는 설교자의 회중에 대한 공감 능력과 비례한다고 하였다.

---

28 Andrew Newberg & Mark Robert Waldman, *How God Changes Your Brain*, 53.
29 Richard Cox, 『뇌는 설교에 어떻게 반응하는가』, 113.
30 Richard Cox, 『뇌는 설교에 어떻게 반응하는가』, 114.
31 Richard Cox, 『뇌는 설교에 어떻게 반응하는가』, 114.

다양한 신학 노선들 가운데 어떤 노선을 선택한다고 할지라도 분명한 사실 하나는 있다. 그것은 성도들이 듣기 원하는 설교가 있다는 것이고, 또한 성도들은 설교를 들으면서 그들이 지금 설교가 자신들을 격려하며 위로하고 있는지 아니면 자신들에게 도전하고 책망하고 있는지를 잘 알고 있다는 것이다. 사람 안에 있는 잠재의식은 그 차이점을 이해하고 있으며, 또한 잠재의식이 의식적인 마음보다 설교를 듣는 데 더욱 강력하게 영향력을 발휘한다. 그런데 정신은 대체로 누군가가 자신을 진정으로 돌보지 않고, 그저 쓰다듬고 위로만 하는 것에 싫증을 느끼게 되어 있다.[32]

그래서 토마스 롱(Thomas Long)은 "우리가 바라는 설교자들은 강한 바람을 느끼며, 높은 곳과 낮은 곳 모두를 공감할 수 있으며, 심호흡을 한 후 '삶을 변화시키는 복음'을 설교하는 사람들이다"라고 하였다.[33] 설교자는 회중이 하나님의 사랑과 화평으로부터 오는 기쁨과 감사가 얼마나 크고 위대한 것인지를 알게 해야 한다. 뇌는 생존과 만족과 성장과 위로와 사랑을 사모하고 있기 때문이다. 또한 설교자는 회중이 다른 사람들과 조화 속에 살아가는 유익이 무엇인지도 알게 해야 한다.

## 상담설교와 치유

많은 설교자들에게는 설교를 성경 강해, 강의, 교육, 교화 등으로 간주

---

32 Richard Cox, 『뇌는 설교에 어떻게 반응하는가』, 167.
33 Thomas Long, "Why Sermons Bore," 32, Richard Cox, 『뇌는 설교에 어떻게 반응하는가』, 167에서 인용.

하는 경향이 있다. 물론 설교는 그러한 차원을 지닌다. 하지만 설교는 훨씬 더 많은 역할을 감당하고 있다. 설교의 본질적 목적은 강해, 강의 등과 같은 용어보다는 치유라는 단어가 내포하고 있는 의미와 더 밀접하게 관련되어 있다고 할 수 있다. 왜냐하면 설교는 추상적인 성경 강의나 교리 강의가 아니라 회중의 실제적인 삶을 치유하는 행위가 되어야 하기 때문이다.

성경 전체의 기본적인 전제는 치유라고 할 수 있다. 성경에서 말하는 치유는 육체와 정신의 치유를 넘어서는 의미이다. 성경에서 말하는 치유는 온전함, 통전성, 하나님과의 관계 회복까지 포함하는 광의적인 의미이다. 성경에서 치유는 때로 화해의 의미로, 때로는 구원의 의미로 사용되기도 하지만, 모든 경우에서 성경의 기본적인 명령과 초청은 치유를 위한 것이다.

구체적으로 서술하면, 신약성경에서 건강, 치유, 구원과 관계된 단어는 소테리아(soteria)이다. 복음서에서 명사 소테리아는 5회 등장하는데, 4회는 누가복음에 나타나고(눅 1:69, 71, 77, 19:9), 1회는 요한복음 4:22에 나타난다. 동사 소조(sozo)는 복음서에서 치유와 구원의 의미로 사용된다. 복음서에서 소조는 위험으로부터의 구원(마 8:25, 요 12:27), 질병으로부터 구원(마 9:21, 요 12:27), 하나님의 정죄로부터의 구원(마 10:22, 24:13), 그리고 죄로부터의 구원(마 1:21)이라는 의미로 사용된다. 소조는 포괄적 의미와 적용을 갖고 있는 단어이므로 어떤 특별한 상황에서 그것의 의미를 규정하는 것이 항상 쉽지는 않다. 그렇지만 분명한 것은, 복음서에서 이 단어가 포괄적으로 적용되는 것은 기독교의 치유 개념과 구원 개념은 서로 다른 상황 속에서 다양할 정도로 중복되고, 결코 완전하게 분리될 수 없다는 사실을 지적해 준다는 것이다. 육체의 치유는 결코 육체적이지만은 않고, 영혼의 구원은 순전하게 영적이지만은 않다. 왜냐하면 육체와 영혼 모두가 인간 존재의 통전적 구원 또는 치유, 즉 복음서에 나오는 예수의 치유 기적들 속에서 예시되고 예증되는 구원과 연결되어 있기 때문이다.

성경은 치유가 하나님의 목적일 뿐 아니라 복음의 중요한 통로라고 말한다. 예수님이 이 땅에서 설교하시고 가르치시면서 치유를 행하심으로 하나님의 긍휼을 보여주셨지만, 치유를 통하여 자신이 속죄 사역을 위해 이 땅에 오신 메시아임을 증명하셨다. 즉 "저물매 사람들이 귀신 들린 자를 많이 데리고 예수께 오거늘 예수께서 말씀으로 귀신들을 쫓아내시고 병든 자들을 다 고치시니 이는 선지자 이사야를 통하여 하신 말씀에 우리의 연약한 것을 친히 담당하시고 병을 짊어지셨도다 함을 이루려 하심이더라"(마 8:16-17). 예수님은 요한의 제자들에게 그의 치유 사역은 그가 바로 메시아임을 증명하기 위함이라고 말씀하셨다(마 11:26). 예수님의 설교와 치유 사역은 뗄 수 없는 관계에 있었다고 할 수 있다.

설교자가 추구해야 할 목적 중 하나는 사람들의 치유이다. 설교자는 설교를 통해 성경의 주제를 강의하거나 전하는 데 목적을 두기보다는 회중이 복음 능력을 통해 치유를 경험하도록 해야 한다. 하지만 설교자는 치유를 하나님의 초월적 기적의 전유물로만 이해해서는 안 된다. 설교자는 사람의 치유는 하나님의 초월적인 역사를 통해서만 일어나는 것이 아니라 하나님이 세우신 질서와 법칙에 의해 발생한다는 것도 알아야 한다. 인간의 몸은 배고픔과 질병을 통해 자기 권리를 발산한다. 인간의 뇌와 정신은 슬픔과 분노 등을 통해 자기 권리를 말한다. 하나님이 만드신 우리 몸과 뇌와 정신 세계는 실로 신비한 특성을 지니고 있다. 인간의 몸은 면역체계가 약화될 때 영양소와 쉼이 필요하다는 몸의 언어를 다양하게 표출한다. 인간의 몸이 음식을 필요로 하듯이 인간의 뇌도 양식이 필요하다. 뇌의 양식은 다름 아닌 사랑과 희망 등이다. 인간의 뇌는 사랑과 희망을 들을 때 보다 효과적으로 작동하며 반응한다.[34] 인간은 하나님의 사랑으로 창조되었고 사랑의 법을 통해서 살아가도록 지음을 받았기 때문이다. 티머시 제닝스(Timothy Jennings)는 "사랑의 법은 하나님의 모든 피조물의 원안이고 원형이다. 모든 생명이 사랑이신 그분으로부터 흘러나왔기 때문이다. 하나님은 사랑의 법을 모든 자연 속에 입력해 두셨다. 그것이 생명의 기본적 작동에 필요한 원안이고 배선이다"라고 하였다.[35]

설교자가 어떤 하나님 개념을 가지고 있는가는 중요한 문제이다. 앤드류 뉴버그(Andrew Newberg)가 실시한 뇌 연구에 따르면, 모든 형태의 명상이 뇌에 긍정적 변화와 유관한 것으로 밝혀졌다. 하지만 최대의 뇌 기능 향상은 참여자들이 구체적으로 사랑의 하나님을 묵상할 때 이루어졌다. 이런 묵상은 전전두피질, 즉 추론하고 판단하고 하나님 같은 사랑을 경험하는 이마 바로 뒤쪽의 뇌 부위를 발달시키고, 그에 따라 공감과 동정과 긍휼과 이타심의 역량을 높여주는 것으로 나타났다. 하지만 이보다 더 놀라운 사실이 있다. 사랑의 하나님을 예배하면 타인 중심의 사랑이 커질 뿐 아니라 예리한 사고력과 기억력까지 더 좋아졌다. 사랑의 하나님을 예배하면 실제로 뇌의 치유와 성장이 촉진되었다.[36] 그러나 사랑의 하나님이 아닌 권위주의적이거나 비판적이거나 멀리 떨어져 있는 존

---

[34] 뇌와 사랑의 관계에 대한 보다 더 깊은 이해를 위해서는 Timothy R. Jennings, *The God-Shaped Brain*, 윤종석 옮김, 『뇌, 하나님의 설계의 비밀』(서울: CUP, 2015), chapter 1 참조.
[35] Timothy R. Jennings, 『뇌, 하나님의 설계의 비밀』, 47.
[36] Andrew Newberg & Mark Robert Waldman, *How God Changes Your Brain*, 27-32, 53.

재로 예배하면 두려움의 회로가 활성화된다. 이러한 신을 계속 생각하고 묵상하게 되면 만성적으로 신경이 예민해지고 뇌와 몸이 손상된다. 권위주의적인 신을 섬기는 사람은 성격이 서서히 예수님을 덜 닮은 쪽으로 변화된다. 인간은 보는 대로 변화된다. 이 변화는 성품만이 아니라 신경 회로까지 그렇게 된다.[37] 설교자의 신 개념은 자기 자신에게도 이처럼 중요할 뿐 아니라 설교를 들어야 하는 청중에게도 매우 중요하다.

교회에 다니지 않는 가정에서 자란 나의 두 조카가 최근에 교회에 나갔다. 하나는 열한 살 난 남자아이였고 하나는 열네 살 된 여자아이였다. 그날의 설교 주제는 하나님의 진노였다. "충격과 두려움"을 유발하기 위한 불같이 뜨거운 설교였다. 섬뜩한 훈계가 끝나자 두 아이는 심란해져서 집에 돌아왔다. 그러면서 한다는 말이 설교자가 제시한 신이 무서웠으며 그게 사실이라면 절대로 그 신을 믿고 싶지 않다고 했다.…인류는 하나님을 닮은 존재로 지어졌다. 따라서 인류와 인간의 뇌 기능에 대한 하나님의 원안을 이해하려면 반드시 하나님을 알아야 한다. 하나님의 본질적, 핵심적, 결정적 속성을 알아야 한다. 그분이 어떤 분인지 알아야 한다. 그분은 선하신 분인가? 아니면 내 조카들이 교회에서 들은 대로 비열하고 적대적인 존재인가? 나는 성경에서 출발하여 자연도 함께 보면서, 양쪽 모두에서 증거가 발견된 부분만 취했다. 거기서 얻어낸 사실이 내 인생을 바꾸어 놓았다. 하나님의 핵심적, 중추적, 근본적 속성은 다름 아닌 사랑이다(요일 4:8).[38]

---

[37] Andrew Newberg & Mark Robert Waldman, *How God Changes Your Brain*, 36-39, 53.
[38] Timothy R. Jennings, 『뇌, 하나님의 설계의 비밀』, 21, 43.

설교자의 하나님의 본질적, 핵심적, 결정적 개념과 인간의 뇌의 특성을 바르게 알 때 복음의 진리를 효과적으로 설교할 수 있을 뿐 아니라 치유를 불러일으키는 설교를 할 수 있다. 2006년 베일러대학교에서 사람들의 하나님에 대한 개념을 알아보기 위해 전국적으로 설문조사를 하였다. 조사 결과 하나님을 자비나 사랑의 존재로 본 사람들은 23퍼센트였다. 32퍼센트는 하나님을 권위주의적인 존재로, 16퍼센트는 비판적인 존재로, 24퍼센트는 멀리 떨어져 있는 존재로 보고 있었다.[39]

그리스도인들의 이러한 모습은 설교자들이 전한 하나님 개념과 전적으로 무관하다고 할 수 없다. 설교자들이 복음의 진실보다는 율법주의적인 신화를 전하는 경우가 많다. 율법주의적인 신화는 우리가 할 수 있는 가장 중요한 것은 우리의 삶과 일을 완벽하게 수행하는 것이라고 믿게 한다. 하지만 복음의 진실은 우리가 할 수 있는 가장 중요한 것은 우리의 본성, 즉 하나님과 우리 자신, 그리고 서로 간의 관계성 속에서 우리의 본성을 점차 깨닫고 받아들이는 것이다. 완벽의 신화는 일을 수행해야 한다고 말하는 문화의 이미지들에 대한 것으로 행함(doing)과 더 많은 관련이 있다. 반면 복음의 진실은 우리가 누구인지에 대한 것으로 존재(being)와 관련이 더 많다. 설교자가 율법주의적인 신화에 빠지게 되면 우리는 항상 도덕적으로 깨끗해야 한다. 그렇지 않을 경우 하나님의 복을 받을 수 없다고 말하게 된다. 설교자들에게 율법주의적인 신화는 착하게 살아가지 않고 올바로 처신하지 않으면 천국에 가지 못할 것이라는 구원의 문제와 직결된다. 분명한 것은 많은 설교자들뿐만 아니라 많은 그리

---

[39] "Losing My Religion? No, Says Baylor Religion Survey," Baylor University Media Communications, 9,11, 2006, Timothy R. Jennings, 『뇌, 하나님의 설계의 비밀』, 49-50에서 인용.

스도인들이 하나님을 심판자로 본다는 것이다. '로퍼 여론 조사 센터'(The Roper Center for Public Opinion)가 실시한 연구에서 매년 인구의 횡단분석을 통해 1에서 7까지의 수치로 자신이 느끼는 하나님의 모습을 표현하게 하였다. 1은 심판자로서의 하나님, 7은 사랑의 하나님이다. 매년 실시한 조사에서 응답자의 평균 37퍼센트가 하나님을 심판자로 보았고, 8퍼센트만이 하나님을 사랑의 하나님으로 보았다.[40] 이러한 결과는 중요한 의미를 내포하고 있다. 왜냐하면 10명 중 4명이 하나님을 심판자로 본다는 것은 하나님의 형상으로 지음 받은 우리도 자신과 다른 사람들을 심판할 수 있다는 것을 내포한다고도 볼 수 있기 때문이다. 물론 하나님을 심판자로 보는 것은 비성경적이라고는 할 수 없다. 하나님을 심판자로 그리는 것은 더 진전되어야 할 내용이지 옳고 그름의 문제는 아니다. 성경은 하나님은 의로운 심판자(사 28:6-9)라고 증언하고 있다. 하나님을 의로운 심판자로 보는 것은 도덕적 삶과 정의로운 공동체를 위해서도 중요하다. 이런 의미에서 실제로 따르기만 하면 우리를 보다 더 온전한 성취의 삶으로 인도할 수 있는 도덕적 규약과 행동 체계가 존재한다. 반면 비참한 삶으로 이어질 수 있는 행동 체계도 존재한다. 루이스(C. S. Lewis)는 기독교 도덕의 특성을 설명하였다.

> 사람들은 기독교 도덕을 "네가 이 많은 규칙들을 지키면 상을 주고 지키지 않으면 벌을 주겠다"고 말하는 하나님과 흥정하는 일로 생각할 때가 많습니다. 제 생각에 이것은 기독교 도덕을 바라보는 좋은 방법이 아닙

---

[40] Ellen Stephen and Doug Shadel, *Vessel of Peace*, 최봉실 옮김, 『평화의 그릇』(서울: SFC 출판부, 2008), 174.

니다. 저라면 오히려 여러분이 매번 선택을 내리는 행위는 여러분의 중심, 즉 선택을 내리는 그 부분을 조금씩 전과 다른 모습으로 바꾸어 가는 일이라고 말하겠습니다. 그러니까 수없는 선택으로 이루어지는 여러분의 생애 전체를 놓고 볼 때, 여러분은 이 중심부를 평생에 걸쳐 천국의 피조물로 바꾸어 가든지, 지옥의 피조물로 바꾸어 가는 것입니다. 여러분은 하나님. 다른 피조물들. 자기 자신과 어울려 살아가는 피조물로 바뀌어 가든지, 하나님. 동료 피조물들. 자기 자신을 미워하고 그것들과 싸우는 피조물로 바뀌어 갈 수 있습니다. 전자가 되는 것이 천국의 삶입니다. 그것은 기쁨과 평화와 지식과 능력의 삶이지요. 후자가 된다는 것은 광기와 공포와 어리석음과 분노와 무능함과 영원한 외로움을 겪게 된다는 뜻입니다. 우리 각 사람은 매 순간 이 두 가지 중 하나의 상태로 나아가고 있습니다.[41]

물론 인간은 단지 법에 의해 살아가는 존재가 아니라 사랑을 먹고 자라고 사랑을 통해 치유되는 존재이다. 인간은 사랑 안에서 성장하고 진리를 택하며 기쁨을 위해 모든 것을 무릅쓰도록 부름 받았고, 그러한 과정을 통해 인간은 "신의 성품에 참예하는 자"(벧후 1:4)가 될 수 있다. 인간은 심판하는 법보다는 사랑을 찾는다. 뇌가 이를 증명한다. 리처드 콕스(Richad Cox)에 의하면, "인간의 뇌는 끊임없이 통합, 종합, 기쁨, 희망, 사랑을 찾는다."[42] 따라서 설교자가 복음의 진리를 통해 뇌가 희망과 기쁨과 사랑을 경험하도록 하면 치유가 발생하게 된다. 콕스는 희망과 치유

---

41 C. S. Lewis, *Mere Christianity*, 장경철, 이종태 옮김, 『순전한 기독교』(서울: 홍성사, 2018), 151-52.
42 Richard Cox, 『뇌는 설교에 어떻게 반응하는가』, 93.

의 상관 관계를 설명하였다.

뇌는 희망을 찾는 데 익숙하다. 그런데 희망과 치유는 분리될 수 없다. 희망이 있는 곳에 치유가 있고, 치유가 있는 곳에 희망이 있다. 희망은 지금 그리고 이곳에서 치유를 제공하고, 미래에도 계속 치유를 제공한다. 실제적인 면에서 희망은 순전한 믿음과 동일하다. 그래서 희망은 모든 치유를 위한 기초라고 할 수 있다.[43]

콕스에 의하면 설교는 다른 어떤 방법보다 효과적이고 능력 있게 이러한 것들을 제공할 수 있다.[44] 하지만 설교를 통해 복음을 뇌에 어떤 양식으로 제공하느냐는 더 중요하다. 복음의 진리를 통한 치유가 종교적이고 영적인 차원의 것이라고 할지라도 그 자극은 뇌의 요구와도 조화나 통합을 이루어야 한다. 복음이 뇌의 치유를 제공하는 양식과 힘이 되도록 하기 위해서는 복음의 진리가 희망과 사랑과 기쁨과 통전성을 제공해 주어야 한다. 설교자는 뇌는 강한 흥미를 주는 것과 평안과 희망과 사랑과 관련된 것들에 더 집중하는 경향이 있다는 것을 알아야 한다. 복음의 진리는 평안과 희망과 사랑과의 순환 관계 안에서 적실한 융합을 이룰 때 회중에게 더 강력한 치유의 능력으로 작용할 수 있다.

성경의 복음이 언제나 생명력 있게 적용되거나 설교되는 것은 아니다. 아래 사례는 성경이 공격의 도구로도 사용될 수 있다는 것을 보여준다. 이 사례는 데이비드 베너(David Benner)가 한 여성 그리스도인에게 행한 영성 지도 과정에서 경험한 이야기이다.

---

[43] Richard Cox, 『뇌는 설교에 어떻게 반응하는가』, 93.
[44] Richard Cox, 『뇌는 설교에 어떻게 반응하는가』, 93.

그녀는 내게 자신이 그리스도와 관련해 얼마나 많은 어려움을 겪었는지 말해주었다. 그리스도에 대한 그녀의 인식은 어린 시절 역기능적인 가정과 교회를 경험한 이후로 심하게 더럽혀져 있었다. 나는 그녀에게 교회나 성경을 통해 그리스도를 만날 수 있는지 물었다. 그녀는 때때로 성례전 속에서 그리스도를 깊이 만나고 있음을 느끼지만, 성경을 읽을 때는 냉랭한 마음이 든다고 말했다. 그것은 그녀의 어린 시절에 성경이 종종 은혜의 도구가 아니라 공격하는 무기로 이용되었기 때문이다.[45]

설교자들 중에 성경의 바른 복음을 지켜야 한다는 구호와 함께, 열정적인 신앙을 갖도록 도전을 한다는 이유와 함께, 복음을 사랑하는 사람이 되도록 돕는다는 의도와 함께, 성경을 공격과 정죄의 도구로 삼는 경우가 있다. 이는 결코 바른 복음이 아니다. 복음은 공격과 정죄를 위한 능력이 아니라 은혜와 사랑과 치유와 생명을 위한 능력이다. 로마서는 이를 확증한다. "그러므로 이제 그리스도 예수 안에 있는 자에게는 결코 정죄함이 없나니 이는 그리스도 예수 안에 있는 생명의 성령의 법이 죄와 사망의 법에서 너를 해방하였음이라"(롬 8:1-2). 하나님의 사역은 정죄가 아닌 치유이다. 요한복음은 이 사실을 분명히 하고 있다. "하나님이 그 아들을 세상에 보내신 것은 세상을 심판하려 하심이 아니요 그로 말미암아 세상이 구원을 받게 하려 하심이라"(요 3:17).

조엘 그린(Joel Green)과 마크 베이커(Mark Baker)는 성경에는 무서움이나 공격을 유발하는 하나님 개념을 지지해 주는 근거가 없다고 하였다. 즉 "속죄의 의미가 무엇이든, 속죄의 초점이 노하신 하나님을 달랜다든가

---

[45] David G. Benner, *Sacred Companions*, 노문종 옮김, 『거룩한 사귐에 눈뜨다』(서울: IVP, 2007), 148.

그분의 자비로운 주목을 얻어내는 데 있다고 생각한다면 그것은 중대한 오류이다…노하신 하나님을 속죄제사로 달래야 한다는 개념은 성경 어디에도 없다."[46]

물론 설교를 통한 치유 사역을 단지 인간의 뇌의 작용과만 관계된 것으로 이해해서는 안 된다. 설교자는 성령의 치유하심을 인정해야 하고, 그 안에서 치유 에너지의 원천을 발견해야 한다. 설교자는 자기 자신을 초월하는 훈련도 겸해야 한다. 나아가 지금까지 이해하고 훈련을 받은 말과 행동도 초월할 수 있어야 한다. 즉 설교자가 "다른 사람들을 돕기 원한다면 자신의 지식, 능력, 지금까지의 훈련과 경험에 얽매여서는 안 된다. 왜냐하면 그러한 것들이 다른 사람들을 돕는 데 유익할 때도 있지만, 그러한 것들이 오히려 자신을 초월하는 (하나님의) 능력을 경험하는 데 방해가 될 수 있기 때문이다. 메시지가 방법으로 절하될 수 있다. 메시지는 초월성과 분리될 수 없고, 아주 밀접하게 연결되어 있다. 초월성은 모든 메시지와 모든 방법들을 스며들게 하고 번역하고 전달하고 심지어 그조차도 넘어서는 어떠한 "영적 능력"이다."[47] 설교자는 상담설교의 목적을 심리 치료나 사회적 돌봄만을 추구해서는 안 된다. 상담설교는 사람들이 경험하는 심리적, 정서적, 관계적, 사회적 치유를 넘어 모든 지각에 뛰어난 하나님의 평강(빌 4:7), 즉 영적 치유도 경험하도록 도와야 한다.

---

[46] Joel Green & Mark Baker, *Rediscovering the Scandal of the Cross* (Downers Grove: IVP, 2000), 51.
[47] Richard Cox, 『뇌는 설교에 어떻게 반응하는가』, 227.

## 상담설교와 회중

기독교 전통에서 예배와 설교에 참여하는 회중 안에 존재하는 지적, 사회적, 경제적, 문화적, 영적 다양성에 대해 처음으로 언급한 사람은 그레고리 대제(Gregory The Great, 540-604)였다. 그는 『목회 지침』에서 "하나의 교훈 다양한 권면"이라는 주제 아래 36쌍의 서로 상반된 특징을 가진 회중 목록을 열거한 다음 각각의 쌍에 적합한 짧은 설교문을 제시하였다. 그의 『목회 지침』의 이 부분은 "다양한 필요를 모두 그리고 그 각각을 만족시키기 위해" 고안해 낸 일종의 설교 예문이다. 그의 지침은 설교자는 다양한 회중에게 다양한 방식으로 설교할 수 있는 자질이 있어야 한다는 것을 말해준다고 할 수 있다. 예를 들어 긍휼이라는 한 가지 덕목을 모든 사람에게 심어주고자 할 때 설교자는 회중의 마음을 만질 때 하나의 교훈에 기초를 둘 수 있지만, 그렇다고 해서 단 한 가지 설교 방식만을 사용하면 안 된다. 설교자는 회중과 효과적으로 소통하기 위해 다양한 요소들을 갖추어야 한다. 아래 언급되는 다양한 사람들에게 설교할 때는 서로 다른 방식으로 설교해야 효과적이라는 것이다.

남자와 여자
나이든 사람과 젊은 사람
가난한 사람과 슬퍼하는 사람
기뻐하는 사람과 부한 사람
성직자와 일반 성도
지혜로운 사람과 어리석은 사람

뻔뻔한 사람과 겸손한 사람

건방진 사람과 유약한 사람

친절한 사람과 시기하는 사람

순진한 사람과 위선적인 사람

건강한 사람과 병든 사람

하나님을 두려워하여 결백하게 사는 사람과

죄 가운데 둔감해져서 고치기 힘든 사람

지나치게 말이 없는 사람과 지나치게 말이 많은 사람

게으른 사람과 성급한 사람

온유한 사람과 열정적인 사람

겸손한 사람과 교만한 사람

완고한 사람과 변덕스런 사람

탐욕스런 사람과 금욕적인 사람

자비롭게 자신을 내어주는 사람과

다른 사람의 소유를 뺏기 위해 혈안인 사람

다른 사람의 물건을 강탈하지도 않고 또한 자신의 물건을 내주는 데도 관대하지 않는 사람과 자신의 물건을 잘 내주면서 동시에 다른 사람의 물건을 강탈하기 즐기는 사람

불화 가운데 있는 사람과 평화 중에 있는 사람

갈등을 좋아하는 사람과 평화를 즐기는 사람

거룩한 율법의 말씀을 바르게 이해하지 못하는 사람과 그것을 바르게 이해하고 있지만 그것에 관해 교만하게 말하는 사람

훌륭하게 설교할 수 있는 능력을 갖추었지만 두려움이 많고 겸손이

지나친 사람과 설교하기에는 부적합한 사람인데도 경솔하게 설교를
하려고 드는 사람

일시적인 것들과 관련하여 그들이 바라는 대로 성공하는 사람과 이 세상
의 것들을 무척이나 갈망하지만 불행한 일을 당해 고생으로 지친 사람

결혼한 사람과 결혼하지 않은 사람

성적인 관계를 경험한 사람과 그것을 경험하지 않은 사람

자신의 행위의 죄를 뉘우치는 사람과 자신의 생각의 죄를 뉘우치는 사람

자신의 잘못된 행실을 몹시 슬퍼하면서도 그것을 버리지 못하는 사람과
잘못된 행실을 버리지만 그것을 슬퍼하지 않는 사람

율법에 어긋난 자신들의 일조차 찬양하는 사람과 잘못된 것을
비난하면서도 그것을 피하지 못하는 사람

갑작스런 분노에 사로잡히는 사람과 의도적인 범죄에 빠지는 사람

사소한 율법을 자주 어기는 사람과
작은 죄는 조심하면서도 가끔씩 큰 죄에 빠지는 사람

선한 일을 아직 시작조차 안 한 사람과
시작한 선한 일을 아직 완전히 끝내지 못한 사람

은밀하게 악을 행하면서 공적으로는 선을 행하는 사람과
자신이 행하는 선한 일은 숨기면서도 공적으로 행하는 어떤 일에 있어서는
자신이 악을 행한 것으로 회자되어도 가만히 내버려 두는 사람 [48]

휴스턴 스미스(Huston Smith)는 사람들 사이에 개인적 차이가 나타날 때

---

[48] Gregory The Great, "다양한 회중," Richard Lischer, ed., *Theories of Preaching*, 정장복 옮김, 『설교신학의 8가지 스펙트럼』(서울: WPA, 2011), 386-89의 내용을 조금 수정한 것임.

조차도 도덕적 삶에 대한 가치의 인정은 다른 종교적 신념을 가지고 있다고 할지라도 거의 보편적이라고 주장하였다.[49] 하지만 그와 같은 도덕적 삶에 대한 보편주의가 상당 부분 사실이라 할지라도 믿음과 가치에 대한 구체적인 적용은 엄청난 차이가 난다. 그러므로 사람들에게 도덕적 보편성이 있지만, 그 보편적 삶의 가치를 형성해 가는 여정은 상황과 환경과 기질에 따라 매우 다양한 모습으로 나타나고 반응할 수 있다. 때문에 설교자는 이러한 다양한 삶의 모습에 지혜롭게 반응하며 소통할 수 있어야 한다. 바울은 그 누구보다도 다양한 사람에게 다양한 방식으로 가르치고 설교하고 돌볼 줄 아는 사도였다. 그리고 그러한 하나님의 사도가 되기를 소망하였다. 그는 이렇게 고백하였다.

내가 모든 사람에게서 자유로우나 스스로 모든 사람에게 종이 된 것은 더 많은 사람을 얻고자 함이라. 유대인들에게 내가 유대인과 같이 된 것은 유대인들을 얻고자 함이요 율법 아래에 있는 자들에게는 내가 율법 아래에 있지 아니하나 율법 아래에 있는 자 같이 된 것은 율법 아래에 있는 자들을 얻고자 함이요. 율법 없는 자에게는 내가 하나님께는 율법 없는 자가 아니요 도리어 그리스도의 율법 아래에 있는 자이나 율법 없는 자와 같이 된 것은 율법 없는 자들을 얻고자 함이라. 약한 자들에게 내가 약한 자와 같이 된 것은 약한 자들을 얻고자 함이요 내가 여러 사람에게 여러 모습이 된 것은 아무쪼록 몇 사람이라도 구원하고자 함이니. 내가 복음을 위하여 모든 것을 행함은 복음에 참여하고자 함이라(고전 9: 19-23).

---

[49] Huston Smith, *Why Religion Matters* (San Francisco: Harper, 2001), 197-98.

이런 맥락에서 설교자는 사람들의 다양한 특성과 기질 등을 고려하여 다양한 사람들에게 다양한 방식으로 설교할 수 있어야 한다는 그레고리 대제의 제안은 매우 의미가 있다고 할 수 있다.

그레고리 대제가 언급한 '다양한 사람들'에게 하는 설교 방법 중 '기뻐하는 가운데 있는 사람과 슬픔 가운데 있는 사람'에게와 '가난한 사람과 부유한 사람'에게 설교하는 방법을 제시한 내용이다.

## '기뻐하는 사람과 슬퍼하는 사람'을 위한 상담설교

그레고리(Gregory The Great)는 기뻐하는 사람과 슬퍼하는 사람에게, 설교할 때는 서로 다른 방식을 사용해야 한다고 하였다. 그는 기뻐하는 사람에게는 징벌이 뒤따르는 슬퍼하는 일을 제시해야 하지만, 슬퍼하는 사람에게는 천국의 약속된 즐거운 일을 이야기해 주어야 한다고 하였다. 기뻐하는 사람에게는 삶의 기쁨의 차원만을 바라보도록 설교해서는 안 되고 때로는 비록 강한 말을 사용해서라도 진정 두려워해야 하는 바를 알려주어야 하고, 슬퍼하는 사람에게는 기대해도 좋은 즐거운 상급이 어떤 것이 있는지 알려주어야 한다. 이러한 방법은 예수님이 사용하신 방법이기도 하다. 예수님은 기뻐하는 사람에게 울음의 차원도 말씀하셨다. "화 있을진저 너희 지금 웃는 자여! 너희가 애통하며 울리로다"(눅 6:25). 반면 슬퍼하는 사람에게는 삶의 기쁨의 차원을 더 강조하여 말씀하였다. "지금은 너희가 근심하나 내가 다시 너희를 보리니 너희 마음이 기쁠 것이요 너희 기쁨을 빼앗을 자가 없으리라"(요 16:22). 이는 예수님은 삶의 통전성을 가지고 계셨을 뿐만 아니라 삶의 통전성을 추구하도록 사람들을 도우셨다는 것을 의미한다. 예수님은 삶은 언제나 기쁨으로만 가득하지 않고 슬픔과 울음의 차원도 있다는 것과 이 두 차원은 대극의 쌍이라는 것을 알고 계셨다고 할 수 있다.[50]

그레고리는 삶의 기쁨과 슬픔의 차원은 환경의 조건에 의해서 발생하기도 하지만, 사람의 기질 때문에 발생한다고 보았다. 즉 그는 사람의 희로애락은 환경과만 관련되는 것이 아니라 기질과도 관계되어 있다고 하였다. 그러한 경우에는 설교자는 어떤 기질이 어떤 결점과 연결되어 있는지를 알아야 한다고 하였다. 그의 견해를 일반화시킬 수 없는 측면이 있지만 대체로 기뻐하는 기질을 가진 사람은 음란에 가까이 다가서 있지만, 슬퍼하는 사람은 분노에 가까이 다가서 있다고 보았다. 그러므로 설교자는 사람들이 자신의 특정한 기질 때문에 어떻게 고통 받고 있는지를 알도록 해야 할 뿐 아니라, 그러한 기질과 관련하여 자신을 짓누르는 더 악한 것이 무엇인지를 숙고하도록 도와야 한다고 하였다.[51]

## '가난한 사람과 부유한 사람' 을 위한 상담설교

그레고리(Gregory The Great)는 '가난한 사람과 부유한 사람'에게 설교할 때는 서로 다른 방식을 사용해야 한다고 하였다. 그는 가난한 사람에게는 시련을 당한 그들을 평안하게 위로해 주어야 하지만, 부유한 사람에

---

[50] Gregory The Great, "다양한 회중," 391-92.
[51] Gregory The Great, "다양한 회중," 392.

게는 교만해지지 않도록 그들 마음속에 두려움을 불러일으켜야 한다고 보았다. 그는 주님이 가난한 자에 대해서 선지자를 통하여 하신 말씀을 선포해야 한다고 하였다. 즉 "두려워하지 말라 네가 수치를 당하지 아니하리라…너 곤고하며 광풍에 요동하여 안위를 받지 못한 자여"(사 54:4, 11)라는 말씀과 함께 "내가 그들을 혹독한 가난에서 건져내었다"와 같이 주님께서 가난한 자들을 위로하신 말씀을 들려주어야 한다는 것이다. 반면에 부유한 사람에게 바울이 전한 말씀을 통해서 설교자는 지혜를 얻을 수 있어야 한다고 하였다. "네가 이 세대에서 부한 자들을 명하여 마음을 높이지 말고 정함이 없는 재물에 소망을 두지 말고 오직 우리에게 모든 것을 후히 주사 누리게 하시는 하나님께 두며 선을 행하고 선한 사업을 많이 하고 나누어 주기를 좋아하며 너그러운 자가 되게 하라"(딤전 6:17-18). 그레고리는 바울이 부유한 사람에 관해 언급하면서 "간청하라"고 말하지 않고 "명령하라"고 말하고 있다는 사실에 주목할 필요가 있다고 하였다. 왜냐하면 부족한 점에 대해서는 동정을 베풀어야 하지만, 교만한 점에 대해서는 칭찬도 합당하지 않기 때문이라는 것이다. 그러므로 부유한 사람에게 바른 말을 할 때는 덧없는 사물들로 인해 거만한 생각을 품지 못하도록 더 바르게 명령해야 한다는 것이다. 설교자는 부유한 자에게는 주님께서 하신 말씀, 즉 "화 있을진저 너희 부요한 자여 너희는 너희의 위로를 이미 받았도다"(눅 6:24)는 말씀을 전해야 한다는 것이다. 왜냐하면 부유한 자는 영원한 기쁨이 어떤 것인지 알지 못하기 쉽고 그로 인해 현재의 풍요한 삶에서 위안을 얻으려고 하기 때문이다. 그러므로 혹독한 가난 가운데 고통 받는 자에게는 위안을 가져다주어야 하고, 일시적인 영광이 주는 위안에 둘러싸여 있는 사람들의 마음속에는 두려움을 불러일으켜야 한다고 여겼다. 가난한 사람에게는 그가 눈에 보이지 않는 부를 소유하고 있다는 사실을 알게 해야 하고, 부유한 자에게는 그가 결코 눈에 보이는 재산을 지켜낼 수 없다는 사실을 깨닫게 해야 한다는 것이다. 하지만 대개의 사람들의 인격은 그들이 속한 계층을 역전시킨다는 것이다. 즉 겸손한 자는 부유하게 되고, 교만한 자는 가난하게 된다는 것이다. 그러므로 설교자의 혀는 이러한 회중의 삶에 적응해야 한다는 것이다. 가난한 사람들이 그들에게 닥친 가난으로 인해 절망하지 않게 해야 할 뿐 아니라 그들 속에 있는 교만에 대해서는 더욱 단호하게 말해야 한다. 또한 부유한 자들이 그들의 풍요로움으로 인해서 자만하지 않도록 해야 할 뿐 아니라 그들의 겸손을 보다 자상하게 격려해 주어야 한다고 보았다.[52]

하지만 종종 이 세상에서 권세를 가진 사람에게 설교하거나 그를 훈계할 때는 먼저 그가 직접 관계되지는 않았지만 그의 잘못과 유사한 어떤 일을 찾아야 한다고 하였다. 그런 다음 그 권세가 자신과 유사한 잘못을 저지른 다른 사람에 대해서 바른 판단을 선언할 때, 바로 그때 설교자는 적절한 방법을 통해서 그 사람의 잘못을 훈계해야 한다고 하였다. 따라서 일시적으로 얻은 권세로 인하여 마음이 들떠 있는 사람이 교훈하는 설교자에 대하여 자신의 권세를 내세우지 못하도록 해야 한다는 것이다. 즉 자기 자신의 판단으로 인해 교만한 목이 꺾이고 자기 입술의 선고에 매여 자신을 방어하려는 시도를 포기하게 만들어야 한다는 것이다. 예를 들어 선지자 나단이 다윗 왕의 죄를 책망하기 위해 유사한 사례를 먼저 다윗에게 들려주어 범죄에 대해 먼저 선고를 내리도록 한 후에 다윗 자

---

[52] Gregory The Great, "다양한 회중," 389-90.

신의 범죄에 대해 올바른 판단, 즉 다윗이 자기 자신을 정죄하며 내린 올바른 판결을 스스로 번복할 수 없도록 했던 것처럼(삼하 12:4-5) 설교자도 이런 지혜와 방법을 활용하여 훈계해야 한다는 것이다. 다시 서술하면, 선지자 나단은 범죄 한 사람의 이야기와 왕을 동시에 생각하면서 절묘한 순서로 자신의 말을 이어 갔다는 것이다. 나단은 먼저 왕이 자신의 말에 구속되게 만든 다음에 왕의 잘못에 대해 직접적으로 책망하였다. 나단은 잠시 동안 자신이 염두에 두고 있는 사람이 실제로 누구인지 감추고 있다가 때가 무르익었을 때 다윗을 책망하기 시작했다는 것이다. 만일 그가 처음부터 명시적으로 다윗의 죄를 책망하였다면, 그 효과는 훨씬 줄어들었을 것이라는 것이다. 설교자가 어떤 사람을 훈계하거나 책망하려 할 때는 나단과 같은 지혜와 방식이 필요하다는 것이다.[53]

---

[53] Gregory The Great, "다양한 회중," 390-91.

# Chapter 17

# 상담설교를 위한 죄의 풍경과 해석
## The Landscape & Interpretation of Sin
## for Counseling Preaching

## 루빈의 꽃병

'루빈의 꽃병' 〈그림 1〉은 꽃병으로 보일 수도 있고 두 사람이 서로의 얼굴을 마주 보고 있는 장면으로 보이기도 한다. 그 그림을 처음 본 사람에게 가령 꽃병이 먼저 눈에 들어오면, 마주 보는 두 사람의 얼굴은 보이지 않는다. 반면, 마주 보는 두 사람의 얼굴이 먼저 눈에 들어오면, 꽃병은 보이지 않는다. 그런데 그 그림을 지속적으로 보고 있자면, 꽃병이 눈에서 사라지면서 마주 보는 두 사람의 얼굴이 보이는 순간이 있다. 새로운 시각으로 실재를 바라보았을 때 처음의 그림은 사라지고 다른 그림이 눈에 들어오기 때문이다. 그때가 바로 인식이 재형성되는 순간이다. 한편, 처음에는 한 번에 한 가지 그림만 눈에 들어온다. 한 사람이 동시에 두 가지 그림을 볼 수는 없다. 하지만 훈련을 통해 두 가지 그림을 인식하는 시간이 점차 좁아지고, 여러 번 훈련을 하면 점차로 두 가지 그림을 동시에 볼 수 있는 순간이 온다.

〈그림 1〉 루빈의 꽃병

'루빈의 꽃병' 그림은 설교자들에게 주는 의미가 크다. 루빈의 꽃병 그림을 보며 어떤 사람은 단지 꽃병으로만 보지만, 어떤 사람은 꽃병만이 아니라 얼굴의 형상을 함께 보듯이, 설교자도 인간을 보는 통전적 관점이 있어야 한다. 특히 설교자가 효과적인 상담설교를 실천하기 위해서는 인간의 문제와 깊은 관계가 있는 죄를 보는 해석적 눈을 길러야 한다. 상담설교는 인간의 문제를 복음으로 풀어내야 하는 특성이 있기 때문이다. 인간의 문제는 죄와 매우 밀접한 관계를 가지고 있다. 따라서 설교자가 인간인 본성인 죄를 세심하게 탐구하지 않고는 상담설교를 바르게 실행할 수 없다. 어쩌면 불가능하다고도 할 수 있다. 여기서 중요한 질문이 제기된다. 상담설교에서 죄의 어둡고 부정적인 부분을 살펴보는 것은 도움이 되지 않기 때문에 다루지 않는 것이 좋을까? 예수 그리스도께서 우리 죗값을 치르셨기 때문에 긍정적인 위로가 되는 것에만 초점을 맞추어야 할까? 이러한 질문은 상담설교자에게 매우 중요하다. 설교자에게는 죄의 다차원적인 차원과 특성을 그려내는 자질이 필요하다. 설교자는 죄와 은혜의 관계, 죄와 질병의 관계, 죄와 죄책감의 관계, 죄로부터 파생되는 인간 소외와 상실 등을 그려내는 해석적 자질이 있어야 한다. 설교자가 은혜 없이 죄만 말하면 설교는 인간을 위한 공격과 정죄의 도구가 될 수 있지만, 죄를 은혜와의 관계 안에서 말할 때에는 설교는 돌봄과 치유와 소망을 경험하도록 돕는 도구가 된다.

해롤드 엘런스(Harold Ellens)가 인간의 상태인 죄를 인간의 용어로는 '완전한 절망'이지만, 하나님의 용어로는 '완전한 소망'이라고 하였듯이,[1] 성경에서 죄의 문제를 다루는 것은 인간을 공격하고 정죄하기 위한 것이 아니다. 오히려 인간을 치유하고 회복하게 하기 위한 것이다. 물론 성경에서 인간의 죄를 말하는 것은 인간의 정체성과 한계를 말하기 위한 차원도 있지만, 죄에는 인간의 한계성만을 말하기 위한 것이 아니라 희망의 근원과 동력을 말하기 위한 역설이 있다.

## 죄와 은혜의 관계

존 뉴턴(John Newton)이 작사한 찬송 '나 같은 죄인 살리신'(Amazing Grace)은 그리스도인들에게 오랜 세월 동안 사랑을 받아 오고 있다. 이 곡을 부르면서 어떤 사람은 나는 그렇게 불쌍한 사람이 아니라고 저항하는 사람도 있을 것이다. 우리는 존 뉴턴이 이 곡을 작사하게 된 경위를 듣고 놀라워한다. 한때 노예 상인이었던 뉴턴이 어떻게 그렇게 하나님의 사랑에 붙잡힌 사람이 되었는가에 대해서 놀라움으로 감동을 받는다. 하지만 뉴

---

[1] J. Harold Ellens, "실패의 원인으로서 죄와 질병," in *Counseling & Human Predicament: A Study of Sin, Guilt, and Forgiveness*, eds., Leroy Aden and G. Benner, 전요섭 역, 『용서와 상담』(서울: CLC, 2012), 102.

턴의 삶에 관한 이야기는 그리 간단하거나 깔끔하지만은 않다. 노예 상인이었던 그가 '나는 한때 길을 잃어버렸었지만 나는 지금에서야 그 길을 찾았다'고 말하는 순간부터 노예제도에 대항하고 하나님께 헌신하는 사람이 된 것은 아니다.

우리는 우리 각자의 지저분한 삶의 이야기가 이렇게 깔끔하게 정리되기를 바란다. 우리는 죄로 죽었으나 하나님을 만남으로써 모든 문제가 사라져 버리고 우리의 관계들이 갑자기 회복되며 자신의 죄와 자기기만의 굴레에서 벗어나게 되었다. 아니 그렇게 소망하고 믿고 싶지만 우리 모두의 실제의 삶은 그렇지 않다. 뉴턴의 삶도 그렇지 않았고, 설교자의 삶도, 설교자의 설교에 참여하는 회중의 삶의 이야기도 그렇지 않다.

뉴턴은 어머니가 죽음에 임박했을 때, 그가 여섯 살일 때 어머니가 하나님에 대하여 가르쳤던 믿음을 회복했다. 그리고 북아일랜드 해안을 표류하면서 기독교 신앙에 대해서 더 공부하고, 그 전에 살아오던 삶의 방식을 벗어던졌다. 그럼에도 뉴턴은 리버풀로 돌아왔을 때 바로 아프리카로 항해하는 노예 상선의 항해사로 다시 계약하고, 약혼자가 있음에도 성적 죄에 빠졌다. 뉴턴은 이것을 후에 개가 토했던 것을 다시 먹고 또 토하는 것에 비유해서 말한다. 그의 배에는 200명이나 되는 노예가 있었고, 노예를 두 명씩 수갑을 채워서 좁은 선체에 밀어 넣었다. 열악한 환경으로 대서양을 지나는 동안 3분의 1이나 되는 노예들이 죽고 심각한 질병으로 고통을 당했다. 배가 육지에 도착하여 그의 선원들이 노예를 팔고 있는 동안 그는 예배를 드리고 있었다. 그 시대의 문화가 이러한 악한 것을 바로 보지 못하게 했을 수도 있다. 하지만 우리 현재의 삶을 보더라도 사회와 가족의 삶 안에서 옳지 않은 것임을 어느 정도 인식하면서도 무비판적으로 그냥 받아들이는 경우가 많이 있다. 사회와 가족의 문화 안에서 의식하지 못하는 가운데 암묵적으로 자행되고 있는 많은 어두운 모습들에게 우리가 속임을 당하고 있지는 않은가 생각해 볼 필요가 있다. 눈 뜨고 있지만 눈먼 사람들처럼 살고 있는 경우가 허다하다. 교회의 복음 전도 행사를 위해 사용되는 수많은 일회용 용품들이 얼마나 환경을 훼손시킬 수 있는지 생각해 보았는가? 음식을 알맞게 준비하여 버리지 않도록 함으로써 먹을 음식이 없어 죽어가는 아프리카의 어린 아이가 생명을 구하고 몇 개월은 먹게 할 수 있음을 생각해 보았는가? 수없이 많은 일들이 우리가 의식하지 못한 채 자행되고 있다. 우리의 관계 안에서도 마찬가지이다. 인식하지도 못하고 말로 표현할 수도 없는 수많은 죄악들에 우리는 노출되어 있다.

뉴턴은 노예에게 정중히 대해야 한다는 조지 휫필드(George Whitefield)의 설교에 영향을 받았으면서도 노예 무역을 멈추지 않았다. 뉴턴이 기독교 신앙을 가진 후에도 10여 년 동안 노예 무역을 하면서 보냈다. 뉴턴의 삶은 우리가 아는 것처럼 그렇게 정돈된 삶이 아니었다. 우리들의 삶도 마찬가지이다. 무질서한 삶이 한 번의 통찰이나 영적 각성으로 갑자기 정돈되는 것이 아니다. 변화는 일회적인 것이 아니다. 길고 투쟁적인 여정이다. 이러한 긴 여정 끝에 그는 '나는 한때 길을 잃어버렸다. 그러나 이제는 찾았다'라고 했다. 그는 자신의 죄가 얼마나 심각한지를 보기 시작했을 때, 비로소 하나님의 놀라운 은혜에 관하여 쓸 수 있었다. 오랜 세월 무질서한 삶을 산 후에 과거의 죄 때문에 본인이 가치 없는 사람이라는 생각이 들었음에도 불구하고 이후에는 신학을 공부하고 목사가 되었다. 그는 한 주에 12번 설교를 했고, 찬송시를 작사하기도 했으며, 아내

메리(Mary)를 신실하게 사랑했고, 그의 회중과 공동체를 잘 섬겼으며 노예 제도 폐지를 적극적으로 옹호하는 자가 되었다.

설교자는 때로 자기 자신과 자신이 섬기는 성도가 한순간의 통찰로 변화되기를 기대한다. 이것이 얼마나 잘못된 것인가? 설교자가 자신을 바르게 보는 일은 하나님을 따르려는 설교자의 온 생애를 통하여 일어난다. 설교자의 성품 속에 깊게 자리하고 있는 죄에 관하여 솔직하게 직면할 때, 그리고 회중의 죄의 특성에 대한 바른 통찰력이 있을 때, 설교자는 은혜에 의해서 놀라게 되고 감동을 받고 은혜의 삶을 살아내며 설교할 수 있다.

### 죄와 은혜의 특성

상담설교자는 자신과 회중을 올바르게 판단하기 위해서 죄에 대해 솔직해야 한다. 죄를 죄로 보지 않으면 우리 성품 속에 만연해 있는 죄의 깊이를 인식하지 못할 것이다. 모든 죄는 우리 삶에서 습관처럼 반복되고 있고 의식과 무의식의 세계에서 만연해 있기 때문이다. 이러한 인식 없이는 은혜와 용서의 필요성도 자각하지 못한다. 이러한 필요성을 자각하지 않고 인정하지 않는다면 그리스도의 대속의 능력이 우리 삶에 나타나지 않을 것이며, 잠시 회개하는 것 같아도 계속 죄의 힘에 속박된 채 남아있게 된다. 많은 그리스도인들의 삶에서 이중성이 나타나고 더욱이 실제의 삶에서 생명력이 없는 이유는 그들이 죄의 깊음을 제대로 인식하지 못하기 때문일 것이다. 죄의 여러 측면과 죄가 우리의 욕망, 문제, 상처, 상실 등 우리 삶에서 여러 작용을 한다는 것을 이해할 필요가 있다. 죄의 실체를 바로 알지 않으면, 즉 죄가 우리 자신과 관계적 삶에 미치는 파괴력의 깊이와 규모를 제대로 알지 않으면, 우리는 죄의 영향력에서 헤어 나올 수 없고 그리스도의 대속의 은혜도 맛볼 수 없다. 죄를 제대로 알 때만 하나님의 은혜와 용서를 중요하게 여기고 간구하게 될 것이다.

영화 '밀양'은 기독교의 죄와 용서의 문제를 매우 깊이 다룬 영화이다. 표면적으로는 기독교인들이 실천하는 죄와 용서의 문제에 대한 허상을 강렬하게 비판하는 것처럼 보인다. 하지만 사실은 죄와 용서, 즉 그리스도의 대속으로 인한 은혜의 문제를 매우 심도 있게 다루며 전달하려 하고 있다. 진정으로 회개하지 않는 경우, 즉 자신과 자신이 잘못한 사람에게 그 죄의 영향력이 얼마나 크고 방대한 것인지를 제대로 인정하고 용서를 구하지 않는 경우, 용서는 그냥 값싼 동정에 불과하다. 혹은 잘못을 범한 자신과 그 잘못으로 고통을 당한 상대방에게 대한 위선에 동조하는 것밖에 되지 않는다. 그런 의미에서 밀양은 주인공이 용서하는 문제를 가볍게 여기지 않고 끝까지 고민하는 모습을 보여준다.

설교자는 때로 죄의 문제보다 용서의 문제를 너무도 쉽게 강조하는 경향을 보인다. 설교자가 용서의 의미를 지나치게 협소하게 이해하고 서툴게 다룰 때 오히려 죄를 정당화시키는 방편으로 전락할 수 있다.

설교자는 진심으로 용서를 구하거나 용서를 한다는 의미는 잘못으로 인하여 혹은 용서를 함으로써 미래에 발생하게 될 여러 역기능적인 증상들까지도 인식하고 감당하고 책임질 수 있는 진실성을 포함한다는 것을 알아야 한다. 진정한 용서와 은혜는 그 존재에 대한 인식을 분명히 하는 것, 즉 진실성 없이는 이해되거나 바랄 수 없는 특성을 지니기 때문이다.

상담설교의 궁극적 목적은 곤경과 고통에 처한 회중에게 단순한 위로나 격려를 선포하는 것이 아니다. 예수 그리스도의 복음에 나타난 능력과 구원하시는 은혜를 선포하는 것이다. 폴 틸리히(Paul Tillich)는 '은혜'에 대한 기독교적 개념을 이해하는 것이 용납의 의미를 아는 열쇠라고 하였다. 기독교적 의미의 은혜는 존귀한 왕이나 아버지가 자기의 신하 또는 자녀들의 어리석음과 나약함을 기꺼이 용서해 주는 식의 이해를 거부해야 한다. 인간의 존엄성이 묵살된 유치한 착상이기 때문이다. 또한 은혜는 흑암에 사로잡힌 영혼에게 비치는 한 가닥의 빛도 아니다. 이렇게 보면 은혜가 우리의 평범한 일상생활에서는 아무 의미가 없어지기 때문이다. 은혜란 자신과의 관계와 다른 사람과의 관계, 그리고 하나님과의 관계에서 나타나는 분리와 결합, 죄와 회개, 상처와 치유 사이의 투쟁을 바라보도록 해줌과 동시에 존재의 목적을 생각하게 한다. 그리하여 내면에서 일어나는 투쟁과 분리에 대해 깊이 이해할 수 있게 된다. 은혜는 특별한 은사도 아니고 어리석음과 나약함을 용서해 주는 것도 아니며 신비한 능력도 아니다. 오히려 이것은 분리와 거리감을 극복하기 위해 내면에서 끊임없이 진행되는 투쟁을 통하여 경험되는 것이다. 그러므로 거절된 것을 받아들인다는 개념으로 이해할 때에 은혜는 다른 어떤 개념에서보다 막강한 능력을 지니면서도 쉽사리 단정 지을 수 없는 것이다.

### 죄의 본질과 보편성

성경은 죄의 보편성을 이야기 한다. 모든 인간은 죄성을 가지고 있다.

이 죄성은 후천적으로 형성된 것이라기보다는 선천적인 것이다. 바울은 에베소 교인들에게 그들이 "다른 이들과 마찬가지로 본질상 진노의 자녀"(엡 2:3)라고 말한다. 여기서 '본질상'이라는 단어는 후천적으로 획득된 것과는 달리 원래 태어날 때부터 가지고 태어난 것을 말한다. 그러므로 죄는 원초적인 것으로서 모든 사람 안에 있다.

성경에 따르면 인간의 최초의 죄는 인류의 조상인 아담이 선악을 분별하는 지식을 알게 하는 나무의 열매를 먹지 말라는 하나님의 명령을 어기고 따 먹은 것으로부터 시작되었다. 그렇다면 죄란 무엇인가? 즉 성경에서 말하는 죄의 본질적 특성은 어떻게 해석되어야 하는가? 루이스 벌코프에 따르면 "죄의 본질은 아담이 자신과 하나님을 대립하는 위치에 두었다는 것, 자신의 뜻을 하나님의 뜻에 굴복시키는 것을 거부했다는 것, 하나님으로 하여금 자신의 삶의 여정을 지배하도록 하지 못했다는 것, 능동적으로 그 지식을 하나님의 손으로부터 빼앗아 옴으로써 미래를 스스로 결정하도록 했다는 것에 있다."[2]

성경 원문에는 영어 단어 죄(sin)와 완벽히 일치하는 단어가 존재하지 않는다. 히브리어와 헬라어에는 하나님과 인간과의 관계에서 드러난 무질서의 양상을 묘사하는 단어들이 많다. 그런 단어들은 모두 관계의 역기능이나 부적절함과 관련된 것들이다. 그런 무질서의 본래적이고 고질적인 특성이 히브리어와 헬라어의 단어로 언급된 단어들이 영어 단어 죄(sin)로 표현된 것들이다.

---

[2] Louis Berkhof, *Systematic Theology*, 권수경, 이상원 옮김 『조직신학 상』 (고양: 크리스챤다이제스트, 2002), 437.

구약성경에서 죄의 특성과 내용과 관련되어 언급된 단어들이다.

- 하타트(hatta't): 요구한 것을 정확하게 성취하지 못함 – 빗나감
- 페사(pesa'): 기준을 따르지 않음 – 반역
- 페사(pesa'): 요구한 방식대로 행동하지 않음 – 위반
- 아온(awon): 의도된 존재 목적으로부터 이탈하거나 부패됨 – 왜곡
- 라(ra'): 본성의 오염 – 악
- 레사(resa'): 하나님 면전에서 하나님의 자녀로서 적합하게 살아가는 것에 대한 무감각 – 불경건[3]

신약 성경에서 죄의 특성과 내용을 지닌 용어들이다.

- 하마르티아(hamartia): 요구한 것을 정확하게 성취하지 못함 – 과녁을 빗나감
- 파라바시스(parabasis): 요구한 방식대로 행동하지 않음 – 위반
- 아디키아(adikia): 기준을 따르지 않고 허용되지 않은 행동에 빠짐 – 불의
- 아세베이아(asebeia): 하나님의 면전에서 하나님의 자녀로서 적합하게 살아가는 것에 대한 무감각 – 불경건
- 아노미아(anomia): 규율을 지키지 않음 – 무법
- 에피디미아(epithymia): 적절하고 규정된 것과 다르게 행동하려는 열망 – 욕심[4]

---

[3] J. Harold Ellens, "실패의 원인으로서 죄와 질병," 81-82.
[4] J. Harold Ellens, "실패의 원인으로서 죄와 질병," 83.

이런 용어들은 관계적 양상을 지닌다. 하나님과의 관계, 다른 사람들과의 관계, 하나님의 형상으로서 자신과의 관계이다. 인간은 하나님의 피조물로서 하나님과의 계약 관계 속에서 살아가는 것이 인간의 행복이요 소명이다. 인간과 하나님이 계약 관계에 있는 것 같이 인간은 그들 자신과 다른 사람, 그리고 온 우주와 계약 관계에 있다는 것을 시사해 준다. 인간의 임무는 전 공동체와 전 우주가 성결되게 자신을 창의적으로 실현하고 하나님의 영광스러운 형상을 드러내는 방식으로 행동하는 것이다. 하지만 인간은 이러한 임무보다는 자기애적인 대안들을 추구한다. 바로 그런 대안들에 몰두하는 것이 바로 인간의 보편적 증상이자 끊임없는 곤경이다. 인간은 하나님께서 계획하신 이상적인 관계를 성취하고 반영하는 것에 실패하였을 뿐 아니라 이로 인해 다른 사람과의 관계에 있어서 왜곡된 관계가 파생되었다. 이는 하나님의 형상으로서 인간은 왜곡되었음을 말해준다. 죄는 하나님이나 그의 피조물로부터 기원한 것이 아니라 인간의 능력을 오용함으로써 비롯되었다.

우리는 일반적으로 죄를 부도덕한 행동, 또는 부도덕한 생각이나 환상으로 여긴다. 죄가 악한 생각이나 악한 행동이라는 견해는 틀렸다고 보기는 어렵지만, 이것은 전체 의미의 일부에 불과한 것이다. 또 다른 측면을 고려해 보면 성경 저자들은 죄를 행동이나 생각 그 이상 어떤 것으로 이해했다. 그들은 인간의 내면에 있는 실질적인 힘, 사람을 움직이게 하는 충동적인 동기로 인지했다. 이런 충동은 인간의 행동에 영향을 미치지만 행동 그 자체와도 동일시하지는 않는다. 따라서 죄는 하나님께 불순종하고 자신을 높이려는 성향이며, 모든 인간에게 내재된 기질이라고 할 수 있다. 이런 경향성은 인간의 역사, 정서, 의지 그리고 행동을 향해 동기적인 영향력을 미치므로 힘이라고 할 수 있다.

우리가 성경의 가르침을 진정으로 회복하고 은혜의 복음을 핵심으로 받아들이려면 죄에 대한 사법적 개념에만 머물러서는 안 된다. 죄에 관한 성경적인 개념은 다차원적이며, 죄의 깊은 의미는 우리의 심리영적 질병의 상태를 설명하는 성경적 이해를 통해서 더욱 확장될 수 있다. 죄에 대한 잘못된 구조로는 하나님과 함께하는 인간 삶의 계약적 특성, 죄의 관계적 특성과 소외, 인간의 진정한 자아와 운명의 상실, 계약을 회복하는 하나님의 은혜의 실제들을 모두 담아낼 수 없다. 또한 이런 구조로는 인간의 본성을 성결되게 회복시키시는 하나님의 거룩한 은혜를 깨달을 수 없다.

### 죄의 차원과 범주

광의적인 차원에서 죄는 죄에 빠진 인간의 상태, 죄악 된 개인의 선택, 그리고 죄의 결과를 모두 말한다. 설교자가 죄의 삼차원적 특징을 바르게 이해할 수 있을 때 죄에 대해 바르게 설교할 수 있다. 설교자가 죄를 우리가 지켜야만 하는 행동적 규범을 위반한 것처럼 일차원적 요소로만 보면 죄의 크기와 무게를 진정으로 이해하는 데 실패하게 된다. 따라서 설교자는 죄를 이해할 때, '죄성', '죄', '죄의 결과'라는 3차원으로 살펴보아야 한다.

성경은 모든 인간은 '죄성'을 가지고 태어난다고 말한다. 모든 인간은 자신이 죄를 선택하기 이전에 이미 죄악 된 세계에 살게 된다. 죄성은 창조의 원리인 관계적 삶에 해로운 영향을 미치게 하는 인간의 본질적 기질을 말한다. 신학자들은 이것을 원죄라고 말한다. 제임스 패커(James I. Packer)는 원죄를 말하는 것은 우리가 "죄의 노예가 되는 본성을 가지고 태어났다는 것이다"라고 강조한다.[5]

모든 사람이 죄성을 가지고 있다는 면에서 보면 설교자가 사람들에게 설교할 때 공감을 할 수 있게 된다. 내담자가 자신의 죄로 고통을 받든지 다른 사람의 죄로 인하여 상처를 입어 고통을 받든지 하나님의 은혜 없이는 바른 상담을 할 수 없다. 상담자가 내담자와 똑같은 죄를 저지르지도 않았을 것이며 동일한 방식으로 상처를 입지도 않았을 것이다. 하지만 상담자도 내담자와 똑같이 원죄의 영향 아래 있는 본성이 타락한 인간이다. 고통 받는 일과 방식이 다를 뿐이다. 이런 면으로 보면 공감을 할 수 있을 것이다.

인간은 또한 죄악 된 선택을 함으로써 죄를 범한다. 의식적으로 혹은 무의식적으로 죄악 된 선택을 하고, 때로는 같은 죄 된 선택을 계속해서 반복하기도 한다. 인간은 의도적으로 하나님의 도덕적 지시를 위반하고 하나님과의 친밀한 관계로부터 떠난다. 인간은 하지 말아야 할 생각과 행동을 하고 해야, 할 생각과 행동을 하는 데 실패하는 특성을 가진 존재다.

인간은 죄악 된 세상에서 살고 있기 때문에 늘 죄의 결과에 둘러싸여 있다. 인간은 마치 청각장애 혹은 시각장애를 가지고 있는 사람들처럼, 자기 자신의 죄를 듣지 못하거나 보지 못하며, 또한 다른 사람의 죄를 듣거나 보지 못하는 데 공헌을 한다. 죄는 전염적인 특성을 가지고 있다.

---

5　James I. Packer, *Concise Theology: A Guide to Historic Beliefs* (Wheaton, IL: Tyndale, 1993), 83.

한 사람의 죄는 다른 사람에게 영향을 주며 그 영향은 가족과 공동체와 사회를 죄로 물들게 하는 전염병처럼 퍼져 나간다.

우리는 흔히 죄를 부도덕한 행동이나 부도덕한 생각이라고 여긴다. 죄가 악한 행동이나 악한 생각인 것은 맞지만 죄의 전체적 의미를 다 표현했다고 볼 수는 없다. 성경 저자들은 죄를 행동이나 생각 그 이상으로 이해했나. 인간의 내면에 있는 실질적인 힘, 사람을 움직이게 하는 충동적인 동기로 인지했다. 이런 충동은 인간의 행동에 영향을 미치지만 행동 그 자체는 아니다.

죄는 하나님께 불순종하고 자신을 높이려는 성향이며, 모든 인간에게 내재된 기질이라고 할 수 있다. 이런 경향성은 인간의 사고, 정서, 의지 그리고 행동을 일으키는 동기적인 영향력을 행사하므로 부정적 또는 왜곡된 힘이라고 할 수 있다.

핵심 감정, 핵심 신념, 핵심 역동이 인간의 행동과 생각에 매우 강력한 영향을 미친다고 하는 역동심리학의 견해도 상당히 시사성이 있다. 왜냐하면 이러한 것들은 매우 무의식적인 것으로 인간을 실질적으로 움직이는 강력한 힘이기 때문이다. 죄는 또한 습관적으로 일어나는 성향을 가지고 있다. 이것은 마치 조금 발달을 이루다가 다시 퇴행하는 어린아이와 같이 언제든지 고개를 들고 다시 일어나는 성향을 가지고 있다. 죄는 반복되고 보상이나 강화를 받으면서 결국 하나의 오래된 관행처럼 우리 안에 자리를 잡으면 그것을 멈추는 것이 어려워진다. 죄는 사람으로 하여금 특정하게 행동하도록 하는 특징, 지속적인 습관, 내면의 깊은 성향을 가지고 있다.

죄의 범주를 일탈적 행동, 죄악 된 행위, 부정적인 생각 등으로 이해하는 것은 죄를 오직 사법적인 문제로만 축소하는 것이다. 죄의 사법적 개념을 지나치게 강조하는 것은 인간 문제가 전적으로 도덕적 과오이고 인간을 향한 하나님의 주요 반응은 칭찬이나 처벌이라는 것을 암시하는 것이다. 마르틴 부버(Martin Buber)는 죄를 세 가지 범주, 즉 사회법, 종교적 믿음, 양심의 영역으로 구분하였다.[6] 첫째, 사법적 영역에서 죄는 용서의 여지가 없다. 죄는 객관적 정의에 따라 판단되고, 처벌된다. 특정한 범죄에는 특정한 처벌이 주어진다. 사회적 죄는 도덕성과는 필수적인 관계가 없기 때문에 종교적이거나 개인적인 죄는 이 영역과는 별개이다. 둘째, 종교적 영역에서 죄이다. 이 죄는 종교적 또는 신앙적 믿음과 관련된 것이다. 데이비드 로버트(David Robert)는 쇠렌 키에르케고르(Soren Kierkegaard)의 말을 빌려 사회적 죄와 종교적 죄에 대해 "사회적 죄가 처벌과 관련이 있다면 종교적 죄는 회복과 관련이 있다"고 기술했다. 종교적 죄는 고통을 당하는 것으로 대가를 지불할 수 있는 것이 아니다.[7] 종교적 또는 신앙적 죄는 하나님으로부터 소외, 진정한 정체성에 대한 부정, 신적 존재가 되려는 갈망, 신의 뜻에 대한 저항 등을 가리킨다. 이러한 죄는 실존적 또는 존재론적 죄이다. 폴 틸리히(Paul Tillich)는 실존적 죄를 인간 상태의 본질이라고 정의하였다.[8] 실존적 죄는 존재론적 불안을 일으키는 상태이다. 롤로 메이(Rollo May)는 "우리가 만일 우리의 존재론적 죄를 받아들이지 않고 억압한다면 이것은 신경증적 죄로 바뀔 것이다"라

---

[6] Martin Buber, "Guilt and Guilt Feeling," *Psychiatry* 20 (1957), E. Mansell Pattison, "용서의 처벌모델과 화해모델," in *Counseling & Human Predicament: A Study of Sin, Guilt, and Forgiveness*, eds., Leroy Aden and G. Benner, 전요섭 역, 『용서와 상담』(서울: CLC, 2012), 244-45에서 재인용.

[7] David E. Robert, *Existentialism and Religious Belief* (Oxford: Oxford University Press, 1957), E. Mansell Pattison, "용서의 처벌 모델과 화해 모델," 255에서 재인용.

[8] Leon Salzman, "Observations on Dr. Tillich's Views on Guilt, Sin, and Reconciliation," *Journal of Pastoral Care* 11(1957): 14-19, E. Mansell Pattison, "용서의 처벌 모델과 화해 모델," 255에서 재인용.

고 진술하였다.[9] 종교적 또는 존재론적 죄는 인간의 노력이나 어떤 행위에 의해 해결되는 영역이 아니다. 인간의 실존적 또는 존재론적 죄를 인간의 노력, 즉 인간의 생각과 행위와만 관련시키려 할 때 신경증적이며 거짓된 죄책감을 불러오게 된다. 이러한 신경증적 거짓된 죄책감은 하나님으로부터 소외된 우리의 상태를 감추기 때문이다. 종교적 또는 실존적 죄는 존재론직 죄이기 때문의 도덕적 영역의 죄와는 구분해야 한다. 존재론적 죄를 도덕적 영역으로 해결하려고 하는 것은 바리새주의이며, 이것의 결국은 고린도후서 3:6에 잘 나타나 있다. "율법 조문으로 하지 아니하고 오직 영으로 함이니 율법 조문은 죽이는 것이요 영은 살리는 것이니라"(고후 3:6). 실존적 또는 존재론적 죄는 오직 하나님의 사랑과 용서를 체험할 때만이 치유될 수 있다.

셋째, 죄의 양심적 영역이다. 죄의 양심적 영역은 죄의 객관적 차원이기보다는 주관적 차원이다. 양심적 영역으로서의 죄는 감정이며 죄에 대한 느낌이다. 이 영역은 죄책감과 관련된 죄이다. 이런 죄책감은 신경증적 경향이 있다. 죄의 양심적 영역과 관련되어 발생하는 죄책감은 불안을 일으키는 특징이 있다. 이러한 불안은 건설적인 것이다. 이런 불안은 자신의 이상이나 가치를 따르도록 동기를 부여하는 역할을 한다. 이러한 불안은 공포심에 의한 것이라기보다는 염려에 의한 것이다.

사법적 영역의 죄가 사회 윤리적 차원과 관계된 특성을 지닌다면, 종교적 또는 실존적 영역의 죄는 영적 차원, 즉 하나님으로부터 소외 또는 단절로서 존재론적 특성을 지닌다. 양심적 영역의 죄는 인간의 심리내적

---

9 Rollo May, Ernst Angel, & Hanri F. Ellen Berger. eds., *Existence* (New York: Basic, 1958), E. Mansell Pattison, "용서의 처벌 모델과 화해 모델," 255에서 재인용.

그리고 심리사회적 특성과 관련된 죄라고 할 수 있다.

성경에서 가르치는 죄는 단지 규율 또는 규범을 어기는 것 이상이다. 예레미야는 인간의 죄악 된 본성을 잘 드러낸다. "만물보다 거짓되고 심히 부패한 것은 마음이라 누가 능히 이를 알리요"(렘 17:9). 성경이 말하는 죄는 단순한 행위와만 관련된 것이 아니다. 해롤드 엘런스(Harold Ellens)는 죄의 개념을 하나님으로부터 소외라는 맥락에서 설명하였다.

> 하나님으로부터의 소외는 그렇게 되기를 의식적으로 선택하지 않은 채, 이런 완전한 비극을 이해하지 못한 채, 그리고 이것을 회복시킬 아무런 능력이 없는 채로 일어났다. 바로 그런 모습이 인간 본성이며, 이는 단순한 행동이거나 의도의 불량 정도가 아니라는 점에서 그것은 질병이다. 게다가 그것은 우주의 모든 양상과 모든 인간성을 감염시킨다는 점에서 질병이다. 이것은 우리에게 좌절과 한계 그리고 전염성을 갖게 한다. 인간은 단순히 악을 행하는 경향성에 의해서 고통 받는 것이 아니라 본질적으로 악하며 서로에게 죄를 감염시키고, 우리의 자녀들, 우리가 속해 있는 모든 공동체와 세계를 우리 마음의 기질과 지성의 성향, 감정의 흐름, 영혼의 반응으로써 감염시킨다. 감염은 개인적이고 공통적인 유기체에 스며있다. 죄는 질병이며, 심리 영적 반동 형성과 방어, 이차적 왜곡, 그리고 증상들이 생겨나게 한다. 이런 단계는 우리의 상황을 복잡하게 하며 자신에게 고통을 초래하는 진정한 문제를 바라보는 것을 어렵게 만든다. 이것은 하나님의 은혜가 우리의 심리 영적 과정 안으로 들어와 감염을 감소시키기 전까지 계속되는 악한 감염이다.[10]

---

[10] J. Harold Ellens, "실패의 원인으로서 죄와 질병," 98-99.

인간은 자신의 절망을 스스로 해결할 수 있는 존재가 아니다. 이런 의미에서 인간은 스스로 자기 병을 고칠 수 없는 질병을 안고 있다. 엘렌스가 말하는 질병은 우리가 흔히 경험하는 단순한 육체적 정신적 질병을 넘어서는 근원적인 질병이다. 그는 질병에 대한 비유는 죄의 개념에 역동적이고 건설적인 차원을 제공한다고 보았다. 인간의 죄에 대한 질병의 비유는 치유와 구원의 개념으로 나아가게 하기 때문이다. 즉 질병과 구원의 비유는 우리를 향한 하나님의 열정의 의미와 인간 행동에 대한 하나님의 구원 전략을 이해하는 데 유용한 통찰을 가져다준다. 즉 "질병에 대한 비유는 현실적 치유책으로 우리를 무조건적으로 사랑하시는 하나님과의 공동 작업의 공식을 제시한다. 이것은 그리스도 안에서 인간의 삶이 성결되도록 정돈된 것으로써 구원하는 성장과 치유 개념으로 나아가게 한다. 또한 이것은 우리로 하여금 구원의 가능성을 보게 한다. 인간은 하나님의 지시와 인도를 통해 성숙해 가며 자신의 죄악 된 행동과 고아 상태의 피할 수 없는 결과를 인정하는 고통으로부터 자라난다는 것이다."[11]

## 죄와 인간의 문제

인간의 문제들은 본인의 죄로 인한 행동, 습관, 태도 때문인 경우가 많다. 많은 사람들이 자신의 고통이 죄와 아무 상관없다고 생각할 수 있다. 하지만 죄의 속성을 알게 되면 상당한 문제가 죄와 깊은 상관이 있음을

---

[11] J. Harold Ellens, "실패의 원인으로서 죄와 질병," 103.

발견하게 된다. 기독교 전통에 따르면 교만, 시기, 분노, 탐욕, 나태, 정욕, 탐식 등은 인간 삶 전체에 만연해 있는 죄의 성격적 특성들이다. 개인별로 그 영향력이 조금씩은 다를지라도 이것들은 모든 인간 안에 존재한다. 인간은 이러한 죄의 성격적 특성들이나 충동들로부터 자유로운 존재가 아니다.

모든 인간은 아담의 죄의 영향 아래 있기 때문에 인간은 예외 없이 죄의 영향 아래 있다. 죄의 이러한 보편적 성향은 개인의 죄와만 관련된 것이 아니라 유전적 특성을 지니고 있다. 이는 칼 융(Carl Jung)이 이전 세대의 선과 악 모두가 많은 세대로부터 상속되었다고 주장한 것과 유의미하다. 융은 인간의 선과 악이 상속되는 정신의 세계를 '집단 무의식'이라고 불렀다.

> 집단 무의식은 개인적으로 발전되는 것이 아니고 상속된 것이다. 그것은 이전에 실재하는 형태 즉, 원형(archetypes)들을 가지고 있다. 따라서 그것은 의식적인 차원에서는 명확하게 와닿지 않을 수밖에 없다. 그런데 그것은 단순히 정신적이고 심리적인 차원에 머무는 것이 아니라 구체적이고 실제적인 양상으로 존재한다.[12]

융의 기본적인 전제는 성경의 가르침과 많은 차이를 갖지 않는다. 개인적인 죄(자범죄, 의식하고 있는 죄)의 개념과 상속되는 죄(원죄, 의식하지 못하고 있는 죄)의 개념 모두는 인간의 문제 또는 행동의 본질을 이해하는 데

---

12 Carl G. Jung, *The Archetypes and the Collective Unconscious* (Princeton: Princeton University Press, 1969), 43.

중요하다. 인간에게 어떤 문제나 행동은 죄라고 인식되는 반면, 어떤 것은 죄라고 인식되지 않는다. 그렇다고 그것이 죄가 아닌 것은 아니다. 단지 인간의 정신에 의식되거나 의식되지 않는 차원이 있을 뿐이다. 만약에 이런 관점이 옳다면, 인간의 정신은 의식적인 차원의 죄는 인식할 수 있지만 무의식적인 차원의 죄는 인식하지 못할 것이다. 다시 말하면 인간의 정신이 죄로 의식하지 못하고 있을지라도 인간에게 지대한 영향을 미치고 있는 원죄와 같은 차원이 인간에게 있음을 인정할 수밖에 없다. 그렇다면 인간은 근본적으로 죄의 영향 아래 있다고 할 수 있다. 많은 문제들이 인간의 정신에 의해 죄라고 인식되지 않을 뿐 죄와 관련 있다고 인정할 수밖에 없다. 이런 맥락에서 보면, 인간은 자신의 모든 죄를 다 인식하고 있다고 볼 수 없다. 즉 인간에게는 자신이 의식하지 못한 채 짓고 있는 죄도 많이 있다고 할 수 있다. 인간은 자신의 모든 죄들을 의식하거나 인식할 수 있는 존재가 아니기 때문에 자신이 이해하고 생각하는 것보다 훨씬 더 많은 죄의 문제를 지니고 있다고 할 수 있다. 그러므로 인간의 문제들 중 어떤 것들은 죄의 결과물이 아닌 것 같아 보일지라도 실제로는 죄와 깊숙이 연관되어 있을 수 있다. 그럼에도 불구하고, 인간의 죄가 무의식적 특성을 지니고 있다는 의미는 인간이 직면하고 있는 모든 정서적, 행동적 문제가 단순히 죄의 결과물이라고는 말할 수는 없다는 것이다. 인간이 모두 죄인이기는 하지만 인간에게 발생되는 모든 문제가 개인의 잘못된 선택에 의한 직접적인 결과는 아닐 수 있다. 예를 들면, 뇌장애, 조현병, 우울증 등을 가진 사람들도 죄인이기는 하지만 그들을 불행하게 하고 비상식적인 행동을 하게 만드는 것은 신경조직기능 장애라고 할 수 있기 때문이다.

인간의 문제와 죄의 관계성은 결코 간단하지 않다. 인간의 문제가 죄로 인해 발생하는 경우도 있지만 죄와는 관계없이 발생하는 경우도 있다. 따라서 인간의 모든 문제를 죄의 결과라고 할 수는 없다. 예를 들어 실수로 인해 발생한 문제를 죄라고 할 수 없다. 모든 실수가 죄 때문에 발생하는 것은 아니다. 실수는 부주의와 기억력의 감퇴로 인해 발생할 수도 있다.

인간의 모든 문제를 죄의 산물로 단정하는 것은 결코 죄에 대한 바른 해석이 아니다. 모든 문제를 죄의 산물로 단정하는 것은 죄의 환원주의(reductionism)라고 할 수 있다. 죄의 환원주의는 모든 문제를 죄의 결과물로 보기 때문에 문제를 왜곡되게 할 수 있다. 예를 들어 감기도 죄 때문에 발생했다는 논리로 비약될 수 있다.

### 죄와 질병의 관계

보편적으로 신학자들은 인간 문제의 근본적인 원인을 죄에 기초해서 이해하는 반면, 심리학자들은 질병이란 맥락에서 설명한다. 심리학자들의 주요한 관심은 인간의 심리내적 심리사회적 질병이다. 하지만 인간의 죄와 질병의 문제는 단순한 것이 아니다.

인간이 직면하고 있는 정서적 행동적 문제의 전부를 단순히 죄라고 명명할 수 있는 것은 아니다. 하지만 죄와 질병이 복합적으로 상관 관계에 있는 경우도 있다. 죄에서 비롯된 행동으로 말미암아 우울증이 시작되고 진행되기도 하지만, 어떤 우울증은 신경전달물질과 관련되어 발생하기도 한다.[13] 인간의 모든 문제가 다 죄에서 비롯된 것이라고 말할 수는 없지만, 실제로 심리 상담자들이 직면해야 하는 어떤 문제는 죄에 대한 것일 수 있다.

성경에 따르면 인간이 겪는 질병의 상당한 원인은 바로 죄이다. 이것은 단순한 원인일 뿐만 아니라 중대한 원인이며 충족적인 원인이 아니라 필수 원인이다.[14] 성경은 인간이 겪는 질병이 죄와 관계된 것으로 증언하기도 한다. 성경에서는 질병이 죄에 대한 처벌이라는 것이다. 이는 노아 시대의 악한 사람들에게 일어난 사건에서 볼 수 있다. 공평하신 하나님은 인간이 행한 악과 당연히 행해야 할 것을 하지 않은 것에 대하여 심판하신다. 또한 성경은 죄와 응징의 관계를 말한다. 응징의 모든 표본은 구약성경에 나타난 므낫세의 사건에서 볼 수 있다. 응징은 항상 특정한 죄와 관련이 있고, 죄인을 구하거나 그들이 더 충만한 삶으로 이끄는 사랑의 영 안에서 행해졌다.

질병뿐만 아니라 모든 인간이 경험하는 스트레스가 인간의 보편적 현상인지 아니면 죄의 결과에 따른 산물인지 아니면 질병인지에 대한 논란이 있을 수 있다. 부르스 립톤(Bruce Lipton)은 그의 저서 『믿음의 생물학』(The Biology of Belief)에서 '준비'(getset) 현상이라 부르는 흥미로운 비유를 제시하였다. 그는 삶의 스트레스가 문자적으로 우리의 발가락 위에서 우리를 지켜주며 우리를 방심하지 않게 하고 항상 뛰쳐나갈 수 있도록 준비시켜 준다고 하였다. 그는 이러한 현상은 지속적인 긴장 상태 아래서 신체의 면역 시스템을 유지시켜 주고, 뇌를 긴장시켜 주며, 몸의 생리학적

---

[13] William D. Backus, *What Your Counselor Never Told You: Seven Secrets Revealed-Conquer the Power of Sin in Your Life*, 전요섭 옮김, 『죽음에 이르는 7가지 죄를 극복하는 비결』(서울: CLC, 2017), 29.
[14] William D. Backus, 『죽음에 이르는 7가지 죄를 극복하는 비결』, 50.

상태를 결코 편안하지 않게 한다고 하였다. 따라서 우리는 항상 질병, 즉 '평안이 사라진'(dis-ease) 상태에 있을 수밖에 없다고 하였다. 여기서 질병은 영어로 'disease'인데, 이 말은 'dis'와 'ease'의 합성어이다. 즉 질병은 평안이 사라짐을 뜻한다.[15]

모든 인간이 경험하는 스트레스가 하나님의 창조의 선물인지 아니면 죄의 결과의 산물인지에 관한 문제는 쉽지 않은 주제이다. 스트레스도 인간을 파괴하는 스트레스(distress)가 있고 창조적으로 이끄는 스트레스(eustress)도 있기 때문이다. 립톤이 언급한 스트레스는 오히려 창조적이고 긍정적인 특성이 있다. 하지만 분명한 것은 질병은 하나님의 창조의 선물이 아니라 죄의 결과라고 할 수 있기 때문에 과도한 스트레스로 인한 평안의 파괴는 죄와 무관하다고는 할 수 없는 특성이 있다. 평화의 상실은 죄의 전형적인 결과물이기도 하다. "기독교는 평안이 사라진 상태에 대한 아주 유익한 이해를 제공한다. 이것은 흔히 '조상'(아담)의 죄라고 불려진다. 그리고 그 후의 인간은 모든 피조물과 함께, 그 죄의 결과를 이어 받았다.…우리는 예외 없이 인간 존재의 병든 상태를 이어받았다. 그것을 우리는 '질병'(disease)이라고 하기도 하고 '단절'(dis-connection)이라고 부르기도 한다."[16]

그럼에도 불구하고 성경은 모든 질병과 스트레스가 죄의 산물은 아니라고 가르치고 있다. 요한복음 9:1-12에는 제자들이 앞을 보지 못하고 더듬거리면서 지나가는 사람을 보고 예수님께 이렇게 질문을 하였다. 주님 저 사람이 누구 죄 때문에 저런 불행을 겪습니까? 자기의 죄 때문입니

---

[15] Richard Cox, 『뇌는 설교에 어떻게 반응하는가』, 118에서 재인용.
[16] Jeremiah Loch, *Healing the Whole Person* (New York: Mercy House, 2006), 6, Richard Cox, 『뇌는 설교에 어떻게 반응하는가』, 118에서 재인용.

까? 아니면 그 부모 죄 때문입니까? 제자들의 질문은 단지 그들의 믿음과 생각에서만 나온 것이 아니다. 이러한 믿음과 생각은 당시 제자들을 비롯하여 유대인들에게 보편적인 것이었다. 그들은 앞 못 보는 사람을 보면 무조건 죄 때문에 그런 형벌을 받는다고 생각하였다. 그 당시에는 앞을 보지 못하는 사람, 나병 들린 사람, 가난하게 사는 사람은 모두 죄 때문이라는 인과응보적인 사고가 팽배했다. 이런 사람들을 무시하고 차별하고 업신여겼다.

하지만 예수님은 그 당시 유대인들이 다른 사람의 질병과 고통에 대해 가지고 있는 이러한 왜곡된 통념을 치유하셨다. 저 앞을 보지 못하는 사람의 아픔과 고통은 그 사람의 죄나 부모의 죄 때문이 아니라 오히려 하나님의 하시는 일을 나타내고자 함이라고 말씀하셨다. "이 사람은 그 부모가 죄를 범한 것이 아니라 그에게서 하나님의 하시는 일을 나타내고자 하심이니라"(요 9: 3). 무슨 말씀인가? 앞을 보지 못하는 사람의 아픔과 고통은 하나님의 선한 뜻과 사역에 참여되고 있다는 것이다. 하나님의 사역에는 때로는 기쁨도 있고 고통도 있기 마련인데 그 고통스런 일을 이 사람이 감당하고 있다는 의미다. 앞을 보지 못하는 고통이 과거적인 것이 아니라 오히려 미래적인 것이라는 말이다. 예수님은 앞을 보지 못하는 사람의 고통이 과거의 업보나 죄가 아니라 미래를 위한 소망의 씨앗이라고 선언하고 계신다.

죄와 질병의 관계는 결코 쉬운 문제가 아니다. 성경에서 가르치는 죄와 질병은 관계적이고 신비적이며 역설적인 차원을 지니고 있다. 성경은 모든 질병을 죄의 결과라고 말하지 않는다. 따라서 죄와 질병의 관계에 대한 절대적인 원칙을 세우거나 교리적인 방법으로 말하는 것은 지혜롭지 않다. 모든 인간의 문제나 질병이 죄에 대한 처벌이라고 판단해서는 안 된다. 잘못된 행동이나 질병이 죄인지 증상인지를 구분하는 것은 쉽지 않다. 죄는 불신과 하나님을 등지는 것이고 증상은 인격의 해체나 병든 인격이다. 정신질환자들의 행동이나 말, 태도는 죄라기보다는 증상이라고 할 수 있다. 그러나 우리가 신경증이나 경계선환자를 다룰 때는 문제가 복잡해진다.

모든 죄악 된 행동을 죄가 아닌 하나의 심리적 증상으로 설명하고자 할 때 도덕적으로 위험하고 치명적일 수 있다. 그것은 개인적 책임을 축소시키는 것이며, 인간의 자아 속에 유전과 환경을 넘어서 인간을 일으키는 어떤 것을 설명하지 못한다. 모든 인간 행동을 결정론 하나에 기초해서 설명하려는 것은 도덕적으로 해로울 수 있다. 또 다른 극단적인 입장은 죄를 죄로서만 다루어야 한다는 주장이다. 이러한 입장을 가진 사람들은 문제를 가진 사람들이 그들의 통제를 넘어서는 힘에 의해 그렇게 되었다는 것을 부정한다. 그들의 주장은 그런 인간은 죄인이고 그들은 자기 자신을 책임져야 한다고 강조한다. 이런 관점은 죄의 힘과 대조되는 질병의 실제를 심각하게 다루지 못하기 때문에 해롭다. 여기서 우리는 두 가지의 현실을 만나게 되는데, 하나는 인간 행동에 있어 질병의 영향을 무시하면 안 된다는 것이고, 다른 하나는 죄의 실제를 무시할 수 없다는 것이다. 이 모든 문제는 책임이라는 하나님의 질문으로 좁혀질 수 있다. 따라서 우리는 개인의 책임을 부정해서도 안 되고, 죄에 대한 개념을 질병의 개념으로 대체해서도 안 된다.

우리는 인간의 문제나 곤경을 이야기할 때 죄의 관점으로만 이야기해서도 안 되고, 질병의 관점으로만 이야기해서도 안 된다. 인간의 문제나 곤경을 논할 때 죄와 질병의 차원을 모두 이야기할 수 있어야 한다. 그렇게 함으로써 인간의 죄의 문제와 질병의 관계를 보다 더 효과적으로 논할 수 있다.

## 죄책감의 풍경과 해석

죄책감은 인간이 경험하는 보편적인 현상이다. 죄책감은 단순히 우리가 무엇을 했는가를 넘어 우리가 누구인가와 관련된다. 틸리히(Paul Tillich)는 불안을 일컬어 "비존재에 대한 실존적 인식" 혹은 "어떤 존재가 자신이 존재하지 않을 수도 있음을 인식하는 상태"라고 정의하였다.[17] 죄책감은 이와 동일 선상에서 규정될 수 있다. 즉 죄책감을 '도덕적 불안'이라고 부를 수 있을 만큼 이는 불안과 긴밀한 연관이 있기 때문이다. 죄책감은 도덕적 비존재에 대한 실존적 인식, 즉 개개인이 자신의 자아 확신이라는 도덕적 영역에서 비존재에 대해 인식하는 상태라고 할 수 있다. 죄책감의 경험은 자신이 해야 하는 일과 자신이 한 일, 혹은 자신이 어떤 사람이 되어야 하는가와 실제로 자신이 어떤 사람인지의 사이에 존재하는 괴로운 불일치로 경험된다. 다시 서술하면, 죄책감은 부족을 발견하는 규범을 전제로 일어난다. 이러한 규범은 종교적 신앙, 사회적 규범, 윤리적 규범에서 비롯되는 경우가 많다. 죄책감의 출처는 다양할 수 있다. 하지만 죄책감은 이상과 현실 사이의 불일치이자 실제적으로 자신에게 어느 정도의 책임이 있는 불일치라고 할 수 있다. 죄책감은 근본적으

---

[17] Paul Tillich, *The Courage to Be*, 차성구 옮김, 『존재의 용기』 (서울: 예영, 2006), 70.

로 자신을 충족시키는 데 실패하고, 자신과 타인, 무엇보다도 하나님과 적절한 관계를 통해 자신이 되고자 했던 존재가 되지 못한 것을 의미한다. 죄책감은 궁극적으로 왜곡된 실현이다.[18]

리로이 아덴(Leroy Aden)은 죄책감을 규범적 죄책감, 실존적 죄책감, 궁극적 죄책감으로 구분하여 설명하였다. 아덴은 규범적 죄책감을 마우러의 관점을 통해 설명한다. 마우러(Mowrer)는 죄책감은 각 개인의 특정한 사회적 환경을 침해하는 명백한 사회적 악행과 관련되어 경험된다고 보았다. 즉 마우러에 의하면 죄책감은 규범을 명백하게 위반하는 순간에 생긴다. 따라서 규범적 죄책감의 핵심은 불법적인 행위나 개인이 사회적 규범과 금기를 명백히 위반할 때 발생한다는 것이다. 하지만 죄책감을 단지 규범적 차원에서 보는 것에는 한계가 있다.[19]

아덴은 죄책감에 대한 보다 확장된 그림을 그리기 위해서 프로이드(Sigmund Freud)의 관점을 통해 실존적 죄책감에 대해 설명한다. 그는 프로이드는 죄책감을 행동적인 문제가 아닌 태도적인 문제로 이해하였다는 것이다. 프로이드는 죄책감은 단순히 외부적인 사건이 아닌 내부적인 사건으로 이해하였다. 즉 개인은 자신의 욕망에 대해 대립된 태도를 취

---

[18] 죄책감과 죄의식이 같은 의미는 아니다. 나아가 죄의식과 수치심도 구별되어야 한다. 죄의식은 죄의 의도적 행동에 대한, 그리고 그런 죄의 결과에 대한 적절한 반응이다. 죄의식은 우리를 깨우고, 잘못된 행동으로 인해 슬퍼하게 하고, 우리가 상처 준 사람을 공감하고 슬픔을 느끼게 하며 우리의 죄를 고백하고 회개하게 한다. 이러한 것은 긍정적이고 건강한 죄의식이다. 왜냐하면 이러한 죄의식은 상대방이 경험하는 고통을 공감하게 하기 때문이다. 하지만 수치심은 자기에게 초점이 맞추어져 있고 죄의 결과에 대한 구체성이 없는 적절하지 못한 반응이다. 죄의식은 내가 잘못한 것이 무엇이고 그것으로 인해 상대방에게 어떤 깊은 상처를 주었는지에 대해서 인식하고 그것에 대해서 끔찍하게 느끼는 것이다. 반면 수치심은 나는 나쁜 사람이고 나 자신을 끔찍하게 여기는 것이다. 죄의식은 내가 피해를 준 상대방의 고통에 초점을 맞추고 공감하도록 돕지만, 수치심은 자기연민이나 자기기만으로 이끈다. 우리의 죄로 다른 사람이 상처를 입고 하나님을 슬프게 한다는 의식은 우리의 죄 된 행동에 대한 적절한 반응이며, 이러한 죄의식만이 용서와 은혜를 촉구하게 한다.

[19] Leroy Aden, "기독교 상담과 죄책감," in *Counseling & Human Predicament: A Study of Sin, Guilt, and Forgiveness*, eds., Leroy Aden and G. Benner, 전요섭 역, 『용서와 상담』 (서울: CLC, 2012), 144-46.

하며, 이런 욕망은 실제적으로 행동에 옮기든 아니든 그에 대해 죄책감을 느낀다. 이런 입장은 인간 존재 중심인 내적 상황이 왜곡되고 단절된 관계 안에 있을 때 죄책감을 느낄 수 있는 가능성을 인정한다. 프로이드는 또한 죄책감은 보편적인 환경의 영향 아래서 발생하는 개인적인 사건으로 이해하였다. 나아가 그는 죄책감은 규범적 위반을 넘어서서 개인이 가진 본성의 위반까지 포함한다고 보았다. 죄책감은 삶의 풍요와 파괴 모두로 이어지는 편만한 욕망과도 관련된 것으로 이해하였기 때문이다. 프로이드에게 있어서 죄책감은 인간성의 감소나 왜곡이다. 그러나 그의 죄책감에 대한 이해는 인간의 기본적 욕망을 단순한 행위로 보고, 욕망을 죄책감의 원천이라고 여기지 않았다는 점에서 한계가 있다고 할 수 있다.[20]

아덴은 마우러와 프로이드가 간과한 궁극적 또는 영적 죄책감을 제시한다. 궁극적 죄책감은 하나님에 대한 불신앙에서 발생하는 죄책감이다. 궁극적 죄책감은 존재론적 소외로 인해 발생하는 죄책감이다. 따라서 궁극적 죄책감은 세 가지 차원과 상호 관련되어 있다는 것이다. 첫째는 궁극적 죄책감은 불신과 관련되어 있다. 이러한 불신은 인지적 혹은 정서적 반항이 아니라 하나님을 외면하고 신뢰하지 않음으로 발생한다는 것이다. 둘째는 궁극적 죄책감은 오만과 관련이 있다는 것이다. 이러한 죄책감은 하나님을 등지고 자신에게로 향하며, 자신을 삶의 중심으로 삼고 성취의 원천으로 만드는 오만이다. 셋째는 궁극적 죄책감은 끝없는 탐욕과 관련된다는 것이다. 즉 삶 전제를 소유하려는 끝없고 무절제한 시도

---

20 Leroy Aden, "기독교 상담과 죄책감," 146-50.

가 우리를 죄책감으로 몰고 간다는 것이다.[21] 아덴은 죄책감에 대해 이렇게 설명하며 마무리한다.

> 규범, 개인, 하나님에 대한 위반, 각 형태의 죄책감이 고유의 뚜렷한 정체성을 지니고 있지만, 또한 각각은 나머지 두 가지와 관련이 있다. 규범 위반(규범적 죄책감)은 단순한 외적 금기의 일탈이 아니라 우리가 진실한 성취를 찾아내는 범위들을 규정하는 정도까지 규범적 죄책감은 우리를 인간성에 대한 실존적 죄책감의 위반과 유사하다. 그리고 우리의 인간성을 위반하는 것은 단순히 자아를 위반하는 것이 아니다. 이것은 또한 우리를 창조한 하나님에 대한 위반이다. 이것은 불신, 오만, 탐욕을 통해 하나님을 부정하고 하나님에 대항하여 일탈하는 것이다.[22]

죄책감은 불신과 오만과 탐욕을 통해 하나님에 대한 왜곡된 신앙을 만들어내기도 한다. 죄책감의 이면에는 왜곡된 신앙, 교만, 탐욕이 깊이 내재되어 있다. 죄책감의 깊은 저변에는 죄성에 대한 왜곡이 자리하고 있다. 즉 죄책감의 이면에는 인과응보적인 신앙과 어리석은 교만이 깊이 자리 잡고 있다.

모든 인간은 죄성을 가지고 태어난다. 아담의 후손인 인간은 모두 죄의 본성을 가지고 태어난다. 이러한 본성 때문에 인간은 이기적이고 악한 행동을 하려는 성향이 있다. 그 성향은 세심하게 통제된 환경이나 그리스도인 부모의 기도와 경건함으로 제거될 수 있는 것이 아니다. 우리

---

21 Leroy Aden, "기독교 상담과 죄책감," 150-51.
22 Leroy Aden, "기독교 상담과 죄책감," 151-52.

의 죄악 된 성향은 단순한 신학적 개념이 아니다. 실제적이고 현실적인 것이다. 이러한 인간의 죄악 된 성향은 우리의 신앙을 인과응보적으로 해석하게 하는 경우가 허다하다. 예를 들어 훌륭한 가정에서 반드시 훌륭한 자녀가 나온다거나 죽음의 마지막 모습을 보면 그 사람의 믿음을 알 수 있다는 생각 등이다. 이러한 신앙의 이면에는 훌륭한 자녀를 둔 부모들의 오만과 건강한 자들의 교만이 자리하고 있다고도 할 수 있다.

한국교회 안에는 하나의 공식이 강하게 자리 잡고 있다. "예수 믿으면 복 받고 예수 믿지 않으면 복을 받지 못한다"는 공식이다. 이 공식만 가지고 있으면 설교도 할 수 있고, 이 공식만 가지고 있으면 목회도 할 수 있기 때문에, 목사나 설교자가 되는 길이 그리 어렵지 않다. 물론 이러한 관점이 정당화될 수 없지만 설교자들에게 의미하는 바가 크다고 할 수 있다.

모든 인간은 인정받고 칭찬 받고 싶어 한다. 그리스도인들도 결코 예외는 아니다. 인간에게는 어떤 일의 결과가 좋을 때 자신이 그 결과에 관련되어 있다고 생각하고 싶어 하는 이기적인 속성이 있다. 훌륭한 자녀가 경건한 가정의 열매라고 한다면 우리가 그렇게 잘한 일에 대해 칭찬하지 말아야 할 이유는 없다. 하지만 훌륭한 자녀는 경건한 부모의 열매라는 공식은 불행한 자녀는 불행한 또는 불경건한 부모의 열매라는 공식도 암시하기 때문에 좋은 공식이라 할 수 없다. 나아가 이러한 생각과 공식은 우리의 성공과 실패, 그리고 경건한 삶과 관련시켜 불필요한 죄책감에 사로잡히게 하는 동력으로 작용하기도 한다.

그리스도인들이 죄의 개념과 관련해서 하나님이 결코 계획하지 않은 이러한 부당한 죄책감에 사로잡히는 경우가 있다. '부당한 죄책감'의 이면에는 '어리석은 교만'이 있다. 이러한 교만은 특히 경건하고 모범적인 신앙생활을 하거나 성공한 자녀를 둔 사람들에게서 흔히 볼 수 있다.

다음 이야기는 '어리석은 교만'에 어떠한 삶의 특징이 있는지를 매우 설득력이 있게 알려준다.[23] 불행한 가정환경에서 자란 미치(Mitch)의 이야기이다.

미치는 불행한 가정에서 자랐기 때문에 자신의 부모가 저지른 지독한 실수를 반복하지 않으려고 다짐했다. 그리고 다른 사람들도 그렇게 되지 않기를 바랐다. 그는 목사로서 자신이 하는 거의 모든 설교 속에 가정의 가치관에 관한 내용을 포함시켰다. 그는 또 자신이 원하는 대로 살았다. 우편엽서에 자기 모습이 나올 만큼 모범적인 그의 가정 덕분에 그는 성도들로부터 신임을 얻었고, 자녀 양육에 대한 자신의 이론과 노련함에 대해 확신을 가질 수 있었다.

그 자신은 불행한 가정에서 자랐지만 모범적인 가정을 이루었다고 생각하고, 사적인 자리에서 그는 훌륭하게 성장하지 못한 자녀를 둔 친구들은 왜 할 수 없는지, 그리고 오래전에 있었던 컨퍼런스에서 자신이 수집한 커다란 자녀 양육 자료집과 성경에서 찾아낸 단계적인 처방들을 그들이 왜 따르지 않는지 이해할 수 없었다. 그런데 뜻하지 않은 일이 일어났다. 40대 초반의 미치는 휴가에서 돌아와 자녀 양육이 아직 다 끝나지 않았다는 사실을 알게 되었다. 갑자기 아이가 생겼기 때문이다. 처음에는 아내와 함께 짜릿한 기쁨을 느꼈다. 일종의 전율 같은 것이었다. 물론 충격이기도 했다. 그 부부는 그와 같은 전율을 17년이 지난 이후에도 경

---

[23] Larry Osborne, *10 Dumb Things Smart Christian Believe*, 마영례 옮김, 『잘못된 그리스도인의 영성: 스마트한 그리스도인이 믿고 있는 10가지 오류』(서울: 디모데, 2011), 78-80.

험하였다. 그러나 아들의 출생은 더 이상 충격이라 할 수 없었다. 그 아들은 그들이 다른 두 아이를 키우는 동안 대단히 잘 들어맞았던 자녀 양육 방법과 체계와 도구에 아무런 반응도 보이지 않았다.

미치의 아들은 믿음을 부인하지는 않았다. 그러나 믿음에 대해 처음부터 이해하기 힘들어했다. 아주 어릴 때부터 그랬다. 그 아이는 참지 못하고 화를 자주 분출했다. 그 아이가 가족들을 사랑하고 그들을 기쁘게 해주고 싶어 한다는 데에는 의심의 여지가 없다. 그러나 무슨 이유 때문인지 그 아이는 가족의 가치관과 규칙을 도무지 이해하지 못했다. 미치와 그의 아내는 아들로 인해 염려의 나날을 보내야만 했다.

미치는 과거를 돌아보면서 자신이 한때 통제하기 어려운 자녀와 사춘기 자녀와 씨름하는 부모를 경멸한 것이 부끄러웠다. 자신의 교만이 얼마나 어리석은 것이었는지를 그는 힘들게 배웠다. 그리고 처음에 경험한 두 자녀의 성품과 하나님을 찾는 마음과 긍정적인 특성이 자신이 생각했던 것처럼 자신의 노력의 결과가 아니라는 사실을 깨닫게 되었다. 그 후 미치는 생각을 바꾸었다. 그가 하는 설교의 분위기도 눈에 띄게 달라졌다.

미치의 이야기는 부모라면 모두 이해할 수 있는 내용이다. 하지만 중요한 것은 자녀가 하나씩 늘어나고 자녀 양육의 경험이 늘어난다고 해서 우리의 교만이 꺾이는 것은 아니다. 우리의 어리석은 교만은 우리의 경험만으로 극복되는 것은 아니다. 이는 마치 매년 거두어들이는 추수가 반드시 농부의 경험이나 기술만을 대변하는 것이 아닌 것처럼, 아이가 이룬 죄나 성취가 그 부모의 양육 방법이나 경험을 반영하는 것 또한 아니다. 거기에는 다른 많은 요소들이 다양하게 개입되기 때문이다. 우리는 단지 최선을 다할 뿐이다. 최종 결과는 궁극적으로 우리 밖에 있다(잠

21:30-31).

물론 부모에게 건강한 자녀 양육이 필요 없다는 것은 결코 아니다. 구약성경은 자녀 양육을 매우 중요하게 말하고 있다. 성경이 자녀 양육을 얼마나 중요하게 여기는지를 보여주는 이야기가 있다. 많은 존경을 받던 엘리 제사장은 부모의 책임을 다하지 못했고, 자신의 두 아들이 죄를 짓지 않도록 그들을 저지하는 노력을 하지 못했다. 그 이유로 하나님은 그의 두 아들을 죽게 하셨을 뿐만 아니라 엘리 제사장 자신의 목숨과 유산까지 거두어 가셨다. 하나님은 그 일이 모두에게 경고가 될 수 있도록 숨기 없이 기록하게 하셨다(삼상 2:22-24; 3:11-18). 신약성경도 영적 경건과 횃불을 자녀에게 물려주는 것이 모든 그리스도인 부모가 가장 중시해야 할 사명이라는 것을 분명히 가르치고 있다. 교회에서 가르치고 설교하기 위해서는 먼저 가정을 잘 다스려야 하고, 또 믿는 자녀를 둔 부모여야 한다는 사실을 무엇보다 강조하고 있다(딤전 3:1-5).

래리 오스본(Larry Osborne)은 자기 친구 미치의 변화를 보며, 그가 전하는 메시지에도 변화가 일어나는 것을 경험하게 되었다고 고백하였다. 오스본은 자신의 자녀가 태어나기 전에는 '경건한 자녀를 양육하기 위한 열 가지 규칙'이라는 제목으로 자녀 양육에 관한 설교를 했었지만, 아이들이 하나씩 태어날 때마다 설교 제목이 달라졌다고 하였다. 그 진행 과정은 이렇다.

    경건한 자녀를 영육하기 위한 열 가지 규칙
    선량한 자녀를 양육하기 위한 열 가지 지침
    자녀를 양육하기 위한 다섯 가지 원리

자녀 양육에서 살아남기 위한 세 가지 제안[24]

오스본의 고백은 특히 상담설교를 지향하는 설교자들에게 의미하는 바가 많다. 하나는 설교자의 삶의 경험과 인생 경험은 성경 본문의 해석만큼이나 중요하다는 것이다. 설교자의 인생 경험이 때로는 설교에서 부정적으로 작용될 수 있지만, 성경 본문에 대한 자신의 해석 잣대만으로 회중의 삶과 문제를 일방적으로 판단하거나 처방하는 실수를 줄일 수 있다. 다른 하나는 설교자는 회중의 문제나 삶의 아픔을 성경의 선이해, 즉 성경에 대한 자신의 이해나 경험만을 가지고 삶의 문제를 함부로 처방하는 것을 주의해야 한다. 따라서 효과적인 상담설교를 위해서는 성경의 통전적 해석과 경험, 그리고 인생에 대한 통전적 경험과 해석이 지극히 요구된다.

상담설교자가 회중의 성실한 도덕적 삶과 경건 등을 강조하는 것은 틀린 것이 아니다. 하지만 마치 우리의 성실성과 건강한 삶과 정신이 모든 것의 조건인 것처럼 설교해서는 안 된다. 물론 건강한 정신과 좋은 환경이 좋은 삶을 형성한다고 설교하는 것은 필요하다. 설교자가 건강한 정신과 좋은 환경을 위해서 기도하며 설교하는 것은 중요하다. 건강한 정신과 좋은 환경을 조성하는 것을 하나님 나라의 궁극적 목적이기도 하다. 하지만 단지 건강한 정신과 좋은 환경이 아름다운 삶을 보장한다는 신화를 만들어서는 안 된다. 에덴동산은 매우 좋은 환경이었지만 그곳에서 죄를 범하였다. 사회 경제적 환경이 좋은 가정과 나라에서도 얼마든지 불행한 삶은 일어난다.

---

[24] Larry Osborne, 『잘못된 그리스도인의 영성』, 80-81.

# Chapter 18

# 상담설교를 위한 7가지 죄의 성격과 해석

Characteristics & Interpretation of The Seven Deadly Sins
for Counseling Preaching

## 죽음에 이르는 7가지 대죄

대죄라는 용어는 성경에 직접 나오지 않지만 교부들에 의해서 처음 사용되었다. 그렇지만 성경에도 다른 죄에 비해 큰 죄들이 있음을 시사하는 구절들이 있다. 사도 요한은 "누구든지 형제가 사망에 이르지 아니하는 죄 범하는 것을 보거든 구하라 그리하면 사망에 이르지 아니하는 범죄자들을 위하여 그에게 생명을 주시리라 사망에 이르는 죄가 있으니 이에 관하여 나는 구하라 하지 않노라"(요일 5:16)고 표현하였다. 요한은 여기서 '사망에 이르는 죄'와 '사망에 이르지 않는 죄'라는 표현을 사용한다. 고린도전서에는 음란, 우상숭배, 간음, 남색, 탐욕, 술 취함, 모독 같은 죄가 하나님 나라를 유업으로 받을 수 없는 죄라고 말한다(고전 6:9-10). 다른 죄들에 비해 더 심각한 죄들이 있다는 것을 말한다. 성경에 대죄라는 단어가 직접적으로 언급되지 않는다고 하여 이 용어가 비성경적이라고 단정할 수는 없다. 성경에는 7대죄와 유사한 죄의 목록이 기록되어 있다(잠 6:16-19; 막 7:21-22; 갈 5:19-21). 구약성경의 잠언은 하나님이 미워하시는 죄 목록을 7가지로 명시하였다. "여호와께서 미워하시는 것 곧 그의 마음에 싫어하시는 것이 예닐곱 가지이니 곧 교만한 눈과 거짓된 혀와 무죄한 자의 피를 흘리는 손과 악한 계교를 꾀하는 마음과 빨리 악으로 달려가는 발과 거짓을 말하는 망령된 증인과 및 형제 사이를 이간하는 자이니라"(잠 6:16-19). 예수님은 "음란과 도둑질과 살인과 간음과 탐욕과 악독과 속임과 음탕과 질투와 비방과 교만과 우매함"(막 7:21-22)이라고 말씀하셨다.

7대 대죄 목록과 가장 유사한 최초의 목록은 4세기 사막의 교부였던 폰티쿠스의 에바그리우스(Evagrius of Ponticus, 346-399)가 만든 것이다. 그는 수도생활 중에 받는 유혹에 대처하는 실제적 지침으로 8가지 악한 사상(logismoi)의 목록을 만들어 수도사들을 가르쳤다. 그 목록이 바로 탐식, 정욕, 탐욕, 우울, 분노, 나태, 허영, 교만이다.[1] 이후 이 8가지 죄 목록을 상세히 다룬 사람이 존 카시안(John Cassian, 4-5세기)이다. 에바그리우스의 제자인 그는 수도생활 규칙과 영성훈련 지침을 다룬 『총회』(*Conference*)와 『강요』(*Institutes*)에서 8가지 죄들을 심도 있게 분석하여 다루었다. 그가 다룬 목록은 에바그리우스의 것과 동일한 탐식, 정욕, 탐욕, 분노, 우울, 나태, 허영, 교만이다.[2] 카시안은 에바그리우스처럼 8가지 죄들을 영적인 죄와 육적인 죄로 분류하고, 육체적 죄를 목록의 앞부분에 배치하였다. 육체적 욕구가 기본이고 그것에서 영적인 죄로 넘어가는데, 만일 육체적 죄와의 싸움에서 승리하지 못하면 더 힘든 영적 전투에서도 결코 승리할 수 없다고 생각했기 때문이다. 그에게 죄란 필요한 것 이상으로 지나친

---

[1] Evagrius Ponticus, *The Praktikos* (Michigan: Cistercian Publications, 1981), 6.
[2] John Cassian, *The Monastic Institutes: On the Training of a Monk and the Eight Deadly Sins* (South Bend, IN: Saint Austin Press, 1998), V. ii.

욕망이다. 그는 첫 인간의 타락이 몸의 욕망인 음식의 쾌락을 과하게 추구한 것, 즉 탐식에서 시작되었고 그것이 다른 몸의 욕망인 성적 쾌락을 과도하게 찾는 정욕으로 이어졌다고 이해하였다. 또한 타락 후에 인간 본성이 변하면서 음식과 성에 대한 욕구가 결국 영혼의 혼탁으로까지 이어졌다고 보았다. 그는 죄는 육체적 죄에서 영적인 죄로 발전해 간다고 보았다.[3]

6세기 말에 베네딕트 수도회의 수도사였던 그레고리 대제(Gregory the Great, ~604)는 카시아누스(Cassianus)가 전해 준 여덟 가지 대죄 목록을 교회로 가지고 왔다. 그는 욥기를 강해하면서 대죄를 다루었다. 그는 전해 내려온 8가지 중에 교만을 따로 분리하여 목록을 7가지로 줄였다. 바로 허영, 시기, 분노, 우울, 탐욕, 탐식, 정욕이다.[4] 이 목록이 현대 7대 대죄 목록과 가장 비슷한 것이다. 그는 교만을 다른 7대죄의 뿌리가 되는 죄로 여기고 다른 범주로 취급하였다. 우울이 나태의 성격을 어느 정도 지닌다고 보고 나태를 우울에 포함시켰다. 그리고 이전에 없었던 시기를 죄로 추가하였다. 그 후 아퀴나스 등에 의해 중요하게 다루어졌고, 지금까지 전해져 내려오고 있다.

'7가지 죽음에 이르는 죄'(seven deadly sins)의 더 본래적인 표현은 '7가지 **머리**가 되는 죄'(seven **capital** sins)이다. 여기서 '케피탈'(capital)은 라틴어 '카푸트'(caput)에서 왔고, '머리'라는 뜻이다. 일반적으로 머리는 '인간이나 동물의 몸을 구성하는 한 부분으로서의 머리', '생명의 근원에 해당하는

---

[3] Carole Straw, "Gregory, Cassian, and the Cardinal Vices," in *In The Garden of Evil: The Vices and Culture in the Middle Ages* (Toronto: Pontifical Institutes of Medieval Studies, 2005), 36.
[4] St. Gregory the Great, *Moral on the Book of Job* (Gloucester: Veritatis Splendor Publications, 2012), XXXI, xiv. 87-90.

핵심 부분이기에 어떤 것의 근원', '대장 또는 통치자'를 의미한다. 여기서 '7가지 머리가 되는 죄'에서 '머리가 되는 죄'란 모든 죄의 '근원'이 되는 죄란 의미다. 구체적으로 서술하면, 7가지 죄를 '죽음에 이르는 죄'라고 말하는 이유는 이러한 죄들이 한 사람의 성격을 형성할 정도로 강력하기 때문이다. 한 번 습관이 되면 그 사람의 마음에 강하게 새겨져서, 그 사람은 그것의 속박에서 벗어나지 못하고 이와 관련된 여러 죄악을 범하게 하기 때문이다. 그러한 의미에서 죄의 근원 또는 우두머리(capital sins)라고도 한다. 죽음에 이르는 죄는 교만, 시기, 분노, 탐욕, 나태, 정욕, 탐식이다. 다음은 죽음에 이르는 7가지 죄와 관계된 성경구절이다.

- 교만(Pride, *superbia*): 이 세상이나 세상에 있는 것들을 사랑하지 말라 누구든지 세상을 사랑하면 아버지의 사랑이 그 안에 있지 아니하니 이는 세상에 있는 모든 것이 육신의 정욕과 안목의 정욕과 이생의 자랑이니 다 아버지께로부터 온 것이 아니요 세상으로부터 온 것이라(요일 2:15-16).
- 시기(Envy, *invidia*): 그러므로 모든 악독과 모든 기만과 외식과 시기와 모든 비방하는 말을 버리고(벧전 2:1).
- 분노(Anger, *ira*): 그러므로 각처에서 남자들이 분노와 다툼이 없이 거룩한 손을 들어 기도하기를 원하노라(딤전 2:8).
- 탐욕(Greed, *avaritia*): 불의한 자가 하나님의 나라를 유업으로 받지 못할 줄을 알지 못하느냐 미혹을 받지 말라 음행하는 자나 우상숭배하는 자나 간음하는 자나 탐색하는 자나 남색하는 자나 도적이나 탐욕을 부리는 자나 술 취하는 자나 모욕하는 자나 속여 빼앗는 자들은 하나님

의 나라를 유업으로 받지 못하리라(고전 6:9-10).

- 나태(Sloth, *acedia*): 그 주인이 대답하여 이르되 악하고 게으른 종아 나는 심지 않은 데서 거두고 헤치지 않은 데서 모으는 줄로 네가 알았느냐(마 25:26).
- 정욕(Lust, *luxuria*): 주께서 경건한 자는 시험에서 건지실 줄 아시고 불의한 자는 형벌 아래에 두어 심판 날까지 지키시며 특별히 육체를 따라 더러운 정욕 가운데서 행하며 주관하는 이를 멸시하는 자들에게는 형벌할 줄 아시느니라 이들은 당돌하고 자긍하며 떨지 않고 영광 있는 자들을 비방하거니와(벧후 2:9-10).
- 탐식(Gluttony, *gula*): 그들의 마침은 멸망이요 그들의 신은 배요 그 영광은 그들의 부끄러움에 있고 땅의 일을 생각하는 자라(빌 3:19).

## 교만의 특성과 모습

교만의 문자적 의미는 '자기를 높이는 것'이다. 교만을 의미하는 라틴어 '수페르비아'(*superbia*)는 자기 자신을 높이 둔다는 의미이다. 자신을 실제 상태보다 더 높이는 것을 의미한다. 교만한 사람의 보편적인 특징은 다른 사람보다 자신을 우월하다고 여기는 것이다. 교만은 "잘못된 높임에 대한 욕구"라고 할 수 있다.[5] 교만의 본질은 마음과 눈을 높이고 자신을 우뚝 세우는 것이다. 하지만 교만의 기독교적 관점은 단순한 윤리적

---

5  St. Augustine, *The City of God*, 조호연, 김종흡 옮김, 『하나님의 도성』(고양: 크리스챤다이제스트, 1998), XIV, 13.

개념을 훨씬 넘어서는 신학적 의미를 지닌다. 성경은 교만을 단순히 자기를 높이는 것을 넘어 하나님을 떠나 스스로 자신과 삶의 주인으로 살아가려는 특징을 지니는 것으로 보았다. 교만은 하나님 없이 자기 힘으로 살고자 하는 욕구, 하나님의 법도를 무시하고 자기 뜻과 생각대로 하는 행동을 의미한다(시 119:21, 68, 78, 85). 어거스틴(Augustine)은 첫 인간 아담의 죄는 자기 눈이 밝아져 하나님 같이 되기를 바라는 교만이었다고 하였다. 자신을 하나님처럼 높이려는 것은 "자신의 근원이신 하나님을 버리고 자기 자신을 그 근원으로 삼는 것"이라고 하였다.[6] 즉, 자기 자신을 굳게 뿌리내리는 것을 의미한다. 이에 교만은 고로시 세이어즈(Dorothy Sayers)의 말처럼 스스로를 "하나님이 되려는 것"과 다름없다.[7]

라인홀드 니버(Reinhold Niebuhr)도 첫 인간 아담의 죄의 핵심은 교만이고, 그것의 본질은 자기중심성이라고 하였다. 아담이 하나님의 명령을 거부하고 선악을 알게 하는 과실을 따 먹은 것은, 하나님을 의지하고 순종하며 살아야 하는 피조물의 신분을 벗어나 스스로 운명의 주인이 되려는 행동이라는 것이다. 인간은 한편으로는 자기 결정권을 가지고 자기 한계를 극복하며 살아야 할 존재이면서도, 다른 한편으로 결코 스스로는 충족할 수 없는 유한성과 의존성과 불충족성이라는 본질적 한계를 지닌 이중적 존재다. 니버(Reinhold Niehuhr)는 아담이 "과실을 먹으면 눈이 밝아져 하나님처럼 되어 선악을 알게 될 것"이라는 유혹에 빠져 스스로 하나님처럼 되고자한 것이 바로 교만이라고 하였다. 교만은 하나님의 통치를

---

6  ST. Augustine, 『하나님의 도성』, XIV, 13.
7  Dorothy L. Sayers, "The Other Six Sins," in *Creed or Chaos?* (New York: Harcourt, Brace and Company, 1949), 82.

거부하고 자신이 중심이 되어서 사는 것이라고 하였다.[8]

교만의 이런 성격 때문에 그레고리(Gregory the Great)는 교만을 7대죄 중 하나가 아니라 다른 대죄의 뿌리라고 보았다. 교만에서 다른 모든 죄가 나온다는 것이다.[9] 루이스(C. S. Lewis) 역시 교만이야말로 죄 중의 죄요 "가장 큰 죄"이며, 다른 모든 죄악은 교만에 비하면 마치 "벼룩에 물린 자국"에 불과하다고 하였다.[10]

니버는 교만을 권력에 대한 교만, 지적 교만, 도덕적 교만 그리고 영적 교만으로 구분하여 설명하였다. 교만 중에 영적 교만이 가장 위험하다고 지적하였다. 니버는 영적 교만이 종종 도덕적 교만에서 발전하는 경우가 많다고 보았다. 사람들은 자신의 도덕성 때문에 하나님께 깨끗한 자로 인정받고 호의를 얻으리라고 생각하기 쉽기 때문이다.[11] 성경에서 볼 수 있듯이 바리새인들이 바로 영적 교만에 빠졌던 자들이었다. 그들은 율법을 연구하여 가르치고 율법에 따라 금식하고 구제하는 데 열심을 다하였다. 하지만 그들은 상석에 앉자 문안 받기를 좋아하였다. 그들은 자신들이 하나님의 율법을 가까이하면서 신앙적 영적 우월 의식으로 가득하였다.

그레고리는 영적 교만을 화살에 비유하였다. 마치 화살이 언제 어디서 날아올지 예측할 수 없듯이 영적 교만은 언제든지 일어날 수 있다. 특히 영적 체험을 많이 한 사람이 영적 교만에 빠질 위험이 있다. 특별한 영적 체험을 했기 때문에 스스로 특별한 은혜를 받은 거룩한 자라고 여긴다면 영적 교만이라는 화살을 맞을 수 있다. 영적 교만은 자기를 죽이는 가장

---

8 Reinhold Niebuhr, *The Nature of Destiny of Man: A Christian Interpretation* (New York: Charles Scribner;s Sons, 1941), 150, 167.
9 St. Gregory the Great, *Moral on the Book of Job*, XXXI, 45. n. 87.
10 C. S. Lewis, *Mere Christianity*, 장경철 이종태 옮김, 『순전한 기독교』 (서울: 홍성사, 2018), 193.
11 Reinhold Niebuhr, *The Nature of Destiny of Man*, 188.

위험한 무기이다.

  교만은 우리의 삶과 신앙의 여정에서 다음과 같은 모습과 특성으로 나타날 수 있다.

- 선두가 되는 것에 집착함
- 다른 사람에 대한 지배권을 가짐
- 권위나 외부의 구속 아래 있는 것을 혐오
- 자신의 능력이나 재능을 과신
- 다른 사람의 장점에 대해 무시
- 다른 사람을 멸시
- 인정받기를 열망
- 주제넘은 야망을 가짐
- 수행할 능력이 없음에도 불구하고 일을 떠맡음
- 칭찬 받기를 좋아하고 다른 사람이 자신을 알아봐 주는 것을 즐김
- 자신을 비난하는 척하거나 허세를 부림
- 다른 사람의 악행과 잘못에 대해 충격을 받음
- 자기만족에 빠짐
- 자신의 도덕적이고 영적인 성취감에 흥분하거나 매혹됨
- 자신의 견해를 강하게 고집하거나 완강하거나 따지기를 좋아함
- 하나님 주권과 통치 아래서 짜증을 냄[12]

---

12 William D. Backus, 『죽음에 이르는 7가지 죄를 극복하는 비결』, 79-80.

## 시기의 특성과 모습

시기를 뜻하는 영어 단어 '엔비'(envy)는 '자세히 보다'라는 어원을 지닌 라틴어 '인비디아'(invidia)에서 온 것이다. 시기는 눈으로 보는 것과 관련이 있다. 즉 시기란 눈에 보이는 존재 때문에 자신을 형편없고 비참하게 여겨져 상대를 끌어내리고 싶어 하는 마음이다. 성경도 시기를 눈과 관련시키고 있다. 예수님은 사람의 마음에서 나오는 악들이 사람을 더럽게 한다고 하시면서 그중 하나로 악한 눈을 말씀하셨는데(막 7:22), 대부분의 성경 번역본들은 이것을 '시기' 또는 '질투'로 번역한다.[13] 이는 시기란 눈 앞의 대상을 악한 눈으로 응시하는 것에서 시작됨을 암시한다. 성경에서 시기를 눈과 관련시켜 묘사하는 대표적인 예가 사울이 다윗을 시기하는 장면이다. 블레셋과의 전쟁에서 승리한 뒤 "사울이 죽인 자는 천천이요, 다윗은 만만이로다"(삼상 18:7)라는 백성의 환호를 받으며 입성하는 다윗을 바라보며 사울은 이렇게 묘사한다. "그날 후로 사울이 다윗을 주목하더라"(삼상 18:9). 주목에 해당하는 히브리어 '아인'(ayin)은 눈을 의미하는 단어다. NIV는 이 단어를 '시기하는 눈'(jealous eye)으로 번역하였다.[14] 칼 온슨(Karl Olsson)은 단테(Dante Alighieri)가 시기에 사로잡혀 사는 사람은 연옥에서 굵은 철사로 눈꺼풀이 꿰매진 상태로 지낸다는 말을 통해 시기는 눈으로 죄를 짓고 살던 자들이 눈으로 대가를 치르는 것으로 해석하였다.[15]

---

[13] KJV은 '악한 눈'으로 직역을 하였고, 개역한글은 '흘기는 눈', 개역개정은 '질투' 공동번역, NIV, NASV, ARS 등은 모두 '시기'로 의역하였다.
[14] 히브리어 BDB 사전에는 '아인'이 '시기에 사로잡힌 눈'을 의미하기도 한다고 되어 있다. NKJV, NRSV 등은 '주목'하였다고 직역하였다.
[15] Karl Olsson, *Seven Sins and Seven Virtues* (New York: Harper & Brothers Publishers, 1962).

토마스 아퀴나스(Thomas Aquinas)는 시기를 "다른 사람의 행복을 슬퍼하는 것"이라고 하였다.[16] 여기에는 "남의 불행을 기뻐한다"는 의미도 포함된다. 아리스토텔레스는 누가 정당한 몫 이상을 받으면 화가 나는 감정을 '네메시스', 즉 이 의분이 중용을 지키면 덕이지만 이 감정이 지나치거나 모자라면 악이 된다고 하였다. 그 감정이 지나치면 누가 잘되어 칭찬을 받는 것에 대해서도 분노하게 되는데, 이것이 '프토노스'(phthonos) 즉, 시기다. 반대로 그 감정이 모자라면 누가 대우를 받지 못하거나 낮은 자리로 내려갈 때 은근히 기뻐하게 되는데, 이 감정을 '에피카이레카키아'(epikairekakia) 즉, '심술'과 '고소히 여기는 것'이다.[17]

이처럼 시기의 감정은 매우 복합적이고 미묘한 부분을 지니고 있기 때문에 '다른 사람이 잘되는 것을 시샘하고 미워하는 마음'이라는 사전적 정의를 넘어선다. 그레고리(Geregory the Great)는 시기를 상대의 행복에 대한 '애통'과 상대의 곤경에 대한 '환호'의 두 딸을 낳는 어머니라고 하였다.[18] 시기와 질투는 같은 의미로 쓰이는 경우도 있다. 구약에서 '벌겋게 달아오르다'라는 의미인 '카나'(kana)가 어떤 곳에서는 '시기'(창 26:14; 30:1; 37:11; 잠 27:4)로 번역되었지만, 다른 곳에서는 '질투'(신 32:16, 21; 겔 8:3)로 번역 되었다. 다른 곳에서는 '열정', '열심'이라는 의미로 번역되기도 한다(왕상 19:10, 14). 하지만 신약성경에서 질투는 '젤로스'(zelos)로, 시기는 '프토노스'(phthonos)로 구별되어 번역되었다.

시기와 질투는 혼용되어 사용되고 있지만, 아리스토텔레스는 시기를 자기가 갖지 못한 좋은 것을 이웃이 가진 사실을 슬퍼하는 것으로, 질투

---

16 Thomas Aquinas, *On Evil*(New Oxford University Press, 2005), 352-53.
17 Aristoteles, *Nicomachean Ethics*, 최명관 옮김,『니코마스 윤리학』(서울: 창, 2008) 참조.
18 St. Gregory the Great, *Moral on the Book of Job*, XXXI, 45. n. 88.

는 이웃이 지닌 것을 자기가 소유하지 못한 사실을 슬퍼하는 것이라고 하였다.[19] 시기는 초점이 상대방에게 있다. 다른 사람에게 있는 좋은 것을 보면 단지 그 사실 때문에 불편해지는 마음이다. 시기는 항상 다른 사람을 의식하면서, 다른 사람이 잘되거나 좋은 것을 지니고 있는 상황을 불편해 하는 마음이다. 하지만 질투란 초점이 자신에게 있다. 시기와 질투 모두 다른 사람의 성공과 행복에서 촉발된다는 점은 유사하지만, 질투는 다른 사람이 가진 것을 보고 부러워하기보다는 자신이 가지지 못한 것에 초점을 둔다는 점에서 시기와 다르다. 질투는 상대방과 같이 되고 싶은 마음을 불러일으키고 경쟁심을 유발하여 열심을 내는 동력으로 작용할 수 있다. 질투가 '열정'(zeal)이라는 말과 동일한 어원에서 왔다는 사실도 질투가 긍정적인 동력으로 작용할 수 있음을 시사해준다. 이는 질투가 성장의 동력으로도 작용될 수 있음을 시사해 준다.[20]

시기는 우리의 삶의 여정에서 다음과 같은 모습과 특성으로 나타날 수 있다.

- 다른 사람과 습관적으로 경쟁함
- 다른 사람이 휴식을 취하면 불쾌하게 여김
- 다른 사람(특히 동등하다고 여겨지는 인물)에게 문제가 생겼을 때 기뻐함
- 다른 사람이 자신보다(영성, 매력, 인기, 지식, 물질, 그 외 모든 것을) 더 가졌다고 인식했을 때 자존감의 손상을 입음

---

[19] Aristoteles, *Rhetorics*, 이종호 옮김, 『수사학』(서울: 리젬, 2009), 1387b, 1388a.
[20] Herzog, "Envy: Poisoning the Banquet They Cannot Taste," in *Wicked Pleasures: Meditations on the Seven "Deadly" Sins*(Maryland: Rowman & Littlefield Publishers, 1999), 147-78.

- 다른 사람의 결함을 노출시키고 싶어 함
- 다른 사람의 말과 행동에 대해 자주 나쁘다고 평가함
- 지속적으로 다른 사람, 소유, 성과 등을 비교하여 자신을 조정함[21]

## 분노의 특성과 모습

분노는 기본적으로 인간의 정상적인 감정이다. 분노는 한 사람의 영역이 침해당할 때 발생한다. 그 영역이 물리적인 영역일 수도 있고, 심리적이거나 영적인 영역일 수도 있다. 분노를 종종 사랑과 일치하는 것임을 보여주기 위해 인용되는 예가 바로 성전에서 매매하는 사람들을 보고 분노하신 이야기다(막 11:15). 예수님이 안식일에 일하시는 것을 보고 송사하려고 하는 사람들에게 예수님이 보이신 분노였다(막 3:5). 분노는 신의 거룩성과 의를 지키는 방편으로 작용할 수 있다. 따라서 모든 분노가 죄는 아니다.

정당한 분노는 악한 사람들에 의해 상처를 입은 무고한 사람들을 돕기 위한 힘을 주는 분노이다. 우리는 죄와 부패와 부정에 대해서는 분노해야 한다. 이것을 비난하는 것은 분노를 제대로 구분하지 못하는 것이다.

분노가 단지 감정일 때도 있다. 상처를 입었거나 공격을 때 당했을 때 자신을 방어하기 위하여 우리 몸은 준비를 한다. 심장박동의 증가, 혈압 상승, 모세혈관의 팽창, 근육의 긴장, 동공의 팽창 등 교감신경계의 각성이 일어난다. 이것은 창조주 하나님께서 우리가 우리 자신을 위험으로부

---

[21] William D. Backus, 『죽음에 이르는 7가지 죄를 극복하는 비결』, 80.

터 방어할 수 있도록 만드신 방어기제이다.

분노가 죄에 오염되지 않게 하기 위해서는 바른 대상에게, 적당한 정도로, 적절한 시간에, 적합한 목적으로, 바른 방법으로 분노를 표현해야 한다. 하지만 현실적으로 분노가 일어나면 아무리 정당한 분노더라도 정당한 방식으로 표현한다는 것이 그리 쉬운 일이 아니다. 따라서 정의를 행하며 분노의 행위를 하면서도, 슬퍼하며 안타까워하는 온유함을 가지고 있어야 한다.

하지만 분노는 죄가 될 수 있다. 죄가 되는 분노와 순수한 분노를 구별하는 기준은 무엇인가? 복수하고 싶은 욕망이 과도한 경우 분노는 죄가 될 수 있다. 만일 누군가에게 신체적, 정서적, 심리적, 경제적, 관계적, 직업적으로 상처를 받았다면 우리는 어떠한가? 그 사람에게 분노가 치밀고 어떻게 하면 복수할 수 있을까를 궁리하고 있을 것이다. 내가 받은 상처만큼 그 사람에게도 상처 주고 싶은 마음으로 가득한 것은 '악의'(엡 4:31)이다. 과도한 복수심은 미덕을 위반한다. 과도한 복수는 필요 이상으로 과격해지는 것을 말한다. 과도한 복수는 오랫동안 지속된 분노, 증오, 앙심의 감정이 더해지면 성격이 되어 버린다.

따라서 성경은 "분을 내어도 죄를 짓지 말며 해가 지도록 분을 품지 말고 마귀에게 틈을 주지 말라"(엡 4:26-27)고 하였고, 나아가 "성내기를 더디하라 사람이 성내는 것이 하나님의 의를 이루지 못함이니라"(약 1:19-20)라고 하였다. 분노는 결국 죄 된 삶을 낳을 수 있다(고후 12:20; 갈 5:20; 엡 4:31; 골 3:8; 딤 2:8). 분노는 위험할 수 있다. 서양 속담에 '분노는 위험에서 한 글자 모자란다'(ANGER is one letter short of DANGER)라는 말이 있다.

분노가 역사 발전과 사회 정의 실현에 중요하게 작용해 왔지만 교회 역사에서 분노를 대죄로 여기고 경계해 온 이유는 분노가 감정을 넘어 의지와 결합되어 습관화될 때 "복수하려는 주체할 수 없는 욕구"로 바뀔 수 있기 때문이다.[22] 아퀴나스(Thomas Aquinas)도 분노의 감정은 자기에게 고통을 준 사람이 "벌 받기를 바라는 욕망"이라고 정의하였다.[23]

분노가 오래 지속되거나 습관화되면 보복하려는 의지가 발달하기 때문에 필연적으로 상대방을 적으로 만든다. 그레고리(Geregory the Great)가 말했듯이 분노는 결국, 분쟁, 마음의 동요, 모욕, 야유, 분개, 모독과 같은 딸들을 주렁주렁 낳기 때문에, 관계를 공격과 증오의 악순환으로 빠뜨리게 하는 심각한 죄라고 하였다.[24]

모든 사람은 분노할 잠재성이 있다. 아무도 분노로부터 자유로운 본성을 소유한 사람은 없다. 하지만 분노는 마음을 녹슬게 하고, 가정에 불화를, 공동체에는 씁쓸함을, 나라에는 혼동을 가져온다. 가정, 사업 관계, 친구 관계가 분노 때문에 깨지기도 한다. 분노는 삶의 기쁨을 잃게 한다. 감정의 평정을 잃으면 동시에 좋은 표현도, 평판도, 친구 관계도, 기회도, 그리스도인으로서의 증거도 함께 잃게 된다. 분노는 살인을 낳기도 한다. 가인은 아벨을 죽이기 전에 분노로 가득했다. 분노는 그리스도인의 증인으로서의 삶을 막는다.

나아가 분노는 신체적 질병, 즉 심장병에 걸릴 확률을 3.5배나 높인다. 분노는 분별력, 좋은 충고에 대한 확신, 강직함, 정의로 인한 온건한 특성 등을 상실하게 한다. 분노는 영의 순수함을 흐려지게 하고 성령의 전으로서의 기능을 상실하게 한다. 분노는 바른 기도를 막는다. 따라서 분

---

22 ST. Augustine, 『하나님의 도성』, XIV, 15.
23 Thomas Aquinas, On Evil, Q 12, Art 2.
24 St. Gregory the Great, Moral on the Book of Job, XXXI, 45. n. 88.

노는 하나님과 대화를 가로막는 가장 핵심적인 장애물이다.

분노의 습관을 없애는 것이 필요하다. 분노의 문제가 있는 사람은 그것을 정당화하거나 그럴 수도 있다고 생각하기보다 심각한 문제로 받아들여야 한다. 대부분의 분노는 죄악으로 발전할 수 있고 파멸적인 습관으로 변질될 수 있기에 죽음에 이르는 죄이다.

분노는 우리의 삶의 여정에서 다음과 같은 특성과 모습으로 나타날 수 있다.

- 복수에 대한 강한 열망을 가짐
- 억울함을 품고 키움
- 해를 입은 만큼 되갚아 줌
- 시비 걸고 언쟁을 벌이며 다툼
- 주로 침묵해 있거나 시무룩해 있음
- 빈정대고 냉소적이고 모욕적인 말을 하고 비난을 함
- 자주 분개함
- 다른 사람이 피해 입는 것을 바람
- 보복하는 것을 당연하다고 여김[25]

---

25 William D. Backus, 『죽음에 이르는 7가지 죄를 극복하는 비결』, 81.

## 탐욕의 특성과 모습

탐욕이라는 단어는 라틴어 '아바리티아'(avartia)에서 온 말이다. 탐욕은 재물에 대한 끝없는 욕망을 뜻한다. 인간의 물질에 대한 끝없는 욕망은 결국 물질의 지배까지 경험하게 된다. 탐욕은 상대적 가치인 물질을 절대적 가치로 섬기는 우상숭배이다. 에바그리우스(Evagrius of Ponticus)는 강물이 모여 바다로 흘러들어 가지만 결코 바다를 채우지 못하는 것처럼 (전 1:7), 탐욕도 재물을 끝없이 더 많이 갖고자 하는 욕망 때문에 결코 만족시킬 수 없는 바다와 같다고 말하였다.[26] 단테(Dante Alighieri)는 탐욕을 윤리적 정치적 차원에서 훨씬 심각한 사회적 부패와 폐해를 부르는 속성이 있기 때문에 탐식이나 정욕보다 훨씬 더 악한 죄로 간주하였다. 그는 탐욕은 남과 나누려 하지 않는 인색함과 오직 자신만을 위해 소비하는 이기적인 탕진 혹은 낭비라는 양면성을 지닌다고 하였다.[27] 그레고리(Geregory the Great)는 탐욕이 배신, 사기, 거짓, 위증, 불안, 폭력, 냉담이라는 7명의 딸을 낳는다고 하였다.[28] 이처럼 탐욕은 우리의 삶에서 많은 불행한 요소를 낳는 어머니라는 것이다. 그러므로 우리는 우리의 불안과 배신의 이면에는 탐욕이 자리 잡고 있다는 것을 알아야 한다. 이런 의미에서 우리의 삶에서 일상처럼 경험하는 불안을 치유하기 위해서는 탐욕의 여러 모습들을 점검해 볼 필요가 있다.

탐욕은 성경에서도 많이 언급된다. 구약성경에는 탐욕의 시험에 빠진

---

[26] Evagrius Ponticus, "On The Eight Thoughts," in *Evagrius of Ponticus: The Greek Ascetic Corpus* (New York: Oxford University Press, 2003), 79.
[27] Dante Alighien, *La Divina Commedia*, 한형곤 옮김, 『신곡』 (파주: 서해문집, 2005), 95.
[28] St. Gregory the Great, *Moral on the Book of Job*, XXXI, 45. n. 88.

인물들의 이야기가 많이 나온다. 민수기에 나오는 선지자 발람은 이스라엘 백성을 저주하는 대가로 얻을 재물에 눈이 어두워져 모압을 향해 가다가 나귀에게 책망을 받지만(민 22:21-33), 끝내 모압 왕 발락에게 이스라엘을 범죄의 길로 이끄는 책략을 제공했다(계 2:14). 아간은 하나님의 명령은 거부하고 여리고 성에서 취한 노획물을 빼돌려 자기 집에 숨기는 죄를 지음으로써 아이성 전투에서 이스라엘을 패전하게 만들었다(수 7:21). 아합 왕은 나봇이 소유한 포도원을 탐하여 거짓 증거로 그를 죽게 하고 포도원을 탈취했다(왕상 21:1-16). 선지자 엘리사를 핑계 삼아 나아만 장군에게 재물을 받은 사환 게하시는 나병에 걸렸다(왕하 5:20-27).

신약성경에도 탐욕에 대한 이야기가 많이 나온다. 예수님도 탐욕에 대해 많은 교훈들을 하셨다. 바울은 탐욕을 "일만 악의 뿌리"(딤전 6:10)라고 하였다.

성경에서 탐욕에 해당하는 용어는 '플에오넥시아'(*pleoneksia*)다. 이 용어의 의미는 돈에 대한 통제되지 않는 욕망을 뜻한다. 예수님이 형과 유산을 다투던 사람에게 탐심을 물리칠 것을 권고하실 때(눅 12:15), 그리고 바울이 새 사람이 된 성도가 벗어 버려야 할 옛사람의 속성 중 하나로 탐심을 언급할 때(골 3:5; 엡 5:5) 이 단어가 쓰였다.[29] 탐욕은 본질적으로 저항하기 힘든 재물에 대한 강한 욕구다.

교회 전통에서 탐욕을 대죄로 가르친 핵심적인 이유는 탐욕의 우상숭배적인 성격 때문이다. 바울은 그의 서신에서 "탐심은 우상숭배"(골 3:5), "탐하는 자 곧 우상숭배"(엡 5:5)라고 말함으로써 탐욕과 우상숭배를 동일

---

[29] Ceslas Spicq, "pleonexi," in *Theological Lexicon of the New Testament*, vol. 3 (Peabody, Mass: Hendrickson Publishers, 1994), 117.

시하였다. 예수님의 어리석은 부자 비유(눅 12:13-21)는 탐욕의 우상숭배적인 성격을 잘 드러낸다. 부자는 소출이 많이 늘어난 어느 해에 곳간을 더 크게 짓고 곡식을 가득 쌓아 둠으로써 노후를 보장 받고 미래에 대한 걱정에서 벗어나 안전하게 살 수 있으리라 믿었다. 어리석은 부자는 재물이 자신의 평안과 안전을 보장해 주고 지켜주리라고 믿고 그것을 의지했다. 이처럼 탐욕은 하나님을 재물로 대체하고 재물을 의지하고 섬기는 우상숭배다.[30]

중세와 근대 세계의 감정적인 대립을 자신의 작품 속에서 자주 그려낸 셰익스피어(William Shakespeare)가 돈은 '눈에 보이는 하나님'이라고 말했을 때, 그는 일어나고 있는 엄청난 사고의 변화를 내다보았던 것이다. 존 헐(John Hull)은 우리 시대는 살아계신 하나님은 이론이나 관념 속에서는 존재하지만 실제로는 하나님의 자리에 돈이 자리하고 있다고 지적하였다.[31] 헐의 주장은 '돈의 정신성'이다. 돈은 이미 매개적 도구 이상으로 사람들의 가치와 사상을 움직이고 사로잡는 정신성을 가지고 있다. 돈 자체는 문제라 할 수 없다. 돈이 갖는 우상성이 문제이다. 우리는 돈이 우리들의 삶을 지배하고도 남는 시대에 살고 있다. 자본주의하에서 인간의 가치는 돈의 힘에 종속되었고, 인간관계는 더 이상 종교적 전통, 신성한 신뢰, 가족과 공동체의 의무, 형제애 등이 아니라 오히려 상업적 계약의 형식 위에 세워졌다.

---

[30] Brian Rosner, *Greed As Idolatry: Rhe Origin and Meaning of a Pauline Metaphor*(Grand Rapids: Eerdmans, 2007), 173.
[31] John M. Hull, "Christian Education in a Capitalist Society: Money and God," David Ford and Dennis L. Stemps eds., *Essentials of Christian Community: Essays in Honour of Daniel W. Hardy* (Edinburgh: T&T Clark, 1996), 241-252; "Bargaining with God: Religious Development and Economic Socialization," *Journal of Psychology and Theology* 27, 3 (1999): 241-249; "Competition and Spiritual Development," *International Journal of Children's Spirituality* 6, 3 (2001): 263-275; "Spiritual Development: Interpretations and Applications," *British Journal of Religious Education* 24, 3 (2002): 171-182를 참조.

물론 영혼을 위하여 돈의 유혹에서 자유로워야 한다는 의미가 빈곤을 사랑하라는 의미로 해석되어서는 안 된다. 우리가 가난이라는 언어를 말할 때 육체적 삶을 초월하는 수단으로 생각하거나 낭만적 감상에 빠져서는 안 된다. 가난도 부유와 똑같이 지나치게 문자적으로 받아들여서는 안 된다. 무조건 돈을 부정적인 것으로 생각하는 사람은 삶을 위기 가운데로 몰아넣을 수 있다. 또한 경제가 유지되도록 공조하고 있는 사회 공동체에서 고립될 수 있다. 뿐만 아니라 부에 대한 욕망은 영혼의 에로스에게 정당한 요소이기 때문에 그것에 의해 기쁨을 잃어버릴 수도 있다. 그것이 지나치게 억제되면 이상한 방식으로 슬며시 들어와서는 은밀하게 경제적 마술을 부리거나 축적에 몰두하게 한다. "돈의 영혼이 부정될 때 그 그림자 역시 더욱 늘어나기 때문이다."[32]

돈은 현대 세계에서 다양한 기능을 수행한다. 돈은 인간이 자기 존재의 안전을 확보하는 일차적인 수단이다. 돈은 사람들 간에 상품과 서비스의 교환을 용이하게 만드는 매체이며, 각 개인의 가치를 평가하는 편리한 도구이다. 돈은 지위와 권력을 부여해 준다. 자본의 형태로 축적된 돈은 다른 사람들의 삶을 지배할 수 있게 해준다. 그러나 무엇보다도 중요한 것은 모든 현대인들이 돈으로 자율성을 살 수 있다고 믿고 있으며, 자율성과 안정은 하나이며 동일한 것이라는 환상에 사로잡히게 되었다는 점이다. 우리가 돈을 지나치게 중요시하는 것은 단순한 불행이라기보다는 우상숭배다.

프레드릭 부흐너(Frederick Buechner)는 『희망의 사유: 추구하는 자가 지켜

---

[32] Thomas Moore, *Care of the Soul: A Guide for Cultivating Depth and Sacredness in Everyday Life* (New York: Harper Collins, 1992), 192.

야 할 ABC』(*Wishful Thinking: A Seeker's ABC*)에서 우상숭배는 '상대적 가치를 지닌 것에 절대적 가치를 부여하는 것'이라고 하였다.[33] 인간에게는 이러한 우상숭배, 즉 상대적 가치를 지닌 것에 절대적 가치를 부여하도록 만드는 신념들이 가득하다. 이러한 신념들 중에 가장 대표적인 것이 바로 물질이다. 더 많은 물질이 우리를 행복하게 해준다는 왜곡된 신념이다. 물질의 지나친 축적이나 욕심이 우리의 삶을 오히려 행복하게 하기보다는 결국 불행하게 할 수 있다는 사실을 외면한다. 마이더스 왕의 이야기는 물질에 탐욕의 사로잡히기 쉬운 우리에게 주는 의미가 많다. 마이더스 왕은 더 많은 금을 갖기를 원했다. 그에게 금은 기쁨을 주고, 유용했기 때문에 매우 매혹적이었다. 신들은 마이더스의 소망을 들어주어 그가 만지는 모든 것이 금으로 변하게 했다. 하지만 그의 기쁨은 단 하루 만에 끝나고 말았다. 그날 저녁 식사를 하려고 앉았을 때, 그가 충격적으로 깨달은 것은 그의 음식과 마실 물도 금으로 변한다는 사실이었다. 그는 다시 신들에게 가서 간청하기를 그들이 준 선물을 가져가 달라고 해야 했다. 물질은 우리에게 도움이 되지만 우리의 모든 것을 다 해결해 주지 않는다는 것을 알아야 탐욕의 우상숭배를 극복할 수 있다.

탐욕은 우리의 삶의 여정에서 다음과 같은 특성과 모습으로 나타날 수 있다.

- 단지 소유하기 위해 물질을 축적함

---

[33] Ellen Stephen and Doug Shadel, *Vessel of Peace*, 최봉실 옮김, 『평화의 그릇』(서울: SFC, 2008]), 79에서 재인용.

- 다른 사람의 물건을 습득하거나 보관하기 위해 거짓말하거나 숨김
- 나누어 주기를 좋아하지 않고 소유하려고 함
- 지나치게 절약함
- 지출에 대해 지나치게 예민함
- 베푸는 것을 몹시 싫어함
- 인색하게 굼
- 궁핍한 사람들에게 냉담함
- 빚을 갚기 싫어함
- 상환금 지불을 회피함
- 작은 손실에도 과도하게 스트레스를 받음
- 하나님이 우리에게 필요한 것을 제공해 주신다는 것을 믿지 않음[34]

## 나태의 특성과 모습

나태는 라틴어 '아케디아'(*acedia*)에서 왔는데, 이는 '관심 없음'이라는 뜻이다. 나태는 단지 게으름이나 열정이 없는 삶이 아니다. 나태는 겉으로 드러난 게으름보다 더 깊은 내적 태도와 관련이 있다. 즉 나태는 의욕이 없고 무기력해져서 어떤 일에도 감정이 동하지 않아 행하지 않으려는 마음의 상태이다. 세이어즈는 나태를 "아무것도 믿지 않고, 신경 쓰지 않고, 알려고 추구하지 않고, 간섭하지도 않고, 즐기지 않고, 사랑하지도 않고, 미워하지도 않고, 위해서 살아야 할 그 무엇도 없고, 또 죽어야 할

---

[34] William D. Backus, 『죽음에 이르는 7가지 죄를 극복하는 비결』, 81-82.

어떤 이유도 없기 때문에 그저 살아있는 죄다"라고 하였다.[35]

나태는 다른 죄들과 다른 특성과 모습을 가지고 있다. 다른 죄들은 행하는 죄에 해당하지만 나태는 행하지 않는 죄이다. 여기서 행하지 않는 죄로서 나태는 단지 수동적인 성격만을 지닌다고 보아서는 안 된다. 나태는 마땅히 행해야 할 선을 행하지 않으려는 능동적인 성격도 지니고 있기 때문이다. 교회 전통에서 나태를 죄로 본 핵심적인 이유는 무엇보다 하나님 사랑과 이웃 사랑의 계명을 거스리는 성격을 지녔기 때문이다. 나태는 단순히 어떤 것을 게을리하는 것을 훨씬 넘어서는 의미를 가지고 있다. 나태란 하나님께 드려야 할 예배와 섬김과 사랑을 충분히 드리지 않는 것과 이웃을 돌보고 사랑해야 할 의무를 행하지 않는 것이다. 단테(Dante Alighieri)는 나태를 "덕을 행하는 데 느린 것"과 "하나님을 그의 온몸과 마음과 영혼으로 사랑하지 않는 죄"라고 하였다.[36] 나태는 단지 게으른 삶이 아니라 사랑과 선을 행하는 것을 게을리하거나 거부하는 삶이다. 나태는 하나님이 각자에게 주신 독특한 은사를 하나님을 위해 사용하지 않고 쓸모없게 만들어 버리는 태도이다.[37] 아퀴나스(Thomas Aquinas)는 나태가 때로 용서 받기 힘든 대죄로 발전한다고 보았다. 이유는 사랑을 거스리는 죄이기 때문이다. 나태하면 하나님을 바라고 사랑하는 데 소홀해지고 하나님에게서 점점 멀어지게 하기 때문이다.[38]

에바그리우스(Evagrius of Ponticus)와 카시안(Hohn Cassian)은 수도사들을 위해 8가지 대죄 목록을 만들면서 나태와 우울을 같은 목록 안에 넣었다.

---

[35] Dorothy L. Sayers, "The Other Six Sins," 81.
[36] Dante Alighien, 『신곡』, 368.
[37] Herbert Waddams, *A New Introduction to Moral Theology* (London: SCM, 1964), Simon Chan, 『영성신학』, 105에서 재인용.
[38] Thomas Aquinas, *On Evil* (New Oxford University Press, 2005), 367.

나태와 우울은 비슷한 속성을 지닌다고 보았기 때문이다. 카시안은 우울이 일어나는 원인을 세 가지로 보았다.[39] 첫 번째 원인은 분노라고 보았다. 분노가 해소되지 않으면 반드시 우울증으로 넘어간다고 보았다. 둘째 원인은 바라고 성취하고 싶었던 것이 좌절될 때 우울해진다고 보았다. 특히 기도생활에서 하나님의 응답을 얻지 못하고 생활에서 어떤 만족이나 기쁨을 맛보지 못할 때 낙오감과 좌절감이 생기면서 우울해진다고 하였다. 셋째는 원인 없이 우울해지는 경우도 있다고 보았다. 이러한 우울은 영혼의 적인 마귀가 실제 상황과는 다른 부정적 방향으로 생각하도록 유혹하기 때문에 우울이 일어난다고 보았다. 우울은 나태로 이어지게 하고 나태는 또한 우울을 낳게 하기 때문에, 나태와 우울은 순환 관계 안에 있다고 할 수 있다.

캐슬린 노리스(Kathleen Norris)가 나태는 "황무한 곳이라도 거기에 반드시 존재하는 하나님의 놀라운 은혜를 바라고 찾기를 거부하는 것"[40]이라고 말했듯이, 나태는 하나님의 열심과 창조적 은혜의 삶에 참여하기를 거부하는 태도이기 때문에 단지 개인의 태도의 문제가 아니라 죄라고 할 수 있다.

나태는 우리의 삶의 여정에서 다음과 같은 특성과 모습으로 나타날 수 있다.

- 심리적으로 영적으로 슬픔에 가득 차 있음

---

[39] John Cassian, *The Monastic Institutes*, 212.
[40] Kathleen Norris, "Plain Old Sloth," *Christian Century*, vol. 120 (2003): 9.

- 희망이 있다는 것을 믿기 어려워함
- 노력과 일이 너무 어렵다고 생각함
- 중요한 문제와 대면하는 것을 미루거나 질질 끔
- 기도나 예배가 너무 어렵다고 생각함
- 느리거나 무겁게 행동함
- 약한 의지를 가짐
- 나쁜 습관을 고치는 것이 무의미하다고 느낌
- 종종 사소한 활동에 몰입함
- 육체적 편의성과 편안함을 지속적으로 추구함
- 움직이는 것보다 가만히 있는 것을 더 좋아함
- 슬프거나 영적으로 지침
- 평범함에 안주함
- 평화, 위로, 행복한 감정을 갖지 못한 것에 대해 하나님께 불만을 나타내고 분노함[41]

## 정욕의 특성과 모습

정욕은 본래 사치 혹은 탕진을 의미하는 라틴어 '룩수리아'(luxuria)에서 파생된 용어로 자신을 위해 상대의 육체와 감정을 허랑방탕하게 사용하는 성적 욕망을 의미한다.[42] 정욕은 상대의 인격과 삶, 마음에는 관심이

---

[41] William D. Backus, 『죽음에 이르는 7가지 죄를 극복하는 비결』, 82.
[42] Femando Savater, *Los Siete Pecados Capitales*, 북스페인 옮김, 『일곱 가지 원죄: 사탄의 변명』(서울: 북스페인, 2009), 168.

없고, 상대를 단지 자신의 즐거움을 위한 대상으로 삼는다. 정욕은 상대를 비인간화하는 행위이기 때문에 죄이다.

정욕은 하나님이 설계하시고 선물로 주신 성욕을 왜곡하는 것이다. 헨리 페어리(Henry Fairlie)는 진정한 사랑과 육체적 정욕의 차이를 잘 설명해 준다. 사랑과 정욕은 모두 상대를 원한다는 것에서 공통점이 있지만, 정욕에는 동반자 의식이 결여되어 있기 때문에 사랑보다는 욕구 충족에 더 관심이 있다. 사랑은 상대와의 언약에 진실하고자 하지만 정욕은 삶을 나누고 돌보아 주려는 마음이 없다. 사랑은 인격적인 교감으로 따뜻해지지만, 정욕은 외롭고 고독하다. 사랑은 미래를 위해 절제하지만, 정욕은 현재 감정과 만족에만 몰두한다. 따라서 정욕을 기반으로 하는 관계는 감각적이고 정서적인 쾌락이 충족되지 않으면 오래 지속될 수 없다. 사랑에는 신실하고 지속적인 헌신이 동반되지만, 정욕은 순간의 희열과 만족에만 관심하게 된다. 사랑은 잠자리를 나눈 사람과 또 다른 방식으로 함께 있기 원하지만, 정욕은 아침이 되면 남의 눈을 피해 남남이 된다. 정욕을 좇아 사는 사람은 관계를 오래 지속하지 못하고 늘 새로운 대상을 찾아다닌다.[43]

카시안(John Cassian)은 정욕이 육체에 속한 죄이지만 영혼의 죄와도 결코 무관하지 않다고 하였다. 그는 예수님이 산상수훈에서 살인, 간음, 음란은 마음에서 온다고 하신 말씀(마 15:19)을 인용하면서, 정욕은 마음, 즉 의지에 따라 생기고 그것의 명령대로 행하는 것이라고 보았다. 그리고 예수님이 여자를 보고 음욕을 품는 자는 이미 마음에 간음한 것(마 5:28)이라는 말씀도 정욕은 마음에서 시작된다는 것을 가르치신 것이라고 해석

---

[43] Henry Fairlie, *The Seven Deadly Sins Today*, 이정석 옮김, 『현대의 7가지 죄』(서울: CLC, 1985), 205-06.

하였다. 그는 이런 해석을 통하여 정욕과 싸우려면 근원적인 마음의 문제를 점검하고 지켜야 한다고 하였다.[44]

그러나 정욕은 성욕과 같은 것이 아니다. 성욕은 그 자체로 죄가 아니다. 하나님이 성을 만드시고 성적 욕망을 인간에게 선물로 주셨기 때문이다. 성욕은 인간 창조의 독특성에서 말미암는 신비롭고 귀한 것이다. 하나님이 허락하신 질서 안에서 성을 누리는 것은 매우 창조적이고 신비한 기능을 지닌다. 성은 단지 한 남자와 여자의 육체적 나눔을 훨씬 넘어서는 신비성과 창조적 사회성과 성례적인 기능을 지닌다. 이는 마치 성례를 통해 그리스도인들이 그리스도와 연합하고 하나님으로부터 오는 은혜를 받는 것처럼, 성을 통해 두 사람이 하나 되는 신비를 경험하고 자기를 내어주고 서로를 윤택하게 하고 친밀함의 깊이를 더할 수 있기 때문이다.[45]

기독교는 성과 관련해서 별난 역사를 가지고 있다. 사실 기독교 역사에서 성을 왜곡되게 이해한 경우가 많았다. 지난 수 세기 동안 기독교 전통은 성욕에 대한 부정적이고도 뒤틀린 견해 때문에 심각한 손상을 당해 왔다.[46] 하지만 구약성경은 성에 대한 부정적인 견해를 가지고 있지 않다. 이는 구약성경의 창조 이야기 속에서 발견된다. 하나님께서 모든 특정한 창조 행위가 끝난 다음에 "그리고 하나님이 보시기에 좋았더라"는 반복구가 있다(창 1: 10, 12, 18, 21, 25 참조). 그러나 창조 행위가 남녀 인간의 창조에서 그 절정에 다다랐을 때, 즉 성이 나타났을 때 하나님은 한층 더 고조된 표현을 하신다. "그리고 하나님께서 그가 창조하신 모든 것을 보

---

[44] John Cassian, *The Monastic Institutes*, 153-54.
[45] St. Gregory the Great, *Moral on the Book of Job*, XXXI, 45. n. 88.
[46] Donald Goergen, *The Sexual Celibate*(New York: Seabury Press, 1975)를 참조.

셨다. 보라 그것은 심히 좋다(창 1:31). 그러므로 성욕은 죄라는 등식은 구약성경의 창조기사로부터 정당성을 인정받을 수 없다. 창조기사는 성욕을 오히려 하나님의 선물로 말하고 있다. 성욕에 대한 부정적인 생각은 영과 몸을 둘로 갈라놓는 이원론이 지배하는 헬라 문화로부터 기독교가 영향을 받은 것이다.

우리는 성적인 존재이므로 우리의 성욕을 수용하고 성욕과 삶의 다른 부분을 통합하는 데 관심을 기울여야 한다. 인간의 성욕을 솔직하게 직면하는 것은 영성에 중요하다. 영성적인 건강과 성적인 건강은 서로 밀접하게 연결되어 있다. 노리치의 줄리안(Julian of Norwich)이 언급한 대로, 우리의 본질과 관능성은 하나님 안에서 하나가 되며, 그 둘이 우리의 영혼을 구성하고 있기 때문이다.[47] 린 로데스(Lynn Rhodes)는 영성과 성의 관계를 다음과 같이 표현하였다.

> 우리의 사랑은 우리의 느낌, 만짐, 열정, 돌봄 등을 통해 구체화된다. 만약 영성이 성에 그 뿌리를 내리지 못하면 영성은 가장 깊은 우리의 자아를 형성하고 그것을 채우는 능력을 상실하게 된다. 성이 영적 성장과 분리될 때 그것은 우리가 조종하고 지배하며 우리가 사랑하기를 고백한 것에 해를 끼칠 수 있는 어떤 것이 되고 만다. 만약 영성이 우리의 성과 분리되면 그것은 인격적인 관계를 가능하게 하는 능력을 잃고 생명력 없는 그 무엇이 될 뿐이며 따라서 그러한 영성은 이 세상을 위해 열정적인 돌봄을 불러일으키도록 우리를 감동시킬 수 없는 것이다.[48]

---

[47] Julian of Norwich, *Revelation of Divine Love*(London: Penguin Classics, 1998), 55-56.
[48] Lynn Rhodes, *Co-Creating: A Feminist Vision of Ministry*(Philadelphia: Westminster Press, 1987), 64-5.

성적 정체성과 성, 그리고 결혼의 성적 연합은 단순한 하나님의 작품이 아니다. 그것은 하나님의 본성에 대한 가장 정확한 표현이며 자기 노출적인 표현들이다. 성경은 하나님께서 의도하신 결혼의 성적 연합의 독특함은 그분의 영적 본성에 대한 이미지를 반영하는 능력 안에 있다고 명백하게 말하고 있다. 그러나 성경은 또한 하나님께서 의도하신 결혼의 친밀감 외의 성적 연합은 우리의 몸과 영혼을 똑같이 파괴하고 손상시킬 수 있다고 경고한다(고전 6:18).[49] "성과 영성은 뗄 수 없으며, 전인으로써 우리 정체성의 핵심이라고 말해도 과장이 아니다."[50] 다음은 로날드 롤하이저(Ronald Rolheiser)가 성에 대해 표현한 아름다운 진술이다.

> 성은 아름답고, 선하고, 극도로 강력한 거룩한 에너지다. 이것은 하나님이 우리에게 주신 것이며, 우리의 불완전함을 극복하고 우리를 넘어서서 일치와 극치를 향해 나아가는 불가항력적인 욕구로서 우리 존재의 모든 세포 안에서 경험되어진다. 이것은 또한 축하하고, 환희를 주고받고, 달빛 아래서 성교를 할 때도 근심 걱정이나 부끄러움 없이 옷을 다 벗을 수 있는 에덴동산으로 돌아가는 방법을 찾기 위한 움직임이다. 그러나 궁극적으로 이 모든 갈망은 그들이 완전히 성숙할 때 한 가지 목적에서 절정에 이른다. 그것들은 우리로 하여금 하나님과 공동 창조자가 되기를 원하는 것이다. 성은 단순히 사랑을 찾거나 친구를 찾는 것이 아니다. 그것은 삶을 주고 그것을 축복함으로써 분리를 극복하려는 것이다. 그러므로 그 성숙의 정점에서 성은 자신을 공동체와 우정, 가족, 봉사, 창조, 유머,

---

[49] Richard R. Dunn and Jana L. Sundene, *Shaping the Journey of Emerging Adult: Life-Giving for Spiritual Transformation* (Downers Grove: IVP, 2012), 167.
[50] Richard R. Dunn and Jana L. Sundene, *Shaping the Journey of Emerging Adult*, 167.

환희, 순교를 위해 주는 것이 된다. 그러므로 하나님과 함께 우리는 이 세상에 삶을 가져오도록 도울 수 있다.[51]

성의 목표는 단순한 육체적 쾌락이나 정서적 통로만이 아니다. 그것은 그리스도를 따르는 삶에 참여하는 것이다. 하나님과 함께 영원한 삶에서 궁극적으로 영적 정점에 달하게 되며 완성될 삶에 참여하는 것이다. 하나님의 계획 안에서 있게 되는 더 친밀한 참여이다. 성은 그 자체로 끝나는 것이 아니다. 오히려 하늘나라에서 우리를 기다리고 있는 연회의 '영적 견본품'을 경험해 보는 수단으로 설계되었다.[52] 하나님께서 의도하신 방식은 남성과 여성으로서의 성적 정체감과 하나님께서 완벽하게 설계하신 한 몸 된 육체적 연합 안에 있다. 남성과 여성으로서 결합된 성적 관계는 하나님께서 "이것이 나다. 나는 이러하다. 나는 이러한 특질들을 가지고 있으며 이 정도의 친밀감, 무한함, 거룩함, 열정적 친밀감을 경험한다"라고 세계를 향하여 말하는 것이다.[53]

성은 분배되는 힘인 '성스러운 힘'에 참여하는 것이다. "이 힘은 '거룩하다'고 불리어진다. 왜냐하면 그 본질은 힘에 의해 중재되는 다른 것에 대한 지배가 아니고, '힘을 나누는 것'(empowerment)이기 때문이다. 그것은 모두 생명의 힘에 참여하여 얻은 것이다."[54] 에로스가 갖는 신비의 거룩한 힘은 능동성과 수동성, 주고받음의 상호성, 그리고 하나 됨에서 나온다. 우리가 에로틱한 힘을 나누면서 축하하는 것을 마침내 배우게 된

---

51 Ronald Rolheiser, *The Holy Longing: The Search for a Christian Spirituality* (New York: Doubleday, 1999), 196, 198.
52 Richard R. Dunn and Jana L. Sundene, *Shaping the Journey of Emerging Adult*, 172.
53 Richard R. Dunn and Jana L. Sundene, *Shaping the Journey of Emerging Adult*, 174.
54 Dorothee Solle, *The Silent Cry: Mysticism and Resistance* (Minneapolis: Fortress Press, 2001), 128.

다면, 우리는 외롭고 어두운 것을 떨쳐버릴 수 있다. 이런 의미에서 성은 하나님의 속성에 가장 가까운 것이다.

정욕은 우리의 삶의 여정에서 다음과 같은 특성과 모습으로 나타날 수 있다.

- 자주 성적 쾌락, 성적 생각과 상상에 몰두함
- 다른 것들을 배제하고 성적 쾌락에 대해 생각함
- 성적인 것을 보거나, 만지거나, 포옹하고, 불법적인 성행위를 하거나, 성적인 물건을 사용함
- 성에 관하여 과도한 관심을 가짐
- 성에 관한 대화나 농담을 집요하게 지속함[55]

## 탐식의 특성과 모습

탐식은 목구멍이라는 의미를 지닌 라틴어 '굴라'(gula)에서 나온다. 일반적으로 탐식은 음식을 탐하거나 지나치게 많이 먹거나 정신없이 음식을 목만으로 집어넣는 것을 연상하지만, 그레고리(Gregory the Great)는 탐식을 다섯 유형으로 좀 더 세분화하였다.[56]

첫째, 급하게 먹는 속식이다. 음식의 맛과 향을 음미할 사이도 없이 몇

---

[55] William D. Backus, 『죽음에 이르는 7가지 죄를 극복하는 비결』, 82-83.
[56] St. Gregory the Great, *Moral on the Book of Job*, XXX, 18. n. 60.

번 씹지도 않고 삼켜 버리는 것이다. 급하게 먹는 것의 가장 큰 문제는 단지 빠르게 먹는 것이 아니라 음식을 대하면서 감사하지 않는 것이다. 탐식자는 단지 먹는 일 자체에만 관심하고, 감사가 없다.

둘째, 게걸스럽게 먹는 탐식이다. 이는 음식에 대한 욕심과 집착으로 맹렬하게 먹는 것을 의미한다. 함께 식사할 때 어떤 맛있는 음식이 있으면 다른 사람을 배려하지 않고 계속 그 음식만 집어먹는 것과 같은 것이다.

셋째, 지나치게 많이 먹는 과식이다. 배가 부른데도 식욕을 억제하지 못하고 계속 먹는 것이다. 동물은 배가 부르면 음식에 더 미련을 두지 않지만, 인간은 배가 불러도 맛있는 것이 있으면 또 먹고 싶어 한다.

넷째, 까다롭게 먹는 미식이다. 이는 조금을 먹더라도 까다롭게 먹는 것으로 음식을 준비하는 사람들을 곤혹스럽게 한다.

다섯째, 사치스럽게 먹는 호식이다. 이는 음식 자체도 고급스럽고 질이 좋을 뿐 아니라 색상까지도 보암직하고 세련되게 요리된 정찬, 우아한 식탁의 느낌, 아늑한 분위기 등의 여러 조건을 갖춘 식사를 바라고 고집하는 것이다. 호식가들은 음식 그 자체만이 아니라 정서적인 만족감까지 매우 중시한다.

그레고리가 세분화한 속식, 탐식, 과식, 미식, 호식은 표면적으로 보면 어떻게 먹는가와 무엇을 먹는가와 관련된 것이다. 하지만 그가 탐식을 죄로 여긴 것은 음식을 통해 즐거움을 찾고자 하는 성향 때문이다. 다시 말하면 음식이 주는 쾌락으로 인해 하나님을 즐거워하는 삶을 약화시키고 무너뜨릴 수 있기 때문이다. 탐식의 본질은 음식을 통해 삶의 즐거움을 찾는 것과 그 즐거움에 대한 욕망이 삶을 이끌어 가는 것이다. 음식이 자신의 삶에서 낙이 되고 우상이 되게 하는 것이다. 바울은 탐식자를 두고 "그들의 신은"(빌 3:19)이라고 표현하였다. 이처럼 탐식은 배의 명령에 순종함으로써 마치 배를 신처럼 섬기며 사는 것과 같다. 이는 먹기를 탐하고 배를 만족시키는 것은 감각의 낙을 따라 사는 것과 영적인 것보다는 감각적인 것과 하나님을 섬기는 것보다 더 중요시하는 것이다(롬 16:17-18). 따라서 탐식이란 하나님보다 배의 욕구에 더 민감하게 반응하고 그에 순종하는 우상숭배와 같다고 할 수 있다.

에바그리우스(Evagrius Ponticus)는 마귀가 8가지 악한 생각으로 수도사들을 유혹하는데 그 첫 번째가 탐식이라고 하였다. 그는 또한 대죄들 중에서 탐식이 가장 낮은 수준의 마귀로 말미암은 것이지만 극복하기는 가장 힘든 죄라고 보았다. 이 문제는 인간 생존을 위한 가장 기본적인 욕구와 관련이 있기 때문이다. 특히 마귀는 수도사들에게 금식하거나 절식하다가 쇠약해진 동료들의 모습을 떠오르게 함으로써 잘 챙겨 먹어야겠다는 생각을 교묘하게 조장한다고 하였다.[57]

카시안(John Cassian)은 수도사들이 탐식의 욕망을 극복할 수 없으면 아예 영적 싸움을 시작할 수 없다고까지 하였다. 그는 탐식을 극복하는 것은 마치 출애굽 사건과 같다는 비유까지 제시하였다. 그가 탐식을 영적 전쟁의 가장 첫자리에 놓은 것은 탐식이 가장 악한 죄이기 때문이 아니라 가장 범하기 쉬운 죄라고 보았기 때문이다. 특히 그는 공동 식사 전에 미리 와서 혼자 먹는 것, 음식을 음미하지 않고 너무 빠르게 먹는 것, 그리고 특정 음식만을 골라 편식하는 것을 금해야 한다고 하였다.[58]

탐식은 우리의 삶과 식사 습관에서 다음과 같은 특성과 모습으로 나타

---

[57] Evagrius Ponticus, *The Praktikos*, 7-39.
[58] John Cassian, *John Cassian: The Conferences* (New York: The Newman Press, 1997), V. iii-iv.

날 수 있다.

- 지나치게 세속적인 쾌락을 추구함
- 너무 많이, 너무 빨리 먹음
- 음식에 집착함
- 술을 너무 많이, 너무 자주 마심
- 고급 음식, 술, 문학, 음악, 예술에 지나치게 돈을 사용함
- 하나님 안에서 충족되는 만남이 아닌 일을 따름[59]

설교의 힘은 하나님의 말씀과 사람들의 다양한 음성을 경청하는 능력과 비례한다. 영적으로 성장하는 교회는 경청하는 능력과 비례한다고 할 수 있다. 뿐만 아니라 성장하는 교회에는 경청하는 능력이 뛰어난 설교자가 있다. 설교자의 경청의 능력은 하나님께 경청하는 능력뿐 아니라 회중의 교만의 소리, 시기의 소리, 분노의 소리, 나태의 소리, 탐욕의 소리, 정욕의 소리, 탐식의 소리까지 듣고 그들을 하나님의 은혜의 자리로 인도할 수 있는 설교자이다. "수고하고 무거운 짐 진 자들아 다 내게로 오라 내가 너희를 쉬게 하리라"(마 11:28).

---

[59] William D. Backus, 『죽음에 이르는 7가지 죄를 극복하는 비결』, 83.

# Bibliography
# 참고문헌

Achtemeier, Elizabeth. *Creative Preaching*. Nashville: Abingdon, 1980.
Ackerman, John. *Listening to Go*. 양혜란 옮김. 『들음의 영성』. 서울: 포이에마, 2009.
Adams, Jay E. "Sense Appeal and Storytelling." in Samuel T. Logan Jr, ed. *Preaching: The Preacher and Preaching in the Twentieth Century*. Hertfordshire: Evangelical Press, 1986.
Aden, Leroy. "기독교 상담과 죄책감." in *Counseling & Human Predicament: A Study of Sin, Guilt, and Forgiveness*. eds. Leroy Aden and G. Benner. 전요섭 역. 『용서와 상담』. 서울: CLC, 2012.
Ahlstrom, Sydney E. *A Religious History of the American Peoples*. New York: Image Book, 1975.
Alighien, Dante. *La Divina Commedia*. 한형곤 옮김. 『신곡』. 파주: 서해문집, 2005.
Allen, R. J. *Contemporary Biblical Interpretation for Preaching*. Valley Forge: Judson, 1984.
Anderson, Ray S. *The Soul of Ministry: Forming Leaders for God's People*. Louisville: Westminster John Knox Press, 1997.
Anonymous. *The Cloud of Unknowing*. Chester: Kessinger Publishing, 2004.
Aquinas, Thomas. *On Evil*. New Oxford University Press, 2005.
Aristoteles. *Nicomachean Ethics*. 최명관 옮김. 『니코마스 윤리학』. 서울: 창, 2008.
Aristoteles. *Rhetorics*. 이종호 옮김. 『수사학』. 서울: 리젬, 2009.
Athanasius. *The Life of St. Anthony*. New Jersey: Paulist Press, 1978.
Backus, William D. *What Your Counselor Never Told You: Seven Secrets Revealed-Conquer the Power of Sin in Your Life*. 전요섭 옮김. 『죽음에 이르는 7가지 죄

를 극복하는 비결』. 서울: CLC, 2017.

Barclay, William. *Flesh and Spirit: An Examination of Galatians 5.19-23*. Edinburgh: St Andrew Press, 1978.

Barth, Karl. *Church Dogmatic* 4/2. Edinburgh: T & T Clark, 1958.

Barth, Karl. *Evangelical Theology*. New York: Holt, Rinehart and Winston, 1973.

Barth, Karl. *Prayer and Preaching*. London: SCM, 1964.

Baumann, J. D. 『현대 설교학 입문』. 정장복 역. 서울: 양서각, 1986.

Beecher, Henry Ward. *Yale Lectures on Preaching*. New York: Read Books, 2008.

Bellah, Robert N. *The Broken Covenant: American Civil Religion in Time of Trial*. New York: The Seabury Press, 1975.

Benner, David G. *Sacred Companions*. 노문종 옮김. 『거룩한 사귐에 눈뜨다』. 서울: IVP, 2007.

Berkhof, Louis. *Systematic Theology*. 권수경·이상원 옮김. 『조직신학 상』. 고양: 크리스챤다이제스트, 2002.

Blackwood, A. W. *Preaching from the Bible*. New York: Abingdon, 1941.

Bleicher, Josef. *Contemporary Hermeneutics: Hermeneutics as Method, Philosophy and Critique*. London: Routledge & Kegan Paul, 1980.

Bluck, J. *Christian Communication Reconsidered*. Geneva: WCC Publications, 1989.

Bonaventure. *The Soul's Journey into God*. New York: Paulist Press, 1978.

Bowe, Barbara E. *Biblical Foundations of Spirituality*. New York: A Sheed & Ward Book, 2003.

Broadus, John A. *On the Preparation and Delivery of Sermons*. London: HarperCollins Publishers, 2001.

Brooks, Philips. *Lectures on Preaching*. London: SPCK, 1965.

Brooks, Philips. *On Preaching*. New York: Seabury, 1964.

Brooks, Phillips. "설교를 듣는 회중." in Richard Lischer. ed. *Theories of Preaching*. 정장복 옮김. 『설교신학의 8가지 스펙트럼』. 서울: WPA, 2011.

Brooks, Phillips. *Lectures on Preaching*. 서문강 옮김. 『설교론 특강』. 일산: 크리스챤다이제스트, 2001.

Browne, R. C. *The Ministry of the Word*. Minneapolis: Augsburg Fortress Publishers, 1982.

Brueggemann, Walter. "Preaching as Re-imagination." *Theology Today* (1995): 313-29.

Brueggemann, Walter. "The Social Nature of the Biblical Text for Preaching." in *Preaching as a Social Act: Theology and Practice*. edited by Arthur Van Seters. Nashville: Abingdon Press, 1988.

Brueggemann, Walter. *Finally Comes the Poet: Daring Speech for Proclamation*. Minneapolis: Fortress Press, 1989.

Brueggemann, Walter. *Prophetic Imagination*. Philadelphia: Fortress Press, 1978.

Buber, Martin. *I and Thou*, Translated by Ronald G. Smith. New York: Colllier, 1958.

Buchers Martin. Deutsche Schriften. Band 5, Strasburg und Munster im Kampf um den Rechter Glauben 1532-1534, Edited by Robert Stuppereh. Gutersloher: Verlagshau Gerd Mohn, 1978.

Bugg, B. *Preaching from the Inside Out*. Nashville: Broadman, 1992.

Buttrick, David G. "Interpretation and Preaching," *Interpretation*. 25/1 (1981).

Cain, T. Chris. "Turning the Beast into Beauty: Towards and Evangelical and Theological Aesthetics," *Presbyterian: Covenant Seminary Review* 29, no. 1 (2003).

Calvin, John. *Institute of the Christian Religion*. Translated by Ford Lewis Battles. Grand Rapids: Eerdmans, 1995.

Campbell, Joseph. *The Portable Jung*. New York: Viking Press, 1971.

Capps, Donald. *Pastoral Care and Hermeneutics*. 김태형 옮김. 『목회 돌봄과 해석학』. 청주: MCI, 2018.

Carlile, J. C. *Charles Spurgeon: The Prince of Preachers, Abridged and edited by Dan Harmon*. Uhrichsville, Ohio: Barbour Publishing, Inc., 1991.

Carter, Tom. *Spurgeon at His Best*. Grand Rapids: Baker, 1988.

Cassian, John. *John Cassian: The Conferences*. New York: The Newman Press, 1997.

Cassian, John. *The Monastic Institutes: On the Training of a Monk and the Eight Deadly Sins*. South Bend, IN: Saint Austin Press, 1998.

Cawdry, Robert. *A Treasure or Store-house of Smiles: London 1600*. Massachusetts: Da Capo Press, 1971.

Chan, Simon. *Spiritual Theology*. 김병오 옮김. 『영성신학』. 서울: IVP, 2002.

Chapell, Bryan. *Christ-Centered Preaching: Redeeming the Expository Sermon*. Grand Rapid: Bakers, 2005.

Cherry, Conrad. *Nature and Religious Imagination*. Minneapolis: Augsburg Fortress, 1980.

Choi, Chang Kug. "Spirituality and the Integration of Human Life." (Ph. D. Dissertation, University of Birmingham, 2003.

Choy, Leona. *Andrew Murray: Apostle of Abiding Love*. Fort Washington, Penn: Christian Literature Crusade, 1978.

Cilliers, Johan H. *The Living Voice of the Gospel: Revising the Basic Principles of Preaching*. 이승진 옮김.『설교 심포니: 살아있는 복음의 음성』. 서울: CLC, 2014.

Conn, W. E. *The Desiring Self: Rooting Pastoral Counseling and Spiritual Direction in Self-Transcendence*. New Jersey: Paulist Press, 1998.

Costas, Orlando. *Christ Outside the Gate: Mission Beyond Christendom*. New York: Orbis Book, 1982.

Cox, Harvey. *Fire from Heaven*. 유지황 옮김.『영성 음악 여성: 21세기 종교와 성령운동』. 서울: 동연, 1998.

Cox, Richard. *Rewiring Your Preaching: How the Brain Processes Sermons*. 김창훈 옮김.『뇌는 설교에 어떻게 반응하는가』. 서울: CLC, 2014.

Craddock, Fred B. *As One without Authority: Essays on Inductive Preaching*. Okla: Philips University Press, 1974.

Craddock, Fred B. *Preaching*. Nashville: Abingdon Press, 1990.

Craddock, Fred. *Overhearing the Gospel*. Nashville: Abingdon Press, 1978.

Cunningham, Lawrence S. and Egan, Keith J. *Christian Spirituality: Themes from the Tradition*. New York: Paulist Press, 1996.

Dallimore, Arnold. *Spurgeon*. Edinburgh: The Banner of Trust, 1984.

Danielou, Jean. *The Lord of History*. London: Longmans, 1960.

Dargen, Edwin C. *A History of Preaching*, vol. 2. Grand Rapids: Baker, 1974.

Derrett, Duncan. "Matthew 23:8–10, a Midrash on Isaiah 54:13 and Jeremiah 31:31–34." *Biblica* 62, no 3 (1981): 373–74.

Drury, Keith. "21 Skills of Great Preachers." *TuesdayColum.com*(blog), 1996, http://www.drurywriting.com/keith/preacher.htm.

Dunn, Richard R. and Sundene, Jana L. *Shaping the Journey of Emerging Adult: Life-Giving for Spiritual Transformation*. Downers Grove: IVP, 2012.

E. Stanley Johns. "For Sunday of Week 41," *Victorious Living*. Nashville: Abingdon, 1938.

Edgerton, W. Dow. *Speak to Me That I May Speak: A Spirituality of Preaching*. Cleveland, Ohio: The Pilgrim Press, 2006.

Edwards, Jonathan. *Images of Divine Things in Typological Writings, The Works of Jonathan Edwards*, vol 11. edited by Wallace E. Anderson, Mason Lowance, David Watters. New Haven: Yale University Press, 1993.

Edwards, Jonathan. *Images or Shadows of Divine Things*, edited by Perry Miller. Oxford: Greenwood Press, 1977.

Edwards, O. C. *Elements of Homiletic: A Method for Preaching to Preach*. New York: Pueblo Publishing, 1992.

Eisner, Elliot W. *Cognition and Curriculum Reconsidered*. New York: Teachers College Press, 1994.

Ellens, J. Harold. "실패의 원인으로서 죄와 질병." in *Counseling & Human Predicament: A Study of Sin, Guilt, and Forgiveness*. eds. Leroy Aden and G. Benner. 전요섭 옮김. 『용서와 상담』. 서울: CLC, 2012.

Eswine, Zack. *Preaching to a Post-Everything World: Crafting Biblical Sermons That Connect with Our Culture*. Grand Rapids: Baker Books, 2008.

Eugene Peterson. *Working the Angels: The Shape of Pastoral Integrity*. Michigan: Eerdmans, 1995.

Evagrius Ponticus. "On The Eight Thoughts." in *Evagrius of Ponticus: The Greek Ascetic Corpus*. New York: Oxford University Press, 2003.

Evagrius Ponticus. *The Praktikos*. Michigan: Cistercian Publications, 1981.

Fairlie, Henry. *The Seven Deadly Sins Today*. 이정석 옮김. 『현대의 7가지 죄』. 서울: CLC, 1985.

Fant, Clyde E. and Pinson, William M. eds. "Charles Haddon Spurgeon", in *20 Centuries of Great Preaching: An Encyclopedia of Preaching*. vol. 12. Waco, TX: Word Books, 1971.

Faust, Clarenced H. and Johnson, Thomas H. *Jonathan Edwards Representative Selections with Introduction, Bibliography, and Notes*. New York: Hillandwarg, 1962.

Fee, Gordon D. and Stuart, Douglas. *How to Read the Bible for All Its Worth: A Guide to Understanding the Bible*. Grand Rapids: Zondervan, 1993.

Fee, Gordon. *New Testament Exegesis: A Handbook for Students and Pastors*. Louisville: Westminster John Knox Press, 2002.

Fichtner, Joseph. *To Stand and Speak for Christ: A Theology of Preaching*. New York: alba House, 1981.

Fiorenza, Elisabeth Schussler. "Response." in *A New Look at Preaching*. edited by

John Burke. Wilmington: Michael Glazier, 1983.

Fitt, A. P. *The Shorter Life of D. L. Moody*. Chicago: Moody Press, 1900.

Fluharty, George W. & Ross, Harold R. *Public Speaking*. New York: Barnes and Noble, 1981.

Fosdick, Harry Emerson. "개인상담으로서의 설교." Richard Lischer. ed. *Theories of Preaching*. 정장복 옮김.『설교신학의 8가지 스펙트럼』. 서울: WPA, 2011.

Frost, Michael and Hirsch, Alan.『새로운 교회가 온다』. 지성근 옮김. 서울: IVP, 2009.

Fuller, David Otis. ed. *Spurgeon's Sermon Notes: 193 Sermon Outlines from Genesis to Revelation*. Grand Rapids: Kregel Publications, 1990.

Fullerton, W. Y. Charles H. *Spurgeon: London's Most Popular Preacher*. Chicago: Moody Press, 1966.

Gadamer, Hans-Georg. "Reflection on My Philosophical Journey." in *The Philosophy of Hans-Georg Gadamer*. ed. Lewis Edwin Hahn. Chicago: Open Court, 1997.

Gadamer, Hans-Georg. *Philosophical Hermeneutics*. Berkeley: University of California Press, 1976.

Gadamer, Hans-Georg. *Truth and Method*. New York: The Seabury Press, 1975.

Ganss, George X. ed. *Ignatius of Loyola: Spiritual Exercises and Selected Works*. New York: Paulist Press, 1991.

Goergen, Donald. *The Sexual Celibate*. New York: Seabury Press, 1975.

Grasso, Domenico. "Kerygma and Preaching." in *The Word: Reading in Theology*. New York: P. J. Kenedy & Sons, 1965.

Graves, Mike. *The Sermon as Symphony: Preaching the Literary Forms of the New Testament*. Pasanena: Judson, 1997.

Green, Joel & Baker, Mark. *Rediscovering the Scandal of the Cross*. Downers Grove: IinerVarsity Press, 2000.

Gregory The Great. "다양한 회중." in Richard Lischer. ed. *Theories of Preaching*. 정장복 옮김.『설교신학의 8가지 스펙트럼』. 서울: WPA, 2011.

Groome, Thomas. *Christian Religious Education: Sharing Our Story and Vision*. San Francisco: Harper & Row, 1980.

Groome, Thomas. *Sharing Faith: A Comprehensive Approach to Religious Education and Pastoral Ministry*. Eugene, OR: Wipf & Stock Publishers, 1998.

Grudem, Wayn. *Systematic Theology: An Introduction to Biblical Doctrine*. Grand Rapids: Zondervan, 1994.

Guenther, Margaret. *Holy Listening: The Art of Spiritual Direction*. Boston: Cowley Publications, 1992.

Hall, Thelma. *Too Deep for Words: Rediscovering Lectio Divina*. New York: Paulist Press, 1998.

Harbermas, Jurgen. *Knowledge and Human Interest*. London: Heinemann, 1978.

Hare, T. A. Camerer, C. F. & Rangel, A. "Self-Control in Decision-Making Involves Modulation of the vmPFC Valuation System." *Science* 324, no. 5927 (2009): 646-48.

Harris, Maria. *Teaching and Religious Imagination*. San Francisco: Harper and Row, 1987.

Herzog. "Envy: Poisoning the Banquet They Cannot Taste." in *Wicked Pleasures: Meditations on the Seven "Deadly" Sins*. Maryland: Rowman & Littlefield Publishers, 1999.

Holland, Norman. *Five Readers Reading*. New Haven: Yale University Press, 1975.

Holmes, Arthur. *The Idea of Christian College*. Grand Rapids: Eerdmans, 1989.

Holmes, Urban Tigner. *Ministry and Imagination*. New York: The Seabury Press, 1976.

Homes, Urban Tigner. *A History of Christian Spirituality*. New York: The Seabury Press, 1980.

Homes, Urban Tigner. *Spirituality for Ministry*. San Francisco: Harper & Row, 1982.

Houston, James. *The Transforming Power of Prayer: Deepening Your Friendship with God*. Colorado Springs: NavPress, 1996.

Hubbard Jr., Robert L. Johnson, R. K. and Meye, R. *Studies in Old Testament Theology: Historical and Contemporary Image of God and God's People*. Dallas: Word, 1992.

Hull, John M. "Bargaining with God: Religious Development and Economic Socialization." *Journal of Psychology and Theology* 27, 3 (1999): 241-249.

Hull, John M. "Christian Education in a Capitalist Society: Money and God." David Ford and Dennis L. Stemps. eds. *Essentials of Christian Community: Essays in Honour of Daniel W. Hardy*. Edinburgh: T&T Clark, 1996.

Hull, John M. "Competition and Spiritual Development." *International Journal of*

Children's Spirituality 6, 3 (2001): 263-275.
Hull, John M. "Spiritual Development: Interpretations and Applications." *British Journal of Religious Education* 24, 3 (2002): 171-182.
Hull, John M. *Utopian Whispers: Moral, Religious, Spiritual Values in Schools*. Norwich: Religious and Moral Education Press, 1998.
Hull, John M. *What Prevents Christian Adults from Learning*. Philadelphia: Trinity Press International, 1991.
Adams. Jay. E. 『스펄전의 설교에 나타난 센스어필』. 정양숙 역. 서울: CLC, 1978.
Jurgen Moltmann. 『생명의 영』. 김균진 옮김. 서울: 대한기독교서회, 1996.
Jabusch, Willard. *The Person in the Pulpit: Preaching as Caring*. Nashville: Abingdon Press, 1981.
Jeanrond, Werner G. *Theological Hermeneutics: Development and Significance*. London: Macmillan, 1991.
Jennings, Timothy R. *The God-Shaped Brain*. 윤종석 옮김.『뇌, 하나님의 설계의 비밀』. 서울: CUP, 2015.
Johns, E. Stanley. "For Sunday of Week 41." *Victorious Living*. Nashville: Abingdon, 1938.
Jones, Ilion Tingnal. *Principles and Practice of Preaching*. Nashville: Abingdon Press, 1978.
Julian of Norwich. *Revelation of Divine Love*. London: Penguin Classics, 1998.
Jung, Carl G. *Memories, Dreams, Reflections*. New York: Pantheon, 1963.
Jung, Carl G. *The Archetypes and the Collective Unconscious*. Princeton: Princeton University Press, 1969.
Jung, Carl G. *The Collected Works of C. G. Jung* VIII. Princeton: Princeton University Press, 1978.
Kaiser, W. and Silva, M. *An Introduction to Biblical Hermeneutics: The Search fir Meaning*. Grand Rapids: Zondervan, 1994.
Kearney, Richard. *The Wake of Imagination*. Minneapolis: University of Minnesota Press, 1988.
Keck, Leander. "The Premodern Bible in Postmodern World." *Interpretation*, 50 (1996): 135-36.
Kegan. Robert. "What 'Form' Transform?: A Constructive-Developmental Approach to Transformative Learning." in Jack Mezirow & Associates. *Learning as Transformation: Critical Perspectives on a Theory in Progress*. San

Francisco: Jossey-Bass, 2000.

Keys, Richard. "The Idol Factory," in Os Guinness and John Seel, eds. *No God but God*. Chicago: Moody Press, 1992.

Keys, Richard. "The Idol Factory," in Guinness, Os and Seel, John. eds. *No God but God*. Chicago: Moody Press, 1992.

Kidner, Derek. *The Wisdom of Proverbs, Job and Ecclesiastes: An Introduction to Wisdom Literatures*. Downers Grove, IL: InterVarsity, 1985.

Kidner, Derek. *The Wisdom of Proverbs, Job and Ecclesiastes: An Introduction to Wisdom Literatures*. Downers Grove, IL: InterVarsity, 1985.

Kloppenbeg, John. "Philadelphia, Theodidaktos, and the Dioscuri: Rhetorical Engagement in 1 Thessalonians 4:9-12." *New Testament Studies* 39 (1994): 265-89.

Koenigs, M. & Grafman, J. "The Functional Neuroanatomy of Depression: Distinct Roles for Ventromedial and Dorsolateral Prefrontal Cortex." *Behavioural Brain Research* 201, no. 2 (2009): 239-43.

Kraft, Charles. *Christianity in Culture*. New York: Orbis Book, 1979.

Kuiper, R. B. "Scriptural Preaching," *The Infallible Word*. Phillipsburg, NJ: Presbyterian and Reformed, 1967.

Kurtz, Ernest and Ketcham, Katherine. *The Spirituality of Imperfection: Storytelling and the Journey to Wholeness*. New York: Bantam Books, 1994.

Lartey, Emmanuel Y. *In Living Colour: An Intercultural Approach to Pastoral Care and Counselling*. London: Cassell, 1997.

Leclercq, Jean. *The Love of Learning and the Desire for God*. New York: Fordham University, 1988.

Leech, Kenneth. *Soul Friend: A Study of Spirituality*. London: Sheldon Press, 1985.

Leech, Kenneth. *Spirituality and Pastoral Care*. Cambridge: Cowley Publications, 1987.

Lewis, C. S. "Christian Apologetics," in Walter Hooper, ed. *God in the Dock: Essays on Theology and Ethics*. Grand Rapids: Eerdmans, 1994.

Lewis, C. S. *A Grief Observed*. San Francisco: Harper & Row, 1989.

Lewis, C. S. *Mere Christianity*. 장경철 이종태 옮김. 『순전한 기독교』. 서울: 홍성사, 2018.

Lischer, Richard. *A Theology of Preaching: The Dynamics of the Gospel*. Nashville: Abingdon Press, 1981.

Loch, Jeremiah. *Healing the Whole Person*. New York: Mercy House, 2006
Lohfink, G. 『당신은 성서를 어떻게 이해하십니까?』. 허혁 옮김. 경북 왜관: 분도 출판사, 1994.
Lonergan, B. J. F. *Insight: A Study of Human Understanding*. New York: Philosophical Library, 1957.
Long, Thomas G. *The Witness of Preaching*. 서병채 옮김. 『설교자는 증인이다』. 서울: CLC, 2005.
Long, Thomas. *Preaching and Literary Forms of the Bible*. Philadelphia: Fortress Press, 1989.
Luther, Martin. *Luther's Works*. vol. 31, *Career of the Reformer*. Harold J. Grimm ed. Philadelphia: Muhlenberg Press, 1957.
Maas, Robin & O'Dnnell, Gabriel. *Spiritual Traditions for the Contemporary Church*. Nashville: Abingdon Press, 1990.
Maximus the Confessor. "Various Texts on Theology, the Divine Economy, and Virtue and vice," in *The Philokalia*. vol 2, G. E. H. Palmer, Philip Sherrad, Kallistos Ware eds. London: Faber and Faber, 1981.
May, Gerald G. *The Dark Night of The Soul: A Psychiatrist Explores the Connection Between Darkness and Spiritual Growth*. New York: HarperCollins Publishers, 2005.
McClure, John. *The Roundtable Pulpit: Where Leadership and Preaching Meet*. Nashville: Abingdon, 1995.
Merton, Thomas. *Opening the Bible*. Collegeville: Liturgical Press, 1986.
Mickelsen, A. Berkeley. *Interpreting The Bible*. 김인환 옮김. 『성경 해석학』. 고양: 크리스챤다이제스트, 2001.
Minnick, Wayne C. *The Art of Persuasion*. Orlando: Houghton Mifflin Co, 1968.
Moore, Mary Elizabeth. *Education for Continuity & Change: A New Model for Christian Religious Education*. 이정근. 박혜성 옮김. 『기독교교육의 새로운 모형』. 서울: 기독교교육협회, 1991
Moore, Thomas. *Care of the Soul: A Guide for Cultivating Depth and Sacredness in Everyday Life*. New York: Harper Collins, 1992.
Mulholland, Jr. M. Robert. *Shaped by The Word: The Power of Scripture in Spiritual Formation*. Nashville: Upper Room Books, 2000.
Muller, Richard A. *The Study of Theology: From Biblical Interpretation to Contemporary Formulation*. 김재한 옮김. 『신학 공부 방법』. 서울: 부흥과개

혁사, 2011.

Mullholland Jr. M. Robert. *Invitation to the Journey: A Road Map for Spiritual Formation*. Downers Grove, Ill: Inter Varsity Press, 1993.

Murray, Iain H. *Spurgeon V. Hyper-Calvinism: The Battle for Gospel Preaching*. Edinburgh: The Banner of Truth Trust, 1995.

Murray, Iain H. *The Forgotten Spurgeon*. London: The Banner of Truth Trust, 1977.

Muto, Susan Annette. *A Practical Guide to Spiritual Reading*. Denville, N.J.: Dimension Books, 1976.

Muto, Susan Annette. *Renewed at Each Awakening*. Denville, N.J: Dimension Books, 1979.

Newberg, Andrew & Waldman, Mark Robert. *How God Changes Your Brain: Breakthrough Findings from a Leading Neuroscientist*. New York: Random House, 2009.

Niebuhr, Reinhold. *The Nature of Destiny of Man: A Christian Interpretation*. New York: Charles Scribner;s Sons, 1941.

Nouwen, Henri. *In the Name of Jesus*. New York: Crossroad, 1989.

Nouwen, Henri. *Reaching Out: The Three Movement of the Spiritual Life*. London: Fount, 1980.

Olsson, Karl. *Seven Sins and Seven Virtues*. New York: Harper & Brothers Publishers, 1962.

Osborn, Lawrence. *Meeting God in Creation*. Nottingham: Grove, 1990.

Osborne, G. R. *The Hermeneutical Spiral: A Comprehensive Introduction to Biblical Interpretation*. Downers Grove: IVP, 1991.

Osborne, Larry. *10 Dumb Things Smart Christian Believe*. 마영례 옮김. 『잘못된 그리스도인의 영성: 스마트한 그리스도인이 믿고 있는 10가지 오류』. 서울: 디모데, 2011.

Packer, James I. *Concise Theology: A Guide to Historic Beliefs*. Wheaton, IL: Tyndale, 1993.

Padilla, Rene. *Mission Between the Times*. Grand Rapids: Eerdmans, 1985.

Page, Jesse. C. H. *Spurgeon: His Life and Ministry*. London: Stockwell, N/A.

Palmer, G. E. H., Sherrard, Philip and Kallistos. eds. *The Philokalia: The Complete Text. Complied by St. Nikodimos of the Holy Mountain and St. Makarios of Corinth*, vol. 1. London: Faber and Faber, 1979.

Palmer, Parker J. *The Active Life*. San Francisco: HarperSanFrancisco, 1990.

Palmer, Parker J. *The Courage to Teach*. San Francisco: Jossey-Bass, 1998.

Palmer, Parker J. *To Know As We Are Known*. San Francisco: HarperSanFrancisco, 1993.

Pattison, E. Mansell. "용서의 처벌 모델과 화해 모델." in *Counseling & Human Predicament: A Study of Sin, Guilt, and Forgiveness*. eds. Leroy Aden and G. Benner. 전요섭 역.『용서와 상담』. 서울: CLC, 2012.

Peoples, L. "Will, Anterior Cingulate Cortex, and Addiction." *Science* 296 (2002): 1693-94.

Perrin, Norman. *Jesus and the Language of the Kingdom*. Philadelphia: Fortress Press, 1976.

Perry, Lloyd. *Manual for Biblical Preaching*. Grand Rapids: Baker Publishing Group, 1981.

Peterson, Eugene H. *Working the Angels: The Shape of Pastoral Integrity*. Grand Rapids: Eerdmans, 1987.

Peterson, Eugene. *Under the Unpredictable Plant: An Exploration in Vocational Holiness*. Grand Rapids: Eerdmans, 1992.

Ramachandra, Vinoth. *Gods That Fail*. Downers Grove, IVP, 1997.

Ramm, Bernard. *Questions About the Spirit*. Nashville: W Publishing Group, 1980.

Ray, Charles. *A Marvelous Ministry: The Story of C. H. Spurgeon's Sermons*. Pasadena, TX: Pilgrim Publications, 1985.

Rhodes, Lynn. *Co-Creating: A Feminist Vision of Ministry*. Philadelphia: Westminster Press, 1987.

Ricoeur, Paul. "Explanation and Understanding," in Chares E. Reagan and David Stewart, eds. *The Philosophy of Paul Ricoeur: An Anthology of His Work*. Boston: Beacon Press, 1978.

Ricoeur, Paul. *Freud and Philosophy: An Essay on Interpretation*. New Haven: Yale University Press, 1970.

Ricoeur, Paul. *Hermeneutics and Human Sciences: Essays on Language Action and Interpretation*. Cambridge: Cambridge University Press, 1981.

Ricoeur, Paul. *The Conflict of Interpretations: Essays in Hermeneutics*.『해석의 갈등』. 양명수 역. 서울: 아카넷, 2001.

Ricoeur, Paul. *The Rule of Metaphor: Multi-Disciplinary Studies of the Creation of Meaning in Language*. London: Routledge and Kegan Paul, 1997.

Robert, David E. *Existentialism and Religious Belief*. Oxford: Oxford University Press, 1957.

Robinson, Haddon W. *Biblical Preaching: The Development and Delivery of Expository Messages*. Grand Rapids: Baker Academic Press, 2001.

Rolheiser, Ronald. *The Holy Longing: The Search for a Christian Spirituality*. New York: Doubleday, 1999.

Rosner, Brian. *Greed As Idolatry: Rhe Origin and Meaning of a Pauline Metaphor*. Grand Rapids: Eerdmans, 2007.

Russell, Letty. "Handing on Tradition and Changing the World." in *Transformation and Tradition in Religious Education*. ed. Padraic O'Hare. Birmingham: Religious Education Press, 1979.

Ryken, Leland. *Worldly Saints*. Grand Rapids: Academie Books, 1986.

Sample, Tex. *The Spectacle of Worship in a Wired World: Electronic Culture and the Gathered People of God*. Nashville: Abingdon, 1998.

Sanders, J. A. "Hermeneutics." in *Concise Encyclopedia of Preaching*. ed. William H. Williamon and Richard Lischer. Louisville: Westminster John Knox, 1995.

Sangster, William Edwin. *The Craft of the Sermon*. London: Epworth Press, 1979.

Sayers, Dorothy L. "The Other Six Sins." in *Creed or Chaos?*. New York: Harcourt, Brace and Company, 1949.

Schaeffer, Edith. *Hidden Art*. Wheaton: Tyndale House, 1975.

Schaeffer, F. A. *The Church at the End of 20th Century*. Downers Grove, IVP, 1978.

Schlafer, David J. *Surviving the Sermon: A Guide to Preaching for Those Who Have to Listen*. Cambridge: Cowley Publications, 1992.

Schleiermacher, Friedrich. *Hermeneutics: The Handwritten Manuscripts*. edited by Heinz Kimmerle. Missoula: Scholars Press, 1977.

Schneider, Sandra. "Spirituality in the Academy," in Kenneth J. Collins ed. *Exploring Christian Spirituality: An Ecumenical Reader*. Grand Rapids: Baker Books, 2000.

Schreiner, Susan E. *The Theater of His Glory: Nature and the Natural Order in the Thought of John Calvin*. Grand Rapids: Baker Book House, 1991.

Segundo, Juan Luis. "해석학적 순환." in Richard Lischer. ed. *Theories of Preaching*. 정장복 옮김.『설교신학의 8가지 스펙트럼』. 서울: WPA, 2011.

Smith, Huston. *Why Religion Matters*. San Francisco: Harper, 2001.

Smith, W. M. "Introduction," in *The Best of C. H. Spurgeon*. Grand Rapids: Baker Book House, 1979.

Smith, Wilfred Cantwell. *Faith and Belief*. New Jersey: Princeton University Press, 1987.

Solle, Dorothee. *The Silent Cry: Mysticism and Resistance*. Minneapolis: Fortress

Spicq, Ceslas. "pleonexi," in *Theological Lexicon of the New Testament*. vol. 3. Peabody, Mass: Hendrickson Publishers, 1994.

Spurgeon, Charles Haddon. *Lectures to My Students*. Grand Rapids: Baker Book House, 1977.

Spurgeon, Charles Haddon. *Morning by Morning*. London: Christian Art Publishers, 2009.

Spurgeon, Charles Haddon. *New Park Street Pulpit: Sermons Preached by Charles H. Spurgeon*, vol. 11. Pasadena, Texas: Pilgrim Publication, 1981.

Spurgeon, Charles Haddon. *New Park Street Pulpit: Sermons Preached by Charles H. Spurgeon*, vol. 17. Pasadena, Texas: Pilgrim Publication, 1981.

Spurgeon, Charles Haddon. *New Park Street Pulpit: Sermons Preached by Charles H. Spurgeon*, vol. 25. Pasadena, Texas: Pilgrim Publication, 1981.

Spurgeon, Charles Haddon. *New Park Street Pulpit: Sermons Preached by Charles H. Spurgeon*, vol. 36. Pasadena, Texas: Pilgrim Publication, 1981.

Spurgeon, Charles Haddon. *New Park Street Pulpit: Sermons Preached by Charles H. Spurgeon*, vol. 38. Pasadena, Texas: Pilgrim Publication, 1981.

Spurgeon, Charles Haddon. *The Early Years: Autobiography*. Carlisle: The Banner of Truth Trust, 1967.

St. Augustine. *The City of God*. 조호연, 김종흡 옮김. 『하나님의 도성』. 고양: 크리스챤다이제스트, 1998.

St. Augustine. *The Confessions of Saint Augustine*. New York: Airmont Publishing, 1969), 34.

St. Diadochos of Photike. *One Hundred Practical Texts of Perception and Spiritual Discernment from Diadochos of Photike*. Belfast: Institute of Byzantine Studies, University of Belfast, 2000.

St. Gregory the Great. *Moral on the Book of Job*. Gloucester: Veritatis Splendor Publications, 2012.

Stephen, Ellen and Shadel, Doug. *Vessel of Peace*. 최봉실 옮김. 『평화의 그릇』. 서울: SFC 출판부, 2008.

Stiver, Dan R. *Theology after Ricoeur: New Directions in Hermeneutical Theology*. Louisville: Westminster John Knox, 2001.

Stott, John. *Between Tow Worlds: The Art of Preaching in the Twentieth Century*. Grand Rapids: Eerdmans, 1982.

Straw, Carole. "Gregory, Cassian, and the Cardinal Vices." in *In The Garden of Evil: The Vices and Culture in the Middle Ages*. Toronto: Pontifical Institutes of Medieval Studies, 2005.

Swank, George W. *Dialogic Style in Preaching*. Valley Forge, Pa: Judson Press, 1981.

Taylor, Gardner. "Shaping Sermons by the Shape of Text and Preacher." in *Preaching Biblically*. edited by Don M. Wardlaw. Philadelphia: Westminster Press, 1983.

The Bishops' Committee on Priestly Life and Ministry. National Conference of Catholic Bishops. *Fulfilled in Your Hearing: The Homily in the Sunday Assembly*. Washington D.C.: Office of Publishing Services, U.S., Catholic Conference, 1982.

Theissen, Gerd. *Psychological Aspects of Pauline Theology*. trans. J. P. Galwin. Philadelphia: Fortress Press, 1987.

Thielicke, Helmut. *Encounter with Spurgeons*. Translated by John W. Doberstein. Cambridge: James Clarke & Co., 1964.

Thiselton, Anthony C. *New Horizons in Hermeneutics*. London: Harper Collins, 1992.

Thiselton, Anthony. *The Two Horizons: New Testament Hermeneutics and Philosophical Description with Special Reference to Heidegger, Bultmann, Gadamer, and Wittgenstein*. Grand Rapids: Eerdmans, 1980.

Thompson, Claude H. *Theology of the Kerygma: A Study in Primitive Preaching*. New Jersey: Prentice_Hall, 1962.

Thompson, Marjorie J. *Soul Feast: An Invitation to the Christian Spiritual Life*. Louisville: Westminster John Knox Press, 1995.

Thronton, Martin. *English Spirituality*. London: SPCK, 1963.

Tillich, Paul. *The Courage to Be*. 차성구 옮김.『존재의 용기』. 서울: 예영, 2006.

Torrance, Thomas F. *Divine Meaning: Studies in Patristic Hermeneutics*. Edinburgh: T & T Clark, 1995.

Tozer, A. W. *Born After Midnight*. Harrisburg: Christian Publications, 1986.

Tracy, David. "Can Virtue Be Taught?: Education, Character and the Soul," in Jeff Astley and others, eds. *Christian Formation: A Reader on Theology and Christian Education*. Grand Rapids: Eerdmans, 1996.

Tripp, Paul David. *War of Words: Getting to the Hear of Your Communication Struggles*. Phillipsburg, NJ.: Presbyterian and Reformed, 2000.

Troeger, Thomas. "The Landscapes of the Heart: How Our Imagined Worlds Shape the Preaching of the Gospel." in *Preaching as God's Mission. Studia Homilietica* 2. Tokyo: Kyo Bun Kwan, 1999.

Vogue, Adalbert de. *Community and Abbot in the Rule of St. Benedict*. Collegeville, MN: Cistercian Publications, 1979.

W. J. 보우스마. "존 칼빈의 영성," 김성재 편,『성령과 영성』. 서울: 한국신학연구소, 1999.

Waddams, Herbert. *A New Introduction to Moral Theology*. London: SCM, 1964. Simon Savater, Femando. *Los Siete Pecados Capitales*. 북스페인 옮김.『일곱 가지 원죄: 사탄의 변명』. 서울: 북스페인, 2009.

Wakefield, Gordon S. ed. *Westminster Dictionary of Christian Spirituality*. Philadelphia: Westminster John Knox Press, 1983.

Ward, F. *Speaking from the Heart: Preaching with Passion*. Nashville: Abingdon Press, 1992.

Ward, S. L. G. Benedicta. ed. *The Sayings of the Desert Fathers*. Kalamazoo: Cistercian Publications, 1975.

Warfield, Benjamin B. and Craig, Samuel G. *The Inspiration and Authority of the Bile*. New Jersey: Presbyterian and Reformed, 2012.

Weil, Simone. "Reflections on the Right Use of School Studies with a View to the Love of God." in *Waiting for God*. New York: HarperCollins, 2001.

Wells, David. *God The Evangelist: How the Holy Spirit Works to Bring Men and Women to Faith*. Carlisle: Patermoster, 1997.

Westerhoff III, John. *Will Our Children Have Faith?*. Chicago: Thomas More Press, 2000.

Whitehead, Alfred North. *The Aims of Education and Other Essays*. Cambridge: Free Press, 1967.

Wiersbie, Warren. *Walking with the Giants*. Grand Rapids: Baker, 1976.

Wink, Walter. *The Bible in Human Transformation*. Philadelphia: Fortress Press, 1973.

Zimmermann, Jens. *Recovering Theological Hermeneutics: An Incarnational-Trinitarian Theory of Interpretation*. Grand Rapids: Baker Academic, 2004.
나용화. 『영성과 경건』. 서울: CLC, 1999.
박노권. 『렉시오 디비나를 통한 영성훈련』. 서울: 한들출판사, 2008.
박창건. 『신약성경 주석 방법론』. 서울: 목양서원, 1991.
서인석. 『말씀으로 드리는 기도: 거룩한 독서 Lectio Divina를 위한 길잡이』. 서울: 성서와 함께, 2002.
이동수. 『구약주석과 설교』. 서울: 장로회신학대학교출판부, 2000.
이연학. "거룩한 독서(lectio divina): 한 수도자의 실천," 정원범 엮음, 『영성수련과 영성목회』. 서울: 한들출판사, 2009.
임창복, 김문경, 오방식, 유해룡 공저. 『기독교 영성교육』. 서울: 한국기독교교육교역연구원, 2006.
정인교. "설교학," 한국복음주의실천신학회 편, 『21세기 실천신학개론』. 서울: CLC, 2006.
정장복. 『인물로 본 설교의 역사』 하권. 서울: 장로회신학대학 출판부, 1994.
최창국. "기독교 교육학," 한국복음주의실천신학회 편, 『21세기 실천신학개론』. 서울: CLC, 2006.
최창국. "영성과 하나님의 프락시스(praxis): 영적 훈련의 해석적 모델과 방향성". 『성경과 신학』 49 (2009).
최창국. 『기독교 영성신학』. 서울: 대서, 2010.
최창국. 『영혼 돌봄을 위한 영성과 상담』. 서울: CLC, 2011.
최창국. 『예배와 영성』. 서울: CLC, 2017.
허성준. 『수도 전통에 따른 렉시오 디비나』. 경북 왜관: 분도출판사, 2003.